CW01676666

FOLIO
JUNIOR

Philip Pullman

La communauté des esprits

La trilogie de la Poussière

Livre deux

Illustrations de Chris Wormell

Traduit de l'anglais
par Jean Esch

GALLIMARD JEUNESSE

Titre original : *The Book of Dust, volume two – The Secret Commonwealth*

Initialement publié en Grande-Bretagne par David Fickling Books, Oxford,
en association avec Penguin Books, Londres, en 2019

© Philip Pullman, 2019, pour le texte
© Chris Wormell, 2019, pour les illustrations intérieures
© Éditions Gallimard Jeunesse, 2020, pour la traduction française
© Éditions Gallimard Jeunesse, 2022, pour la présente édition

À Nick Messenger,
poète délicat et ami indomptable

Tout ce en quoi il est possible de croire
est une image de la vérité.
William Blake

Note de l'auteur

La Communauté des esprits est le deuxième tome de « La trilogie de la Poussière ». Le personnage principal, Lyra Parle-d'Or, appelée jadis Lyra Belacqua, était également la protagoniste d'une précédente trilogie : « À la croisée des mondes ». De fait, cette première histoire débutait et s'achevait par son nom. Lyra avait alors onze ou douze ans.

Dans le premier tome de « La trilogie de la Poussière », *La Belle Sauvage*, Lyra était bébé. Bien qu'elle occupe un rôle central dans le récit, la majeure partie de l'action tournait autour d'un garçon nommé Malcolm Polstead, âgé lui-même de onze ans environ.

Dans ce présent ouvrage, nous faisons un bond en avant d'une vingtaine d'années. Les événements décrits dans « À la croisée des mondes » se sont produits dix ans auparavant. Malcolm et Lyra sont désormais adultes. Les faits qui constituent *La Belle Sauvage* sont encore plus anciens.

Mais les faits ont des conséquences et, parfois, les effets produits par les actes que nous avons commis dans le passé tardent à se manifester. Pendant ce temps, le monde continue à tourner ; le pouvoir et l'influence se déplacent, s'amplifient ou diminuent. Les adultes sont confrontés à problèmes et à des soucis qui ne sont pas nécessairement ceux de leur enfance. Et comme je le disais, Lyra et Malcolm ne sont plus des enfants.

Philip Pullman

1
Clair de lune et bain de sang

Pantalaimon, le dæmon de Lyra Belacqua, devenue Lyra Parle-d'Or, était allongé sur le bord de la fenêtre de la petite chambre-bureau de Lyra au collège Sainte-Sophia, dans un état aussi éloigné que possible de la réflexion. Il avait conscience du courant d'air froid qui entrait par la fenêtre à guillotine mal ajustée, de la douce chaleur de la lampe à naphte posée sur le bureau, sous la fenêtre, du grattement du stylo de Lyra sur le papier, et de l'obscurité au-dehors. Le froid et la nuit étaient les deux choses auxquelles il aspirait le plus à cet instant. Alors qu'il était couché là, roulant sur lui-même pour sentir le froid tantôt sur son dos tantôt sur son ventre, le désir de sortir l'emporta sur son refus d'adresser la parole à Lyra.

– Ouvre la fenêtre, demanda-t-il finalement. J'ai envie de sortir.

Le stylo de Lyra s'arrêta; elle repoussa sa chaise et se leva. Pantalaimon la voyait se refléter dans la vitre, comme suspendue au-dessus de la nuit d'Oxford. Il distinguait même son expression de contrariété rebelle.

– Je sais ce que tu vas dire, ajouta-t-il. Évidemment que je serai prudent. Je ne suis pas idiot.

– À certains égards, si.

Penchée sur lui, elle souleva la fenêtre et la coinça avec le premier livre qui lui tomba sous la main.

– Ne…, commença le dæmon.

– *Ne ferme pas la fenêtre*. Oui, je sais, Pan. *Reste là, à grelotter en attendant que Pan décide de rentrer*. Je ne suis pas stupide à ce point. Allez, fiche le camp.

Pantalaimon plongea dans le lierre qui couvrait les murs du collège. Seul un bruissement, très bref, parvint aux oreilles de Lyra. Pan n'aimait pas la façon dont ils se parlaient, ou plutôt dont ils ne se parlaient pas : c'étaient les premiers mots qu'ils échangeaient depuis le matin. Mais il ne savait pas comment remédier à cette situation, et elle non plus.

À mi-chemin du mur, il attrapa une souris entre ses dents pointues et, après avoir envisagé de la manger, il décida de la surprendre en la laissant partir. Tapi sur une branche de lierre, il savoura toutes les odeurs, les brusques souffles d'air et la nuit infinie qui l'enveloppait.

Il devait rester prudent, cependant. Pour deux raisons. La tache couleur crème qui couvrait sa poitrine, et ressortait de manière trop visible sur son pelage brun-roux de martre, était la première. Heureusement, il lui suffisait de baisser la tête ou de courir vite. La seconde raison qui l'incitait à la prudence était bien plus grave. Personne en le voyant n'irait croire que c'était une martre car, même s'il avait tout d'une martre, c'était un dæmon. Difficile de dire où se situait la différence, mais n'importe quel humain du monde de Lyra s'en apercevrait immédiatement, aussi sûrement qu'il reconnaissait l'odeur du café ou la couleur rouge.

Or, une personne séparée de son dæmon, ou un dæmon seul, sans son humain à proximité, était un spectacle étrange et inquiétant, surnaturel, inconcevable. Aucun être humain ordinaire ne pouvait se séparer ainsi de son dæmon. Seules les sorcières en étaient capables, disait-on. Ce pouvoir que possédaient Lyra et Pan n'appartenait qu'à eux ; ils l'avaient acquis au prix fort huit ans plus tôt dans le monde des morts. Depuis leur retour à Oxford, après cette aventure hors du commun, ils n'en avaient parlé à personne, et ils protégeaient ce secret avec le plus grand soin. Néanmoins, ils éprouvaient parfois – de plus en plus souvent, ces derniers temps – le besoin de prendre leurs distances.

Alors, Pan veillait à demeurer dans l'obscurité en se faufilant parmi les buissons et des herbes hautes qui bordaient la vaste étendue d'University Parks impeccablement tondue ; il scrutait la nuit de tous ses sens, ne faisait aucun bruit et gardait la tête baissée. Il avait plu un peu plus tôt dans la soirée et, sous ses pattes, la terre était meuble, humide. Arrivé devant une flaque de boue, il s'y vautra de tout son long afin de dissimuler la tache de fourrure claire susceptible de le trahir.

Quittant University Parks, il traversa Banbury Road à un moment où nul piéton n'était en vue, uniquement un véhicule au loin. Il se faufila dans le jardin d'une des plus grandes maisons situées de l'autre côté, franchit des haies, escalada des murs, passa sous des clôtures et parcourut des pelouses, en direction de Jericho et du canal, situés à quelques rues de là.

Une fois sur le chemin de halage boueux, il se sentit plus en sécurité. Il y avait là des fourrés et de hautes herbes pour se cacher ainsi que des arbres dans lesquels il pouvait grimper aussi vite qu'une flamme dévore une mèche. Cette partie à demi sauvage de la ville était celle qu'il préférait. Il avait nagé dans tous les canaux qui sillonnent Oxford, mais aussi dans la large Tamise et son affluent, la Cherwell, ainsi que dans d'innombrables ruisseaux détournés du cours d'eau principal afin d'alimenter un moulin ou un lac d'agrément. Certains disparaissaient sous terre et ressurgissaient sous l'enceinte du collège ou au-delà du cimetière ou de la brasserie.

À l'endroit où un de ces ruisseaux longeait le canal, dont il était séparé par le seul chemin de halage, Pan emprunta un petit pont en fer et suivit le cours d'eau jusqu'au vaste espace dégagé des jardins ouvriers, avec le marché aux bestiaux d'Oxpens au nord et, à l'ouest, le centre de tri postal, à côté de la gare.

C'était la pleine lune et quelques étoiles pointaient le bout de leur nez entre les filaments de nuages qui couraient dans le ciel. Cette lumière exposait Pan au danger, mais il adorait rôder dans les potagers, entre les tiges de choux de Bruxelles et de choux-fleurs, les feuilles d'oignons et d'épinards, dans cette clarté froide et argentée, aussi silencieux qu'une ombre. Arrivé devant une cabane à outils, il bondit pour s'allonger sur le toit recouvert de bardeaux bitumés, et là, il contempla l'étendue dégagée du pré en direction du bureau de poste.

C'était le seul endroit de la ville qui semblait éveillé. Pan et Lyra étaient souvent venus ici. Ensemble, ils regardaient les trains qui venaient du nord et du sud s'arrêter à quai en fumant, pendant que des employés déchargeaient des sacs de lettres et de colis dans d'énormes chariots, qu'ils poussaient ensuite jusqu'au grand hangar métallique, où le courrier à destination de Londres et du continent serait trié à temps pour le zeppelin du matin. Le dirigeable, attaché à l'avant et à l'arrière non loin de là, se balançait dans le vent et les câbles d'amarrage claquaient et cognaient contre le mât. Des lumières brillaient sur le quai, au sommet du mât et au-dessus des portes du bâtiment de la poste ; des wagons s'entrechoquaient sur une voie de garage ; quelque part, une porte métallique se referma avec fracas.

Pan perçut un mouvement dans les jardins, sur sa droite. Il tourna la tête très lentement. Un chat avançait à pas feutrés le long d'une rangée de choux ou de brocolis, le regard fixé sur une souris. Mais avant qu'il lui saute dessus, une forme blanche silencieuse, plus large que Pan, descendit du ciel en piqué, s'empara de la souris et repartit dans les airs, hors de portée des griffes du félin. La chouette, portée par des battements d'ailes totalement silencieux, retourna se percher dans un des arbres derrière Paradise Square. Le chat s'assit, son regard sembla s'attarder un instant sur la martre, puis il repartit en chasse au milieu des légumes.

La lune s'était élevée dans le ciel. Presque débarrassée des nuages, elle brillait de plus belle et Pan, du haut de son poste d'observation, distinguait tous les détails des jardins ouvriers et du marché aux bestiaux. Serres, épouvantails, enclos en acier galvanisé, citernes d'eau, clôtures rouillées et affaissées ou bien droites et soigneusement peintes, tuteurs à haricots attachés ensemble tels des tipis nus ; tout cela attendait silencieusement au clair de lune. Un décor pour une pièce de théâtre jouée par des fantômes.

Pan murmura :

– Qu'est-ce qui nous arrive, Lyra ?

Pas de réponse.

Le train postal avait été déchargé. Il émit un bref sifflement avant de s'ébranler. Au lieu de repartir sur la voie ferrée qui traversait la rivière vers le sud et longeait les jardins, il avança lentement et s'engagea sur une voie de garage dans un assourdissant fracas de wagons. La locomotive crachait des nuages de vapeur vite déchiquetés et emportés par le vent froid.

Sur l'autre rive, au-delà des arbres, un autre train arrivait. Ce n'était pas un train postal et, au lieu de s'arrêter au centre de tri, il continua sur trois cents mètres avant de pénétrer dans la gare. C'était l'omnibus qui venait de Reading, devina Pan. Il l'entendit s'immobiliser à quai dans un lointain sifflement de vapeur et un crissement de freins étouffé.

Il perçut un autre mouvement.

Sur sa gauche, là où un pont en fer enjambait la rivière, un homme marchait – ou plutôt se hâtait, furtif – sur la rive, où les roseaux formaient une haie dense.

Pan descendit immédiatement du toit de la cabane pour courir vers lui, sans bruit, au milieu des rangées d'oignons et de choux. Zigzaguant entre les clôtures et passant sous une citerne d'eau rouillée, il atteignit l'extrémité des jardins ouvriers et scruta, à travers la planche brisée d'une palissade, le pré verdoyant qui s'étendait au-delà.

L'homme se dirigeait vers le centre de tri, d'une démarche de plus en plus prudente, et finalement s'arrêta près d'un saule, sur la rive, à une centaine de mètres de l'entrée du centre, presque en face de l'endroit où était tapi Pan. Malgré sa vue perçante, le dæmon avait du mal à le repérer dans l'obscurité et s'il détournait le regard une seule seconde, il le perdrait de vue définitivement.

Et soudain, plus rien. À croire que l'homme s'était volatilisé ! Une minute s'écoula, puis une autre. Derrière Pan, en ville, des cloches lointaines sonnèrent. Deux fois chacune : minuit et demi.

Pan balaya du regard les arbres alignés au bord de la rivière. À quelques pas sur la gauche se dressait un vieux chêne, nu, dépouillé de ses feuilles par l'hiver. Et à droite…

Une silhouette escaladait le portail du centre de tri. Le nouveau venu sauta à terre et s'élança aussitôt le long de la rive, vers le saule où attendait le premier homme.

Un nuage masqua la lune quelques secondes et Pan en profita pour se faufiler sous la palissade et traverser ventre à terre l'étendue d'herbe mouillée, en direction du chêne, tout en se méfiant de la chouette et de l'homme caché. Arrivé au pied de l'arbre, il bondit toutes griffes dehors pour s'accrocher à l'écorce, et se hissa jusqu'à une branche haute d'où il avait une vue dégagée sur le saule, juste au moment où la lune réapparaissait.

L'homme venant du centre de tri avait presque atteint le saule. Il cessa de courir pour fouiller l'obscurité du regard. Le premier homme s'avança alors et prononça un mot tout bas. Le second répondit de la même manière et tous les deux s'enfoncèrent dans l'ombre. Ils étaient trop loin pour que Pan puisse entendre ce qu'ils disaient, mais ils donnaient une impression de complicité. Ils étaient convenus de se retrouver à cet endroit.

Leurs dæmons étaient deux chiens : une sorte de mastiff et un spécimen court sur pattes. Si les chiens ne pouvaient pas grimper dans l'arbre, ils pouvaient en revanche flairer sa présence, et Pan se plaqua contre la branche sur laquelle il était allongé afin de l'épouser le plus possible. Il percevait les murmures des deux hommes, sans parvenir, là encore, à saisir le moindre mot.

Entre la haute clôture grillagée du centre de tri et la rivière, un chemin partait des jardins ouvriers. C'était le trajet le plus rapide pour accéder à la gare depuis la paroisse de Sainte-Ebbe et les ruelles bordées de maisons qui se serraient au bord de la rivière, près des usines à gaz. De son perchoir, Pan voyait plus loin que les deux hommes réunis en dessous, et il aperçut avant eux la personne qui marchait en direction de la gare : encore un homme, qui avait relevé le col de son manteau pour se protéger du froid.

Un « chut ! » monta de l'obscurité, au pied du saule. Les deux conspirateurs avaient eux aussi repéré l'intrus.

Plus tôt dans la journée, dans une élégante demeure du XVIIe siècle située près de la cathédrale saint-Pierre de Genève, deux hommes discutaient. Ils se trouvaient dans une pièce au deuxième étage, aux murs tapissés de livres, dont les fenêtres donnaient sur une rue paisible, baignée par la lumière grisâtre d'un après-midi hivernal. Sur une longue table en acajou étaient disposés des sous-main, des blocs de papier, des stylos et des crayons, des verres et des carafes d'eau, mais les deux hommes avaient pris place dans des fauteuils, de part et d'autre d'un feu de cheminée.

Le maître des lieux était Marcel Delamare, secrétaire général d'une organisation connue, de manière officieuse, sous le nom du bâtiment qu'elle occupait, et qui abritait cette rencontre. La maison Juste[1]. Delamare venait d'entrer dans la quarantaine ; c'était un homme soigné de sa personne, qui portait des lunettes, et son costume à la coupe impeccable était assorti à ses cheveux gris anthracite. Son dæmon, une chouette effraie perchée sur le dossier du fauteuil, fixait de ses yeux jaunes le dæmon que l'autre homme tenait dans sa main : un serpent écarlate qui se faufilait entre ses doigts. Le visiteur se nommait Pierre Binaud. La soixantaine, c'était un individu austère affublé d'un col romain et qui occupait les fonctions de juge en chef du Conseil de Discipline Consistorial, la principale agence du Magisterium, chargée de maintenir la discipline et la sécurité.

– Eh bien ? demanda Binaud.

– Un autre membre de l'équipe scientifique de la station Lop Nor a disparu, annonça Delamare.

– Comment ça ? Qu'en dit votre agent ?

– L'explication officielle est que cet homme et son compagnon ont été emportés par les cours d'eau qui fluctuent rapidement et sans prévenir. Il s'agit d'un endroit très dangereux, et quiconque sort de la station doit se faire accompagner d'un guide. Mais d'après notre agent, une rumeur circule selon laquelle ces deux hommes se seraient aventurés dans le désert, qui commence au-delà du lac. Des légendes locales évoquent de l'or…

– Au diable les légendes locales. Ces gens sont des théologiens expérimentaux, des botanistes, des hommes de science. Ils sont censés s'intéresser aux roses, pas à l'or. Mais vous disiez que l'un d'eux avait disparu ? Et qu'est-il arrivé à l'autre ?

1. En français dans le texte. (*N.d.T.*)

– Il a regagné la station, mais il est aussitôt retourné en Europe. Il se nomme Hassall. Je vous ai parlé de lui la semaine dernière, mais peut-être étiez-vous trop occupé pour m'écouter. Mon agent pense qu'il transporte les échantillons de plusieurs essences de rose et un certain nombre de documents.

– Nous ne l'avons pas encore capturé ?

Delamare s'efforça de garder son calme.

– Si vous vous souvenez bien, Pierre, répondit-il, je voulais le faire arrêter à Venise. Mais cette idée a été rejetée par vos amis. Laissons-le rentrer au pays et suivons-le pour connaître sa destination ; tels étaient les ordres. Il vient de débarquer et il sera intercepté ce soir.

– Prévenez-moi dès que vous avez ces échantillons. Parlons maintenant de cette autre affaire : la jeune femme. Que savez-vous d'elle ?

– L'aléthiomètre…

– Non, non, non. C'est dépassé, trop vague, trop de spéculations. Donnez-moi des faits, Marcel.

– Nous avons un nouveau lecteur qui…

– Oh, oui, j'ai entendu parler de lui. Une nouvelle méthode. Meilleure que l'ancienne ?

– Les temps changent, la compréhension des choses doit changer aussi.

– Qu'est-ce que ça signifie ?

– Ça signifie que nous avons découvert, au sujet de la jeune femme, des éléments qui n'étaient pas clairs auparavant. Il semblerait qu'elle bénéficie de certaines protections, légales et autres. J'aimerais commencer par abattre le réseau de défense qui l'entoure, discrètement, en douceur, de manière invisible, pourrait-on dire. Et lorsqu'elle sera devenue vulnérable, il sera temps de passer à l'action. D'ici là…

– La prudence, conclut Binaud en se levant. L'excès de prudence est une grave faute, Marcel. Vous devez être plus résolu. Vous devez agir. Trouvez-la, capturez-la et amenez-la ici. Mais procédez comme bon vous semble. Je n'interviendrai pas cette fois.

Delamare se leva à son tour pour serrer la main de son visiteur et l'accompagner jusqu'à la porte. Quand il fut seul, son dæmon vint se poser sur son épaule et ils se postèrent à la fenêtre pour regarder le juge en chef s'éloigner à grands pas. Un assistant portait sa mallette ; un autre tenait un parapluie pour le protéger de la neige qui commençait à tomber.

– Je déteste être interrompu, dit Delamare.

– Je crois qu'il n'a rien remarqué, répondit son dæmon.

– Il s'en apercevra un jour.

L'homme qui venait de la gare marchait vite. En moins d'une minute, il était presque arrivé au saule. Dès qu'il l'atteignit, les deux autres attaquèrent. Le premier jaillit de l'obscurité pour lui asséner un coup dans les genoux avec une lourde branche. L'homme s'écroula aussitôt en poussant un grognement. L'autre se jeta alors sur lui, muni d'une sorte de petite matraque qu'il lui abattit sur la tête, les épaules, les bras.

Nul ne prononça le moindre mot. Le dæmon de la victime, un petit faucon, essayait de s'envoler, en criant et en battant furieusement des ailes, mais il ne cessait de retomber à mesure que son humain faiblissait sous les coups.

Soudain, Pan vit un éclat de lune se refléter sur la lame d'une arme blanche, et l'homme qui avait escaladé le portail du centre de tri hurla avant de s'effondrer au sol, mais son complice frappa de nouveau, puis de nouveau encore, jusqu'à ce que la victime ne bouge plus. Pan entendit chaque coup de matraque.

L'homme était mort. Le second comparse se releva et toisa son compagnon à terre.

– Qu'est-ce qui s'est passé ? demanda-t-il tout bas.

– Ce salopard m'a coupé le tendon ! Regarde-moi ça, je saigne comme un porc.

Son dæmon, le mastiff croisé, gémissait et se contorsionnait sur le sol à côté de lui.

– Tu peux te lever ?

Le meurtrier parlait d'une voix grave et voilée, comme s'il avait la gorge prise, avec un accent de Liverpool.

– À ton avis ?

– Tu ne peux pas bouger ?

L'homme blessé tenta de se remettre debout. Ce qui provoqua un autre grognement de douleur. Son acolyte lui tendit la main et il parvint à se relever mais, de toute évidence, il ne pouvait marcher que sur une jambe.

– Qu'est-ce qu'on va faire ? s'enquit-il.

La lune les illuminait tous les trois : le meurtrier, l'homme qui ne pouvait plus marcher et le mort. Le cœur de Pan cognait si fort qu'il craignait qu'on l'entende.

– Abruti. Tu n'as pas vu qu'il avait un couteau ? lança le meurtrier.

– Il était trop rapide…

– Tu es censé savoir te battre. Pousse-toi de là.

Le premier homme recula d'un pas ou deux en boitant. L'autre se pencha pour saisir le macchabée par les chevilles et le traîner dans les fourrés.

Il réapparut presque aussitôt et, d'un geste impatient, fit signe à son comparse d'approcher.

– Appuie-toi sur moi. J'ai bien envie de te laisser croupir ici tout seul. Qui m'a foutu un boulet pareil ? Va falloir que je revienne m'occuper de lui. Et cette saleté de lune qui brille de plus en plus. Où est son sac ? Il avait pas un sac ?

– Non, il avait pas de sac. Il avait rien.

– Ah, merde.

– Barry reviendra avec toi pour t'aider.

– Trop bruyant. Trop nerveux. Donne-moi ton bras. Allez, grouille !

– Oh, la vache… aaaah, ça fait mal…

– Ferme-la et avance aussi vite que possible. Je m'en fous que ça fasse mal. Interdiction de l'ouvrir.

Le premier homme noua son bras autour des épaules du meurtrier et l'escorta en clopinant. Ils passèrent lentement sous le chêne et suivirent la rive en sens inverse. En baissant la tête, Pan aperçut dans l'herbe une tache de sang d'un rouge éclatant au clair de lune.

Il attendit que les hommes aient disparu mais, alors qu'il s'apprêtait à sauter sur le sol, quelque chose remua dans les fourrés où gisait le corps de la victime. Et une créature pâle, semblable à un oiseau, s'éleva dans un battement d'ailes, retomba, s'éleva de nouveau, sans parvenir à rester en l'air. Dans un ultime sursaut de vie, elle vola en direction de Pan.

Celui-ci était paralysé par la terreur. Si l'homme était mort, que pouvait-il faire ? Pan était prêt à se battre, à s'enfuir, à s'évanouir, quand soudain le dæmon se retrouva juste à côté de lui sur la branche. Il faillit perdre l'équilibre et dégringoler, et Pan dut le retenir. Il était glacé, et vivant… quoique à peine. L'homme n'était donc pas mort.

– Au secours, haleta le faucon. Aide-nous…

– Oui… je…

– Vite !

Il parvint à voler jusqu'aux fourrés. En un éclair, Pan dévala le tronc du chêne et bondit vers l'endroit où le faucon avait disparu. Il trouva l'homme allongé au milieu des joncs. Il respirait encore et son dæmon s'appuyait contre sa joue.

En disant :

– Dæmon… séparé…

L'homme tourna légèrement la tête en poussant un grognement. Pan entendit le raclement sinistre de deux parties d'os brisé l'une contre l'autre.

– Séparé ? murmura l'homme.

– Oui… on a appris…

– C'est mon jour de chance… Dans ma poche intérieure… là… (Au prix d'un énorme effort, il leva la main pour toucher le côté droit de sa veste.) Prends…

Essayant de ne pas lui faire mal et luttant contre le tabou majeur qui interdisait de toucher le corps d'une autre personne, Pan ouvrit la veste avec son museau et dénicha un portefeuille dans la poche intérieure.

– Oui, voilà. Emporte-le. Ils ne doivent pas s'en emparer… Je m'en remets à toi et… à ton…

Pan avait beau tirer, le portefeuille ne venait pas car la veste était coincée sous le corps de l'homme, incapable de bouger. Finalement, après s'être battu quelques secondes, il parvint à l'en extirper.

– Emporte-le… avant qu'ils reviennent…

Le faucon au plumage clair avait presque disparu ; ce n'était plus qu'une volute d'ombre blanche qui palpitait, collée au visage de l'homme. Pan détestait voir des gens mourir, à cause de ce qui arrivait à leurs dæmons : ils se volatilisaient comme la flamme d'une bougie qui s'éteint. Il avait envie de consoler cette pauvre créature, qui savait qu'elle allait disparaître, mais elle n'aspirait qu'à une chose : sentir une dernière fois la chaleur qu'elle avait trouvée dans le corps de son humain au cours de leur existence commune. L'homme avala une ultime bouffée d'air dans un râle, et le beau dæmon-faucon s'envola pour toujours.

Maintenant, Pan devait rapporter le portefeuille jusqu'au collège Sainte-Sophia, dans le lit de Lyra.

Le coinçant entre ses dents, il se fraya un chemin au milieu des joncs. Le portefeuille n'était pas lourd, mais encombrant, et surtout, il dégageait l'odeur d'une autre personne : un mélange de sueur, d'eau de toilette et de feuille à fumer. D'où une trop grande proximité avec une personne qui n'était pas Lyra.

Arrivé devant la clôture qui entourait les jardins ouvriers, il s'arrêta pour souffler. Il avait décidé de prendre son temps. La nuit était encore longue.

Lyra dormait à poings fermés quand un choc, semblable à une chute, la réveilla en sursaut. Tendant instinctivement la main vers Pan, elle se souvint qu'il n'était pas là. Lui était-il arrivé quelque chose ? Ce n'était pas la première nuit, loin de là, où elle avait dû se coucher seule, et elle détestait ça. Oh, quelle folie de vouloir partir ainsi en solitaire ! Mais il refusait de l'écouter, il s'obstinait. Un jour, ils en paieraient le prix l'un et l'autre.

Lyra demeura éveillée un instant, mais déjà le sommeil se refermait sur elle et, très vite, elle s'avoua vaincue. Elle ferma les yeux.

Les cloches d'Oxford sonnaient deux heures quand Pan rentra. Il déposa le portefeuille sur la table et remua sa mâchoire douloureuse de droite à gauche afin de la soulager, avant de retirer le livre avec lequel Lyra avait coincé la fenêtre. Il le connaissait. C'était un roman intitulé *Les Hyperchorasmiens*, et Pan trouvait que Lyra y accordait beaucoup trop d'attention. Il le laissa tomber par terre et, après s'être lavé méticuleusement, il poussa le portefeuille sur un rayonnage de la bibliothèque, à l'abri des regards.

Cela étant fait, il bondit avec légèreté sur l'oreiller de Lyra. Accroupi, il contempla son visage endormi, éclairé par le rayon de lune qui filtrait entre les rideaux.

Elle avait les joues rouges et ses cheveux blond foncé étaient collés par la sueur. Ses lèvres, qui si souvent lui avaient murmuré des mots à l'oreille, qui l'avaient embrassé, et avaient embrassé Will également, étaient pincées. Un léger froncement de sourcils plissait son front, puis disparaissait, comme des nuages dans un ciel venteux. Autant de signes qui trahissaient leur éloignement réciproque.

Et Pan ne savait pas quoi faire. À part s'allonger contre elle, contre sa peau, toujours aussi chaude et accueillante. Au moins, ils étaient vivants.

2
Leurs vêtements sentaient la rose

Lyra se réveilla pour entendre l'horloge du collège sonner huit heures. Durant les premières minutes pendant lesquelles elle refaisait surface, avant que la pensée consciente interfère, elle éprouvait de délicieuses sensations, dont la chaleur du pelage de son dæmon autour de son cou. Aussi loin que remontaient ses souvenirs, cette vénération sensuelle et mutuelle avait toujours fait partie de sa vie.

Elle resta allongée dans son lit, en essayant de ne pas réfléchir, mais les pensées étaient une marée montante. De petites vagues de conscience – un devoir à terminer, des vêtements à laver, le fait de savoir que si elle arrivait au réfectoire après neuf heures elle n'aurait pas de petit déjeuner – affluaient de-ci de-là et attaquaient le château de sable de sa douce somnolence. Jusqu'à ce que survienne la déferlante : Pan et leur éloignement réciproque. Un obstacle s'était dressé entre eux, sans qu'ils sachent vraiment de quoi il s'agissait. Chacun pouvait se confier uniquement à l'autre, or c'était justement la seule chose qu'ils ne parvenaient plus à faire.

Elle repoussa les couvertures et se leva en frissonnant, car Sainte-Sophia se montrait parcimonieuse en matière de chauffage. Après une toilette rapide au petit lavabo, dont l'eau chaude martelait et secouait les tuyaux avant de condescendre à apparaître, elle enfila une jupe écossaise et un pull gris clair, qui étaient plus ou moins ses dernières affaires propres.

Pendant tout ce temps, Pan faisait semblant de dormir sur l'oreiller. Jamais il ne se comportait de cette façon quand ils étaient plus jeunes. Jamais.

– Pan, dit-elle d'un ton las.

Il était obligé d'obéir. De fait, il se leva, s'étira et laissa Lyra le hisser sur son épaule. Ensemble, ils quittèrent la chambre et descendirent.

– Lyra, faisons comme si on se parlait, murmura-t-il.

– Je ne sais pas si faire semblant est une bonne chose dans la vie.

– C'est mieux que le contraire. Il faut que je te raconte ce que j'ai vu cette nuit. C'est important.

– Pourquoi tu ne m'en as pas parlé en rentrant ?

– Tu dormais.

– Non. Pas plus que toi tout à l'heure.

– Dans ce cas, tu aurais dû savoir que j'avais quelque chose d'important à te dire.

– Je le savais. Je sentais qu'il s'était passé quelque chose.

Mais je savais aussi que je devrais me battre avec toi pour t'obliger à m'en parler, et franchement…

Pan ne dit rien. Arrivée au pied de l'escalier, Lyra sortit dans le froid humide du matin. Deux ou trois filles se dirigeaient vers le réfectoire ; d'autres en sortaient, après avoir pris leur petit déjeuner. D'un pas décidé, elles partaient vaquer à leurs occupations, se rendaient à la bibliothèque, à un cours magistral ou à des travaux pratiques.

– Je crois que j'en ai assez de tout ça, conclut-elle. Tu me raconteras après le petit déjeuner.

Lyra gravit les quelques marches qui menaient au réfectoire et, après s'être servi un bol de porridge, elle avisa une place libre à une des longues tables et alla s'y asseoir. Autour d'elle, des filles de son âge finissaient leurs œufs brouillés, leur porridge ou leurs toasts ; certaines bavardaient gaiement, d'autres paraissaient maussades, fatiguées ou préoccupées ; une ou deux lisaient leur courrier ou mangeaient d'un air impassible. Lyra en connaissait beaucoup par leurs prénoms, certaines uniquement de vue ; il y avait parmi elles des filles qu'elle appréciait pour leur gentillesse ou leur esprit ; quelques-unes, sans être des ennemies, ne deviendraient jamais ses amies car elles étaient snobs, arrogantes ou froides. Elle se sentait chez elle dans cette communauté scolaire, au milieu de ses brillantes contemporaines, travailleuses ou cancanières, aussi bien que partout ailleurs. Elle aurait dû se réjouir.

Alors qu'elle versait du lait dans son porridge, Lyra nota la présence de la fille assise en face d'elle. Elle s'appelait Miriam Jacobs. C'était une belle petite brune, suffisamment intelligente pour obtenir de bons résultats en faisant le strict minimum. Un peu vaniteuse, mais dotée d'un bon esprit, qui lui faisait accepter les moqueries.

Son dæmon-écureuil, Syriax, accroché dans ses cheveux, paraissait dévasté. Tandis que Miriam lisait une lettre, une main plaquée sur la bouche. Le teint blême.

Personne d'autre ne l'avait remarqué. Lorsque Miriam reposa la lettre, Lyra se pencha au-dessus de la table et demanda :

– Qu'est-ce qui se passe, Miriam ?

Celle-ci battit des paupières et soupira comme si elle se réveillait. Elle fit glisser la lettre sur ses genoux.

– C'est chez moi… Une histoire idiote.

Son dæmon descendit sur ses genoux, à côté de la lettre, pendant que Miriam se livrait à un grand numéro d'insouciance, qui passa au-dessus de la tête de ses voisines, indifférentes.

– Je peux t'aider ? proposa Lyra.

Pan avait rejoint Syriax sous la table. Les deux filles sentaient que leurs dæmons discutaient, et elles savaient que tout ce que racontait l'écureuil à la martre serait connu de Lyra très vite. Miriam posa sur elle un regard chargé de désespoir. Elle était au bord des larmes.

Lyra se leva et dit :

– Viens.

Sa camarade était dans cet état où toute forme de détermination, d'où qu'elle vienne, ressemble à une bouée sur une mer déchaînée. Elle quitta le réfectoire dans le sillage de Lyra, en serrant son dæmon contre sa poitrine, sans demander où elles allaient. Elle la suivait comme un mouton.

– J'en ai marre du porridge, des toasts froids et des œufs brouillés tout secs, dit Lyra. Dans un cas comme celui-ci, il n'y a qu'une seule solution.

– Laquelle ? interrogea Miriam.

– Chez George.

– Mais, j'ai un cours…

– Non. Le professeur a un cours. Pas toi. Ni moi. Et j'ai envie d'œufs sur le plat avec du bacon. Allez, ressaisis-toi. As-tu été scoute ?

– Non.

– Moi non plus. Je ne sais pas pourquoi je t'ai demandé ça.

– J'ai une dissertation à…

– Tu connais quelqu'un qui n'a pas de dissertation à faire ? Il y a des milliers de garçons et de filles qui sont en retard pour rendre leurs devoirs. Le contraire serait honteux. Et puis, George nous attend. Le Cadena n'est pas encore ouvert, sinon on aurait pu y aller. Avance, on se gèle. Tu veux aller prendre un manteau ?

– Oui… vite fait…

Elles coururent chercher leurs manteaux. Celui de Lyra était vert, élimé et un peu trop petit. Celui de Miriam, en cachemire bleu marine, lui allait parfaitement.

– Et si quelqu'un te demande pourquoi tu n'étais pas en cours, en séminaire ou je ne sais quoi, tu répondras que tu étais contrariée et que la gentille Lyra t'a emmenée faire un tour, dit Lyra, alors qu'elles passaient devant la loge du concierge.

– Je n'ai jamais mis les pieds Chez George, avoua Miriam.

– Impossible. Je ne te crois pas.

– Je sais où c'est, mais… j'ai toujours cru que ce n'était pas un endroit pour nous.

Chez George était un café situé à l'intérieur du marché couvert, très fréquenté par les commerçants et les ouvriers du coin.

– J'y vais depuis que je suis petite, dit Lyra. Toute petite même. Je traînais devant l'entrée jusqu'à ce qu'ils me donnent un petit pain pour que je m'en aille.

– Ah bon ? C'est vrai ?

– Un petit pain ou une gifle. J'y ai même travaillé quelque temps. Je faisais la vaisselle, le thé et le café. J'avais dans les neuf ans, je crois.

– Tes parents te laissaient… Oh, pardon. Désolée.

Les amis de Lyra savaient peu de choses de son passé, si ce n'est que ses parents, descendant l'un et l'autre d'une grande famille, étaient morts lorsqu'elle était très jeune. Il allait sans dire qu'elle en ressentait une immense tristesse, voilà pourquoi elle n'en parlait jamais, ce qui, bien évidemment, alimentait les spéculations. Miriam était mortifiée.

– À l'époque, j'étais sous la responsabilité de Jordan, expliqua gaiement Lyra. S'ils avaient su… Si les gens de Jordan College avaient su, je veux dire, ils auraient été surpris, j'imagine, puis ils auraient oublié, et j'aurais continué à aller Chez George. Je faisais plus ou moins ce que je voulais.

– Quelqu'un était au courant ?

– La Gouvernante, Mme Lonsdale. Elle était redoutable. Elle me grondait tout le temps, alors que ça ne servait à rien. Je savais être très sage quand il le fallait.

– Pendant combien de temps tu… Tu avais quel âge quand… Pardonne-moi, je ne veux pas être indiscrète.

– La première chose dont je me souviens, c'est quand on m'a emmenée à Jordan la première fois. Je ne saurais pas dire quel âge j'avais… je crois que j'étais encore un bébé. Un homme grand et fort me tenait dans ses bras. C'était la nuit, il y avait de l'orage. Des éclairs, des coups de tonnerre, des trombes d'eau. Il se déplaçait à cheval et m'avait enveloppée dans son manteau. Il a frappé à une porte avec un pistolet, la porte s'est ouverte, il faisait chaud à l'intérieur, il y avait de la lumière. Il m'a remise à quelqu'un d'autre, et je crois qu'il m'a embrassée avant de remonter sur son cheval et de repartir. C'était probablement mon père.

Miriam était très impressionnée. À dire vrai, Lyra avait des doutes au sujet du cheval, mais elle aimait bien ce détail.

– Comme c'est romantique, dit Miriam. C'est ton premier souvenir ?

– Le tout premier. À partir de ce jour-là, j'ai vécu à Jordan. Jusqu'à maintenant. Et toi, quelle est la première chose dont tu te souviens ?

– Le parfum des roses, répondit-elle sans hésiter.

– Dans un jardin ?

– Non. Dans l'usine de mon père. Où ils fabriquent du savon et ce genre de choses. J'étais assise sur ses épaules, dans l'atelier de mise en bouteille. L'odeur forte flottait dans l'air... Elle imprégnait les vêtements des ouvriers, et leurs femmes devaient les laver sans cesse pour l'effacer.

Lyra savait que la famille de Miriam était riche. Les savons, les parfums et autres leur avaient permis de faire fortune. Miriam possédait d'ailleurs une vaste collection d'eaux de toilette, de crèmes et de shampoings parfumés. Une des occupations favorites de ses amies consistait à tester les nouveautés.

Lyra s'aperçut soudain que sa camarade pleurait. Elle s'arrêta et lui prit le bras.

– Qu'est-ce qui ne va pas ? C'est à cause de cette lettre ?

– Papa est en faillite, avoua Miriam d'une voix tremblante. C'est la fin. Voilà, tu sais maintenant.

– Oh, bon sang, c'est affreux.

– On ne pourra pas… Ils vont vendre la maison et je vais devoir quitter le collège… Mes parents n'ont plus les moyens…

Elle était incapable de continuer ; Lyra lui ouvrit ses bras et Miriam se laissa aller contre elle, en sanglotant. Son shampoing sentait bon et Lyra se demanda s'il contenait de la rose lui aussi.

– Ne pleure pas, dit-elle. Il existe des bourses, des fonds d'entraide, tu le sais… Tu ne seras pas obligée de partir d'ici.

– Tout va changer ! Mes parents seront obligés de tout vendre pour aller vivre… je ne sais où… Danny devra quitter Cambridge et… Oh, ça va être horrible.

– C'est moins grave qu'il y paraît, tu verras.

Du coin de l'œil, Lyra vit Pan parler à l'oreille de Syriax, et elle devina qu'il lui tenait le même genre de propos.

– Ça t'a fait un choc d'apprendre ça au petit déjeuner, dans une lettre. Mais les gens survivent à de tels malheurs, je t'assure, et parfois, ça se passe beaucoup mieux qu'on le croit. Je parie que tu ne seras pas obligée de quitter le collège.

– Tout le monde saura…

– Et alors ? Il n'y a pas de quoi avoir honte. Ce sont des choses qui arrivent à un tas de gens. Ce n'est pas leur faute. Si tu réagis avec courage, tout le monde t'admirera.

– Papa n'y est pour rien.

– Bien sûr que non ! répondit Lyra, qui ignorait tout de la situation. C'est ce qu'on apprend en cours d'histoire économique : il y a des cycles. Et on ne peut pas résister, c'est trop puissant.

– C'est arrivé du jour au lendemain, et personne n'a rien vu venir.

Miriam farfouillait dans sa poche. Elle en sortit la lettre froissée pour la lire à voix haute :

– « Les fournisseurs se sont montrés déraisonnables et, malgré ses nombreux voyages à Lattaquié, papa n'a pas trouvé d'autre source d'approvisionnement. Apparemment, les grandes entreprises pharmaceutiques achètent tout avant tout le monde. Il n'y a absolument rien à faire. C'est affreux… »

– Les fournisseurs de quoi ? demanda Lyra. De roses ?

– Oui. Ils les achètent là-bas, dans des jardins, et ils les distillent ou je ne sais quoi. Pour obtenir de l'essence. De l'essence de rose.

– Les roses anglaises ne font pas l'affaire ?

– Je ne crois pas. Il faut qu'elles viennent de là-bas.

– Et la lavande ? Ce n'est pas ce qui manque.

– Ils… Je n'en sais rien, moi !

– Des hommes vont perdre leur travail, je suppose, dit Lyra, alors qu'elles tournaient dans Broad Street, devant la Bibliothèque Bodley. Ceux dont les vêtements sentaient la rose.

– Sans doute. C'est terrible.

– Oui. Mais vous vous en sortirez, j'en suis sûre. Une fois installées, on va établir un plan, dresser la liste de toutes les options, de toutes les possibilités, et ça ira tout de suite mieux. Tu verras.

Au café, Lyra commanda des œufs au bacon et du thé. Miriam ne voulait rien, hormis un café, mais Lyra demanda à George de lui apporter un petit pain aux raisins.

– Si elle ne le mange pas, je m'en chargerai, ajouta-t-elle.

– Ils ne vous donnent pas à manger là-bas, dans votre collège ? demanda George dont les mains agiles savaient couper, beurrer, verser et agiter la salière plus vite que celles de n'importe qui.

Plus jeune, Lyra admirait la manière dont il cassait trois œufs en même temps au-dessus d'une poêle, d'une seule main, sans renverser une goutte de blanc ni briser le jaune, ni même laisser tomber un bout de coquille. Un jour, elle avait gaspillé deux douzaines d'œufs en essayant d'en faire autant. Ce qui lui avait valu une paire de claques, bien méritée, elle devait le reconnaître. Et même si George se montrait plus respectueux désormais, elle n'avait toujours pas le droit de jongler avec les œufs.

Elle lui emprunta un crayon et une feuille de papier sur laquelle elle traça trois colonnes ainsi définies : « Faire », « Se renseigner » et « Choses qui ne méritent pas qu'on s'inquiète ». Aidées de leurs dæmons, Miriam et Lyra les remplirent de suggestions pendant qu'elles se restauraient. Miriam mangea son pain aux raisins jusqu'au bout et, lorsque la feuille fut remplie, elle était presque d'humeur joyeuse.

– Tu vois, dit Lyra. C'est toujours une bonne idée de venir Chez George. Les petits déjeuners de Sainte-Sophia sont trop nobles. Quant à Jordan…

– Ils sont moins austères que les nôtres, je parie.

– Énormes chauffe-plats en argent remplis de pilaf de poisson, de rognons à la diable ou de harengs fumés. Il faut bien offrir à ces jeunes messieurs le standing auquel ils sont habitués. C'est très bien, mais je n'aimerais pas manger ça tous les jours.

– Merci, Lyra. Je me sens beaucoup mieux. Tu avais raison.

– Alors, que vas-tu faire maintenant ?

– Je vais aller voir le Dr Bell. Puis envoyer une lettre chez moi.

Le Dr Bell était sa tutrice, une sorte de guide, de mentor. Une femme bourrue, mais gentille ; elle saurait ce que pouvait faire le collège pour aider Miriam.

– Très bien, dit Lyra. Tiens-moi au courant.

– Promis.

Après le départ de sa camarade, Lyra s'attarda un instant pour bavarder avec George ; elle déclina à regret sa proposition de travailler au café durant les vacances de Noël et finit son thé. Puis vint le moment où Pan et elle se retrouvèrent seuls de nouveau.

– Que t'a-t-il dit ? demanda-t-elle (elle parlait du dæmon de Miriam).

– En vérité, elle s'inquiète à cause de son petit ami. Elle ne sait pas comment lui annoncer la nouvelle, car elle craint de ne plus lui plaire si elle n'est plus riche. Il est élève à Cardinal College. C'est une sorte d'aristocrate.

– On a perdu tout ce temps, on a fait tous ces efforts, et elle ne m'a même pas parlé de ce qui la tracasse le plus ? Je n'aime pas ça, pesta Lyra en récupérant son manteau élimé. Et si ce garçon réagit de cette manière, c'est qu'il n'en vaut pas la peine. Oh, Pan, je suis désolée, ajouta-t-elle, se surprenant elle-même autant que son dæmon. Tu allais me raconter ce que tu as vu cette nuit, et je n'ai pas eu le temps de t'écouter.

Elle sortit en saluant George d'un geste de la main.

– J'ai vu quelqu'un se faire assassiner, dit Pan.

3

La consigne

Lyra se figea. Ils se trouvaient devant Chez George, non loin de l'entrée du marché couvert, et dans l'air flottait une délicieuse odeur de café torréfié.

– Hein ? Tu peux répéter ?

– J'ai vu deux hommes en agresser un troisième et l'assassiner. Ça s'est passé près des jardins ouvriers et du centre de tri postal…

Alors qu'ils quittaient lentement Market Street pour revenir vers Sainte-Sophia, Pan raconta à Lyra toute l'histoire.

– Ils semblaient connaître le phénomène de séparation. Je parle de l'homme qui a été tué et de son dæmon. Ils pouvaient le faire eux aussi. Son dæmon a dû m'apercevoir sur la branche car il a volé directement jusqu'à moi… non sans mal, je le précise, car il était blessé… Mais il n'avait pas peur. De me voir seul, je veux dire, contrairement à la plupart des gens. Il était comme moi.

– Et ce portefeuille, où est-il maintenant ?

– Dans notre bibliothèque. À côté du dictionnaire d'allemand.

– Et cet homme, que t'a-t-il dit, au juste ?

– Il a dit : « Emporte-le. Ils ne doivent pas s'en emparer… Je m'en remets à toi et… à ton… » Et il est mort.

– Dans ce cas, allons voir ça de plus près.

De retour dans leur chambre-bureau à Sainte-Sophia, ils allumèrent le radiateur à gaz et la petite lampe ambarique, car le ciel était gris et la lumière sinistre.

Lyra prit le portefeuille sur l'étagère de la bibliothèque. Il s'agissait d'un modèle qui s'ouvrait simplement en deux, sans fermoir, et à peine plus grand que sa paume. Le cuir, autrefois granuleux, comme du maroquin, s'était patiné et avait pris un aspect lisse, gras. Peut-être avait-il été marron, mais à présent il était presque noir, et portait à différents endroits la trace des dents de Pan.

Lyra percevait une odeur un peu âcre, légèrement épicée : mélange d'eau de toilette et de sueur. Pan agita la patte devant son museau. Lyra examina attentivement l'extérieur, à la recherche d'un monogramme. En vain.

Elle ouvrit le portefeuille, tout à fait ordinaire. Il contenait quatre billets de banque : six dollars et cent francs en tout. Ce n'était pas une grosse somme. Dans un autre compartiment, elle trouva un billet de train Paris-Marseille.

– Il était français ? demanda Pan.

– Pour le moment, je ne sais pas, répondit Lyra. Tiens, regarde, une photo.

D'un autre compartiment, elle sortit une carte d'identité cornée et sale sur laquelle un photogramme montrait un homme d'une quarantaine d'années, portant des cheveux noirs bouclés et une fine moustache.

– C'est lui, confirma Pan.

Cette carte d'identité avait été émise par le Bureau des Affaires étrangères de Sa Majesté, au nom d'Anthony John Roderick Hassall, citoyen britannique, dont la date de naissance indiquait qu'il avait trente-huit ans. Le photogramme de son dæmon représentait un petit oiseau de proie de la famille des faucons. Pan considérait ces deux portraits avec un vif intérêt et une profonde tristesse.

Lyra découvrit ensuite une petite carte qu'elle reconnut sans peine, car elle avait la même dans son sac : une carte de la Bibliothèque Bodley. Pan ne put retenir un petit hoquet de surprise.

– Cet homme devait être membre de l'université, commenta-t-il. Oh, regarde, c'est quoi, ça ?

Il s'agissait d'une autre carte, certifiant que le Dr Roderick Hassall faisait partie du Département de Botanique de l'université.

– Quelle raison ces hommes avaient-ils de l'attaquer ? demanda Lyra, sans attendre véritablement de réponse. Il avait l'air riche ? Il transportait quelque chose ?

– Ils ont dit… (Pan essayait de se remémorer la scène.) L'un d'eux, l'assassin, était étonné que l'homme ait les mains vides. Comme s'il s'attendait à le voir avec un sac. Mais l'autre homme, celui qui était blessé, ne s'intéressait pas du tout à cette question.

– Avait-il un sac, oui ou non ? Une mallette ? Une valise ?…

– Non. Rien.

Le portefeuille renfermait également un document maintes fois plié et replié, à tel point qu'il avait fallu le renforcer avec du ruban adhésif. Dessus, on pouvait lire : LAISSEZ-PASSER[1].

– C'est quoi, ce truc ? demanda Pan.

– Une sorte de passeport, je pense…

Il avait été émis par le ministère de la Sécurité intérieure de la Sublime Porte, le gouvernement de l'Empire ottoman, à Constantinople. Et indiquait en français, en anglais et en anatolien qu'Anthony John Roderick Hassall, botaniste à Oxford, Britannia, était autorisé à circuler librement à travers tout l'Empire ottoman. Les autorités devaient lui offrir assistance et protection chaque fois que cela était nécessaire.

– Il est grand, cet Empire ottoman ? interrogea Pan.

– Gigantesque. Il englobe la Turquie, la Syrie, le Liban, l'Égypte, la Libye et des milliers de kilomètres vers l'est. Je crois. Oh, attends voir, il y a un autre papier…

– Et encore un autre derrière.

Ces deux documents avaient été émis par le khanat du Turkestan, incluant les régions de la Bactriane et de la Sogdiane, et par la préfecture du Xinjiang, dans l'Empire céleste du Cathay. Ils disaient plus ou moins la même chose, plus ou moins dans les mêmes termes, que le laissez-passer de l'Empire ottoman.

– Ils ne sont plus valables, fit remarquer Lyra.

– Mais celui du Xinjiang est antérieur à celui du Turkestan. Cela signifie qu'il venait de là et que le voyage lui a pris… trois mois. C'est long.

1. En français dans le texte. (*N.d.T.*)

– Il y a encore autre chose.

Les doigts de Lyra avaient senti un autre papier dans un compartiment du portefeuille. Elle l'extirpa et le déplia pour découvrir un document bien différent des précédents : un prospectus d'une compagnie de bateaux transatlantiques vantant les mérites d'une croisière vers le Levant, à bord d'un navire baptisé le *Zenobia*. Il était imprimé par la Compagnie Impériale de l'Orient et le texte en anglais promettait, entre autres choses, « Soleil et romantisme vous attendent... ».

– « Ainsi que des soies magnifiques, des parfums enchanteurs, des douceurs, des épées richement ornées, des yeux magnifiques sous le ciel étoilé... »

– « Venez danser sur la musique de Carlo Pomerini et son orchestre, le Salon Sérénade, enchaîna Lyra. Venez écouter le murmure de la lune sur les eaux tranquilles de la Méditerranée... » Comment est-ce que le clair de lune peut murmurer ? « Une croisière avec la Compagnie Impériale Levantin, c'est découvrir tout un monde de beauté... » Hé, Pan, regarde !

Au dos du prospectus était imprimé un tableau indiquant les dates d'arrivée et de départ dans différents ports. Le navire devait quitter Londres le jeudi 17 avril et regagner Southampton le samedi 23 mai, après avoir visité quatorze villes. Quelqu'un avait entouré la date du lundi 11 mai, à laquelle le *Zenobia* faisait escale à Smyrne, et l'avait reliée par un trait à ces mots griffonnés : « Café Antalya, square Souleïman, 11 h. »

– Un rendez-vous ! s'exclama Pan.

D'un bond, il passa de la table à la cheminée pour consulter, les pattes avant appuyées contre le mur, le calendrier accroché là.

– Ce n'est pas cette année... C'est l'année prochaine !

Oui, les jours correspondent. Ça ne s'est pas encore produit. Qu'est-ce qu'on fait ?

– Euh..., fit Lyra. On devrait apporter tout ça à la police. Tu es sûr de ce que tu as vu, hein ?

– Sûr et certain, répondit Pan en sautant sur la table.

Il examina les documents de plus près et demanda :

– Il n'y a rien d'autre dans le portefeuille ?

– Je ne crois pas. (Les doigts de Lyra furetèrent dans tous les compartiments.) Ah, si ! Je sens quelque chose... Une pièce ?

Elle retourna le portefeuille et le secoua. Il en tomba non pas une pièce, mais une clé, à laquelle était attachée une petite plaque métallique portant le numéro 36.

– Ça ressemble à..., dit Pan.

– Oui. On a déjà vu ça... On a eu une clé comme celle-ci. C'était quand ?

– L'année dernière... à la gare...

– La consigne ! s'exclama Lyra. Il a déposé un bagage dans un casier de consigne.

– Le bagage que convoitaient les deux hommes !

– Il doit s'y trouver encore.

Lyra et son dæmon échangèrent un regard, les yeux écarquillés.

Mais elle secoua la tête.

– Non. Il faut prévenir la police, dit-elle. Nous avons fait ce qu'aurait fait n'importe qui. Nous avons fouillé le portefeuille pour savoir à qui il appartenait et... et...

– On pourrait aussi l'apporter au Jardin Botanique. Là où travaillent ceux qui étudient les plantes. Ils sauront qui était cet homme.

– Oui. Mais il a été tué. C'est une affaire qui concerne la police. On doit les prévenir, Pan.

– Hmmm. Oui… sans doute.

– En revanche, rien ne nous empêche de recopier certaines choses. Les dates de son voyage, le rendez-vous à Smyrne…

Elle nota ces informations.

– C'est tout ? demanda Pan.

– Oui. Je vais essayer de remettre chaque chose à sa place, et ensuite, on ira à la police.

– Pourquoi on s'embête à recopier tout ça ? Franchement ?

Lyra observa son dæmon avant de reporter son attention sur le portefeuille.

– Simple curiosité. Cette histoire ne nous regarde pas… mais on sait comment il s'est retrouvé dans ces fourrés. Alors, ça nous regarde.

– Et puis, il a dit qu'il s'en remettait à nous. Ne l'oublie pas.

Lyra éteignit le radiateur, ferma la porte à clé et ils prirent la direction du poste de police de Saint-Aldate, le portefeuille en poche.

Vingt-cinq minutes plus tard, ils patientaient devant un guichet pendant que l'officier chargé de l'accueil expliquait à un homme désireux d'obtenir un permis de pêche que ce n'était pas du ressort de la police. La discussion menaçant de s'éterniser, Lyra s'assit sur l'unique chaise et se prépara à attendre jusqu'à l'heure du déjeuner.

Assis sur ses genoux, Pan observait tout ce qui se passait. Quand deux agents de police sortirent d'un bureau et s'arrêtèrent devant le guichet pour discuter, il les scruta. Et Lyra sentit ses griffes se planter dans sa main.

Elle ne réagit pas. Elle savait qu'il allait lui expliquer ce qui se passait dans un instant. Ce qu'il fit. En remontant jusqu'à son épaule pour lui chuchoter :

– C'est l'homme de la nuit dernière. C'est l'assassin. J'en suis certain.

Il parlait du plus grand et du plus costaud des deux policiers. Lyra entendit ce dernier glisser à son collègue :

– Non, c'est des heures sup. C'est légal. Tout est dans les règles. Aucun doute à ce sujet.

Il avait une voix désagréable, rauque, teintée d'un fort accent de Liverpool. Au même moment, l'homme qui voulait un permis de pêche s'éloigna enfin du guichet en lançant au policier de l'accueil :

– Si vous en êtes sûr, j'ai pas le choix. Mais je veux que ça soit noté noir sur blanc.

– Revenez cet après-midi. Le collègue qui sera là vous fournira un document en ce sens, répondit le policier.

En disant cela, il adressa un clin d'œil aux deux autres.

– Soit. Je ne m'avoue pas vaincu !

– Très bien, monsieur. Bonjour, mademoiselle. Que puis-je faire pour vous ?

Il s'était adressé à Lyra, et les deux autres policiers la regardaient eux aussi.

Elle se leva et dit :

– Je ne sais pas si c'est ici que je dois venir, mais on m'a volé mon vélo.

– Oui, c'est ici, mademoiselle. Remplissez ce formulaire et on verra ce qu'on peut faire.

Lyra prit la feuille qu'il lui tendait et dit :

– Je suis un peu pressée. Je peux vous la rapporter plus tard ?

– Quand vous voulez, mademoiselle.

Jugeant cette affaire sans intérêt, il se retourna vers ses deux collègues pour participer à la conversation sur les heures supplémentaires. Quelques secondes plus tard, Lyra et Pan étaient de retour dans la rue.

– Alors, on fait quoi maintenant ? demanda Pan.

– On va à la consigne, évidemment.

Mais avant cela, Lyra voulait se rendre sur le lieu du crime. Alors qu'ils traversaient Carfax en direction du château, elle reprit toute l'histoire point par point avec Pan. Ils se montraient si polis et attentionnés l'un envers l'autre que cela en devenait presque douloureux. Toutes les personnes que Lyra croisait dans les rues ou les commerces, tous ceux et toutes celles avec qui elle avait parlé au marché étaient parfaitement à l'aise avec leurs dæmons. Celui de George, le patron du café, un rat extravagant, se nichait dans la grande poche de son tablier et lançait des commentaires sardoniques sur tout ce qui l'entourait. Pleinement satisfait de George, comme celui-ci l'était de son dæmon. Seuls Lyra et Pan étaient malheureux ensemble.

Alors, ils faisaient de gros efforts. Ayant atteint les jardins ouvriers, ils examinèrent la haute clôture grillagée qui entourait le centre de tri postal, celle qu'avait escaladée le deuxième agresseur, et le chemin qui venait de la gare, emprunté par la victime.

C'était jour de marché et, outre le fracas des wagons de chemin de fer que l'on expédiait sur des voies de garage, le vacarme d'une perceuse ou d'une meuleuse avec laquelle quelqu'un bricolait à l'intérieur du centre de tri, Lyra entendait les beuglements du bétail enfermé dans les enclos au loin. Il y avait du monde partout.

– Quelqu'un nous observe peut-être, dit-elle.

– Oui, possible.

– Faisons semblant de flâner en rêvassant.

Elle balaya du regard les alentours, lentement. Ils se trouvaient dans la zone qui s'étendait entre le fleuve et les jardins, un pré mal entretenu où, l'été, les gens venaient se promener et pique-niquer, se baigner ou jouer au football. Cette partie d'Oxford n'était pas le domaine de Lyra, qui avait prêté allégeance aux gamins de Jericho, à un peu moins d'un kilomètre au nord. Elle avait livré de nombreuses batailles ici, face aux bandes venant de Sainte-Ebbe, avant de partir pour l'Arctique et d'abandonner totalement ce monde. Aujourd'hui encore, alors qu'elle était une jeune femme de vingt ans cultivée, étudiante à Sainte-Sophia, elle éprouvait une peur primitive quand elle se retrouvait en territoire ennemi.

Elle se remit en marche prudemment, traversa l'étendue d'herbe jusqu'à la rive, ne voulant pas laisser transparaître le fait qu'elle cherchait une scène de crime.

Ils s'arrêtèrent pour regarder passer un train chargé de charbon qui roulait en direction du pont de bois enjambant la rivière. Les wagons le franchirent bruyamment, à faible allure, avant d'être aiguillés sur une autre voie menant aux hauts-fourneaux qui grondaient jour et nuit.

Lyra demanda à Pan :

– Où allait cet homme quand les deux autres l'ont agressé ? Où conduit ce chemin ?

Ils étaient arrivés à l'endroit même où Pan avait vu les agresseurs se cacher sous le saule, à l'extrémité ouest des jardins ouvriers. Les deux arbres se dressaient droit devant, à une centaine de mètres. Si M. Hassall n'avait pas été attaqué, le chemin l'aurait conduit plus loin le long de la rive, là où elle formait un coude vers la gauche. Sans avoir besoin de se concerter, Lyra et Pan repartirent en flânant dans cette direction.

Le chemin longeait la rivière jusqu'à une passerelle qui l'enjambait et menait aux ruelles qui serpentaient entre les maisons mitoyennes construites autour de l'usine à gaz et à la paroisse de Sainte-Ebbe proprement dite.

– Voilà donc où il se rendait, commenta Pan.

– Même s'il ne le savait pas. Peut-être qu'il suivait simplement le chemin.

– Un des deux hommes devait venir de là. Pas celui du centre de tri, l'autre.

– D'ici, on peut aller n'importe où, dit Lyra. En suivant les vieilles rues biscornues de Sainte-Ebbe, puis de Saint-Aldate, de Carfax… N'importe où.

– On ne saura jamais où il allait. Impossible de le deviner.

Ils continuaient l'un et l'autre de bavarder ainsi, arrêtés à l'extrémité de la passerelle. Aucun des deux n'avait envie de voir l'endroit où cet homme avait été tué.

– Il le faut pourtant, dit-elle.

– Oui, confirma Pan. Allons-y.

Ils rebroussèrent chemin vers le saule et le chêne, là où poussaient d'épais buissons, en lisière du chemin boueux. Lyra regardait nonchalamment autour d'elle. Il n'y avait rien de sinistre ni de menaçant, uniquement des enfants qui jouaient au bord de l'eau, quelques hommes qui travaillaient dans leur jardin et, devant eux, deux personnes âgées qui marchaient bras dessus, bras dessous, chargées de sacs à provisions.

Ils dépassèrent le vieux couple, qui leur sourit et les salua d'un hochement de tête quand Lyra leur dit bonjour, et se retrouvèrent sous le chêne. Pan quitta son épaule pour lui montrer la branche sur laquelle il s'était allongé, puis redescendit d'un bond pour filer dans l'herbe jusqu'au saule.

Lyra le suivit en cherchant des traces de lutte sur le sol, mais elle ne voyait que de l'herbe piétinée et de la boue, comme partout ailleurs sur le chemin.

– Tu vois quelqu'un arriver ? demanda-t-elle à Pan.

Le dæmon revint se percher sur son épaule pour scruter les environs.

– Une femme accompagnée d'un jeune enfant et tenant un cabas franchit la passerelle. C'est tout.

– Inspectons les buissons. C'est par là, hein ?

– Oui, juste ici.

– Et il a traîné le corps jusqu'à l'eau ?

– Non. Il s'est arrêté au milieu des joncs. Quand j'étais là du moins. Il est sans doute revenu plus tard pour le faire disparaître.

Lyra quitta le chemin et descendit le talus jusqu'aux joncs. Ils étaient hauts et la pente raide. Par conséquent, à seulement deux mètres du chemin, elle était invisible. Le sol était glissant et ses chaussures seraient fichues, mais elle parvint à conserver son équilibre, et elle s'accroupit afin d'examiner attentivement les lieux. Certains joncs étaient couchés, leurs tiges avaient été brisées, et on avait traîné quelque chose dans la boue, quelque chose qui pouvait avoir la taille d'un homme.

Mais aucune trace du corps.

– On ne peut pas fouiner trop longtemps, dit-elle en gravissant le talus. Ça va paraître louche.

– Direction la gare, alors.

Tandis qu'ils passaient devant le centre de tri postal, la

grosse cloche de Cardinal College sonna onze heures, et Lyra songea au cours auquel elle aurait dû assister à cette heure-ci, le dernier du trimestre. Heureusement, Annie et Helen seraient présentes, elle pourrait emprunter leurs notes, et peut-être que ce beau garçon timide de Magdalen serait assis au fond de la salle, comme la fois précédente, peut-être même qu'elle aurait pu s'asseoir à côté de lui et voir ce qui se passerait ; et tout redeviendrait alors normal. Mais tant que cette clé de consigne serait dans sa poche, rien ne serait normal.

– Dans le temps, c'est toi qui étais impulsive, fit remarquer Pan. Et moi qui te réfrénais. C'est différent maintenant.

– Tu sais, les choses changent… On pourrait attendre et retourner à Saint-Aldate quand ce policier aura terminé son service. Ce soir, par exemple, vers dix-huit heures. Ils ne peuvent pas tous être de mèche. Il y en a forcément un d'honnête parmi eux. Il ne s'agit pas d'un… vol à l'étalage. Un meurtre a été commis.

– Je sais. J'y étais.

– Et peut-être qu'en agissant ainsi, on aide le meurtrier sans le vouloir. En nous mêlant de l'enquête. Ce n'est pas bien.

– Ça aussi, c'est différent.

– Quoi donc ?

– Tu étais toujours optimiste. Quoi qu'on fasse, tu étais certaine que ça se finirait bien. Même quand on est revenus du Nord tu pensais ça. Maintenant, tu es prudente, inquiète… pessimiste.

Lyra savait que Pan avait raison, mais il n'avait pas le droit de lui parler sur ce ton accusateur comme s'il pouvait lui reprocher ce changement.

– J'étais jeune.

Ce fut tout ce qu'elle trouva à dire.

Pan ne répondit rien.

Ils restèrent muets jusqu'à la gare. Là, Lyra lança :

– Approche, Pan.

Il sauta immédiatement dans ses mains jointes. Elle le déposa sur son épaule et murmura :

– Jette un coup d'œil derrière. Quelqu'un nous observe peut-être.

Le dæmon fit demi-tour et s'installa pendant que Lyra gravissait l'escalier menant à l'entrée de la gare.

– Ne va pas directement à la consigne, lui souffla-t-il. Fais mine d'aller regarder les journaux d'abord. Comme ça, je verrai si quelqu'un nous surveille.

Lyra hocha la tête et bifurqua sur la gauche à l'intérieur de la gare pour se diriger d'un pas nonchalant vers le kiosque. Pendant qu'elle feuilletait les magazines, Pan considéra les hommes et les femmes qui faisaient la queue pour acheter des billets, étaient attablés pour boire un café, consultaient les horaires ou demandaient des renseignements au guichet.

– Tout le monde est affairé, dit-il tout bas. Je ne vois personne qui semble faire le pied de grue.

Lyra avait la clé de consigne à portée de main, dans sa poche.

– J'y vais ?

– Oui. Mais sans te presser. Marche normalement. Regarde les tableaux des départs et des arrivées ou ce que tu veux.

Lyra reposa le magazine qu'elle avait dans les mains et s'éloigna du kiosque. Elle avait l'impression que cent paires d'yeux l'observaient. Malgré cela, elle s'efforça de conserver une allure décontractée en traversant le hall pour rejoindre la consigne.

– Pour l'instant, tout va bien, commenta Pan. Personne ne fait attention à nous. À toi de jouer.

Le casier 36 se trouvait à hauteur de hanches. Lyra introduisit la clé, la tourna et ouvrit la porte. Découvrant un vieux sac à dos en toile usé.

– J'espère que ce n'est pas trop lourd, murmura-t-elle.

Elle le souleva en laissant la clé sur la porte.

Malgré le poids, elle le balança sans peine sur son épaule droite.

– Dommage qu'on ne puisse pas faire comme Will, soupira-t-elle.

Pan comprenait ce qu'elle voulait dire. Will Parry avait le pouvoir de devenir invisible ; un don qui avait stupéfié les sorcières du Nord, capables de disparaître de la même manière : en réduisant ce qu'il y avait d'intéressant en elles jusqu'à passer quasiment inaperçues. Will avait pratiqué cet art toute sa vie, afin d'échapper aux agents de police et aux travailleurs sociaux qui se seraient demandé pourquoi ce garçon n'allait pas à l'école et auraient mené une enquête susceptible de le séparer de sa mère adorée, en proie à toutes sortes de peurs et d'obsessions irraisonnées.

Quand Will avait raconté à Lyra dans quelles conditions il avait été obligé de vivre, combien cela avait été difficile de demeurer invisible, elle avait tout d'abord été sidérée que l'on puisse mener une existence si solitaire, puis elle avait été émue par son courage et, finalement, elle n'avait pas été étonnée que les sorcières soient si respectueuses de ce don.

Elle se demanda, comme souvent, ce qu'il faisait à cet

instant, si sa mère était en sécurité, et à quoi il ressemblait aujourd'hui…

Pan murmura :

– Tout va bien jusqu'à maintenant. Mais dépêche-toi un peu. Il y a un type sur les marches, qui nous regarde.

L'esprit occupé par Will, Lyra n'avait pas remarqué qu'ils étaient déjà sur le parvis de la gare, là où les bus et les taxis déposaient et prenaient des voyageurs.

– Il est comment ? demanda-t-elle.

– Grand. Coiffé d'un bonnet noir. Son dæmon ressemble à un mastiff.

Lyra pressa le pas en direction de Hythe Bridge Street et du centre-ville.

– Qu'est-ce qu'il fait ?

– Il nous regarde toujours.

Le chemin le plus rapide pour rejoindre Jordan College aurait été le plus direct, évidemment, mais c'était aussi le plus dangereux car elle serait restée à découvert dans Hythe Bridge Street, puis dans George Street.

– Il nous voit encore ? s'enquit-elle.

– Non. On est cachés par l'hôtel.

– Alors, accroche-toi.

– Qu'est-ce que…

Soudain, Lyra traversa la route en courant et se faufila sous les balustrades qui entouraient les quais, où les péniches déchargeaient leurs cargaisons de charbon. Ignorant les hommes qui s'arrêtèrent de travailler pour la regarder. Sans cesser de courir, elle contourna la grue à vapeur, derrière le bâtiment de l'administration du canal, et après avoir traversé une ruelle, elle s'engouffra dans George Street Mews.

– Je ne le vois plus, dit Pan en tendant le cou.

Lyra s'engagea dans Bulwarks Lane, un passage entre deux murs hauts, pas plus large que l'écartement de ses bras. Ici, elle était totalement hors de vue. En cas de pépin, il n'y aurait personne pour voler à son secours… Arrivée à l'extrémité de ce coupe-gorge, elle tourna à gauche toute, dans une ruelle qui passait derrière l'oratoire Saint-Peter, puis déboucha dans New Inn Hall Street, grouillante de gens qui faisaient leurs courses.

– Pour l'instant, tout va bien, commenta Pan.

Lyra prit ensuite Sewy's Lane, une venelle humide située à proximité de l'hôtel Clarendon. Là, un homme remplissait une grosse poubelle en prenant tout son temps. Son dæmon, une truie massive affalée sur le sol à côté de lui, grignotait un navet. Lyra l'enjamba. Surpris, l'homme fit un bond en arrière et laissa tomber la cigarette coincée entre ses lèvres.

– Hé ! s'écria-t-il, mais Lyra avait déjà atteint le Cornmarket, la principale artère commerçante de la ville, envahie de piétons et de camions de livraison.

– Continue à ouvrir l'œil, dit-elle à Pan, essoufflée.

Sans ralentir toutefois, elle bifurqua dans une autre ruelle, près de l'auberge de la Croix-d'Or, qui menait au marché couvert.

– Je vais être obligée de ralentir, haleta-t-elle. Ce sac est foutrement lourd.

Elle traversa le marché d'un pas normal, le souffle court, en regardant droit devant elle, tandis que Pan surveillait leurs arrières. Elle y était presque : il fallait prendre Market Street, tourner à gauche dans Turl Street et, après une cinquantaine de mètres, Jordan College était là. À moins d'une minute.

S'obligeant à contrôler chaque muscle de son corps, elle s'approcha de l'entrée, tranquillement.

Au moment où elle franchissait la porte, une silhouette jaillit de la loge du Concierge.

– Hé, bonjour, Lyra ! Alors, tu as fait un bon trimestre ?

C'était l'affable Dr Polstead, un historien, un homme à la forte carrure et aux cheveux roux. Auquel Lyra n'avait aucune envie de parler. Il avait quitté Jordan quelques années plus tôt pour aller enseigner à Durham College, de l'autre côté de Broad Street, mais apparemment, quelque affaire le ramenait dans le bâtiment de temps à autre.

– Oui, merci, répondit-elle d'un ton neutre.

Un groupe d'étudiants de premier cycle entrèrent au même moment, sans doute pour se rendre en cours ou assister à une conférence. Lyra les ignora, mais tous la regardèrent, ce qui ne la surprit pas. Ils se turent en passant à sa hauteur, comme s'ils étaient timides. Entre-temps, le Dr Polstead, lassé d'attendre une réponse plus élaborée de la part de Lyra, était retourné dans la loge. Deux minutes plus tard, Pan et elle étaient de retour dans leur petit studio, au sommet de l'Escalier Un, où elle poussa un long soupir de soulagement et laissa tomber le sac à dos sur le plancher, avant de verrouiller la porte.

– À partir de maintenant, on est impliqués, dit Pan.

4
L'argenterie du collège

– Qu'est-ce qui n'a pas fonctionné ? interrogea Marcel Delamare.

Le secrétaire général, dans son bureau de la maison Juste, s'adressait à un jeune homme vêtu de manière décontractée, brun, svelte, à la mine boudeuse, allongé sur un canapé, les mains dans les poches. Son dæmon, un faucon, foudroya Delamare du regard.

– Quand on fait appel à des incapables…, dit le visiteur.

– Répondez à la question.

Le jeune homme haussa les épaules.

– Ils ont tout fait rater. Ils étaient incompétents.

– Il est mort ?

– Apparemment.

– Mais ils n'ont rien trouvé. Transportait-il un sac ou un bagage quelconque ?

– Je ne peux pas voir ce genre de détails. Mais je ne pense pas.

– Regardez encore. Faites un effort.

Le jeune homme esquissa un geste indolent, comme pour chasser cette idée. Les yeux mi-clos, il fronçait les sourcils et une fine pellicule de sueur luisait sur son front blanc.

– Vous ne vous sentez pas bien ? s'inquiéta Delamare.

– Vous connaissez les effets de cette nouvelle méthode. Elle met mes nerfs à rude épreuve.

– Vous êtes grassement payé afin de supporter ce genre de désagréments. En outre, je vous ai déjà dit de ne pas utiliser cette nouvelle méthode. Je m'en méfie.

– Je regarderai, c'est entendu. Je regarderai. Mais pas tout de suite. Je dois d'abord me remettre. Toutefois, je peux d'ores et déjà vous annoncer une chose : il y avait un témoin.

– De l'opération ? Qui ?

– Aucune idée. Je ne saurais le dire. Mais quelqu'un a tout vu.

– Les mécanos s'en sont aperçus ?

– Non.

– C'est tout ce que vous pouvez m'apprendre ?

– C'est tout ce que je sais. Tout ce qu'il est possible de savoir. Si ce n'est…

Le jeune homme s'interrompit. Habitué à ses petites manies, le secrétaire général rongeait son frein. Finalement, son visiteur reprit :

– Je pense que c'était peut-être elle. Cette fille. Je ne l'ai pas vue, cela étant. Mais ça pourrait être elle.

En disant cela, il dévisageait Delamare. Celui-ci, jusqu'à présent debout, s'assit à son bureau et griffonna quelques mots sur une feuille de papier à en-tête, qu'il plia en deux avant de reboucher son stylo à plume.

– Tenez, Olivier. Apportez ça à la banque. Et reposez-vous. Nourrissez-vous. Prenez des forces.

Le jeune homme prit la feuille, la déplia pour lire ce qui y était écrit, puis la glissa dans sa poche et sortit sans dire un mot. Mais il avait noté un phénomène qu'il avait déjà remarqué : la bouche de Marcel Delamare tremblait quand il entendait parler de la fille.

Lyra posa le sac à dos sur le plancher et se coula dans le vieux fauteuil.

– Pourquoi tu t'es caché quand le Dr Polstead est sorti de la loge ?

– Pas du tout, répondit Pantalaimon.

– Si. Tu t'es glissé sous mon manteau dès que tu as entendu sa voix.

– Pour ne pas déranger, c'est tout. Allez, ouvrons ce sac pour voir ce qu'il contient. (Il flairait le sac à dos et soulevait les attaches avec son museau.) C'est bien à lui. Je sens son odeur. Rien à voir avec l'eau de toilette que fabrique le père de Miriam.

– On n'a pas le temps de faire ça maintenant, dit Lyra. Il nous reste vingt minutes pour aller voir le Dr Lieberson à Sainte-Sophia.

À la fin de chaque trimestre, tout étudiant de premier cycle avait un entretien avec son professeur principal pour une évaluation, des encouragements à travailler davantage, des félicitations pour le travail accompli, des conseils de lecture avant les vacances. Lyra n'avait jamais loupé un seul de ces entretiens, mais si elle ne se dépêchait pas…

Elle se leva, mais Pan ne bougea pas.

– On ferait bien de cacher ça, dit-il.

– Pourquoi ? Personne n'entre ici. C'est un endroit sûr.

– Je suis sérieux. Pense à l'homme d'hier soir. Quelqu'un n'a pas hésité à le tuer pour s'emparer de ce sac.

Pan n'avait pas tort, se dit Lyra. Elle tira le tapis élimé. Sous une latte du parquet se trouvait un espace vide dans lequel ils avaient déjà caché des choses. Le sac à dos rentrait tout juste. Ils remirent la latte et le tapis en place. En dévalant l'escalier, Lyra entendit l'horloge de Jordan sonner onze heures quarante-cinq.

Ils arrivèrent avec une minute d'avance et durent endurer en sueur et le visage rougi les appréciations du Dr Lieberson. Apparemment, Lyra avait bien travaillé et elle commençait à saisir toute la complexité de la politique méditerranéenne et byzantine, même si demeurait le danger de croire qu'une maîtrise superficielle des événements équivalait à une compréhension fondamentale des principes sous-jacents. Lyra opinait avec force hochements de tête. Elle aurait pu rédiger elle-même ces commentaires. Le Dr Lieberson, une jeune femme blonde à la coupe de cheveux sévère, qui avait pour dæmon un chardonneret, posa sur elle un regard dubitatif.

– N'oublie pas les lectures, dit-elle. Frankopan est très intéressant. Hughes-Williams a un excellent chapitre sur le commerce levantin. Et surtout…

– Oh, oui, justement ! Pardonnez-moi de vous interrompre, professeur. Le commerce levantin ; repose-t-il toujours sur les roses, les parfums, ce genre de choses ?

– Et les feuilles à fumer, depuis qu'on les a découvertes.

À l'époque médiévale, la principale source d'approvisionnement en essence de rose était la Bulgarie. Mais le commerce a souffert de la guerre des Balkans et des droits de douane imposés par l'Empire ottoman sur tous les produits qui transitaient par le Bosphore. En outre, le climat s'est légèrement modifié et les producteurs de roses ont eu du mal à cultiver les meilleures variétés, si bien que, peu à peu, le commerce s'est déplacé vers l'est.

– Sauriez-vous pourquoi il est menacé aujourd'hui ?

– Il est menacé ?

Lyra évoqua brièvement les difficultés rencontrées par le père de Miriam pour obtenir des matières premières destinées à son usine.

– Intéressant, dit le Dr Lieberson. L'histoire est sans cesse en mouvement, vois-tu. Le problème, de nos jours, serait principalement dû aux politiques régionales, je suppose. Je vais me renseigner. Je te souhaite de bonnes vacances.

La fin du trimestre de la Saint-Michel était marquée par un certain nombre de rituels qui variaient d'un collège à l'autre. Sainte-Sophia, qui voyait plutôt d'un mauvais œil toutes les formes de rituels en général, se contentait d'offrir un dîner léger, avec l'air de dire : « Puisqu'il faut vraiment célébrer cet événement. » Jordan, en revanche, organisait une somptueuse Fête du Fondateur, véritable débauche gastronomique. Plus jeune, Lyra attendait toujours ce festin avec impatience, non pas parce qu'elle y était invitée (elle ne l'était pas), mais parce que cela lui permettait de gagner quelques guinées en astiquant l'argenterie. Tâche devenue elle aussi une tradition et, après un déjeuner rapidement avalé à Sainte-Sophia en compagnie de quelques camarades (au cours duquel Miriam sembla avoir retrouvé le sourire), Lyra fonça à l'Office, où M. Cawson, l'Intendant, sortait les plats, les saladiers, les assiettes, les coupes et la grande boîte de poudre à lustrer.

L'Intendant, l'aîné des domestiques, était responsable de toutes les cérémonies au collège, des grands dîners, de l'argenterie, du Salon et de tous les privilèges qui s'y rattachaient. Fut un temps où Lyra avait plus peur de M. Cawson que de n'importe qui d'autre à Oxford mais, dernièrement, il avait commencé à montrer les signes d'une humanité insoupçonnée. Assise à la longue table recouverte de feutrine verte, elle trempait son doigt enveloppé d'un linge humide dans la boîte de poudre à lustrer les couverts jusqu'à ce que leur surface éclatante semble ondoyer et se dissoudre dans la lumière de la lampe à naphte.

– Joli travail, commenta l'Intendant en faisant tourner un saladier entre ses paumes pour en admirer les reflets impeccables.

– Combien ça coûte ça, monsieur Cawson ? demanda Lyra en prenant un grand plat d'au moins soixante centimètres de diamètre, creusé en son centre.

– Ça n'a pas de prix, répondit-il. C'est une pièce irremplaçable. Impossible d'acheter un plat semblable de nos jours, on n'en fabrique plus. Le savoir-faire s'est perdu. Celui-ci a trois cent quarante ans et il est épais comme deux pièces d'une guinée. Voilà pourquoi il est d'une valeur inestimable, au sens propre du terme. Hélas, ajouta-t-il dans un soupir, c'est sans doute la dernière fois que nous l'utiliserons.

– Ah bon ? Pour quelle raison ?

– Tu n'as jamais assisté à la Fête du Fondateur, n'est-ce pas, Lyra ? dit le vieil homme. Tu as dîné au Réfectoire un grand nombre de fois, et souvent à la table haute, mais jamais en cette occasion, si je ne m'abuse ?

– Je ne suis pas invitée, répondit modestement Lyra. Ce ne serait pas correct. Jamais je ne serai autorisée à entrer dans le Salon ensuite, sans parler de tout le reste.

– Hmmm, fit M. Cawson, impassible.

– Du coup, je ne sais pas à quoi sert ce grand plat. C'est pour les truffes au chocolat ?

– Essaie de le poser.

Lyra le déposa sur le tapis de feutrine. Du fait de son fond arrondi, le plat bascula sur le côté et demeura en position inclinée.

– Pas très pratique, commenta-t-elle.

– Ce plat n'est pas fait pour être posé, mais porté. Il s'agit d'un plat à eau de rose.

– De l'eau de rose ?

Lyra leva les yeux vers le vieil homme, subitement très intéressée.

– Oui. Après la viande, et avant que les convives changent de place pour le dessert, nous faisons circuler des plats d'eau de rose. Il y en a quatre, et celui-ci est le plus beau. Ces messieurs et leurs invités y trempent leurs serviettes, s'y rincent les doigts ou que sais-je. Hélas, nous ne pouvons plus nous procurer d'eau de rose. Il nous en reste juste assez pour cette fête, et ensuite, terminé.

– Pourquoi est-ce que vous n'en trouvez plus ? Les roses poussent partout. Le jardin du Maître en est plein ! Vous auriez de quoi fabriquer de l'eau de rose ! Je suis sûre que j'y arriverais, moi. Ça ne doit pas être très compliqué.

– Oh, nous ne manquons pas d'eau de rose anglaise,

répondit l'Intendant en soulevant une lourde flasque posée sur une étagère au-dessus de la porte. Mais elle manque de corps, elle n'est pas assez concentrée. La meilleure vient du Levant, ou de plus loin encore. Tiens, sens-moi ça.

Il déboucha la flasque ; Lyra se pencha au-dessus du goulot et huma le parfum intense de toutes les roses qui avaient jamais éclos sur terre : un arôme si profond, si capiteux, qu'il vous emportait au-delà de sa complexité, dans un royaume de pureté limpide et simple, de beauté. C'était comme respirer le soleil lui-même.

– Je comprends ce que vous voulez dire. Et cette flasque contient tout ce qu'il reste ?

– Je n'ai pas réussi à m'en procurer davantage. Je crois que M. Ellis, le chambellan de Cardinal College, en possède encore quelques flacons. Mais il les conserve précieusement. Je vais tenter de m'insinuer dans ses bonnes grâces.

M. Cawson s'exprimait toujours d'un ton pince-sans-rire et Lyra ne savait jamais s'il plaisantait ou pas. Quoi qu'il en soit, cette histoire d'eau de rose méritait qu'on s'y attarde.

– D'où vient cette merveille, disiez-vous ?

– Du Levant. Et plus particulièrement de Syrie et de Turquie, si j'ai bien compris. Il existe, paraît-il, un moyen de différencier les diverses provenances, mais je n'ai jamais réussi à le faire. Ce n'est pas comme avec le tokay ou le porto. Chaque vin recèle une richesse d'arômes, et une fois qu'on sait les reconnaître, impossible de confondre un cru avec un autre. Mais pour cela, on utilise son palais et ses papilles gustatives, n'est-ce pas ? On fait appel à toute la bouche. L'eau de rose n'est qu'une senteur. Néanmoins, certaines personnes savent faire la différence.

– Pourquoi est-elle devenue si rare ?

– Les pucerons, j'imagine. Eh bien, Lyra, as-tu fini d'astiquer toute l'argenterie ?

– Il ne reste plus que ce bougeoir. Dites, monsieur Cawson, qui est votre fournisseur d'eau de rose ? À qui l'achetez-vous ?

– À une société baptisée Sidgwick. Mais d'où te vient cet intérêt soudain pour l'eau de rose ?

– Je m'intéresse à tout.

– Oui, c'est vrai. J'oubliais.

L'Intendant ouvrit un tiroir d'où il sortit un minuscule flacon de verre, pas plus grand que le petit doigt de Lyra, qu'il lui tendit.

– Débouche-le et tiens-le bien.

Lyra obéit et, avec le plus grand soin et la main la plus sûre, M. Cawson y versa un peu d'eau de rose contenue dans la flasque.

– Et voilà. Quelques gouttes de plus ou de moins… Puisque tu n'es pas invitée à la fête et que tu n'as pas le droit de pénétrer dans le Salon, c'est toujours ça de pris.

– Merci !

– Allez, file maintenant. Oh… si tu veux en savoir plus sur le Levant, l'Orient et ainsi de suite, tu devrais interroger le Dr Polstead, à Durham.

– Oui, bonne idée. Merci, monsieur Cawson.

Lyra quitta l'Office de l'Intendant et sortit dans l'après-midi hivernal. Elle contempla d'un œil morne les bâtiments de Durham College, de l'autre côté de Broad Street. Elle n'avait qu'à traverser la rue. Nul doute que le Dr Polstead était dans son bureau, nul doute qu'il l'accueillerait chaleureusement, avec sa bonhomie habituelle ; il la ferait asseoir et l'entretiendrait de l'histoire du Levant des heures durant et, au bout de cinq minutes, elle regretterait d'avoir frappé à sa porte.

– Eh bien ? demanda-t-elle à Pan.

– Non. On peut aller le voir. Mais on ne doit pas lui parler du sac à dos. Il nous dirait de l'apporter à la police et on serait obligés de lui répondre que c'est impossible et…

– Qu'y a-t-il, Pan ?

– Hein ?

– Tu me caches quelque chose.

– Non, pas du tout. Rentrons pour regarder ce qu'il y a dans ce sac à dos.

– Pas maintenant. Ça devra attendre. N'oublie pas qu'on a du pain sur la planche, lui rappela Lyra. Si on s'y met dès aujourd'hui, ce sera ça de moins à faire plus tard.

– Prenons le sac à dos, au moins.

– Non ! Laissons-le où il est. En lieu sûr. On reviendra bientôt pour les vacances. Et si on l'emporte avec nous à Sainte-Sophia, tu me casseras les pieds pour regarder à l'intérieur.

– Ce n'est pas mon genre.

– Si tu t'entendais.

De retour à Sainte-Sophia, Pan fit semblant de dormir pendant que Lyra vérifiait les citations de son devoir de fin de trimestre, en repensant au sac à dos. Sur ce, elle enfila sa dernière robe propre et alla dîner.

Autour d'une assiette de mouton bouilli, quelques camarades tentèrent de la convaincre de les accompagner à un concert à l'hôtel de ville. Un jeune pianiste d'une beauté saisissante devait jouer du Mozart. En temps normal, Lyra se serait sans doute laissé tenter par cette proposition, mais elle avait autre chose en tête et, aussitôt après le gâteau de riz, elle s'éclipsa, enfila son manteau et descendit Broad Street jusqu'à un pub baptisé Le Cheval Blanc.

Il était rare de voir une jeune femme entrer seule dans un pub, mais dans son état d'esprit présent, Lyra n'avait rien d'une jeune femme. Et puis, elle cherchait quelqu'un. Qu'elle trouva rapidement. Le bar du Cheval Blanc était petit et étroit, et afin de trouver la personne qu'elle voulait voir, Lyra dut jouer des coudes au milieu de la cohue des employés de bureau, en ce début de soirée, pour atteindre l'arrière-salle. En plein trimestre, cet endroit regorgerait d'étudiants, mais on approchait de la fin de l'année et ils ne reviendraient pas avant la mi-janvier.

Dick Orchard était là, dans l'arrière-salle, en compagnie de Billy Warner, et de deux filles que Lyra ne connaissait pas.

– Bonsoir, Dick.

Le visage du garçon s'éclaira. C'était un beau visage. Aux cheveux noirs et bouclés, brillants. Avec de grands yeux aux iris sombres et vifs, qui tranchaient sur le blanc intense. Les traits étaient joliment dessinés, la peau saine et dorée. Le genre de visage aux contours bien nets que les photogrammes mettaient en valeur. En outre, un soupçon de rire, ou tout du moins d'amusement, flottait derrière chacune des expressions qui le traversaient. Ce soir, il portait autour du cou un foulard blanc et bleu, à pois, dans le style gitan. Son dæmon était une petite renarde svelte, qui se dressa pour accueillir Pan avec plaisir. Tous les deux s'étaient toujours bien entendus. Quand Lyra avait neuf ans, Dick était le chef d'une bande de garçons qui traînaient autour du marché, et ce qu'elle admirait chez lui, c'était sa capacité à cracher plus loin que n'importe qui. Récemment, ils avaient eu une liaison aussi brève que passionnée, et surtout, ils s'étaient quittés bons amis. Lyra était véritablement heureuse de le trouver là ce soir, mais évidemment elle ne pouvait pas le montrer, car les autres filles l'observaient.

– Où t'étais passée ? s'exclama Dick. On t'a pas vue depuis des semaines !

– J'avais des choses à faire. Des gens à voir. Des livres à lire.

– Salut, Lyra, dit Billy, un garçon sympathique qui suivait Dick partout depuis l'époque de l'école primaire. Comment va ?

– Salut, Billy. Il y a une petite place pour moi ?

– C'est qui, elle ? demanda une des filles.

Les deux garçons l'ignorèrent. Billy glissa sur la banquette et Lyra s'y assit.

– Hé ! grogna l'autre fille. De quel droit tu t'incrustes comme ça ?

Lyra l'ignora elle aussi. Elle demanda à Dick :

– Tu ne travailles plus au marché ?

– Non. Ras le bol. Transporter des patates, empiler des choux… Je bosse au centre de tri maintenant. Qu'est-ce que tu bois, Lyra ?

– Une Badger.

Elle jubilait intérieurement : elle avait vu juste au sujet du nouveau travail de Dick.

Celui-ci se leva et bouscula une des filles pour passer.

– Qu'est-ce que tu fous, Dick ? pesta-t-elle. C'est qui, cette fille ?

– Ma petite amie.

Il se retourna vers Lyra avec dans les yeux une sorte de sourire indolent, et elle soutint son regard, à la fois effrontée, calme et complice. Sur ce, il s'éloigna. La fille prit son sac à main et lui emboîta le pas en protestant. Lyra ne lui avait pas prêté la moindre attention. L'autre fille demanda :

– Comment il t'a appelée ? Laura ?

– Lyra.

Billy intervint :

– Elle, c'est Ellen. Elle travaille au central téléphonique.

– Oh, très bien, dit Lyra. Et toi, Billy, tu fais quoi maintenant ?

– Je bosse chez Acott dans High Street.

– Tu vends des pianos ? J'ignorais que tu savais en jouer.

– J'en joue pas. Je les déplace. Ce soir, par exemple, y a un concert à l'hôtel de ville, mais leur piano est pourri, alors ils nous en ont loué un. On a dû s'y mettre à trois pour le transporter. Mais faut ce qu'il faut. Et toi, alors ? Tu as fini tes exams ?

– Pas encore.

– Quels exams ? demanda la fille. Tu es étudiante ?

Lyra acquiesça. Dick revint avec une demi-pinte de bière blonde. L'autre fille avait disparu.

– Oh, une demi-pinte ? Merci infiniment, Dick, ironisa Lyra. Si j'avais su que tu avais les poches vides, j'aurais demandé un verre d'eau.

– Où est Rachel ? s'enquit la fille.

Dick s'assit.

– Je t'ai pas pris une pinte à cause de cet article dans le journal, expliqua-t-il. Il paraît que les femmes devraient pas boire autant en une seule fois. C'est trop fort pour elles, ça leur fait perdre la tête en leur donnant des envies bizarres.

– Et tu n'es pas capable d'assumer ?

– Oh, si. Mais je pensais aux passants innocents.

– Rachel est partie ? demanda la fille en essayant d'apercevoir sa copine au milieu de la foule.

– Tu fais très gitan, ce soir, dit Lyra à Dick.

– Il faut savoir mettre en valeur ses principaux attraits, pas vrai ?

– Tu appelles ça comme ça ?

– N'oublie pas que mon grand-père est gitan. Giorgio Brabandt. Il est beau, lui aussi. Il sera à Oxford cette semaine, je te le présenterai.

– J'en ai marre de cette histoire, dit la fille à Billy.

– Oh, allons, Ellen…

– Je vais rejoindre Rachel. Libre à toi de venir ou pas.

Son dæmon, un étourneau, battit des ailes sur son épaule et elle se leva.

Billy regarda Dick, qui haussa les épaules. Alors, à son tour il se leva.

– À plus tard, Dick. *Ciao*, Lyra, dit-il, avant de suivre la fille à travers la foule du bar.

– Chouette, nous voilà seuls, commenta Dick.

– Parle-moi du bureau de poste. Qu'est-ce que tu y fais ?

– C'est le principal centre de tri pour tout le sud de l'Angleterre. Le courrier arrive par le train dans des sacs scellés. On les ouvre et on répartit le courrier par régions. Ensuite, on met tout dans des caisses, une couleur différente pour chaque région, et on les charge dans d'autres trains ou à bord du zeppelin pour Londres.

– C'est comme ça toute la journée ?

– Et toute la nuit. Vingt-quatre heures sur vingt-quatre. Pourquoi tu me demandes tout ça ?

– J'ai mes raisons. Peut-être que je t'en parlerai, peut-être pas. Tu es dans quelle équipe ?

– Celle de nuit, cette semaine. Ce soir, je commence à vingt-deux heures.

– Tu connais un gars qui bosse là-bas… grand et costaud ? Il travaillait lundi soir, hier soir, et il s'est blessé à la jambe ?

– Drôle de question. Il y a des centaines de personnes qui travaillent là-bas, surtout à cette époque de l'année.

– Oui, je m'en doute…

– Néanmoins, je crois savoir de qui tu parles. Il y a parmi nous un gros balèze moche comme un pou qui s'appelle Benny Morris. Et j'ai entendu quelqu'un dire qu'il s'était fait mal à la jambe en tombant d'une échelle. Dommage qu'il se soit pas brisé le cou. Le truc bizarre, c'est qu'il bossait hier soir, mais il a fichu le camp au milieu de son service. En tout cas, personne ne l'a vu après minuit. Et cet après-midi, j'apprends qu'il s'est cassé la jambe ou un truc dans le genre.

– C'est facile de sortir du centre de tri sans se faire repérer ?

– Impossible par la grande porte sans que quelqu'un te voie. Mais c'est pas difficile d'escalader le grillage, ou de passer à travers. Qu'est-ce qui se passe, Lyra ?

Bindi, le dæmon de Dick, avait sauté avec légèreté sur la banquette à côté de lui et ses brillants yeux noirs observaient Lyra. Pan, lui, s'était posté sur la table, près du coude de Lyra. Les deux dæmons suivaient attentivement la conversation.

Lyra se pencha vers Dick pour parler plus bas :

– Hier soir, après minuit, quelqu'un a escaladé le grillage du centre de tri, au niveau des jardins ouvriers, et suivi la rivière pour rejoindre un autre homme caché au milieu des arbres. Puis un troisième homme est arrivé, par le chemin qui part de la gare, et les deux premiers l'ont agressé. Ils l'ont assassiné et ils ont caché son corps dans un buisson. Ce matin, quand on est allés voir, il n'y était plus.

– Comment tu sais tout ça ?

– On a vu ce qui s'est passé.

– Et tu n'as rien dit à la police ?

Lyra but une longue gorgée de bière, sans quitter Dick des yeux. Finalement, elle reposa son verre et dit :

– On ne peut pas. Pour une bonne raison.

– Qu'est-ce que vous faisiez là-bas, d'abord ? À minuit passé ?

– On volait des navets. Peu importe ce qu'on faisait là-bas. On y était et on a tout vu.

Bindi observa Pan, qui soutint son regard, d'un air aussi innocent qu'en était capable Lyra elle-même.

– Et ces deux hommes… ils ne vous ont pas vus ?

– S'ils nous avaient vus, ils nous auraient couru après pour nous tuer nous aussi. Le truc, c'est qu'ils n'avaient pas prévu que l'homme se défendrait, mais il avait un couteau et il en a blessé un des deux à la jambe.

Dick eut un petit mouvement de recul.

– Et tu dis qu'ils ont balancé son corps dans l'eau ?

– Ils l'ont traîné au milieu des joncs, en tout cas. Après ça, ils sont repartis en direction de la passerelle et de l'usine à gaz. Le blessé était obligé de s'appuyer sur son complice pour marcher.

– Si le corps était simplement caché parmi les joncs, ça veut dire qu'ils sont revenus plus tard pour s'en débarrasser. N'importe qui pouvait le découvrir à cet endroit. Des enfants qui jouent au bord de l'eau ou un passant. Beaucoup de gens empruntent ce chemin. Dans la journée, du moins.

– On n'a pas voulu rester pour voir ce qu'ils faisaient.

– Non, bien sûr.

Lyra finit sa bière.

– Tu en veux une autre ? proposa Dick. Cette fois, j'irai te chercher une pinte.

– Non merci. Je vais bientôt m'en aller.

– L'autre homme, pas celui qui a été agressé, celui qui attendait… Tu as vu à quoi il ressemblait ?

– Non, pas distinctement. Mais on l'a entendu parler. Et c'est pour ça…

Elle regarda autour d'eux pour s'assurer que personne ne les espionnait.

– C'est pour ça qu'on ne peut pas prévenir la police. On a entendu un policier parler à quelqu'un, et c'était la même voix. Exactement la même. Ce policier est le meurtrier !

Dick émit un sifflement muet. Avant de boire une grande gorgée de bière.

– En effet, dit-il. C'est délicat.

– Je ne sais pas quoi faire, Dick.

– Le mieux, c'est de ne rien faire. Oublie tout ça.

– Impossible.

– Parce que tu n'arrêtes pas d'y penser. Pense à autre chose.

Lyra se contenta de hocher la tête, sceptique. C'est alors qu'une idée lui traversa l'esprit.

– Ils engagent des extras pour les fêtes au centre de tri, non ?

– Oui. Tu cherches du travail ?

– Ça se pourrait.

– Je poserai la question au bureau. On rigole bien. Mais attention, on bosse dur. Tu n'auras pas le temps de jouer les détectives.

– Je veux juste voir à quoi ça ressemble de l'intérieur. Et puis, c'est l'affaire de quelques jours.

– Tu es sûre que tu ne veux pas un deuxième verre ?

– Certaine.

– Tu as prévu quelque chose ce soir ?

– J'ai des trucs à faire, des livres à lire...

– Reste avec moi. On va bien s'amuser. Tu vas me laisser seul maintenant que tu as chassé les filles ?

– Je ne les ai pas chassées !

– Tu leur as fichu la trouille.

Lyra éprouva un sentiment de honte. Elle se sentit rougir, mortifiée en repensant à la manière dont elle avait traité ces deux filles, alors qu'il aurait été si simple de se montrer sympathique avec elles.

– Une autre fois, Dick.

Des paroles difficiles à prononcer.

– Des promesses, toujours des promesses, répondit ce dernier avec bonhomie.

Elle savait qu'il ne lui faudrait pas longtemps pour trouver une autre fille avec qui passer la soirée, une fille qui n'avait aucune raison d'avoir honte et qui était heureuse avec son dæmon. Et ils s'amuseraient bien, comme il disait. L'espace d'un instant, elle envia cette inconnue car Dick était d'une compagnie agréable et attentionné, et il était plus que séduisant. Mais elle se souvint qu'après seulement quelques semaines passées avec lui, elle s'était sentie enfermée. Il y avait dans sa vie des sujets qui lui tenaient à cœur, auxquels Dick restait indifférent ou dont il ignorait même l'existence. Par exemple, jamais elle ne pourrait lui parler de Pan et de leur séparation.

Elle se leva et se pencha pour embrasser Dick, au grand étonnement de celui-ci.

– Tu n'attendras pas longtemps, dit-elle.

Il sourit. Bindi et Pan se frottèrent le bout du museau, puis Pan sauta sur l'épaule de Lyra et ils traversèrent le pub bondé pour sortir dans le froid.

Instinctivement, elle tourna à gauche, mais s'arrêta. Et après une seconde de réflexion, elle traversa la rue pour pénétrer dans Jordan College.

– Quoi encore ? demanda Pan, tandis qu'elle saluait le Concierge à travers la fenêtre de la loge.

– Le sac à dos.

Ils gravirent l'escalier jusqu'à leur vieille chambre, en silence. Dès que Lyra eut verrouillé la porte derrière eux et allumé le chauffage au gaz, elle roula le tapis et souleva la latte de parquet amovible. Tout était à sa place.

Elle récupéra le sac à dos et alla le poser sur le fauteuil, sous le lampadaire. Pan s'accroupit sur le guéridon pendant qu'elle détachait les boucles. Elle brûlait d'envie de lui confier ce qu'elle ressentait : un mélange de culpabilité, de tristesse et, surtout, de curiosité. Mais parler était devenu si difficile.

– À qui on va raconter cette histoire ? demanda-t-il.

– Ça dépend de ce qu'on trouvera.

– Pourquoi ?

– Je ne sais pas. Peut-être que ça dépend d'autre chose. Voyons ce qu'on…

Lyra ne prit pas la peine d'achever sa phrase. En soulevant le rabat du sac à dos, elle découvrit une chemise soigneusement pliée qui avait été blanche et un pull en laine bleue rêche, l'un et l'autre maintes fois reprisés, et dessous, une paire de sandales à semelles de corde, très usées, ainsi qu'une boîte en fer-blanc de la taille d'une grosse bible, fermée par deux élastiques épais. Elle était lourde et le contenu ne fit aucun bruit quand Lyra la retourna dans ses mains. Cette boîte avait contenu autrefois des feuilles à fumer de Turquie, mais le dessin peint sur le couvercle avait presque disparu. Elle l'ouvrit. À l'intérieur s'alignaient plusieurs petites bouteilles et des boîtes en carton scellées, le tout solidement calé par de la ouate.

– Des prélèvements botaniques, peut-être, dit-elle.

– C'est tout ? fit Pan.

– Non. Il y a encore sa trousse de toilette ou un truc dans le genre.

La trousse, en toile défraîchie, contenait un rasoir, un blaireau et un tube de dentifrice presque vide.

– Il y a autre chose, dit Pan en scrutant l'intérieur du sac à dos.

La main de Lyra se referma sur un livre – non, deux – qu'elle extirpa du sac. Déception : ils étaient écrits dans une langue qu'elle ne comprenait pas. L'un des deux, à en juger par les illustrations, était un ouvrage de botanique, tandis que l'autre, si on se fiait à la mise en page, était un long poème.

– Ce n'est pas tout, dit Pan.

En effet, tout au fond du sac, Lyra dénicha une liasse de papiers. Il s'agissait de trois ou quatre tirés à part de revues savantes concernant la botanique ; d'un petit carnet fatigué qui contenait, au premier coup d'œil, des noms et des adresses dans toute l'Europe et même au-delà ; et de plusieurs feuilles manuscrites. Celles-ci étaient froissées et tachées, couvertes de mots écrits au crayon à papier. Mais alors que les tirés à part étaient rédigés en latin ou en allemand, il suffit d'un regard à Lyra pour constater que c'était de l'anglais.

– Eh bien ? demanda Pan. On va les lire ou quoi ?

– Évidemment. Mais pas ici. La lumière est épouvantable. D'ailleurs, je me demande comment on arrive à travailler.

Lyra plia les feuilles et les glissa dans une poche intérieure, après quoi elle remit tout en place, avant de déverrouiller la porte pour ressortir.

– J'aurai le droit de les lire moi aussi ?

– Oh, pour l'amour du ciel, Pan !

Ils n'échangèrent pas un mot jusqu'à Sainte-Sophia.

5
Le carnet de bord du Dr Strauss

Lyra se fit un chocolat chaud et s'assit à sa petite table, près du feu et du lampadaire, pour lire le document trouvé dans le sac à dos. Plusieurs feuilles lignées avaient été arrachées d'un cahier et couvertes d'une écriture au crayon. Pan avait pris place sur la table, en gardant ostensiblement ses distances tout en se tenant assez près de Lyra pour lire avec elle.

EXTRAIT DU CARNET DE BORD DU DR STRAUSS

Tash-Bulak, 12 septembre

Chen le chamelier dit qu'il est entré au Karamakan. Une fois à l'intérieur, il a réussi à s'introduire dans le cœur du désert. Je lui ai demandé ce qui s'y trouvait. Il m'a répondu qu'il était gardé par des prêtres. C'est le mot qu'il a employé, mais je sais qu'il en cherchait un autre, plus adapté. Des sortes de soldats, a-t-il précisé. Mais des prêtres.

Et que gardaient-ils ? Un bâtiment. Il ignorait ce qu'il abritait. Ils avaient refusé de le laisser entrer.

Quel genre de bâtiment ? De quelles dimensions ? Quel aspect avait-il ? Aussi grand qu'une immense dune, m'a-t-il dit. Le plus grand du monde, fait de pierre rouge, très ancien. Ça ne ressemblait pas à un bâtiment fait par l'homme. Il ressemblait à une colline, à une montagne ? Non. Il était régulier comme une construction. Et rouge. Mais ce n'était pas comme une maison ou une demeure. Comme un temple ? Il a haussé les épaules.

Ces gardes, quelle langue parlaient-ils ? Toutes les langues, a-t-il répondu. (Ce n'est pas rien dans sa bouche car à l'instar des autres chameliers, il maîtrise une dizaine de langues, du mandarin au persan.)

Tash-Bulak, 15 septembre

Ai revu Chen. Et je lui ai demandé pourquoi il avait voulu entrer au Karamakan. Il a répondu qu'il avait entendu de nombreuses histoires au sujet des richesses infinies qu'on y trouvait. Beaucoup de personnes avaient tenté leur chance, mais la plupart avaient abandonné très vite, à cause des souffrances du voyage. Akterrakeh, *comme ils disent.*

J'ai voulu savoir comment il avait surmonté ces souffrances. En pensant à l'or, m'a-t-il dit.

– Et vous en avez trouvé ? ai-je demandé.

– Regardez-moi, a-t-il répondu. Regardez-nous.

C'est un être squelettique et dépenaillé. Ses joues sont creuses et ses yeux enfoncés au milieu de centaines de rides. La crasse s'est incrustée dans ses mains. Ses vêtements feraient honte à un épouvantail. Son dæmon, un rat du désert, n'a presque plus de poils et sa peau nue est couverte de lésions purulentes. Les autres chameliers l'évitent ; ils semblent avoir peur de lui. Son mode de vie solitaire lui convient manifestement. Désormais, ses collègues m'évitent moi aussi, sans doute parce que je suis en contact avec lui. Ils savent qu'il a le pouvoir de se séparer, et pour cette raison, ils le craignent et le rejettent.

N'était-il pas inquiet pour son dæmon ? Si celui-ci s'était perdu, qu'aurait-il fait ?

Il l'aurait cherché à al-Khan al-Azraq. Mon *arabe laisse à désirer, mais Hassall m'a expliqué qu'il parlait de l'*Hôtel Bleu. *J'ai émis des doutes, mais* Chen *a insisté : al-Khan al-Azraq.* L'*Hôtel Bleu. Et où se trouvait cet* Hôtel *Bleu ? Il l'ignorait. C'était là que se rendaient les dæmons. Mais le sien n'irait certainement pas dans cet endroit car il convoitait l'or autant que lui.* Ce *qui était sans doute une plaisanterie car il a ri en prononçant ces mots.*

Lyra se tourna vers Pan et remarqua qu'il regardait la feuille avec une intensité féroce.

Tash-Bulak, 17 septembre

Plus nous l'examinons, plus la Rosa lopnoriae *semble être l'aïeule, et les autres,* R. tajikiae *et ainsi de suite, ses descendantes. Le phénomène optique semble plus prononcé avec la* R. lopnoriae. *Et plus on s'éloigne du Karamakan, plus elle pousse difficilement. Même si des opérations ont été entreprises pour reproduire le sol, la température, le taux d'humidité, etc., du K., au point de les rendre quasiment identiques, les spécimens de* R. lopnoriae *dépérissent et meurent rapidement. Quelque chose nous échappe. Il a fallu hybrider les autres variantes afin d'obtenir une plante qui possède au moins certaines vertus de* R. lop., *tout en étant capable de survivre ailleurs.*

Une question se pose : comment présenter la chose ? Bien entendu, les articles scientifiques paraîtront d'abord. Mais aucun d'entre nous ne peut ignorer les implications à grande échelle. Dès que la vérité au sujet des roses se répandra à travers le monde, cela va provoquer une frénésie d'explorations, d'exploitations, et notre petite station sera mise sur la touche, voire anéantie. Comme tous les cultivateurs de roses des environs. Et ce n'est pas tout. La nature de ce que révèle le procédé optique va faire naître des conflits religieux et politiques, des persécutions, aussi sûrement que la nuit succède au jour.

Tash-Bulak, 23 septembre

J'ai demandé à Chen de me conduire au Karamakan. Contre de l'or. Rod Hassall nous accompagnera. Je nourris des appréhensions, mais impossible de faire autrement. Je pensais qu'il serait difficile de convaincre Cartwright de nous laisser entreprendre cette expédition, mais il s'y est dit favorable. Il en voit bien l'importance, autant que nous. La situation ici est désespérée.

Tash-Bulak, 25 septembre

Rumeurs de violences à Khulanshan et à Akdzhar, à seulement cent cinquante kilomètres à l'ouest d'où nous sommes. Les roseraies ont été incendiées et arrachées par des hommes descendus des montagnes. Du moins, c'est ce qu'on raconte. Nous pensions que ces troubles étaient limités à l'Asie Mineure. S'ils se propagent, c'est inquiétant.

Demain, si nous le pouvons, nous pénétrerons dans le Karamakan. Cariad me supplie de renoncer. Le dæmon de Hassall également. Ils ont peur, évidemment. Et, je l'avoue, Seigneur, moi aussi.

Karamakan, 26 septembre

La souffrance est atroce, presque indescriptible, impérieuse et autoritaire. Mais ce n'est plus vraiment une souffrance, plutôt une sorte d'angoisse et de tristesse profondes, une maladie, une peur, un désespoir pouvant mener à la mort. Tout cela d'une intensité variable. La douleur physique s'est atténuée après une demi-heure environ. Je crois que je n'aurais pas pu l'endurer plus longtemps. Quant à Cariad… c'est trop horrible pour en parler. Qu'ai-je fait ? Que lui ai-je fait, Seigneur ? Ses yeux écarquillés, stupéfaits, quand je me suis retourné.

Je ne peux pas le retranscrire.

J'ai fait la pire chose qui soit, et la plus indispensable. Je prie pour que nous soyons de nouveau réunis à l'avenir, et pour qu'il me pardonne.

Lyra était arrivée en bas de la page. Elle perçut un mouvement près de son coude et sentit Pan s'éloigner d'elle pour s'allonger au bord de la table, dos tourné. Sa gorge se serra. Elle aurait été incapable de parler, même si elle avait su quoi lui dire.

Elle ferma les yeux un instant, avant de reprendre sa lecture.

Nous avons pénétré sur près de quatre kilomètres à l'intérieur de la région et nous nous sommes arrêtés pour reprendre quelques forces. Ce lieu est un enfer. Hassall a tout d'abord été gravement affecté, mais il se remet plus vite que moi. Chen, à l'inverse, est d'humeur joyeuse. Il a déjà connu ça, évidemment.

Le paysage est totalement désertique. De gigantesques dunes du haut desquelles on aperçoit uniquement d'autres dunes et, au-delà, d'autres dunes encore. La chaleur nous écrase. Des mirages miroitent à la périphérie de notre champ de vision et le moindre bruit est amplifié. En frôlant le sable, le vent produit un crissement insupportable, comme si un million d'insectes vivaient sous la surface des dunes, et sous notre peau, des créatures répugnantes qui grignoteraient, mâchonneraient, déchiquetteraient notre corps de l'intérieur, en même temps que la substance du monde lui-même. Mais il n'y a aucune forme de vie, végétale ou animale. Seuls nos chameaux semblent indifférents.

Les mirages, s'il s'agit bien de cela, disparaissent dès que nous les regardons directement, et se reforment dès que nous tournons la tête. Ils ressemblent à des images de dieux ou de diables furieux aux gestes menaçants. Cela devient presque insupportable. Hassall souffre lui aussi.

Chen nous encourage à réclamer le pardon à ces divinités en récitant une formule de contrition qu'il a tenté de nous enseigner. Il affirme que ces mirages sont des manifestations du Simorgh, une espèce d'oiseau monstrueux. Il est très difficile de comprendre ce qu'il dit.

Le moment est venu de repartir.

Karamakan, plus tard

Nous progressons lentement. Nous avons décidé de camper cette nuit, contre l'avis de Chen qui voulait continuer à avancer. Nous sommes à bout de forces. Nous devons nous reposer. Chen nous réveillera avant l'aube pour que nous puissions voyager aux heures les plus fraîches. Oh, Cariad, Cariad.

Karamakan, 27 septembre

Nuit épouvantable. Je n'ai presque pas dormi à cause des cauchemars. Des visions de torture, de démembrement, d'éviscération, d'atroces souffrances que j'étais obligé de regarder, incapable de fuir ou de fermer les yeux. J'étais sans cesse réveillé par mes propres cris, tremblant de peur à l'idée de me rendormir, sans pouvoir l'éviter. Oh, Seigneur, j'espère que Cariad ne souffre pas des mêmes tourments. Hassall est dans un état similaire. Chen est parti dormir à l'écart, en maugréant. Pour ne pas être dérangé.

Il nous a réveillés alors que l'aube n'était encore qu'une faible lueur à l'est. Petit déjeuner composé de figues déshydratées et de lamelles de viande de chameau séchée. Nous sommes repartis avant la forte chaleur.

À midi, Chen a déclaré :

– C'est ici.

Il montrait un point à l'est, là où se situe, je suppose, le centre du désert du Karamakan. Hassall et moi avions beau plisser les paupières et protéger nos yeux du soleil pour scruter le paysage aveuglant, nous ne voyions rien.

C'est l'après-midi maintenant, le moment le plus chaud de la journée, et nous nous reposons. Hassall a fabriqué un abri de fortune avec des couvertures, afin d'obtenir une maigre parcelle d'ombre où nous sommes allongés, y compris Chen, pour dormir un peu. Sans faire de rêves. Les chameaux se sont agenouillés et ont fermé les yeux. Ils somnolent, impassibles.

Les souffrances ont diminué, comme l'avait promis Chen. Mais une blessure profonde subsiste, une bouffée d'angoisse permanente. Cessera-t-elle un jour ?

Karamakan, 27 septembre au soir

Nous voilà repartis. J'écris ces lignes à dos de chameau. Chen n'est plus très sûr de la direction. Quand nous lui demandons où nous allons, il répond : « Plus loin. Il faut continuer. » Mais il reste vague quant à notre destination. Interrogé, il est incapable d'expliquer ce qu'il a aperçu exactement. Le bâtiment rouge, je suppose. Mais H. et moi n'en avons vu aucune trace. Rien. Hormis le spectacle monotone et presque insupportable du sable.

Impossible d'évaluer la distance que nous avons parcourue. Encore quelques kilomètres, un jour de voyage supplémentaire et nous arriverons certainement au cœur de ce lieu de désolation.

Karamakan, 28 septembre

La nuit a été meilleure, Dieu merci. Rêves confus, mais moins sanglants. Ai dormi jusqu'à ce que Chen nous réveille avant l'aube.

Maintenant, on peut le voir. Tout d'abord, ça ressemblait à un mirage qui tremblote et flotte au-dessus de l'horizon. Puis il a semblé s'ancrer dans le sol. Désormais, il est bel et bien là, aucun doute possible : un bâtiment semblable à une forteresse ou à un hangar à avions. À cette distance, on n'aperçoit aucun détail : ni portes, ni fenêtres, ni fortifications ni rien. Uniquement un immense bloc rectangulaire de couleur rouge foncé. J'écris ces lignes avant midi. Bientôt, nous allons nous glisser sous la tente confectionnée par H. et nous reposer à l'abri de cette satanée chaleur. À notre réveil, nous attaquerons la dernière étape.

Karamakan, 28 septembre, soir

Nous avons atteint le bâtiment et rencontré les prêtres/gardes/soldats. Ils semblent occuper toutes ces fonctions à la fois. Car s'ils ne sont pas armés, ils sont solidement bâtis et affichent un air menaçant. Physiquement, ils n'ont ni le type occidental, ni chinois, ni tartare, ni moscovite : un teint pâle, des cheveux noirs et des yeux ronds. Peut-être sont-ils plus persans qu'autre chose. Ils ne parlent pas anglais. Du moins, ils nous ont ignorés quand Hassall et moi avons tenté de leur parler. Mais Chen a communiqué d'emblée avec eux, dans une langue que je suppose être du tadjik. Ils sont vêtus de blouses et de larges pantalons rudimentaires, de la même couleur que le bâtiment, et chaussés de sandales de cuir.

Apparemment, ils n'ont pas de dæmons, mais cela a cessé de nous effrayer, Hassall et moi.

Par l'intermédiaire de Chen, nous avons réclamé l'autorisation de pénétrer dans le bâtiment. Refus immédiat et catégorique. Nous avons demandé alors ce qui se passait à l'intérieur. Après avoir débattu, ils ont refusé de nous répondre. Après d'autres questions, toutes demeurées sans réponses, nous avons cependant obtenu un indice lorsqu'un de ces hommes, plus volubile que les autres, s'est entretenu avec Chen pendant plus d'une minute. Parmi le flot de paroles, Hassall et moi avons saisi plusieurs fois le mot gül, *qui signifie « rose » dans de nombreuses langues d'Asie centrale. Chen nous regardait pendant que l'homme parlait, et une fois cet échange terminé, il s'est contenté de nous dire :*

– Pas bon. Pas rester ici. Pas bon.

Qu'a dit cet homme au sujet des roses ? avons-nous demandé.

Chen a secoué la tête.

A-t-il bien parlé des roses ?

Pas bon. Il faut partir maintenant.

Les gardes nous observaient de près.

C'est alors qu'une idée m'est venue. Sachant que certaines parties de l'Asie centrale avaient été traversées par les Romains, j'ai songé qu'il restait peut-être des vestiges de leur langue. Alors, j'ai dit en latin :

– Nous n'avons pas l'intention de vous faire de mal. Pourriez-vous nous dire ce que vous gardez dans ce lieu ?

Ils ont immédiatement compris. Le plus volubile m'a répondu dans la même langue :

– Qu'apportez-vous comme monnaie d'échange ?

J'ai répondu :

– Nous ignorions qu'il fallait payer. Nous sommes inquiets car nos amis ont disparu. Nous pensons qu'ils sont peut-être venus ici. Avez-vous vu des voyageurs comme nous ?

– Nous avons vu de nombreux voyageurs. S'ils viennent akterrakeh *et s'ils ont de quoi payer, ils peuvent entrer. Mais s'ils entrent, ils ne peuvent pas ressortir.*

– Dans ce cas, pouvez-vous nous dire si nos amis se trouvent à l'intérieur de ce bâtiment ?

À quoi il m'a été répondu :

– S'ils sont ici, ils ne sont pas là-bas, et s'ils sont là-bas, ils ne sont pas ici.

On aurait dit une formule, répétée si souvent que la signification s'en était émoussée. Au moins, cela indiquait que nous n'étions pas les premiers à poser une telle question. J'en essayai une autre :

– Vous parlez de payer. Contre des roses ?

– Quoi d'autre ?

– Le savoir, peut-être.

– Notre savoir ne vous est pas destiné.

– Quel paiement seriez-vous prêts à accepter ?

La réponse a été déconcertante :

– Une vie.

– L'un de nous doit mourir ?

– Nous mourrons tous.

Cela ne nous avançait guère, évidemment. J'ai posé encore une autre question :

– Pourquoi n'arrivons-nous pas à cultiver vos roses ailleurs que dans ce désert ?

La seule réponse a été un regard méprisant. Après quoi, l'homme s'en est allé.

J'ai demandé à Chen :

– Connaissez-vous quelqu'un qui ait pénétré à l'intérieur ?

– Oui, m'a-t-il répondu. Un homme, un seul. Il n'est pas revenu. Personne ne revient.

Frustrés, Hassall et moi nous sommes retirés sous notre abri de fortune pour décider ce que nous allions faire. Une discussion stérile, pénible et redondante. Nous étions pris entre deux feux : nous devions impérativement en savoir plus sur ces roses, mais c'était impossible sans entrer dans ce bâtiment, ce qui voulait dire ne plus jamais en ressortir.

Nous avons examiné le problème en profondeur, une nouvelle fois. Pourquoi est-il indispensable d'enquêter sur ces roses ? En raison de ce qu'elles nous enseignent sur la nature de la Poussière. Et si le Magisterium a vent de ce qui se trouve ici, au Karamakan, il sera prêt à tout pour empêcher cette nouvelle de se répandre. Il enverra des hommes pour détruire le bâtiment rouge et tout ce qu'il abrite. Il dispose des armées et de l'armement nécessaires pour cela. Il est à l'origine des troubles récents qui ont éclaté à Khulanshan et à Akdzhar, cela ne fait aucun doute. Il se rapproche.

Voilà pourquoi nous devons enquêter, avec cette conséquence inévitable que l'un de nous deux devra entrer dans le bâtiment, tandis que l'autre repartira avec les connaissances accumulées jusqu'à présent. Il n'y a aucune solution. Aucune.

Toujours aucun signe de nos dæmons, et notre stock de provisions et d'eau diminue. Nous n'allons pas pouvoir rester ici très longtemps.

Une note à la fin, rédigée par une main différente, disait :

Plus tard ce soir-là, Cariad, le dæmon de Strauss, est arrivé. Il était épuisé, apeuré, mal en point. Le lendemain, Strauss et Cariad sont entrés dans le bâtiment rouge et j'ai fait demi-tour avec Chen. L'agitation se rapproche. Ted Cartwright pense lui aussi que je devrais partir le plus vite possible, en emportant le peu de choses que nous savons. Je prie pour retrouver Strella, et pour qu'elle me pardonne. R. H.

Lyra reposa les feuilles sur la table. Elle avait la tête qui tournait et l'impression d'avoir entrevu un souvenir oublié depuis longtemps, une chose d'une grande importance enfouie sous des milliers de jours ordinaires. D'où venait ce trouble ? Le bâtiment rouge, le désert tout autour, les gardes qui s'exprimaient en latin… une chose enterrée si profondément qu'elle n'était pas certaine de sa véracité, ou un rêve, ou le souvenir d'un rêve, ou même une histoire dont elle raffolait enfant et qu'elle réclamait avec insistance chaque soir à l'heure du coucher, puis mise de côté et totalement oubliée. *Elle savait quelque chose à propos de ce bâtiment rouge dans le désert.* Mais quoi ? Elle n'en avait pas la moindre idée.

Pan était couché en boule sur la table, il dormait ou faisait semblant. Lyra savait pourquoi. La description faite par le Dr Strauss de la séparation d'avec son dæmon, Cariad, avait immédiatement fait ressurgir l'abominable trahison dont elle s'était rendue coupable sur les rives du monde des morts, lorsqu'elle avait abandonné Pan afin de partir à la recherche du fantôme de son ami Roger. Les remords et la honte seraient toujours aussi vivaces dans son cœur le jour de sa mort, si lointaine soit-elle.

Cette blessure était peut-être une des causes de leur éloignement actuel. Elle ne s'était jamais refermée. Lyra ne pouvait plus en parler avec aucune personne vivante, excepté Serafina Pekkala, la reine des sorcières, mais les sorcières étaient différentes et, de toute façon, elle n'avait pas revu Serafina depuis son voyage dans l'Arctique, il y avait bien des années.

Oh, mais…

– Pan ? chuchota-t-elle.

Rien n'indiquait qu'il l'avait entendue. Il semblait dormir à poings fermés, mais Lyra savait qu'il n'en était rien.

– Pan, reprit-elle, quand tu m'as parlé de l'homme assassiné… L'homme mentionné dans ce carnet de bord, Hassall… Son dæmon et lui pouvaient se séparer, c'est bien ce que tu m'as dit ?

Silence.

– Il a dû le retrouver en sortant du désert du Karamakan… C'est certainement un endroit qui ressemble à celui où vont les sorcières quand elles sont jeunes, là où leurs dæmons ne peuvent pas les suivre. Alors, il y a peut-être d'autres personnes…

Pan ne bougeait pas, il ne parlait pas.

Lyra détourna le regard, découragée. Quelque chose accrocha son œil par terre, près de la bibliothèque : c'était le livre qui lui avait servi à bloquer la fenêtre, et que Pan avait lancé avec dégoût. Ne l'avait-elle pas remis sur l'étagère ? Il avait dû le jeter de nouveau.

Elle se leva pour le ramasser. La voyant faire, Pan demanda :

– Pourquoi tu ne te débarrasses pas de ces âneries ?

– Parce que ce ne sont pas des âneries. Et je t'interdis de jeter ce livre comme un enfant gâté uniquement parce qu'il ne te plaît pas.

– C'est du poison et il te détruit.

– Oh, grandis un peu !

Lorsqu'elle posa le livre sur le bureau, Pan bondit sur le sol, le poil hérissé. Il s'assit et l'observa ; sa queue fouettait furieusement le tapis. Il irradiait le mépris. Lyra tressaillit, mais garda les mains posées sur le livre.

Ils n'échangèrent pas un mot de plus jusqu'à ce qu'elle se couche. Pan dormit dans le fauteuil.

6
Mme Lonsdale

Elle n'avait pas réussi à trouver le sommeil après la lecture du carnet de bord, et à cause de la signification du mot « *akterrakeh* ». Il avait un lien avec le périple conduisant au bâtiment rouge, et sans doute aussi avec la séparation, mais elle était à ce point fatiguée que tout cela n'avait aucun sens. L'homme qui avait été assassiné était capable de se séparer de son dæmon et, à en croire les remarques du Dr Strauss, nul ne pouvait effectuer ce voyage s'il était intact. Le mot « *akterrakeh* » signifiait-il « séparation » dans une des langues locales ?

Le mieux, pour réfléchir, aurait été d'en parler à Pan. Mais il demeurait inaccessible. Le récit de la séparation vécue par les deux hommes de Tash-Bulak l'avait bouleversé, excédé ou effrayé. Tout cela en même temps peut-être. Comme elle. Mais elle s'était changé les idées grâce au roman qu'il détestait. Ils avaient tellement de sujets de désaccord désormais. Ce livre n'en était qu'un exemple, parmi les plus nocifs.

Les Hyperchorasmiens, un roman écrit par un philosophe allemand nommé Gottfried Brande, connaissait un extraordinaire succès parmi les jeunes gens cultivés à travers l'Europe, et au-delà. Un véritable phénomène éditorial : neuf cents pages, un titre imprononçable (jusqu'à ce que Lyra apprenne à prononcer le *ch* comme un *k*), un style austère et sans concession, pas le moindre semblant d'histoire d'amour, et pourtant ce livre s'était vendu à des millions d'exemplaires et avait influencé toute une génération. Il narrait l'histoire d'un jeune garçon qui avait décidé de tuer Dieu, et y parvenait. Mais l'originalité, la qualité qui différenciaient ce livre de tout ce que Lyra avait pu lire, c'était que, dans le monde décrit par Brande, les êtres humains n'avaient pas de dæmons. Ils étaient complètement seuls.

À l'instar de nombreux lecteurs et lectrices, Lyra avait été fascinée, hypnotisée même, par la puissance de ce récit, et sonnée par les coups que le protagoniste assénait à tout ce qui se dressait sur le chemin de la raison pure. Sa quête pour tuer Dieu était elle-même présentée sous l'angle du rationalisme le plus farouche. L'existence de cette divinité étant irrationnelle, la liquider devenait un acte rationnel. Nulle trace dans cet ouvrage de langage imagé, de métaphores ou d'analogies. À la fin du roman, le héros regardait le soleil se lever du haut d'une montagne. Vue par un autre auteur, cette scène aurait pu représenter l'aube d'un nouvel âge des Lumières, débarrassé des superstitions et de l'obscurantisme, mais le narrateur, avec mépris, tournait le dos à ce symbolisme éculé. En écrivant cette dernière phrase : « Ce n'était rien d'autre que ce que c'était. »

Cette phrase était devenue, pour Lyra et ses pairs, une sorte d'incarnation de la pensée progressiste. La mode voulait que l'on dénigre toute réaction émotionnelle excessive, toute tentative de plaquer d'autres interprétations sur tel ou tel événement ou tout argument qui ne pouvait se justifier de manière logique. « Ce n'est rien d'autre que ce que c'est. » Lyra elle-même avait employé plusieurs fois cette expression au cours d'une conversation, et senti Pan se détourner avec dédain.

Lorsqu'ils se réveillèrent ce matin-là après la lecture du carnet de bord du Dr Strauss, le souvenir de leur dispute au sujet des *Hyperchorasmiens* était toujours présent et amer. En s'habillant, Lyra demanda :

– Pan, qu'est-ce qui te prend depuis un an ? Tu n'étais pas comme ça avant. *On* n'était pas comme ça. Il nous arrivait de nous disputer, sans que ça se transforme en bouderie permanente…

– Tu ne vois pas l'effet que ça produit sur toi ? s'emporta-t-il. Cette attitude que tu adoptes ?

Le dæmon se tenait sur le dessus de la bibliothèque.

– Quelle attitude ? De quoi tu parles ?

– Cet homme exerce une influence maléfique. Tu as vu ce qui est arrivé à Camilla ? Ou à ce garçon de Balliol… Guy quelque chose. Depuis qu'ils ont commencé à lire *Les Hypercoloniens* ou je ne sais quoi, ils sont devenus arrogants et désagréables sur tous les plans. Ils ignorent leurs dæmons, comme s'ils n'existaient pas. Et tu suis le même chemin. Une sorte d'absolutisme…

– Hein ? Tu racontes n'importe quoi. Tu refuses de t'intéresser à ce livre, mais tu estimes avoir le droit de le critiquer…

– Ce n'est pas un droit, c'est un *devoir* ! Tu fermes ton esprit, Lyra. Je sais ce que contient ce foutu bouquin, bien évidemment. J'en sais autant que toi. Peut-être même plus car j'ai conservé mon bon sens pendant que tu lisais ce torchon.

– Tu continues à te faire du mauvais sang parce que cette histoire propose de se débarrasser des dæmons ?

Pan la foudroya du regard et bondit sur le bureau. Lyra eut un mouvement de recul. Parfois, elle avait un peu peur de ses dents pointues.

– Qu'est-ce que tu vas faire ? demanda-t-elle. Me mordre jusqu'à ce que je sois d'accord avec toi ?

– Ouvre les yeux !

– Si j'ouvre les yeux, je vois un livre d'une très grande force et intellectuellement fascinant. Et je suis sensible au charme de la raison, du rationalisme et de la logique. Non, je ne devrais pas parler de charme : je suis convaincue. Il ne s'agit pas d'une convulsion émotionnelle. Tout cela repose sur la ratio…

– Toute émotion est forcément suspecte ?

– Ton comportement…

– Tu ne m'écoutes pas, Lyra. Je crois que nous n'avons plus rien en commun. Je ne supporte pas de te voir devenir ce monstre vindicatif et amer, habité par une logique froide. Tu changes, voilà la vérité. Et ça ne me plaît pas. Nom d'un chien, on se mettait en garde mutuellement contre ce genre de…

– Et tu penses que c'est uniquement à cause d'un roman ?

– Non. C'est aussi la faute de ce Talbot ! Il est tout aussi néfaste, mais de manière plus lâche.

– Talbot ? Simon Talbot ? Décide-toi, Pan ! Il n'y a pas

deux penseurs plus différents. Tout les oppose. Pour Talbot, il n'existe aucune vérité. Brande, lui…

– Tu n'as pas lu ce chapitre dans *Le Constant Imposteur* ?

– Lequel ?

– Celui dont j'ai dû endurer la lecture la semaine dernière. Manifestement, tu ne l'as pas assimilé, alors que tu me l'as imposé. Le chapitre dans lequel il affirme que les dæmons sont uniquement… Quelle est son expression, déjà ?… Des projections psychologiques sans aucune réalité indépendante. Tout cela très joliment argumenté, d'une prose charmante, élégante, pleine d'esprit et de paradoxes brillants. Tu sais de quoi je parle.

– Tu n'as aucune réalité indépendante, tu le sais. Si je meurs…

– Toi non plus, pauvre idiote. Si je meurs, tu mourras aussi. Touchée.

Lyra tourna le dos à son dæmon ; la colère l'empêchait de parler.

Simon Talbot était un enseignant d'Oxford dont le dernier ouvrage était beaucoup discuté au sein de l'université. Tandis que *Les Hyperchorasmiens*, grand succès populaire, lu principalement par des jeunes, se voyait taxé de ramassis de sottises par la critique, *Le Constant Imposteur* était très apprécié parmi les lettrés qui vantaient son style élégant et son espièglerie. Talbot était un sceptique radical pour qui la vérité et même la réalité s'apparentaient à des phénomènes du type arc-en-ciel, dénués de toute signification ultime. Par le pouvoir enchanteur de sa prose, tout ce qui était solide se liquéfiait et se dispersait comme le mercure qui s'échappe d'un thermomètre brisé.

– Non, dit Pan. Ils ne sont pas différents. Ce sont les deux côtés d'une même pièce.

– À cause de ce qu'ils disent – ou ne disent pas – sur les dæmons, tu estimes qu'ils ne te rendent pas l'hommage que tu mérites, alors…

– Si tu t'entendais, Lyra. Il s'est passé quelque chose en toi. Tu es envoûtée ou je ne sais quoi. Ces hommes sont dangereux…

– Superstitions !

À cet instant, elle éprouvait un authentique mépris pour Pan et elle s'en voulait terriblement. Mais elle ne pouvait pas s'en empêcher. Elle lui lança :

– Tu es incapable d'analyser les choses calmement, de manière dépassionnée. Tu te sens obligé d'user d'insultes. C'est puéril, Pan. Qualifier de maléfique ou de surnaturel un argument qu'on ne peut pas contrer… Autrefois, tu croyais à la clarté d'esprit. Aujourd'hui, tu es englué dans le brouillard et les superstitions. Tu as peur de ce que tu ne comprends pas.

– Oh, je comprends très bien. Contrairement à toi, malheureusement. Tu crois que ces deux charlatans sont de grands philosophes. Tu es hypnotisée par eux. Tu lis leurs inepties et tu es convaincue de découvrir le summum de la pensée. Ce sont des menteurs, Lyra, l'un et l'autre. Talbot pense qu'il peut faire disparaître la vérité en exhibant ses paradoxes. Brande pense parvenir au même résultat en niant obstinément la réalité. Tu veux savoir ce que je pense, au fond, de ta toquade ?

– Tu recommences ! Tu parles d'une chose qui n'existe pas. Mais vas-y, continue. Dis ce que tu as à dire.

– Ce n'est pas juste une posture que tu adoptes. Tu crois plus ou moins à ce que racontent ces gens-là, le philosophe allemand et l'autre type. Voilà la vérité. Tu es plutôt intelligente superficiellement, mais derrière la façade, tu es tellement naïve que tu crois à leurs mensonges.

Lyra secoua la tête et leva les bras, abasourdie.

– Franchement, je ne sais pas quoi dire. Ce que je crois ou ne crois pas ne regarde pas les autres. Tenter de sonder l'âme des gens…

– Je ne suis pas *les autres* ! Je suis toi !

Pan pivota et sauta de nouveau en haut de l'étagère, d'où il foudroya Lyra du regard.

– Tu t'obliges à oublier ! lui lança-t-il, rempli d'une colère amère.

– Je ne comprends pas ce que tu veux dire, répondit-elle, sincèrement perplexe.

– Tu oublies tout ce qui est important. Et tu essaies de croire à des choses qui vont nous tuer.

– Non, répondit-elle en s'efforçant de maîtriser sa voix. Tu te trompes, Pan. Je m'intéresse à d'autres façons de penser, voilà tout. C'est ça, étudier. Entre autres choses. Tu découvres des idées avec les yeux de quelqu'un d'autre. Tu ressens ce qu'on éprouve en croyant les mêmes choses qu'eux.

– C'est méprisable.

– Quoi donc ? La philosophie ?

– Si la philosophie affirme que je n'existe pas, alors oui, la philosophie est méprisable. Car *j'existe*. Nous tous, les dæmons, et d'autres créatures également, d'autres « entités », diraient tes philosophes, nous existons. Et ces balivernes vont nous tuer.

– En employant le mot « balivernes », tu refuses d'aborder la question sur un plan intellectuel. Ça veut dire que tu as déjà rendu les armes. Tu renonces à argumenter de manière rationnelle. Autant nous jeter des pierres.

Pan tourna le dos à Lyra et ils descendirent prendre le petit déjeuner sans échanger un seul mot. Encore une journée de silence en perspective. Pourtant, il aurait voulu lui dire quelque chose au sujet de ce carnet trouvé dans le sac à dos, celui qui contenait les noms et les adresses, mais il le garda pour lui.

Après le petit déjeuner, Lyra contempla en soupirant sa pile de linge sale et décida de s'y attaquer. Il y avait à Sainte-Sophia une salle remplie de machines à laver grâce auxquelles les jeunes femmes pouvaient nettoyer leurs affaires, une activité jugée plus bénéfique à leur caractère que de les confier à des domestiques, comme le faisaient les jeunes messieurs de Jordan.

Elle était seule à la laverie, car la plupart de ses camarades rentraient chez elles pour Noël et emporteraient leur linge sale. Son statut d'orpheline, dont le seul foyer était une université masculine, avait éveillé la compassion de plusieurs de ses amies par le passé et elle avait fêté quelques Noëls chez différentes filles, désireuse de voir à quoi ressemblait un foyer familial ; elle avait été reçue chaleureusement, elle avait offert et reçu des cadeaux et participé aux jeux et aux sorties en famille. Parfois, il y avait un frère avec qui elle pouvait flirter ; parfois elle avait l'impression d'étouffer sous cette gaieté forcée ; parfois aussi elle devait affronter des questions indiscrètes sur son histoire singulière. Et elle retrouvait toujours avec plaisir le calme de Jordan College, où ne restaient qu'une poignée d'Érudits et de domestiques. Elle se sentait chez elle.

Si les Érudits se montraient plutôt amicaux, ils demeuraient distants, préoccupés par leurs études. Les domestiques s'intéressaient aux choses importantes et immédiates, comme la nourriture et les bonnes manières, ou aux petits boulots qui leur permettaient de gagner quelques pièces. Astiquer l'argenterie, par exemple. Parmi les domestiques de Jordan College, il y en avait une avec laquelle les relations de Lyra avaient évolué au fil des ans : Mme Lonsdale. On l'appelait la Gouvernante, une fonction qui n'existait pas ailleurs, car sa tâche consistait à veiller à ce que la petite Lyra soit toujours propre et bien habillée, qu'elle sache dire « s'il vous plaît » et « merci », etc., et aucune autre université n'avait une Lyra.

Aujourd'hui que celle dont elle avait la charge savait s'habiller toute seule et connaissait les bonnes manières, Mme Lonsdale s'était considérablement adoucie. Veuve très jeune, sans enfant, elle faisait partie intégrante du décor et on ne pouvait pas imaginer Jordan College sans elle. Nul n'avait jamais tenté de définir son rôle précisément, ni de dresser la liste de ses responsabilités ; choses désormais impossibles. Même le nouvel Économe, un individu énergique, avait dû battre en retraite poliment après une ou deux tentatives et reconnaître le pouvoir et l'importance de Mme Lonsdale. Un pouvoir qu'elle n'utilisait jamais à des fins personnelles. L'Économe savait, à l'instar de tous les domestiques, de tous les Érudits et du Maître, qu'elle usait toujours de sa considérable influence pour renforcer l'université et veiller sur Lyra. Ce que Lyra avait commencé à comprendre à l'âge de douze ans.

Aussi avait-elle pris l'habitude de rendre visite à la Gouvernante dans son salon de temps en temps, pour échanger des potins, demander des conseils ou recevoir de petits cadeaux. Mme Lonsdale n'avait rien perdu de sa causticité au fil des années et il y avait évidemment certaines choses que Lyra n'aurait jamais pu lui dire ; malgré cela, elles étaient devenues amies autant que cela était possible. Et Lyra s'aperçut, comme cela lui était déjà arrivé avec d'autres personnes qui lui paraissaient imposantes, toutes-puissantes et sans âge quand elle était enfant, que la Gouvernante n'était en réalité pas si vieille que ça. Elle aurait encore pu avoir des enfants. Mais bien entendu, c'était un sujet qu'elles n'aborderaient jamais.

Après avoir rapporté son linge propre à Jordan et effectué un second voyage pour transporter tous les livres dont elle aurait besoin durant les vacances, Lyra alla au marché, où elle dépensa une partie de ce qu'elle avait gagné en astiquant l'argenterie pour acheter une boîte de chocolats, et elle rendit visite à Mme Lonsdale à l'heure où celle-ci prenait habituellement le thé dans son salon.

– Bonjour, madame Lonsdale, dit-elle en l'embrassant sur la joue.

– Qu'est-ce qui se passe ? demanda la Gouvernante.

– Rien.

– N'essaie pas de m'embobiner. Il y a quelque chose. C'est ce Dick Orchard qui te fait tourner en bourrique ?

– Non. Avec Dick, c'est terminé, dit Lyra en s'asseyant.

– Un beau garçon, pourtant.

– Oui, je ne peux pas dire le contraire. Mais nous n'avions plus rien à nous dire.

– Ce sont des choses qui arrivent. Fais chauffer l'eau.

Lyra prit la vieille bouilloire noire dans la cheminée pour la poser sur le petit support en fer au-dessus du feu, pendant que Mme Lonsdale ouvrait la boîte de chocolats.

– Oh, magnifique ! Des truffes de chez Maidment. Je m'étonne qu'il leur en reste après la Fête du Fondateur.

Alors, quoi de neuf ? Parle-moi un peu de tes riches et distinguées amies.

– Plus très riches pour certaines, répondit Lyra, et elle évoqua les ennuis rencontrés par le père de Miriam, ajoutant qu'elle avait eu un autre aperçu du même problème la veille, grâce à M. Cawson.

– L'eau de rose, dit Mme Lonsdale. Ma grand-mère en fabriquait. Elle possédait une grande casserole en cuivre, qu'elle remplissait de pétales et d'eau de source et elle les faisait bouillir pour distiller la vapeur ensuite. Ou quel que soit le terme. Elle la faisait passer dans un tas de tuyaux en verre jusqu'à ce que ça redevienne de l'eau. Et voilà. Elle fabriquait de l'eau de lavande également. Moi, je trouvais que c'était beaucoup de boulot, alors qu'on pouvait acheter de l'eau de Cologne chez Boswell pour pas cher.

– M. Cawson m'a offert un petit flacon de son eau de rose spéciale. J'ai trouvé ça… très riche, concentré.

– Ils appellent ça de l'essence. À moins que ça soit autre chose.

– M. Cawson n'a pas su me dire pourquoi il était si difficile de s'en procurer désormais. Il pense que le Dr Polstead pourrait me renseigner.

– Pose-lui la question, alors !

– En fait…

Lyra grimaça.

– Quoi donc ?

– Je crois que le Dr Polstead ne m'apprécie pas trop.

– Pourquoi donc ?

– Quand il a essayé de me donner des cours, il y a quelques années, peut-être que j'ai été un peu malpolie.

– Comment ça *peut-être* ?

– On ne s'entendait pas très bien. Et j'estime qu'il faut

apprécier ses professeurs. Ou bien, il faut avoir des atomes crochus avec eux. Je n'en ai aucun avec le Dr Polstead. Je me sens mal à l'aise en sa présence, et je pense que c'est réciproque.

Mme Lonsdale servit le thé. Elles continuèrent à bavarder de choses et d'autres. Du conflit dans les cuisines entre le chef cuisinier et le chef pâtissier, du manteau que Mme Lonsdale s'était acheté pour l'hiver (Lyra en aurait elle aussi besoin d'un nouveau), des amies de Lyra à Sainte-Sophia, en adoration devant ce beau pianiste qui s'était produit en ville.

Une ou deux fois, Lyra faillit évoquer le meurtre, le portefeuille, le sac à dos, mais elle se retint. Personne ne pouvait l'aider, à l'exception de Pan, et apparemment, ils n'allaient pas se parler avant longtemps.

De temps à autre, Mme Lonsdale jetait un regard à Pantalaimon, qui faisait semblant de dormir allongé par terre. Lyra devinait ses interrogations : « Que signifie cette froideur ? Pourquoi est-ce que vous ne vous parlez pas, tous les deux ? » Hélas, elles ne pouvaient pas évoquer ce sujet en présence de Pan, et c'était bien dommage car Lyra savait que la Gouvernante se montrerait de bon conseil.

Après une heure de conversation, Lyra s'apprêtait à prendre congé lorsque quelqu'un frappa à la porte du salon. Celle-ci s'ouvrit sans que cette personne ait été autorisée à entrer, au grand étonnement de Lyra. Encore plus surprise de voir entrer le Dr Polstead.

Plusieurs choses se produisirent simultanément.

Pan se redressa d'un bond et sauta sur les genoux de Lyra qui, instinctivement, le serra dans ses bras.

Le Dr Polstead parut surpris lui aussi.

– Oh… Lyra… Je te prie de m'excuser…

Elle en déduisit qu'il avait l'habitude de venir ici, que la Gouvernante était une amie proche, et qu'il pensait la trouver seule.

Il s'adressa à Mme Lonsdale :

– Désolé, Alice. Je repasserai plus tard.

– Ne sois pas bête, Malcolm. Assieds-toi donc.

Leurs dæmons, un chien pour elle, une chatte pour lui, frottèrent leurs truffes avec une grande familiarité. Pan les observait d'un air féroce et Lyra sentit sous ses doigts une légère décharge ambarique parcourir son pelage.

– Non, répondit le Dr Polstead. Ça peut attendre. À plus tard.

La présence de Lyra l'embarrassait, de toute évidence, et son dæmon considérait Pan avec une étrange intensité. Celui-ci tremblait sur les genoux de Lyra. Finalement, le Dr Polstead fit demi-tour et ressortit. La porte était presque trop étroite pour sa large carrure. Son dæmon le suivit. Une fois la porte refermée, Lyra sentit le courant ambarique quitter le pelage de Pan, comme l'eau s'écoule d'une cuvette.

– Pan, que se passe-t-il ? Qu'est-ce qui te prend ?

– Je t'expliquerai plus tard, murmura-t-il.

Lyra se tourna vers Mme Lonsdale.

– *Alice ? Malcolm ?* Qu'est-ce que ça veut dire ?

– T'occupe.

Lyra n'avait jamais vu la Gouvernante gênée. Elle aurait juré que c'était impossible. Lorsqu'elle se tourna vers la cheminée pour attiser le feu, elle avait le rouge aux joues !

– Je ne savais même pas que vous vous prénommiez Alice, ajouta-t-elle.

– Je te l'aurais dit si tu m'avais posé la question.

– Et Malcolm… Je n'aurais jamais imaginé qu'il se

prénommait Malcolm. Je savais que son initiale était un M, mais j'aurais plutôt penché pour Mathusalem.

Mme Lonsdale s'était ressaisie. Elle regagna son fauteuil et croisa les mains sur ses genoux.

– Malcolm Polstead est le meilleur homme, le plus courageux, que tu auras l'occasion de rencontrer dans ta vie, ma petite. Sans lui, tu ne serais pas ici aujourd'hui.

– Comment ça ? demanda Lyra, stupéfaite.

– Je lui ai souvent dit que nous devrions tout te raconter. Mais ce n'était jamais le bon moment.

– De quoi parlez-vous ?

– Il s'est passé quelque chose quand tu étais très jeune.

– Quoi donc ?

– Laisse-moi lui en parler d'abord.

Lyra fronça les sourcils.

– Si ça me concerne, j'ai le droit de savoir.

– Je suis d'accord.

– Alors, pourquoi…

– Laisse-moi faire. Je vais lui parler.

– Je vais devoir attendre encore vingt ans ?

L'ancienne Mme Lonsdale aurait répondu : « Je t'interdis d'utiliser ce ton avec moi, petite ! » En accompagnant ses paroles d'une gifle. La nouvelle Mme Lonsdale, Alice, secoua simplement la tête.

– Non. Je pourrais te raconter toute l'histoire, mais je refuse de le faire sans son accord.

– Manifestement, c'est quelque chose qui le gêne. Mais pas autant que moi. Les gens ne devraient pas avoir de secrets les uns pour les autres.

– Personne n'a à rougir de cette histoire. Alors, descends de tes grands chevaux.

Lyra demeura quelques instants encore en compagnie

de Mme Lonsdale, mais l'ambiance chaleureuse s'était envolée. Après avoir embrassé la Gouvernante, elle s'en alla. Alors qu'elle traversait la cour principale de Jordan, plongée dans l'obscurité, elle envisagea de se rendre à Durham College, juste en face, pour affronter directement le Dr Polstead, mais à peine cette pensée l'eut-elle effleurée qu'elle sentit Pan trembler sur son épaule.

– Très bien, dit-elle. Maintenant, tu vas me raconter ce qui se passe. Tu n'as pas le choix.

– Rentrons d'abord.

– Pour quelle raison ?

– Quelqu'un pourrait nous entendre.

La cloche de l'université sonnait six heures du soir lorsque Lyra referma sur eux la porte de leur vieux logement. Elle déposa Pan sur le tapis, s'assit dans le fauteuil affaissé et alluma la lampe de table pour animer la pièce d'une lumière chaude.

– Eh bien ? demanda-t-elle.

– L'autre soir, quand je suis sorti… tu n'as rien senti ? Tu ne t'es pas réveillée ?

Lyra réfléchit.

– Si. Un court instant. Je crois que c'était au moment où tu as assisté à l'assassinat.

– Non. Je sais que ce n'était pas à ce moment-là car j'aurais senti que tu te réveillais. C'était après, quand je revenais à Sainte-Sophia avec le portefeuille de la victime. Au moment où… je… Bref, quelqu'un m'a vu.

Un poids énorme broya le cœur de Lyra. Elle savait que cela se produirait tôt ou tard. Pan tressaillit en la voyant blêmir.

– En fait, reprit-il, ce n'était pas une personne.

– Qu'est-ce que tu racontes ? C'était quoi, alors ?

– Un dæmon. Un autre dæmon. Séparé, comme nous.

Lyra secoua la tête. Ça ne tenait pas debout.

– Nous sommes les deux seuls dans ce cas. À part les sorcières. Et cet homme assassiné. C'était un dæmon de sorcière ?

– Non.

– Et ça s'est passé où ?

– Dans les jardins ouvriers. Elle…

– C'était un dæmon femelle ?

– Oui. C'était la chatte du Dr Polstead. J'ai oublié son nom. Voilà pourquoi tout à l'heure…

Lyra avait du mal à respirer. Elle demeura muette un instant.

– Je n'arrive pas à le croire, dit-elle finalement. Je n'arrive pas à le croire. Ils peuvent se séparer eux aussi ?

– Elle était seule en tout cas. Et elle m'a vu. Mais c'est seulement quand le Dr Polstead est entré dans ce salon que je l'ai reconnue. Tu as vu comment elle m'a regardé. Peut-être qu'elle aussi elle m'a reconnu seulement à ce moment-là.

– Mais comment peuvent-ils…

– Certaines personnes connaissent le phénomène de séparation. L'homme qui a été agressé, quand son dæmon est venu me chercher, il lui a dit que j'étais séparé. Il savait ce que ça voulait dire, et il m'a chargé de remettre son portefeuille à mon… à toi.

Pour Lyra, ce fut un nouveau coup en plein cœur ; elle songeait à tout ce qu'avait pu voir le dæmon du Dr Polstead.

– Elle t'a vu rapporter le portefeuille à Sainte-Sophia en vitesse. Elle a dû croire que tu l'avais volé. Ils vont nous prendre pour des voleurs.

Elle s'enfonça dans le fauteuil, en se cachant les yeux.

– On n'y peut rien, dit Pan. Nous, on sait que c'est faux. Et ils seront bien obligés de nous croire.

– Oh, tout simplement ? Et quand va-t-on leur expliquer ?

– On racontera tout à Mme Lonsdale. Alice. Elle nous croira.

Lyra semblait trop fatiguée pour discuter.

– Je sais que ça tombe mal…

Pan laissa sa phrase en suspens.

– Comme tu dis. Oh, Pan…

Lyra n'avait jamais paru aussi abattue, et Pan s'en aperçut.

– Lyra, je…

– Tu avais l'intention de m'en parler un jour ?

– Bien sûr ! Mais…

– Ne te donne pas cette peine. Ne dis rien. Il faut que je me change. Franchement, franchement, je me serais bien passée de ça.

Elle se traîna jusqu'à la chambre pour choisir une robe. Ils devaient dîner avec le Maître. La suite de cette conversation attendrait.

Durant les vacances ou certains soirs, comme celui-ci, les dîners à Jordan College étaient moins formels qu'en pleine année scolaire. Parfois même, en fonction du nombre d'Érudits présents, ils n'étaient pas servis au Réfectoire, mais dans une petite salle à manger située au-dessus du Cellier.

Quoi qu'il en soit, Lyra préférait prendre ses repas avec les domestiques. C'était un des privilèges dus à sa position unique : elle pouvait évoluer dans tous les cercles qui composaient cet écosystème complexe qu'était Jordan College. Un authentique Érudit se serait senti mal à l'aise, ou on aurait fait en sorte qu'il se sente mal à l'aise, en compagnie des employés des cuisines, tandis que Lyra était comme chez elle parmi les jardiniers et les hommes à tout faire, aussi bien que parmi les domestiques d'un rang supérieur comme M. Cawson ou Mme Lonsdale, et même avec le Maître et ses invités. Ces derniers – des politiciens, des hommes d'affaires ou de hauts fonctionnaires – apportaient parfois avec eux tout un monde d'expériences fort différentes des spécialisations universitaires des Érudits, très approfondies, certes, mais étroites.

Nombre de ces visiteurs extérieurs ne cachaient pas leur étonnement devant la présence de cette jeune femme si sûre d'elle en apparence et si avide d'entendre ce qu'ils avaient à dire sur le monde. Lyra avait appris à écouter et comment réagir afin d'inciter ces gens à en dire un peu plus qu'ils le souhaitaient, à sortir de leur réserve. Elle était surprise de découvrir à quel point ces hommes intelligents et aguerris – des femmes aussi – prenaient plaisir à livrer de petits secrets, à dévoiler les dessous d'une manœuvre politique ou d'une opération commerciale. Elle ne faisait aucun usage de toutes les choses qu'elle apprenait de cette manière, mais parfois, elle avait le sentiment qu'un Érudit assis à proximité, un économiste peut-être ou un philosophe, un historien, lui était reconnaissant d'avoir fait émerger une ou deux petites révélations qu'ils n'auraient jamais réussi à déterrer eux-mêmes.

La seule personne qui semblait embarrassée par le savoir-faire diplomatique de Lyra, et parfois par sa simple présence, était le Maître de Jordan, le nouveau Maître, comme certains l'appelaient encore (et l'appelleraient toujours). L'ancien Maître, qui jamais n'avait contesté à Lyra le droit de mener cette vie étrange au sein de l'université, était mort un an plus tôt. Très âgé, grandement estimé, et même aimé.

Le nouveau Maître, le Dr Werner Hammond, ne venait pas de Jordan, ni même d'Oxford ; c'était un homme d'affaires issu du monde de l'industrie pharmaceutique qui, après une brillante carrière de chimiste, était devenu le directeur d'un des plus importants laboratoires, ce qui lui avait permis d'accroître considérablement son pouvoir, ainsi que ses revenus. Aujourd'hui, il était de retour dans la sphère académique et nul ne pouvait dire qu'il n'y était pas à sa place. Son érudition était irréprochable, sa maîtrise de cinq langues étrangères parfaite, son doigté admirable, et sa connaissance de l'histoire et des traditions de Jordan forçait l'admiration. Pourtant, certains Érudits parmi les plus anciens se demandaient si ce poste à la tête de l'université représentait pour lui le point culminant de sa carrière ou un simple marchepied vers quelque chose de plus prestigieux encore.

La seule chose, à Jordan, qui lui échappait, c'était Lyra. Le Dr Hammond n'avait jamais rencontré un être semblable à cette jeune personne étrange, sans complexe, qui habitait l'université comme un oiseau sauvage ayant décidé de faire son nid sous le toit de l'Oratoire, au milieu des gargouilles, et qui bénéficiait désormais de la protection affectueuse de tous ceux et de toutes celles qui évoluaient entre ces murs. Curieux de savoir comment on en était arrivé là, le Dr Hammond avait enquêté, il avait consulté les membres les plus anciens de la communauté et une semaine avant la fin du trimestre, il avait envoyé un mot à Lyra pour l'inviter à dîner avec lui dans ses appartements, le lendemain de la Fête du Fondateur.

Elle était un peu intriguée, mais pas inquiète. Le Maître souhaitait lui parler, ou l'écouter plus vraisemblablement, rien de plus normal. Nul doute qu'elle pourrait lui fournir un tas de renseignements utiles. Toutefois, elle fut un peu surprise d'apprendre, de la bouche de M. Cawson, qu'elle serait l'unique convive. Hélas, l'Intendant ignorait les intentions du Maître.

Le Dr Hammond la reçut de manière très chaleureuse. C'était un homme svelte aux cheveux argentés, qui portait des lunettes sans monture et un costume gris à la coupe impeccable. Son dæmon, un petit lynx élégant, était assis sur le tapis devant la cheminée. Il entretenait une conversation décontractée et charmante avec Pantalaimon. Le Maître offrit à Lyra un verre de xérès et l'interrogea sur sa scolarité et sa vie à Sainte-Sophia, mais aussi sur son étude de l'aléthiomètre avec dame Hannah Relf.

Il l'avait rencontrée à Munich, confia-t-il, pour affaires. Il la tenait en haute estime, car elle avait joué un rôle capital dans le cadre de négociations complexes autour d'un contrat commercial dans un coin perdu du Proche-Orient. Cela ne ressemblait pas à Hannah, songea Lyra. Il faudrait qu'elle lui pose la question.

Au cours du repas, servi par un des domestiques personnels du Maître, que Lyra n'avait jamais vu, elle essaya de l'interroger sur sa précédente carrière, son passé, etc. Elle faisait la conversation par politesse, ayant déjà décrété que cet homme était habile et courtois, mais ennuyeux. Était-il célibataire ou veuf ? Cette question ne l'intéressait que vaguement. Apparemment, il n'y avait pas de Mme Hammond. L'ancien Maître était célibataire, mais cela n'était pas un impératif. Une épouse agréable, une jeune famille auraient apporté un peu de vie dans ce lieu, et le Dr Hammond était encore assez jeune et bien de sa personne pour fonder un foyer. Mais il esquivait avec talent les questions de Lyra, sans que jamais le moindre signe puisse laisser croire qu'il les trouvait indiscrètes.

Au moment du dessert, le but de cette invitation apparut clairement.

– Lyra, je voulais que l'on évoque ta position ici, à Jordan College, dit le Maître.

Elle ressentit alors comme un léger tremblement sous ses pieds.

– Une position pour le moins inhabituelle, ajouta-t-il.

– Oui. J'ai beaucoup de chance. Mon père m'a plus ou moins déposée ici et on… on a toléré ma présence.

– Quel âge as-tu maintenant ? Vingt et un ans ?

– Vingt.

– Ton père est Lord Asriel ?

– Exact. C'est un ancien Érudit de cette université. Le Dr Carne, l'ancien Maître, était un peu mon tuteur, pourrait-on dire.

– Oui, en un sens. Même si, apparemment, cela n'a jamais fait l'objet d'un arrangement légal.

Lyra était étonnée. Pourquoi le Maître s'intéressait-il à cette question ?

– Est-ce important, demanda-t-elle avec prudence, maintenant qu'il est mort ?

– Non. Mais cela pourrait avoir une incidence sur l'avenir.

– Je ne suis pas sûre de comprendre.

– Connais-tu l'origine de l'argent qui te permet de vivre ?

Le sol trembla de nouveau.

– Je sais que mon père a laissé une certaine somme d'argent. J'ignore quel en est le montant et où il est conservé. Ce sont des questions que je ne me suis jamais posées. Je pensais que… tout était en ordre. Je veux dire… Je croyais que… Puis-je vous demander pourquoi vous me parlez de ça, docteur Hammond ?

– Parce que cette université et moi-même, en tant que Maître, sommes *in loco parentis* envers toi. De manière informelle étant donné que tu n'as jamais été véritablement *in statu pupillari*. Il est de mon devoir de veiller sur tes intérêts jusqu'à ta majorité. Il existe, en effet, une somme d'argent destinée à régler tes dépenses quotidiennes, le gîte et le couvert, toutes ces choses. Mais cet argent n'a pas été versé par ton père. C'était celui du Dr Carne.

– Ah bon ?

Lyra se sentait idiote, comme si c'était une chose qu'elle aurait dû savoir depuis toujours, et qu'elle ignorait par négligence.

– Il ne te l'a jamais dit ? demanda le Maître.

– Non, jamais. Il m'a simplement expliqué que je n'avais aucune raison de m'inquiéter, que je serais prise en charge. Alors, je ne me suis pas inquiétée. D'une certaine manière, je croyais que l'université dans son ensemble… s'occupait de moi. Je me sentais comme chez moi. J'étais très jeune. À cet âge, on ne se pose pas de questions… C'était son argent depuis le début ? Et non pas celui de mon père ?

– Je suis sûr que tu me corrigeras si je me trompe, mais ton père menait une existence d'Érudit indépendant, me semble-t-il, dans la précarité. Et il a disparu quand tu avais… quel âge ?… treize ans ?

– Douze.

Lyra avait la gorge serrée.

– Douze. C'est à ce moment-là, sans doute, que le Dr Carne a décidé de mettre de l'argent de côté pour toi. Il ne roulait pas sur l'or, mais la somme était suffisante. Et elle était gérée par les notaires de l'université qui avaient effectué quelques placements prudents et versaient à Jordan une pension régulière pour ton loyer et les dépenses courantes. Mais je dois préciser, Lyra, que les intérêts n'ont jamais été suffisants. Il semblerait que le Dr Carne ait continué à prendre sur ses revenus, et la somme qu'il avait confiée initialement aux notaires est aujourd'hui épuisée.

Elle posa sa cuillère. La crème caramel lui paraissait soudain immangeable.

– Qu'est-ce… Pardonnez-moi, je suis sous le choc.

– Je comprends.

Pan avait sauté sur ses genoux. Elle enfouit ses doigts dans son pelage.

– Ça veut dire que… je vais être obligée de partir ?

– Tu es en deuxième année, c'est bien cela ?

– Oui.

– Il te restera donc encore une année d'études après ? Il est bien dommage que personne n'ait songé à t'informer de la situation. Tu aurais pu t'y préparer.

– J'aurais dû me renseigner.

– Tu étais jeune. Pour les enfants, tout va de soi. Tu n'es pas fautive et il aurait été injuste de t'exposer à des conséquences que tu ne pouvais pas prévoir. Voici ce que je te propose. Jordan College financera la fin de tes études à Sainte-Sophia. Concernant l'hébergement en dehors des périodes de cours, tu pourras, bien évidemment, continuer à vivre ici, à Jordan, car c'est ton unique foyer après tout.

Et cela jusqu'à l'obtention de ton diplôme. Mais je crois savoir que tu as l'usage d'un bureau et d'une chambre ?

– Oui, répondit Lyra d'une voix plus maîtrisée qu'elle l'aurait cru.

– Cela nous pose un petit problème. Vois-tu, les pièces situées dans cette partie du bâtiment devraient accueillir nos jeunes garçons, étudiants de premier cycle. Elle a été construite dans ce but. Ton logement pourrait héberger deux élèves de première année qui sont actuellement obligés de se loger à l'extérieur de l'université, ce qui n'est pas l'idéal. Nous pourrions, à la rigueur, te demander d'utiliser une des deux pièces seulement et de céder l'autre à un jeune homme, mais cela soulèverait des questions de bienséance, de décence pourrait-on dire, qui rendent impossible…

– Il y a des étudiants qui logent dans le même bâtiment, dit Lyra. Il y en a toujours eu. Sans que cela pose de problème de décence.

– Pas sur le même palier, Lyra.

– Je ne loge ici que pendant les vacances, souligna-t-elle en sentant monter le désespoir dans sa voix. Durant l'année scolaire, je suis à Sainte-Sophia.

– Certes, mais la présence de tes affaires dans cette pièce empêche un jeune homme de l'utiliser. Lyra, c'est tout ce que l'université peut maintenant te proposer. Il y a au-dessus des cuisines une autre pièce – exiguë, je le concède – qui sert actuellement de débarras. L'Intendant la fera aménager pour que tu puisses t'y installer pendant tes études. Tu pourras donc continuer à vivre ici comme tu l'as fait toute ta vie. Nous prendrons à notre charge le loyer et les repas pendant les vacances. Mais tu dois bien comprendre qu'il ne pourra en être autrement dorénavant.

– Je vois.

– Si je peux me permettre… As-tu d'autres parents ?

– Non.

– Ta mère…

– Elle a disparu en même temps que mon père.

– Et elle n'avait personne de son côté ?

– Pas à ma connaissance. Sauf peut-être… un frère, je crois. Quelqu'un m'a dit ça un jour. Mais je ne sais rien de lui et il ne m'a jamais contactée.

– Ah. Tu m'en vois navré.

Lyra tenta de manger un peu de crème caramel, mais sa main tremblait. Elle reposa sa cuillère.

– Veux-tu du café ? proposa le Maître.

– Non, merci. Je ferais bien de vous laisser. Merci pour ce dîner.

Il se leva, solennel, élégant et compatissant dans son superbe costume gris, avec ses cheveux argentés. Son dæmon vint se placer à côté de lui. Lyra prit Pan dans ses bras en se levant pour s'en aller.

– Vous voulez que je déménage tout de suite ?

– Avant la fin des vacances, si possible.

– Très bien.

– Une dernière chose, Lyra. Tu as pris l'habitude de dîner au Réfectoire, d'accepter l'hospitalité des Érudits, et d'aller et venir à ta guise comme si tu étais l'un d'eux. Je me suis laissé dire par diverses personnes, et je partage leur avis, je l'avoue, que ce comportement deviendrait inconvenant. Désormais, tu vivras parmi les domestiques et, pour ainsi dire, comme une domestique. Il ne serait pas normal que tu continues à vivre sur un pied d'égalité avec le corps enseignant.

– Non, bien sûr.

Lyra se disait qu'elle devait rêver.

– Je me réjouis de voir que tu comprends. Tu vas devoir réfléchir à certaines choses. Si cela peut t'aider de venir me parler, ou de me poser des questions, je t'en prie, n'hésite pas.

– Je n'hésiterai pas. Merci, docteur Hammond. Je sais maintenant où est ma place et le temps dont je dispose avant de partir. Je suis navrée d'avoir été une source d'ennuis pour l'université pendant tout ce temps. Si le Dr Carne m'avait expliqué la situation aussi clairement que vous venez de le faire, j'aurais pris conscience bien plus tôt que j'étais un fardeau, et cela vous aurait évité le désagrément de cette conversation. Bonsoir.

Elle avait utilisé sa voix la plus douce, accompagnée de son regard innocent, et elle se réjouissait intérieurement de voir qu'ils fonctionnaient toujours, car le Maître ne sut absolument pas quoi répondre.

Il s'inclina légèrement, avec raideur, et Lyra prit congé sans un mot de plus.

Elle traversa la cour principale en sens inverse, à pas lents, et leva les yeux vers la petite fenêtre de sa chambre, collée à la masse carrée de la tour de la Loge.

– Et voilà, soupira-t-elle.

– C'était cruel.

– S'il n'y a plus d'argent…

– Je ne parle pas de ça. Tu as bien compris. La remarque sur les domestiques.

– Il n'y a pas de honte à être domestique.

– Bon, d'accord. Les « diverses personnes » alors. Je refuse de croire qu'un seul Érudit de Jordan souhaiterait qu'on soit traités de cette manière. Il a dit cela pour rejeter la responsabilité sur d'autres.

– S'il y a une chose qui ne sert à rien, Pan, c'est de se lamenter.

– Je ne me lamente pas, je…

– Peu importe. Arrête. On a des raisons d'être tristes, en effet. On connaît cette petite pièce au-dessus des cuisines. Elle n'a pas de fenêtre. Mais on aurait dû se réveiller avant, Pan. On ne s'est jamais préoccupés des questions financières, sauf quand il s'agissait de gagner un peu de monnaie en astiquant l'argenterie, ce genre de choses. Les repas, le logement… tout cela avait forcément un coût. Il y avait bien quelqu'un qui payait, mais on n'y pensait pas.

– Ils ont attendu qu'il n'y ait plus d'argent pour nous prévenir. Ils auraient dû nous le dire avant.

– Oui, sans doute. Mais on aurait dû poser la question… Demander qui payait. Pourtant, je suis sûre que le vieux Maître m'avait assuré que Lord Asriel avait laissé une grosse somme d'argent. J'en suis certaine.

Lyra trébucha deux fois en montant l'escalier qui menait à sa chambre, comme si ses jambes n'arrivaient plus à la porter. Elle se sentait blessée, ébranlée. Une fois couchée, à côté de Pan recroquevillé sur l'oreiller, elle éteignit immédiatement la lumière et resta immobile un long moment avant de s'endormir.

7

Hannah Relf

Le lendemain matin, Lyra avait honte de descendre prendre son petit déjeuner. Gênée, elle se faufila dans la salle à manger des domestiques et se servit une portion de porridge, tête baissée, se contentant d'un sourire et d'un hochement de tête quand quelqu'un lui disait bonjour. Elle avait l'impression de s'être réveillée enchaînée, incapable de se débarrasser de ses fers, obligée de les traîner partout avec elle, comme un signe infamant.

Après le petit déjeuner, elle ressortit par la loge. Elle ne voulait pas remonter dans ces deux petites pièces qui avaient été son foyer. Elle était trop abattue pour mettre à exécution le projet dont elle avait parlé à Dick, à savoir chercher un petit boulot pour les vacances au centre de tri postal. Elle se sentait privée de toute énergie, de toute vie. Le Concierge l'interpella. Elle se retourna.

– J'ai une lettre pour toi, Lyra. Je te la donne maintenant ou tu passeras la prendre plus tard ?

– Autant la prendre maintenant. Merci.

Son nom figurait sur une enveloppe banale, d'une écriture lisible et vive qui était celle de dame Hannah Relf. Une légère bouffée de gratitude se répandit en elle car elle considérait cette femme comme une véritable amie, mais sa joie fut de courte durée. Et si jamais Hannah lui demandait de payer pour apprendre à utiliser l'aléthiomètre ? Comment ferait-elle ?

– Ouvre, idiote, dit Pan.

– Oui.

Sur la carte glissée à l'intérieur de l'enveloppe, on lisait : « Chère Lyra, pourrais-tu venir me voir cet après-midi ? C'est important. Hannah Relf. »

Lyra regardait le message avec perplexité. Cet après-midi ? Aujourd'hui ? N'avait-elle pas posté cette lettre la veille ? Pourtant, la date était celle du jour.

Elle examina l'enveloppe et constata qu'il n'y avait pas de timbre. En revanche, les lettres *E.V.*[1], signifiant qu'elle avait été déposée dans la boîte, apparaissaient dans le coin supérieur gauche.

Lyra se retourna vers le Concierge, occupé à glisser d'autres lettres dans des casiers.

– Bill, quand cette lettre est-elle arrivée ?

– On l'a déposée il y a une demi-heure.

– Merci.

Elle fourra l'enveloppe dans sa poche et traversa la cour centrale sans se presser, vers le Jardin des Érudits. La plupart des arbres étaient nus, les parterres semblaient

1. Pour « En ville ». (*N.d.T.*)

morts ; seul le grand cèdre paraissait vivant, mais endormi. C'était une de ces journées de grisaille immobile où le silence lui-même s'apparente à un phénomène météorologique, non pas le résultat de l'inactivité, mais une présence réelle, plus vaste que les jardins, les universités, la vie.

Lyra gravit l'escalier de pierre qui longeait la berge à l'extrémité des jardins, jusqu'à l'endroit qui dominait Radcliffe Square, et elle s'assit sur le banc qui avait été installé là il y avait fort longtemps.

– Tu sais une chose, dit Pan.

– Quoi donc ?

– On ne peut pas faire confiance à la serrure de notre porte.

– Et pourquoi donc ?

– Parce qu'on ne peut pas avoir confiance en lui.

– Oh, vraiment ?

– Oui, vraiment. On était loin de se douter qu'il dirait ça hier soir. Il était tout miel. C'est un hypocrite.

– Et son dæmon, qu'a-t-il raconté ?

– Des trucs sans importance. Sur un ton nonchalant, condescendant.

– On n'a pas le choix, hélas, dit Lyra. (Ces paroles avaient du mal à sortir.) Il a besoin de notre logement. On ne fait pas vraiment partie de l'université. Et nous n'avons plus d'argent. Il est obligé de… Il doit essayer de… Oh, je ne sais pas, Pan. Tout cela est trop triste. Et maintenant, je m'inquiète au sujet de ce que va me dire Hannah.

– C'est idiot.

– Oui, je sais. Mais ça ne change rien.

Pan glissa à l'extrémité du banc et sauta sur le muret derrière lequel plongeait un à-pic de dix mètres jusqu'aux pavés de la place tout en bas. Lyra ressentit un pincement de peur, mais jamais, pour rien au monde, elle ne l'aurait avoué. Pan fit mine de perdre l'équilibre et de tomber, puis il s'amusa à tituber au bord du vide. N'obtenant aucune réaction de la part de Lyra, il s'allongea sur le ventre, dans la position du sphinx, les pattes avant étendues devant lui, la tête droite, le regard fixe.

– Si on part, c'est pour de bon, dit-il. On ne pourra plus jamais remettre les pieds ici. On sera des étrangers.

– Oui, je sais. J'ai réfléchi à tout ça, Pan.

– Alors, qu'est-ce qu'on va faire ?

– Quand ?

– Quand tout sera terminé. Quand on sera partis.

– On trouvera un travail. Et un toit.

– Oh, un jeu d'enfant.

– Ça ne sera pas facile, je sais. Ou plutôt, non. Je n'en sais rien. Peut-être que ça sera facile. Tout le monde doit en faire autant tôt ou tard. Partir de chez soi. Et gagner sa vie.

– Oui, mais la plupart des gens peuvent retourner chez eux, où ils sont toujours les bienvenus. Les autres sont heureux de savoir ce qu'ils deviennent.

– Tant mieux pour eux. Nous, on est différents. On l'a toujours été. Et tu le sais. Mais il est absolument hors de question, tu m'entends, de faire des histoires. Ou de se plaindre. De geindre, sous prétexte que c'est un traitement injuste. C'est faux. Le Maître accepte qu'on reste ici pendant plus d'un an encore, alors que nous n'avons plus d'argent. C'est lui qui paiera Sainte-Sophia. C'est très généreux. Quant au reste… ça dépend de nous. Il fallait bien que ça arrive ; on ne pouvait pas vivre éternellement ici, n'est-ce pas ?

– Pourquoi pas ? On est une sorte d'ornement. Ils devraient être fiers de nous avoir.

Cette remarque arracha un sourire à Lyra. Très bref.

– Cela étant, tu as peut-être raison au sujet de la serrure, Pan.

– Ah…

– L'aléthiomètre…

– C'est une des choses auxquelles je pensais. Nous ne sommes plus chez nous, il ne faut pas l'oublier.

– Une des choses ? Il y en a d'autres ?

– Le sac à dos.

– Mais oui, bien sûr !

– Imagine que quelqu'un entre et le trouve…

– Ils croiront qu'on l'a volé.

– Ou pire. S'ils ont eu vent de l'assassinat…

– Il faut trouver une meilleure cachette. Un véritable coffre.

– Hannah en a un.

– Oui. Mais est-ce qu'on doit lui en parler ?

Pan ne répondit pas immédiatement. Finalement, il dit :

– Mme Lonsdale.

– Alice. Encore une bizarrerie. Tout change… C'est comme si la glace se brisait sous nos pieds.

– On savait bien qu'elle s'appelait Alice.

– Oui, mais entendre Polstead l'appeler par son prénom…

– Ils sont peut-être amants.

Cette idée grotesque ne méritait pas qu'on s'y attarde.

Ils restèrent assis encore plusieurs minutes, puis Lyra se leva.

– Il est temps de prendre des mesures de sécurité, déclara-t-elle, et ils regagnèrent leur appartement.

Chaque fois que Lyra rendait visite à Hannah Relf, comme elle le faisait toutes les semaines en période de cours et très souvent pendant les vacances, elle emportait généralement l'aléthiomètre, objet de leur étude. Quand elle songeait avec quelle insouciance elle l'avait transporté jusque dans l'Arctique et dans d'autres mondes, avec quelle inconscience elle se l'était fait voler, et dans quelles circonstances Will et elle l'avaient ensuite récupéré, au prix d'énormes risques, elle n'en revenait pas d'avoir eu autant d'assurance et de chance. Deux denrées devenues rares.

Et donc, après s'être occupée du sac à dos caché sous le plancher et avoir tiré la table sur le tapis pour décourager les curieux, elle s'assura que l'aléthiomètre était soigneusement rangé au fond de son sac avec le portefeuille de Hassall avant de prendre la direction de la petite maison de dame Hannah à Jericho.

– Je ne peux pas croire qu'elle veuille nous donner un cours, dit Lyra.

– Nous n'avons rien à craindre avec elle. Du moins, j'espère.

Bien que l'après-midi soit à peine entamé, le Pr Relf avait déjà allumé les lampes dans son petit salon, lui conférant une atmosphère accueillante et gaie qui contrastait avec la grisaille extérieure. Lyra n'aurait su dire combien de fois elle s'était assise dans cette pièce, en compagnie de Pan et de Jesper, le dæmon de Hannah, qui bavardaient tranquillement sur la cheminée, tandis que le Pr Relf et elle consultaient des tas d'ouvrages anciens, testaient l'aléthiomètre, encore et encore, ou discutaient simplement... Elle s'aperçut qu'elle aimait beaucoup cette femme douce et instruite ; elle aimait tout en elle et dans sa façon de vivre.

– Assieds-toi, ma chérie. Et cesse de t'inquiéter, dit Hannah. Il n'y a aucune raison. En revanche, nous devons discuter d'une chose.

– C'est ça qui m'inquiète.

– Je le vois bien. Parle-moi du Maître… Werner Hammond. Je sais que tu as dîné avec lui hier soir. Que t'a-t-il dit ?

Lyra n'aurait pas dû s'étonner. Cette femme possédait des dons de perception si précis qu'ils auraient pu paraître étranges et inquiétants si Lyra n'avait été témoin de sa parfaite maîtrise de l'aléthiomètre. Néanmoins, elle fut un peu ébranlée.

Elle fit le récit, aussi détaillé que possible, de son dîner avec le Maître. Hannah l'écouta attentivement, sans l'interrompre.

– Et il a dit une chose qui me revient juste à l'instant, conclut Lyra. Il a dit qu'il vous connaissait. Qu'il vous avait rencontrée dans un contexte diplomatique. Sans être plus précis. Il a simplement vanté votre intelligence. Vous le connaissez ?

– Oh, oui, nous nous sommes rencontrés. Et ce que j'ai vu m'a incitée à la plus grande prudence.

– Pourquoi ? Il est malhonnête ? Dangereux ? Je ne sais plus quoi penser, je l'avoue. J'ai l'impression que le sol se dérobe sous mes pieds. Je n'ai pas pu contredire ce qu'il disait, j'étais sous le choc… Que savez-vous de lui ?

– Je vais te révéler des choses que je devrais tenir secrètes. Mais parce que je te connais bien, parce que je te fais confiance pour garder un secret et parce que tu es en danger… Ah, voici ceux que j'attends.

Elle se leva au moment où quelqu'un sonnait à la porte. Lyra se renversa dans son fauteuil, prise de vertiges et de tremblements. Des voix lui parvinrent du vestibule, puis dame Hannah revint accompagnée de…

– Docteur Polstead ! s'exclama Lyra. Et… madame Lonsdale !

– Appelle-moi Alice, petite sotte. Les choses sont en train de changer, Lyra.

– Bonjour, Lyra, dit le Dr Polstead. Ne bouge pas, je vais m'asseoir là.

Pan se faufila derrière les jambes de Lyra tandis que l'homme prenait place sur le canapé à côté d'Alice. Il paraissait trop volumineux pour ce petit salon. Un sourire chaleureux fendait son large visage rougeaud, un visage de fermier, songea Lyra, encadré de cheveux blond-roux, de la couleur exacte du poil de son dæmon-chatte. En le voyant ainsi penché en avant, les coudes sur les genoux, les doigts de ses grosses mains entrelacés, Lyra percevait une impression de balourdise, alors qu'il n'avait jamais commis la moindre maladresse. Lui revint en mémoire cette brève période, il y avait quelques années, lorsque le Dr Polstead avait été chargé de lui enseigner la géographie et l'histoire économiques. Cela s'était traduit par un échec embarrassant ; l'un et l'autre avaient manifestement du mal à digérer cette expérience ratée, mais aucun des deux ne voulait l'avouer. Il aurait dû y mettre fin plus tôt car c'était lui l'adulte, après tout, mais Lyra savait qu'elle s'était montrée difficile, voire insolente, et qu'une partie de la faute lui incombait. Ils s'étaient pris à rebrousse-poil et il n'y avait pas d'autre solution que de tout arrêter. Depuis, ils faisaient preuve d'une politesse scrupuleuse et affichaient une amabilité apparente tout en veillant à limiter leurs rapports.

Mais elle repensait aux paroles d'Alice, la veille, et maintenant, elle les voyait tous les deux si proches de dame Hannah, alors que jusqu'à présent rien ne laissait supposer qu'ils se connaissaient… Décidément, ces derniers jours avaient fait apparaître bien des liens étranges.

– J'ignorais que vous vous connaissiez tous les trois, dit-elle.

– Nous sommes amis depuis… dix-neuf ans, répondit le Dr Polstead.

– C'est l'aléthiomètre qui m'a indiqué comment trouver Malcolm, ajouta Hannah en revenant dans la pièce avec du thé et des biscuits sur un plateau. Il devait avoir dans les onze ans à l'époque.

– Le *trouver* ? Dois-je comprendre que vous le cherchiez ?

– Je cherchais un objet perdu et l'aléthiomètre m'a montré Malcolm, qui avait découvert cet objet. Nous avons noué des liens d'amitié.

– Je vois.

– Une chance pour moi, dit-il. Eh bien, de quoi parliez-vous avant notre arrivée ?

– Lyra me rapportait ce que lui a dit le Maître hier soir. Il lui a expliqué qu'elle ne profitait pas de la rente de son père comme elle l'avait cru, mais de l'argent du Dr Carne. C'est la vérité, Lyra. L'ancien Maître ne voulait pas que tu le saches, mais c'est lui qui payait tout. Ton père n'a pas laissé un sou.

– Et vous le saviez ? s'étonna Lyra. Vous l'avez toujours su ?

– Oui, avoua Hannah. Je ne t'ai rien dit car le Dr Carne ne le voulait pas. En outre…

– Je déteste ça ! pesta Lyra. Depuis ma naissance, les gens me cachent des choses. On ne m'a pas dit que Lord Asriel était mon père et que Mme Coulter était ma mère. Imaginez ce que ça fait de découvrir la vérité, alors que tout le monde savait, à part vous, la pauvre idiote. Hannah, quoi qu'ait pu vous dire le Dr Carne, quelle que soit la promesse que vous lui avez faite, ce n'était pas bien de me cacher la vérité. Non, ce n'était pas bien. J'avais le droit de savoir. Cela m'aurait forcée à réagir. Je me serais renseignée et j'aurais su qu'il ne restait presque plus d'argent. Le choc aurait été moins brutal hier soir.

Jamais elle ne s'était adressée sur ce ton à sa vieille amie, mais elle savait qu'elle avait raison, et Hannah le savait aussi. Elle baissa la tête, honteuse.

Le Dr Polstead intervint :

– À la décharge de Hannah, nous ignorions les intentions du nouveau Maître.

– Il n'aurait pas dû se comporter de cette façon, ajouta Alice. Je me méfie de lui depuis le premier jour.

– Non, il n'aurait pas dû, renchérit Hannah. Et sache, Lyra, qu'Alice insistait pour que tu connaisses la vérité, alors que le vieux Maître était encore de ce monde. Tu n'as aucune raison de lui en vouloir.

– Après ton vingt et unième anniversaire, quand tu seras devenue majeure, tu auras le droit de gérer toi-même tes affaires, reprit le Dr Polstead, et je sais que Hannah projetait de tout te dévoiler à ce moment-là. Le Dr Hammond nous a devancés.

– *Nous ?* répéta Lyra. Et de quelle vérité parlez-vous ? Pardonnez-moi, docteur Polstead, mais je ne comprends pas. Êtes-vous mêlé à tout ça, d'une manière ou d'une autre ? Et l'autre jour, ce que Mme Lonsdale… Alice… m'a dit sur vous ; ça aussi, ça m'a surprise, pour la même raison. Vous savez sur moi une chose que j'ignore, et ce n'est pas normal. Alors, répondez : êtes-vous impliqué vous aussi ?

– Nous allons t'expliquer tout ça cet après-midi. C'est pour cette raison que Hannah m'a prié de venir.

Il se tourna vers elle et demanda :

– Je commence ?

Elle hocha la tête.

– Si j'oublie un élément important, dit-il, je sais que Hannah me le fera remarquer.

Lyra se renversa contre le dossier du fauteuil. Elle avait les nerfs à vif. Pan sauta sur ses genoux. Alice les observait l'un et l'autre, avec gravité.

– Tout a commencé à peu près au moment auquel Hannah faisait allusion tout à l'heure, reprit le Dr Polstead. Quand j'ai découvert un objet qui lui était destiné et qu'elle m'a localisé. J'avais dix ou onze ans, comme elle l'a dit, et je vivais avec mes parents à l'auberge de La Truite, à Godstow…

L'histoire qui suivit fut encore plus étrange qu'aurait pu l'imaginer Lyra, et en l'écoutant elle avait l'impression d'être juchée au sommet d'une montagne tandis que le vent chassait les nappes de brouillard et dévoilait un panorama dont on ne pouvait deviner l'existence quelques secondes plus tôt. Si certaines parties étaient totalement nouvelles et inconnues, d'autres étaient déjà apparues dans une brume fantasmagorique et surgissaient maintenant en pleine clarté. Accompagnées de souvenirs. C'était la nuit, quelqu'un faisait les cent pas au clair de lune et lui parlait tout bas en la serrant dans ses bras ; un grand léopard marchait à ses côtés, silencieux. Un autre soir, dans un jardin, des lumières éclairaient tous les arbres, un éclat de rire, empli de bonheur pur, et une petite embarcation. Un orage et des coups frappés à une porte dans l'obscurité, semblables à des coups de tonnerre. Mais dans le récit du Dr Polstead, il n'y avait pas de cheval…

– Je croyais qu'il y avait un cheval, dit Lyra.

– Non, pas de cheval, dit Alice.

– Asriel nous a transportés jusqu'ici à bord d'un gyroptère qui s'est posé sur Radcliffe Square, enchaîna Malcolm. Là, il t'a déposée dans les bras du Maître en invoquant le droit d'asile. Une loi qui n'a jamais été abrogée.

– Que dit cette loi ?

– Initialement, elle était destinée à protéger les Érudits des persécutions.

– Mais je n'étais pas une Érudite !

– Curieusement, c'est très exactement ce qu'a répondu le Maître. Alors, ton père a rétorqué : « Dans ce cas, c'est à vous qu'il revient de faire d'elle une Érudite. » Et il est parti.

Lyra avait le cœur lourd et l'esprit en ébullition. Il y avait tant de choses à assimiler ! Elle ne savait pas par quoi commencer.

Hannah, qui avait écouté ce récit sans intervenir, se pencha en avant pour ajouter une bûche dans la cheminée. Puis elle se leva pour fermer les rideaux et faire obstacle à l'obscurité venue du dehors.

– Eh bien… merci, dit Lyra. Je ne voudrais pas paraître désagréable. Ni ingrate. Merci de m'avoir sauvée du déluge et ainsi de suite. Tout cela est tellement étrange. Et l'aléthiomètre… celui-ci…

Elle plongea la main dans son sac pour sortir l'objet en question, qu'elle posa sur ses genoux après avoir ôté le velours noir qui l'enveloppait. Il luisait à la lumière de la lampe.

– Il était en possession du dénommé Bonneville, l'homme au dæmon-hyène, celui qui vous pourchassait ? demanda-t-elle. Comment se l'était-il procuré ?

– Nous l'avons appris beaucoup plus tard, dit Hannah. Il l'avait volé dans un monastère de Bohême.

– Dans ce cas, ne devrait-il pas y retourner ? suggéra Lyra, même si son cœur se serrait à l'idée de perdre cet instrument si précieux qui l'avait aidée à entrer dans le monde des morts, et surtout à en ressortir, qui lui avait dévoilé la vérité au sujet de Will (« c'est un meurtrier »), permettant ainsi à Lyra d'avoir confiance en lui ; cet instrument qui leur avait sauvé la vie, qui avait retrouvé l'armure de l'ours-roi et accompli cent autres prouesses.

Ses mains se refermèrent instinctivement autour de l'aléthiomètre et elle le rangea dans son sac, à l'abri.

– Non, répondit Hannah. Les moines l'avaient eux-mêmes volé à un voyageur qui avait commis l'erreur de leur demander l'asile. J'ai consacré un mois à enquêter sur la provenance de ton aléthiomètre, et il semblerait qu'il soit passé d'une bande de voleurs à une autre pendant des siècles. Le jour où Malcolm l'a glissé sous tes couvertures, c'était la première fois depuis des centaines d'années qu'il changeait de mains honnêtement. Et je pense que cela a brisé le cycle.

– On me l'a volé, souligna Lyra. Et nous avons dû le voler à notre tour.

– Il t'appartient, et à moins que tu décides de le donner, il t'appartiendra jusqu'à ton dernier souffle, dit le Dr Polstead.

– Toutes ces autres choses dont vous m'avez parlé… cette fée. C'était *vraiment* une fée ? Ou est-ce votre imagination… Ça ne peut pas exister.

– Et pourtant, si, dit Alice. Elle s'appelait Diania. Elle t'a donné le sein. Tu as bu le lait des fées, et tu serais encore avec elle si Malcolm ne l'avait pas dupée pour nous permettre de fuir.

– Le déluge a fait apparaître au grand jour un tas de choses bizarres, ajouta Malcolm.

– Pourquoi ne pas m'avoir raconté tout ça avant ?

Il prit un air penaud. Lyra fut alors frappée par la mobilité de son visage. On aurait dit un inconnu à cet instant, comme si elle ne l'avait jamais vu.

– Nous nous étions juré, Alice et moi, de tout te dire. Mais ce n'était jamais le bon moment. De plus, le Dr Carne nous avait fait promettre de ne jamais te parler de Bonneville et de tout ce qui s'y rattachait. À cause de cette histoire de sanctuaire. Nous avons compris plus tard seulement. C'était pour te protéger. Mais les choses changent. Très vite. Sur ce point, je préfère céder la parole à Hannah.

– Quand j'ai fait la connaissance de Malcolm, dit celle-ci, j'ai pris un gros risque. Il se trouve qu'il était très bien placé pour recueillir les informations qui m'intéressaient, alors je l'ai encouragé à tendre l'oreille. Parfois, il entendait, dans l'auberge de ses parents ou ailleurs, des choses qui méritaient d'être notées. Il transmettait des messages pour moi ou bien il en récupérait ici et là. Il m'a fourni des renseignements sur une organisation abominable baptisée la Ligue de Saint-Alexander, qui recrutait des élèves chargés de dénoncer leurs parents au Magisterium.

– Tout ça ressemble à… une histoire d'espionnage, dit Lyra. C'est difficile à croire.

– Oui, je m'en doute. Sache qu'en ce temps-là, les débats et les combats de nature politique devaient être menés dans l'ombre et l'anonymat. C'était une époque dangereuse.

– Vous meniez des actions politiques ?

– Oui, on peut dire ça. Et ça continue. Le combat ne s'est jamais arrêté. À certains égards, la situation est encore plus dangereuse à l'heure actuelle. Par exemple, le Parlement examine en ce moment même une loi baptisée Rectification des Anomalies historiques. Elle est présentée comme une simple mesure de dépoussiérage destinée à supprimer un tas de vieilles lois qui ne sont plus adaptées à la vie moderne, comme les privilèges accordés au clergé ou le droit pour certaines guildes de chasser et de manger des hérons et des cygnes, ou la collecte de la dîme par des corps monastiques disparus depuis longtemps. Bref, d'anciens privilèges dont plus personne n'use depuis des années. Mais parmi toutes ces clauses obsolètes qui doivent être abolies se cache le droit d'asile, qui te protège aujourd'hui encore.

– Qui me protège de quoi ?

Lyra s'aperçut que sa voix tremblait.

– Du Magisterium.

– Mais pourquoi s'en prendrait-il à moi ?

– On l'ignore.

– Personne au Parlement n'a remarqué ce détail ? Personne ne s'est opposé à cette abolition ?

– Il s'agit d'une loi extrêmement complexe. D'après mes sources, elle a été introduite à la demande expresse d'une organisation de plus en plus influente à Genève : la maison Juste. Liée au CDC, me semble-t-il. Quoi qu'il en soit, l'affaire a été habilement menée et il faut un œil de lynx et une patience d'escargot pour combattre un tel projet. Un parlementaire du nom de Bernard Crombie livrait bataille contre cette loi, mais il est mort récemment. Dans un accident de la route, dit-on.

– Oui, j'ai lu ça, dit Lyra. Ça s'est passé ici, à Oxford. Il a été renversé par une voiture et le chauffard a pris la fuite. Vous pensez qu'il a été assassiné ?

– Je le crains, répondit le Dr Polstead. Nous savons ce

qui s'est passé, mais nous ne pouvons pas le prouver devant un tribunal. Ce que tu dois bien comprendre, c'est que les barrières de protection qui t'entourent depuis le jour où Lord Asriel t'a déposée dans les bras du Maître sont désormais lentement et délibérément détruites.

– Les propos du nouveau Maître hier soir en sont la confirmation, dit Hannah.

– Ça veut dire que le Dr Hammond est… dans l'autre camp ? Quel que soit ce camp.

– Ce n'est pas un Érudit, trancha Alice. Ce n'est qu'un homme d'affaires.

– Son parcours est éloquent, renchérit le Dr Polstead. Nous ne savons pas encore comment tout cela s'articule, mais si cette loi est adoptée, elle permettra aux grosses sociétés de mettre la main sur de nombreux biens, immobiliers par exemple, dont la propriété n'a jamais été clairement établie. En cas de litige, la balance penchera du côté de l'argent et du pouvoir. Même les ruines du prieuré de Godstow seront à vendre.

– Des hommes sont venus effectuer des relevés l'autre jour, précisa Alice.

– Les changements dont t'a parlé le Dr Hammond s'inscrivent dans un projet plus vaste, ajouta Hannah. Ce qui te rend encore plus vulnérable.

Lyra en resta bouche bée. Elle serra Pantalaimon contre elle en regardant le feu.

– Mais, il m'a dit…, commença-t-elle tout bas, puis sa voix s'affermit. Il m'a dit que l'université paierait mes études jusqu'à la fin… ainsi que mon séjour à Sainte-Sophia… Que veut-il, alors ? Que j'obtienne mon diplôme ou… ou bien quoi ? Je ne comprends pas. Quelque chose m'échappe.

– Car, hélas, tu ne sais pas encore tout, dit Hannah.

L'argent que le Dr Carne a laissé à ton intention… cet argent qui a été entièrement dépensé, d'après Hammond… Malcolm t'en parlera mieux que moi.

– À la fin de sa vie, le Dr Carne avait des absences, dit le Dr Polstead. D'autant que les chiffres et les comptes n'avaient jamais été son fort. Apparemment, il aurait mis de côté une importante somme d'argent – dont nous ignorons le montant, mais il aurait dû en rester une grosse partie –, malheureusement, il s'est laissé convaincre de l'investir dans un fonds de placement qui a fait faillite. Mauvaise gestion ou krach délibéré ? Toujours est-il que cet argent n'était plus géré par le notaire de l'université, contrairement aux affirmations du Dr Hammond. En fait, le notaire avait tenté farouchement de dissuader le vieux Maître d'investir dans ce fonds, mais évidemment, la décision ne lui appartenait pas. Peut-être connais-tu le notaire de Jordan : un homme très grand, assez âgé maintenant. Son dæmon est une crécerelle.

– Oh, oui, je vois !

Lyra n'avait jamais su quelles fonctions il occupait, mais il s'était toujours montré gentil et courtois avec elle, et il s'intéressait véritablement à ses progrès.

– Ils ont bien calculé leur coup, dit Alice. Peu de temps avant que le vieux Maître commence à perdre la boule, le pauvre homme…

– Oui, je m'en souviens, dit Lyra. Quelle tristesse… Je l'aimais beaucoup.

– Tu n'étais pas la seule, dit Hannah. Mais quand il a perdu la capacité de gérer ses affaires, le notaire a dû en assurer la tutelle. Si le Dr Carne avait voulu investir son argent dans ce fonds à ce moment-là, il en aurait été empêché.

– Un instant, intervint Lyra. Alice a dit qu'ils avaient

bien calculé leur coup. Vous suggérez que c'était intentionnel ? Et qu'ils… Ces gens de l'autre camp… ont perdu cet argent exprès ?

– Tout le laisse penser, répondit le Dr Polstead.

– Mais pourquoi ?

– Pour te nuire. Tu n'aurais découvert la situation que… maintenant.

– Alors que le vieux Maître était encore de ce monde, ils ont essayé délibérément de…

– Oui. Et nous venons juste de l'apprendre. C'est ce qui nous a poussés à te faire venir ici aujourd'hui pour tout te raconter.

Cette fois, Lyra demeura réellement muette de stupéfaction. Ce fut Pantalaimon qui s'exprima à sa place :

– Mais pourquoi ? répéta-t-il.

– Nous l'ignorons, avoua Hannah. Pour une raison qui nous échappe, l'autre camp a besoin de te rendre vulnérable. Et au nom de tout ce qui est bien et précieux, nous devons assurer ta sécurité. Mais tu n'es pas un cas unique. D'autres Érudits sont protégés par le droit d'asile. Il garantit la liberté intellectuelle et, manifestement, certains ont décidé de l'attaquer.

Lyra passa la main dans ses cheveux. Elle ne cessait de penser à cet homme dont elle n'avait jamais entendu parler avant aujourd'hui, l'homme dont le dæmon était une hyène à trois pattes et qui avait tout tenté pour l'assujettir quand elle avait moins d'un an.

– Ce Bonneville, demanda-t-elle, il appartenait à l'autre camp, lui aussi ? C'est pour ça qu'il voulait s'emparer de moi ?

Une expression de mépris et de dégoût balaya le visage d'Alice.

– C'était un individu complexe dans une situation complexe, répondit Hannah. Un espion, apparemment, mais indépendant, comme il existe des universitaires indépendants. Au départ, c'était un théologien expérimental, un physicien, qui travaillait seul. Il avait pénétré au cœur du siège du Magisterium à Genève, où il avait découvert toutes sortes de choses, une quantité astronomique de documents. Ils se trouvaient dans le sac à dos que Malcolm a récupéré…

– Volé, rectifia celui-ci.

– Oui, d'accord, volé. Et qu'il a rapporté à Oxford. Hélas, Bonneville était devenu entre-temps une sorte de renégat, un personnage délirant, obsessionnel… Il était littéralement obnubilé par toi bébé, Lyra. Pour une raison inconnue.

– Je pense qu'il voulait t'utiliser comme monnaie d'échange, dit le Dr Polstead. Mais en définitive… la folie l'a emporté. C'était un dément. Il…

Lyra était surprise par l'intensité de la douleur qu'elle lisait sur son visage. Il regardait Alice, qui le regardait avec la même expression. Finalement, il baissa les yeux, incapable de continuer.

Et Alice dit, d'une voix enrouée par l'émotion :

– C'est aussi pour cette raison qu'il était si difficile de tout te raconter, ma chérie. Car vois-tu, Bonneville m'a violée. Et peut-être serait-il allé plus loin si Malcolm ne… Malcolm a volé à mon secours et il… il a fait la seule chose qu'il pouvait faire. Nous étions à bout de forces, nous pensions être à l'article de la mort. Autour de nous, tout était affreux et…

Elle dut s'interrompre à son tour. Ben, son dæmon, posa la tête sur ses genoux et Alice lui caressa les oreilles d'une main tremblante. Lyra aurait voulu l'enlacer, mais elle ne pouvait pas bouger. Pan était figé à ses pieds.

– La seule chose qu'il pouvait faire ? répéta-t-elle tout bas.

Le dæmon de Malcolm, Asta, dit :

– Malcolm l'a tué.

Stupeur de Lyra. Le Dr Polstead regardait toujours ses pieds. Il se frotta les yeux du revers de la main.

Alice reprit :

– Tu étais emmitouflée dans le canoë et il ne voulait pas te laisser seule. Alors, Asta est restée avec toi et Malcolm s'est rendu à l'endroit où Bonneville était en train de… m'agresser. Pendant qu'Asta veillait sur toi.

– Vous vous êtes séparés ? s'exclama Lyra. Et vous avez tué cet homme ?

– En haïssant mon geste.

– Quel âge aviez-vous ?

– Onze ans.

« À peine plus jeune que Will », songea-t-elle. Quand l'aléthiomètre lui avait appris que c'était un meurtrier. Elle regardait le Dr Polstead d'un œil nouveau, comme si elle ne l'avait jamais vu. Elle essayait d'imaginer un jeune garçon rouquin, trapu, tuant un agent secret aguerri. Et soudain, le parallèle la frappa : l'homme que Will avait tué appartenait aux services secrets de son pays. D'autres échos, d'autres correspondances attendaient-ils d'être découverts ? L'aléthiomètre pourrait l'éclairer, mais combien de temps cela prendrait-il ? Autrefois, la réponse aurait jailli de ses doigts qui faisaient la course contre son esprit pour actionner les aiguilles et dévaler sans la moindre hésitation les niveaux d'interprétation, entremêlés, qui plongeaient dans les ténèbres, là où se cachait la vérité.

Hannah ajouta :

– Nous devons songer à le protéger lui aussi.

Lyra ouvrit de grands yeux.

– L'aléthiomètre ? Comment savez-vous que c'est à ça que je pensais ?

– Tes doigts s'agitaient.

– Oh. Je vais devoir tout dissimuler. Cacher mes moindres mouvements, mes paroles… J'étais loin de me douter… Je ne sais pas quoi dire…

– Pantalaimon t'aidera.

Hannah ignorait tout de la tension qui régnait entre elle et son dæmon ces temps-ci. Lyra n'en avait parlé à personne. Qui pouvait comprendre ?

– Il se fait tard, déclara le Dr Polstead. Si nous voulons dîner, dépêchons-nous de rentrer en ville.

Pour Lyra, c'était comme si une semaine venait de s'écouler. Elle se leva lentement et enlaça Alice, qui la serra contre elle et l'embrassa. Hannah se leva à son tour pour étreindre Lyra, qui l'embrassa aussi.

– Nous formons une alliance désormais, dit Hannah. Ne l'oublie jamais.

– Je n'oublierai pas. Merci. Même si je suis encore sous le choc. Il y a tellement de choses que j'ignorais.

– C'est notre faute, dit le Dr Polstead. Nous essaierons de nous faire pardonner, promis. Tu dînes au Réfectoire, ce soir ?

– Non. Je dois prendre mes repas avec les domestiques à partir de maintenant. Le Maître a été très clair sur ce point.

– Le salopard, marmonna Alice, ce qui fit sourire Lyra. Je vais à La Truite, ajouta-t-elle. À plus tard, vous deux.

Elle partit en direction de Godstow, tandis que Lyra et le Dr Polstead reprenaient le chemin du centre-ville en empruntant les rues animées de Jericho, éclairées par la lumière chaude et réconfortante des commerces.

– Lyra, dit le Dr Polstead, j'espère que tu n'oublieras pas que je m'appelle Malcolm. Et Mme Lonsdale, Alice.

– Il me faudra du temps pour m'y habituer.

– Comme à plein d'autres choses. Si Hammond t'oblige à manger avec les domestiques, c'est pour t'humilier. Il n'y a pas un seul Érudit qui n'apprécie pas ta compagnie. Même si j'appartiens à Durham désormais, je sais de quoi je parle.

– D'après lui, plusieurs voix se sont élevées pour dire que ma présence au Réfectoire était devenue inconvenante.

– Il ment. Si quelqu'un a tenu ces propos, ce n'est certainement pas un des Érudits.

– Quoi qu'il en soit, s'il espère m'humilier, il se trompe. Ce n'est nullement une humiliation de manger avec mes amis. Eux aussi, ils font partie de ma famille.

– Bravo.

Ils continuèrent à marcher en silence. Lyra songeait qu'elle ne se sentirait jamais à l'aise en présence de ce Malcolm, quoi qu'il ait pu faire dix-neuf ans plus tôt.

Puis il dit une chose qui accrut encore son malaise :

– Euh… Lyra, je crois que nous avons un autre sujet à aborder, n'est-ce pas ?

8

Little Clarendon Street

– Les dæmons, dit-elle tout bas, d'une voix à peine audible.

– Oui, confirma-t-il. As-tu été aussi stupéfaite que moi, l'autre soir ?

– Je crois que oui.

– Quelqu'un sait que Pantalaimon et toi vous pouvez vous séparer ?

– Personne dans ce monde-ci. (Elle dut déglutir avant de continuer.) Les sorcières du Nord… elles sont capables de se séparer de leurs dæmons. La première que j'ai connue s'appelait Serafina Pekkala. J'ai rencontré son dæmon et je lui ai parlé longtemps avant de la voir.

– J'ai croisé une sorcière un jour, avec son dæmon. Pendant le déluge.

– Et il existe une cité au nom arabe… en ruine. Habitée par des dæmons sans humains.

– Oui, j'en ai entendu parler, il me semble. Sans que je sache si je devais y croire.

Ils continuèrent à marcher.

– Mais il y a autre chose…, ajouta Lyra.

Au moment même où Malcolm disait :

– Je pense que…

– Pardon, dit-elle.

– Non, toi d'abord.

– Votre dæmon a vu Pantalaimon, et lui l'a vu aussi. Mais il n'en était pas certain jusqu'à ce qu'il le revoie aujourd'hui.

– Dans le salon de Hannah.

– Oui. Seulement… Oh, c'est difficile.

– Regarde derrière toi.

Lyra se retourna et vit ce qu'elle ressentait déjà : les deux dæmons marchaient côte à côte, tête baissée, en pleine conversation.

– Euh…, fit-elle.

Ils avaient atteint le coin de Little Clarendon Street qui, deux cents mètres plus loin, débouchait dans la large avenue de Saint-Giles. Jordan College n'était qu'à dix minutes.

Malcolm demanda :

– Tu as le temps d'aller boire un verre ? Nous serons beaucoup plus à l'aise que dans la rue pour parler.

– D'accord.

Little Clarendon Street était l'endroit à la mode, fréquenté par la jeunesse dorée d'Oxford. Les boutiques de vêtements hors de prix, les cafés chics, les bars à cocktails et les lumières ambariques colorées suspendues donnaient l'impression d'entrer dans une autre ville. Malcolm vit les larmes briller dans les yeux de Lyra, sans pouvoir en deviner la cause, bien évidemment. Elle revoyait Cittàgazze, la ville abandonnée et ses lumières éclatantes, déserte, silencieuse, magique, là où elle avait rencontré Will. Elle chassa ces souvenirs, sans rien dire.

Malcolm la conduisit dans un faux café italien. Les murs étaient couverts de cartes postales aux couleurs criardes et des bouteilles de vin entourées de paille servant de bougeoirs trônaient sur des tables aux nappes à carreaux rouges et blancs. Lyra observa le décor d'un œil méfiant.

– Ici, on ne craint rien, dit Malcolm à voix basse. Dans certains lieux, il est dangereux de parler, mais ici, à La Luna Caprese, aucun risque.

Il commanda une bouteille de chianti, après avoir demandé à Lyra si ça lui convenait.

Une fois le vin versé et goûté, elle dit :

– Il faut que je vous fasse un aveu. Je vais essayer d'être claire. Maintenant que je connais la vérité au sujet de votre dæmon et vous, je peux vous en parler, mais seulement à vous. Malheureusement, j'ai appris tellement de choses depuis deux jours que ça se bouscule dans ma tête, alors, s'il vous plaît, si je donne l'impression de délirer, arrêtez-moi.

– Promis.

Pour commencer, elle raconta l'expérience qu'avait vécue Pan le lundi soir. Le meurtre et le portefeuille que lui avait confié la victime pour qu'il le remette à Lyra. Malcolm l'écouta d'un air stupéfait, dénué de scepticisme toutefois. De telles choses se produisaient parfois, il le savait. Néanmoins, un détail lui paraissait étrange.

– Cet homme et son dæmon connaissaient le principe de la séparation ? demanda-t-il.

Ce fut Pan, assis à côté du coude de Lyra, qui répondit :

– Ils n'étaient pas du tout choqués, comme l'auraient été la plupart des gens. Car en vérité, eux aussi pouvaient se séparer. Son dæmon m'a certainement aperçu dans l'arbre au moment de l'agression, et il a estimé qu'il pouvait me faire confiance, j'imagine.

– Et donc, reprit Lyra, Pan a rapporté le portefeuille à Sainte-Sophia.

– C'est à ce moment-là qu'Asta m'a vu, ajouta Pan.

– … mais d'autres choses se sont produites entre-temps et nous n'avons pas examiné son contenu avant le lendemain matin.

Lyra posa son sac sur ses genoux pour prendre le portefeuille qu'elle fit glisser discrètement vers Malcolm. Celui-ci remarqua les traces de dents et l'odeur, que Pan avait qualifiée d'eau de Cologne bon marché, mais qui lui semblait plus exotique. Il ouvrit le portefeuille et en sortit consciencieusement tout ce qui s'y trouvait, pendant que Lyra poursuivait son récit. La carte de la Bodley, la carte de membre de l'université, les documents diplomatiques, qu'il connaissait bien. Son propre portefeuille avait contenu des papiers identiques à une époque.

– Je pense qu'il revenait à Oxford, disait Lyra, car si on examine les laissez-passer, on peut suivre son voyage du Xinjiang jusqu'ici. Sans doute se serait-il rendu au Jardin Botanique si on ne l'avait pas agressé.

Malcolm perçut une autre trace, diffuse, de ce même parfum sur le portefeuille. Il le porta à son nez et, aussitôt, un tintement résonna dans son esprit comme une cloche lointaine, ou l'éclat du soleil sur le sommet enneigé d'une montagne, l'espace d'une fraction de seconde.

– Il a dit autre chose, cet homme qui a été assassiné ?

La question s'adressait à Pan, qui réfléchit intensément avant de répondre :

– Non. Il n'a pas pu. Il était déjà presque mort. Il m'a demandé de sortir le portefeuille de sa poche et de l'apporter à Lyra… Enfin, pas précisément. Il ne savait pas qu'elle s'appelait Lyra, mais il m'a dit de l'apporter à mon… Il pensait qu'il pouvait nous faire confiance parce qu'on était capables de se séparer.

– Vous avez apporté ce portefeuille à la police ?

– Oui, évidemment. C'est presque la première chose qu'on a faite le lendemain matin, dit Lyra. Mais alors qu'on attendait notre tour au poste, Pan a entendu un des policiers parler.

– C'était un des deux meurtriers, celui qui n'a pas été blessé, enchaîna Pan. J'ai reconnu sa voix. Très particulière.

– Alors, on a fait croire qu'on était venus pour autre chose et on a filé. On s'est dit qu'on ne pouvait pas remettre ce portefeuille à l'homme qui avait tué son propriétaire.

– Logique, confirma Malcolm.

– Oh, autre chose, ajouta Lyra. L'homme qui a reçu un coup de couteau à la jambe se nomme Benny Morris.

– Comment le sais-tu ?

– Je connais quelqu'un qui travaille au centre de tri postal et je lui ai demandé si un de ses collègues s'était blessé à la jambe. Et il m'a parlé d'un type costaud et laid nommé Benny Morris, dont le signalement correspond à l'homme qu'on a vu.

– Et ensuite ?

– Dans le portefeuille, reprit Lyra, il y avait une clé de consigne. Vous savez, comme celles qui servent à fermer les casiers dans les gares ?

– Qu'en avez-vous fait ?

– On s'est dit qu'il fallait récupérer ce qu'il y avait dans cette consigne. Alors…

– Ne me dis pas que vous l'avez fait ?

– Si. Car en nous remettant son portefeuille, il nous a fait confiance et il était de notre devoir de devancer ses meurtriers.

– Ils savaient que l'homme devait avoir un bagage, ajouta Pan. Cette question est revenue plusieurs fois. Ils se demandaient pourquoi il ne l'avait pas avec lui, ce qu'il en avait fait, etc.

– Eh bien, qu'y avait-il dans ce casier de consigne ? interrogea Malcolm.

– Un sac à dos, dit Lyra. On l'a caché sous le plancher dans ma chambre à Jordan.

– Il y est toujours ?

Elle acquiesça.

Malcolm prit son verre et le vida d'un trait, puis se leva.

– Allons le chercher. Tant qu'il est caché là, tu cours un grave danger, Lyra, et je n'exagère pas en disant cela. Allons-y.

Cinq minutes plus tard, Lyra et Malcolm quittèrent le Broad pour s'engager dans Turl Street, l'étroite artère qui accueillait l'entrée principale de Jordan College, sous la tour. Ils étaient à mi-chemin de la loge lorsque deux hommes habillés de vêtements passe-partout franchirent le portail en sens inverse et s'éloignèrent en direction de High Street. L'un d'eux portait un sac à dos sur son épaule.

– C'est le sac, murmura Lyra.

Aussitôt, Malcolm s'élança à la poursuite des deux

hommes, mais Lyra le retint par le bras. Elle ne manquait pas de poigne.

– Attendez. Restons discrets. Il ne faut pas qu'ils se retournent. Entrons.

– Je peux les rattraper !

– Inutile.

Les deux hommes s'éloignaient à grands pas. Malcolm voulait protester, mais il se tut. Lyra demeurait étrangement calme. À vrai dire, elle semblait même satisfaite. Après un dernier regard en direction des voleurs, il la suivit à l'intérieur de la loge, où elle s'entretint avec le Concierge.

– Ils m'ont expliqué qu'ils venaient pour déménager tes meubles, dit celui-ci. Mais je viens de les voir repartir. L'un d'eux tenait quelque chose.

– Merci, Bill. Ils ont dit d'où ils venaient ?

– Ils m'ont laissé une carte… Tiens.

Lyra montra la carte à Malcolm. Dessus, on pouvait lire : *J. Cross Déménagements*. Et une adresse à Kidlington, une ville située à quelques kilomètres d'Oxford.

– Vous connaissez cette entreprise ? demanda Malcolm au Concierge.

– J'en ai jamais entendu parler, monsieur.

Ils gravirent les deux étages jusqu'à la chambre de Lyra. Malcolm n'avait pas emprunté cet escalier depuis l'époque où il était étudiant, mais rien ou presque n'avait changé. Il y avait deux chambres au dernier étage, de part et d'autre du palier. Lyra ouvrit la porte de gauche et alluma la lumière.

– Bon sang, pesta Malcolm, si on était arrivés cinq minutes plus tôt !

La chambre était sens dessus dessous. Les sièges étaient

renversés, les livres éparpillés sur le sol, des papiers étalés sur le bureau, le tapis jeté dans un coin. Une latte du parquet avait été arrachée.

– Ils l'ont trouvé, soupira Lyra.

– Il était sous le plancher ?

– Ma cachette préférée. Ne faites pas la grimace. Ils cherchaient forcément une latte amovible. Mais j'aurais bien aimé voir leurs têtes quand ils vont ouvrir le sac à dos.

Lyra souriait maintenant. Pour la première fois depuis plusieurs jours, aucun nuage n'assombrissait son regard.

– Que contenait-il ? demanda Malcolm.

– Deux livres d'histoire empruntés à la bibliothèque et mes notes de l'année dernière en cours d'économie. Un pull trop petit et deux bouteilles de shampoing.

Malcolm ne put s'empêcher de rire. Lyra passa en revue les livres qui jonchaient le sol. Elle en choisit deux qu'elle lui tendit.

– Ceux-là se trouvaient dans le sac à dos. Je n'ai pas réussi à les lire.

– Celui-ci semble écrit en anatolien, dit Malcolm. C'est une sorte de traité de botanique... Et celui-ci est en tadjik. Bien, bien. Quoi d'autre ?

Parmi la masse de documents étalés sur le bureau et sur le sol, Lyra sélectionna une chemise cartonnée semblable à plusieurs autres. Malcolm s'assit pour l'ouvrir.

– Je vais jeter un coup d'œil dans la chambre, déclara Lyra, et elle traversa le palier.

Une étiquette collée sur la chemise portait l'écriture de Lyra. Malcolm devina qu'elle avait remplacé ses documents par ceux de l'homme assassiné. Et il avait raison. Il s'agissait d'une sorte de tableau de bord, rédigé au crayon. Mais à peine avait-il eu le temps d'en commencer la lecture que Lyra revint avec une vieille boîte de feuilles à fumer en fer-blanc toute cabossée. Qui contenait une dizaine de petits flacons fermés par des bouchons de liège et de petites boîtes en carton.

– C'était aussi dans le sac à dos, dit-elle. Mais j'ignore ce que c'est. Des échantillons ?

– C'était très astucieux de ta part, Lyra. Mais le danger demeure. Ces gens savent qui tu es. Ils savent que tu as été témoin du meurtre. Et avant longtemps, ils sauront que tu as gardé le contenu du sac à dos. Je pense que tu ne devrais pas rester ici.

– Je n'ai nulle part où aller. À part à Sainte-Sophia. Et là-bas non plus, je ne suis pas à l'abri.

Elle ne cherchait pas à se faire plaindre, elle énonçait une vérité. Cette expression dont Malcolm se souvenait hélas trop bien, du temps où il était son professeur, ce mélange d'obstination et d'insolence, transparaissait dans les yeux de Lyra.

– Réfléchissons, dit-il. Tu pourrais t'installer chez Hannah.

– Ce serait dangereux pour elle, non ? Ces gens savent certainement que nous sommes liées. De toute façon, je crois que sa sœur va venir passer Noël avec elle. Elle n'a pas la place de m'accueillir.

– Tu n'as pas d'amis qui pourraient t'héberger ?

– J'ai déjà passé Noël chez des gens qui m'avaient invitée. Mais je n'ai jamais rien demandé. Ça paraîtrait bizarre si je m'imposais maintenant. Et puis… comment dire ?… Je ne veux pas que qui que ce soit…

– Il est évident que tu ne peux pas rester ici.

– Mais c'est ici que je me sens le plus en sécurité, depuis toujours.

Lyra semblait perdue. Elle prit un coussin et le serra dans ses bras. Malcolm songea alors : « Pourquoi n'étreint-elle pas son dæmon de la même manière ? » Et cette pensée mit en évidence une chose qu'il avait remarquée confusément : Lyra et Pantalaimon ne s'aimaient plus. Son cœur se serra. Il avait de la peine pour eux.

– Écoute, dit-il. Il y a toujours l'auberge de mes parents à Godstow. La Truite. Je suis sûr que tu pourrais loger là-bas. Au moins le temps des vacances.

– Je pourrais y travailler aussi ?

– Tu veux dire, est-ce que c'est assez calme pour étudier ?

– Non, répondit Lyra d'un ton qu'elle aurait voulu moins méprisant. Est-ce que je pourrai travailler au bar ou ailleurs ? Pour payer ma chambre.

Malcolm vit alors à quel point sa fierté avait été atteinte par les révélations du Maître au sujet de ses finances.

– Si tu veux donner un coup de main, ils en seront ravis, sans aucun doute, dit-il.

– Dans ce cas, parfait.

Malcolm était mieux placé que quiconque pour savoir combien elle pouvait se montrer entêtée, mais il se demanda combien de personnes avaient perçu la solitude qui l'habitait quand elle tombait le masque.

– Ne perdons pas de temps, alors, dit-il. Nous irons dès ce soir. Dès que tu seras prête.

Lyra montra la pièce en désordre.

– Il faut que je fasse un peu de rangement. Je ne peux pas tout laisser comme ça.

– Remets les livres sur les étagères et les meubles en place. La chambre est dans le même état ?

– Oui. Mes vêtements sont éparpillés sur le sol, le lit a été renversé…

Sa gorge se serra, ses yeux brillaient. Après tout, elle avait été victime d'une intrusion.

– Tu sais quoi ? Je m'occupe de ranger les livres et les papiers sur le bureau, je remets les meubles en place et, pendant ce temps, tu fourres tes vêtements dans un sac. Laisse le lit comme il est. Nous expliquerons à Bill que les déménageurs étaient en fait deux voleurs opportunistes, et qu'il n'aurait jamais dû les laisser entrer.

Il prit un sac de courses en coton accroché à une patère derrière la porte.

– Je peux prendre ça pour mettre ce qui se trouvait dans le sac à dos ?

– Oui, bien sûr. Je vais chercher des vêtements.

Malcolm ramassa un des livres qui jonchaient le sol.

– Tu lis ça ? demanda-t-il.

Il s'agissait du *Constant Imposteur* de Simon Talbot.

– Oui. Je ne sais pas quoi en penser.

– Ça devrait lui faire plaisir.

Il fourra les trois chemises, les deux livres, les petits flacons et les boîtes en carton dans le sac en coton. Ce soir, tout cela serait à l'abri dans le coffre-fort de Hannah. Il serait obligé de contacter Oakley Street, l'obscure division des services secrets auxquels Hannah et lui appartenaient, avant de se rendre au Jardin Botanique, où ils devaient attendre le retour du malheureux Dr Hassall, avec ses spécimens.

Alors qu'il remettait les livres dans la bibliothèque, Lyra revint dans la pièce.

– Prête ? demanda-t-il. J'ai posé les livres n'importe comment. Tu seras obligée de les ranger plus tard, à ton retour.

– Merci. Heureusement que vous êtes revenu avec moi.

Le coup du sac à dos, c'était très bien, mais je n'imaginais pas que ça serait aussi horrible de… Je ne sais pas comment dire. Imaginer qu'ils ont fouillé dans mes vêtements…

Pan discutait tranquillement avec Asta. Elle pourrait lui rapporter leur conversation plus tard, et Pan le savait.

– Finalement, déclara Malcolm, mieux vaut ne rien dire à Bill. Il voudra alerter la police, et nous devrons lui expliquer pourquoi il ne doit pas le faire. Il se posera des questions. S'il nous interroge, on lui expliquera que c'étaient bien des déménageurs, mais qu'ils se sont trompés de date.

– Et si la police s'en mêle, ils ne tarderont pas à faire un rapprochement. Ils sauront que j'ai été témoin du meurtre… Mais comment ces hommes ont-ils retrouvé la trace du sac à dos ? Personne ne nous a suivis…

– L'autre camp possède un aléthiomètre.

– Dans ce cas, ils ont aussi un très bon interprète. Il s'agit d'une requête très particulière. Pas facile d'obtenir ce genre de détails. Désormais, je dois partir du principe que je suis observée en permanence. C'est affreux.

– Oui, en effet. Dans l'immédiat, direction Godstow.

Lyra prit *Le Constant Imposteur*, s'assura que le marque-page était toujours à sa place et le glissa dans son sac.

M. et Mme Polstead ne furent nullement fâchés de voir leur fils arriver accompagné de Lyra. Ils acceptèrent de l'accueillir à La Truite sans la moindre hésitation. Ils lui donnèrent une chambre confortable et il fut convenu qu'elle travaillerait au bar ou à la cuisine, là où elle serait le plus utile. C'étaient des gens on ne peut plus charmants.

– Après tout, il t'a enlevée, dit Mme Polstead en déposant une assiette de ragoût de bœuf devant Lyra, sur la table de la cuisine. Il est normal qu'il te ramène. Presque vingt ans après !

– Et je viens juste de l'apprendre. J'ignorais ce qui s'était passé. J'étais trop petite pour m'en souvenir. Où se trouve le prieuré ? Tout près d'ici ?

– Juste de l'autre côté de la rivière. Mais il n'y a plus que des ruines. Le déluge l'a détruit en grande partie. Des travaux auraient coûté trop cher. Et puis, beaucoup de religieuses ont péri cette nuit-là. Il n'en restait pas assez pour continuer. Tu ne te souviens certainement pas de sœur Fenella ni de sœur Benedicta ? Non. Tu étais trop jeune.

Lyra, la bouche pleine, secoua la tête.

– Sœur Benedicta dirigeait le prieuré. C'est sœur Fenella qui s'occupait de toi la plupart du temps. Une vieille dame adorable. Malcolm l'aimait beaucoup. Quand il est revenu et qu'il a appris qu'elle nous avait quittés, il était effondré. Oh, je suppose que je ne lui pardonnerai jamais de m'être fait un tel sang d'encre. Disparaître comme ça ! On a cru qu'il s'était noyé, avec toi et Alice. Heureusement, son canoë avait disparu lui aussi. On s'est dit qu'il avait peut-être eu le temps de sauter dedans, et on s'est accrochés à cet espoir jusqu'à ce qu'il réapparaisse un beau jour, blessé, couvert de bleus et épuisé…

– Blessé ? s'étonna Lyra.

Le ragoût était excellent et elle mourait de faim, mais elle avait encore plus faim de tous les détails que pouvait lui raconter la mère de Malcolm.

– Oui. Il avait reçu une balle dans le bras. D'ailleurs, il porte encore la cicatrice. Et il ne tenait plus debout. Il a dormi pendant trois jours. En vérité, il est même tombé malade. À cause de toute cette eau dégoûtante, j'imagine. Alors, ce ragoût ? Une autre patate ?

– Merci. C'est un régal. Ce que je ne comprends pas, c'est pourquoi je n'ai jamais rien su de tout ça. Je ne pouvais pas m'en souvenir, évidemment, mais pourquoi personne ne m'a jamais raconté cette histoire ?

– Bonne question. Je pense que le premier problème, c'était de s'occuper de toi. Un problème pour Jordan College, je veux dire. Un vieux bâtiment moisi rempli d'Érudits qui n'étaient pas habitués à voir une enfant courir dans les couloirs. Et aucun d'eux ne savait ce qui t'était arrivé. Ce n'était certainement pas Alice qui allait le leur raconter. Que t'a dit Mal à propos du jour où ils t'ont conduite à Jordan avec Lord Asriel ?

– J'ai appris la vérité cet après-midi. Et j'essaie encore de m'y retrouver. Pour moi, Alice c'était Mme Lonsdale et personne d'autre. Présente à mes côtés en permanence quand j'étais petite. Elle veillait à ce que je reste propre et polie. Et je croyais que… Pour moi, elle vivait là depuis toujours.

– Mon Dieu, non ! Je vais te raconter comment je l'ai su. Un jour, six mois après le déluge peut-être, le vieux Dr Carne nous a demandé, à Reg et à moi, de venir le voir. On ignorait pour quelle raison. Mais on a mis nos plus beaux vêtements et un après-midi on y est allés. En été. On a pris le thé dans le jardin, et là, il nous a tout expliqué. Apparemment, Mal et Alice avaient réussi leur coup : ils t'avaient conduite auprès de Lord Asriel en pensant que tu y serais en sécurité. De toute ma vie, je n'ai jamais entendu parler d'une entreprise aussi folle et j'ai bien fait comprendre à Mal qu'il avait été stupide. En même temps, j'étais fière de lui. Et je le suis encore. Mais attention, interdiction de le lui dire !

« … Bref, Lord Asriel a évoqué cette histoire de protection… de sanctuaire…

– Le droit d'asile des universités.

– Oui, voilà. Et il a chargé le vieux Maître de faire de toi une Érudite afin que tu puisses en bénéficier. Le Dr Carne a regardé Mal et Alice, à moitié mourants, sales, couverts de sang, et il a demandé : « Et ces deux-là ? » Et Lord Asriel a répondu : « Prenez grand soin d'eux. » Sur ce, il est reparti.

« … Alors, le Dr Carne a fait ce qu'on attendait de lui. Il a fait en sorte que Mal entre à Radcliffe et il a payé ses études, et plus tard, il l'a accepté à Jordan. Alice, elle, était moins douée pour étudier, mais maligne comme un singe, très intelligente, très vive d'esprit. Le Maître lui a proposé une place parmi le personnel et, rapidement, c'est elle qui s'est occupée de toi. Elle s'est mariée jeune. Avec Roger Lonsdale, un charpentier. Un garçon adorable, sérieux. Il est mort sur un chantier. Elle s'est retrouvée veuve à même pas vingt ans. J'ignore tout de ce qui s'est passé au cours de ce fichu voyage jusqu'à Londres, à bord du vieux canoë de Malcolm. Il ne me l'a pas raconté, il dit que je serais effrayée. Mais une chose est sûre : Alice et lui sont devenus inséparables. Même quand Malcolm était à l'école.

– Ils n'étaient pas amis avant ?

– Ils ne pouvaient pas se voir. Alice se moquait de lui, et lui, il l'ignorait. C'était la guerre. Elle lui menait la vie dure parfois. N'oublie pas qu'elle a quatre ans de plus que lui, et à cet âge, ça compte. Elle le taquinait, elle l'embêtait. À tel point que j'ai dû lui demander d'arrêter un jour. Mais lui ne se plaignait jamais. Il serrait les dents – comme ça – quand il lui apportait les assiettes sales pour qu'elle les lave. Et puis, cet hiver-là, les religieuses du prieuré lui ont demandé de venir s'occuper de toi, pour soulager un peu la pauvre sœur Fenella. Eh bien, je vois que tu as fait un sort à mon ragoût. Tu en reveux ?

– Non merci. C'était parfait.

– Des prunes au four ? J'ai mis un peu de liqueur.

– Hmmm. Avec plaisir.

Mme Polstead lui servit quelques prunes, accompagnées de crème fraîche épaisse. Lyra se tourna vers Pan – avant qu'ils soient en froid, il raillait son appétit d'ogre –, mais il était assis par terre, en train de discuter avec le dæmon de Mme Polstead, un vieux blaireau au poil grisonnant.

La patronne de La Truite revint s'asseoir.

– Malcolm m'a parlé de ce nouveau Maître de Jordan, dit-elle. Il t'a maltraitée, paraît-il.

– En vérité, je ne sais pas quoi penser. Tout est arrivé si vite… Je suis un peu déboussolée. Il affirme que l'argent est épuisé, et je ne peux pas le contredire car je n'en sais rien du tout. Je suis forcée de le croire sur parole. Est-ce que… Malcolm vous a dit que le Maître m'obligeait à déménager ?

C'était la première fois qu'elle l'appelait par son prénom et ça lui faisait une drôle d'impression.

– Oui. C'est vraiment honteux. Cette université est riche comme Crésus. Ils n'avaient pas besoin de ta chambre pour loger un fichu étudiant. Te chasser de l'endroit où tu as vécu toute ta vie !

– N'empêche, c'est lui qui le dirige, et je… je ne sais pas. Tout cela est tellement compliqué. Je perds pied…

– Tu peux rester ici aussi longtemps que tu le voudras, Lyra. Les chambres ne manquent pas et un coup de main est toujours le bienvenu. D'autant que la fille qui devait venir nous aider à Noël a décidé d'aller travailler au grand magasin Boswell. Bonne chance à elle.

– J'y ai travaillé il y a deux ans, pour les fêtes. C'était non-stop.

– Au début, elles trouvent ça chic. Les parfums, les lotions et tout ça. Mais c'est du boulot.

Lyra songea qu'elle avait sans doute vendu certains produits fabriqués par le père de Miriam quand elle avait travaillé chez Boswell, mais elle ne pouvait pas le savoir car elle ne la connaissait pas à cette époque. Soudain, le monde des amitiés estudiantines, la vie calme et frugale de Sainte-Sophia lui parurent bien lointains.

– Je vais vous aider à faire la vaisselle, déclara-t-elle et, très vite, elle se retrouva avec les mains dans l'eau savonneuse jusqu'aux coudes.

Elle se sentait chez elle.

Ce soir-là, Lyra rêva d'un chat qui marchait sur une pelouse au clair de lune. Indifférente tout d'abord, elle fut saisie soudain par une révélation qui faillit la réveiller (et qui réveilla Pantalaimon sans aucun doute). Elle venait de reconnaître le dæmon de Will, Kirjava. Celui-ci marcha droit vers elle et frotta sa tête contre sa main tendue. Will ignorait qu'il avait un dæmon jusqu'à ce qu'il lui soit arraché du cœur sur les rives du monde des morts, comme Pan avait été arraché à Lyra. Et aujourd'hui, son être inconscient semblait se souvenir de choses qu'elle avait connues à une autre époque, ou dans le futur, dont la signification était aussi écrasante que la joie que Will et elle avaient connue ensemble. Le bâtiment rouge mentionné dans le carnet de bord apparut lui aussi. Elle savait ce qu'il abritait ! Et elle comprenait pour quelle raison elle devait y aller ! Et cette certitude faisait partie de tout ce qu'elle savait, de manière immuable. Dans son rêve, elle avait l'impression qu'hier encore tous les quatre erraient dans le monde des mulefas, et ces souvenirs étaient entourés, imprégnés de tant d'amour qu'elle se surprit à pleurer dans son sommeil. Quand Lyra se réveilla, son oreiller était mouillé de larmes.

Couché à côté d'elle, Pan l'observait, sans un mot.

Elle essaya de se remémorer les images de son rêve, mais il s'envolait déjà. Ne restait qu'un amour intense, enivrant, envahissant.

Après avoir laissé Lyra à l'auberge de ses parents, Malcolm sonna à la porte de Hannah. Deux minutes plus tard, ils étaient assis au coin du feu et il lui parlait du meurtre, du portefeuille, du sac à dos et de l'installation de Lyra à La Truite. Elle l'écouta sans l'interrompre. Il faut dire qu'il était doué pour raconter des histoires ; il savait ordonner chaque fait et lui accorder l'importance qu'il méritait.

Quand il eut terminé, elle demanda :

– Qu'y a-t-il dans ce sac ?

– Ah, ah, répondit Malcolm en le déposant entre ses pieds. Ces documents, pour commencer. Je n'ai pas eu le temps de les parcourir, mais je les photogrammerai tout à l'heure. Il y a également ces deux livres : un ouvrage de botanique en anatolien et celui-ci…

Hannah prit le second livre. La reliure, de mauvaise qualité, avait été réparée grossièrement ; le papier était rugueux et fragile, et la mise en page trahissait un travail d'amateur. Il avait été maintes fois lu et relu à en juger par l'état de la couverture, grasse à force d'être manipulée ; plusieurs pages étaient cornées et annotées au crayon, dans la même langue que le texte.

– Ça ressemble à de la poésie, commenta-t-elle. En revanche, je ne connais pas cette langue.

– C'est du tadjik, expliqua Malcolm. Il s'agit effectivement d'un poème épique intitulé *Jahan et Rukhsana*. Je suis incapable de tout déchiffrer, mais j'ai reconnu le texte.

– Et ces autres documents, qu'est-ce que c'est ?

Hannah faisait référence au carnet de bord du Dr Strauss : le récit de son voyage dans le désert du Karamakan.

– Je pense que c'est la clé de toute cette histoire, dit Malcolm. J'ai fait une halte à L'Agneau et le Drapeau en venant ici pour les lire. Vous devriez en faire autant. Ça ne prend pas longtemps.

Hannah se saisit du paquet de feuilles, pleine de curiosité.

– Ce pauvre homme était botaniste, disais-tu ?

– Oui. J'irai au Jardin Botanique dès demain pour savoir s'ils peuvent m'en dire plus sur lui. Il y avait également dans le sac à dos quelques flacons, que voici, et de petites boîtes qui semblent contenir des graines.

Hannah prit un des flacons et le leva dans la lumière. Elle ôta le bouchon pour en renifler le contenu et lut à voix haute ce qui était inscrit sur l'étiquette.

– « *Ol. R. tajikiae*... *Ol. R. chashmiae*... » Pas facile. *Ol.* Ça pourrait vouloir dire *oleum*... « huile ». *R.* C'est *Rosa*.

– C'est aussi ce que je pense.

– Et ça, ce sont des graines, dis-tu ?

Elle agita une des petites boîtes en carton.

– Je suppose. Je n'ai pas eu le temps de les ouvrir.

– Voyons voir...

Le couvercle était bien scellé et Hannah eut beaucoup de mal à l'ôter pour faire délicatement glisser le contenu dans sa paume : quelques dizaines de graines aux formes irrégulières, de couleur brunâtre.

Malcolm consulta l'étiquette.

– *R. lopnoriae*... Intéressant. Vous les reconnaissez ?

– On dirait des graines de roses, mais je suis peut-être influencée par le contexte. Qu'est-ce qui est intéressant ?

– Le nom de cette variété. Un botaniste qui transporte des graines, ça n'a rien de surprenant. Mais quelque chose me turlupine. Je pense que c'est une affaire liée à Oakley Street.

– Moi aussi. Je dois voir Glenys samedi. Pour la cérémonie en hommage à Tom Nugent. Je lui en parlerai.

– Parfait, dit Malcolm. Cette affaire est suffisamment importante pour être à l'origine d'un meurtre et d'un vol. Hannah, que savez-vous sur Lop Nor ?

– C'est un lac, non ? Ou un désert ? Quelque part en Chine. Je n'y suis jamais allée. Mais j'en ai entendu parler il y a quelques mois à propos de... Quoi donc ?

– Il y a une station de recherches scientifiques à proximité. Ils étudient la météorologie, principalement. Mais ils s'intéressent également à d'autres disciplines. Quoi qu'il en soit, ils ont perdu de manière inexplicable un certain nombre de chercheurs. Ils se sont volatilisés. Des rumeurs évoquent la Poussière.

– Ça me revient maintenant. C'est Charlie Capes qui m'a parlé de Lop Nor.

Charles Capes était un prêtre de l'Église anglicane et, en secret, un ami d'Oakley Street. Par conséquent, il occupait une position risquée car le délit d'apostasie était sévèrement puni et nul ne pouvait contester le verdict des cours ecclésiastiques, qui n'acceptaient qu'une seule défense : la tentation diabolique irrésistible. En transmettant des informations aux agents d'Oakley Street, Capes risquait sa carrière, sa liberté, et peut-être même sa vie.

– Ainsi, le Magisterium s'intéresse à Lop Nor, dit Malcolm. Et aux roses, apparemment.

– Tu as l'intention d'apporter ces spécimens au Jardin Botanique ?

– Oui. Mais avant cela, je vais photogrammer tous les documents. Hannah…

– Oui ?

– Nous allons devoir parler d'Oakley Street à Lyra. Elle est trop exposée. Il est temps qu'elle sache où elle pourra trouver aide et protection.

– J'ai failli tout lui dire cet après-midi. Mais je ne l'ai pas fait, évidemment. Néanmoins, je pense que tu as raison. Il faut lui dire. Tu sais, cela me rappelle cet autre sac à dos, il y a longtemps, celui que vous m'avez apporté. Le sac de Gérard Bonneville. Je n'avais jamais vu un tel trésor ! Tout ce matériel. Et l'aléthiomètre.

– En parlant d'aléthiomètre, dit Malcolm, je suis inquiet de voir que l'autre camp a réussi à localiser si rapidement Lyra et le sac à dos. C'est inhabituel, n'est-ce pas ?

Hannah paraissait troublée.

– Cela confirme ce que nous avions deviné, dit-elle. Depuis plusieurs mois, certaines personnes parlent d'une nouvelle façon de déchiffrer l'aléthiomètre. En utilisant une méthode peu orthodoxe. Expérimentale. Il s'agit d'abandonner la perspective du point de vue unique utilisé par la méthode classique. Je ne peux pas expliquer précisément comment ça fonctionne, car la seule fois où j'ai essayé, j'ai été gravement malade. Mais apparemment, si vous y parvenez, les réponses surgissent beaucoup plus vite, et vous n'avez quasiment pas besoin de livres.

– Y a-t-il beaucoup de gens qui utilisent cette méthode ?

– Personne à Oxford, à ma connaissance. Elle provoque

un sentiment de rejet général. Les principales découvertes ont lieu à Genève. Ils ont là-bas un jeune homme extrêmement doué. Et tu ne devineras jamais…

– Lyra ? Utilise-t-elle cette nouvelle méthode ?

– Je pense qu'elle a essayé une ou deux fois, sans succès.

– Pardonnez-moi, je vous ai interrompue. Qu'alliez-vous dire ?

– Tu ne devineras jamais le nom de ce jeune homme : Olivier Bonneville.

9

L'alchimiste

Dès qu'elle eut fini de lire le carnet de bord de Strauss, Hannah fut d'accord avec Malcolm : Oakley Street devait en prendre connaissance le plus vite possible. En conséquence de quoi, il passa une bonne partie de la nuit à photogrammer tous les papiers que contenait le sac à dos de Hassall, ainsi que la page de titre de chaque livre. Quand il alla enfin se coucher, après avoir déposé les rouleaux dans le réfrigérateur, on était plus près de cinq heures que de quatre heures.

Avant qu'ils s'endorment, Asta demanda :

– Elle a toujours son arme ?

Au sein d'Oakley Street, tous les agents du même grade que Hannah devaient suivre des cours de combat à mains nues et passer chaque année une épreuve de tir au pistolet. Hannah avait l'apparence d'une paisible universitaire aux cheveux gris, ce qu'elle était, mais elle était armée et savait se défendre.

– Oui, elle la range dans son coffre, répondit Malcolm. Mais je suis sûr qu'elle préférerait ne pas être obligée de la sortir.

– Elle devrait la garder près d'elle.

– J'ai essayé de l'en persuader. En vain.

– Que comptes-tu faire au sujet d'Olivier Bonneville ?

– Pour le moment, je ne peux que spéculer. Il se pourrait que Bonneville ait eu un fils. Encore un mystère à élucider. On verra ce que sait Oakley Street.

Après le petit déjeuner, Malcolm apporta les rouleaux de film à développer à un technicien digne de confiance et marcha dans High Street jusqu'au Jardin Botanique. C'était une journée grise, qui sentait la pluie, et les fenêtres éclairées du bâtiment administratif brillaient d'un éclat vif sur la toile de fond du grand bois d'ifs qui s'étendait derrière.

Une secrétaire lui annonça d'emblée que la directrice était occupée et qu'il fallait prendre rendez-vous, mais lorsque Malcolm annonça que sa visite concernait le Dr Roderick Hassall, l'attitude de la secrétaire changea. En vérité, elle parut sous le choc.

– Vous savez où il est ? demanda-t-elle, et son dæmon, un petit terrier de Boston, se dressa sur ses pattes, poil hérissé, en poussant un faible gémissement.

– C'est justement ce dont je viens m'entretenir avec la directrice.

– Oui, bien sûr. Pardonnez-moi.

Elle disparut précipitamment dans un bureau, son

dæmon sur les talons. Quelques instants plus tard, elle était de retour et annonça :

– Le Pr Arnold va vous recevoir.

– Merci, dit Malcolm, et il entra dans la pièce voisine.

La secrétaire referma la porte derrière lui.

La directrice était une femme d'une quarantaine d'années, blonde, mince, à l'air implacable. Elle était debout. Son dæmon-colibri voletait au-dessus de son épaule, sur laquelle il vint se poser.

– Que savez-vous sur Roderick Hassall ? demanda-t-elle de but en blanc.

– J'espérais que vous pourriez m'apprendre deux ou trois choses à son sujet, répondit Malcolm en déposant un sac de courses sur le bureau impeccablement rangé. J'ai trouvé ça à l'arrêt de bus, comme si quelqu'un l'avait oublié. Il n'y avait personne aux alentours. J'ai attendu plusieurs minutes pour voir si on revenait le chercher. En vain. Alors, j'ai voulu savoir à qui il appartenait. Il y a un portefeuille à l'intérieur.

Le Pr Arnold le sortit du sac et y jeta un bref coup d'œil.

Malcolm reprit son récit :

– En découvrant que cet homme était l'un des vôtres, j'ai décidé de vous rapporter ses affaires.

– Un arrêt de bus, vous dites ? Où ça ?

– Dans Abingdon Road. En direction du centre.

– Quand ?

– Hier matin.

La directrice reposa le portefeuille et sortit du sac une des chemises. Après avoir survolé son contenu, elle fit de même avec les deux autres. Malcolm attendit qu'elle dise quelque chose. Finalement, elle leva les yeux vers lui. Elle semblait le jauger.

– Pardonnez-moi, mais ma secrétaire ne m'a pas donné votre nom.

– Elle ne me l'a pas demandé. Je m'appelle Malcolm Polstead. Je suis un Érudit de Durham College. Quand j'ai prononcé le nom du Dr Hassall, elle a paru stupéfaite. Et je dois avouer que vous donnez la même impression. Tout ceci est authentique, n'est-ce pas ? Ces cartes de membre de l'université sont vraies ? Ce Dr Hassall existe bel et bien, et il appartient à votre équipe ?

– Il faut m'excuser, docteur Polstead… Vous êtes bien docteur ? (Malcolm acquiesça.) Je suis un peu déconcertée, en effet. Je vous en prie, asseyez-vous.

Malcolm prit place dans le fauteuil qui faisait face au bureau. La directrice s'assit elle aussi et décrocha son téléphone.

– J'ai besoin d'un café. (Elle interrogea du regard Malcolm, qui hocha la tête.) Joan, pouvez-vous nous apporter deux cafés, s'il vous plaît ?

Elle reprit le portefeuille et en sortit les cartes, les papiers et l'argent, qu'elle aligna soigneusement sur son sous-main.

– Pourquoi n'avez-vous pas apporté tout ça à la police ?

– J'ai commencé par regarder dans le portefeuille, à la recherche d'un nom, et en voyant la carte qui indique qu'il travaille ici, j'ai pensé que ça irait plus vite de vous apporter le sac directement. Et puis, je l'avoue, je suis mû par la curiosité. En examinant les papiers, je suis tombé sur le nom d'un endroit où j'ai moi-même passé quelque temps, et je me suis demandé ce que cherchait le Dr Hassall.

– De quel endroit parlez-vous ?

– Lop Nor.

La directrice n'était plus seulement intéressée, elle paraissait méfiante, voire inquiète.

– Qu'étiez-vous parti faire là-bas ? interrogea-t-elle. Pardonnez-moi, cette question ressemblait à une accusation.

– Je cherchais une tombe. Voyez-vous, je suis historien et je m'intéresse depuis très longtemps à la route de la soie. Je n'ai pas découvert la tombe en question, en revanche, j'ai découvert d'autres choses qui valaient le déplacement. Puis-je vous demander ce que le Dr Hassall faisait en Asie centrale ?

– Eh bien, en tant que botaniste… Il y a là-bas un institut de recherches que nous soutenons, avec les universités d'Édimbourg et de Leyde. Le Dr Hassall y travaillait.

– Pourquoi à Lop Nor ? Je n'ai pas le souvenir d'une flore exceptionnelle : quelques peupliers, de l'herbe… et aussi des tamaris, je crois.

– En raison, tout d'abord, des conditions climatiques… Merci, Joan, vous pouvez poser ça là… qui sont difficiles à reproduire plus au nord et à l'ouest, surtout ici, au bord d'un vaste océan. En raison du sol ensuite, qui contient certains minéraux rares. Et enfin, il y a le savoir-faire local. Les habitants savent cultiver des fleurs qui… ne poussent nulle part ailleurs.

– Et le Dr Hassall ? Est-il revenu à Oxford ? Je sais bien que ça ne me regarde pas, mais… pourquoi êtes-vous si soucieuse ?

– Je m'inquiète pour lui. La vérité, c'est qu'il a disparu. Nous l'avons cru mort.

– Vraiment ? Depuis combien de temps ?

– Plusieurs semaines. Il a disparu de la station.

– La station ?

– C'est ainsi que nous appelons l'institut de recherches de Tash-Bulak.

– Près de Lop Nor ? Et il a disparu, dites-vous ?

La directrice paraissait de plus en plus mal à l'aise. Ses doigts pianotaient sur le bureau. Des doigts aux ongles courts, remarqua Malcolm, et un peu sales, comme si elle avait fait du jardinage juste avant qu'il arrive.

– Je suis désolée si je vous semble évasive, docteur Polstead. Le problème, c'est que les liaisons avec la station sont lentes et aléatoires. Manifestement, nos informations concernant le Dr Hassall étaient erronées. Le fait de retrouver ses affaires est une bonne, une très bonne nouvelle, car cela signifie qu'il est peut-être toujours en vie. Mais j'aurais pensé que… Si c'est bien lui qui les a rapportées à Oxford, évidemment… Quelle joie s'il était venu ici en personne… Je ne vois pas pourquoi quelqu'un laisserait tout ça à un arrêt de bus. Je vois mal le Dr Hassall faire une chose pareille. C'est sûrement quelqu'un d'autre… Je nage en pleine confusion. J'espère qu'il n'a pas été… Merci infiniment d'avoir rapporté ce sac, docteur Polstead.

– Qu'allez-vous faire maintenant ?

– De ces affaires ?

Quelque chose l'effrayait manifestement et, par ailleurs, elle avait peur de trahir son angoisse devant un inconnu. Son dæmon n'avait pas quitté son épaule ; on aurait dit qu'il observait Malcolm, qui essayait de paraître inoffensif et bienveillant.

– Ça concerne les roses, n'est-ce pas ? demanda-t-il.

La directrice ne put masquer un tressaillement. Son dæmon se cacha dans ses cheveux.

– Pourquoi cette question ?

– Pour deux raisons. La première, ce sont les spécimens : les graines et l'huile. La seconde, c'est le livre à la couverture rouge, très abîmé. Il s'agit d'un poème épique, en tadjik, intitulé *Jahan et Rukhsana.* Il parle de deux amoureux en quête d'un jardin de roses. Les recherches du Dr Hassall avaient-elles un lien avec les roses ?

– Oui. Mais je ne saurais vous en dire davantage, car je suis obligée de superviser des dizaines de projets : des thèses de troisième cycle, les recherches que nous menons ici et celles qui sont menées là-bas à Tash-Bulak, ainsi que mes propres travaux…

Malcolm avait rarement rencontré quelqu'un qui mentait aussi mal. Il avait de la peine pour cette femme contrainte d'improviser une défense alors qu'elle était en état de choc.

– Je ne vous embête pas plus longtemps, dit-il. Merci de m'avoir fourni quelques explications. Si, pour une raison ou une autre, vous avez besoin de me contacter…

Malcolm déposa sa carte sur le bureau.

– Merci, docteur Polstead.

Elle se leva et lui serra la main.

– Et tenez-moi au courant si vous avez des nouvelles du Dr Hassall. J'ai un peu l'impression de le connaître.

Il sortit du bâtiment et alla s'asseoir dans le jardin, où un soleil faiblard dorait les branches nues des arbustes. Deux jeunes hommes s'affairaient près des serres.

– Tu aurais dû lui dire la vérité, dit Asta.

– Je sais. Mais j'aurais été obligé d'impliquer Lyra. Et la police. Or, on sait que c'est un policier qui a tué Hassall.

– Oui, mais il n'agissait pas officiellement. Seul celui que Pan a vu à l'œuvre est corrompu. La police doit être informée de ce qui s'est passé.

– Oui, tu as tout à fait raison. Et je m'en veux terriblement.

– Mais ?

– On informera bientôt la directrice. Et la police.

– Quand ?

– Quand on en saura un peu plus.

– Et comment on va faire pour en savoir un peu plus ?

– Je réfléchis.

Malcolm aurait préféré que Lyra ne prenne pas le risque d'aller seule à la gare pour récupérer le sac à dos, mais qui aurait pu l'aider ? Pas lui, à l'évidence. Pas à ce moment-là. Si vous avez été témoin d'un meurtre et si vous décidez de ne rien dire à la police, vous vous retrouvez seul.

Ces réflexions l'amenèrent à repenser à Lyra. Tandis qu'Asta avait adopté la position du sphinx sur le siège en bois à côté de lui, les yeux mi-clos, Malcolm se demanda si tout allait bien pour la jeune femme à La Truite, si elle y était en sécurité. Et une dizaine d'autres interrogations vinrent se greffer sur une question centrale qu'il n'osait pas encore affronter. Était-elle réellement différente de cette gamine renfrognée et méprisante, aux manières détestables, qu'il avait eu tant de mal à instruire quelques années plus tôt ? Elle paraissait beaucoup plus hésitante, réservée, moins sûre d'elle. En outre, elle semblait triste, solitaire, même s'il ne fallait pas y attacher trop d'importance toutefois. Sans parler de son étrange relation, distante, avec son dæmon… Pourtant, quand ils avaient bavardé tous les deux dans ce petit restaurant, elle s'était montrée presque confiante, amicale ; et le plaisir que lui procurait le fait d'avoir caché le contenu du sac à dos était comme un rire délicieux, plein d'insouciance.

Cette question essentielle ne le quittait pas. Tous les

contrastes entre eux lui sautaient aux yeux : sa maturité et la jeunesse de Lyra, sa corpulence et sa sveltesse, sa lourdeur et son agilité… Il aurait pu la contempler pendant des heures. Avec ses grands yeux bordés de longs cils, d'un bleu d'une magnifique vivacité, plus expressifs que tous les yeux qu'il avait pu connaître. Elle était encore très jeune, mais on devinait les rides d'expression qui s'accentueraient au cours des prochaines années et rendraient son visage plus riche encore, plus vivant. Déjà apparaissaient de part et d'autre de sa bouche deux minuscules plis formés par ce sourire qui semblait affleurer à la surface, prêt à éclore. Ses cheveux jaune paille, courts et souvent mal coiffés, mais toujours doux et brillants. Une ou deux fois, lorsqu'il était son professeur, il s'était penché par-dessus son épaule pour regarder ce qu'elle écrivait, et il avait perçu le léger parfum qui émanait de cette chevelure ; ce n'était pas l'odeur du shampoing, mais celle de la douce chaleur d'une jeune fille, et aussitôt il s'était reculé. À cette époque où ils entretenaient des rapports de maître à élève, toute pensée de ce genre était interdite et l'esprit de Malcolm l'avait étouffée dans l'œuf.

Mais quatre ans plus tard, était-ce toujours condamnable ? Était-ce mal de penser à Lyra ? De mourir d'envie de poser ses mains de chaque côté de ce visage, sur ces joues douces et chaudes, pour l'attirer délicatement vers le sien ?

Il avait déjà été amoureux, il savait ce qui se passait en lui. Mais jusqu'à maintenant, les filles et les femmes qu'il avait aimées avaient le même âge que lui, plus ou moins. À une exception près et, dans ce cas précis, la différence était inversée. Tout son savoir ne lui était d'aucune utilité en ces circonstances, et Lyra se trouvait confrontée à une situation si dangereuse qu'il ne pouvait décemment pas l'importuner avec ses propres préoccupations. Mais la réalité était là : lui, Malcolm Polstead, âgé de trente et un ans, était amoureux d'elle. Impossible d'imaginer que cet amour puisse devenir réciproque.

Le calme qui régnait dans le jardin, la conversation des deux jeunes botanistes au loin, le raclement régulier de leurs sarcloirs, le ronronnement de son dæmon, tout cela venait s'ajouter à son manque de sommeil et à son cœur gros pour lui donner envie de fermer les yeux, en espérant qu'il rêverait de Lyra, alors il se leva et dit à Asta :

– Viens, on a du travail.

Ce soir-là, à vingt-trois heures, M. et Mme Polstead discutaient à voix basse dans leur lit. C'était la deuxième nuit que Lyra passait à La Truite. Elle était dans sa chambre. La fille qui donnait un coup de main en cuisine, le serveur, l'assistant du barman étaient tous rentrés chez eux. Il n'y avait pas de client.

– Je n'arrive pas à la cerner, confia Reg Polstead.

– Lyra ? Comment ça ?

– En apparence, elle a l'air joyeuse. Toujours prête à papoter. Conviviale. Mais par moments, elle devient muette et tout son visage change. Comme si elle venait de recevoir une mauvaise nouvelle.

– Mais non, ce n'est pas du tout ça, répondit sa femme. Elle n'est pas en état de choc. Elle souffre de solitude. Et on dirait qu'elle s'y est habituée, qu'elle n'attend rien d'autre. Elle est mélancolique.

– Et puis, elle ne parle quasiment pas à son dæmon, ajouta Reg. On a l'impression de voir deux personnes séparées.

– C'était un bébé si joyeux, pourtant. Toujours en train

de rire, de gazouiller, débordante de joie de vivre… Mais ça, c'était avant.

– Avant le voyage de Malcolm. Lui aussi était différent après. Tout comme Alice.

– Oui, mais c'est normal qu'ils soient davantage marqués, vu qu'ils étaient plus âgés. Lyra était encore bébé. Les bébés, ça ne se souvient de rien. Et puis, elle est vraiment maltraitée dans cette université. Pourtant, c'est son foyer, que diable. On pourrait penser qu'ils veilleraient sur elle. Pas étonnant qu'elle soit d'humeur sombre.

– Je me demande si elle a de la famille. D'après Malcolm, son père et sa mère sont morts depuis longtemps.

– Si elle a des oncles, des tantes ou des cousins, je ne les porte pas dans mon cœur, déclara Mme Polstead.

– Pourquoi ?

– Ils auraient dû se manifester depuis longtemps. C'est pas normal pour une jeune fille de vivre au milieu de tous ces vieux Érudits.

– Peut-être qu'elle a une famille qui ne s'intéresse pas à elle. Auquel cas, je ne leur tire pas mon chapeau.

– Oui, sans doute. Mais je vais te dire une chose : elle ne rechigne pas à la tâche. Il faut que je lui trouve une occupation. Elle fait le travail de Pauline deux fois plus vite, et mieux. Et Pauline risque de se sentir rejetée si je ne donne pas autre chose à faire à Lyra.

– On n'a pas besoin de la faire travailler. En ce qui me concerne, elle pourrait loger ici gratuitement, j'y verrais pas d'inconvénient.

– Moi non plus, trésor, mais c'est à elle que je pense. Même si elle a ses études pour l'occuper, elle a besoin de se sentir utile. J'essaie de lui trouver quelque chose de particulier, une chose qu'elle seule pourrait faire.

– Oui, tu as peut-être raison. Il faut que j'y réfléchisse. Bonne nuit, ma chérie.

Reg Polstead se tourna sur le côté. Sa femme lut quelques pages d'un roman policier puis, sentant ses paupières se fermer, elle éteignit la lumière.

Hannah Relf l'ignorait, mais Lyra avait testé la nouvelle méthode d'interprétation de l'aléthiomètre. Celle-ci n'était pas connue du grand public, car l'aléthiomètre ne faisait pas l'objet de nombreux débats dans l'opinion mais, à l'intérieur des petits groupes de spécialistes, ce sujet donnait lieu à des spéculations enflammées.

L'instrument en possession de Lyra était celui que Malcolm avait découvert dans le sac à dos de Gérard Bonneville puis caché sous les couvertures de Lyra bébé, lorsque Lord Asriel l'avait confiée au Maître de Jordan. Le Maître l'avait remis à Lyra quand elle avait eu onze ans, et elle l'avait emporté lors de sa grande aventure dans l'Arctique et au-delà. Au début, elle avait appris à l'interpréter de manière instinctive, comme si c'était la chose la plus naturelle au monde. Mais très vite, elle avait perdu ce pouvoir et s'était retrouvée incapable de voir derrière les symboles toutes les connexions et les similitudes qui autrefois lui sautaient aux yeux.

La perte de cette faculté avait été douloureuse. Maigre consolation, elle savait qu'en étudiant avec assiduité, elle parviendrait à retrouver une partie de sa capacité à interpréter l'aléthiomètre, mais elle aurait toujours besoin des ouvrages dans lesquels des générations d'Érudits avaient consigné leurs découvertes concernant les symboles et les liens qui les unissaient. Quel contraste ! C'était comme perdre la capacité de voler dans les airs tel un martinet et recevoir en échange une béquille pour marcher en boitillant.

Cela contribuait à sa mélancolie. Mme Polstead avait raison : Lyra était d'humeur mélancolique ces temps-ci et, depuis sa rupture avec Pan, elle n'avait plus personne à qui se confier. Quelle absurdité. Ils ne formaient qu'un tous les deux et, pourtant, ils avaient du mal à se parler, et même à se supporter en silence. De plus en plus souvent, elle se surprenait à parler tout bas à un fantôme, à l'image qu'elle se faisait de Will, là-bas dans son monde inaccessible.

Par conséquent, cette nouvelle technique aléthiométrique lui était apparue comme une distraction bienvenue. Elle s'était répandue grâce à la rumeur, sans que l'on sache ni de qui ni d'où elle venait, mais on parlait d'avancées spectaculaires dans le domaine de la compréhension, d'une révolution théorique, de prouesses d'interprétation qui rendaient les ouvrages superflus. Et Lyra avait commencé à expérimenter cette méthode révolutionnaire en secret.

C'était sa deuxième nuit à La Truite. Assise dans son lit, les genoux ramenés contre sa poitrine, sous les couvertures pour se protéger du froid, elle tenait l'aléthiomètre dans ses mains jointes. Le plafond bas, mansardé, de la chambre, le papier peint orné de fleurettes, le tapis usé à côté du lit lui paraissaient déjà familiers et réconfortants, et la douce lumière jaune de la lampe à naphte sur la table de chevet conférait à la pièce une chaleur qu'aurait démentie un thermomètre. Pan était assis sous la lampe. Autrefois, il se serait pelotonné sur sa poitrine.

– Qu'est-ce que tu fais ? demanda-t-il.

Son ton était agressif.

– Je vais réessayer la nouvelle méthode.

– Pourquoi ? La dernière fois, ça t'a rendue malade.
– J'explore. Je fais des essais.
– Je n'aime pas cette nouvelle méthode.
– Pour quelle raison ?
– On dirait que tu es perdue. Je ne sais plus où tu es. Et je crois que tu ne le sais pas non plus. Tu manques d'imagination.
– Hein ?
– Si tu avais plus d'imagination, ça irait mieux. Mais…
– Tu es en train de dire que je n'ai aucune imagination ?
– Tu tentes de t'en passer, voilà ce que je veux dire. C'est à cause de ces livres, comme toujours. L'un d'eux affirme que l'imagination n'existe pas, l'autre prétend que ça ne compte pas.
– Non, non…
– Si tu ne veux pas connaître mon avis, ne me le demande pas.
– Mais je n'ai pas…
Elle ne savait pas quoi dire. Elle était profondément affectée. Pan la regardait d'un œil inexpressif.
– Que devrais-je faire ? demanda-t-elle.
« Pour toi et moi », voulait-elle dire. Mais son dæmon répondit :
– Tu dois être capable d'imaginer. Mais c'est difficile pour toi, n'est-ce pas ?
– Je ne… Franchement, je n'ai… Pan, je ne sais pas de quoi tu parles. J'ai l'impression qu'on ne s'exprime pas dans la même langue. Ça n'a aucun rapport avec…
– Qu'est-ce que tu voulais chercher, d'abord ?
– Je ne sais plus trop. Tu m'as embrouillée. Je sens que quelque chose cloche. Alors, sans doute que je voulais essayer de trouver ce qui ne va pas.

Pan tourna la tête, sa queue se balança lentement de droite à gauche, puis il se retourna complètement et bondit sur le vieux fauteuil recouvert de chintz, où il se roula en boule pour dormir.

Pas d'imagination ? Jamais dans toute sa vie elle ne s'était posé la question de savoir si elle avait de l'imagination ou pas. Si elle s'était interrogée, elle aurait sans doute supposé que cet aspect de sa personnalité se trouvait plutôt chez Pan, car elle était une personne pragmatique, réaliste, terre à terre… Mais comment le savait-elle ? Les autres semblaient la voir ainsi, ou du moins, ils la traitaient comme si c'était le cas. Elle avait des amis qu'elle aurait qualifiés d'imaginatifs : ils étaient spirituels, ils tenaient des propos surprenants ou ils rêvassaient beaucoup. N'était-elle pas comme eux ? À l'évidence, non. Elle n'aurait jamais pensé que ça faisait si mal de s'entendre dire qu'on n'avait pas d'imagination.

Pan affirmait que c'était à cause de ces livres. Et en effet, l'auteur des *Hyperchorasmiens* traitait avec mépris les personnages au tempérament artistique, ceux qui écrivaient de la poésie ou parlaient du « spirituel ». Gottfried Brande sous-entendait-il que l'imagination était une chose inutile ? Lyra n'aurait su dire s'il en parlait directement ; il faudrait qu'elle vérifie. Quant à Simon Talbot, dans *Le Constant Imposteur*, il ne cessait de mettre en avant son imagination, dans une sorte de jeu charmant mais froid avec la vérité. Le résultat était éblouissant, vertigineux, comme si les responsabilités, les conséquences, les faits eux-mêmes n'existaient pas.

Lyra soupira. Elle tenait l'aléthiomètre à deux mains, laissant errer ses pouces sur les roues dentées, elle sentait son poids familier et regardait d'un œil distrait le reflet de la lampe qui se déplaçait au gré des mouvements qu'elle imprimait à l'instrument.

– J'ai essayé, Pan, dit-elle tout bas. Et toi aussi, pendant quelque temps. Tu n'as pas été capable de persévérer. Ça ne t'intéressait pas vraiment. Qu'est-ce qu'on va faire ? On ne peut pas continuer comme ça. Pourquoi me détestes-tu à ce point ? Pourquoi est-ce que j'ai de l'aversion pour toi ? Pourquoi est-ce qu'on ne se supporte plus ?

Elle n'avait plus envie de dormir ; au contraire, elle était parfaitement éveillée... et triste.

– De toute façon, murmura-t-elle, ça ne changera rien maintenant.

Elle se redressa dans le lit et tint l'aléthiomètre avec davantage de détermination. Il existait deux différences entre la nouvelle et l'ancienne méthode. La première concernait la position des mains sur le cadran. Dans la méthode classique, l'interprète devait formuler une question en plaçant chacune des aiguilles sur un symbole différent, afin de définir avec précision ce qu'il voulait savoir. Dans la nouvelle méthode, les trois aiguilles désignaient un seul et même symbole. Les interprètes ayant suivi une formation classique y voyaient une hérésie et le mépris des traditions, sans même parler de l'aspect aléatoire. En lieu et place d'un questionnement méthodique et raisonné, grâce au triangle solidement formé par les trois aiguilles, le point d'ancrage unique de la nouvelle méthode faisait émerger un chaos de significations imprévisibles et imprécises, en fonction des déplacements frénétiques de l'aiguille d'un endroit à un autre.

La seconde différence tenait à l'attitude de l'interprète. La méthode classique exigeait un état d'esprit attentif et circonspect, mais détendu, auquel on accédait après une longue pratique. Car une partie du cerveau devait rester disponible pour consulter les ouvrages qui recensaient les nombreuses significations des symboles. À l'inverse, la nouvelle méthode n'avait pas besoin d'ouvrages de référence. L'interprète devait abandonner tout contrôle pour pénétrer dans un état de vision passive où rien n'était figé et où tout était possible. Voilà pourquoi Hannah et Lyra avaient dû interrompre leurs expériences : elles souffraient d'un épouvantable mal de mer.

Maintenant, alors qu'elle était assise dans son lit, ce souvenir la remplissait d'appréhension.

– Et si ça tournait mal ? murmura-t-elle. Je pourrais me perdre et ne jamais revenir…

C'était un risque, en effet. En l'absence de perspective fixe et de base solide sur laquelle s'appuyer, elle pouvait avoir l'impression de se noyer dans une mer déchaînée.

Habitée par un mélange de désespoir et de réticence, elle actionna le cadran jusqu'à ce que les trois aiguilles se retrouvent pointées sur le cheval. Elle n'aurait su dire pourquoi. Elle ferma les yeux, sans lâcher l'aléthiomètre, et laissa son esprit basculer dans le vide, à la manière d'un plongeur qui s'élance du haut d'une falaise.

– Ne pas chercher un endroit précis… Pénétrer dans le courant… Se laisser emporter… et envahir… Entrer et sortir… Rien n'est fixé… Il n'y a pas de perspective, se disait-elle dans un murmure.

Des images jaillies du cadran dansaient devant elle, puis s'enfuyaient, avant de revenir. Elle avait la tête en bas maintenant, elle s'élevait dans les airs, et voilà qu'elle plongeait à toute allure dans un puits sans fond. Des images qu'elle connaissait depuis toujours, ou presque, la regardaient de haut, comme une étrangère, ou se cachaient dans la brume. Elle se laissa dériver en flottant dans le vide, sans attaches. Il faisait nuit, jusqu'à ce que l'obscurité laisse place à une lumière aveuglante. Elle évoluait dans une plaine infinie parsemée d'emblèmes fossilisés, sous une lune immense. Puis dans une forêt où résonnaient des cris d'animaux et des hurlements humains, les chuchotements de fantômes terrifiés. Du lierre grimpant enveloppait le soleil pour l'attirer dans une prairie où un taureau noir furieux meuglait et trépignait.

Et pendant tout ce temps, Lyra continuait à dériver, privée de toute volonté, libérée de tout sentiment humain. Les scènes se succédaient, banales, tendres, effroyables, et elle les observait, avec un mélange d'intérêt et de détachement. Elle se demanda si elle rêvait, et si cela avait de l'importance, mais comment faire la différence entre ce qui était significatif et ce qui était trivial, accidentel ?

– Je ne sais pas !

Elle sentait naître cette horrible et inévitable nausée qui semblait accompagner la nouvelle méthode. Elle reposa l'aléthiomètre et inspira à fond jusqu'à ce que l'envie de vomir disparaisse.

« Il existe forcément une meilleure façon de faire », se dit-elle. Manifestement, il se passait quelque chose, mais difficile de dire quoi. Que demanderait-elle si elle avait des livres sous la main et pouvait consulter les autorités sur la manière de formuler une question et d'en interpréter la réponse ? Aucun doute, elle interrogerait l'aléthiomètre au sujet de ce chat aperçu dans son rêve. S'agissait-il du dæmon de Will et, si oui, que signifiait sa présence ?

Cette pensée la mettait mal à l'aise. Le scepticisme universel que lui avaient enseigné Brande et Talbot, chacun dans son registre, l'incitait à rejeter fermement le monde des rêves et des significations occultes. C'étaient des enfantillages, des âneries sans intérêt.

Mais qu'était donc l'aléthiomètre, sinon un moyen de pénétrer dans ce monde ? Oh, elle était affreusement partagée.

Néanmoins, ce chat couleur d'ombre sur cette pelouse éclairée par la lune…

Elle reprit l'instrument et plaça les trois aiguilles face à l'oiseau, qui symbolisait les dæmons en général. Elle ferma les yeux de nouveau, puis posa l'aléthiomètre sur ses genoux pour pouvoir le tenir sans tension. Elle s'efforça de faire réapparaître l'état d'esprit du rêve, ce qui n'était pas très difficile car il s'accrochait à elle comme un parfum subtil. Le dæmon marchait vers elle, confiant et heureux, il lui offrait sa tête pour qu'elle la caresse, le pelage parcouru d'ondes d'adoration ; elle savait que ce dæmon était Kirjava, et elle avait le droit de le toucher car elle aimait Will. Elle savait que Will devait se trouver à proximité…

La scène changea brusquement. Toujours dans un état second, comme hypnotisée, elle se retrouva à l'intérieur d'un bâtiment élégant, dans un couloir aux murs vert pâle, percé de fenêtres qui donnaient sur une cour étroite. Une longue limousine luisait dans la lumière froide du soleil hivernal.

Et le dæmon-chat était encore là !

Ou bien… c'était un simple chat, assis tranquillement, qui l'observait. Ce n'était pas Kirjava. Lorsque Lyra, mue par les flammes de l'espoir et de la déception, s'en approcha, le chat lui tourna le dos et s'éloigna furtivement vers une porte ouverte. Elle le suivit. Par l'ouverture, elle vit une pièce aux murs tapissés de livres à l'intérieur de laquelle un jeune homme tenait un aléthiomètre…

– Will ! s'écria-t-elle.

Elle n'avait pas pu se retenir. Ces cheveux noirs, cette mâchoire carrée, cette raideur dans les épaules… Et quand il leva la tête, ce n'était pas Will, c'était quelqu'un d'autre, à peu près du même âge qu'elle, mince, l'air farouche, arrogant. Son dæmon n'était pas un chat, mais un épervier, perché sur le dossier de son fauteuil, qui la dévisageait de ses yeux jaunes. Où était donc passé Kirjava ? Lyra regarda autour d'elle : le chat avait disparu. Un éclair d'intimité méfiante passa entre Lyra et le jeune homme, mais ils ne voyaient pas la même chose. Lui savait qu'elle était la fille que son employeur, Marcel Delamare, voulait absolument retrouver, pour une raison qui lui échappait ; et elle savait qu'il était l'inventeur de la nouvelle méthode.

Avant qu'il puisse faire un geste, elle ferma la porte qui se dressait entre eux.

Lyra cligna des yeux, secoua la tête et se retrouva dans son lit douillet à La Truite. Elle était encore sous le choc, chancelante et abasourdie. Ce garçon ressemblait tellement à Will ! L'espace d'un instant, son cœur avait explosé de joie. Quelle amère déception ensuite ! Suivie immédiatement par une bouffée de surprise désagréable : elle savait quel était cet endroit, qui était cet individu et ce qu'il manigançait. Mais où était passé le chat ? Et d'abord, que faisait-il là-bas ? Voulait-il la conduire jusqu'à ce jeune homme ?

Elle ne s'aperçut pas que Pan s'était redressé dans le fauteuil à côté du lit, tout le corps tendu, et qu'il l'observait.

Elle reposa l'aléthiomètre sur la table de chevet pour prendre une feuille et un crayon. Rapidement, alors que la vision s'effaçait déjà dans son esprit, elle nota tout ce dont elle se souvenait.

Pan la regarda faire pendant une minute ou deux, avant de se recoucher en boule sur le fauteuil. Cela faisait plusieurs nuits qu'il ne partageait pas l'oreiller de Lyra.

Il attendit qu'elle cesse d'écrire et qu'elle éteigne la lumière, puis il patienta encore un peu, jusqu'à ce que la respiration régulière de Lyra lui indique qu'elle dormait. Alors, il récupéra le petit carnet tout corné qu'il avait caché à l'intérieur d'un gros livre et, le tenant fermement entre ses dents, il sauta sur le rebord de la fenêtre.

Il avait déjà inspecté la fenêtre, non pas à guillotine, mais à simple croisée, fermée par une espagnolette en fer, si bien qu'il n'avait pas besoin de Lyra pour l'ouvrir. Quelques secondes plus tard, il courait dehors sur les vieux pavés, grimpait dans un pommier, traversait une pelouse à toute allure, puis le pont, et cavalait librement dans la vaste étendue de Port Meadow, en direction du campanile de l'Oratoire de Saint-Barnabé-le-Chimiste, silhouette pâle dans le ciel noir. Il se faufila au milieu d'un troupeau de poneys, provoquant une réaction de nervosité chez certains. Peut-être y avait-il parmi eux l'animal sur lequel il avait sauté un an plus tôt, lui plantant ses griffes dans le dos jusqu'à ce que la pauvre bête s'élance dans un galop furieux, avant de le désarçonner enfin. Pan avait atterri dans l'herbe en riant. Une chose que Lyra ignorait.

De même qu'elle ignorait l'existence de ce petit carnet qu'il tenait entre ses dents. Ce carnet qu'il avait découvert dans le sac à dos du Dr Hassall, celui qui contenait des noms et des adresses, et que Pan avait caché car il y avait vu une chose que Lyra n'avait pas remarquée. Il estimait que le bon moment pour lui en parler n'était pas encore arrivé.

Il continua à courir, léger, silencieux et infatigable, jusqu'à atteindre le canal qui longeait l'extrémité est du pâturage. Pour ne pas prendre le risque de mouiller le carnet en le traversant à la nage, il se fraya un passage dans l'herbe haute pour emprunter le pont qui menait à Walton Well Road et au quartier de Jericho. À partir de maintenant, il devait faire très attention. Il n'était pas encore minuit, plusieurs pubs étaient encore ouverts et les lumières jaunes des lampadaires, installés à chaque coin de rue, l'empêcheraient de se cacher s'il s'aventurait dans ce secteur.

Au lieu de cela, il suivit d'un bon pas le chemin de halage, s'arrêtant fréquemment, attentif et à l'écoute, pour atteindre finalement une grille en fer, sur sa gauche. Il la franchit sans peine et se retrouva dans l'enceinte de la ferronnerie Eagles, dont les bâtiments imposants le toisaient. Un étroit chemin menait à une grille similaire qui donnait sur l'extrémité de Juxon Street, un alignement de maisonnettes en brique construites pour les ouvriers de la ferronnerie et de l'imprimerie voisine. Là, il s'arrêta dans l'ombre des bâtiments, car deux hommes bavardaient au coin de la rue.

Finalement, l'un des deux ouvrit une porte, ils se saluèrent, et les pas du second homme s'éloignèrent en direction de Walton Street. Pan attendit encore une minute avant de se faufiler entre les barreaux de la grille et d'escalader le muret qui se dressait devant la dernière maison.

Il se tapit près de la petite fenêtre du sous-sol, faiblement éclairée, couverte d'une telle couche de suie et de poussière qu'il était impossible de voir à travers. Il tendit l'oreille et parvint à saisir une ou deux phrases, prononcées d'une voix rauque, auxquelles répondit une voix plus douce et chantante.

Ils étaient là, et ils travaillaient, il n'avait pas besoin d'en savoir plus. Il frappa à la fenêtre et immédiatement les voix se turent. Une forme sombre bondit sur l'étroit rebord pour regarder au-dehors, puis s'écarta presque aussitôt pour permettre à l'homme d'ouvrir le carreau.

Pan se glissa par l'entrebâillement, sauta sur le sol de pierre et salua le dæmon-chatte, dont la fourrure noire semblait absorber toute la lumière. Au centre de la pièce flamboyait un gros fourneau qui dégageait une chaleur intense. Le décor tenait à la fois de l'atelier de forgeron et du laboratoire de chimiste, assombri par la suie et tapissé de toiles d'araignée.

– Pantalaimon, dit l'homme. Bienvenue. Cela fait bien longtemps qu'on ne t'a pas vu.

– Bonjour, monsieur Makepeace, répondit Pan après avoir lâché le carnet pour pouvoir parler. Comment allez-vous?

– Toujours aussi actif. Tu es seul ?

Âgé de soixante-dix ans environ, Sebastian Makepeace avait un visage creusé de profondes rides et marbré, sous l'effet du vieillissement ou de la fumée épaisse qui flottait dans l'atmosphère. Pan et Lyra avaient fait sa connaissance quelques années plus tôt, au cours d'un étrange épisode mettant en scène une sorcière et son dæmon. Depuis, ils lui avaient rendu visite plusieurs fois et avaient fini par se familiariser avec son ironie, le fouillis indescriptible de son laboratoire, ses connaissances dans des domaines insolites et la patience bienveillante de son dæmon, Mary.

Makepeace et elle savaient que Lyra et Pan pouvaient se séparer. La sorcière dont la duperie les avait réunis avait été sa maîtresse autrefois, et il connaissait le pouvoir des sorcières.

– Oui, répondit Pan. Lyra est… Elle dort. J'avais une question à vous poser. Mais je ne veux pas vous interrompre.

Makepeace enfila un gant de protection abîmé afin de déplacer légèrement un récipient en fer posé au bord du fourneau.

– Ça peut continuer à chauffer encore un peu, dit-il. Assieds-toi, mon garçon. Je vais en profiter pour fumer pendant qu'on parle.

Il sortit d'un tiroir un petit cigare qu'il alluma. Pan aimait l'odeur des feuilles à fumer, mais il n'était pas certain de pouvoir la sentir dans cette atmosphère. L'alchimiste s'assit sur un tabouret et le regarda droit dans les yeux.

– Eh bien, qu'est-ce qu'il y a dans ce carnet ?

Pan le prit dans sa gueule pour le lui tendre et lui parla du meurtre et des événements qui avaient suivi. Makepeace l'écouta attentivement. Mary, assise à ses pieds, ne quittait pas Pan des yeux.

– Si je l'ai caché, conclut celui-ci, et si je vous l'ai apporté, c'est que votre nom y figure. Il s'agit d'une sorte de carnet d'adresses. Lyra ne l'a pas remarqué, mais moi, si.

– Laisse-moi voir ça.

Makepeace chaussa ses lunettes. Son dæmon sauta sur ses genoux et, ensemble, ils étudièrent la liste des personnes et de leur dæmon, accompagnés de leur adresse. Chaque nom était noté d'une écriture différente. Par ailleurs, ils n'étaient pas classés par ordre alphabétique, mais plutôt de manière géographique, avait deviné Pan : d'est en ouest, en commençant par un endroit baptisé Kharezm pour s'achever à Édimbourg, et incluant des villes situées dans la plupart des pays européens. Pan avait étudié cette liste trois ou quatre fois, en secret, sans découvrir le moindre lien apparent.

L'alchimiste semblait chercher des noms en particulier.

– Vous êtes le seul à Oxford, dit Pan. Je me demandais si vous connaissiez cette liste. Et la raison pour laquelle le Dr Hassall voyageait avec.

– Tu disais qu'il pouvait se séparer de son dæmon ?

– Oui. Juste avant de mourir. Son faucon s'est posé dans l'arbre pour réclamer mon aide.

– Pourquoi n'as-tu rien dit à Lyra ?

– Je… Ce n'était jamais le bon moment.

– Dommage, dit Makepeace. Tu devrais lui remettre ce carnet. Il est très précieux. Il y a un nom pour désigner ce genre de liste : on appelle ça un *clavicula adiumenti*.

Il montra deux petites lettres estampées sur la quatrième de couverture, près du dos : C.A. À peine visibles tant le carnet était usé et abîmé. Puis il le feuilleta, jusqu'au milieu environ, sortit un bout de crayon de la poche de son gilet et retourna le carnet d'un quart de tour avant d'y inscrire quelque chose.

– Qu'est-ce que ça veut dire ? demanda Pan. *Clavicula*… Et qui sont ces gens ? Vous les connaissez tous ? Je n'ai trouvé aucun rapport entre ces noms.

– C'est normal.

– Qu'avez-vous écrit ?

– J'ai ajouté un nom qui manquait.

– Pourquoi vous avez tourné le carnet ?

– Il n'y avait plus de place sur la page. Je te le répète : donne-le à Lyra et reviens avec elle. Je t'expliquerai ce que ça signifie. Mais seulement quand vous serez tous les deux.

– Ça ne va pas être facile. On ne se parle quasiment plus. On se dispute sans cesse. C'est affreux, mais on ne peut pas s'en empêcher.

– À propos de quoi ?

– La dernière fois, ce soir, c'était à cause de son imagination. Je lui ai dit qu'elle n'en avait aucune et ça l'a mise en colère.

– Cela t'étonne ?

– Non, pas vraiment.

– Pourquoi vous vous disputez à cause de son imagination ?

– Je ne sais même plus. Sans doute que ce mot n'a pas le même sens pour elle que pour moi.

– Tu ne comprendras jamais rien à l'imagination tant que tu croiras que ça consiste à inventer des choses, alors que c'est une question de perception. À propos de quel autre sujet vous êtes-vous aussi disputés ?

– Oh, toutes sortes de choses. Elle a changé. Elle lit des livres qui… Vous avez entendu parler de Gottfried Brande ?

– Non. Mais ne me dis pas ce que tu penses de lui. Dis-moi ce qu'en dirait Lyra.

– Hmmm. Bon, d'accord. Je vais essayer… Brande est un philosophe. On le surnomme le Sage de Wittenberg. Certaines personnes, du moins. Il a écrit un énorme roman intitulé *Les Hyperchorasmiens*. Je ne sais même pas ce que ça veut dire ; il ne les mentionne pas dans le texte.

– Ça désigne les personnes qui vivent au-delà de la Chorasmie, une région située à l'est de la mer Caspienne. On l'appelle également Kharezm. Et…

– Kha… quoi ? Ce nom figure dans la liste, je crois.

Makepeace rouvrit le carnet et hocha la tête.

– Oui, en effet. Et alors, que pense Lyra de ce roman ?

– Elle est comme hypnotisée. Depuis qu'elle…

– Tu me donnes ton avis. Je veux savoir ce qu'elle me dirait sur ce livre si je l'interrogeais.

– Eh bien, elle vous dirait que c'est une œuvre d'une… portée et d'une force gigantesques… Un monde parfaitement cohérent… Contrairement à tout ce qu'elle a pu lire jusqu'à maintenant… C'est une… vision nouvelle de la nature humaine, qui a fait voler en éclats toutes ses convictions antérieures… Un truc dans le genre sûrement.

– Tu es sarcastique.

– C'est plus fort que moi. Je hais ce livre. Les personnages sont monstrueusement égoïstes, insensibles à tous les sentiments humains. Ils sont arrogants et dominateurs ou bien serviles et fourbes, ou alors ce sont des artistes chichiteux et inutiles… Il n'existe qu'une seule valeur dans ce monde : la raison. L'auteur est tellement rationnel qu'il en devient fou. Rien d'autre n'a d'importance. Pour lui, l'imagination est une chose insignifiante, méprisable. Tout l'univers qu'il décrit est… aride.

– Si c'est un philosophe, pourquoi a-t-il écrit un roman ? Pense-t-il que le roman est une forme adaptée à la philosophie ?

– Il a écrit différents livres, mais c'est celui-ci qui l'a rendu célèbre. On n'a pas… Lyra n'a pas lu les autres.

L'alchimiste fit tomber la cendre de son cigare dans le fourneau et contempla le feu. Son dæmon, toujours assis à ses pieds, ronronnait, les yeux mi-clos.

Au bout d'une minute de silence, Pan demanda :

– Vous avez déjà entendu parler d'une personne et de son dæmon qui se détestaient ?

– C'est plus fréquent que tu le crois.

– Même parmi ceux qui peuvent se séparer ?

– C'est peut-être encore pire.

Pan réfléchit. « Oui, possible. »

De la vapeur s'échappait du récipient en fer posé sur le fourneau.

– Monsieur Makepeace, sur quoi vous travaillez en ce moment ?

– Je fais une soupe, répondit l'alchimiste.

– Oh, fit Pan, avant de comprendre que le vieil homme se moquait de lui. Non, allez, sérieusement ?

– Si je te parle d'un champ, tu comprends ce que ça veut dire ?

– Un champ magnétique, par exemple ?

– Oui. Mais celui-ci est très difficile à détecter.

– Et qu'est-ce qu'il fait ?

– C'est ce que j'essaie d'imaginer.

– Mais si vous… Oh, je vois. Vous voulez dire que vous essayez de le percevoir.

– Exactement.

– Vous avez besoin de matériel spécial pour ça ?

– On pourrait probablement y arriver avec des instruments extrêmement coûteux qui consomment une quantité astronomique d'énergie et occupent plusieurs hectares. Je dois me contenter de ce que j'ai ici, dans mon laboratoire. Quelques feuilles d'or, plusieurs miroirs, une lumière puissante et diverses bricoles que j'ai dû inventer.

– Et ça marche ?

– Évidemment que ça marche.

– Je me souviens de la première fois qu'on vous a vu ; vous avez dit à Lyra que si les gens se figuraient que vous tentiez de transformer le plomb en or, ils penseraient que vous perdiez votre temps, et ils ne chercheraient pas à découvrir ce que vous faisiez réellement.

– C'est vrai.

– Vous essayiez déjà de découvrir ce champ ?

– Oui. Et maintenant que je l'ai découvert, je m'efforce de savoir s'il est identique partout ou s'il varie.

– Vous vous servez de toutes ces choses que vous avez ici ?

– Elles ont toutes une utilité.

– Et qu'est-ce que vous faites dans ce pot en fer ?

– De la soupe, je te l'ai dit.

Il se leva pour la remuer. Pan se sentit très fatigué soudain. Il avait appris certaines choses, mais elles n'étaient pas nécessairement utiles ; et maintenant, il devait retraverser Port Meadow, cacher le carnet et… tôt ou tard, en parler à Lyra.

– *Clavicula*…

Il essayait de se souvenir de ce nom.

– *Adiumenti*, dit Makepeace.

– *Adiumenti*. Il faut que je m'en aille. Merci pour toutes ces explications. Et bon appétit.

– Parle de ce carnet à Lyra. Rapidement. Et reviens avec elle.

La chatte noire se dressa sur ses pattes pour frotter sa truffe contre le museau de Pan, qui repartit aussitôt.

10

La salle Linné

Le lendemain matin, Malcolm se vit remettre en main propre une lettre provenant de Durham College. Il l'ouvrit sur le seuil de la loge du concierge et découvrit une feuille à l'en-tête du Bureau de la directrice du Jardin Botanique, Oxford. Il lut :

Cher docteur Polstead,

Il me semble que j'aurais dû faire preuve d'une plus grande franchise avec vous hier au sujet du Dr Hassall et de ses recherches. Il se trouve que la situation évolue rapidement, et l'affaire est plus urgente qu'il y paraît. Nous avons organisé une petite réunion avec les différentes personnes concernées, et je me dis que vous pourriez peut-être y assister. En raison de vos connaissances dans le domaine en question et des objets que vous avez découverts, vous pourriez contribuer utilement à la discussion. Je ne ferais pas appel à vous si l'affaire n'était pas aussi grave et pressante.

Nous nous réunissons ce soir à 18 heures, ici au jardin. Si vous décidez de venir (ce que je souhaite de tout cœur), demandez à l'entrée que l'on vous indique la salle Linné.

Bien cordialement,

Lucy Arnold.

La lettre avait été rédigée le matin même. Asta, qui l'avait lue en même temps que Malcolm, du bord de la fenêtre de la loge, dit :

– On devrait en informer Hannah.

– On a le temps ?

Il avait une réunion entre professeurs en milieu de matinée. Il jeta un coup d'œil à l'intérieur de la loge pour consulter la pendule du concierge : neuf heures cinq.

– Oui, c'est faisable, répondit-il.

– Je pensais à Hannah, précisa Asta. Elle part pour Londres ce matin.

– En effet. Dépêchons-nous, alors, dit Malcolm.

Asta sauta sur le sol et lui emboîta le pas.

Dix minutes plus tard, il sonnait à la porte de Hannah Relf, et trente secondes après, elle le faisait entrer en demandant :

– Tu as lu l'*Oxford Times* ?

– Non. À quel sujet ?

Elle lui tendit le journal. C'était la dernière édition de la veille, ouvert à la page cinq, où un gros titre indiquait : « Un corps retrouvé à l'écluse d'Iffley. Selon la police, il ne s'agit pas d'une noyade. »

Malcolm survola l'article. L'écluse se trouvait à moins de deux kilomètres de l'endroit où Pan avait assisté à l'agression, en aval du fleuve. L'éclusier avait découvert le corps d'un homme d'une quarantaine d'années, frappé sauvagement, et sans doute déjà mort avant d'être jeté à l'eau. La police avait ouvert une enquête pour homicide.

– C'est sûrement lui, commenta Malcolm. Pauvre homme. Lucy Arnold a dû apprendre la nouvelle à cette heure. C'est peut-être à cela qu'elle faisait allusion.

– De quoi parles-tu ?

– Je suis venu pour vous montrer ceci, répondit-il en lui tendant la lettre.

– « La situation évolue rapidement », lut Hannah. Oui. Possible. Elle reste très évasive.

– Elle ne parle pas de la police. Si aucun document n'a permis d'identifier le corps, il se peut qu'elle n'ait pas encore appris la triste nouvelle. Connaissez-vous cette femme ? L'avez-vous déjà rencontrée ?

– Je la connais vaguement. C'est une personne passionnée, intense… presque tragique, parfois. Du moins, c'est mon impression, car rien ne me permet de l'affirmer.

– Qu'importe. Ça correspond. Quoi qu'il en soit, j'ai décidé d'assister à cette réunion. Vous pensez voir Glenys à Londres ?

– Oui. Elle sera certainement présente. Et je ne manquerai pas de l'informer.

Hannah prit son manteau accroché au perroquet.

– Comment va Lyra ? demanda-t-elle, pendant que Malcolm l'aidait à s'habiller.

– Elle est d'humeur sombre. Ce qui n'a rien de surprenant.

– Dis-lui de venir me voir quand elle aura un petit

moment. Oh, Malcolm… À propos du voyage du Dr Strauss dans le désert et du bâtiment rouge…

– Eh bien ?

– Ce mot, « *akterrakeh* »… tu as une idée de ce qu'il peut vouloir dire ?

– Aucune, hélas. C'est un mot tadjik, autant que je puisse en juger.

– Je me demande si l'aléthiomètre pourrait nous renseigner. À plus tard.

– Saluez Glenys de ma part.

Glenys Godwin était l'actuelle directrice d'Oakley Street. Thomas Nugent, qui occupait ce poste à l'époque où Hannah avait rejoint l'organisation, était mort cette année, et Hannah était venue à Londres pour assister à une cérémonie commémorative. Mme Godwin avait dû abandonner le terrain quelques années plus tôt, après avoir contracté une fièvre tropicale qui avait paralysé son dæmon, mais elle avait gardé un esprit sain et audacieux, et la mémoire de son dæmon était aussi précise qu'immense. Malcolm lui vouait une grande admiration. Elle était veuve et son enfant unique avait succombé à cette même fièvre qui l'avait frappée ; elle était par ailleurs la première femme à diriger Oakley Street, et ses ennemis politiques attendaient en vain qu'elle commette une erreur.

Après la cérémonie, Hannah parvint à s'entretenir avec elle pendant dix minutes. Les deux femmes avaient pris place dans un coin du bar de l'hôtel où plusieurs autres membres d'Oakley Street s'étaient réunis pour boire un verre. Hannah lui résuma brièvement tout ce qu'elle savait au sujet du meurtre, du sac à dos, du carnet de bord du

Dr Strauss et de l'invitation de Malcolm à cette réunion organisée en toute hâte.

Glenys Godwin était une petite femme trapue d'une cinquantaine d'années, aux cheveux couleur ardoise, soigneusement et sobrement coiffés. Son visage vibrait d'émotions, un visage trop expressif, avait souvent pensé Hannah, pour quelqu'un dans une position qui exigeait une impassibilité de marbre. Sa main gauche caressait son dæmon, une petite civette couchée sur ses genoux, qui ne perdait pas une miette de la conversation. Quand Hannah eut achevé son récit, Glenys demanda :

– Cette jeune femme, Lyra Parle-d'Or, c'est bien cela ? Un nom peu courant. Où est-elle maintenant ?

– Chez les parents de Malcolm. Ils tiennent une auberge au bord de la Tamise.

– A-t-elle besoin de protection ?

– Oui, je pense. Elle… Connaissez-vous ses origines ?

– Non. Vous m'en parlerez une autre fois. À l'évidence, Malcolm doit assister à cette réunion : cette histoire concerne Oakley Street au premier chef. Nous savons qu'il existe un lien avec la théologie expérimentale. Un certain…

– Brewster Napier, dit son dæmon de sa voix spectrale.

– Oui, exactement. Cet homme a publié il y a quelques années un article qui a attiré notre attention. Quel en était le titre, déjà ?

– « Des effets de l'essence de rose sur la microscopie en lumière polarisée », répondit son dæmon. Publié il y a deux ans dans *Les Comptes rendus de l'Institut de Microscopie de Leyde*. Signé Napier et Stevenson.

Il s'exprimait d'une voix faible, fatiguée, mais parfaitement audible. Et une fois de plus, Hannah fut émerveillée par sa mémoire.

– Avez-vous pris contact avec ce Napier ? demanda-t-elle.

– Pas directement. Néanmoins, nous nous sommes renseignés sur lui, de manière discrète, mais approfondie. Il est tout à fait compétent. À notre connaissance, le Magisterium est passé à côté des implications de son article et nous ne voulons pas éveiller leur curiosité en nous y intéressant de trop près. L'affaire à laquelle Malcolm se retrouve mêlé confirme qu'il se passe des choses. Vous avez bien fait de m'en parler. Vous dites qu'il a copié tous les documents qui se trouvaient dans le sac à dos ?

– Oui, absolument tout. Je suppose qu'il vous les apportera lundi.

– J'ai hâte de voir ça.

À peu près au même moment, Lyra bavardait avec l'aide-cuisinière de La Truite. Pauline, âgée de dix-sept ans, jolie et timide, rougissait facilement. Pendant que Pan discutait sous la table avec son dæmon-souris, Pauline hachait des oignons et Lyra épluchait des pommes de terre.

– Il a été mon professeur pendant quelque temps, dit Lyra en réponse à une question de Pauline qui voulait savoir comment elle avait connu Malcolm. Mais à cette époque, j'étais horrible avec tout le monde. Je n'ai jamais imaginé qu'il avait une vie en dehors de l'université. Je croyais qu'ils le rangeaient dans un placard le soir. Ça fait combien de temps que tu travailles ici ?

– J'ai commencé l'année dernière. À mi-temps au début. Puis Brenda m'a demandé de faire quelques heures de plus et… Je travaille chez Boswell aussi. Le lundi et le jeudi.

– Ah oui ? J'y ai travaillé un moment. Au rayon casseroles. Un sale boulot.

– Je suis au rayon mercerie.

Après avoir haché les oignons, Pauline les mit à cuire dans une grosse cocotte qui trônait sur la cuisinière.

– Qu'est-ce que tu prépares ? demanda Lyra.

– Je lance un ragoût de chevreuil. C'est Brenda qui va s'en occuper. Elle ajoute toujours des épices spéciales. Je ne sais pas ce que c'est. En fait, j'apprends.

– Elle cuisine un grand plat unique tous les jours ?

– Dans le temps, oui. Des rôtis et tout ça. Et puis, Malcolm lui a suggéré de varier un peu ses menus. Il avait de très bonnes idées.

Pauline rougit de nouveau. Elle se retourna pour remuer les oignons qui crépitaient dans l'huile.

– Tu connais Malcolm depuis longtemps ? demanda Lyra.

– Oui. Quand j'étais petite, il… Je croyais qu'il… Je sais pas trop. Il était toujours gentil avec moi. Je pensais qu'il reprendrait l'auberge quand Reg serait à la retraite, mais maintenant, ça m'étonnerait que ça arrive. Il est plus professeur qu'autre chose. Je ne le vois plus beaucoup.

– Tu aimerais tenir une auberge ?

– Oh, je pourrais pas.

– Ce serait chouette, pourtant.

Le dæmon de Pauline grimpa sur son épaule et lui glissa quelque chose à l'oreille. L'adolescente baissa la tête et la secoua légèrement, laissant ses boucles brunes masquer ses joues en feu. Elle remua encore une fois les oignons et posa un couvercle sur la cocotte avant de s'éloigner de la chaleur. Lyra l'observa à la dérobée, elle était fascinée malgré elle par la gêne de la jeune fille, et s'en voulait de l'avoir provoquée, sans savoir pourquoi.

Un peu plus tard, alors qu'elle était assise sur la terrasse et regardait couler le fleuve avec Pan, celui-ci dit :

– Elle est amoureuse de lui.

– Hein ? De Malcolm ? s'exclama Lyra, incrédule.

– Si tu n'étais pas aussi égocentrique, tu l'aurais remarqué tout de suite.

– Je ne suis pas égocentrique, rétorqua-t-elle, mais elle ne semblait pas très convaincue. Et puis… il est trop vieux pour elle, non ?

– Elle n'a pas l'air de le penser. De toute façon, je ne crois pas qu'il soit amoureux d'elle.

– C'est son dæmon qui te l'a dit ?

– Pas la peine.

Lyra était outrée, sans comprendre pour quelle raison car ce n'était pas choquant, simplement… Il s'agissait du *Dr Polstead* ! Même s'il avait changé. Il s'habillait différemment par exemple. Chez lui, à La Truite, Malcolm portait une chemise à carreaux dont il roulait les manches, laissant voir les poils dorés de ses avant-bras, un gilet en moleskine et un pantalon de velours. Il ressemblait à un fermier, songea-t-elle, et fort peu à un universitaire. Il paraissait parfaitement à son aise dans cet univers de bateliers et de métayers, de braconniers et de représentants de commerce. Calme, costaud et débonnaire, il donnait l'impression d'avoir appartenu à ce monde toute sa vie.

Ce qui était le cas, évidemment. Pas étonnant qu'il soit si habile pour servir à boire, qu'il soit aussi à l'aise avec des inconnus qu'avec des habitués, qu'il règle les problèmes si efficacement. La veille au soir, deux clients avaient failli en venir aux mains à cause d'une partie de cartes, et Malcolm les avait flanqués dehors avant même que Lyra remarque ce qui se passait. Elle n'était pas certaine de se sentir mieux avec ce nouveau Malcolm qu'avec l'ancien Dr Polstead, mais elle voyait bien qu'il méritait le respect. De là cependant à en tomber amoureuse… Elle prit la décision de ne plus jamais parler de lui à l'avenir. Elle aimait bien Pauline et ne voulait pas se dire qu'elle l'avait plongée dans l'embarras.

Lorsque Malcolm arriva au Jardin Botanique un peu avant dix-huit heures, une seule fenêtre du bâtiment administratif était éclairée, partout ailleurs régnait l'obscurité. Le volet du concierge étant fermé, il frappa tout doucement.

Il perçut un mouvement à l'intérieur et un trait de lumière filtra autour du volet, comme si quelqu'un approchait en tenant une lampe.

– Le jardin est fermé, dit une voix de l'autre côté.

– Oui, je sais. Mais je viens pour une réunion avec le Pr Arnold. Elle m'a dit de demander la salle Linné.

– Votre nom, je vous prie ?

– Polstead. Malcolm Polstead.

– Très bien… La porte principale est ouverte et la salle Linné se trouve au premier étage. Deuxième porte sur la droite.

L'entrée principale du bâtiment administratif, face au jardin, était faiblement éclairée par une lampe installée en haut de l'escalier et Malcolm trouva sans peine la salle Linné, non loin du bureau dans lequel il s'était entretenu la veille avec le Pr Arnold. Lorsqu'il frappa, le murmure des conversations cessa de l'autre côté.

La porte s'ouvrit et Lucy Arnold apparut. Malcolm repensa à l'adjectif utilisé par Hannah : « tragique ». Il décrivait parfaitement son expression et il comprit aussitôt qu'elle avait eu vent de la découverte du corps de Hassall.

– J'espère que je ne suis pas en retard, dit-il.

– Non. Je vous en prie, entrez. Nous n'avons pas encore commencé, mais nous n'attendions plus que vous…

Il y avait là cinq autres personnes, assises autour d'une grande table éclairée par deux suspensions ambariques, qui laissaient les coins de la pièce dans une semi-obscurité. Malcolm connaissait vaguement deux d'entre elles : un spécialiste de la politique asiatique rattaché à Saint-Edmund Hall et un homme d'Église nommé Charles Capes. Un théologien. Que Hannah lui avait avoué être en réalité un ami secret d'Oakley Street.

Malcolm prit place autour de la table, alors que Lucy Arnold reprenait la sienne.

– Maintenant que nous sommes tous là, dit-elle, nous pouvons commencer. Pour ceux qui l'ignorent encore, sachez que la police a découvert un corps dans le fleuve hier. Il a été identifié comme étant celui de Roderick Hassall.

Elle s'exprimait d'un ton froid, maîtrisé, mais Malcolm croyait percevoir des trémolos dans sa voix. Une ou deux personnes autour de la table exprimèrent leur stupeur, ou leur compassion, dans un murmure. Lucy Arnold poursuivit :

– Je vous ai priés de venir ici ce soir, car j'estime que nous devrions partager nos connaissances au sujet de cette affaire et décider de la marche à suivre. Vous ne vous connaissez pas tous, je pense. Alors, je vous demande de vous présenter brièvement. Charles, vous voulez bien commencer ?

Charles Capes était un petit homme d'une soixantaine d'années, soigné, qui portait un col blanc de prêtre. Son dæmon était un lémurien.

– Charles Capes, professeur de théologie. Mais je suis ici parce que je connaissais Roderick Hassall, et parce que j'ai passé quelque temps dans la région où il travaillait.

La femme assise à côté de lui, du même âge que Malcolm environ, très pâle et visiblement inquiète, se présenta à son tour :

– Annabel Milner, botaniste. Je… J'ai travaillé avec le Dr Hassall sur la question des roses avant qu'il se rende à… euh, Lop Nor.

Malcolm prit la suite.

– Malcolm Polstead, historien. J'ai trouvé des documents dans un sac à un arrêt de bus. Certains indiquaient le nom du Dr Hassall, alors je les ai apportés ici. Comme le Pr Capes, j'ai travaillé dans la même partie du globe, et cela a éveillé ma curiosité.

La personne assise à côté de lui était un homme d'une cinquantaine d'années, mince, aux traits sombres, qui avait pour dæmon un faucon. Il salua Malcolm d'un hochement de tête et se présenta :

– Timur Ghazarian. Mes domaines de prédilection sont l'histoire et la politique d'Asie centrale. J'ai eu plusieurs conversations avec le Dr Hassall au sujet de cette région avant qu'il s'y rende.

Un homme aux cheveux blond-roux et à l'accent écossais prit la parole ensuite :

– Je m'appelle Brewster Napier. Avec ma collègue Margery Stevenson, j'ai écrit le premier article consacré aux effets de l'essence de rose en microscopie. Compte tenu de ce qui s'est passé depuis, j'étais à la fois inquiet et fortement intéressé quand Lucy m'a contacté ce matin. Comme le Pr Ghazarian, je me suis entretenu avec le Dr Hassall lors de son dernier séjour à Oxford. La nouvelle de sa mort est un choc.

Ne restait qu'un homme un peu plus âgé que Malcolm, doté de cheveux blonds très fins et d'une mâchoire proéminente.

– Lars Johnsson, dit-il d'une voix lugubre. Je dirigeais la station de recherches de Tash-Bulak avant que Ted Cartwright me remplace. C'est là que travaillait Roderick.

– Merci à tous, dit Lucy Arnold. Venons-en au fait. Des policiers m'ont rendu visite ce matin pour me demander d'identifier le corps retrouvé dans le fleuve. Son nom figurait sur une étiquette cousue à l'intérieur du col de sa chemise et ils n'ont eu aucun mal à établir le lien avec le personnel du Jardin Botanique. Je les ai accompagnés et j'ai reconnu Roderick. Je ne veux plus jamais être obligée de faire ça. Visiblement, il a été assassiné. Mais curieusement, le mobile ne semble pas être le vol. Hier matin, le Dr Polstead ici présent... (elle se tourna vers lui) a trouvé dans Abingdon Road un sac qui contenait le portefeuille de Roderick et un certain nombre d'autres choses. Il me l'a apporté. La police ne semblait pas très intéressée par ce détail. Pour eux, il s'agit, je pense, d'une banale agression. Je vous ai priés de venir ici ce soir, car chacun de vous possède des éléments dont nous avons besoin pour aller de l'avant, en essayant de comprendre ce qui s'est passé. Et ce qui va se passer. La vérité, c'est que nous progressons en terrain miné. Vous allez vous exprimer tour à tour, après quoi nous aborderons la question de manière plus générale... Brewster, pouvez-vous nous expliquer comment tout a commencé pour vous ?

– Certainement. Il y a deux ans environ, une technicienne de mon laboratoire s'est aperçue qu'elle avait des problèmes avec un microscope et m'a demandé d'y jeter un coup d'œil. Une des lentilles se comportait bizarrement. Quand vous avez une tache de gras sur vos lunettes, une partie de votre champ de vision devient floue, mais il ne s'agissait pas de ça. En fait, le spécimen qu'elle examinait était entouré d'une bordure colorée, bien définie. Ce n'était pas un problème de netteté ou de manque de lumière, tout était étonnamment clair au contraire, et il y avait cette sorte de couronne colorée qui… bougeait et brillait. En enquêtant, nous avons découvert que l'utilisateur précédent avait étudié un type de rose particulier provenant d'une région d'Asie centrale bien précise et, en touchant la lentille par inadvertance, il y avait déposé une infime quantité d'essence. Ce n'était pas très professionnel, je l'avoue, mais très intéressant. J'ai retiré la lentille pour examiner de plus près ce phénomène. Suivant une intuition, j'ai demandé à mon amie Margery Stevenson d'y jeter un coup d'œil. Margery est une physicienne spécialiste des particules et, en repensant à une chose qu'elle m'avait dite un mois ou deux plus tôt, je me suis dit que cela pouvait l'intéresser. Elle travaille sur le Champ de Rusakov.

Malcolm perçut une légère tension parcourir la table, peut-être parce qu'il la ressentait lui-même. Toutefois, nul ne bougea ni ne se manifesta.

Napier précisa :

– Pour ceux qui n'ont jamais entendu ce terme, le Champ de Rusakov et les particules qui y sont associées sont un aspect du phénomène connu sous le nom de Poussière. Dont il est interdit de parler, bien entendu, sans l'autorisation du Magisterium. Lucy m'assure que vous êtes tous conscients des contraintes que cela fait peser sur nos activités. Et sur nos conversations.

En disant cela, il regarda ouvertement Malcolm.

Celui-ci hocha la tête, simplement, et Napier poursuivit :

– En résumé, Margery Stevenson et moi avons découvert que la présence d'essence de rose sur la lentille permettait de voir divers effets du Champ de Rusakov qui, jusqu'à présent, avaient été décrits de manière théorique. Depuis une dizaine d'années, des rumeurs affirment qu'un tel phénomène a déjà été observé, mais tous les comptes rendus ont systématiquement été détruits… par qui vous savez. La question dès lors était de savoir si nous devions garder cette découverte secrète ou bien la rendre publique. C'était trop important pour ne rien dire, mais trop de battage pouvait se révéler dangereux. Quel était le bon équilibre ? L'Institut de Microscopie de Leyde n'est pas une institution très influente, avouons-le, et ses publications passent souvent inaperçues. Alors, nous leur avons envoyé un article, qui a été publié il y a deux ans environ. Sans provoquer aucune réaction dans la foulée. Mais dernièrement, mon laboratoire et celui de Margery ont été cambriolés, de manière très professionnelle, et nous avons été interrogés par des individus qui avaient manifestement des liens avec les services de sécurité ou de renseignements. Ils étaient très calmes, mais très insistants et inquisiteurs. Très inquiétants, en fait. Nous leur avons dit toute la vérité. Voilà, je n'ai pas besoin d'ajouter autre chose pour le moment. Je précise simplement que Margery travaille à Cambridge désormais, et que je n'ai pas de nouvelles depuis une quinzaine de jours. Ses collègues ignorent où elle est, et son mari aussi. Je me fais beaucoup de souci.

– Merci, Brewster, dit Lucy Arnold. C'était très éclairant. Précis et inquiétant. Docteur Polstead, pouvez-vous nous dire ce que vous savez ?

Elle posa son regard sombre sur Malcolm, qui hocha la tête.

– Comme vous l'a dit le Pr Arnold…, commença-t-il.

Au même moment, quelqu'un frappa à la porte. De petits coups discrets, mais pressants.

Tout le monde tourna la tête. Instinctivement, Lucy Arnold se leva. Son visage était livide.

– Oui ? lança-t-elle.

La porte s'ouvrit. Le concierge entra précipitamment en disant :

– Professeur, il y a là des hommes qui veulent vous voir. Je pense qu'ils appartiennent au CDC. Je leur ai dit que vous étiez en réunion dans la salle Humboldt, mais ils ne vont pas tarder à rappliquer. Ils n'ont pas de mandat, ils m'ont dit qu'ils n'en avaient pas besoin.

Malcolm demanda aussitôt :

– Où se trouve la salle Humboldt ?

– Dans l'autre aile, répondit Lucy Arnold d'une voix presque inaudible.

Elle tremblait. Tous les autres étaient figés.

Malcolm s'adressa au concierge :

– Bien joué. Je veux que vous conduisiez toutes les personnes présentes, à l'exception de M. Capes, de la directrice et de moi-même, dans le jardin pour les faire sortir par la porte latérale avant que ces hommes comprennent ce qui se passe. Vous pouvez le faire ?

– Oui, monsieur…

– Vous autres, suivez le concierge, je vous prie. Sans faire de bruit, mais rapidement.

Charles Capes observait Malcolm. Les autres se levèrent et quittèrent la pièce à la suite du concierge. Lucy Arnold, agrippée à l'encadrement de la porte, les regarda s'éloigner à grands pas dans le couloir.

– Revenez vous asseoir, lui dit Malcolm en replaçant les chaises autour de la table comme si personne ne s'y était assis.

– Ingénieux, commenta Capes. De quoi sommes-nous censés parler quand ils arriveront ?

– Qui sont ces gens ? demanda la directrice, affolée. Vous croyez qu'ils appartiennent au Conseil de Discipline Consistorial ? Que veulent-ils ?

– Restez calme, dit Malcolm. Nous n'avons rien fait d'illégal et, de toute façon, cela ne regarde pas le CDC. Nous leur expliquerons que, après vous avoir rapporté les affaires de Hassall, je suis venu aux nouvelles. Je n'avais pas fait le rapprochement avec le corps retrouvé dans le fleuve. Vous venez de m'apprendre son décès. Quant à Charles, je lui ai rendu visite pour évoquer la région de Lop Nor et je lui ai parlé des affaires de Hassall. Il m'a dit alors qu'il le connaissait et nous avons décidé de venir ici ensemble.

– Que m'avez-vous demandé au sujet de Lop Nor ?

Capes était parfaitement calme, maître de lui.

– Bizarrement, cela correspond à ce que vous auriez expliqué au cours de cette réunion si nous n'avions pas été interrompus. Eh bien, que vous apprêtiez-vous à dire ?

– En vérité, c'est du folklore local. Les chamans connaissent ces roses.

– Vraiment ? Que savent-ils, précisément ?

– Elles proviennent du fin fond du désert du Karamakan. À ce qu'on raconte. Elles ne poussent nulle part ailleurs. Et si vous déposez une goutte d'essence dans votre œil, vous aurez des visions. Mais il faut être motivé car la brûlure est insupportable.

– Vous n'avez pas essayé ?

– Sans façon ! Le problème de ce désert, c'est que vous ne pouvez pas y pénétrer sans vous séparer de votre dæmon. Il fait partie de ces endroits étranges – il en existe un autre en Sibérie, je crois, et dans les montagnes de l'Atlas également –, trop inconfortables, ou douloureux, pour les dæmons. Par conséquent, comme vous le voyez, ces roses se paient au prix fort. Sur un plan financier, mais aussi personnel.

– Je croyais que les gens mouraient s'ils se séparaient de leur dæmon, dit Lucy Arnold.

– Pas toujours, apparemment. Mais c'est affreusement douloureux.

– Quel était l'objet des recherches de Hassall ? demanda Malcolm.

Il connaissait la réponse, mais il voulait voir si elle aussi. Et si elle voulait bien l'avouer.

Mais avant que la directrice puisse répondre, on frappa à la porte. Beaucoup plus violemment que le concierge, et elle s'ouvrit avant que quiconque ait eu le temps de réagir.

– Professeur Arnold ?

L'homme qui avait posé cette question était vêtu d'un pardessus de couleur sombre et coiffé d'un feutre. Deux autres hommes se tenaient derrière lui, vêtus de manière similaire.

– Elle-même. Qui êtes-vous et que voulez-vous ?

Elle avait retrouvé une voix ferme.

– On nous a dit que vous étiez dans la salle Humboldt.

– Nous avons changé d'avis. Que voulez-vous ?

– Vous poser quelques questions, répondit l'homme en avançant dans la pièce.

Les deux autres le suivirent.

– Un instant, intervint Malcolm. Vous n'avez pas répondu au Pr Arnold. Qui êtes-vous ?

L'homme sortit un portefeuille et l'ouvrit d'un mouvement du poignet pour montrer sa carte. Elle portait les lettres *CDC* en majuscules, bleu marine sur fond ocre.

– Je m'appelle Hartland. Capitaine Hartland.

– Que puis-je pour vous ? demanda Lucy Arnold.

– De quoi étiez-vous en train de parler ?

– De folklore, répondit Charles Capes.

– Qui vous a interrogé ? lança Hartland.

– Vous.

– Ma question s'adresse au professeur.

– Nous parlions de folklore.

– Pour quelle raison ?

– Nous sommes des chercheurs. Je m'intéresse aux plantes et aux fleurs. Le Pr Capes est un spécialiste du folklore, entre autres choses, et le Dr Polstead est un historien qui se passionne pour le même domaine.

– Que savez-vous au sujet d'un dénommé Roderick Hassall ?

Lucy Arnold ferma les yeux, brièvement, avant de répondre :

– C'était un collègue. Et un ami. J'ai dû identifier son corps ce matin.

Hartland se tourna vers Capes.

– Vous le connaissiez, vous aussi ?

– Oui.

– Et vous ? demanda-t-il à Malcolm.

– Non.

– Pourquoi avez-vous apporté ses affaires ici hier ?

– J'ai vu qu'il travaillait pour le Jardin Botanique.

– Pourquoi ne pas les avoir remises à la police ?

– Parce que j'ignorais qu'il était mort. Comment aurais-je pu le savoir ? Je croyais qu'il avait oublié son sac, et que le plus simple, c'était de le rapporter sur son lieu de travail.

– Où sont ces affaires, maintenant ?

– À Londres, dit Malcolm.

Lucy Arnold cligna des yeux. « Restez calme », pensa Malcolm. Il vit un des deux hommes du CDC se pencher en avant, les mains appuyées sur le bord de la table.

– Où ça, à Londres ? Chez qui ? interrogea Hartland.

– Après avoir appris que le Dr Hassall avait disparu, nous avons pensé, le Pr Arnold et moi, qu'il serait bon de les montrer à un spécialiste de l'Institut royal d'Ethnologie. Beaucoup de documents avaient trait au folklore, un domaine que je connais fort mal, c'est pourquoi j'ai chargé un ami de les emporter à Londres hier.

– Comment s'appelle cet ami ? Peut-il confirmer vos dires ?

– Il le pourrait s'il était présent. Hélas, il est en route pour Paris.

– Et cet expert du… C'était quoi, déjà ?

– L'Institut royal d'Ethnologie.

– Quel est son nom ?

– Richards… ou Richardson. Quelque chose comme ça. Je ne le connais pas personnellement.

– Vous avez été un peu négligent avec ces documents, il me semble. Nous parlons d'une affaire de meurtre.

– Comme je vous l'ai dit, nous l'ignorions à ce moment-là.

Naturellement, nous les aurions remis directement à la police si nous l'avions su. Mais d'après le Pr Arnold, la police ne s'est pas intéressée à cette histoire quand elle leur en a parlé.

– Et *vous*, pourquoi est-ce qu'elle vous intéresse ? demanda Charles Capes.

– C'est mon métier de m'intéresser à toutes sortes de choses, répondit Hartland. Que faisait donc Hassall en Asie centrale ?

– Des recherches en botanique, dit Lucy Arnold.

On frappa à la porte, quelques petits coups hésitants, et le concierge glissa la tête par l'entrebâillement.

– Pardon de vous déranger, professeur, dit-il. Je croyais que vous étiez dans la salle Humboldt. Je vous ai cherchée partout. Mais je vois que ces messieurs vous ont trouvée.

– Oui, merci, John. Ils ont terminé, justement. Pouvez-vous les raccompagner jusqu'à la sortie ?

Après avoir jeté un regard dubitatif à Malcolm, Hartland esquissa un hochement de tête et tourna les talons. Les deux autres le suivirent dans le couloir, en laissant la porte ouverte derrière eux.

Malcolm posa son index sur ses lèvres. Chut. Il compta jusqu'à dix, alla fermer la porte et se dirigea en silence vers l'extrémité de la table, là où s'était appuyé un des deux hommes. Il fit signe à Lucy Arnold et à Charles Capes de le rejoindre. Il s'accroupit pour regarder sous la table et montra un petit objet noir gros comme la moitié de son pouce, qui semblait fixé sous le plateau.

Voyant que Lucy Arnold prenait sa respiration, il lui fit signe encore une fois de garder le silence. Avec la pointe d'un crayon, il toucha délicatement la chose noire, qui détala vers un des pieds de la table. Malcolm déplia son mouchoir dans sa paume, sous la créature, et la décrocha avec le crayon. Il l'attrapa au vol et l'enferma dans son mouchoir. Elle bourdonnait à l'intérieur.

– Qu'est-ce que c'est ? murmura la directrice.

Malcolm posa son mouchoir sur la table, ôta sa chaussure et écrasa la créature avec le talon.

– Une mouche-espion, expliqua-t-il. Ils les font de plus en plus petites, avec de plus en plus de mémoire. Elle aurait écouté ce qu'on disait et serait retournée auprès d'eux pour leur répéter nos paroles, au mot près.

– Je n'en ai jamais vu d'aussi petite, commenta Charles Capes.

Après avoir vérifié que la mouche-espion était bien morte, Malcolm la jeta par la fenêtre.

– J'ai envisagé de la laisser là pour qu'ils perdent leur temps à vous espionner, dit-il, mais cela vous aurait obligée à surveiller tout ce qui se disait dans cette pièce. Trop compliqué. D'autant qu'elle pouvait se déplacer et vous n'auriez jamais su où elle se cachait. Mieux vaut leur faire croire qu'elle est défectueuse.

– C'est la première fois que j'entends parler de cet Institut royal d'Ethnologie, fit remarquer Capes. Et ces documents… où sont-ils réellement ?

– Dans mon bureau, dit Lucy Arnold. Avec quelques échantillons. Des semences, ce genre de choses…

– Ils ne peuvent pas rester là, déclara Malcolm. Ces hommes vont revenir avec un mandat de perquisition. Voulez-vous que je récupère les documents ?

– Pourquoi ne pas me les confier ? suggéra Capes. J'ai très envie de les consulter, indépendamment du reste. Et ce ne sont pas les cachettes qui manquent dans nos caves à Wykeham.

– Très bien, approuva la directrice. Merci. J'avoue que je ne sais pas quoi faire.

– Si vous n'y voyez pas d'inconvénient, dit Malcolm, j'aimerais conserver le recueil de poésie tadjike. Je voudrais vérifier quelque chose. Connaissez-vous le poème *Jahan et Rukhsana* ? demanda-t-il à Capes.

– Hassall en avait un exemplaire avec lui ? C'est étrange.

– Oui. Et je veux savoir pourquoi. Quant aux agents du CDC, quand ils découvriront que l'Institut royal d'Ethnologie n'existe pas, ils vont me rendre une petite visite. Mais j'aurai trouvé une autre explication d'ici là. Allons-y, il ne faut pas tarder.

Cet après-midi-là, Lyra se promena au bord du fleuve, accompagnée d'un Pan d'humeur maussade. Parfois, il semblait avoir envie de dire quelque chose, mais Lyra était plongée dans ses sombres pensées, alors il demeurait en retrait, aussi loin qu'il le pouvait sans éveiller les soupçons, et il gardait le silence.

Alors que la lumière déclinante s'épaississait sous les arbres et qu'une brume presque semblable à du crachin se répandait dans l'air, Lyra se surprit à espérer que Malcolm soit là quand elle rentrerait à La Truite. Elle voulait l'interroger au sujet de… Ah, zut, elle avait oublié. Bah, ça lui reviendrait. En outre, elle était curieuse de voir Pauline avec lui, afin de vérifier le bien-fondé de la folle idée de Pan.

Hélas, Malcolm ne se montra pas ce soir-là, et Lyra n'osa pas demander où il était au cas où… Elle n'en savait rien, et elle alla se coucher avec un sentiment de mélancolie, teintée de frustration. Elle n'avait même pas envie de lire. Elle prit *Les Hyperchorasmiens* malgré tout et l'ouvrit au hasard, mais cette acuité extraordinaire qui l'avait enivrée lui paraissait maintenant hors d'atteinte.

En outre, Pan ne tenait pas en place. Il faisait les cent pas dans la pièce exiguë, sautait sur le bord de la fenêtre, collait son oreille à la porte, explorait la penderie… jusqu'à ce que Lyra explose.

– Oh, couche-toi et dors, pour l'amour du ciel !

– J'ai pas sommeil, répondit-il. Et toi non plus.

– Tu ne peux pas arrêter de gigoter ?

– Lyra, pourquoi est-ce si difficile de te parler ?

– Moi ?

– J'ai quelque chose à te dire, mais tu ne me facilites pas la tâche.

– Je t'écoute.

– Non, tu ne m'écoutes pas réellement.

– Je ne sais pas ce que je dois faire pour écouter *réellement*. Suis-je censée utiliser l'imagination que je n'ai pas ?

– Ce n'est pas ce que je voulais dire. Bref…

– Bien sûr que si. Tu as été suffisamment clair.

– J'ai réfléchi depuis. Quand je suis sorti hier soir…

– Je ne veux pas en entendre parler. Je sais que tu es sorti, et je sais que tu as parlé à quelqu'un. Mais ça ne m'intéresse pas.

– C'est important, Lyra. Je t'en prie, écoute-moi.

Pan sauta sur la table de chevet. Lyra laissa reposer sa tête sur l'oreiller et regarda le plafond, sans un mot.

Finalement, elle demanda :

– Eh bien ?

– Je ne peux pas te parler si tu fais cette tête-là.

– Oh, ça devient absurde.

– J'essaie de trouver le meilleur moyen de…

– Dis ce que tu as à dire.

Silence.

Pan soupira et se lança :

– Tu sais, toutes ces choses qu'on a découvertes dans le sac à dos…

– Eh bien ?

– Il y avait un carnet avec des noms et des adresses.

– Oui. Et ?

– Dedans, il y avait un nom que tu n'as pas vu.

– Lequel ?

– Sebastian Makepeace.

Lyra se redressa dans le lit.

– Où ça ?

– Je te l'ai dit : dans le carnet. C'était le seul nom et la seule adresse à Oxford.

– Quand as-tu vu ça ?

– Pendant que tu le feuilletais.

– Pourquoi tu ne m'as rien dit ?

– Je pensais que tu le verrais toi-même. Et puis, ce n'est franchement pas facile de te parler ces temps-ci.

– Oh, ne sois pas idiot ! Tu aurais pu m'en parler. Où est ce carnet, maintenant ? C'est Malcolm qui l'a ?

– Non. Je l'ai caché.

– Pourquoi ?

– Je voulais savoir pourquoi il figurait dedans. M. Makepeace. Alors, hier soir, je suis allé lui apporter.

Lyra faillit s'étrangler de rage. Elle avait du mal à respirer. Tout son corps tremblait. Pan s'en aperçut. Il quitta la table de chevet pour bondir sur le fauteuil.

– Lyra, si tu ne m'écoutes pas, je ne peux pas te répéter ce qu'il a dit…

– Sale petite vermine !

Elle était au bord des larmes, elle ne reconnaissait pas sa voix et ne pouvait s'empêcher de dire des choses détestables ; elle ne savait même pas pourquoi elle les disait.

– Crapule ! Voleur ! L'autre soir déjà, tu m'as fait un sale coup en montrant à cette chatte, son dæmon, que tu avais le portefeuille. Et maintenant, tu agis dans mon dos, en cachette…

– Tu ne voulais pas m'écouter ! Tu ne m'écoutes plus !

– Non, en effet. Parce que je ne peux plus te faire confiance. Tu n'es plus qu'un étranger pour moi, Pan. Tu ne peux même pas imaginer à quel point je te *déteste* quand tu fais ce genre de choses…

– Si je ne l'avais pas interrogé, jamais je n'aurais…

– Quand je pense… Oh, j'avais tellement confiance en toi… Tu étais tout pour moi, tu étais comme un roc. J'aurais pu… Comment as-tu pu me trahir de cette façon ?

– Moi, te *trahir* ? Non mais, écoute-toi ! Tu crois que je te pardonnerai un jour de m'avoir trahi dans le monde des morts ?

Lyra eut l'impression de recevoir un coup de pied en plein cœur. Elle se laissa retomber sur le lit.

– Tais-toi, murmura-t-elle.

– C'est la pire chose que tu aies jamais faite.

Elle savait exactement à quoi il faisait allusion. Et elle se retrouva projetée en un instant sur la berge du monde des morts, à cet instant effroyable où elle avait abandonné Pan pour partir à la recherche du fantôme de son ami Roger.

– Tu as raison, dit-elle. (Elle entendait à peine sa voix sous le martèlement de son cœur.) C'était affreux. Mais tu sais pourquoi je l'ai fait.

– Tu *savais* que tu allais le faire, mais tu ne m'as rien dit.

– Non, je ne savais pas ! Comment aurais-je pu le savoir ? On a appris à la toute dernière minute que tu ne pouvais pas m'accompagner. On était ensemble et on serait toujours ensemble, voilà ce que je pensais, ce que je voulais : ensemble pour toujours. Mais le vieil homme nous a expliqué que tu ne pouvais pas aller plus loin. Will ne savait même pas qu'il avait un dæmon, mais lui aussi il a dû abandonner une partie de lui-même. Oh, Pan, tu ne peux pas croire que j'avais prévu ça ! Tu ne peux pas croire que je sois aussi cruelle !

– Dans ce cas, pourquoi tu ne m'as jamais demandé ce que j'avais ressenti ?

– On en a parlé.

– Uniquement parce que j'ai abordé le sujet. Tu n'as jamais voulu savoir.

– Tu es injuste, Pan…

– Tu ne voulais pas regarder la réalité en face.

– J'avais honte. Il *fallait* que je le fasse, mais j'avais honte de moi. Tout comme j'aurais eu honte de ne pas le faire. Depuis, je me sens affreusement coupable. Et si tu n'avais pas eu conscience de…

– Quand le vieil homme t'a entraînée dans l'obscurité sur sa barque, j'ai eu l'impression qu'on m'ouvrait en deux. (Sa voix tremblait.) J'ai failli en mourir. Mais le plus terrible, pire que la douleur, c'était le sentiment d'*abandon*. Le fait que tu puisses me laisser là, seul. Si tu savais… Je t'ai appelée, je scrutais le lointain, j'essayais de te suivre du regard, alors que tu t'enfonçais dans les ténèbres. La dernière chose de toi que j'ai vue, ce sont tes cheveux, la toute dernière chose, juste avant que l'obscurité t'avale. J'aurais voulu m'accrocher à cette faible lueur, au pâle reflet de tes cheveux. J'aurais attendu aussi longtemps que je le voyais. Juste pour savoir que tu étais encore là, quelque part, et que je pouvais t'apercevoir. Je n'aurais pas bougé tant que…

Il se tut. Lyra sanglotait.

– Pan, tu crois que je… (Sa voix se brisa, l'empêchant de continuer.) Roger…

Ce fut tout ce qu'elle parvint à dire. Les sanglots prirent le dessus.

Assis sur le fauteuil, Pan l'observait. Finalement, il lui tourna le dos, saisi de mouvements convulsifs, comme s'il pleurait lui aussi. Ils restèrent muets tous les deux, et aucun n'esquissa un geste vers l'autre.

Couchée en chien de fusil, la tête entre les bras, Lyra pleura jusqu'à ce que l'émotion retombe.

Quand elle trouva la force de se redresser, elle sécha ses larmes sur ses joues et vit son dæmon couché sur le lit, le corps tendu et tremblant. Il lui tournait le dos.

– Pan, dit-elle d'une voix enrouée par les sanglots, j'ai conscience de ce que j'ai fait. Je m'en veux et je m'en voudrai toute ma vie. Je hais tout ce qui en moi n'est pas toi, et je vais devoir vivre avec ce sentiment jusqu'à la fin de mes jours. Parfois, je me dis que si je pouvais me tuer sans que tu meures toi aussi, je le ferais peut-être. Je suis tellement malheureuse. Je ne mérite pas d'être heureuse, je le sais. Je sais que… ce que j'ai fait dans le monde des morts, c'était horrible. Mais abandonner Roger là-bas aurait été injuste aussi et je… J'ai fait une chose épouvantable, la pire de toutes. Tu as parfaitement raison et je regrette, sincèrement, de tout mon cœur.

Pan ne bougeait pas. Dans le silence de la nuit, elle l'entendait sangloter lui aussi.

Finalement, il déclara :

– Il n'y a pas seulement ce que tu as fait. Il y a ce que tu fais maintenant. Je te l'ai dit l'autre jour : tu es en train de te tuer, et moi aussi, avec tes pensées. Tu vis dans un monde plein de couleurs et tu veux le voir en noir et blanc. C'est comme si ce Gottfried Brande était une sorte de sorcier qui t'avait fait oublier tout ce que tu aimes, toutes les choses mystérieuses, tous ces endroits où règnent les ombres. Ne vois-tu pas la vacuité des mondes qu'ils décrivent, Talbot et lui ? Tu ne penses pas réellement que le monde est aussi aride que ça. Impossible. Tu es envoûtée, forcément.

– Les envoûtements n'existent pas, Pan, murmura-t-elle, et elle espéra qu'il ne l'avait pas entendue.

– Le monde des morts non plus, je suppose, dit-il. Ce n'était qu'un rêve d'enfant. Les autres mondes. Le poignard subtil. Les sorcières. Ils n'ont pas leur place dans l'univers auquel tu aspires. Comment fonctionne l'aléthiomètre, à ton avis ? Les symboles ont tellement de significations qu'on peut y lire tout ce qu'on veut, si bien qu'ils ne signifient rien du tout, en réalité. Quant à moi, je ne suis qu'une vue de l'esprit. Le vent qui souffle à travers un crâne vide. Je crois que j'en ai assez, Lyra.

– Que veux-tu dire ?

– Arrête de souffler ton haleine sur moi. Tu empestes l'ail.

Humiliée et rongée par le chagrin, elle se tourna sur le côté. Tous les deux pleuraient dans le noir.

Quand Lyra se réveilla le lendemain matin, Pan n'était plus là.

11
Le nœud

Brouillard et toiles d'araignée peuplaient son esprit. Tout comme la chambre dans laquelle elle se trouvait et le rêve dont elle venait de se réveiller.

– Pan, dit-elle, reconnaissant à peine sa voix. Pan !

Pas de réponse. Pas de bruit de griffes qui courent sur le plancher, pas de saut léger sur le lit.

– Pan, qu'est-ce que tu fais ? Où es-tu ?

Elle se précipita à la fenêtre, écarta le rideau et vit les ruines du prieuré dans le scintillement nacré de l'aube. Le vaste monde était toujours là, dehors, sans brouillard, sans toiles d'araignée, sans Pan.

Se cachait-il sous le lit, dans un placard, sur la penderie ? Non, bien sûr que non. Il ne s'agissait pas d'un jeu.

C'est alors qu'elle vit son sac à dos, par terre à côté du lit. Elle ne l'avait pas laissé là, et dessus était posé le carnet noir de Hassall dont lui avait parlé Pan.

Elle le prit. Il était abîmé, taché, de nombreuses pages avaient été cornées. En le feuilletant, elle constata, comme Pan avant elle, que toutes ces adresses semblaient tracer un itinéraire, d'un mystérieux endroit nommé Kharezm à une maison de Lawnmarket à Édimbourg. Sebastian Makepeace, domicilié dans Juxon Street à Oxford, figurait effectivement dans cette longue liste. Comment avait-elle pu passer à côté ? Pourquoi n'avait-elle pas vu Pan cacher ce carnet ? Combien d'autres choses n'avait-elle pas remarquées ?

Un mot glissé entre deux feuilles tomba sur le sol. Elle le ramassa d'une main tremblante.

Les griffes de Pan ne lui permettaient pas de tenir un crayon, mais il parvenait à écrire tant bien que mal en le coinçant entre ses dents.

Le mot disait :

JE SUIS PARTI À LA RECHERCHE DE TON IMAGINATION

Rien de plus. Elle s'assit par terre. Elle se sentait en apesanteur, transparente, désincarnée.

– Comment peux-tu être aussi…, murmura-t-elle, incapable d'achever sa question. Comment puis-je vivre avec…

Son réveil indiquait six heures trente. Le calme régnait dans l'auberge. M. et Mme Polstead allaient bientôt se lever pour préparer le petit déjeuner, allumer les feux et faire tout ce qui devait être fait chaque matin. Elle ne pouvait pas se confier à Malcolm car il n'était pas là. Quand reviendrait-il ? Bientôt, assurément. Il y avait du travail. Il était obligé de venir.

Et soudain, elle songea : « Comment vais-je leur expliquer ? Comment puis-je me montrer à eux sans dæmon ?

Quelle honte ! Quelle humiliation ! » Face à ces gens qu'elle connaissait à peine, qui l'avaient accueillie, qu'elle aimait de plus en plus… Comment pouvait-elle leur infliger une telle monstruosité : un être incomplet. Et Pauline ? Alice ? Malcolm ? Seul Malcolm comprendrait, mais même lui la trouverait peut-être répugnante désormais. Et par-dessus le marché, elle empestait l'ail.

Elle aurait éclaté en sanglots si elle n'avait pas été paralysée par la peur.

« Cache-toi, se dit-elle. Fuis et cache-toi. » Son esprit cavalait dans toutes les directions, dans le passé, dans le futur, puis il revenait à toute vitesse dans le présent, pour repartir aussitôt dans le passé et trouver un visage dont elle se souvenait, qu'elle aimait et auquel elle faisait confiance : Farder Coram.

Âgé maintenant, il ne quittait plus jamais les Fens, mais il était toujours vivant et alerte. Ils s'écrivaient de temps à autre. Il comprendrait la situation embarrassante dans laquelle elle se trouvait. Mais comment parvenir jusqu'à lui ? Ses souvenirs bondissaient d'une image à l'autre tel un oiseau enfermé dans une pièce et venaient heurter un détail lié au Cheval Blanc, un ou deux soirs plus tôt, Dick Orchard et le foulard gitan noué autour de son cou. Il avait parlé de son grand-père… Giorgio quelque chose… qui était à Oxford, non ? Et Dick travaillait de nuit au centre de tri postal. Il était donc chez lui dans la journée…

Oui.

Elle enfila prestement ses vêtements les plus chauds, en fourra d'autres dans le sac à dos, avec le carnet noir et diverses choses, et après un dernier regard à cette petite chambre dans laquelle elle avait fini par se sentir si bien, elle descendit l'escalier à pas feutrés.

Dans la cuisine, elle trouva du papier et un crayon avec lesquels elle laissa un mot : « Je suis désolée, affreusement désolée, et merci mille fois pour tout. Mais je dois partir. Je ne peux pas vous expliquer. Lyra. »

Deux minutes plus tard, elle longeait de nouveau le fleuve, les yeux fixés sur le chemin devant elle, la capuche de sa parka rabattue sur la tête. Souvent les gens transportaient leur dæmon dans une poche ou à l'intérieur de leur manteau quand leur taille le permettait et personne n'avait de raison de soupçonner quoi que ce soit si elle avançait d'un pas décidé. En outre, il était encore tôt.

Cependant, même à vive allure, le trajet jusqu'à Botley, où Dick vivait avec sa famille, lui prit presque une heure, et elle entendit les cloches de la ville retentir cruellement dans tout Port Meadow. Sept heures et demie ? Huit heures et demie ? Non, pas déjà. À quelle heure finissait-il son travail de nuit ? S'il commençait à vingt-deux heures, il allait bientôt sortir.

Arrivée dans Binsey Lane, elle ralentit son pas. Le soleil brillait déjà, l'air était doux. Une belle journée en perspective, pour une fois. Binsey Lane descendait vers Botley Road, principale voie d'accès à Oxford en venant de l'ouest. Les gens se levaient afin d'aller travailler. Trop accaparés par leurs propres soucis, espérait-elle, pour lui prêter attention. Elle s'efforçait de passer inaperçue, comme savaient si bien le faire Will ou les sorcières, lorsqu'elles voulaient se rendre invisibles, pour que les gens leur jettent un regard distrait en passant et les oublient aussitôt. D'ailleurs, elle aurait pu être une sorcière, dont le dæmon se trouvait dans la toundra, à des milliers de kilomètres.

Cette pensée lui remonta le moral jusqu'à ce qu'elle atteigne Botley Road, où elle dut prendre garde à la circulation avant de traverser pour enfiler la petite rue qui prenait naissance de l'autre côté. Elle s'était rendue chez les Orchard trois ou quatre fois et se souvenait de la porte d'entrée, même si elle avait oublié le numéro.

Elle frappa. Dick devait être rentré, maintenant… non ? Et s'il n'était pas là, si elle devait s'expliquer devant sa mère ou son père, des gens charmants, mais… Elle faillit tourner les talons, au moment où la porte s'ouvrait. Dick !

– Lyra ? Qu'est-ce que tu fiches ici ? Tout va bien ?

Il paraissait fatigué, comme s'il venait de quitter son travail.

– Tu es seul ? Il y a quelqu'un chez toi ?

– Qu'est-ce qui se passe ? Qu'est-ce qui t'est arrivé ? Je suis avec ma grand-mère. Entre….

Son dæmon-renarde se cachait derrière ses jambes en poussant un petit cri. Il la prit dans ses bras et comprit ce qui n'allait pas.

– Où est Pan ? Lyra, qu'est-ce qui se passe ?

– J'ai des ennuis, avoua-t-elle sans parvenir à maîtriser le tremblement de sa voix. Je peux entrer, s'il te plaît ?

– Oui, oui, bien sûr.

Il recula dans le couloir étroit et Lyra s'y engouffra en renfermant immédiatement la porte. Elle lisait la consternation, l'angoisse et toutes sortes de choses dans le regard de Dick, mais il n'eut pas le moindre dégoût.

– Il est parti. Il m'a quittée.

Dick posa son doigt sur ses lèvres en levant les yeux vers le premier étage.

– Allons dans la cuisine, dit-il. Grand-mère est réveillée et un rien l'effraie. Elle ne sait plus ce qui se passe.

Il observa de nouveau Lyra, comme s'il n'était pas certain de la reconnaître, puis l'entraîna jusqu'à la cuisine où flottaient une douce chaleur et une bonne odeur de bacon grillé.

– Je suis désolée, Dick. J'ai besoin d'aide et j'ai pensé…

– Assieds-toi. Tu veux un café ?

– Oui. Merci.

Il remplit la bouilloire d'eau et la posa sur la cuisinière. Lyra prit place sur le banc en bois, d'un côté du feu, en serrant son sac à dos contre sa poitrine. Dick s'assit sur le banc opposé. Son dæmon, Bindi, sauta sur ses genoux et se blottit contre lui en tremblant.

– Je suis désolée, Bindi, dit Lyra. Je ne sais pas pourquoi il est parti. Enfin, si, je sais. Mais c'est compliqué. On…

– On s'est toujours demandé si vous pouviez y arriver, la coupa Dick.

– Quoi donc ?

– Vous séparer. On ne t'a jamais vue le faire, mais on avait l'impression que si quelqu'un en était capable, c'était toi. Il est parti quand ?

– Cette nuit.

– Sans laisser de mot ni rien ?

– Pas vraiment… On s'est disputés… C'était horrible.

– Tu ne veux pas attendre, au cas où il reviendrait ?

– Il ne reviendra pas avant longtemps. Peut-être même jamais.

– Tu n'en sais rien.

– Je crois que je dois aller à sa recherche, Dick.

Un appel étouffé leur parvint d'en haut. Dick leva la tête.

– Je ferais bien d'aller voir ce qu'elle veut. Je reviens tout de suite.

Bindi le précéda hors de la cuisine. Lyra resta assise sur le banc. Elle ferma les yeux et s'efforça de respirer calmement. Quand Dick revint, l'eau bouillait. Il versa une cuillerée d'essence de café dans chaque tasse, un nuage de lait – du sucre ou pas ? –, puis ajouta de l'eau et tendit une tasse à Lyra.

– Merci. Ta grand-mère va bien ?

– Elle est âgée et désorientée. Comme elle dort mal, il faut quelqu'un auprès d'elle pour éviter qu'elle se fasse mal si elle se lève en pleine nuit.

– Le grand-père dont tu as parlé l'autre soir au Cheval Blanc… C'est sa femme ?

– Non. Elle, c'est la mère de papa. Les gitans, c'est dans la famille de maman.

– Et tu disais qu'il était à Oxford ?

– Oui. Il avait une livraison sur le chantier maritime de Castle Mill, mais il va bientôt repartir.

– Est-ce qu'il… Tu crois que je pourrais le rencontrer ?

– Oui, si tu veux. Je t'accompagnerai quand maman sera rentrée.

Lyra se souvenait que la mère de Dick travaillait comme femme de ménage à Worcester College.

– Et elle rentre quand ?

– Vers onze heures. Mais elle risque d'être un peu en retard. Elle a des courses à faire, je crois. Mais pourquoi tu veux rencontrer mon grand-père ?

– Il faut que j'aille dans les Fens. Je dois voir quelqu'un là-bas. Et j'ai besoin de connaître le meilleur chemin pour y arriver sans être vue, sans me faire prendre ou… Je veux juste lui demander conseil.

Dick hocha la tête. Avec ses cheveux en bataille et ses yeux rougis par le manque de sommeil, il ne faisait pas très gitan à cet instant. Il but une gorgée de café.

– Mais je ne veux pas t'attirer d'ennuis, ajouta Lyra.

– Il y a un rapport avec ce que tu m'as raconté l'autre soir ? Cet homme qui a été assassiné près du fleuve ?

– Possible. Mais je ne vois pas le lien pour le moment.

– Au fait, Benny Morris n'a toujours pas repris le travail.

– Oh, l'homme blessé à la jambe ? J'espère que tu n'en as parlé à personne.

– Si, bien sûr, j'ai placé un grand écriteau sur le mur du réfectoire. Pour qui tu me prends ? Jamais je ne te trahirai, Lyra.

– Je sais.

– Mais c'est du sérieux, hein ?

– Oui.

– Quelqu'un d'autre est au courant ?

– Oui. Un certain Polstead. Le Dr Malcolm Polstead. Un Érudit de Durham College. Il a été mon professeur il y a longtemps. Il sait certaines choses car… Oh, c'est compliqué. En tout cas, je lui fais confiance. Mais je ne peux pas lui dire que Pan est parti. C'est impossible. Pan et moi, on n'arrêtait pas de se disputer. C'était affreux. On n'était plus d'accord sur les choses importantes. J'avais l'impression d'être coupée en deux… Et puis, ce meurtre a eu lieu et du jour au lendemain, je me suis retrouvée en danger. Je crois que quelqu'un sait que j'ai tout vu. J'ai passé quelques nuits à l'auberge des parents du Dr Polstead, mais…

– Quelle auberge ?

– La Truite, à Godstow.

– Ils savent que Pan… a disparu ?

– Non. Je suis partie ce matin avant que tout le monde se lève. Il faut absolument que j'aille dans les Fens, Dick. Est-ce que je peux rencontrer ton grand-père ? S'il te plaît ?

Un autre appel leur parvint d'en haut, suivi d'un bruit sourd, comme si quelqu'un était tombé. Dick se précipita.

Lyra était trop anxieuse pour rester assise plus longtemps. Elle se leva et marcha jusqu'à la fenêtre de la cuisine, qui donnait sur la courette pavée bien entretenue avec son parterre de plantes aromatiques. Son regard dériva vers le calendrier fixé au mur, dont la photo représentait la relève de la garde au palais de Buckingham, et la poêle à frire, posée sur l'égouttoir, dans laquelle le gras du bacon commençait à se figer. Elle avait envie de pleurer, mais elle respira à fond trois fois et battit des paupières pour chasser les larmes.

Dick était de retour dans la cuisine.

– Ah, zut, elle est complètement réveillée, maintenant. Je vais devoir lui monter son porridge. Tu es sûre que tu ne veux pas rester un petit moment ? Personne n'en saura rien.

– Non, il faut vraiment que je poursuive mon chemin.

– Prends ça, alors.

Il lui tendit son foulard bleu à pois blancs, ou un identique, auquel on avait fait un nœud complexe.

– Merci. Mais pour quoi faire ?

– Le nœud. C'est un truc de gitans. Ça veut dire que tu as besoin d'aide. Montre-le à mon grand-père. Son bateau s'appelle *La Vierge du Portugal*. C'est un type costaud, plutôt beau, comme moi. Tu ne peux pas le louper. Il s'appelle Giorgio Brabandt.

– Entendu. Et encore merci, Dick. J'espère que l'état de santé de ta grand-mère va s'arranger.

– La pauvre. Ça ne peut finir que d'une seule manière.

Lyra l'embrassa. Très affectueusement.

– À bientôt… quand je reviendrai.

– Combien de temps tu penses rester dans les Fens ?

– Le temps qu'il faudra, j'espère.

– C'est quoi le nom de ce bonhomme, déjà ? Le Dr Machin-chose.

– Malcolm Polstead.

– Ah, oui. (Il l'accompagna jusqu'à la porte.) Si tu remontes Binsey Lane, après la dernière maison, il y a un chemin sur la droite qui passe entre les arbres et qui mène directement au fleuve. Là, tu traverses le vieux pont en bois et tu continues un peu, jusqu'au canal. Après, tu suis le chemin de halage et tu arrives à Castle Mill. Bonne chance. Reste bien emmitouflée. Les gens penseront peut-être qu'il… Tu m'as compris.

Dick embrassa Lyra et l'étreignit brièvement avant d'ouvrir la porte. Elle vit la compassion dans les yeux de Bindi et regretta de ne pas pouvoir caresser la petite renarde, pour le simple plaisir de toucher un dæmon. Hélas, c'était impossible.

Elle entendit la vieille femme appeler d'en haut, d'une voix chevrotante. Dick ferma la porte et Lyra se retrouva exposée aux regards.

Elle remonta Botley Road, toujours embouteillée, et traversa pour prendre la direction du fleuve. Capuche rabattue sur la tête et tête baissée, elle atteignit bientôt le chemin qui passait entre les arbres, puis le vieux pont de bois mentionné par Dick. Le fleuve s'écoulait lentement à droite et à gauche, à travers Port Meadow en amont, vers Oxpens et le lieu du meurtre en aval. Il n'y avait pas âme qui vive. Elle franchit le pont et suivit le chemin boueux, au milieu des marécages, pour arriver au canal où des bateaux étaient amarrés, en file indienne. De la fumée s'échappait de leurs cheminées en fer-blanc ; sur l'un d'eux, un chien aboyait furieusement, jusqu'à ce que Lyra s'approche. Sentant qu'il y avait quelque chose de bizarre, il courut se réfugier à l'autre extrémité du bateau en gémissant.

Après quelques dizaines de mètres, elle avisa une femme qui suspendait du linge sur un fil tendu d'un bout à l'autre de son bateau.

– Bonjour, madame, lui dit-elle, je cherche Giorgio Brabandt, de *La Vierge du Portugal*. Savez-vous où il est amarré ?

La femme se retourna, méfiante face à une inconnue.

– Il est un peu plus loin, dit-elle. Sur le chantier. Mais il repart aujourd'hui. Il se peut que vous l'ayez manqué.

– Merci, répondit Lyra, et elle pressa le pas avant que la femme remarque l'anomalie.

Le chantier maritime s'étendait sur l'autre rive du canal, à l'ombre du campanile de l'Oratoire de Saint-Barnabé-le-Chimiste. C'était un endroit très animé qui accueillait un shipchandler où, vingt ans plus tôt, Malcolm était entré pour acheter de la peinture rouge. Il y avait également différents ateliers, une cale sèche, une forge et diverses grosses machines. Des gitans et des vagabonds travaillaient côte à côte pour réparer une coque, repeindre un toit ou installer un gouvernail. Le plus grand de tous les bateaux, et le plus richement décoré, était *La Vierge du Portugal*.

Lyra emprunta le petit pont de fer et suivit le quai jusqu'au bateau de Giorgio Brabandt. Un homme corpulent, dont les manches de chemise roulées laissaient voir les tatouages, était agenouillé dans la cabine, plongé au-dessus du moteur, une clé anglaise à la main. Il ne leva pas la tête quand Lyra s'arrêta à la hauteur de son bateau, mais son dæmon, un spitz-loup noir et blanc, se dressa sur ses pattes en grognant, le poil hérissé comme une crinière de lion.

– Bonjour, monsieur Brabandt.

Cette fois, l'homme se retourna et Lyra découvrit sur son visage les traits de Dick – plus épais, plus marqués, plus grossiers –, mais la ressemblance était frappante. Il fronça les sourcils et plissa les paupières, sans rien dire.

Alors, Lyra sortit le foulard de sa poche et le tendit à deux mains, paumes ouvertes pour bien montrer le nœud.

L'expression de l'homme passa de la méfiance à la colère. Le rouge lui monta au front.

– Où tu as trouvé ça ?

– C'est votre petit-fils, Dick, qui me l'a donné. Il y a une demi-heure. Je suis allée le voir parce que j'ai un problème, et j'ai besoin d'aide.

– Range ce foulard et monte à bord. Sans regarder autour de toi. Descends vite sous le pont.

Il essuya ses mains sur un chiffon gras. Quand Lyra fut dans la cabine, il la rejoignit et ferma la porte derrière lui.

– Comment tu connais Dick ?

– On est amis.

– Et c'est lui qui t'a mis ce problème dans le ventre ?

Lyra ne comprit pas immédiatement ce qu'il voulait dire. Puis elle rougit.

– Oh, non ! Il ne s'agit pas de ce genre de problème. Je sais prendre mes précautions. En fait, c'est… mon dæmon…

Elle fut incapable d'achever sa phrase. Elle se sentait affreusement vulnérable comme si son malheur était soudain devenu une chose visible et répugnante. Elle ouvrit sa parka et écarta les bras. Brabandt l'observa de la tête aux pieds et son visage blêmit. Il recula d'un pas et dut se retenir à l'encadrement de la porte.

– Tu n'es pas une sorcière ?

– Non. Je suis humaine, simplement.
– Nom d'un chien, qu'est-ce qui t'est arrivé ?
– J'ai perdu mon dæmon. Je crois qu'il m'a quittée.
– Et tu penses que je peux faire quelque chose ?
– Je ne sais pas, monsieur Brabandt. Mais je voudrais me rendre dans les Fens sans me faire prendre pour voir un vieil ami. Coram Van Texel.
– Farder Coram ! C'est un ami à toi ?
– Je suis allée dans l'Arctique avec lui et Lord Faa, il y a de cela une dizaine d'années. Farder Coram était avec moi quand nous avons rencontré Iorek Byrnison, le roi des ours.
– Et comment tu t'appelles ?
– Lyra Parle-d'Or. C'est le nom que m'a donné l'ours. Avant cela, je m'appelais Lyra Belacqua.
– Pourquoi tu le disais pas ?
– Je viens de vous le dire.
L'espace d'un instant, elle crut que le gitan allait la gifler pour la punir de son insolence, mais son visage s'éclaira en même temps que ses joues retrouvaient des couleurs. Brabandt était un bel homme, en effet, mais il semblait troublé, et même un peu effrayé.
– Ce problème dont tu causes, ça t'est arrivé quand ?
– Ce matin. Il était encore avec moi hier soir. Mais on a eu une terrible dispute, et quand je me suis réveillée, il était parti. Je ne savais pas quoi faire. Puis j'ai pensé aux gitans, aux Fens, à Farder Coram, et je me suis dit qu'il ne me jugerait pas trop sévèrement. Il comprendrait et il pourrait peut-être m'aider.
– On en parle encore de ce voyage dans le Nord. Lord Faa est mort maintenant, mais c'était une grande campagne, sans aucun doute. Farder Coram ne quitte plus

guère son bateau désormais, mais il a toujours l'esprit vif et joyeux.

– Je m'en réjouis. Cependant, je crains de lui causer des ennuis.

– Ce n'est pas ça qui va l'inquiéter. Mais tu ne comptais pas voyager comme ça, hein ? Comment tu peux espérer aller où que ce soit sans dæmon ?

– Je sais. Ce sera compliqué. Hélas, je ne peux pas rester là où je suis… là où j'étais… pour ne pas faire de tort à ces gens. Il y a trop d'allées et venues. Je ne pourrai pas me cacher très longtemps et ça ne serait pas juste pour eux, car je crois que le CDC me cherche. Par chance, Dick m'a appris que vous étiez ici, à Oxford, et j'ai pensé que… Je ne sais pas… Je n'ai nulle part où aller.

– Je vois ça. Eh bien…

Le vieux gitan contempla l'agitation du chantier à travers le hublot, puis reporta son attention sur son gros spitz-loup, qui levait vers lui un regard calme.

– John Faa est revenu de ce voyage avec des petits gitans qu'on n'aurait jamais revus sinon. Grâce à toi. Par ailleurs, notre peuple s'est fait de très bonnes amies chez les sorcières, et ça, c'était nouveau. Il se trouve que j'ai pas de travail pendant deux semaines. Les affaires marchent pas très fort en ce moment. Tu as déjà voyagé sur un bateau de gitan ? Je suis sûr que oui.

– J'ai navigué jusqu'aux Fens avec Ma Costa et sa famille.

– Ma Costa ? Ça rigole pas avec elle. Tu sais faire la cuisine et le ménage ?

– Oui.

– Alors, bienvenue à bord, Lyra. Je suis seul pour le moment, depuis que ma dernière petite amie a filé à terre et n'est jamais revenue. Pas d'inquiétude, je ne cherche pas à la remplacer, et de toute façon tu es trop jeune pour moi. J'aime les femmes qui ont de la bouteille. Par contre, si tu t'occupes de la cuisine et du ménage, si tu laves mon linge et si tu fais attention à ce que les vagabonds ne te voient pas, je veux bien te filer un coup de main en te conduisant dans les Fens. Ça te va ?

Il tendit à Lyra sa main noire de cambouis, qu'elle serra sans hésitation.

– Marché conclu, dit-elle.

Au moment même où Lyra échangeait une poignée de main avec Giorgio Brabandt, Marcel Delamare, assis dans son bureau à la maison Juste, s'amusait à faire tourner sur lui-même un petit flacon avec la pointe d'un crayon. De la taille de son auriculaire, fermé par un bouchon de liège et scellé de cire rouge qui avait coulé sur le côté, le flacon miroitait dans le soleil qui frappait le plateau en acajou.

Il le prit entre deux doigts et le leva dans la lumière. Son visiteur, un homme au faciès de Tartare, décharné et brûlé par le soleil, mais vêtu à l'européenne et de manière misérable, attendait patiemment.

– Voici donc la fameuse essence ? demanda Delamare.

– À ce qu'il paraît, monsieur. Je ne peux que vous répéter ce que m'a dit le marchand.

– C'est lui qui vous a abordé ? Comment savait-il que vous étiez intéressé ?

– Je m'étais rendu à Akchi dans ce but. J'avais interrogé les marchands, les vendeurs de chameaux, les négociants. Finalement, un homme s'est présenté à ma table et...

– Votre table ?

– Les affaires se traitent dans les maisons de thé. On s'installe à une table et on fait savoir qu'on est disposé à acheter de la soie, de l'opium, du thé, n'importe quoi. Je me suis présenté comme médecin. Plusieurs marchands sont venus me proposer des plantes, des extraits, de l'essence de ceci, des semences de cela. J'en ai acheté, pour donner le change. J'ai conservé tous les reçus.

– Comment savez-vous que c'est bien ce que vous cherchiez ? Ça pourrait être n'importe quoi.

– Sauf votre respect, monsieur Delamare, il s'agit bien d'essence de rose du Karamakan. Je veux bien attendre que vous l'ayez testée pour être payé.

– Oh, nous allons la tester, soyez-en sûr. Mais qu'est-ce qui vous a convaincu ?

Le visiteur se renversa dans son fauteuil, dissimulant sa lassitude derrière une patience prudente. Son dæmon, un serpent couleur de sable du désert, aux flancs ornés de losanges rouges, allait et venait entre ses doigts. Delamare perçut une marque d'agitation, vite maîtrisée.

– Je l'ai testée moi-même, répondit le visiteur. Suivant les instructions du marchand, j'en ai déposé une goutte infime sur le bout de mon petit doigt et je me suis touché l'œil. La réaction a été instantanée et saisissante. C'est pour cette raison que le marchand avait insisté pour que nous rentrions à mon hôtel. Afin que je puisse crier ma douleur. J'avais envie de rincer mon œil à grande eau, mais il m'a conseillé de m'abstenir. Cela n'aurait fait que décupler la sensation de brûlure, a-t-il affirmé. Comme le font les chamans, apparemment, ceux qui utilisent cette essence. Au bout de dix ou quinze minutes, je suppose, la douleur s'est atténuée. Et j'ai commencé à voir les effets décrits dans le poème *Jahan et Rukhsana.*

Delamare notait tout ce que disait son visiteur. Il s'arrêta et leva la main.

– Attendez. De quel poème s'agit-il ?

– Un poème intitulé *Jahan et Rukhsana*, qui relate les aventures de deux amants à la recherche d'un jardin où poussent les roses. Quand ils y pénètrent, après bien des épreuves, guidés par le roi des oiseaux, ils sont frappés par des visions, qui se déploient comme les pétales d'une rose et dévoilent des vérités, les unes après les autres. Depuis presque mille ans, ce poème est vénéré dans ces régions d'Asie centrale.

– Existe-t-il une traduction dans une langue européenne ?

– Il en existe une en français, je crois, mais elle est considérée comme peu fidèle.

Delamare en prit note.

– Et qu'avez-vous vu sous l'influence de cette essence ?

– J'ai vu apparaître une sorte d'auréole ou de halo autour du marchand, composé de grains de lumière scintillants, plus petits que des grains de farine. Et entre lui et son dæmon, un moineau, ces mêmes grains de lumière formaient un courant ininterrompu, dans un sens et dans l'autre. J'avais le sentiment de voir une chose profonde et vraie, que je ne pourrais plus jamais nier par la suite. Peu à peu, la vision s'est effacée. Convaincu de l'authenticité de cette essence, j'ai payé le marchand et je suis rentré. J'ai sa facture…

– Laissez-la sur le bureau. Avez-vous parlé de ça à quelqu'un d'autre ?

– Non, monsieur.

– Grand bien vous fasse. La ville où vous avez acheté cette essence… montrez-la-moi sur une carte.

Delamare se leva pour aller chercher sur une table une carte pliée qu'il étala devant le voyageur. Elle représentait une région d'environ quatre cents kilomètres carrés, où se dressaient des montagnes, au nord et au sud.

Le visiteur chaussa une paire de vieilles lunettes à monture d'acier. Il désigna un point sur la carte, à proximité de la bordure ouest. Delamare regarda l'endroit indiqué, avant de porter son attention sur l'extrémité est, qu'il scruta de haut en bas.

– Le désert du Karamakan se situe un peu plus au sud-est, en dehors de cette carte, précisa le voyageur.

– À quelle distance de cette ville dont vous parliez… Akchi ?

– Cinq cents kilomètres, grosso modo.

– Le commerce de l'essence de rose s'est donc étendu aussi loin vers l'ouest ?

– J'avais fait savoir ce que je voulais, et que j'étais prêt à attendre, dit le voyageur en ôtant ses lunettes. Le marchand s'est déplacé spécialement. Il aurait pu vendre sa marchandise directement à la société pharmaceutique, mais c'était un homme honnête.

– La société pharmaceutique ? Laquelle ?

– Il y en a trois ou quatre. Des sociétés occidentales. Prêtes à payer le prix fort. Mais j'ai réussi à acquérir cet échantillon. La facture…

– Vous aurez votre argent. Quelques questions encore. Qui a scellé ce flacon avec de la cire ?

– Moi.

– Et vous l'avez gardé avec vous durant tout le trajet ?

– À chaque instant.

– Cette essence a-t-elle une durée de vie, si je puis dire ? Ses vertus s'atténuent-elles avec le temps ?

– Je l'ignore.

– Qui en achète ? Qui sont les clients de ce marchand ?

– Il ne vend pas uniquement des essences, monsieur. Il propose d'autres produits également. Plus ordinaires. Des herbes médicinales, des épices pour la cuisine, ce genre de choses. Tout le monde peut les acheter. Cette essence spéciale est utilisée principalement par des chamans, je crois, mais il existe une station scientifique à Tash-Bulak… (il remit ses lunettes pour examiner la carte) juste en dehors de cette carte, comme le désert. Les scientifiques qui y travaillent lui ont acheté de l'essence de rose plusieurs fois. Très désireux de s'en procurer, ils ont payé rubis sur l'ongle, mais moins cher que les sociétés pharmaceutiques. Néanmoins, je ne suis pas certain que cet endroit existe encore.

Delamare se redressa dans son fauteuil.

– Ah bon ? Continuez.

– C'est le marchand qui m'en a parlé. La dernière fois qu'il s'est rendu sur place, m'a-t-il confié, il a trouvé les gens de la station en proie à une grande terreur, car on avait menacé de les anéantir s'ils ne mettaient pas fin à leurs recherches. Ils faisaient leurs bagages, ils s'apprêtaient à partir. Mais après avoir quitté Akchi, et avant d'arriver ici, j'ai appris que cette station avait été détruite. Tous ceux qui s'y trouvaient encore, scientifiques ou travailleurs locaux, se sont enfuis ou ont été tués.

– Quand l'avez-vous appris ?

– Il y a peu. Mais les nouvelles voyagent vite sur la route.

– Qui a détruit cette station de recherches ?

– Des hommes des montagnes. Je n'en sais pas plus.

– Quelles montagnes ?

– Il y a des montagnes au nord, à l'ouest et au sud. À l'est, il n'y a que le désert, le plus redoutable au monde. Les cols sont sûrs, ou ils l'étaient, car ces routes sont très fréquentées. Peut-être moins maintenant. Toutes les montagnes sont dangereuses. Qui sait quel genre d'hommes on y trouve ? Elles abritent des esprits et des créatures monstrueuses. Pour y vivre, il faut être féroce et cruel. Et puis, il y a les oiseaux, les *oghâbgorgs*. On raconte sur eux des histoires qui terrifient les voyageurs.

– Je m'intéresse surtout aux hommes. Que disent les gens à leur propos ? Sont-ils organisés ? Ont-ils un chef ? Sait-on pourquoi ils ont détruit la station de Tash-Bulak ?

– J'ai cru comprendre qu'ils jugeaient ces travaux blasphématoires.

– Quelle est leur religion ? Qu'est-ce qui est un blasphème à leurs yeux ?

Le voyageur haussa les épaules.

Delamare tapotait une petite pile de feuilles pliées et tachées avec son crayon.

– Ce sont vos notes de frais ?

– Oui. Ainsi que la facture pour l'échantillon, évidemment. Je vous serais reconnaissant de…

– Vous serez payé demain. Êtes-vous descendu à l'hôtel Rembrandt comme je vous l'ai conseillé ?

– Oui.

– Restez-y. Un messager vous apportera bientôt votre argent. Mais je me permets de vous rappeler l'existence du contrat que vous avez signé il y a plusieurs mois.

– Ah, fit le voyageur.

– Oui, comme vous dites. Si j'apprends que vous avez parlé de cette affaire à quiconque, j'invoquerai la clause de confidentialité et je vous poursuivrai en justice, devant tous les tribunaux, jusqu'à ce que j'aie récupéré tout l'argent que je vous ai versé, plus des dommages et intérêts.

– Je n'ai pas oublié cette clause.

– Dans ce cas, il n'y a rien à ajouter. Bonne journée.

Le visiteur s'inclina et prit congé. Delamare rangea le flacon d'essence dans un tiroir de son bureau, qu'il ferma à clé, puis il repensa à ce que lui avait appris le voyageur. Il y avait quelque chose dans son regard pendant qu'il parlait, une expression d'étonnement, ou peut-être de scepticisme, voire de doute. Difficile de la déchiffrer. En vérité, Delamare savait déjà beaucoup de choses sur ces hommes des montagnes, et s'il avait interrogé le voyageur à leur sujet, c'était pour découvrir ce que d'autres savaient.

Il rédigea une brève note destinée au recteur du Collège de Recherches théophysiques, puis reporta son attention sur le projet qui occupait la majeure partie de son temps : le congrès à venir du Magisterium, d'un genre inédit. L'essence de rose et les événements de Tash-Bulak seraient au cœur de leurs délibérations, même si rares étaient les délégués à le savoir.

Malcolm fut accaparé presque toute la journée par des problèmes administratifs mais, alors que le ciel s'assombrissait, en fin d'après-midi, il ferma sa porte à clé et prit la direction de Godstow. Il avait hâte de parler à Lyra de sa réunion au Jardin Botanique et de tout ce qu'il y avait appris. Pas uniquement pour la mettre en garde. Il voulait observer son expression tandis qu'elle assimilerait toutes les implications de ce qui s'était passé. Ses émotions s'affichaient de manière si intense sur son visage qu'il avait l'impression de n'avoir jamais rencontré personne à ce point en phase avec le monde. Il ne savait pas trop ce qu'il entendait par là, et jamais il ne l'aurait dit à quiconque, surtout pas à Lyra, mais ce spectacle l'enchantait.

La température baissait, il flottait même dans l'air un parfum de neige. Quand, arrivé à La Truite, il ouvrit la porte de la cuisine, la chaleur et la vapeur familières l'enveloppèrent pour lui souhaiter la bienvenue. En revanche, lorsque sa mère leva les yeux de la pâte à tarte qu'elle était en train d'étaler, il perçut aussitôt son inquiétude.

– Tu l'as vue ? lui demanda-t-elle de but en blanc.

– Lyra ? Que se passe-t-il ?

D'un mouvement de tête, elle montra le mot que Lyra avait déposé sur la table, et qui s'y trouvait toujours. Malcolm s'en saisit et le lut rapidement, avant de le relire, plus lentement.

– Rien d'autre ?

– Elle a laissé quelques affaires là-haut. Apparemment, elle a pris seulement ce qu'elle pouvait porter.

– Elle t'a dit quelque chose hier ?

– Non. Mais elle semblait préoccupée. Malheureuse, dirait ton père. On voyait qu'elle essayait de paraître gaie malgré tout. Elle est montée se coucher de bonne heure.

– Quand est-elle partie ?

– Avant qu'on se lève. J'ai trouvé ce mot sur la table. J'ai pensé qu'elle t'avait rejoint à Durham, ou qu'elle était avec Alice…

Malcolm monta en courant dans la chambre qu'avait occupée Lyra. Certains de ses livres étaient sur la table, le lit était fait. Un des tiroirs de la commode contenait encore quelques vêtements. Rien d'autre.

– Merde, cracha-t-il.

– Je me demande…, dit Asta, perchée sur le bord de la fenêtre.

– Quoi donc ?

– Je me demande si Pantalaimon et Lyra sont partis ensemble. Ou bien si elle est partie à sa recherche parce qu'il a fichu le camp. On sait qu'ils… qu'ils… qu'ils n'étaient plus heureux ensemble.

– Où serait-il allé ?

– N'importe où. Juste pour être seul. On sait qu'il en avait l'habitude. C'est même comme ça que je l'ai vu la première fois.

– Mais…

Malcolm était abasourdi et furieux. Cela faisait bien longtemps qu'il n'avait pas été aussi contrarié.

– Elle a toujours pensé qu'il reviendrait, ajouta Asta. Mais peut-être que cette fois, il n'est pas revenu.

– Alice, dit-il. Allons-y !

Alice était en train de boire un verre de vin dans le salon de l'Intendant après le dîner.

– Bonsoir, docteur Polstead, dit celui-ci en s'arrachant de son fauteuil. Voulez-vous boire une goutte de porto avec nous ?

– Une autre fois, avec plaisir, monsieur Cawson, répondit Malcolm. Il s'agit d'une affaire urgente. Pourrais-je dire un mot à Mme Lonsdale ?

Voyant son air inquiet, Alice se leva à son tour. Ils sortirent dans la cour carrée et discutèrent à voix basse sous le lampadaire qui éclairait les marches du Réfectoire.

– Que se passe-t-il ? s'enquit Alice.

Malcolm lui résuma la situation en quelques mots et lui montra le message.

– Qu'a-t-elle emporté ?

– Un sac à dos, quelques vêtements… Elle n'a pas laissé le moindre indice. Est-elle venue te voir ces derniers jours ?

– Non, malheureusement. Je l'aurais obligée à dire la vérité au sujet de ses rapports avec son dæmon.

– Oui… J'ai bien vu que ça n'allait pas. Mais je n'ai pas eu l'occasion d'aborder la question, nous devions parler de choses urgentes. Tu savais donc qu'elle n'était pas heureuse ?

– Pas heureuse ? Ils ne pouvaient plus se supporter ! C'était affreux. Comment ça s'est passé à La Truite ?

– Ils ont bien vu qu'elle était d'humeur maussade, mais elle n'a rien dit. Alice… savais-tu que Lyra et Pantalaimon pouvaient se séparer ?

Le dæmon d'Alice, Ben, émit un grognement et se plaqua contre ses jambes.

– Elle ne m'en a jamais parlé, répondit-elle. Mais j'ai bien senti que quelque chose avait changé entre eux quand ils sont revenus du Nord. Elle paraissait hantée, voilà ce que je me disais. D'humeur sombre. Pourquoi ?

– Il se peut que Pan soit parti et que Lyra cherche à le retrouver.

– Dans ce cas, elle doit se dire qu'il est parti loin. S'il était simplement allé gambader dans les bois, il serait rentré avant l'aube.

– C'est aussi ce que j'ai pensé. Si tu as de ses nouvelles, si tu entends quoi que ce soit à son sujet…

– Bien entendu.

– Y a-t-il quelqu'un d'autre, ici à Jordan, à qui elle aurait pu se confier ?

– Non, répondit Alice sans la moindre hésitation. Pas après que le nouveau Maître l'a quasiment flanquée à la porte, ce salopard.

– Merci, Alice. Ne reste pas dans le froid.

– Je vais annoncer au vieux Ronnie Cawson qu'elle a disparu. Il l'aime beaucoup. Comme tous les domestiques, d'ailleurs. Les anciens domestiques, je veux dire. Hammond a engagé une bande de sales types qui ne parlent à personne. Ah, Mal, ce n'est plus comme avant.

Après une brève étreinte, il s'en alla.

Dix minutes plus tard, il frappait à la porte de Hannah Relf.

– Malcolm ? Entre donc. Qu'est-ce que…

– Lyra a disparu, dit-il en refermant la porte derrière lui. Elle a quitté l'auberge ce matin, de très bonne heure, avant que mes parents se lèvent. Elle a simplement laissé ce mot, et nul ne sait où elle est allée. Je viens d'interroger Alice, mais…

– Sers-toi un verre de xérès et assieds-toi. A-t-elle emporté l'aléthiomètre ?

– Je ne l'ai pas vu dans sa chambre. J'en conclus qu'elle l'a emporté.

– Elle aurait pu le laisser là-bas si elle avait eu l'intention de revenir. Si elle pensait qu'il y était en sécurité.

– Je crois qu'elle se sentait en sécurité à l'auberge. J'y suis allé ce soir, exprès pour lui parler de ce qui s'est passé au Jardin Botanique… Je ne vous ai même pas raconté, si ?

– Ça concerne Lyra ?

– Oui.

Il lui résuma ce qu'il avait appris au cours de cette réunion et lui décrivit l'intervention des agents du CDC.

– Oakley Street doit être mis au courant. Dois-tu revoir cette femme ?

– Lucy Arnold ? Oui. Les autres aussi. Mais… Hannah… je voulais vous demander une chose… Pourriez-vous chercher Lyra avec votre aléthiomètre ?

– Oui, bien sûr, mais ce sera long. Au moment où on parle, elle peut se trouver n'importe où. Depuis combien de temps est-elle partie ? Douze heures au moins. J'interrogerai volontiers l'aléthiomètre, mais il ne me donnera qu'une vague idée pour commencer. Il serait sans doute plus simple de lui demander pourquoi elle est partie que d'essayer de savoir où elle est.

– Faites-le, alors. Ça peut être utile.

– Et si on prévenait la police ?

– Non, dit Malcolm. Mieux vaut éviter d'attirer l'attention sur elle.

– Oui, tu as certainement raison. Malcolm… es-tu amoureux de Lyra ?

Cette question le prit au dépourvu.

– Qu'est-ce que… D'où vous vient cette idée ?

– La manière dont tu parles d'elle.

Il sentit ses joues s'enflammer.

– Ça se voit à ce point ? demanda-t-il.

– À mes yeux seulement.

– Je ne peux rien faire. Absolument rien. Toutes les formes de morale condamnent cette attirance et…

– Autrefois, oui, mais plus maintenant. Vous êtes adultes l'un et l'autre. Je voulais juste te mettre en garde : cela ne doit pas affecter ton jugement.

Il voyait que Hannah regrettait déjà d'avoir abordé le

sujet. Il la connaissait depuis toujours, ou presque, et il avait une confiance absolue en elle. Toutefois, jamais il n'avait entendu dans sa bouche un conseil qui lui semble si peu avisé.

– J'essaierai, promit-il.

12

La lune morte

Très vite, Lyra établit une cohabitation confortable avec Giorgio Brabandt. Il n'était pas très exigeant au niveau du ménage. De fait, elle crut comprendre que sa dernière petite amie passait son temps à récurer et à astiquer, et il n'était pas mécontent de mener une existence un peu plus détendue. Du moment que Lyra passait le balai et faisait briller la cambuse, il était satisfait. Concernant les repas, elle avait appris deux ou trois choses dans les cuisines de Jordan et savait préparer les tourtes et les ragoûts roboratifs dont il raffolait. Les sauces délicates et les desserts raffinés, très peu pour lui.

– Si quelqu'un veut savoir qui tu es, dit-il, on répondra que tu es la fille de mon fils Alberto. Il a épousé une vagabonde et ils vivent dans les Cornouailles. Il a pas navigué depuis des années. Tu t'appelleras Annie. Ça fera l'affaire. Annie Brabandt. Un bon nom de gitan. Pour ce qui est de ton dæmon… On improvisera le moment venu.

Il lui avait attribué la cabine avant, un espace exigu et froid, jusqu'à ce qu'il y installe un poêle à pétrole. Le soir, blottie dans son lit, près d'une lampe à naphte, elle consultait l'aléthiomètre.

Elle n'essaya pas la nouvelle méthode, avec laquelle elle n'était pas à l'aise. Au lieu de cela, elle fixait le cadran et laissait dériver son esprit sur une mer calme, plutôt que d'affronter un océan déchaîné. En se libérant autant que possible de toute intention consciente. Elle ne posait aucune question, elle ne réfléchissait pas, préférant survoler mentalement le Soleil, la Lune ou le Taureau, qu'elle observait tour à tour afin d'en relever tous les détails avec la même attention et de plonger dans l'éventail des symboles, des premiers niveaux, désormais familiers, aux plus profonds, qui se fondaient dans l'obscurité des abîmes. Elle s'attarda longuement au-dessus du Jardin clos pour regarder passer les associations et les connotations de nature, d'ordre, d'innocence, de protection, de fertilité et bien d'autres significations encore, comme autant de magnifiques méduses dont la myriade de tentacules dorés, argentés ou couleur corail dérivait dans un océan transparent.

Par moments, elle sentait une petite aspérité dans le défilement de sa conscience et elle savait que le jeune homme qu'elle avait confondu avec Will la cherchait. Elle s'obligeait alors à se détendre, à l'ignorer, au lieu de résister ; elle continuait à se laisser emporter et, finalement, l'aspérité disparaissait comme une petite épine retient brièvement la manche d'un promeneur, avant de lâcher prise quand il se remet en marche.

Elle pensait sans cesse à Pantalaimon. Était-il en sécurité ? Où allait-il ? Que signifiait ce message aussi bref que méprisant ? Il n'était pas à prendre au premier degré, assurément. C'était cruel, Pan était cruel, elle aussi était cruelle et tout cela était un horrible gâchis. Un effroyable gâchis.

Oxford, en revanche, n'occupait guère son esprit. Elle envisagea d'envoyer un mot à Hannah, mais ce serait difficile. Brabandt s'arrêtait rarement dans la journée, préférant jeter l'ancre la nuit dans une étendue d'eau tranquille, loin de tout village où elle aurait pu trouver un bureau de poste.

Il aurait bien aimé savoir pour quelle raison le CDC s'intéressait à elle, mais Lyra lui répétait qu'elle n'en avait aucune idée ; il comprit qu'il n'obtiendrait jamais de réponse et cessa de poser la question. Cependant, il avait des choses à lui dire au sujet des gitans et des Fens, et le troisième soir de leur voyage, alors que le givre durcissait les herbes sur des berges et que le vieux poêle rougissait dans la cambuse, il s'assit à table pendant qu'elle préparait le dîner.

– Les agents du CDC ont une dent contre les gitans, lui confia-t-il, mais ils osent pas nous mettre en colère. Toutes les fois où ils ont essayé de pénétrer dans les Fens, on les a attirés dans des marais et des cours d'eau sans issue d'où ils sont jamais ressortis. Un jour, ils ont essayé d'envahir les Fens par la force, avec des centaines d'hommes, des fusils et des canons. Apparemment, les feux follets… Tu en as déjà entendu parler ? Ils éclairent les marécages pour attirer les innocents hors des chemins sûrs. Bref, les feux follets ont entendu les agents du CDC, et ils sont arrivés en agitant leurs flammes dans tous les sens. En face, ils étaient tellement effrayés et désorientés que la moitié d'entre eux s'est noyée, et les autres sont devenus fous de terreur. C'était y a cinquante ans.

Lyra n'était pas certaine que le CDC existait déjà un demi-siècle plus tôt, mais elle choisit de ne pas ergoter.

– Ça veut dire que les fantômes et les esprits sont de votre côté ?

– Contre le CDC, ils sont avec les gitans, oui. Il faut dire qu'ils avaient mal choisi leur jour. Ils ont débarqué quand la lune était sombre. Tout le monde sait qu'à ce moment-là, les mauvais esprits et les djinns sortent tous, en même temps que les goules et les croquemitaines pour faire du mal aux innocents, hommes et femmes, aux gitans aussi bien qu'aux vagabonds. Une fois même, ils l'ont attrapée. Et ils l'ont tuée.

– Qui ça ?

– La lune.

– Qui donc ?

– Les mauvais esprits. Des gens racontent qu'ils ont grimpé jusqu'à la lune pour la faire descendre, mais y a rien de suffisamment haut dans les Fens. D'autres pensent qu'elle est tombée amoureuse d'un gitan et qu'elle l'a rejoint pour coucher avec lui. D'autres encore affirment qu'elle est descendue de son plein gré après avoir entendu parler des choses horribles que faisaient les mauvais esprits quand elle était éteinte. En tout cas, une nuit elle est descendue, elle a marché dans les marais et un tas de créatures malveillantes l'ont suivie sur la pointe des pieds jusque dans la partie la plus sombre et la plus infecte des Fens, baptisée Noir Bourbier. Là, elle a trébuché sur une pierre, son manteau s'est pris dans les ronces et les horreurs rampantes l'ont attaquée ; elles l'ont poussée dans l'eau glacée et la vase des marécages, où vivent des créatures horribles et inconnues qui n'ont même pas de nom. Et dame Lune est restée allongée là, frigorifiée et nue, tandis que sa pauvre petite lumière s'éteignait peu à peu.

« Mais quelque temps après, un gitan qui s'était égaré à cause de l'obscurité est passé par là. Il commençait à avoir peur, car il sentait des mains visqueuses lui agripper les chevilles et des griffes glacées lui lacérer les jambes. Surtout, il n'y voyait goutte.

« Et soudain, il a aperçu quelque chose. Une faible lumière qui brillait sous la surface de l'eau, comme le reflet argenté de la lune. Sans doute qu'il a appelé car la lune qui agonisait l'a entendu. Alors, elle s'est redressée, juste un instant, et elle a tout éclairé autour d'elle. Les goules, les djinns et les farfadets se sont enfuis. Le gitan voyait maintenant son chemin, comme en plein jour. Il a pu quitter Noir Bourbier et rentrer chez lui sain et sauf.

« … Hélas, la lune à ce moment-là s'était éteinte. Les créatures de la nuit ont déposé une grosse pierre à l'endroit où elle gisait. Ensuite, c'est devenu de pire en pire pour les gitans. Les horreurs rampantes sont sorties de la vase pour enlever les bébés et les enfants ; les feux follets et les brumelins ont projeté leurs lueurs sur les marécages et les sables mouvants ; et des créatures si affreuses qu'on ne peut les décrire ont encerclé les maisons durant la nuit et envahi les bateaux ; elles tapaient aux fenêtres, enroulaient des algues autour des gouvernails et collaient leurs yeux au moindre trait de lumière qui filtrait entre les rideaux.

« Alors, les gens sont allés trouver une ensorceleuse pour lui demander ce qu'ils devaient faire. Elle leur a répondu : “Trouvez la lune et tous vos ennuis disparaîtront.” L'homme qui avait perdu son chemin dans l'obscurité s'est aussitôt souvenu de ce qui lui était arrivé, et il s'est exclamé : "Je sais où est la lune ! Elle est enterrée dans Noir Bourbier !"

« Ils se sont donc mis en marche, avec des lanternes, des torches et des flambeaux ; un groupe d'hommes armés de pelles, de pioches, de hoyaux, afin de déterrer la lune. Ils ont demandé à l'ensorceleuse comment faire pour la retrouver puisque sa lumière s'était éteinte, et elle leur a répondu : "Cherchez un grand cercueil de pierre sur lequel est posée une bougie." Après quoi, elle a obligé chacun d'eux à mettre des cailloux dans sa bouche pour leur rappeler qu'ils ne devaient rien dire.

« Ils se sont enfoncés dans les marécages, sentant des mains visqueuses sur leurs jambes, des murmures et des soupirs effrayants dans leurs oreilles, et enfin ils ont atteint l'endroit, cette grosse pierre sur laquelle brillait une bougie faite de graisse de cadavre.

« Ils ont soulevé la pierre et la lune morte gisait là, dessous : son étrange et beau visage était froid, ses yeux fermés. Soudain, elle les a ouverts, une lumière argentée en a jailli et, un court instant, elle a contemplé ce cercle de gitans munis de pelles et de pioches, silencieux à cause des cailloux dans leurs bouches. Et elle a dit : "Les gars, il est temps que je me réveille. Merci de m'avoir retrouvée." Mille petits bruits de succion se sont fait entendre aux alentours : c'étaient les créatures qui retournaient se cacher dans les marécages. La lune, remontée dans le ciel, éclairait le chemin comme en plein jour.

« Voilà à quoi ressemble notre monde, et voilà pourquoi il vaut mieux avoir des amis gitans si tu veux atteindre les Fens. Si tu y pénètres sans permission, les mauvais esprits et les goules s'empareront de toi. On dirait que tu ne crois pas un traître mot de tout ça.

– Oh, si, si, protesta Lyra. C'est très crédible.

Elle n'y croyait nullement, bien sûr. Mais si des gens puisaient du réconfort dans ces sornettes, la politesse voulait qu'on les laisse y croire, quand bien même l'auteur des *Hyperchorasmiens* aurait ricané avec mépris.

– Les jeunes gens ne croient pas à la communauté des esprits, ajouta Brabandt. Pour eux, tout se résume à des équations chimiques et à des données mesurables. Ils ont une explication pour chaque chose, et ils se trompent.

– Qu'est-ce donc que la communauté des esprits ?

– Le monde des fées, des fantômes et des feux follets.

– Je n'ai jamais vu de feux follets, mais j'ai aperçu trois fantômes, et j'ai été allaitée par une fée.

– Quoi ?

– J'ai été allaitée par une fée. Durant la grande inondation, il y a vingt ans.

– Tu n'es pas assez âgée pour te souvenir de cet épisode.

– Non, en effet. Je ne m'en souviens pas. Mais quelqu'un qui était là m'a tout raconté. C'était une fée de la Tamise. Elle voulait me garder, mais elle a été obligée de me laisser repartir à la suite d'un subterfuge.

– La Tamise, tu dis ? Comment s'appelait cette fée ?

Lyra essaya de se remémorer ce que lui avait dit Malcolm.

– Diania.

– Oui ! C'est bien ça. C'est son nom. Peu de gens le connaissent. Ça veut donc dire que c'est vrai.

– Je peux même vous avouer autre chose, ajouta Lyra. C'est Ma Costa qui me l'a dit. Elle affirmait que j'avais de l'huile de sorcière dans mon âme. Quand j'étais petite, je voulais devenir gitane, alors j'ai essayé de parler à la manière des gitans, et Ma Costa s'est moquée de moi : elle disait que je ne serais jamais une personne, car j'étais un être de feu et que j'avais de l'huile de sorcière dans l'âme.

– Si elle l'a dit, ça doit être vrai. Je refuse de me disputer avec Ma Costa. Qu'est-ce que tu nous cuisines ?

– Un ragoût d'anguilles. Je pense que c'est prêt.

– Sers-nous, alors, dit Brabandt, et il leur versa une rasade de bière à tous les deux.

Pendant le repas, Lyra demanda :

– Monsieur Brabandt, connaissez-vous le mot « *akterrakeh* » ?

Il secoua la tête.

– C'est pas un mot gitan, pour sûr. C'est peut-être du français. Ça y ressemble.

– Et avez-vous déjà entendu parler d'un endroit nommé l'Hôtel Bleu ? Ça concerne les dæmons.

– Oui, ce nom me dit quelque chose. C'est quelque part au Levant. En fait, c'est pas du tout un hôtel. Il y a mille ans de ça, peut-être même plus, c'était une grande cité, avec des temples, des palais, des bazars, des parcs, des fontaines et toutes sortes de choses magnifiques. Et puis, un jour, les Huns ont déboulé des steppes – ces grandes prairies qu'on trouve plus au nord et qui paraissent infinies – et ils ont massacré tous les habitants de cette cité : les hommes, les femmes et les enfants. La cité est restée vide pendant des siècles car les gens la disaient hantée, et ça m'étonne pas. Personne ne voulait aller vivre là-bas, pour rien au monde. Mais au bout d'un certain temps, un voyageur – un gitan peut-être – est parti explorer cette cité, et il en a rapporté une étrange légende. La cité était hantée, en effet, mais pas par des fantômes. Par des dæmons. C'est peut-être là que vont les dæmons des morts. Ne me demande pas pourquoi ils appellent ça l'Hôtel Bleu. Doit y avoir une raison.

– Il pourrait y avoir un rapport avec la communauté des esprits ?

– Forcément.

Ainsi passaient-ils le temps à bord de *La Vierge du Portugal*, qui se rapprochait des Fens.

À Genève, Olivier Bonneville était en proie à une grande frustration. La nouvelle méthode d'interprétation de l'aléthiomètre refusait de lui révéler quoi que ce soit au sujet de Lyra. Pourtant, au début, il avait réussi à l'espionner à plusieurs reprises mais, désormais, c'était comme si une connexion s'était interrompue, comme si un fil était débranché.

Toutefois, il arrivait à découvrir de plus en plus de choses sur la nouvelle méthode. Par exemple, elle ne fonctionnait qu'au présent, si on peut dire. Elle pouvait dévoiler des événements, mais pas leurs causes ni leurs conséquences. La méthode classique offrait une perspective plus large, mais elle exigeait plus de temps et des recherches laborieuses, ainsi qu'une technique d'interprétation qui mettait à rude épreuve la patience de Bonneville.

Par ailleurs, toute l'attention de son employeur, Marcel Delamare, était fixée sur le congrès, à venir, de tous les corps constitués qui formaient le Magisterium. Étant donné que cette idée venait de Delamare lui-même, qu'il n'avait nullement l'intention de révéler son véritable objectif (on pouvait supposer, toutefois, qu'il avait pour but de faire adopter toutes les résolutions qu'il souhaitait) et que cela l'obligeait à entreprendre nombre de manœuvres politiques complexes, Bonneville se retrouva livré à lui-même pendant quelque temps.

Il en profita pour aborder la nouvelle méthode sous un angle différent. Il possédait un photogramme de Lyra, que lui avait remis Delamare. On la voyait au milieu d'autres jeunes femmes, en toge, sans doute à l'occasion d'une quelconque manifestation universitaire. Elles posaient de manière solennelle face à l'objectif, sous un soleil éclatant. Bonneville dut découper le visage et la silhouette de Lyra et jeter le reste de la photo. Il n'avait aucune raison de le garder : ces filles étaient trop anglaises pour être attirantes. Il pensait qu'en regardant le portrait de Lyra et en tenant l'aléthiomètre dans sa main, cela l'aiderait à se concentrer davantage sur cette question : où était-elle ?

Et donc, après avoir gobé trois comprimés contre le mal des transports au cas où la nausée réapparaîtrait, installé dans son petit appartement, alors que la ville allumait ses lumières, il pointa les trois aiguilles sur l'image de la chouette et fixa toute son attention sur la photo de Lyra. Hélas, cela ne fonctionna pas non plus ; pas autant qu'il l'avait espéré du moins. Cette tentative généra un tourbillon d'images, d'une très grande netteté, qui toutes ressemblaient à Lyra l'espace d'une seconde ou deux, avant de devenir floues.

Les yeux plissés, Bonneville essayait de prolonger un peu la précision de ces images en luttant contre les inévitables vertiges. Elles ressemblaient à des photogrammes : monochromes, parfois à moitié effacées ou froissées, imprimées sur du papier photo ou sur du papier journal ; certaines bien éclairées, œuvres de professionnels, d'autres prises sur le vif, par quelqu'un qui n'avait pas l'habitude d'utiliser un appareil photo, comme celle où Lyra était éblouie par le soleil. Plusieurs images semblaient avoir été saisies furtivement, à son insu, alors qu'elle était plongée dans ses pensées, à la table d'un café, qu'elle marchait en riant, main dans la main avec un garçon, ou qu'elle attendait pour traverser la rue. Elles montraient Lyra à diverses périodes de son enfance, et plus tardivement aussi, toujours en présence de son dæmon. Sur les photos les plus récentes, il avait clairement la forme d'un gros rongeur : c'était tout ce que Bonneville pouvait dire.

Jusqu'à ce que, dans une soudaine embardée de sa vision, il comprenne ce qu'il avait devant les yeux. C'étaient bel et bien des photogrammes. Fixés sur un tableau. En haut duquel il apercevait un morceau d'étoffe replié, signe qu'ils étaient certainement cachés. Peu à peu, certains détails du décor lui apparurent. Le tableau était accroché à un mur recouvert d'un papier peint passé à motif floral, à côté d'une fenêtre devant laquelle on avait tiré un rideau de soie verte chatoyante, et il était éclairé par une lampe ambarique posée sur un bureau, juste en dessous. Mais à travers les yeux de qui découvrait-il cette scène ? Il lui semblait percevoir une conscience, néanmoins…

Quelque chose bougeait… En se déplaçant, une main provoqua une nouvelle embardée qui faillit faire vomir Bonneville. Le point de vue tournoya instantanément, montrant une forme blanche – un oiseau, une chouette effraie – qui passa à toute allure dans un battement d'ailes flou et fit trembler quelques photos sur le tableau, avant de disparaître…

« Delamare ! »

Cette chouette était le dæmon de Delamare. Cette main était celle de Delamare. Le papier peint à fleurs, le rideau de soie verte, le tableau avec les photos, tout cela se trouvait dans l'appartement de Delamare.

Et bien que Bonneville ne puisse pas voir Lyra en

personne, pour une raison qui lui échappait, il voyait des images d'elle car son esprit n'était pas concentré sur elle, mais sur sa photo… L'évidence le frappa en une fraction de seconde, alors qu'il s'enfonçait dans le fauteuil, les yeux fermés, en respirant profondément pour chasser la nausée.

Ainsi, Marcel Delamare avait rassemblé des dizaines de photos de Lyra. Il ne lui en avait jamais parlé.

Et nul ne le savait. Bonneville avait cru jusqu'alors que l'intérêt de son employeur pour cette fille était d'ordre professionnel, ou politique. En réalité, c'était une affaire personnelle. Une étrange obsession.

Et une information intéressante.

Question suivante : pourquoi ?

Bonneville savait peu de choses sur Delamare, essentiellement parce que le sujet ne l'intéressait pas. Le moment était peut-être venu d'en savoir plus. La nouvelle méthode d'interprétation de l'aléthiomètre ne lui serait guère utile pour cela. En outre, la migraine et la nausée qui l'accompagnaient l'incitaient à mettre cet instrument de côté pour le moment. Il allait devoir interroger les gens. Jouer les détectives.

Ne sachant pas où pouvait se trouver Lyra, Malcolm et Asta se repassèrent en boucle la conversation qu'ils avaient eue avec elle à La Luna Caprese, dans Little Clarendon Street.

– Benny Morris…, dit Asta, ce nom est apparu à un moment donné.

– Oui. En effet. À propos de…

– Quelqu'un qui travaillait au centre de tri postal.

– Exact ! L'homme blessé.

– On pourrait essayer le coup des indemnités, suggéra Asta.

Et donc, après avoir épluché les annuaires téléphoniques d'Oxford et les listes électorales, ils dénichèrent une adresse dans Pike Street, dans le quartier de Sainte-Ebbe, à l'ombre de l'usine à gaz. Le lendemain après-midi, se faisant passer pour un employé du bureau du personnel de la Poste royale, Malcolm frappa à la porte de la maison, coincée au milieu d'autres toutes semblables.

Il patienta, mais personne ne vint ouvrir. En tendant l'oreille, il n'entendait que le fracas métallique des wagons de marchandises que l'on aiguillait sur une voie de garage de l'autre côté de l'usine.

Il frappa encore une fois. Toujours aucune réaction à l'intérieur de la maison. Les wagons avaient commencé à décharger leur cargaison de charbon, l'un après l'autre, dans la glissière installée sous la voie ferrée.

Malcolm attendit que l'ensemble du train soit passé et que les coups de tonnerre lointains cèdent la place, de nouveau, au vacarme des opérations d'aiguillage.

Il frappa une troisième fois et perçut alors un pas lourd et boitillant à travers la porte, qui s'ouvrit enfin.

L'homme qui lui faisait face, un colosse aux yeux chassieux, dégageait une forte odeur d'alcool. Son dæmon, un bâtard qui avait du mastiff, posté en retrait, aboya à deux reprises.

– Monsieur Morris ? demanda Malcolm, tout sourire.

– Qui le demande ?

– Vous vous appelez bien Morris ? Benny Morris ?

– Et alors ?

– Je suis envoyé par le service du personnel de la Poste royale…

– Je peux pas aller travailler. J'ai un certificat du médecin. Regardez dans quel état je suis.

– Nous ne contestons pas votre incapacité de travail, monsieur Morris. Nullement. Nous voulons évaluer les indemnités auxquelles vous avez droit.

Un silence.

– Des indemnités ?

– Oui. Tous nos employés sont couverts en cas d'accident. Une partie de votre salaire finance cette assurance. Il vous suffit de remplir un formulaire. Puis-je entrer ?

Morris s'écarta pour laisser Malcolm pénétrer dans l'étroit couloir et ferma la porte derrière lui. Des odeurs de chou, de transpiration et de feuilles à fumer âcres se mêlaient à celle de l'alcool.

– Serait-il possible de s'asseoir ? demanda Malcolm. Il faut que je remplisse des papiers.

Morris ouvrit une porte qui donnait sur un salon froid et poussiéreux. Il gratta une allumette pour allumer la lampe à gaz posée sur une équerre. Elle émit une faible lumière jaunâtre. Il tira une chaise glissée sous une table branlante et s'y assit en prenant soin de montrer combien cela était difficile et douloureux.

Malcolm prit place sur la chaise opposée, sortit quelques feuilles de sa mallette et dévissa un stylo à plume.

– Pourriez-vous me décrire avec précision la nature de votre blessure ? demanda-t-il d'un ton enjoué. Comment est-ce arrivé ?

– Oh. D'accord. Je travaillais dehors, dans la cour. Je débouchais une gouttière quand l'échelle a glissé.

– Vous ne l'aviez pas bloquée ?

– Bien sûr que si. Toujours. Ça tombe sous le sens, non ?

– Malgré cela, elle a glissé.
– Ouais. Il pleuvait ce jour-là. C'est pour ça que je débouchais la gouttière. Y avait un tas de mousse et de saletés qui empêchait l'eau de couler correctement. Elle dégringolait devant la fenêtre de la cuisine.

Malcolm nota quelque chose.

– Il n'y avait personne pour vous aider ?

– Non. J'étais tout seul.

– Ah, fit-il en prenant un ton inquiet. Voyez-vous, pour que vous puissiez toucher les indemnités, nous devons avoir la certitude que l'assuré – c'est-à-dire vous – a pris toutes les précautions afin d'éviter un accident. Or, dès qu'il y a utilisation d'une échelle, une autre personne doit être présente afin de tenir ladite échelle.

– Oh, y avait Jimmy avec moi. Mon pote Jimmy Turner. Faut croire qu'il est retourné à l'intérieur juste une minute.

– Bien, dit Malcolm en prenant des notes. Pouvez-vous m'indiquer l'adresse de ce M. Turner ?

– Euh… ouais, bien sûr. Il habite dans Norfolk Street. Je me souviens pas du numéro exact.

– Norfolk Street ? Ça suffira. Nous le retrouverons. Est-ce M. Turner qui est allé chercher de l'aide quand vous êtes tombé ?

– Ouais… Euh, ces indemnités… ça se monte à combien ?

– Cela dépend de la nature de votre blessure, que nous allons évoquer dans un instant. Et de la durée de votre incapacité de travail.

– Ah, d'accord.

Le dæmon de Morris était assis aussi près qu'il le pouvait de sa chaise. Asta l'observait et le chien donnait des signes de nervosité. Un début de grognement monta de sa gorge et Morris tendit la main, par automatisme, pour l'attraper par les oreilles.

– Le médecin vous a recommandé de vous arrêter combien de temps ?

– Une quinzaine de jours. Ça dépend si ça guérit vite ou pas.

– Oui, bien sûr. Justement, parlons un peu de cette blessure. Quels dommages corporels avez-vous subis ?

– Corporels ?

– Physiquement.

– Oh. D'abord, j'ai cru que je m'étais cassé la jambe, mais le médecin a dit que c'était juste une entorse.

– Quelle partie de la jambe ?

– Euh… le genou. Gauche.

– Vous vous êtes fait une entorse au genou ?

– Il s'est comme tordu quand je suis tombé.

– Je vois. Le médecin vous a-t-il examiné correctement ?

– Oui. Mon pote Jimmy m'a traîné à l'intérieur, et après, il est parti chercher le médecin.

– Et le médecin a examiné votre blessure.

– Exact.

– Et il a dit que c'était une entorse ?

– Ouais.

– Ah, j'avoue que je suis un peu embêté car, d'après mes informations, il s'agissait d'une plaie profonde.

Asta vit la main de l'homme se crisper autour des oreilles de son dæmon.

– Oui, une plaie, c'est ça.

– En plus de l'entorse ?

– Y avait du verre par terre. J'avais changé un carreau la semaine d'avant et il devait rester des éclats de verre… D'où vous tenez cette information, d'abord ?

– D'un ami à vous. Il a déclaré que vous aviez une profonde entaille derrière le genou. Mais j'ai du mal à comprendre comment vous avez pu vous couper à cet endroit.

– C'est qui, cet ami ? Comment il s'appelle ?

Malcolm connaissait quelqu'un au sein de la police d'Oxford. Un ami d'enfance. Un garçon docile et affectueux devenu un homme intègre. Il lui avait demandé, sans préciser pour quelle raison, s'il connaissait au poste de police de Saint-Aldate un agent à la voix grave et au fort accent de Liverpool. L'ami de Malcolm avait su immédiatement à qui il faisait allusion, et son expression indiquait ce qu'il pensait de cet homme. Il avait donné son nom à Malcolm.

– George Paston, dit celui-ci.

Le dæmon de Morris laissa échapper un jappement et se redressa. Asta s'était déjà levée et sa queue se balançait lentement. Malcolm demeura immobile, mais il avait pleinement conscience de son environnement, il évaluait le poids de la table, il savait quelle jambe de Morris était blessée et il se tenait prêt à bondir. Pendant une seconde ou deux, Asta et lui perçurent les aboiements étouffés, comme très lointains, d'une meute de chiens.

Le visage de Morris, rougeaud jusqu'alors, blêmit.

– Attendez voir, dit-il. George Pas… ? Je connais aucun George Paston. C'est qui, ce gars ?

Morris aurait sans doute déjà laissé éclater sa colère si le calme et l'air préoccupé de Malcolm ne l'avaient pas plongé dans la plus grande confusion.

– Lui prétend qu'il vous connaît bien, répondit Malcolm. D'ailleurs, il affirme qu'il était présent quand vous vous êtes blessé.

– C'est faux ! Je vous le répète : j'étais avec Jimmy Turner.

George Paston ? J'ai jamais entendu parler de ce type. Je sais pas de quoi vous parlez.

– C'est lui qui est venu nous trouver, dit Malcolm en observant attentivement son interlocuteur mine de rien. Il tenait absolument à nous convaincre que votre blessure était réelle, pour que vous ne subissiez aucune perte de salaire. Il nous a parlé d'une vilaine entaille à la jambe, il était même question d'un couteau. Mais bizarrement, il n'a pas parlé d'une échelle. Ni d'une entorse.

– Vous êtes qui ? demanda Morris.

– Je vais vous donner ma carte.

Malcolm sortit de sa poche de poitrine une carte de visite le présentant comme Arthur Donaldson, expert en assurance auprès de la Poste royale.

Morris l'examina en fronçant les sourcils et la posa sur la table.

– Qu'est-ce qu'il vous a raconté, ce George Paston ?

– Que vous étiez blessé et que vous ne pouviez pas aller travailler. Que ce n'était pas du chiqué. Comme c'est un agent de police, nous l'avons cru, naturellement.

– Un agent de police ?… Non, je connais pas ce type. Il a dû confondre avec quelqu'un d'autre.

– Pourtant, son récit était très détaillé. Il dit qu'il vous a aidé à quitter l'endroit où vous avez été blessé et qu'il vous a ramené chez vous.

– Ça m'est arrivé ici ! Je suis tombé de cette foutue échelle !

– Comment étiez-vous habillé ?

– Quel rapport ? Comme d'habitude.

– Vous portiez le même pantalon qu'aujourd'hui ?

– Bah, non ! J'ai été obligé de le jeter.

– Parce qu'il était plein de sang ?

– Non, non. Ah, je sais plus où j'en suis à cause de vous. C'est pas du tout ça. J'étais ici, avec Jimmy Turner. Et personne d'autre.

– Et le troisième homme ?

– Y avait pas de troisième homme !

– M. Paston a été très clair. Il n'y avait pas d'échelle dans son récit. Il dit que vous vous êtes arrêtés pour bavarder et que vous avez été agressés par un troisième homme qui vous a porté un coup de couteau à la jambe.

Morris s'essuya le visage à deux mains.

– Écoutez, dit-il, j'ai pas réclamé d'indemnités. Je peux m'en passer. Y a eu un imbroglio. Ce Paston, il m'a confondu avec quelqu'un d'autre. Je comprends rien à son histoire. Tout ça, c'est des bobards.

– Le tribunal tranchera.

– Quel tribunal ?

– La Commission des Dommages et Intérêts. Nous avons juste besoin de votre signature sur ce document pour poursuivre la procédure.

– Vous savez quoi ? Laissez tomber. Je veux pas d'indemnités si je dois répondre à toutes ces questions débiles. J'ai jamais rien demandé.

– Non, en effet, reconnut Malcolm de son ton le plus doux, le plus rassurant. Hélas, une fois que la procédure est enclenchée, nous ne pouvons pas faire marche arrière. Alors, débarrassons-nous de cette histoire du troisième homme, l'homme au couteau. Le connaissiez-vous ?

– J'ai jamais… Y avait pas de troisième homme…

– Le sergent Paston affirme que vous étiez tous les deux surpris quand il s'est défendu.

– Il est pas sergent ! Il est juste…

Morris se tut.

– Je vous ai eu, dit Malcolm.

Le visage de l'homme vira au cramoisi. Ses poings serrés appuyaient sur la table, si fort que ses bras en tremblaient.

Son dæmon grognait de plus belle, mais Asta sentait qu'il n'attaquerait pas : il était terrorisé.

– Vous..., dit Morris d'une voix enrouée, vous avez rien à voir avec la Poste.

– Je vous laisse une seule chance, répondit Malcolm. Si vous me racontez tout, je glisserai un mot en votre faveur. Sinon, vous serez inculpé pour meurtre.

– Vous êtes pas un flic.

– Non. Je suis autre chose. Mais cela ne doit pas vous déconcentrer. J'en sais déjà suffisamment pour vous envoyer derrière les barreaux. Alors, parlez-moi de George Paston.

Morris abandonna son air de défi et son dæmon s'éloigna le plus possible d'Asta, qui se contentait de l'observer sans bouger.

– Il... il est corrompu. C'est un flic, oui, mais il est retors. Prêt à tout. Il peut vous trouver tout ce que vous voulez, voler n'importe quoi, tabasser n'importe qui. Je savais que c'était un meurtrier, mais je l'avais jamais vu à l'œuvre, jusqu'à...

– C'est Paston qui a tué cet homme ?

– Oui ! Ça peut pas être moi. Il m'avait bousillé la jambe. J'étais allongé par terre, je pouvais plus bouger.

– Qui était la victime ?

– J'en sais rien. Je m'en foutais de savoir qui c'était.

– Pourquoi Paston s'en est-il pris à lui ?

– Il avait reçu des ordres, j'imagine.

– Des ordres de qui ? D'où ?

– Il y a quelqu'un qui lui dit quels boulots il doit faire... mais je sais pas qui c'est.

– Il n'a jamais livré d'indices ?

– Non. Je sais seulement ce qu'il me dit et il est pas du genre causant. Moi, ça me va bien. Je veux pas savoir des trucs qui pourraient me mettre dans le pétrin.

– Vous y êtes déjà, dans le pétrin.

– J'ai tué personne ! Jamais ! Ça faisait pas partie du plan. On devait juste le cogner un peu et lui prendre son sac.

– Et vous l'avez fait ?

– Non. Parce qu'il avait rien avec lui. Pas de sac. J'ai dit à George qu'il avait dû le laisser à la gare ou qu'il l'avait refilé à quelqu'un d'autre.

– Quand avez-vous dit ça ? Avant de le tuer ou après ?

– Je m'en souviens plus. C'était un accident. On voulait pas le tuer.

Malcolm prit des notes pendant une minute, deux, trois. Affalé sur sa chaise, Morris ne bougeait pas, comme si toutes ses forces l'avaient abandonné. Son dæmon gémissait à ses pieds. Asta s'assit, en restant aux aguets, au cas où le bâtard réagirait de manière soudaine.

Malcolm reprit :

– Cet homme qui donne des ordres à Paston…

– Eh bien, quoi ?

– Paston vous a déjà parlé de lui ? Il a mentionné son nom ?

– C'est un Érudit, c'est tout ce que je sais.

– Non, c'est faux. Vous en savez plus que ça.

Morris demeura muet. Son dæmon était couché à plat ventre sur le sol mais, dès qu'Asta fit un pas dans sa direction, il se dressa d'un bond, affolé, et alla se réfugier derrière la chaise de Morris.

– Non ! s'écria celui-ci, paniqué lui aussi.

– Comment s'appelle-t-il ? insista Malcolm.

– Talbot.

– C'est tout ? Talbot ?

– Simon Talbot.

– Quel collège ?

– Cardinal.

– Comment le savez-vous ?

– C'est Paston qui me l'a dit. Il paraît qu'il sait un truc sur lui.

– Paston sait quelque chose sur Talbot ?

– Ouais.

– Il vous a dit ce que c'était ?

– Non. À mon avis, c'est du pipeau.

– Racontez-moi tout ce que vous savez.

– Je peux pas. Il me tuerait. Paston. Vous le connaissez pas. Y a que moi qui sais tout ça, et s'il découvre que vous le savez aussi, il saura que ça vient forcément de moi. J'en ai déjà trop dit.

– Dans ce cas, je serai obligé d'interroger Paston. Et je ne manquerai pas de lui faire savoir que vous avez été très coopératif.

– Non, non, non, je vous en supplie. Faites pas ça. C'est un type redoutable. Vous pouvez pas imaginer de quoi il est capable. Tuer, c'est rien pour lui. Ce pauvre gars au bord du fleuve, il l'a tué comme il aurait écrasé une mouche.

– Vous ne m'en avez pas dit suffisamment au sujet de cet Érudit de Cardinal College, ce Talbot. Vous l'avez déjà rencontré ?

– Non. Comment j'aurais pu le rencontrer ?

– Et Paston, comment l'a-t-il connu ?

– Il sert d'agent de liaison avec un groupe de collèges. S'ils ont besoin de contacter la police, pour une raison ou pour une autre, c'est à lui qu'ils s'adressent.

Malcolm trouvait cela logique. Ce genre d'arrangement existait dans tous les collèges. Les Surveillants, c'est-à-dire la police des universités, se chargeaient de tous les problèmes de discipline mais, dans l'intérêt des bonnes relations entre les Érudits et la population, il était bon de maintenir un contact régulier avec la police.

Il se leva. Terrorisé, Morris se recroquevilla sur sa chaise. Malcolm s'en aperçut et l'homme s'aperçut qu'il s'en était aperçu.

– Si vous parlez de tout ça à Paston, je le saurai, dit Malcolm. Et vous causerez votre perte.

Morris le retint par la manche d'un geste faible.

– Par pitié. Ne me dénoncez pas à Paston. Il…

– Lâchez-moi.

La main de Morris retomba.

– Si vous ne voulez pas avoir affaire à lui, motus et bouche cousue. C'est bien compris ?

– Vous êtes qui en vrai ? Cette carte, c'est du bidon. Vous travaillez pas pour la Poste royale.

Malcolm sortit sans répondre. Le dæmon de Morris émit un gémissement.

– Simon Talbot ? dit Malcolm en s'adressant à Asta, alors qu'il refermait la porte et s'éloignait dans la rue. Tiens, tiens.

13
Le zeppelin

Pantalaimon savait qu'il devait se déplacer la nuit et se cacher durant la journée. C'était une évidence. De même, il devait impérativement suivre le fleuve car celui-ci le conduirait au cœur de Londres, aux docks ensuite et, alors que les cachettes abondaient sur les berges, elles se feraient plus rares le long des grandes artères. Il réglerait le problème de la ville une fois qu'il y serait.

Partir se révéla plus difficile qu'il l'avait imaginé. Parcourir Oxford au clair de lune, c'était un jeu d'enfant, il en connaissait chaque recoin mais, très vite, il s'aperçut que la capacité qu'avait Lyra de chercher, de poser des questions, de se débrouiller dans un univers d'êtres humains lui manquait. Bien plus, au début, que la douceur de sa peau, l'odeur de ses cheveux lorsqu'ils avaient besoin d'être lavés, le contact de ses mains, qui pourtant lui manquaient aussi terriblement. La première nuit, il ne parvint pas à trouver le sommeil malgré le confort de la fourche d'un chêne tapissée de mousse, contre laquelle il s'était pelotonné.

Mais la situation était devenue impossible. Ils ne pouvaient plus vivre ensemble. Lyra était insupportable avec ses nouvelles certitudes dogmatiques et son petit sourire condescendant qu'elle ne parvenait pas à masquer quand il lui parlait de sujets qui autrefois la passionnaient, ou quand il critiquait ce maudit roman qui avait faussé sa vision des choses.

De fait, *Les Hyperchorasmiens* se trouvait au cœur de la quête qu'il avait entreprise, pour le moment. Il connaissait le nom de l'auteur : Gottfried Brande. Il savait que Brande était, ou avait été, professeur de philosophie à Wittenberg. Concrètement, c'était tout ce qu'il savait, et il devrait s'en contenter. En revanche, dans le domaine des rêves, des pensées et des souvenirs, il évoluait à son aise, avec une certitude : quelqu'un avait volé l'imagination de Lyra et il s'était juré de la retrouver, où qu'elle soit, pour la lui rapporter.

– Que sait-on sur ce Simon Talbot ? demanda Glenys Godwin.

La directrice d'Oakley Street était assise dans les appartements de Charles Capes à Wykeham College, en compagnie de Capes, de Hannah Relf et de Malcolm. En cette matinée claire et fraîche, le soleil qui entrait par une fenêtre ouverte éclairait l'épaisse fourrure tachetée du dæmon paralysé de la directrice, allongé sur le bureau. Godwin et Capes avaient pris connaissance de tous les documents copiés par Malcolm, et écouté avec intérêt ce que celui-ci avait découvert auprès de Benny Morris.

– Talbot est un philosophe, répondit Capes. Prétendument. Il ne croit pas à la réalité objective. Une attitude très en vogue chez les étudiants lorsqu'ils doivent rédiger une dissertation. C'est un écrivain tape-à-l'œil – spirituel pourrait-on dire, si on apprécie ce style – et un conférencier très couru. Il commence à compter une poignée d'adeptes parmi les plus jeunes Érudits.

– Plus qu'une poignée, rectifia Hannah. C'est une vedette.

– Sait-on quels sont les liens entre lui et Genève ? interrogea Malcolm.

– Non, murmura le dæmon de Godwin. Il ne peut exister de point commun s'il est sincère dans ses propos.

– Justement, tout ce qu'il raconte n'a guère de sens, dit Capes. Il n'aurait aucun mal à faire croire qu'il soutient le Magisterium. En revanche, je ne suis pas certain qu'eux lui fassent confiance.

Glenys Godwin reprit la parole :

– Au sujet de cette histoire de liaison avec la police. Talbot enseigne à Cardinal College, c'est bien cela ?

– Exact, confirma Hannah. Les collèges se sont regroupés pour gérer ces questions. Les autres sont Foxe, Broadgates et Oriel.

– Et je suppose qu'il y a dans chaque collège un Érudit chargé de communiquer avec la police en cas de besoin ?

– Oui, dit Capes. L'assistant du Doyen, généralement.

– Renseignez-vous, je vous prie, Charles. Essayez d'en apprendre un peu plus sur Talbot et sur ce Paston. Quant à vous, Malcolm, je veux que vous vous concentriez sur l'essence de rose. Je veux tout savoir. Cette station de recherches en Asie. De quoi s'agit-il, au juste ?

Qui la dirige ? Qu'ont-ils découvert ? Pourquoi ces roses ne peuvent-elles pas pousser ailleurs ? Quel est donc cet extraordinaire bâtiment rouge construit en plein désert, où les gardes s'expriment en latin, et d'où viennent les roses ? Est-ce une sorte de fantasme délirant ? Je veux que vous vous rendiez sur place dès que possible. Vous connaissez cette région et vous en parlez la langue, je crois.

– En effet, dit simplement Malcolm.

Les mots lui manquaient. Cet ordre signifiait qu'il ne pourrait pas partir à la recherche de Lyra, à supposer qu'il ait su par où commencer.

La directrice d'Oakley Street n'avait pas terminé.

– Au sujet de cette agitation au Levant et au-delà, découvrez qui se cache derrière. Est-ce que ça se propage vers l'ouest en venant de Lop Nor ? Et surtout, y a-t-il un lien avec cette histoire de roses ?

– Il faut noter une chose étrange, dit Malcolm. Dans son journal de bord, Strauss indique que plusieurs endroits à proximité de la station de recherches ont été attaqués, des roseraies incendiées, etc. Et il s'en étonne car il croyait que ces événements se limitaient à l'Asie Mineure, à la Turquie et au Levant surtout. Peut-être que cette agitation n'est pas née en Asie centrale, mais plus à l'ouest. Plus près de l'Europe.

Glenys Godwin hocha la tête et en prit note.

– Essayez d'en apprendre le plus possible, dit-elle. Hannah, cette jeune femme, Lyra Parle-d'Or, savez-vous où elle est ?

– Pas pour le moment. L'aléthiomètre aime prendre son temps. Néanmoins, je pense qu'elle est en sécurité. Hélas, je ne peux pas vous en dire plus. Mais je continue à chercher.

– J'aimerais un bref topo sur son passé, qui explique pourquoi elle est si importante. Car j'ignore si elle joue un rôle central ou périphérique. Pouvez-vous rédiger ça rapidement ?

– Bien sûr.

– Il y a un dossier sur elle dans le mausolée, indiqua le dæmon de Godwin.

Il faisait référence aux archives d'Oakley Street, où étaient stockées les informations en sommeil. Malcolm et Asta le savaient. Malgré tout, ils ne purent réprimer un frisson d'effroi en repensant à ce cimetière humide, envahi par la putréfaction, où Malcolm avait tué Gérard Bonneville afin de sauver Lyra.

– Très bien, dit la directrice. Je le consulterai à notre retour. En attendant, il se passe quelque chose à Genève. Avez-vous des informations à ce sujet, Charles ?

– Une réunion a été organisée. Un congrès, comme ils appellent ça. Les différents corps du Magisterium vont se réunir pour la première fois depuis des siècles. J'ignore ce qui l'a motivée, mais ça n'augure rien de bon. La meilleure arme dont nous disposons contre eux à l'heure actuelle, c'est leur désunion. Si par malheur ils ont une bonne raison de former un rassemblement et de l'institutionnaliser, ils seront plus dangereux que jamais.

– Pourriez-vous trouver un moyen d'être présent ?

– Sans doute, mais ils se méfient de moi, ai-je entendu dire. Ils feraient en sorte que je n'apprenne pas grand-chose. Heureusement, je connais une ou deux personnes qui seront mieux renseignées que moi et qui accepteront de me dire tout ce qu'elles savent. Et puis, il y a toujours des journalistes, des universitaires, venus d'un peu partout, qui gravitent autour de ce genre d'événement.

– Très bien. Faites au mieux. Ne perdons pas de vue le fondement de cette affaire. Le Magisterium cherche à contrôler la production de roses, et surtout de l'essence qu'on en tire. Cette opération semble menée par une organisation baptisée la maison Juste, et son directeur, Marcel Delamare. Charles, savez-vous des choses à ce sujet ? D'où vient ce nom, par exemple ?

– La maison Juste est le nom du bâtiment qui abrite leur quartier général. L'intitulé complet de cette organisation est Ligue pour l'Instauration du Saint Objectif.

– Et quel est donc ce Saint Objectif ? demanda Glenys Godwin. Non, ne dites rien, je devine. Ils veulent redynamiser leur vision de la vertu. Ils aimeraient déclencher une guerre et, pour je ne sais quelle raison, ces roses leur procureront un avantage. Nous devons découvrir de quoi il s'agit, le neutraliser et, si possible, nous l'approprier. Gardons cela présent à l'esprit.

– Oakley Street n'est pas en mesure de faire la guerre, souligna Hannah.

– Je ne préconisais pas de faire la guerre, répondit Godwin. Si nous agissons intelligemment et efficacement, nous pourrons l'éviter, au contraire. Vous savez pourquoi je vous envoie là-bas, Malcolm. Je ne pourrais pas envoyer quelqu'un d'autre.

Malcolm le savait, et Hannah aussi. Mais pas Capes, qui le regardait d'un air interrogateur.

– Mon dæmon et moi, nous pouvons nous séparer, expliqua-t-il.

– Ah, fit Capes.

Un silence s'ensuivit.

Le soleil faisait briller la lame du coupe-papier posé sur le bureau et Malcolm sentit la présence familière du minuscule point lumineux, pas plus gros qu'un atome, qui allait apparaître peu à peu et grossir pour devenir la boucle de lumière scintillante qu'il connaissait sous le nom d'anneau pailleté. Asta regarda Malcolm ; elle aussi sentait cette présence, invisible à ses yeux. Inutile d'essayer de se concentrer sur autre chose pendant plusieurs minutes, le temps que l'anneau soit suffisamment grand pour qu'on puisse voir à travers, alors il relâcha sa vision et pensa aux quatre êtres humains rassemblés dans cette pièce, si larges d'esprit et tolérants, civilisés, et à l'organisation qu'ils incarnaient.

Sous cet angle, Oakley Street avait un côté absurde : une organisation dont l'existence devait être cachée à la nation qu'elle avait pour mission de protéger, dont les agents, vieillissants, étaient de moins en moins nombreux, et les finances si maigres que sa directrice devait voyager en troisième classe pour venir de Londres et que lui, Malcolm, devrait payer de sa poche son voyage au Karamakan. Comment ce groupe affaibli, misérable, en sous-effectif, pouvait-il espérer combattre le Magisterium ?

Les trois autres bavardaient à voix basse. L'anneau pailleté qui flottait vers Malcolm les encercla tour à tour quand il posa les yeux sur eux. Charles Capes, svelte, chauve, vêtu d'un costume foncé impeccable, orné d'une pochette rouge, une lueur d'intelligence profonde et subtile dans le regard. Glenys Godwin et ses yeux sombres aux reflets chaleureux, ses cheveux gris parfaitement coupés, et sa main qui caressait tendrement, inlassablement, son dæmon. Hannah Relf, que Malcolm aimait tout juste un peu moins que sa propre mère, menue, frêle et grisonnante, dont le cerveau regorgeait de connaissances. Combien ces personnes semblaient précieuses vues sous cet angle, à la lumière de l'anneau pailleté.

Alors, il resta assis, à écouter, et il le laissa passer devant lui, puis disparaître.

Comme l'avait souligné Charles Capes, c'était la première fois que la hiérarchie du Magisterium organisait un congrès depuis des siècles.

On pouvait parler de hiérarchie en ce sens que certains corps ou individus étaient plus anciens ou plus importants que d'autres, mais il ne s'agissait pas d'une hiérarchie figée, comme cela aurait été le cas si le théologien Jean Calvin avait laissé l'Église telle qu'il l'avait trouvée. Au lieu de cela, il avait mis fin à la primauté de ses fonctions et réparti son pouvoir entre plusieurs instances. Après sa mort, le fauteuil de pape ne fut plus jamais occupé et le pouvoir qui l'accompagnait suivit de nombreuses directions différentes, à l'image d'une rivière qui, après avoir dévalé les montagnes, se répand et creuse de nouveaux sillons en arrivant dans la plaine.

Par conséquent, il n'existait pas de chaîne de commandement clairement définie. Une multitude d'organes, de conseils, de collèges, de comités et de cours voyaient le jour, et s'ils étaient emmenés par un chef talentueux et ambitieux, ils prospéraient ; ou bien, au contraire, si leurs dirigeants manquaient de visions audacieuses ou de courage, ils périclitaient puis disparaissaient. Somme toute, l'entité connue sous le nom de Magisterium était une masse bouillonnante d'organes rivaux qui se jalousaient et se méfiaient les uns des autres. Ils n'étaient réunis que par leur amour du pouvoir et leur volonté de l'exercer.

Ils étaient tous là, ces leaders de factions, le directeur du Conseil de Discipline Consistorial, le doyen du Collège des Évêques, le président du Comité pour la Propagation de la véritable foi, le secrétaire général de la Société pour la Promotion de la chasteté, le recteur de la Chambre rouge, le maître de l'École de la Logique dogmatique, le président de la Cour de l'Ordre commun, l'abbesse des sœurs de la Sainte Obédience, l'archimandrite du Prieuré de la Grâce et beaucoup, beaucoup d'autres ; ils étaient tous venus, de peur que leur absence soit interprétée comme un acte de rébellion. Ils étaient venus de toute l'Europe et de plus loin, au sud, au nord, à l'ouest et à l'est ; certains espérant qu'éclate un conflit, d'autres le redoutant ; certains attirés comme des limiers par l'odeur faisandée de la chasse à l'hérésie, tandis que d'autres répugnaient à quitter la quiétude de leur monastère ou de leur université pour se retrouver confrontés à la discorde, à l'animosité et au danger.

En tout, cinquante-trois hommes et femmes se réunirent dans la chambre du conseil du Secrétariat de la Sainte Présence, qui avait l'avantage d'offrir au préfet de cet ordre le droit de présider cette réunion.

– Frères et sœurs, déclara le préfet, nous sommes rassemblés ici aujourd'hui, au nom et sous l'autorité du Très-Haut, pour évoquer une affaire de la plus grande importance. Au cours de ces dernières années, notre foi s'est vue défiée et menacée comme jamais. L'hérésie prospère, le blasphème demeure impuni, les doctrines qui nous ont montré la voie durant deux mille ans font l'objet de moqueries dans tous les pays. Il est temps pour nous, qui avons la foi, de nous rassembler et de faire entendre notre voix avec force.

« Parallèlement, une chance s'offre à nous à l'est, une occasion si riche de promesses qu'elle saura réchauffer le cœur des plus désespérés. Nous avons la possibilité d'accroître notre influence et d'imposer notre pouvoir à ceux qui ont toujours résisté à l'influence du Saint Magisterium.

« En vous livrant cette nouvelle – vous en saurez beaucoup plus ultérieurement –, je me dois de vous encourager à prier avec ferveur afin que nous soit accordée la sagesse dont nous aurons besoin pour affronter cette situation inédite. Et la première question que je vous pose est la suivante : notre très vieille organisation, représentée ici par cinquante-trois hommes et femmes tous habités par une foi et une probité remarquables, est-elle trop grande ? Sommes-nous trop nombreux pour prendre des décisions rapides et pour agir avec force et efficacité ? Ne devrions-nous pas songer aux bénéfices qu'il y aurait à confier les affaires cruciales à un conseil plus réactif, qui assurerait ce commandement indispensable en ces temps troublés ?

Marcel Delamare, représentant de la maison Juste, écoutait les paroles du préfet avec une satisfaction évidente. Nul ne le saurait jamais, mais il avait lui-même écrit ce discours et s'était assuré, au moyen d'enquêtes, par le recours au chantage, à la corruption, à la flatterie et aux menaces, que cette proposition d'élire un conseil restreint serait adoptée. En outre, il avait déjà décidé qui y siégerait et qui le présiderait.

Installé confortablement sur son siège, il croisa les bras et les débats commencèrent.

Alors que l'obscurité tombait en bordure des Fens, la pluie fit son apparition elle aussi. C'était l'heure à laquelle Giorgio Brabandt commençait à chercher un endroit où s'amarrer pour la nuit, mais maintenant qu'ils approchaient de ses eaux natales, il était enclin à continuer de naviguer. Il connaissait chaque méandre de ce labyrinthe de canaux, et s'il chargea Lyra d'accrocher des lampes à la poupe et à la proue de son navire, c'était par politesse envers les autres mariniers, et non pas pour éclairer son chemin.

– On sera bientôt dans les Fens ? interrogea Lyra.

– On y est. Plus ou moins. Y a pas de frontière ni de poste de douane par ici.

– Comment vous savez qu'on est arrivés, alors ?

– Ça se sent. Pour un gitan, c'est comme rentrer chez soi. Mais si tu n'es pas gitan, tu te sens mal à l'aise, nerveux, tu as l'impression que les djinns et toutes ces horreurs sont là, cachés dans l'eau, pour t'observer. Tu n'as pas ce sentiment ?

– Non.

– Ah. C'est qu'on n'y est pas encore. Ou alors, je t'ai pas raconté assez d'histoires.

Brabandt tenait la barre, vêtu de son ciré et coiffé de son suroît, pendant que Lyra était assise à l'entrée de la cabine, emmitouflée dans sa vieille parka. La lumière de la poupe dessinait une auréole jaune autour de la silhouette massive du gitan et illuminait les gouttes de pluie incessante qui envahissaient l'air. Lyra n'avait pas oublié les pommes de terre qui cuisaient sur le réchaud à naphte dans la cambuse derrière elle ; dans un instant, elle irait faire griller quelques tranches de bacon.

– À votre avis, quand est-ce qu'on va atteindre le Zaal ?

Elle faisait référence à la grande salle de réunion qui était le centre de la vie collective des gitans.

– Ah. Il y a un bon moyen de le savoir.

– Lequel ?

– Quand tu es assez près pour le voir, c'est que tu es presque arrivé.

– Oui, évidemment. Il faut que je…

Soudain, Brabandt plaqua sa main sur la bouche de Lyra pour la faire taire, et, au même moment, son dæmon leva les yeux vers le ciel. Brabandt en fit autant, protégé par le bord de son suroît. Et Lyra les imita. Elle ne voyait rien, mais elle percevait un grondement lointain au milieu des nuages.

– Lyra, grouille-toi d'aller éteindre cette loupiote à l'avant, ordonna le gitan en réduisant les gaz, tout en tendant l'autre main vers la lumière fixée à l'arrière.

Grâce à l'éclairage de la proue qui se reflétait sur le toit de la cabine, Lyra put courir jusqu'à l'avant du bateau. Alors qu'elle abaissait la mèche de la lampe pour éteindre la flamme, elle entendit plus clairement le bruit et, deux secondes plus tard, elle découvrit son origine : la silhouette pâle et ovoïde d'un zeppelin flottait dans leur sillage, à tribord, sous les nuages, sans lumière.

Elle regagna la timonerie à tâtons. Brabandt avait viré de bord et coupé le moteur. Lyra ressentit une petite secousse quand l'embarcation heurta le talus de la berge.

– Tu le vois ? demanda-t-il à voix basse.

– J'en vois un. Il y en a d'autres ?

– Un, c'est déjà suffisant. Il nous suit ?

– Non. Je pense qu'ils n'ont pas pu voir les lumières avec cette pluie. Et à cause du bruit de leurs moteurs, ils ne pouvaient pas entendre le nôtre.

– Dans ce cas, je repars.

Il remit les gaz et le moteur répondit aussitôt en faisant entendre un doux ronronnement. Le bateau redémarra.

– Comment vous faites pour voir ? s'étonna Lyra.

– L'instinct. Boucle-la. Faut que j'écoute.

Repensant soudain aux pommes de terre, elle se précipita pour les ôter du feu et les égoutter. La chaleur et le confort de la vieille cabine, la propreté de la cambuse, la vapeur, l'odeur des patates chaudes, tout cela formait comme un rempart face au danger qui planait dans le ciel, mais Lyra savait qu'il n'en était rien et qu'une bombe lâchée au bon endroit les tuerait, Brabandt et elle, et coulerait *La Vierge du Portugal* en quelques secondes.

Elle courut d'un bout à l'autre du bateau pour s'assurer que tous les stores étaient bien fermés. Il n'y avait pas un seul interstice. Finalement, elle éteignit la lumière de la cambuse et retourna dans la timonerie.

Le rugissement du dirigeable leur parvenait plus clairement. Il semblait se trouver juste au-dessus d'eux. Mais Lyra avait beau plisser les yeux sous la pluie battante, elle ne voyait rien.

– *Pssst*, fit Brabandt. Regarde à tribord.

Lyra scruta l'obscurité, en faisant fi de la pluie qui lui rentrait dans les yeux et, cette fois, elle distingua une petite lumière verte tremblotante. Et mouvante. Elle disparaissait régulièrement, mais revenait toujours après une ou deux secondes.

– Un autre bateau ? demanda-t-elle.

– C'est un feu follet ! Un brumelin.

– Là, un autre !

En effet, une seconde lumière, rouge celle-ci, s'allumait par intermittence, non loin de la première. Lyra les regarda approcher l'une de l'autre, entrer en contact, disparaître, puis se remettre à clignoter, de nouveau éloignées.

La Vierge du Portugal poursuivait sa route, lentement mais sûrement. Brabandt jetait des coups d'œil à droite et à gauche, il tendait l'oreille, allant même jusqu'à lever le nez pour humer l'air. La pluie avait redoublé de violence. Les lumières des marais semblaient suivre le rythme du bateau, puis Lyra s'aperçut que le zeppelin avait dérivé dans leur direction, comme s'il voulait voir à quoi il avait affaire. Les moteurs étaient de plus en plus bruyants, et proches, et elle se demanda comment le pilote parvenait à s'orienter dans cette obscurité. *La Vierge du Portugal* ne laissait aucun sillage sur l'eau et, à bord, toutes les lumières étaient éteintes.

– En voilà une autre, annonça-t-elle.

En effet, une troisième lumière s'était jointe aux deux premières pour exécuter une étrange valse hésitante et hachée. Ces scintillements froids et changeants la mettaient mal à l'aise. Seuls le contact ferme du pont sous ses pieds et la présence imposante de Giorgio Brabandt l'empêchaient de succomber à une peur irraisonnée de ces choses qui peuplaient les ténèbres, hors de portée de la raison.

– Il vole dans cette direction, commenta Brabandt.

Il avait raison. Le zeppelin dérivait vers tribord, comme attiré par les lumières des marais.

Le gitan remit les gaz et l'étroite embarcation prit de la vitesse. Dans la faible lueur du scintillement surnaturel, Lyra voyait qu'il faisait appel à tous ses sens. Anneke, son dæmon, sauta sur le toit de la cabine et agita la tête de droite à gauche afin de capter des effluves qui les aideraient à éviter un banc de sable ou à négocier un virage.

Lyra faillit demander « Est-ce que je peux aider ? » mais, en ouvrant la bouche, elle comprit que si Brabandt avait une tâche à lui confier, il ne manquerait pas de le lui faire savoir. Elle reprit alors sa place à l'entrée de la cabine et demeura immobile, le regard fixé à tribord, où les lumières des marais brillaient d'un éclat plus intense que jamais.

Soudain, un trait de feu venu du ciel grouillant fila en direction des lumières clignotantes. Il heurta la surface de l'eau et explosa dans un sifflement et une gerbe de flammes orange et jaunes.

Les lumières des marais s'éteignirent toutes en même temps.

– Regarde-moi ça ! s'emporta Brabandt. Ils violent la loi. Ils ont le droit de survoler cette zone, mais pas de faire ce qu'ils viennent de faire.

Dressée sur ses pattes, Anneke grognait en direction des dernières lueurs de la fusée.

Dans les secondes qui suivirent, une dizaine de lumières des marais se remirent à scintiller, en se déplaçant à toute allure, de-ci de-là, s'élevant dans les airs parfois, avant de retomber. De petits jets enflammés montèrent du sol, pour s'éteindre presque aussitôt.

– Ça les a mis en colère, dit Brabandt. Le problème, c'est qu'elles vont nous faire repérer.

Le bateau traversait la nuit en ronronnant mais, là encore, le gitan avait raison : les lumières des marais brillaient d'un éclat si intense à présent que, si petites soient-elles, elles éclairaient la totalité de *La Vierge du Portugal*, ruisselant de gouttes de pluie qui captaient le moindre scintillement.

– Ils nous aiment pas, ces feux follets, mais ils aiment encore moins les zeppelins. N'empêche, ils nous aiment pas. Peu leur importe qu'on coule et qu'on se noie, ou qu'on soit fracassés et transformés en petit bois.

Anneke se mit à aboyer; un bref jappement de mise en garde. Elle levait les yeux vers le ciel et, suivant son regard, Lyra vit une petite silhouette tomber du zeppelin et se déployer comme un parachute. Le vent s'en empara presque immédiatement et la repoussa mais, une seconde plus tard, la forme noire sous la voûte de toile explosa et se transforma en flamme aveuglante.

– Des fusées éclairantes, dit Brabandt, alors qu'une deuxième descendait du ciel, se déployait et explosait.

La réaction des lumières des marais fut instantanée et violente. De plus en plus nombreuses, elles sautillèrent et dansèrent en direction de la fusée et, lorsqu'elle atteignit la surface de l'eau, elles l'encerclèrent, leur feu froid dompta sa chaleur et, finalement, elles la noyèrent dans un nuage de fumée et un chœur de petits cris aigus et de bruits de succion.

Soudain, Lyra se redressa d'un bond et se précipita à l'intérieur. À tâtons, elle parcourut toute la longueur du bateau jusqu'à sa petite cabine située à l'avant. Toujours à l'aveuglette, elle repéra sa couchette, la table de chevet, palpa le livre et la lampe, jusqu'à ce qu'elle sente sous ses doigts le sac en velours qui contenait l'aléthiomètre. Le tenant fermement à deux mains, elle fit le chemin inverse, percevant les petits mouvements que Brabandt imprimait au gouvernail, le rugissement des moteurs du zeppelin quelque part au-dessus d'eux et les gémissements du vent. Dans l'encadrement de la porte de la cambuse, elle vit la silhouette du gitan se découper dans la lumière scintillante des créatures des marais, puis elle revint s'asseoir sur le banc d'où elle apercevait le ciel.

– Tout va bien ? interrogea Brabandt.

– Oui. Je vais voir si je peux découvrir quelque chose.

Déjà, elle actionnait les petites roues crantées de l'aléthiomètre, obligée de plisser les yeux dans la lumière intermittente pour essayer de discerner les symboles. Rien à faire, ils demeuraient presque invisibles. Tenant l'instrument entre ses paumes, elle contemplait intensément les feux follets dansants, consciente d'une puissante contradiction qui menaçait de déchirer son esprit. Pour atteindre son but, elle aurait besoin de la communauté des esprits de Brabandt et, en même temps, elle se disait que ce n'était qu'un tissu de superstitions et d'inepties, un délire sans queue ni tête.

Le zeppelin faisait demi-tour devant eux ; son projecteur sondait la pluie et l'obscurité des marécages juste en dessous. Encore une minute ou deux et il leur ferait face. Et lorsque *La Vierge du Portugal* se retrouverait prisonnière de ce rayon aveuglant, plus rien ne pourrait les sauver.

« Pan, Pan, Pan, songea Lyra. J'ai besoin de toi, petit salopard. Espèce de traître. »

Elle essaya d'imaginer qu'elle rassemblait tous les feux follets comme si elle menait un troupeau de moutons, mais c'était difficile car elle n'avait aucune imagination, Pan le lui avait bien dit. Elle se concentra de plus belle. Elle s'efforça de se représenter dans la peau d'une bergère de lumières, et Pan en chien de troupeau ; il courait à travers les marécages, s'arrêtait net pour s'accroupir au sol, puis bondissait de nouveau en aboyant des ordres brefs.

« C'est stupide, se dit-elle. Totalement puéril. En vérité, ce n'est que du méthane ou quelque chose dans le genre. Un phénomène naturel sans aucune signification. » Sa concentration vacilla.

Un sanglot s'échappa de sa gorge.

Brabandt demanda :

– Qu'est-ce que tu fabriques, petite ?

Elle l'ignora. Et serra les dents. Malgré elle, elle fit

apparaître encore une fois l'image de Pan l'absent, en chien des Enfers maintenant, les yeux rougeoyants, la bave aux lèvres ; puis elle vit les lumières des marais, terrorisées, s'enfuir, se rassembler et tournoyer, alors que le faisceau froid du zeppelin se rapprochait toujours, et elle entendit le martèlement de la pluie sur le nez écrasé du dirigeable, malgré le vent et le rugissement des moteurs.

Elle sentit quelque chose monter en elle, comme une lame de fond, une succession de vagues, qui enflait, refluait, puis enflait de nouveau, un peu plus à chaque fois. C'était de la colère, du désir, un sentiment viscéral.

– Qu'est-ce qu'elles font ? Bon sang… regarde ça ! dit Brabandt.

Lancées à vive allure, les lumières du marais se précipitaient encore et encore sur un point à la surface de l'eau, juste devant le faisceau du projecteur du zeppelin et, soudain, dans un cri strident, jaillit des marais une chose qui n'était ni un feu follet ni un djinn, mais un gros oiseau, un héron, ou peut-être même une cigogne, massif et blanc, terrorisé par les scintillements verts qui le harcelaient et le poussaient à l'intérieur du faisceau du projecteur, plus haut encore, lui mordant les pattes, entourant son corps pataud tel un essaim de frelons, tandis qu'il s'élevait lourdement, mû par la peur, pour finalement se jeter sur l'engin volant.

– Accroche-toi, petite, dit Brabandt d'une voix rauque.

Le faisceau blanc était presque sur eux.

Soudain, dans une explosion de feu, de sang et de plumes blanches, le héron s'engouffra dans le moteur de bâbord du zeppelin.

L'appareil fit une embardée et bascula immédiatement sur la gauche, avant de plonger, tandis que le moteur de tribord hurlait et que l'énorme limace dérivait en perdant de l'altitude. La queue, prise par le vent et privée du moteur de bâbord pour la stabiliser, tournoya sur elle-même. L'appareil poursuivit sa descente vers les marécages, de plus en plus près de *La Vierge du Portugal*, comme s'il s'enfonçait sur un matelas. Des bribes de sons, des cris, des hurlements, virevoltaient dans le vent, aussitôt emportés. À la lueur des lumières dansantes des marais et du feu, désormais incontrôlable, qui ravageait le dirigeable, Lyra et Brabandt virent avec effroi une silhouette, puis deux, puis trois se jeter hors de la cabine de pilotage et plonger dans l'obscurité. Quelques secondes plus tard, la grande enveloppe brisée du zeppelin s'écrasa dans l'eau, au milieu de nuages de vapeur et de fumée, des flammes et de la farandole d'un millier de lumières des marais qui fêtaient leur victoire. La chaleur du brasier brûlait le visage de Lyra et Brabandt abaissa son suroît pour s'en protéger.

C'était un spectacle horrible. Pourtant, elle ne parvenait pas à en détacher son regard. Le squelette de l'engin volant se découpait en ombre chinoise sur la toile de fond incandescente, avant de s'effondrer dans une gerbe d'étincelles et de fumée.

– Impossible de survivre à ça, commenta Brabandt. Ils sont tous morts.

– C'est affreux.

– Oui.

Il actionna la manette des gaz et le bateau retourna au centre du cours d'eau, où il prit peu à peu de la vitesse.

– Ce héron, dit Lyra d'une voix encore tremblante. Les lumières des marais l'ont attaqué pour l'obliger à foncer dans le moteur. Elles savaient ce qu'elles faisaient.

« Et moi aussi, pensa-t-elle. J'ai provoqué cette action. »

– C'était un héron ? Peut-être. J'ai cru voir un elfe volant.

Y en a qui volent en produisant une sorte de bourdonnement. Mais y avait tellement de vacarme qu'on n'entendait rien. Oui, c'était sûrement ça : un elfe volant ou un esprit des marais. Un spécimen de la communauté des esprits dont je t'ai parlé. Regarde donc les feux follets maintenant.

Les lumières des marais, des dizaines, s'étaient rassemblées autour de l'épave en feu ; elles s'y engouffraient à toute allure et en ressortaient aussi vite, en scintillant et en dansant.

– Que font-elles ?

– Elles cherchent des survivants. Elles les enfonceront sous l'eau pour les achever. Alors, elles sont prêtes, ces patates ?

– Oh… oui.

– Les laissons pas refroidir. Tu sais quoi ? Y a une boîte de corned-beef dans le placard. Coupe-le en petits morceaux avec les patates et fais frire le tout. J'ai la fringale.

Lyra, elle, avait envie de vomir. Elle ne pouvait s'empêcher de repenser aux morts du zeppelin, brûlés vifs, noyés ou pire, et à ce magnifique oiseau blanc poussé impitoyablement vers les hélices du moteur. Elle n'avait aucune envie de manger ; néanmoins, en faisant cuire le hachis, elle se dit que ce serait dommage de le gâcher. Et puis, ça sentait bon. Elle emporta deux assiettes dans la timonerie, où Brabant commença par prendre un peu de hachis avec une fourchette pour le lancer par-dessus bord.

– Pour les feux follets, dit-il.

Lyra en fit autant, après quoi ils savourèrent leur dîner.

14

Le Café Cosmopolitain

Le soir même, Dick Orchard poussa la porte de La Truite. Il connaissait nombre de pubs à Oxford et, comme tout le monde, il avait ses préférés. Hélas, La Truite était trop éloignée de son parcours habituel pour qu'il s'y rende fréquemment. Dommage, car on y servait de la bonne bière.

Il commanda une pinte et promena un regard méfiant autour de lui. Personne parmi les clients n'avait l'apparence d'un Érudit. Un groupe de vieillards jouait aux cartes près de la cheminée, deux hommes qui ressemblaient à des fermiers suivaient stoïquement le long chemin tortueux d'une discussion sur les clôtures pour le bétail, deux couples plus jeunes commandaient à manger au bar. Bref, une soirée tranquille dans une auberge traditionnelle au bord du fleuve.

Une fois les deux couples installés avec leurs verres, Dick s'adressa au barman, un homme fort d'une soixantaine d'années aux cheveux roux clairsemés et à l'air cordial.

– Excusez-moi, l'ami, dit Dick. Je cherche un certain Malcolm Polstead. Vous le connaissez ?

– C'est mon fils, répondit le barman. Il est en cuisine, en train de grignoter un morceau. Vous voulez lui parler ?

– Quand il aura terminé. Rien ne presse.

– Vous avez bien failli le louper, figurez-vous. Il s'apprête à partir pour l'étranger, je ne sais pas trop où.

– Ah oui ? Une chance que je sois arrivé maintenant, alors.

– Oui. Le temps de régler ses affaires à l'université et il saute dans le train. Demain soir au plus tard, il sera parti, je dirais. Allez donc vous asseoir à cette table là-bas dans le coin, avec votre verre, je vais le prévenir que vous êtes là. C'est quoi votre nom, déjà ?

– Dick Orchard. Mais ça ne lui dira rien. C'est au sujet de… de Lyra.

Le barman ouvrit de grands yeux. Il se pencha vers le visiteur et lui glissa :

– Vous savez où elle est ?

– Non. Mais elle a prononcé le nom de Malcolm Polstead, alors…

– Je vais le chercher de ce pas.

Dick prit sa pinte et alla s'asseoir à la table dans le coin. Quelque chose dans les manières du barman lui faisait regretter de ne pas être venu plus tôt dans cet établissement.

Moins d'une minute plus tard, un homme de grande taille vint s'installer à sa table. Bien qu'il soit moins costaud que son père, le propriétaire de l'auberge, Dick y aurait réfléchi à deux fois avant de lui chercher des noises. Il tenait une tasse de thé et portait un pantalon en velours côtelé marron. Son dæmon, une grosse chatte rousse, frotta poliment son museau contre celui de Bindi, la renarde de Dick.

Celui-ci tendit la main, que Polstead serra fermement.

– Vous avez des nouvelles de Lyra ? demanda-t-il.

Il s'exprimait d'une voix posée et claire, grave, une voix de chanteur peut-être. Dick était perplexe. S'il ne s'étonnait pas que cet homme soit un Érudit, car l'intelligence se lisait sur son visage, il avait le sentiment qu'il connaissait le monde réel.

– Oui. Elle… C'est une amie, répondit Dick. Elle est venue frapper à ma porte l'autre matin parce qu'elle avait des ennuis, m'a-t-elle expliqué, et elle m'a demandé de l'aider. Elle voulait se rendre dans les Fens. Mon grand-père est gitan, voyez-vous, et par chance il se trouvait justement à Oxford avec son bateau. Alors, je lui ai donné un… Je lui ai expliqué comment se présenter à lui. Je suppose qu'elle l'a fait, et qu'il l'a emmenée. Elle m'a parlé d'une chose qui s'était passée près d'Oxpens, au bord du fleuve…

– Quoi donc ?

– Elle a vu un homme se faire tuer.

Malcolm aimait bien l'attitude de ce garçon. Sa nervosité évidente ne l'empêchait pas de parler clairement, en allant droit au but.

– Comment connaissez-vous mon nom ? demanda Malcolm. C'est Lyra qui vous l'a dit ?

– Elle m'a raconté que vous saviez ce qui s'était passé au bord du fleuve, et qu'elle avait logé ici, à La Truite. Hélas, elle a été obligée de partir à cause de…

Dick avait du mal à continuer. Malcolm attendit. Après avoir regardé autour de lui, le garçon se pencha en avant et ajouta, presque dans un murmure :

– Elle sentait que… En fait, son dæmon, Pan… Il avait fichu le camp. Il n'était plus avec elle. Il avait disparu.

Malcolm songea alors : « Évidemment… évidemment… Ça change tout. »

– Je n'avais jamais vu ça, poursuivit Dick avec les mêmes accents de conspirateur. Quelqu'un séparé de son dæmon. Elle avait peur et elle avait l'impression que tout le monde la regardait. Elle connaît quelqu'un dans les Fens, un vieux gitan, et elle savait qu'elle serait en sécurité avec lui. Elle pensait que mon grand-père pourrait peut-être l'emmener là-bas.

– Comment s'appelle-t-il ?

– Mon grand-père ? Giorgio Brabandt.

– Et l'homme des Fens ?

– Aucune idée. Elle ne me l'a jamais dit.

– Avec quoi est-elle partie ?

– Un sac à dos, c'est tout.

– Quelle heure était-il ?

– Il était tôt. Je venais de rentrer. Je travaille de nuit au centre de tri postal.

– C'est vous qui lui avez parlé de Benny Morris ?

– Oui, c'est moi.

Dick aurait voulu demander à Malcolm s'il avait découvert des choses sur cet homme, mais il se retint. Malcolm sortit un calepin et un crayon. Il nota deux noms sur une feuille, qu'il arracha.

– Vous pouvez faire confiance à ces personnes, dit-il. Elles connaissent bien Lyra. Elles doivent se demander où elle est passée. Si vous pouviez leur répéter ce que vous venez de me dire, je vous en serais très reconnaissant. Et si vous avez le temps de revenir par ici, ma mère et mon père seraient ravis d'avoir des nouvelles de Lyra, au cas où vous en auriez. Mais n'en parlez à personne d'autre.

Il fit glisser sur la table la feuille de calepin sur laquelle il avait inscrit les noms et adresses d'Alice et de Hannah.

– Vous partez à l'étranger ? demanda Dick.

– Oui. Mais je m'en passerais volontiers. Écoutez-moi. Il se peut que Pan réapparaisse. Il sera aussi vulnérable que Lyra. S'il vous connaît, il viendra peut-être réclamer votre aide, comme elle l'a fait.

– Je croyais que les gens mouraient quand ils étaient séparés de leur dæmon. Quand je l'ai vue, je n'en suis pas revenu.

– Pas toujours. Dites-moi… Avez-vous entendu parler d'un certain Simon Talbot ?

– Non, jamais. Il est lié à cette affaire ?

– Possible. Quelle est votre adresse, au fait ?

Dick la lui donna et Malcolm la nota.

– Vous partez longtemps ?

– Difficile à dire. Oh… une des deux personnes sur cette feuille, le Pr Relf, sera très intéressée par tout ce que vous pourrez lui apprendre sur Benny Morris. Il va bientôt reprendre le travail.

– Vous l'avez rencontré ?

– Oui.

– C'est lui qui a tué cet homme ?

– Il dit que non.

– Vous… vous n'êtes pas de la police, hein ?

– Non. Je ne suis qu'un Érudit. Il faut que je vous laisse, j'ai encore un tas de choses à faire avant mon départ. Merci d'être venu, Dick. À mon retour, je vous offrirai un verre.

Ils se levèrent et échangèrent une nouvelle poignée de main.

– Tchao !

Dick regarda Malcolm s'éloigner. « Il se déplace avec aisance pour un homme de sa corpulence », se dit-il.

À peu près au même moment, Pantalaimon, tapi dans la pénombre d'un entrepôt désaffecté, près d'un quai situé à l'embouchure de la Tamise, observait trois marins voler l'hélice d'un bateau.

Dans le ciel, seules quelques étoiles scintillaient derrière les nuages déchiquetés et la lune s'était absentée. La faible lueur dispensée par l'applique ambarique fixée au mur de l'entrepôt était l'unique source de lumière, à l'exception de la lanterne à naphte accrochée à la proue de la barque qui avait traversé l'estuaire, depuis une vieille goélette fatiguée, amarrée un peu plus loin sur le quai. Elle s'appelait *Elsa*, et son capitaine avait passé la journée à boire bière sur bière, et à convaincre son second de l'aider à démonter l'hélice d'un autre caboteur à l'aspect presque aussi misérable qui semblait entièrement abandonné et constitué de rouille, à l'exception des deux cents kilos de phosphore-bronze du pont avant. Les deux hommes les avaient contemplés des heures durant, à travers les jumelles fêlées du capitaine, estimant le prix qu'ils pourraient en tirer sur un chantier naval peu regardant, pendant que deux matelots balançaient par-dessus bord des planches brisées et des longueurs de cordes, vestiges d'une cargaison mal arrimée qui s'était disloquée lors d'une tempête sur la Manche et pour laquelle ils ne seraient pas payés.

Emportés par la marée, les débris dérivaient lentement

à contre-courant, par-dessus le squelette en décomposition d'une barge, les bouteilles brisées et les boîtes de conserve enfoncées dans la vase, alors que l'eau silencieuse redressait peu à peu la goélette. Pantalaimon demeurait à l'affût. Il s'intéressait à l'*Elsa* depuis qu'il était arrivé dans ce petit port crasseux la veille au soir et avait entendu parler allemand sur le pont. D'après ce qu'il avait pu saisir, les marins avaient l'intention de repartir avec la marée et de traverser la Manche en direction de Cuxhaven au nord, près de Hambourg. Pan avait compris alors qu'il devait les accompagner. Cuxhaven se trouvait à l'embouchure de l'Elbe, et la ville de Wittenberg, où vivait Gottfried Brande, sur les rives de ce fleuve, à l'intérieur des terres. Ça ne pouvait pas mieux tomber.

L'équipage de l'*Elsa* attendait une nouvelle cargaison, mais quelqu'un leur avait fait faux bond, ou plus exactement, si Pan avait bien compris, le capitaine s'était trompé de date. Son second et lui n'avaient cessé de se quereller toute la journée, en buvant leurs bières avant de jeter les bouteilles à l'eau. Finalement, lorsque le capitaine consentit à partager les bénéfices à parts égales, son second accepta de l'aider à démonter l'hélice.

Pan sauta sur l'occasion pour monter à bord de l'*Elsa*, et, dès que la barque s'éloigna dans l'estuaire en direction du caboteur, il sortit de sa cachette, courut sur le quai et gravit la passerelle sans se faire remarquer. Outre le capitaine et son second, quatre hommes formaient l'équipage de l'*Elsa* : l'un d'eux avait pris les rames de la barque, deux autres dormaient dans la cabine et le quatrième, accoudé au bastingage, observait l'expédition. Pan n'aurait pas pu donner d'âge à ce bateau, rafistolé de partout, aux voiles miteuses et dont le pont était couvert de crasse et de rouille.

En revanche, les cachettes ne manquaient pas, se

disait-il, assis dans l'ombre de la timonerie, pour regarder les voleurs grimper à bord du caboteur. Le second, du moins, après deux tentatives manquées du capitaine. Car si le second était relativement jeune et doté de membres longs, le capitaine était un homme ventripotent, aux jambes arquées, ivre aux trois quarts, qui n'atteindrait jamais la soixantaine.

Mais il était déterminé. Debout à bord de l'embarcation instable, s'appuyant d'une main contre la coque du caboteur, il grognait des ordres à son second, qui essayait de débarrasser le bossoir le plus proche de sa gangue de rouille pour le laisser pendre au-dessus de l'eau. Il lâcha un flot ininterrompu d'insultes et d'imprécations, jusqu'à ce que le second se penche par-dessus bord pour lui répondre sur le même ton. Son dæmon, un goéland argenté, ajouta un cri sardonique.

Finalement, le second parvint à faire pivoter le bossoir et il put se concentrer sur l'hélice. Pendant ce temps, le capitaine se rafraîchissait avec une bouteille de rhum tandis que son dæmon-perroquet s'accrochait au bastingage, vaguement indifférent. L'eau grasse pénétrait dans l'estuaire sans même un murmure, charriant ses amas d'écume et le corps d'un animal mort en état de décomposition avancée.

Pan reporta son attention sur le matelot resté à bord de l'*Elsa*, et son dæmon, un rat couvert de croûtes, assis à ses pieds, qui nettoyait ses moustaches. Il revint sur la scène qui se déroulait un peu plus loin dans l'estuaire : le matelot dans la barque, avachi sur les rames, à moitié endormi ; le second qui maniait une clé à molette sur le pont du caboteur ; et le capitaine qui, d'une main, s'accrochait à la corde pendant du bossoir et, de l'autre, portait la bouteille de rhum à sa bouche. Dans l'esprit de Pan jaillit le souvenir de la scène nocturne dans les jardins ouvriers, près d'Oxpens, face au centre de tri postal, de l'autre côté du pré ; il revoyait les volutes de vapeur qui montaient des voies de garage, les arbres nus au bord du fleuve, il entendait le tintement métallique, lointain, d'un filin qui cognait contre une bitte d'amarrage ; tout était argenté, calme et beau, immobile. Et il fut parcouru d'un frisson d'exaltation devant le charme de toutes ces choses dont l'univers regorgeait. Il songea combien il aimait Lyra, et combien il se languissait d'elle, de sa chaleur, de ses mains, combien elle aurait aimé être là avec lui, pour jouer les espions ; ils auraient parlé tout bas et montré du doigt tel ou tel détail. Il aurait senti la caresse de son souffle sur la fourrure délicate de ses oreilles.

Que faisait-il, au juste ? Que faisait-elle sans lui ?

Cette petite question s'insinua dans son esprit. Il la chassa d'une pichenette. Il savait très bien ce qu'il faisait. Quelque chose avait rendu Lyra insensible à l'ivresse de cette beauté nocturne. Quelque chose l'avait dépouillée de cette vision, mais il la retrouverait et il la lui rapporterait, et ils ne seraient plus jamais séparés. Ils resteraient ensemble jusqu'à la fin de leurs jours.

Le second avait enfin réussi à décrocher l'hélice, autour de laquelle il enroulait maintenant la corde, ignorant les ordres du capitaine, pendant que le matelot ramait mollement afin de maintenir la barque sous le bossoir. Pantalaimon était curieux de savoir ce qui allait se passer quand ils déposeraient l'hélice à bord du canot, qui risquait fort de couler. Mais il était fatigué, plus que ça même, il était ivre de fatigue, si bien qu'il parcourut le pont jusqu'à ce qu'il trouve un escalier et se faufile dans les profondeurs de l'*Elsa*. Ayant déniché un recoin sombre, il se roula en boule et s'endormit aussitôt.

Les discours, longs et brefs, les motions pour et les motions contre, les objections, les réserves, les amendements, les protestations, les votes de confiance, suivis de nouveaux discours, puis encore d'autres discours, avaient occupé la première journée de la conférence du Magisterium et rempli la chambre du conseil du Secrétariat de la Sainte Présence d'une atmosphère chaude et viciée.

Marcel Delamare avait écouté chaque prise de parole. Patient, attentif, impénétrable. Son dæmon-chouette avait fermé les yeux une fois ou deux, mais c'était pour réfléchir, pas pour dormir.

Les délégués se séparèrent à dix-neuf heures pour assister aux vêpres, qui précédaient un dîner. En l'absence d'un plan de table, les alliés se regroupèrent, tandis que les convives qui ne connaissaient personne parmi les autres participants, ou ceux qui avaient conscience de la faible influence de leur organisation, s'asseyaient là où ils trouvaient de la place. Delamare, quant à lui, observait, comptait, calculait, tout en saluant untel ou untel, échangeant ici ou là quelques mots, une plaisanterie. Guidé par son dæmon qui, d'un murmure, lui indiquait qu'il serait bon de poser une main amicale sur tel bras ou telle épaule, ou qu'un simple clin d'œil complice serait plus efficace. Il accordait une attention particulière, mais discrète, aux représentants des grosses corporations qui finançaient (de la manière la plus éthique qui soit et, là aussi, avec la plus grande discrétion) certains aspects de l'organisation, comme l'assurance santé et ce genre de choses.

Pour le repas, il prit place entre deux des délégués les plus timides et les moins influents : le vieux patriarche de la Sublime Porte de Constantinople et l'abbesse de l'ordre de Saint-Julian, un minuscule groupe de religieuses qui, par un coup de chance extraordinaire, s'était retrouvé en possession d'une énorme fortune sous forme d'actions et d'obligations d'État.

– Eh bien, qu'avez-vous pensé de ces discussions, monsieur Delamare ? s'enquit l'abbesse.

– Tout cela m'a paru brillamment argumenté. Convaincant, honnête et sincère.

– Quelle est la position de votre organisation sur ce sujet ? demanda par politesse le patriarche saint Simeon Papadakis.

– Nous nous rangerons du côté de la majorité.

– Et de quel côté penchera la majorité, selon vous ?

– Elle votera comme moi, je l'espère.

Delamare savait prendre un ton plaisant quand cela était nécessaire, et son expression joviale lorsqu'il prononça ces paroles indiquait à ses deux voisins qu'il s'agissait d'une boutade. Ils sourirent poliment.

Les chandeliers qui éclairaient les longues tables en chêne, l'odeur des viandes rôties, le tintement des couverts contre les assiettes en porcelaine, les reflets enivrants des vins à la robe écarlate ou dorée, le savoir-faire invisible des domestiques, tout cela était très agréable. L'abbesse elle-même, qui pourtant menait une existence frugale, se surprit à apprécier ce faste.

– Aucun doute, dit-elle, le Secrétariat de la Sainte Présence sait recevoir ses invités.

– On peut toujours compter sur…

– Ah, Delamare, vous êtes là ! s'exclama une voix forte, soulignée par une main qui s'abattit sur son épaule.

Delamare n'eut pas besoin de se retourner. Il ne connaissait qu'un seul homme capable d'interrompre une conversation de manière aussi brutale et grossière.

– Bonsoir, Pierre, dit-il d'un ton monocorde. Que puis-je pour vous ?

– Nous n'avons pas été informés du déroulement de la session plénière finale, dit Pierre Binaud, juge en chef du CDC. Pourquoi est-ce que ça ne figure pas dans le programme ?

– Demandez donc à quelqu'un du Bureau des Cérémonials, il vous expliquera.

– Hmmm, fit Binaud, et il repartit en plissant le front.

– Je vous prie de m'excuser, dit Delamare à l'abbesse. Nous parlions du secrétariat. Comme je le disais, on peut toujours compter sur M. Houdebert, le préfet. Il sait mieux que personne faire en sorte que ce genre d'événements se déroule dans la sérénité.

– Mais dites-moi, monsieur, intervint le patriarche, que pensez-vous de ces troubles récents que nous connaissons au Levant ?

– Je pense que vous avez raison d'utiliser le mot « troubles », répondit Delamare en versant de l'eau dans le verre du vieil homme. Il y a de quoi être préoccupé, sans toutefois s'alarmer.

– Vu de Genève peut-être…

– Attention, je ne cherche pas à minimiser leur importance, Votre Sérénité. Ce sont des faits troublants. Raison de plus pour parler d'une seule voix et agir avec détermination.

– C'est précisément ce qui est si difficile à réaliser, dit le patriarche. Si nous autres, Églises d'Orient, avions le sentiment d'être soutenues par l'ensemble du Magisterium, ce serait une bénédiction, à n'en point douter. La situation est de plus en plus tendue, monsieur. Jamais je n'ai été témoin d'un tel mécontentement au sein de notre population, dans les villes et les villages, sur les marchés. Une nouvelle doctrine a vu le jour qui semble exercer sur ces gens un fort attrait. Nous nous efforçons de la combattre, mais…

Il leva ses vieilles mains ridées en signe d'impuissance.

– Le nouveau conseil représentatif sera parfaitement à même de régler cette question, justement, répondit Delamare avec une conviction chaleureuse. Croyez-moi, l'efficacité du Magisterium s'en trouvera grandement élargie. Notre vérité, bien évidemment, est éternelle et immuable, mais nos méthodes ont été entravées au fil des siècles par la nécessité de consulter, conseiller, écouter, apaiser… Or, ce que réclame votre situation, c'est de l'*action*. Et le nouveau conseil vous la fournira.

Le patriarche acquiesça d'un air solennel. Delamare se retourna vers l'abbesse.

– Ma mère, quel est le sentiment de vos sœurs concernant votre place dans la hiérarchie ? Puis-je vous servir encore un peu de vin ?

– C'est très aimable. Merci. Nous n'avons pas vraiment d'opinion, monsieur Delamare. Ce n'est pas notre rôle. Nous sommes ici pour servir.

– Et vous le faites fidèlement. Mais je n'ai pas parlé d'opinion, j'ai prononcé le mot « sentiment ». On peut toujours convaincre quelqu'un de changer d'opinion, mais les sentiments sont ancrés plus profondément en nous, ils sont plus sincères.

– Oh, sans aucun doute, monsieur. Notre place dans la hiérarchie ? Eh bien, je pense que notre sentiment serait un sentiment de modestie. Et… de gratitude. D'humilité. Nous n'oserions pas nous lamenter sur notre sort.

– C'est tout à fait juste. J'espérais que vous diriez ça… Non, je *savais* que vous diriez ça. Une femme véritablement bonne ne pourrait pas dire autre chose. Cela étant… (il baissa la voix et se pencha vers elle) supposons qu'un conseil représentatif émerge de ce congrès. Vos saintes sœurs se réjouiraient-elles d'apprendre que leur abbesse siège à ce conseil ?

La religieuse demeura sans voix. Deux fois elle ouvrit la bouche et la referma. Elle cligna des yeux, rougit, secoua la tête, puis se figea.

– Voyez-vous, poursuivit Delamare, il y a selon moi une forme particulière de sainteté sous-représentée au sein du Magisterium. C'est celle qui sert les autres, comme le font vos sœurs. Avec une authentique modestie. Une feinte modestie serait ostentatoire, vous ne croyez pas ? Elle tournerait le dos aux distinctions et aux nominations tout en manœuvrant en coulisse pour les obtenir. Pour y succomber ensuite, en clamant haut et fort leur inutilité. Je suis certain que vous connaissez cette mentalité. En revanche, une âme véritablement modeste accepterait le fait qu'elle a un rôle à jouer, que ses talents ne sont pas une illusion, et que ce serait une erreur de renoncer à une tâche qu'elle pourrait si bien accomplir. Vous ne croyez pas ?

L'abbesse semblait avoir chaud. Elle but une gorgée de vin qui la fit tousser car elle en avait trop avalé d'un seul coup. Delamare eut le tact de détourner le regard jusqu'à ce qu'elle se ressaisisse.

– Monsieur, vous parlez en termes très généreux, dit-elle d'une petite voix proche du murmure.

– Non, je ne suis pas généreux, ma mère. Je suis *juste*, tout simplement.

Le dæmon de la sainte femme, une souris au joli pelage

argenté, n'avait pas quitté son épaule, pour se cacher du dæmon-chouette de Delamare qui, sentant leur nervosité, ne l'avait pas regardé une seule fois. Mais lorsqu'elle osa montrer le bout de ses moustaches, la chouette se retourna lentement et le salua d'un signe de tête. La souris se contenta de fixer sur elle ses petits yeux brillants, sans battre en retraite. Finalement, elle se faufila dans le cou de l'abbesse pour se poster sur l'autre épaule et s'inclina timidement devant le dæmon de Delamare.

Celui-ci avait repris sa conversation avec le patriarche. Il rassurait, flattait, expliquait, compatissait, en comptant intérieurement : « Deux voix de plus. »

Alors que s'achevait la première journée de la conférence du Magisterium, certains délégués se retirèrent dans leur chambre pour lire, écrire des lettres, prier ou simplement dormir. D'autres se rassemblèrent par petits groupes afin d'évoquer les événements du jour, entre amis, ou bien avec de nouvelles connaissances qui partageaient les mêmes opinions ou semblaient mieux informées des objectifs qui sous-tendaient cette conférence.

L'un de ces groupes s'était installé près de la grande cheminée du salon des Étrangers, avec des verres de brantwijn. Les fauteuils étaient confortables, les alcools d'une douceur rare et la pièce éclairée de manière ingénieuse, si bien que les sièges étaient réunis dans des îlots de lumière, séparés par des zones plus tamisées qui isolaient chaque groupe et renforçaient ainsi un sentiment d'identité commune. Outre de gros moyens financiers, le Secrétariat de la Sainte Présence possédait des designers talentueux et expérimentés.

Les hommes assis autour du feu s'étaient trouvés réunis presque par hasard, mais ils avaient rapidement établi des rapports chaleureux, quasi complices. Ils évoquaient les personnalités qui s'étaient révélées les plus marquantes au cours de cette journée. Leur hôte, le préfet du secrétariat, en faisait partie bien évidemment.

– Un homme à l'autorité sereine, me semble-t-il, déclara le doyen de la Cour des Facultés.

– Bénéficiant d'une grande expérience du monde. Savez-vous à combien se montent les biens du secrétariat ? demanda le précepteur des Hospitaliers du Temple.

– Non. Ils sont importants ?

– Je crois savoir que le préfet gère des fonds avoisinant les dix milliards. Grâce à son habileté dans le domaine de la finance.

Des murmures admiratifs parcoururent le petit groupe.

– Quelqu'un d'autre m'a fait forte impression, dit l'aumônier du Synode des Diacres, mais de manière différente sans doute. Je veux parler de saint… saint… le patriarche de… de… Constantinople. Un très saint homme.

– En effet, dit le doyen. Saint Simeon. Nous avons de la chance de le compter parmi nous.

– Cela fait cinquante ans, pas moins, qu'il est à la tête de son organisation, ajouta un homme que personne ne reconnut.

C'était un Anglais élégant, vêtu d'un costume en tweed à la coupe impeccable et portant un nœud papillon.

– Doté d'une sagesse grandissante sans aucun doute, ajouta-t-il. Même si, depuis quelques années, ses forces déclinent. Mais son autorité morale, elle, demeure intacte.

Plusieurs personnes acquiescèrent.

– C'est tout à fait juste, dit le doyen. Toutefois, je

crains de ne pas vous reconnaître, monsieur. Quel corps représentez-vous ?

– Oh, je ne suis pas un délégué, répondit l'Anglais. Je couvre le congrès pour le compte du *Journal de philosophie morale*. Je m'appelle Simon Talbot.

– Il me semble avoir lu un de vos articles, dit l'aumônier. Un texte plein d'esprit sur… euh… le relativisme.

– Trop aimable.

– Le pouvoir appartient aux hommes jeunes, dit un homme en costume sombre, un dirigeant de Thuringe Potasse, un puissant laboratoire pharmaceutique et une des entreprises donatrices. À l'image du secrétaire général de la maison Juste.

– Marcel Delamare.

– Exact. Un homme extraordinairement doué.

– Oui, M. Delamare est un homme remarquable. Qui semble très attaché à cette idée de conseil, dit le précepteur.

– En toute franchise, nous le sommes aussi, dit le cadre de chez Thuringe Potasse. Et je pense qu'il serait bon d'inclure M. Delamare dans ses rangs.

– Lucidité de l'esprit, vigueur de la perception, murmura Simon Talbot.

Dans l'ensemble, Marcel Delamare pouvait s'estimer heureux de son travail.

Le Café Cosmopolitain, situé en face de la gare de Genève, était un long bâtiment rectangulaire, bas de plafond, mal éclairé et pas très propre, dont les murs jaunis par la fumée s'ornaient de publicités pour des alcools et spiritueux sur des plaques émaillées ébréchées ou des affiches décolorées. Un zinc occupait tout un côté et le personnel semblait avoir été recruté pour son indifférence à la politesse et à la compétence. Si vous vouliez vous saouler, cet endroit en valait bien un autre ; si vous vouliez vous offrir un bon repas dans une ambiance raffinée, vous étiez mal tombé.

Néanmoins, cet établissement possédait un énorme avantage. Il n'y avait pas mieux pour échanger des informations. La proximité, dans un rayon de quelques centaines de mètres, d'une agence de presse, de plusieurs administrations, de la cathédrale et, bien entendu, de la gare, faisait que les journalistes, les espions ou les inspecteurs de police pouvaient exercer leurs divers métiers au Cosmopolitain en toute facilité. Et avec le congrès du Magisterium qui venait de débuter, le café était bondé.

Olivier Bonneville prit place au comptoir et commanda une bière brune. Son dæmon-faucon lui murmura à l'oreille :

– Qui on cherche ?

– Matthias Sylberberg. Apparemment, il a connu Delamare à l'école.

– Je vois mal un homme comme lui dans un endroit pareil.

– Non, mais les gens avec qui il travaille, si.

Bonneville but une gorgée de bière et regarda autour de lui.

– Le type là-bas, ce n'est pas un collègue de Sylberberg ? demanda son dæmon. Le gros à la moustache grise qui vient d'entrer.

L'homme en question accrochait son manteau et son chapeau à une patère. Il se retourna ensuite pour saluer les deux hommes assis à la table voisine.

– Où l'a-t-on déjà vu ? demanda Bonneville.

– Au vernissage de l'exposition Rovelli à la galerie Tennier.

– Oui, exact !

Bonneville tourna le dos au comptoir et s'y accouda afin d'observer le gros bonhomme qui s'asseyait avec les deux autres. D'un claquement de doigts, il fit signe à un serveur renfrogné qui prit sa commande en hochant la tête, avant de repartir aussitôt.

– Qui sont les deux autres ? demanda Bonneville tout bas.

– Je ne me souviens pas de les avoir vus, répondit son dæmon. À moins que celui qui nous tourne le dos soit Pochinsky.

– Le critique d'art ?

– Oui.

– Possible… Oui, tu as raison.

Le visage de l'homme s'imprima brièvement dans le miroir lorsqu'il se tourna pour déplacer sa chaise.

– Et le gros s'appelle Rattin.

– Quelle mémoire !

– Le lien est ténu.

– On n'a rien de mieux pour l'instant.

– Alors, qu'est-ce qu'on fait ?

– On va se présenter, évidemment.

Bonneville finit sa bière, reposa son verre sur le comptoir et traversa la salle d'un pas assuré, tandis que le serveur renfrogné s'approchait de la table des trois hommes. Bonneville s'arrangea pour trébucher au moment où quelqu'un bougeait sa chaise à l'improviste, et il se cogna contre le serveur qui en aurait lâché son plateau s'il ne l'avait habilement rattrapé.

Il y eut des exclamations surprises et admiratives de

la part des trois hommes, un rictus mauvais de la part du serveur, des gesticulations et un haussement d'épaules de la part du client qui, apparemment, avait provoqué cette scène en déplaçant sa chaise.

– Messieurs, voici vos boissons, je crois, dit Bonneville en déposant le plateau sur la table, sans se soucier du serveur dont le dæmon-lézard protestait avec véhémence dans la poche de son tablier.

– Joli réflexe, commenta Rattin. Vous devriez être goal, monsieur. Mais peut-être l'êtes-vous ?

– Non, répondit Bonneville, tout sourire.

Il rendit son plateau au serveur, pendant que Rattin enchaînait :

– Prenez donc un verre avec nous, pour vous remercier d'avoir sauvé les nôtres.

– Bonne idée, approuva le troisième homme.

– C'est très généreux... Une bière brune, dit Bonneville au serveur, qui le foudroya du regard avant de s'en aller.

Alors qu'il s'apprêtait à tirer une chaise, il regarda l'homme à la moustache grise comme s'il le reconnaissait.

– Vous ne seriez pas... M. Rattin ?

– Si, mais...

– Nous nous sommes croisés il y a une quinzaine de jours au vernissage de l'exposition Rovelli à la galerie Tennier. Vous ne vous en souvenez sans doute pas, mais j'ai trouvé vos propos sur l'artiste tout à fait fascinants.

Une des choses qu'avait remarquées Bonneville au cours de son existence, c'était que les hommes d'un certain âge, homosexuels ou pas, pouvaient se montrer très sensibles aux compliments d'hommes plus jeunes s'ils étaient formulés avec sincérité. Le plus important, c'était de confirmer les opinions de l'homme plus âgé en exprimant l'admiration simple et authentique d'un individu qui, un jour, pourrait devenir un disciple. Comme pour ajouter à la flatterie, le dæmon-faucon de Bonneville sauta sur le dossier de la chaise de Rattin afin de bavarder avec le dæmon-serpent du critique, lové sur le dessus.

Pendant ce temps, Bonneville se tourna vers Pochinsky.

– Quant à vous, monsieur… si je ne m'abuse, vous devez être Alexander Pochinsky, n'est-ce pas ? Je lis vos articles dans *La Gazette* depuis des années.

– Oui, c'est bien moi. Vous-même, vous vous intéressez aux arts visuels ?

– En simple amateur. Je me contente de lire ce qu'en pensent les critiques avisés.

– Vous travaillez pour Marcel Delamare, dit le troisième homme, demeuré en retrait jusqu'à présent. Il me semble vous avoir vu à la maison Juste. Je me trompe ?

– Nullement. J'ai cet immense privilège, en effet, dit Bonneville en lui tendant la main. Je m'appelle Olivier Bonneville.

L'homme serra la main tendue.

– J'ai eu l'occasion de visiter la maison Juste une ou deux fois, pour affaires. Eric Schlosser.

C'était un banquier. Bonneville avait fini par le remettre.

– Mon employeur est un homme remarquable. Je suppose que vous avez entendu parler du congrès du Magisterium ?

– M. Delamare a-t-il joué un rôle dans son organisation ? interrogea Rattin.

– Un rôle de premier plan, dit Bonneville. À votre santé, messieurs !

Il porta son verre à ses lèvres et les trois hommes l'imitèrent.

Il enchaîna :

– Quand on travaille au quotidien aux côtés d'un homme à l'intelligence si éclatante… on ne peut s'empêcher d'être un peu intimidé.

– Quelles sont, précisément, les activités de la maison Juste ? s'enquit Pochinsky.

– Nous cherchons en permanence à adapter la vie quotidienne à la vie spirituelle.

– Et ce congrès va favoriser cette démarche ?

– Je le crois sincèrement. Il devrait apporter plus de clarté et un regain de détermination au travail du Magisterium.

Rattin demanda :

– Qu'est-ce donc que la maison Juste ? Fait-elle partie du système judiciaire ?

– De son véritable nom Ligue pour l'Instauration du Saint Objectif, elle a été fondée il y a un siècle et elle travaille d'arrache-pied depuis longtemps. Mais ces dernières années, sous l'impulsion de M. Delamare, elle est devenue une véritable force au sein du Magisterium. Bien entendu, nous devrions toujours l'appeler par son nom, mais le bâtiment qui nous accueille est d'une telle beauté que c'est un moyen, je suppose, de lui rendre hommage. Jadis, il a servi à interroger les hérétiques, d'où son nom.

Bonneville sentait que son dæmon avait découvert une chose importante, mais il n'en laissa rien paraître. Se tournant de nouveau vers Pochinsky, il demanda :

– Que pensez-vous de la place de l'esprit dans les arts visuels ?

Le critique pouvait évoquer ce sujet pendant des heures.

Bonneville se renversa contre le dossier de sa chaise, avec son verre, pour écouter avec attention, guettant le moment propice pour prendre congé. Il remercia alors les trois hommes pour leur conversation passionnante, les laissant fortement impressionnés par la politesse, la modestie, le potentiel et le charme de la jeune génération.

Dès qu'ils furent sortis du café, son dæmon vint se poser sur son épaule. Bonneville l'écouta attentivement sur le chemin qui les ramenait à la mansarde où ils vivaient.

– Rattin travaille avec Sylberberg, en effet. Et Sylberberg a connu Delamare à l'école. Ils sont toujours en contact. D'après le dæmon de Rattin, Delamare avait une sœur aînée à laquelle il était très dévoué. Elle occupait une position importante au sein du Magisterium et elle avait créé une organisation dont Rattin a oublié la raison d'être, mais c'était une femme d'influence. Elle a épousé un Anglais nommé Courtney, ou Colson, quelque chose comme ça, mais le scandale a éclaté lorsqu'elle a eu un enfant d'un autre homme. Et quand elle a disparu, il y a une dizaine d'années, Delamare a été anéanti. Il estime que l'enfant est responsable, mais pour quelle raison ? Rattin n'a pas su le dire.

– Un enfant ? Garçon ou fille ?

– Fille.

– Quand est-elle née ?

– Il y a une vingtaine d'années. Elle s'appelle Lyra Belacqua.

15
Lettres

C'est en milieu de matinée que Lyra et Giorgio Brabandt atteignirent la commune des gitans installée dans les Fens, un vaste rassemblement de bateaux et un dédale de pontons et de canaux qui se déployaient autour du Zaal. Elle craignait que les congénères de Brabandt se montrent moins tolérants que lui en la voyant arriver sans son dæmon.

– Ne t'inquiète pas, lui avait-il dit. Y a des sorcières qui nous rendent visite de temps en temps, depuis cette grande bataille dans le Nord. On s'y est habitués. Tout le monde te prendra pour l'une d'elles.

– On peut toujours essayer. Vous savez où se trouve le bateau de Farder Coram ?

– Sur l'embranchement du Ringland, un peu plus loin.

Mais tu devrais prévenir le jeune Orlando Faa d'abord, par politesse.

Le « jeune » Orlando Faa avait la cinquantaine, au moins. C'était le fils du grand John Faa, qui avait conduit l'expédition dans le Nord, il y avait bien longtemps. Plus petit que son père, il avait néanmoins hérité de sa silhouette massive. Il accueillit Lyra avec solennité.

– J'ai entendu beaucoup d'histoires à votre sujet, Lyra. Mon père était intarissable. Le voyage et la fameuse bataille au cours de laquelle vous avez sauvé ces petits enfants... Chaque fois que j'entendais ce récit, je regrettais de ne pas avoir été là.

– Tout ça, c'est grâce aux gitans, dit Lyra. Lord Faa était un chef hors du commun. Et un immense guerrier.

Elle était assise à la table du conseil et le regard d'Orlando Faa ne cessait de virevolter autour d'elle, comme s'il cherchait quelque chose. Il ne pouvait dissimuler son étonnement.

– Vous avez un problème, madame, dit-il.

Lyra fut émue par l'utilisation de ce terme de politesse et sa gorge serrée l'empêcha un instant de parler. Elle hocha la tête et déglutit.

– C'est pour cette raison que je souhaite voir Farder Coram, parvint-elle à articuler.

– Le vieux Coram est aujourd'hui fragile. Il ne se déplace plus, mais il entend tout et il sait tout.

– Je n'avais pas d'autre endroit où aller.

– Vous pouvez rester ici avec nous jusqu'à ce que vous soyez prête à repartir. Vous êtes la bienvenue. Je suis sûr que Ma Costa sera heureuse de vous voir.

En effet. Quand Lyra lui rendit visite juste après, celle-ci l'étreignit chaleureusement sans une seconde d'hésitation et la garda contre elle, en se balançant d'avant en arrière, dans la cambuse inondée de soleil.

– Qu'est-ce qui t'est arrivé ? demanda-t-elle lorsqu'elle la relâcha enfin.

– Il… Pan… Je ne sais pas. Il était malheureux. Et moi aussi. Alors, il est parti.

– C'est la première fois que j'entends ça. Pauvre petite.

– Je vous raconterai tout, promis. Mais avant cela, je dois voir Farder Coram.

– Tu as rencontré le jeune Orlando Faa ?

– C'est la première personne que je suis allée voir. Je suis arrivée ce matin, avec Giorgio Brabandt.

– Le vieux Giorgio ? Cette crapule ! Je veux que tu me racontes tout, n'oublie pas. Tu fais de la peine, je n'ai jamais vu quelqu'un qui ait l'air aussi déboussolé. Où tu vas loger ?

Cette question plongea Lyra dans l'embarras. Elle s'aperçut qu'elle n'y avait pas songé un seul instant.

Voyant son hésitation, Ma Costa ajouta :

– Eh bien, tu logeras ici, avec moi, petite idiote. Tu crois que je te laisserais dormir dehors ?

– Je ne vais pas vous gêner ?

– Tu n'es pas assez grosse pour me gêner.

– Ma Costa… Je ne sais pas si vous vous souvenez, mais un jour… il y a longtemps… vous m'avez dit que j'avais une âme de sorcière. Que vouliez-vous dire par là ?

– J'en ai pas la moindre idée, ma petite. Mais apparemment, j'avais raison.

Elle avait prononcé ces paroles d'un air sombre. Elle ouvrit un placard d'où elle sortit une boîte de biscuits en fer-blanc.

– Tiens. Quand tu verras Farder Coram, donne-lui ça. Je les ai faits hier. Il adore les biscuits au gingembre.

– Comptez sur moi. Merci.

Lyra l'embrassa et prit congé pour se mettre en quête de l'embranchement qui menait au Ringland, un canal plus étroit que les autres où plusieurs embarcations étaient amarrées en permanence, sur la rive ouest. Les gens devant lesquels elle passa la regardèrent d'un air curieux, mais dépourvu d'hostilité. Elle marchait discrètement, les yeux baissés, en essayant de penser comme Will afin de se rendre invisible.

À l'évidence, Farder Coram était un homme hautement respecté parmi les siens, car le chemin qui menait à son mouillage était soigneusement tondu et délimité par des pierres, la rive parsemée de soucis et bordée de peupliers. Si les arbres étaient nus en cette saison, l'été ils devaient projeter une ombre bienvenue sur cette étendue d'eau.

La péniche de Farder Coram lui apparut, bien entretenue et propre, peinte de couleurs vives. Elle dégageait une impression de joie de vivre. Lyra frappa sur le toit de la cabine et descendit dans la timonerie pour coller son œil à la fenêtre de la porte. Son vieil ami somnolait dans un fauteuil à bascule, une couverture sur les genoux. Son dæmon, le gros chat Sophomax au pelage couleur d'automne, lui tenait chaud aux pieds.

Lyra frappa au carreau. Coram battit des paupières et se réveilla. Il se tourna vers la porte en protégeant ses yeux de sa main. L'ayant reconnue, il lui fit signe d'entrer. Un large sourire éclairait son visage ridé.

– Ma petite Lyra ! Oh, qu'est-ce que je raconte, moi ? Tu n'es plus une enfant, tu es une jeune femme maintenant. Bienvenue à toi, Lyra… Mais… qu'est-ce qui t'est arrivé ? Où est Pantalaimon ?

– Il m'a quittée. Un matin, il y a quelques jours, je me suis réveillée et il était parti.

Sa voix tremblait. Soudain, son corps déborda d'émotion et, incapable de contenir plus longtemps ses larmes, elle pleura comme jamais. Elle tomba à genoux à côté du fauteuil et le vieil homme se pencha pour la prendre dans ses bras. Il lui caressa les cheveux pendant qu'elle s'accrochait à lui et sanglotait contre sa poitrine. C'était comme un barrage qui cède, comme une inondation.

Coram lui murmura des paroles de réconfort et Sophomax bondit sur ses genoux pour être plus près d'elle. Il ronronnait pour lui exprimer sa compassion.

L'orage passa enfin. Lyra avait pleuré toutes les larmes de son corps. Elle s'écarta du vieil homme, qui desserra son étreinte. Elle se releva lentement en se tamponnant les yeux.

– Assieds-toi et raconte-moi tout, dit Coram.

Elle se pencha vers lui pour l'embrasser. Il sentait le miel.

– Ma Costa m'a donné ces biscuits au gingembre pour vous. J'aurais dû penser à vous apporter un vrai cadeau moi aussi… C'est malpoli d'arriver les mains vides… Mais j'ai trouvé des feuilles à fumer. Ils n'avaient rien d'autre dans le relais de poste où nous avons fait une dernière escale avec M. Brabandt. C'est la marque que vous préférez, si je me souviens bien.

– Exact. Old Ludgate. Merci ! Alors comme ça, tu es venue jusqu'ici sur *La Vierge du Portugal* ?

– Oui. Oh, Farder Coram, ça fait si longtemps ! Trop longtemps. J'ai l'impression que c'était dans une autre vie…

– Pour moi, c'est comme si c'était hier. Le temps s'est écoulé en un clin d'œil. Mais avant de commencer ton histoire, mets la bouilloire sur le feu, petite. Je voudrais bien le faire moi-même, mais je connais mes limites.

Lyra fit du café et, quand il fut prêt, elle déposa la tasse du vieil homme sur la petite table installée à sa droite et s'assit sur le canapé, face au fauteuil à bascule.

Elle lui raconta presque tout ce qui s'était passé depuis la dernière fois qu'ils s'étaient vus. Elle lui parla du meurtre commis au bord du fleuve, de Malcolm, de la manière dont elle avait découvert la vérité sur son propre passé ; elle lui dit à quel point elle se sentait perdue, désespérée.

Coram l'écouta sans l'interrompre, jusqu'à ce qu'elle arrive à l'instant présent et son arrivée parmi les gitans.

– Le jeune Orlando Faa n'est jamais venu dans le Nord avec nous, dit-il. Il était obligé de rester, au cas où John ne serait pas revenu. Il l'a toujours regretté. Mais c'est un gars bien. Son père, John… Ah, c'était un grand homme. Simple, honnête et aussi solide qu'une poutre en chêne. Un grand homme, oui. Je crois qu'on n'en fait plus des comme lui. Mais Orlando est un gars bien, oui, pour sûr. Hélas, les temps ont changé, Lyra. Des choses qui n'étaient pas dangereuses le sont devenues.

– Oui, j'ai aussi cette impression.

– Le jeune Malcolm… il t'a raconté qu'il avait prêté son canoë à Lord Asriel ?

– Oui, vaguement, mais je… J'étais tellement secouée par le reste que je n'ai pas vraiment fait attention.

– Il est dévoué, ce Malcolm. Depuis qu'il est gamin. Généreux aussi. Il n'a pas hésité à confier son canoë à Lord Asriel, sans savoir s'il le reverrait un jour. Alors, quand Asriel m'a chargé de le lui rapporter, il m'a donné de l'argent pour le faire retaper entièrement. Malcolm te l'a dit ?

– Non. Il y a un tas de choses dont nous n'avons pas eu le temps de parler.

– C'était une belle petite embarcation, cette *Belle Sauvage*. Fallait qu'elle soit solide. Je me souviens bien de cette inondation. Elle a fait ressurgir des choses qui étaient cachées depuis des siècles. Peut-être même plus.

Coram s'exprimait comme s'il avait connu Malcolm après l'inondation et Lyra aurait voulu l'interroger à ce sujet, mais elle avait peur, ce faisant, de trop en dévoiler. Il y avait tant de choses dont elle n'était pas sûre.

Alors, elle demanda :

– Connaissez-vous l'expression « communauté des esprits » ?

– Où l'as-tu entendue ?

– Dans la bouche de M. Brabandt. Quand il m'a parlé des feux follets et de tout ça.

– La communauté des esprits… On n'entend plus beaucoup ces mots-là. Quand j'étais jeune, il n'y avait pas un seul buisson, pas une seule fleur, pas une seule pierre qui ne possédait son propre esprit. Il fallait savoir se tenir devant eux, demander pardon, ou la permission, dire merci… Pour bien montrer qu'on savait qu'ils existaient, et qu'ils avaient le droit d'être reconnus et traités avec respect.

– Malcolm m'a raconté qu'une fée m'avait enlevée et qu'elle avait failli me garder. Il a dû utiliser la ruse pour me récupérer.

– Oui, c'est typique. Ils ne sont pas réellement méchants ni malfaisants, mais ils ne sont pas non plus particulièrement gentils. Ils sont là, voilà tout, et ils méritent des égards.

– Farder Coram, vous avez déjà entendu parler d'une ville nommée l'Hôtel Bleu ? Une ville déserte, en ruine, où vivent des dæmons ?

– Des dæmons d'êtres humains ? Seuls ?

– Oui.

– Non. Jamais. Tu penses que Pan est parti là-bas ?

– Je ne sais pas quoi penser, mais c'est possible. Vous avez déjà connu quelqu'un qui pouvait se séparer de son dæmon ? À l'exception des sorcières, évidemment.

– Oui, les sorcières sont capables de faire ça. Comme ma Serafina.

– Quelqu'un d'autre ? Avez-vous connu des gitans qui pouvaient se séparer ?

– Il y avait un homme…

Avant qu'il puisse en dire plus, le bateau tangua comme si quelqu'un était monté à bord et on frappa à la porte. Levant la tête, Lyra découvrit une fille de quatorze ou quinze ans qui tenait un plateau d'une main pour pouvoir ouvrir la porte de l'autre. Elle s'empressa de venir l'aider.

– Bonjour, Farder Coram ! lança la fille en posant sur Lyra un regard méfiant.

– Voici ma petite-nièce, dit Coram. Rosella, je te présente Lyra Parle-d'Or. Je t'ai souvent parlé d'elle.

L'adolescente déposa le plateau sur les genoux du vieux gitan. Elle serra la main de Lyra, timidement. Elle paraissait à la fois réservée et curieuse. Et elle était jolie. Son dæmon, un lièvre, se cachait derrière ses jambes.

– J'vous ai apporté quequ'chose à vous aussi, mademoiselle, dit-elle. Ma Costa m'a dit qu'vous auriez faim.

Le plateau contenait du pain frais, du beurre, des harengs en saumure, une bouteille de bière et deux verres.

– Merci, dit Lyra.

Rosella sourit et repartit. Après son départ, Lyra dit :

– Vous vous apprêtiez à me parler d'un homme qui était capable de…

– En effet. C'était en Moscovie. Il était allé en Sibérie, là où vont les sorcières, et il avait fait comme elles. Il avait failli en mourir, disait-il. Il était l'amant d'une sorcière, et il pensait que s'il réussissait à se séparer de son dæmon comme elles le font, il vivrait aussi longtemps qu'elles. Hélas, ça n'a pas marché. Sa sorcière ne l'aimait pas plus pour autant et, de toute façon, il est mort peu après. C'est le seul que je connaisse qui était capable de faire ça, ou qui en avait envie. Mais pourquoi tu me poses cette question, Lyra ?

Elle parla du carnet de bord découvert dans le sac à dos de l'homme assassiné au bord du fleuve. Coram l'écouta sans bouger, un hareng planté au bout de sa fourchette.

– Malcolm le sait ? demanda-t-il quand elle eut terminé.

– Oui.

– T'a-t-il parlé d'Oakley Street ?

– Oakley Street ? Où est-ce ?

– Ce n'est pas un lieu, c'est une chose. Il ne t'a jamais rien dit ? Hannah Relf non plus ?

– Non. Ils m'en auraient peut-être parlé si je n'étais pas partie si soudainement… Je sais si peu de choses, Farder Coram. Qu'est-ce donc qu'Oakley Street ?

Le vieux gitan posa sa fourchette et but une gorgée de bière.

– Il y a vingt ans de cela, dit-il, j'ai pris un petit risque en disant au jeune Malcolm de prononcer ces deux mots, Oakley Street, devant Hannah Relf, pour la rassurer sur la nature du lien qu'il entretenait avec moi. J'espérais qu'elle lui raconterait tout, ce qu'elle a fait, et s'il n'en a jamais parlé, ça prouve qu'on peut lui faire confiance. Oakley Street est le nom d'un département des services secrets, en quelque sorte. Mais ce n'est pas son vrai nom, plutôt une sorte de code, car en réalité son QG se situe bien loin d'Oakley Street, qui est une rue de Chelsea. Ce département a été créé à l'époque du roi Richard, il était farouchement opposé au Magisterium, qui se montrait alors menaçant. Oakley Street était une unité indépendante, rattachée au cabinet et non au ministère de la Guerre. Il bénéficiait du soutien total du roi et du Conseil privé ainsi que des fonds de la Réserve d'or, et ne rendait de comptes qu'à une commission spéciale du Parlement. Mais lorsque le roi Édouard est arrivé sur le trône, l'orientation politique a commencé à tourner, en fonction du vent. Il y a eu des changements d'ambassadeurs et de… Comment les appelle-t-on, de hauts-commissaires, de diplomates, entre Londres et Genève.

« C'est à ce moment que le CDC s'est implanté dans ce pays. Pour en arriver à la situation actuelle, avec un gouvernement qui ne fait pas confiance au peuple, et le peuple qui a peur du gouvernement. Chaque camp épie l'autre. Le CDC ne peut arrêter toutes les personnes qui le haïssent, et les gens ne sont pas suffisamment organisés pour s'opposer à lui. Du coup, on est dans une sorte de statu quo. Mais il y a plus grave. Le camp d'en face possède une énergie qu'on n'a pas. Elle leur vient de la certitude d'avoir raison. Et quand tu as cette certitude, tu es prêt à tout pour atteindre ton but. C'est le plus vieux problème de l'humanité, Lyra, et c'est ce qui différencie le bien du mal. Le mal peut être sans scrupules, pas le bien. Rien n'empêche le mal d'agir à sa guise, alors que le bien a une main attachée dans le dos. Pour remporter le combat à coup sûr, il faudrait imiter le mal.

– Mais… (Lyra voulait émettre une objection, sans savoir par où commencer.) Quand les gitans, les sorcières,

M. Scoresby et Iorek Byrnison ont détruit Bolvangar ? N'était-ce pas un exemple de la victoire du bien sur le mal ?

– Si. Une petite victoire… Non, une grande victoire, si on pense à tous ces enfants qu'on a sauvés et ramenés chez eux. Oui, c'était une grande victoire. Mais pas définitive. Le CDC est plus fort que jamais, le Magisterium déborde de vigueur, les petites agences comme Oakley Street manquent d'argent et elles sont dirigées par des gens âgés dont les meilleures années sont loin derrière eux.

Il vida son verre de bière. Et demanda :

– Qu'est-ce que tu veux faire, Lyra ? Quelle idée as-tu en tête ?

– Je n'en savais rien, jusqu'à ce que je fasse un rêve. Récemment. J'ai rêvé que je jouais avec un dæmon, qui n'était pas le mien, mais on s'aimait énormément… Pardon. (Elle dut avaler sa salive et sécher ses larmes.) En me réveillant, je savais ce que je devais faire. Il fallait que j'aille dans le désert du Karamakan et que j'entre dans un bâtiment où je pourrais retrouver ce dæmon et… je ne sais pas pourquoi. Mais avant cela, je dois retrouver Pan, car on ne peut pas y entrer sans dæmon et…

Elle avait perdu le fil de son histoire, notamment parce qu'elle n'avait pas eu vraiment l'occasion de la répéter avant de tenter de l'expliquer à Farder Coram. Et elle voyait qu'il était fatigué.

– Je ferais mieux de m'en aller, dit-elle.

– Je n'arrive plus à rester éveillé toute la journée comme dans le temps. Reviens ce soir, je serai reposé. Et je pourrai te donner une ou deux idées.

Lyra l'embrassa de nouveau et rapporta le plateau à Ma Costa.

Ma Costa ne voyageait plus guère. La famille avait jeté l'ancre près du Byanzaal et, comme elle le confia à Lyra, ce serait certainement son ultime mouillage. Elle se contentait de faire pousser des légumes et quelques fleurs sur la parcelle de terre voisine, et elle se ferait un plaisir, dit-elle, d'offrir une couchette à Lyra aussi longtemps que nécessaire. Si elle le souhaitait, elle pouvait cuisiner.

– Le vieux Giorgio dit que tu n'es pas une mauvaise cuisinière. Sauf pour le ragoût d'anguilles.

– Qu'est-ce qu'il avait, mon ragoût d'anguilles ? s'exclama Lyra, un peu vexée. Je ne l'ai jamais entendu se plaindre.

– La prochaine fois que j'en ferai un, regarde et apprends. Il faut une vie entière pour savoir faire un bon ragoût d'anguilles.

– Quel est le secret ?

– Les couper en biseau. On pourrait croire que ça ne fait aucune différence, eh bien, si.

Sur ce, Ma Costa s'en alla avec son panier. Lyra s'assit sur le toit de la cabine et la regarda marcher sur la berge jusqu'au grand Zaal, avec son toit de chaume et sa place du marché juste à côté. Les auvents multicolores des étals formaient des taches éclatantes au milieu de la grisaille du paysage, où il fallait deviner l'horizon dans la lumière hivernale déclinante.

« Même si je passais ma vie ici, songeait-elle, même si j'apprenais à cuisiner le ragoût d'anguilles, ce n'est pas chez moi et ça ne le sera jamais. Je l'ai appris il y a bien longtemps. »

C'était minant d'ignorer combien de temps elle resterait ici, sans savoir à quel moment elle pourrait repartir en toute sécurité, avec la seule certitude qu'elle n'était pas à sa place. Elle se leva péniblement pour descendre dans la cabine et essayer de dormir un peu. Mais au même moment, une petite embarcation approcha sur le canal, conduite par un garçon d'une quinzaine d'années, accompagné de son dæmon-canard qui barbotait vivement à côté. Le garçon maniait la barque avec force et habileté et, dès qu'il aperçut Lyra, il laissa sa perche traîner dans l'eau pour ralentir, avant de la faire passer du côté gauche afin de se rapprocher du bateau de Ma Costa. Son dæmon battit des ailes et sauta dans la barque.

– C'est vous Mlle Parle-d'Or ?

– Oui.

Il fouilla dans la poche de sa veste vert d'eau.

– J'ai une lettre pour vous.

Il la lui tendit.

– Merci.

Lyra la prit et la retourna pour lire l'adresse : « Mlle L. Parle-d'Or, aux bons soins de Coram Van Texel ». Coram ou quelqu'un d'autre avait rayé son nom et écrit à la place : « Mme Costa, *Reine de Perse* ». C'était une belle enveloppe, épaisse, et l'adresse avait été tapée à la machine.

Elle s'aperçut que le garçon attendait. Puis, comprenant ce qu'il espérait, elle lui donna une pièce.

– Je vous la joue à quitte ou double, proposa-t-il.

– Trop tard, j'ai la lettre.

– Bah, ça valait le coup d'essayer.

Il glissa la pièce dans sa poche avant de repartir, maniant si rapidement sa perche que la barque souleva une vague.

L'enveloppe était trop belle pour qu'on la déchire, alors Lyra descendit dans la cabine pour la décacheter avec un couteau de cuisine. Elle s'assit à la table de la cambuse pour lire la lettre.

Elle était rédigée sur une feuille à l'en-tête de Durham College, Oxford. Toutefois, l'adresse avait été barrée. Elle ignorait ce que ça voulait dire, mais la lettre était signée « Malcolm P. ». Curieuse de découvrir son écriture, elle se réjouit de voir qu'elle était élégante, ferme et lisible. Il avait utilisé un stylo à plume et de l'encre bleue.

Chère Lyra,

J'ai appris par Dick Orchard ce qui t'est arrivé et où tu es. Tu ne pouvais faire de meilleur choix que de te réfugier dans les Fens. Et Coram Van Texel est la personne qui saura le mieux te conseiller. Demande-lui de te parler d'Oakley Street. Hannah et moi avions décidé de tout te raconter, mais les circonstances nous ont pris de court.

Bill, le Concierge de Jordan, m'a dit qu'une rumeur circule selon laquelle tu aurais été arrêtée par le CDC, et que tu aurais disparu dans les entrailles du système carcéral. Les domestiques sont furieux et ils accusent le Maître. On parle d'une grève, ce qui serait une première à Jordan. Mais comme ce n'est pas cela qui te fera revenir, je doute qu'elle ait lieu. Toutefois, le Maître doit s'attendre à des relations tendues avec le personnel.

Dans l'immédiat, la meilleure chose que tu puisses faire, c'est d'en apprendre le maximum sur tous les aspects d'Oakley Street auprès du vieux Coram Van Texel. Nous avons à peine commencé à évoquer les sujets essentiels, toi et moi, mais je devine que grâce à l'aléthiomètre, et à d'autres expériences peut-être, tu sais qu'il existe bien des façons de voir les choses et de percevoir leur signification.

Le plus important concernant le lien avec l'Asie centrale et le décès du pauvre Roderick Hassall, c'est qu'il semble reposer sur ce point.

Salue Coram de ma part, et dis-lui tout ce que tu jugeras utile à propos de Hassall et du Karamakan. C'est ma prochaine destination.

Enfin, pardonne le ton un peu pompeux de cette lettre. Je sais que, malgré moi, elle peut donner cette impression.

Hannah va t'écrire elle aussi. Elle aimerait beaucoup savoir comment tu vas. Une lettre remise aux gitans parviendra rapidement et en toute sécurité à destination, mais j'ignore comment.

Très chaleureusement,

Malcolm P.

Lyra parcourut la lettre, puis elle prit le temps de la lire une seconde fois. L'allusion au style pompeux la fit rougir, car c'était exactement ce qu'elle pensait de lui… auparavant, c'est-à-dire avant le meurtre commis au bord du fleuve. Le Malcolm qu'elle découvrait depuis n'avait rien de pompeux.

Ma Costa étant partie au marché, Lyra avait la *Reine de Perse* pour elle seule. Elle arracha une page de son carnet et se mit à écrire.

Cher Malcolm,

Merci pour votre lettre. Je suis en sécurité ici pour l'instant mais

Elle s'arrêta. Elle ne savait absolument pas quoi dire d'autre. Ni comment s'adresser à lui, en vérité. Elle se leva, marcha jusqu'à l'avant du bateau, regarda autour d'elle, fit glisser ses mains sur la barre du gouvernail, inspira l'air glacé au fond de ses poumons et retourna dans la cabine.

Pour continuer sa lettre.

je sais que je vais bientôt devoir repartir. Je dois retrouver Pan. Je vais suivre toutes les pistes, si absurdes ou improbables soient-elles. Comme le Dr Strauss dans son carnet de voyage, quand il a entendu parler d'un endroit nommé l'Hôtel Bleu ; une sorte de refuge, je pense. J'ai décidé de m'y rendre pour savoir ce qui s'y passe. ~~*Je dois le retrouver car sinon*~~

Après avoir rayé cette phrase, Lyra s'arrêta de nouveau et appuya son front sur son poing serré. Elle avait l'impression de parler dans le vide. Néanmoins, au bout d'une minute, elle reprit son stylo.

Si je le trouve là-bas, nous irons au Karamakan et nous essaierons de traverser ce désert pour découvrir ce bâtiment rouge. Lorsque j'ai lu cette description dans le journal de bord du Dr Strauss la première fois, j'y ai beaucoup réfléchi, et ça m'a marquée, comme ces rêves qui vous accompagnent pendant des heures après votre réveil. Cet endroit me semblait familier, sans que je puisse dire pourquoi. J'ai l'impression de savoir des choses à son sujet, mais elles sont perdues quelque part, inaccessibles. Il faudrait sans doute que j'en rêve de nouveau.

Je vous verrai peut-être là-bas.

Si je n'en reviens pas, je veux vous remercier d'avoir veillé sur moi pendant l'inondation quand j'étais bébé. J'aimerais que nos souvenirs remontent plus loin dans le temps afin que je puisse me rappeler tout ça. La seule chose dont je me souviens, c'est ces arbustes avec des lumières dans les branches, et d'avoir été très heureuse. Mais évidemment, c'était peut-être un rêve, là encore. ~~Je souhaite~~ J'espère qu'un jour nous aurons l'occasion de bavarder pour que je puisse vous expliquer tous les événements qui m'ont conduite jusqu'ici. Moi-même je ne comprends pas tout. Mais Pan pensait que quelque chose avait volé mon imagination. C'est pour cette raison qu'il est parti, pour aller à sa recherche. Peut-être comprendrez-vous ce qu'il voulait dire par là, et pourquoi c'était insupportable.

Saluez affectueusement de ma part Hannah et Alice. Et rappelez mon bon souvenir à Dick Orchard. Et à vos parents aussi. Je n'ai pas eu le temps de bien les connaître, mais je les aimais beaucoup. Ce serait

Elle raya ces deux mots pour écrire à la place :

~~J'aimerais~~

Qu'elle raya également. Finalement, elle écrivit :

Je suis très heureuse que nous soyons amis.

Bien à vous,

Lyra.

Avant qu'elle ait le temps de le regretter, elle glissa la lettre dans une enveloppe dénichée dans un tiroir de la cambuse et l'adressa au Dr Malcolm Polstead, Durham College, Oxford. Après quoi, elle la déposa contre le pot à sel et sortit de nouveau.

Elle était agitée. Elle n'avait rien à faire, aucune activité à entreprendre ; elle tombait de fatigue et, pourtant, elle ne tenait pas en place. Elle marcha sur les berges du canal, consciente des regards intrigués que lui lançaient les bateliers, et de la manière particulière dont les jeunes hommes l'observaient. Les canaux et les Byanplats étaient toujours aussi animés et, très vite, elle éprouva une sensation de malaise en sentant tous ces yeux posés sur elle. Si Pan avait été là, elle aurait pu soutenir les regards insistants de ces jeunes hommes, avec la même effronterie, comme elle l'avait fait des centaines de fois par le passé. Mieux encore, elle les aurait ignorés superbement. Car elle savait que ces garçons étaient moins sûrs d'eux qu'il y paraissait, et qu'elle pouvait les désarçonner de bien des manières, mais savoir qu'elle en était capable, et le faire, ce n'était à cet instant pas la même chose. Tout la rendait nerveuse, c'était horrible. Elle avait envie de se cacher.

Vaincue, elle regagna la *Reine de Perse* et s'allongea sur sa couchette. Quelques secondes plus tard, elle dormait.

Au même moment, Pantalaimon dormait lui aussi, par intermittence. Il se réveillait soudain et se souvenait où il était ; il écoutait le martèlement sourd du moteur, les grincements et les gémissements de la vieille goélette et le fracas des vagues qui frappaient la coque, à quelques centimètres seulement, puis il replongeait dans un sommeil léger.

Arraché en sursaut à un rêve, il perçut une sorte de murmure voilé et il sut immédiatement que c'était la voix d'un fantôme. Il ferma les yeux de toutes ses forces et s'enfonça un peu plus dans l'obscurité de la cale, mais les murmures se poursuivirent. Car il y en avait plusieurs, et ils voulaient quelque chose de lui, sans pouvoir le formuler clairement.

« Je suis en train de rêver, se dit-il. Allez-vous-en, allez-vous-en. »

Les fantômes se pressaient autour de lui, leurs voix sifflantes accompagnaient les assauts incessants des vagues.

– Ne vous approchez pas autant. Reculez !

Puis il comprit qu'ils n'étaient pas menaçants, ils avaient désespérément besoin du peu de chaleur que dégageait son corps. Il éprouvait une pitié abyssale pour ces pauvres fantômes glacés et il essaya d'apercevoir leurs visages à travers ses paupières mi-closes, mais ils demeuraient flous. La mer avait usé et lissé leurs traits. Il ne savait toujours pas s'il était endormi ou éveillé.

Tout à coup, il entendit un bruit de verrou qu'on tire. Les visages pâles et vides des fantômes se dressèrent aussitôt et, lorsqu'un faisceau de lumière ambarique poignarda l'obscurité, ils se volatilisèrent. Pan se recroquevilla dans le noir en retenant son souffle. Il était parfaitement réveillé désormais, cela ne faisait plus aucun doute. Et obligé d'ouvrir les yeux.

Un homme descendait une échelle… Non, deux hommes. La pluie s'engouffra dans la cale en même temps qu'eux, éclaboussant leurs cirés et leurs suroîts. Le premier homme tenait une lampe torche. Le second referma le panneau d'écoutille au-dessus de leur tête. L'un des deux était le matelot que Pan avait vu la veille au soir, celui qui, accoudé au bastingage, regardait le capitaine et son second voler l'hélice.

Le premier homme suspendit à un clou la lampe torche qui diffusait une lumière faiblarde et vacillante, sans doute à cause des piles en fin de vie. Pan, malgré tout, put voir les deux hommes soulever et retourner les cartons et les sacs en toile de jute qui avaient été jetés n'importe comment dans la cale. La plupart des cartons semblaient vides mais, soudain, l'un d'eux produisit un bruit de bouteilles.

– Ah ! s'exclama le premier homme en éventrant le dessus du carton. Oh, merde ! Regarde ça. Typique.

Il brandit une bouteille de ketchup.

– Y a des patates, là, dit l'autre en ouvrant un sac. Au moins, il pourra nous faire des frites. Remarque, je sais pas…

Les pommes de terre qu'il sortait du sac étaient hérissées de pousses blanches et certaines carrément pourries.

– Ça fera l'affaire, dit le premier homme. Une fois frites dans l'essence, tu verras pas la différence. Y a même des saucisses ! Et du chou en boîte. Un festin, mon pote.

– Remonte pas tout de suite, dit l'autre. Qu'ils attendent. On va se faire une bouffarde à l'abri de la flotte.

– Bonne idée.

Ils empilèrent deux sacs de farine contre la cloison, s'y assirent et sortirent leurs pipes et des feuilles à fumer. Leurs dæmons, un rat et un moineau, surgirent du col de leurs cirés et examinèrent le sol à leurs pieds, en quête de miettes comestibles.

– Qu'est-ce qu'il compte faire de cette foutue hélice, le vieux ? demanda un des deux hommes après avoir allumé sa pipe. Si le capitaine du port la voit, il va appeler les flics illico.

– C'est qui le capitaine du port à Cuxhaven ?

– Le vieux Hessenmüller. Un sale fouineur.

– À mon avis, Flint va essayer de s'en débarrasser à Borkum d'abord. À la casse en face du phare.

– Quel genre de cargaison il espère embarquer à Cuxhaven ?

– C'est pas une cargaison. C'est des passagers.

– Arrête de déconner ! Qui paierait pour voyager sur ce vieux rafiot dégueulasse ?

– Je les ai entendus discuter, Herman et lui. C'est des passagers d'un genre un peu particulier.

– Qu'est-ce qu'ils ont de particulier ?

– Ils ont pas de passeports, pas de papiers, rien.

– Ils ont du fric, au moins ?

– Non, ça non plus.

– Alors, qu'est-ce qu'il y gagne, le vieux ?

– Il est en affaires avec un gros fermier de l'Essex. Y a de plus en plus de personnes qui remontent les cours d'eau en venant du sud. De Turquie ou je ne sais où. Ils trouvent plus de boulot en Germanie, mais ce fermier il aime bien l'idée de faire bosser des types sans être obligé de les payer. Il doit quand même leur filer à bouffer et un endroit où dormir, j'imagine, mais pas de salaire. C'est de l'esclavage, ni plus ni moins. Et comme ils ont pas de papiers, ils peuvent pas se tirer…

– On transporte des esclaves maintenant ?

– Moi non plus ça me plaît pas. Mais quoi qu'il arrive, cette crapule de Hans Flint y trouvera son compte. Comme toujours.

– Ce salopard aux jambes arquées.

Ils continuèrent à fumer pendant quelques minutes, en silence, puis un des deux hommes vida sa pipe et piétina les cendres dans l'eau de cale qui courait au rythme des vagues.

– Allez, viens. Prends les patates, je vais essayer de trouver de la bière. S'il en reste.

– Tu veux que je te dise ? J'en ai marre de tout ça. Dès que je touche ma paie, je me barre.

– Je te comprends. Mais Flint va nous faire poireauter jusqu'à ce qu'il ait vendu l'hélice et, ensuite, il attendra que le fermier l'ait payé, et ainsi de suite. Tu te souviens de Gustav ? Il a fini par foutre le camp sans le fric qu'on lui devait. Il a jeté l'éponge.

Il souleva le panneau d'écoutille et les hommes ressortirent sous la pluie, laissant Pan dans l'obscurité, le froid et la solitude. Les fantômes eux-mêmes l'avaient abandonné. Peut-être n'était-ce qu'un rêve, finalement.

16

Lignum vitae

Lyra se réveilla en début de soirée, la tête lourde, inquiète, et nullement reposée. Après avoir partagé un repas de moules et de purée de pommes de terre avec Ma Costa, et lui avoir raconté sa vie à l'école puis à l'université, elle retourna voir Farder Coram, ainsi qu'il le lui avait suggéré. Elle le trouva plein d'énergie, le regard pétillant dans la lumière de la lampe et impatient de parler, comme s'il avait un secret à lui confier, mais avant cela, il la pria d'ajouter une bûche dans le feu et de leur servir à chacun un verre d'alcool de genièvre.

Cela étant fait, Lyra prit place dans le fauteuil d'en face et but une gorgée d'alcool translucide et froid.

– Bien, dit le vieux gitan. C'est une chose que tu as dite, ou peut-être une chose que j'ai dite, à moins qu'aucun de nous deux ne l'ait dite, mais ça m'a fait repenser à ton voyage. Et aux sorcières.

– Oui, oui ! Peut-être qu'on pense à la même chose… Si les gens me prennent pour une sorcière, ils ne…

– Exactement ! Si une sorcière s'aventure aussi loin au sud, comme l'a fait ma Serafina…

– Et si elle perd sa branche de sapin, ou si on la lui vole…

– Tout juste. La voilà clouée au sol le temps qu'elle puisse retourner dans le Nord. On pense bien à la même chose, petite. Mais ça ne sera pas facile. Les gens croiront peut-être que tu es une sorcière, ce qui expliquera l'absence de Pan, mais n'oublie pas qu'ils craignent les sorcières, parfois ils les haïssent.

– Je devrai être prudente dans ce cas. Mais je sais l'être.

– Tu devras avoir de la chance aussi. Néanmoins, je crois que ça pourrait marcher. Seulement… ce plan peut fonctionner avec des gens ordinaires. Mais supposons que tu croises une vraie sorcière ?

– Que ferait une sorcière en Asie centrale ?

– Ces régions où tu vas te rendre ne sont pas inconnues des sorcières. Elles voyagent parfois très loin, pour commercer, apprendre, faire de la diplomatie. Tu devras bien réfléchir à ce que tu vas raconter. Surtout face à une vraie sorcière.

– Je serai encore très jeune. Récemment séparée de mon dæmon dans cet endroit de Sibérie…

– Tunguska.

– Oui, voilà. Et je continue à apprendre le mode de vie des sorcières. Hélas, je ne leur ressemble pas. C'est un problème.

– Pas forcément. Combien de sorcières as-tu vues quand tu étais dans le Nord ?

– Des centaines.

– Certes, mais toutes appartenaient au clan de Serafina ou elles y étaient apparentées. Par conséquent, elles se ressemblaient. Mais ce n'est pas toujours le cas. Il existe des sorcières aux cheveux blonds et aux yeux de Scandinaves, et d'autres qui possèdent des cheveux noirs et des yeux de forme différente. Je pense que tu pourrais aisément passer pour une sorcière, si ce n'était qu'une question d'apparence.

– Un jour, Ma Costa a dit qu'il y avait de l'huile de sorcière dans mon âme.

– À la bonne heure !

Cette idée enthousiasmait Farder Coram, si folle soit-elle.

– Il y a également le problème du langage, souligna Lyra. Je ne parle aucune de leurs langues.

– On s'occupera de ça plus tard. Va donc me chercher cet atlas, là-bas sur l'étagère.

C'était un vieil ouvrage, souvent consulté, dont les feuilles n'étaient plus reliées que par un fil. Farder Coram l'ouvrit sur ses genoux et alla directement aux pages du Grand Nord.

– Là, dit-il en pointant le doigt sur une des cartes de l'océan Arctique.

– C'est quoi ? demanda Lyra en venant se placer derrière lui pour regarder par-dessus son épaule.

– Novy Kievsk. C'est de là que tu viens. C'est une petite île où vit un clan de sorcières, d'autant plus farouche et fier qu'il est tout petit. Invente une histoire pour expliquer qu'une chose importante t'a envoyée dans le Sud. Quand tu étais petite, tu aurais pu broder pendant des heures autour d'un sujet pareil, et tout le monde t'aurait écoutée, en croyant presque ce que tu racontais.

– Oui, c'est vrai, dit Lyra et, pendant un instant, elle sentit renaître en elle l'exaltation qui l'habitait quand elle racontait ces histoires.

Le vieux gitan vit une étincelle s'allumer dans ses yeux.

– Mais j'ai perdu ce talent, ajouta-t-elle. Je n'y arrive plus. Je sortais ces histoires de mon chapeau ; elles ne reposaient sur rien. Pan a peut-être raison : je n'ai aucune imagination, en vérité. Je baratinais.

– Tu quoi ?

– C'est un mot que m'a appris M. Scoresby. Il m'a raconté qu'il existait des diseurs de vérité qui avaient besoin de connaître la vérité afin de pouvoir la dire. Des menteurs qui avaient besoin de connaître la vérité afin de pouvoir la modifier ou l'éviter. Et enfin, des baratineurs qui se contrefichaient de la vérité. Elle ne les intéressait pas. Ce qu'ils racontaient n'était ni la vérité ni des mensonges, c'était du baratin. La seule chose qui les intéressait, c'était de faire leur numéro. Je me souviens du jour où il m'a dit ça, mais c'est bien plus tard que j'ai compris que ça s'appliquait à moi, après avoir visité le monde des morts. L'histoire que j'ai racontée là-bas aux fantômes des enfants, ce n'était pas du baratin, c'était la vérité. Voilà pourquoi les harpies m'ont écoutée… Mais toutes les autres histoires que j'ai racontées, c'était du baratin. Je ne peux plus faire ça.

– Eh bien, je suis soufflé, dit Coram. Du baratin ! Qu'importe, baratin ou pas, il faut que tu contactes Hannah Relf et le jeune Malcolm. As-tu l'intention de les prévenir avant de partir ?

– Oui. Cet après-midi, j'ai reçu une lettre de Malcolm…

Elle lui résuma son contenu et sa réponse.

– Il part pour l'Asie centrale lui aussi ? Je ne vois qu'une seule explication : Oakley Street l'envoie là-bas. Pour une bonne raison, sans aucun doute, mais… Il trouvera bien un moyen de te contacter. Et je vais te confier autre chose : il y a des agents et des amis d'Oakley Street dans des lieux que tu ne peux soupçonner. Il les informera de ta situation et ils veilleront sur toi.

– Comment je les reconnaîtrai ?

– Laisse faire le jeune Malcolm.

Lyra essaya de se représenter ce voyage de plusieurs milliers de kilomètres, seule, véritablement seule, et exposée si son subterfuge était percé à jour.

Penché par-dessus l'accoudoir de son fauteuil, Farder Coram fouillait dans le tiroir du bas du petit meuble installé à portée de main. Il se redressa au prix d'un gros effort.

– Je crois que je ne t'ai jamais donné d'ordre, dit-il. Et je ne pensais pas que ça arriverait un jour. Mais tu vas faire ce que je te dis, sans discuter. Prends ça.

Il lui tendit un petit sac en cuir fermé par un lacet.

Lyra hésita.

– Prends-le, dit le vieux gitan d'un ton brusque. Ne discute pas.

Son regard s'était assombri.

Pour la première fois de sa vie, elle eut peur de lui. Elle prit le petit sac et devina, au poids, que les pièces qu'il contenait devaient être en or.

– Est-ce…

– Écoute-moi. Je vais t'expliquer ce que tu dois faire. Si tu ne veux pas écouter le vieux Farder Coram, tu écouteras bien un officier supérieur d'Oakley Street. Si je te fais ce cadeau, c'est parce que j'ai beaucoup d'estime pour toi, pour Hannah Relf et pour le jeune Malcolm. Allez, ouvre.

Elle s'exécuta et fit glisser les pièces dans sa paume.

Elles provenaient de nombreux pays différents, au moins une douzaine. Et il y en avait de toutes les formes. Si la plupart étaient évidemment rondes, certaines étaient carrées, avec des angles arrondis, ou bien octogonales, d'autres avaient sept ou onze côtés ; quelques-unes étaient trouées au centre et, si un petit nombre d'entre elles étaient usées, ébréchées ou tordues, toutes pesaient leur poids et possédaient l'éclat pur de l'or.

– Je ne peux pas…

– Chut. Tends la main.

Là encore, elle obéit. D'une main tremblante, il choisit quatre pièces, qu'il glissa dans la poche de son gilet.

– Ça suffira. Je n'aurai pas besoin de plus, quoi qu'il arrive. Le reste, c'est pour toi. Garde-les précieusement, mais pas toutes dans la même poche. Une dernière chose. Si tu te souviens bien, les sorcières que tu as vues portaient une petite couronne de fleurs. Des fleurettes de l'Arctique.

– Certaines. Pas toutes. Serafina en portait une.

– Comme toutes les reines. Parfois, d'autres sorcières en portent aussi. Il serait peut-être bon que tu t'en fabriques une. Quelque chose de simple, ne serait-ce qu'une tresse de coton. Cela te donnerait de l'allure. Même si elle ne coûte presque rien. Les sorcières sont pauvres, mais elles ont des ports de reine et de grande dame. Attention, je ne parle pas de vanité et d'arrogance, bien au contraire. Je parle de majesté, de fierté ou de magnificence… Je ne trouve pas les bons mots. Mais, si bizarre que cela puisse paraître, ce n'est pas contradictoire avec la modestie. Elles sont modestes dans leur manière de se vêtir, mais elles ont des allures de panthère. Tu pourrais les imiter. D'ailleurs, tu le fais déjà, sans le savoir.

Lyra demanda à Farder Coram de lui en dire un peu plus

sur Oakley Street et il lui apprit certaines choses qui pourraient lui être utiles, comme les techniques qui permettaient de savoir si une personne était digne de confiance ou pas. Puis elle l'interrogea sur les sorcières, sur des détails de leur vie quotidienne, leur manière de se comporter, leurs habitudes, etc. Elle se sentait bien car elle avait fait un choix. Elle avait repris les commandes.

– Farder Coram, je ne sais pas quoi vous dire, à part merci.

– On n'a pas encore terminé. Tu vois cette petite armoire là-haut, au-dessus de l'étagère ? Regarde à l'intérieur.

En ouvrant le placard, Lyra découvrit un empilement de carnets, une chose lourde enroulée dans du cuir souple, une ceinture de cuir très travaillée et un tas de babioles qu'elle ne pouvait pas examiner sans les sortir.

– Qu'est-ce que je cherche au juste ?

– Un petit bâton. Assez lourd. Il doit être presque noir maintenant. Il n'est pas rond, il a sept côtés.

Lyra le dénicha enfin, à tâtons, sous les carnets. Il était presque noir, en effet, et étonnamment lourd, si lourd qu'il aurait pu être en cuivre, mais la chaleur qu'il dégageait et son aspect légèrement huileux indiquaient clairement qu'il était en bois.

– Qu'est-ce que c'est ?

– Un bâton de combat. Il s'appelle Pequeno.

– Ça veut dire quoi ?

– Ça signifie « le petit », plus ou moins. Le petit bâton.

Il allait en s'affinant jusqu'au manche, entouré d'une sorte de corde dure. À l'endroit le plus épais, il était large comme trois de ses doigts joints, alors que le manche n'était pas plus épais que son pouce. La longueur correspondait grosso modo à la distance entre le creux de son coude et sa paume.

Le tenant d'une main ferme, elle le soupesa et l'agita de droite à gauche. Parfaitement équilibré, il était comme le prolongement de son bras.

– Quel est ce bois ? interrogea-t-elle.

– Du *lignum vitae*. Le bois de vie. Appelé également gaïac. Le bois le plus dur au monde. Je l'ai trouvé… Où je l'ai trouvé ?… Au haut Brésil. Un négrier m'a attaqué avec. Hélas pour lui, il n'était pas assez rapide. Son dæmon était un vieux singe qui avait engraissé. On lui a arraché son bâton et depuis, je ne m'en suis jamais servi.

Manié par un bras puissant, il pouvait briser un crâne, songea Lyra.

– Pequeno, répéta-t-elle. Va pour Pequeno. (Le fait qu'il ait un nom le rendait presque vivant.) Merci, Farder Coram. Je l'emporterai avec moi, bien qu'il m'effraie. Je ne pensais pas que j'aurais peut-être besoin de me battre. Je ne m'y suis pas préparée.

– Non, en effet, ça ne semblait pas nécessaire, après ton retour de ce périple dans l'autre monde.

– Je croyais que tout danger était écarté… que tout était terminé, le bien comme le mal. Qu'il ne restait plus que le savoir et… rien d'autre.

Le vieux gitan l'observait avec tendresse.

– Ce jeune garçon, dit-il.

– Will.

– Je me souviens de Serafina disant… la dernière fois où nous nous sommes parlé… que ce garçon avait le pouvoir de disparaître, plus qu'une sorcière encore, mais il ne le savait pas. Imite-le, Lyra, chaque fois que tu le pourras. Reste vigilante. Méfie-toi des garçons et des hommes. Des hommes âgés en particulier. Parfois, il faut savoir montrer sa force et, parfois, il faut savoir paraître insignifiant afin que les gens ne te remarquent pas, et que, même s'ils te voient, ils t'oublient aussitôt. C'est ce que faisait Will, et c'est pour cette raison que Serafina était si impressionnée.

– Je m'en souviendrai. Merci encore, Farder Coram.

– Tu n'as jamais vraiment abandonné Will, hein ?

– Je pense à lui chaque jour. Peut-être même à chaque heure. Il est toujours le centre de ma vie.

– On l'avait bien vu, John et moi. À l'époque. Et on s'est posé la question de savoir si on devait vous laisser dormir ensemble. Vu que vous aviez seulement douze ou treize ans… On en a discuté parce que ça nous troublait.

– Pourtant, vous n'avez pas essayé de nous séparer.

– Non.

– Et on n'a jamais… Tout ce qu'on a fait, c'est nous embrasser. Encore et encore, comme si on n'allait jamais s'arrêter. Comme si on ne serait jamais obligés de s'arrêter. Et ça nous suffisait. Si on avait été plus âgés… Je ne sais pas… peut-être que ça n'aurait pas suffi. Mais pour nous, c'était suffisant.

– Je crois qu'on le savait, c'est pourquoi on a laissé faire.

– C'était la meilleure solution.

– Quoi qu'il en soit, il faut que tu l'oublies, Lyra.

– Vous croyez ?

– Oui. Je l'ai appris avec Serafina.

Ils demeurèrent silencieux un instant. Lyra songeait : « Si je n'ai plus Pan et si je dois renoncer à Will également… » Mais il ne s'agissait pas vraiment de Will, elle le savait, c'était un souvenir. N'empêche, c'était la plus belle chose qu'elle possédait. Alors, pouvait-elle réellement y renoncer ?

Elle sentit le bateau tanguer légèrement et reconnut le pas de Rosella. Quelques secondes plus tard, la jeune fille entra dans la cabine.

– C'est l'heure de votre tisane, Farder Coram.

Le vieux gitan paraissait fatigué. Lyra l'embrassa pour lui dire au revoir.

– Rosella, demanda-t-elle, sais-tu cuisiner le ragoût d'anguilles ?

– Oui. C'est la première chose que m'a apprise ma mère quand j'étais petite.

– Quel est le secret ?

– Le secret… Je sais pas si je peux vous le dire.

– Allons, intervint Farder Coram, dis-lui.

– Eh bien, ma mère, ce qu'elle fait… et ma grand-mère aussi… Vous savez, la farine qu'on utilise pour épaissir les sauces ?

– Oui.

– On la fait griller un peu d'abord. Dans une poêle sans gras. Juste pour la colorer. À peine. Ma mère dit que ça change tout.

– J'ai jamais mangé un meilleur ragoût d'anguilles, confirma le vieil homme.

– Merci, dit Lyra. C'est sûrement ça. Bon, je vous laisse, Farder Coram. Merci pour tout. Je reviendrai vous voir demain.

La nuit était tombée et, autour d'elle, des lumières éclairaient les fenêtres des bateaux des gitans ; de la fumée s'échappait des cheminées. Lyra passa devant un groupe de garçons plus ou moins de son âge, qui fumaient à proximité d'une boutique vendant de l'alcool. Ils se turent en la voyant approcher et la suivirent du regard. Quand elle se fut éloignée, l'un d'eux fit une remarque et tous les autres ricanèrent. Elle décida de les ignorer, mais elle sentait la présence du bâton et elle imaginait la sensation dans sa main si, un jour, elle devait le manier rageusement.

Il était encore trop tôt pour aller se coucher et, de toute façon, elle était trop agitée. Aussi décida-t-elle de rendre une dernière visite à Giorgio Brabandt avant qu'il reparte. Sous un léger crachin, elle suivit le chemin boueux qui menait au mouillage de *La Vierge du Portugal.*

Elle trouva Brabandt en train de débarrasser l'hélice des longues algues qui s'étaient enroulées autour, à la lueur d'une lanterne. Quelqu'un d'autre s'affairait à l'intérieur : la cambuse était éclairée et on entendait des bruits de vaisselle.

Il leva la tête lorsqu'il la vit approcher.

– Comment ça va, petite ? Tu as envie d'arracher quelques algues ?

– Ça semble trop difficile pour moi. Je préfère vous regarder et prendre des notes.

– Pas question. Va plutôt dire bonjour à Betty dans la cambuse et rapporte-moi une tasse de thé.

– Qui est Betty ? demanda-t-elle, mais il avait déjà replongé la tête vers l'hélice et son bras s'agitait sous l'eau.

Lyra descendit dans la cabine. La vapeur, la chaleur et l'odeur qui l'accueillirent alors qu'elle ouvrait la porte lui indiquèrent que Betty (Lyra avait déjà deviné qu'elle était la nouvelle amoureuse-cuisinière de Giorgio) faisait cuire des pommes de terre pour accompagner le ragoût qui mijotait sur le feu voisin.

– Bonsoir, dit-elle. Je m'appelle Lyra, et vous devez être Betty.

C'était une femme d'une quarantaine d'années, rondelette, aux joues rouges et aux cheveux blonds en bataille à cet instant. D'emblée tout sourire, elle tendit une main chaleureuse que Lyra serra avec plaisir.

– Giorgio m'a parlé de vous, déclara Betty.

– Dans ce cas, il vous a dit, je parie, que je ne savais pas cuisiner le ragoût d'anguilles. Quel est le secret ?

– Oh, y a pas de secret. Mais est-ce que vous aviez ajouté une pomme ?

– L'idée ne m'a même pas effleurée.

– Une pomme, ça permet d'enlever un peu de gras. Comme elle est bouillie, on la sent pas, mais la sauce est plus onctueuse, et ça donne une pointe d'acidité.

– Je m'en souviendrai. Merci.

– Où est mon thé ? s'écria Giorgio de l'extérieur.

– Oh, bon sang.

– Je le lui apporte, proposa Lyra.

Betty ajouta trois cuillerées de thé dans une grande tasse, que Lyra emporta sur le pont. Giorgio était en train de remettre le carénage de l'hélice.

– Alors, qu'est-ce que tu deviens ? demanda-t-il.

– J'apprends des choses. Betty vient de m'expliquer comment faire un bon ragoût d'anguilles.

– C'est pas trop tôt.

– Ma Costa affirme que seuls les vrais gitans savent le réussir. Mais je pense qu'il y a autre chose.

– Évidemment ! Faut des anguilles de lune. Elle te l'a dit ?

– Des anguilles de lune ?

– Pêchées à la pleine lune, si tu préfères. Qu'est-ce que ça peut vouloir dire d'autre, hein ? C'est les meilleures. Y a rien de comparable à des anguilles de lune.

– Vous ne me l'aviez pas dit. Je viens d'apprendre encore une chose. Et c'est vous aussi qui m'avez parlé de la communauté des esprits.

Le visage de Giorgio se ferma, il regarda autour de lui. Et dit, tout bas :

– Prudence, petite. Y a des choses dont on peut causer, et d'autres qu'il vaut mieux garder pour soi. Les anguilles en font partie… et la communauté des esprits aussi.

– Je crois que j'avais deviné.

– Eh bien, ne l'oublie pas. Sur la terre ferme, tu rencontreras toutes sortes d'opinions. En t'entendant parler de la communauté des esprits, certains le prendront au pied de la lettre, ils croiront que toi aussi et ils penseront que tu es une idiote. D'autres ricaneront avec mépris, persuadés que c'est un ramassis de balivernes. Tous sont des imbéciles. Évite les gens qui prennent tout au premier degré et ignore les rieurs.

– Quelle est la meilleure façon, alors, de considérer la communauté des esprits, monsieur Brabandt ?

– Tu dois y penser comme si tu avais envie de la voir. En la regardant de biais. Du coin de l'œil. Tu dois y penser du coin de l'esprit. Elle est là et elle n'est pas là, les deux en même temps. Si tu veux voir des feux follets, la pire chose à faire c'est d'aller dans les marais en emportant une lampe. Si tu rappliques avec une lumière, les feux follets et tous les autres, ils vont rester sous l'eau. Et si tu veux y penser, ça sert à rien de faire des listes, de classer et d'analyser. Tu vas te retrouver avec un tas d'âneries qui veulent rien dire. Ce qu'il y a de mieux pour penser à la communauté des esprits, c'est les histoires. Y a que ça qui marche.

Il souffla sur son thé pour le refroidir.

– Voilà, conclut-il. Et d'abord, pourquoi tu veux apprendre tout ça ?

– Je vous ai parlé du Karamakan.

– J'ai jamais entendu ce nom-là. C'est quoi ?

– Un désert d'Asie centrale. La particularité, c'est que… les dæmons ne peuvent pas y entrer.

– Pourquoi quelqu'un voudrait aller quelque part où son dæmon peut pas le suivre ?

– Pour découvrir ce qui s'y trouve. Ils y font pousser des roses.

– Dans le désert ?

– Il doit y avoir un endroit secret où ils les cultivent. Ce sont des roses spéciales.

– Ah, oui, forcément.

Giorgio but une gorgée de thé, en aspirant bruyamment, et sortit une vieille pipe noircie.

– Maître Brabandt, cette communauté des esprits, elle n'existe qu'en Grande-Bretagne ou bien dans le monde entier ?

– Oh, dans le monde entier, naturellement. Mais j'imagine qu'ailleurs, elle a des noms différents. De même qu'en Hollande, ils ont un autre nom pour désigner les feux follets. Ils appellent ça des *dwaalichts*.

Lyra réfléchit.

– Quand j'étais petite, quand je suis partie dans le Nord avec les familles de gitans, je me souviens que Tony Costa m'a parlé des fantômes qui vivent dans les forêts du Nord, les Sans Souffle et les Buveurs de vent… Je suppose qu'ils font partie de la communauté des esprits du Nord.

– On peut le penser.

– Plus tard, dans un autre endroit, j'ai vu des Spectres… Ils étaient différents eux aussi. D'ailleurs, c'était carrément dans un monde différent. Alors peut-être qu'il existe une communauté des esprits partout.

– Ça m'étonnerait pas.

Après cet échange, il y eut un moment de silence

durant lequel le gitan bourra sa pipe de feuilles à fumer. Lyra en profita pour boire une gorgée de son thé.

Avant de demander :

– Où allez-vous maintenant, maître Brabandt ?

– Dans le Nord. Un petit boulot tranquille. Je dois transporter des pierres, des briques et du ciment pour ce pont de chemin de fer qui va tous nous mettre sur la paille.

– Que ferez-vous alors ?

– Je reviendrai ici pêcher des anguilles. Il est temps que je me pose. Je suis plus de la première jeunesse, figure-toi.

– Ah bon ? Je n'avais pas remarqué.

– Oui, je sais, ça se voit pas.

Elle rit.

– Qu'est-ce qui te fait rire ?

– Vous êtes le portrait craché de votre petit-fils.

– Oui, j'ai beaucoup appris du jeune Dick. À moins que ça soit l'inverse ? Je me souviens pas. Il t'a bien traitée ?

– Très bien.

– Tant mieux. Salut, Lyra. Bonne chance.

Ils échangèrent une poignée de main, puis elle glissa la tête à l'intérieur de la cabine pour saluer Betty et s'en alla.

Ma Costa dormait déjà dans la cabine avant de la *Reine de Perse* quand Lyra monta délicatement à bord du bateau pour aller se coucher, sans faire de bruit.

Mais dès qu'elle se retrouva au chaud entre les draps de sa couchette, dans la douce lumière de la petite lampe à naphte posée sur l'étagère, elle s'aperçut qu'elle n'avait pas sommeil. Elle envisagea d'écrire à Malcolm de nouveau, ou à Hannah ; c'est alors qu'une pensée qui ne l'avait jamais effleurée jusqu'alors s'imposa : pourquoi appréciait-elle autant la compagnie des hommes âgés comme Giorgio Brabandt ou Farder Coram ?

Cette question l'amena à s'interroger. Elle les aimait énormément l'un et l'autre, comme elle avait aimé le vieux Maître de Jordan, le Dr Carne, comme elle aimait M. Cawson, l'Intendant. Et Sebastian Makepeace l'alchimiste. Elle les aimait bien plus que les jeunes hommes. Non pas parce qu'ils étaient trop vieux pour s'intéresser à elle sexuellement et, de ce fait, ne représentaient aucune menace, car M. Cawson avait une réputation d'homme à femmes, et Giorgio Brabandt lui avait parlé franchement de ses petites amies, même si, disait-il, elle n'avait pas assez de bouteille pour prétendre à ce titre.

Non, la raison se cachait dans la région des sentiments.

Soudain, elle comprit : elle aimait être en leur compagnie, non pas parce qu'ils ne pouvaient pas être attirés par elle, mais parce qu'elle ne pouvait pas être attirée par eux. Elle ne voulait pas être infidèle à la mémoire de Will.

Et Dick Orchard, alors ? se dit-elle. Pourquoi leur brève liaison ne lui apparaissait-elle pas comme une infidélité ? Sans doute parce que ni lui ni elle n'avaient jamais prononcé le mot « amour ». Dick n'avait jamais caché ce qu'il voulait et avait toujours veillé à ce qu'elle en profite autant que lui. Elle lui plaisait et il le faisait clairement comprendre. De son côté, Lyra aimait la sensation de ses lèvres sur sa peau. Rien à voir avec l'intensité dévorante et omniprésente, avec la passion ardente qui les avaient unis, Will et elle, pour la première fois. Avec Dick, ils n'étaient que deux jeunes gens pleins de vie, envoûtés par le charme d'un été ensoleillé, et c'était suffisant.

Mais il y avait ce rêve, dans lequel elle jouait avec le dæmon de Will, au clair de lune, dans l'herbe. Elle le caressait, ils se parlaient à voix basse, esclaves l'un de l'autre.

Le souvenir était encore assez vivace pour faire vibrer son corps et fondre son cœur, dans l'attente d'une chose impossible, indicible, inaccessible. Quelque chose qui ressemblait à Will ou à cette construction rouge dans le désert. Délibérément, elle se laissa emporter par un lent courant de désir, mais cela ne dura pas. Impossible de le retenir. Elle demeura longuement éveillée, rongée par la frustration et le souvenir de cet amour rêvé qui s'effaçait.

Finalement, à la fois épuisée et exaspérée, elle prit son exemplaire du *Constant Imposteur* de Simon Talbot.

Le chapitre qu'elle était en train de lire s'intitulait :

DE LA NON-EXISTENCE DES DÆMONS

Les dæmons n'existent pas.

Nous pourrions penser qu'ils existent, car nous leur parlons, nous les serrons contre nous et nous leur murmurons nos secrets à l'oreille ; nous portons des jugements sur d'autres personnes dont nous croyons voir les dæmons, en fonction de leur apparence, de l'attirance ou du sentiment de répulsion qu'ils incarnent, mais ils n'existent pas.

Rares sont les domaines de l'existence où la race humaine fait preuve d'un tel aveuglement. Dès notre plus jeune âge, on nous encourage à faire semblant qu'il existe une entité située hors de notre corps, et qui pourtant fait partie de nous-même. Ces camarades de jeu éthérés sont l'outil le plus ingénieux qu'ont développé nos esprits afin d'apporter la preuve de l'existence de l'immatériel. Toutes les formes de pression sociale nous confortent dans cette croyance ; les habitudes et les coutumes poussent comme des stalactites afin de fixer la douce fourrure, les grands yeux marron et les faces joyeuses dans une caverne de pierre comportementale.

Et les innombrables formes que prend cette illusion ne sont rien d'autre que les mutations aléatoires de cellules de notre cerveau...

Lyra se surprit à poursuivre sa lecture malgré son envie de réfuter chaque mot. Talbot possédait une explication pour tout. Le fait que les dæmons des enfants changeaient d'apparence, par exemple, n'était que l'illustration de la grande malléabilité de l'esprit juvénile. Qu'ils soient généralement, mais pas toujours, du sexe opposé à la personne était une projection inconsciente du sentiment d'inachèvement qu'éprouvait le sujet humain : en quête de son opposé, l'esprit incarnait le rôle du sexe complémentaire dans une créature qui ne représentait aucune menace sexuelle, capable de remplir sa fonction sans évoquer le désir ou la jalousie. L'impossibilité pour le dæmon de s'éloigner de la personne n'était que l'expression psychologique d'un sentiment d'unité et de complétude. Etc.

Lyra brûlait d'envie d'évoquer tout ça avec Pan, de discuter de la vision extraordinaire d'un esprit puissant qui tentait, et y parvenait presque, de nier la réalité la plus évidente, mais il était trop tard pour ça. Alors, elle referma le livre et essaya de raisonner comme Talbot. Sa méthode consistait principalement à affirmer que *X* n'était « rien d'autre » que *Y*. Dès lors, il était facile de construire des phrases du type : « Ce que nous appelons la réalité n'est rien d'autre qu'un ensemble de similitudes fragiles unies par l'habitude. »

Ce qui n'avançait à rien, même s'il ne faisait aucun

doute que l'explication de Talbot s'accompagnerait d'une multitude d'exemples, de citations et d'arguments, tous parfaitement raisonnables et impossibles à contredire en apparence, après quoi le lecteur était un peu plus enclin à accepter son affirmation principale, l'idée ridicule selon laquelle les dæmons n'existaient pas.

Lyra se sentait déstabilisée par les propos de Talbot, comme lorsqu'elle interrogeait l'aléthiomètre au moyen de la nouvelle méthode. Des choses jusqu'alors solidement ancrées tanguaient, le sol lui-même tremblait sous ses pieds. Elle vacillait, au bord du vertige.

Ayant reposé *Le Constant Imposteur*, elle pensa à l'autre ouvrage qui avait provoqué la colère de Pan : le roman de Gottfried Brande, *Les Hyperchorasmiens*. Pour la première fois, elle s'aperçut que les deux auteurs avaient plus en commun qu'elle l'avait cru. La célèbre phrase qui concluait ce roman – « Ce n'était rien d'autre que ce que c'était » – était construite exactement comme une phrase à la Talbot. Pourquoi ne l'avait-elle pas remarqué avant ? Et puis, elle se souvint que Pan avait tenté de le lui dire.

Il fallait qu'elle en parle à quelqu'un. Alors, elle prit une feuille de papier et entreprit d'écrire à Malcolm. Mais sans doute était-elle fatiguée, car son résumé des arguments de Talbot lui paraissait à la fois lourd et superficiel, sa description des *Hyperchorasmiens*, confuse et déroutante. L'assurance et l'aisance lui échappaient et ses phrases demeuraient inertes sur la feuille. Elle se sentait vaincue avant même d'avoir rédigé un seul paragraphe.

Si les Spectres existaient, se retrouver en leur pouvoir ressemblerait à ça, devinait-elle. Elle songeait à ces effroyables parasites qui se nourrissaient des habitants de Cittàgazze. Maintenant qu'elle était adulte et que Pan avait pris son apparence définitive, elle serait aussi vulnérable que l'étaient les adultes de ce monde. Talbot n'ayant jamais pu se rendre à Cittàgazze, les Spectres n'apparaissaient pas dans *Le Constant Imposteur*. Nul doute qu'il avancerait un argument habile et convaincant pour nier leur existence également.

Elle reposa son crayon et déchira la feuille. La question, se dit-elle, était la suivante : l'univers était-il vivant ou mort ?

De très loin, dans les marais, lui parvint le cri d'une chouette.

Lyra se surprit à s'interroger : « Qu'est-ce que ça signifie ? » Simultanément, elle imagina l'inévitable réponse de Talbot : « Ça ne signifie absolument rien. » Quelques années plus tôt, à Oxford, elle avait rencontré le dæmon d'une sorcière, au cours d'une petite aventure qui s'était conclue sur l'idée que tout avait un sens, pour qui savait le déchiffrer. L'univers lui paraissait vivant alors. Partout où votre regard se posait, il y avait des messages à déchiffrer. Le cri d'une chouette dans les marais aurait irradié de sens.

Avait-elle eu tort alors de penser ainsi ? Était-elle immature, naïve, sentimentale ? « Les trois », aurait répondu Simon Talbot, de manière charmeuse, délicate, spirituelle. Dévastatrice.

Elle n'avait aucune réponse. Minuscule étincelle de conscience dans la nuit océanique, maintenant que son dæmon n'était plus qu'une projection de son esprit inconscient, sans véritable existence, où qu'il se trouve désormais, Lyra ne s'était jamais sentie aussi malheureuse et seule qu'à cet instant.

– Mais où est-elle ?

Marcel Delamare posa cette question avec une profonde impatience, mal dissimulée. La lumière de la lampe qui, par-dessus son épaule, éclairait violemment le visage d'Olivier Bonneville dévoilait une légère trace de transpiration, de pâleur et de malaise chez le jeune homme. À la grande satisfaction de Delamare qui souhaitait le voir encore plus mal à l'aise avant la fin de cette entrevue.

– Je n'arrive pas à la localiser, répondit sèchement le jeune homme. L'aléthiomètre ne fonctionne pas de cette façon. Je sais qu'elle voyage, et qu'elle va vers l'est. Mais je ne peux pas en dire plus.

– Et pourquoi donc ?

Delamare masquait de moins en moins son exaspération.

– Parce que la vieille méthode, celle que vous me demandez d'utiliser, est statique. Elle repose sur un ensemble de relations qui peuvent être complexes, mais demeurent figées.

Le jeune Bonneville se leva.

– Où allez-vous ? demanda Delamare.

– Pas question de subir un interrogatoire avec une lumière dans les yeux. Je vais m'asseoir là-bas. (Il se laissa tomber sur le canapé, à côté de la cheminée.) Si vous m'autorisiez à utiliser la nouvelle méthode, je la retrouverais en moins de deux, ajouta-t-il en posant les pieds sur le tabouret bas tapissé. Elle est dynamique, elle autorise le mouvement. Ça change tout.

– Ôtez vos pieds de ce tabouret. Et tournez-vous vers moi pour que je sache si vous mentez.

En guise de réponse, Bonneville s'étendit de tout son long, la tête sur un accoudoir, les pieds sur l'autre. Il lança un bref regard à Delamare, puis reposa sa tête, les yeux fixés au plafond tout en se mordillant un ongle.

– Vous n'avez pas l'air dans votre assiette, dit le secrétaire général. Vous semblez avoir la gueule de bois. Auriez-vous bu avec excès ?

– C'est gentil de vous inquiéter pour moi.

– Eh bien ?

– Eh bien, quoi ?

Delamare inspira profondément et soupira.

– La vérité, dit-il, c'est que vous vous tournez les pouces. Le dernier rapport que vous m'avez remis était quasiment dépourvu d'informations utiles. Par conséquent, notre arrangement prendra fin ce vendredi, si d'ici là vous ne découvrez pas d'éléments appropriés.

– Qu'entendez-vous par *notre arrangement* ?

– Celui grâce auquel vous utilisez l'aléthiomètre. Ce privilège peut aisément...

– Vous voulez me le reprendre ? Ça ne vous servira à rien. Personne n'est à moitié aussi rapide que moi, même avec l'ancienne méthode. Si vous...

– Ce n'est plus seulement une question de rapidité. Je ne vous fais pas confiance, Bonneville. Pendant quelque temps, vous sembliez présenter un avantage. Hélas, à cause de votre comportement égocentrique, cet avantage s'est volatilisé. La jeune Belacqua nous a échappé, et vous semblez n'avoir aucun...

– Soit, dit Bonneville en se levant. (Il paraissait plus pâle que jamais.) Libre à vous. Reprenez l'aléthiomètre. Envoyez quelqu'un le chercher demain matin. Mais vous le regretterez. Vous viendrez me dire que vous êtes désolé, vous me supplierez, mais je ne lèverai pas le petit doigt. J'en ai assez.

Il prit un coussin sur le canapé et parut sur le point de le lancer, dans le feu probablement, mais il se contenta de le laisser tomber sur le sol, avant de sortir d'un pas vif.

Delamare pianota sur son bureau. Cette entrevue ne s'était pas déroulée comme il l'espérait, et il s'en tenait pour responsable. Une fois de plus, Bonneville s'était montré plus malin. Plus insolent, pour être précis. Hélas, il avait raison : aucun autre aléthiométriste ne lui arrivait à la cheville, question vitesse et précision. Et aucun ne maîtrisait la nouvelle méthode. Et même s'il la considérait avec méfiance, Delamare devait reconnaître qu'elle avait produit des résultats stupéfiants. D'ailleurs, il soupçonnait Bonneville de l'utiliser, malgré son interdiction.

Peut-être était-ce une erreur, songeait le secrétaire général, de s'en remettre entièrement à l'aléthiomètre. Les vieilles méthodes d'espionnage fonctionnaient toujours et le Magisterium possédait un réseau d'agents de renseignements puissant et étendu, dans toute l'Europe, en Asie Mineure et même plus loin vers l'est. Le moment était peut-être venu de le réveiller. Les événements allaient bientôt se précipiter au Levant et il serait sans doute plus prudent de placer tous les agents en état d'alerte.

Il appela sa secrétaire pour lui dicter plusieurs notes. Après quoi, il enfila son manteau et sortit.

La plus grande discrétion entourait la vie personnelle de Marcel Delamare. On savait qu'il n'était pas marié, et on supposait qu'il n'était pas homosexuel, mais c'était tout. Il avait peu d'amis et peu de passe-temps ; il ne collectionnait pas les objets en porcelaine, ne jouait pas au bridge et n'allait pas à l'opéra. On s'attendait à ce qu'un homme de son âge et de sa vigueur ait une maîtresse, ou fréquente les maisons closes à l'occasion, mais jamais aucune rumeur de ce type ne s'attachait à son nom. À vrai dire, il n'intéressait pas les journalistes. Ils voyaient en lui un terne fonctionnaire qui travaillait dans un département obscur du Magisterium, et rien de plus. Les journaux avaient renoncé depuis longtemps à gagner des lecteurs en écrivant des articles sur M. Delamare.

Aussi, personne ne le suivit quand il s'éloigna dans la rue, et personne ne le vit sonner à la porte d'une grande maison située dans un quartier paisible et y être accueilli par une femme habillée en religieuse. La lumière qui s'alluma au-dessus de la porte, juste avant que celle-ci s'ouvre, était étonnamment tamisée.

La religieuse dit :

– Bonsoir, monsieur Delamare. Madame vous attend.

– Comment va-t-elle ?

– Elle s'habitue à son nouveau traitement, espérons-nous. La douleur est un peu moins forte.

– Tant mieux, dit-il en lui tendant son manteau et son chapeau. Je monte directement.

Il gravit l'escalier recouvert d'un tapis et frappa à une porte dans un couloir à peine éclairé. Une voix faible, à l'intérieur, l'autorisa à entrer.

– Maman, dit-il en se penchant vers la vieille femme alitée.

Elle tourna la tête pour recevoir son baiser. Son dæmon, un lézard à la peau ridée, recula sur l'oreiller comme s'il craignait que Delamare l'embrasse également. Il faisait chaud dans la chambre et elle sentait le renfermé, auquel se mêlaient une odeur de muguet étouffante, les effluves âcres des embrocations et un léger relent de pourrissement.

Mme Delamare était d'une extrême minceur, pour répondre aux exigences de la mode, et on voyait qu'elle avait été belle. Ses cheveux blonds, clairsemés, étaient assemblés en une coiffure sévère et elle était parfaitement maquillée, bien qu'un peu de rouge à lèvres écarlate se soit insinué dans les ridules qui partaient de sa bouche, et aucun artifice n'aurait su masquer la sauvagerie qui brillait dans ses yeux.

Delamare s'assit sur une chaise à côté du lit.

– Eh bien ? demanda sa mère.

– Toujours pas.

– Où a-t-elle été vue pour la dernière fois ? Et quand ?

– À Oxford, il y a quelques jours.

– Il faut faire beaucoup mieux que ça, Marcel. Ce congrès occupe tout ton temps. Quand cela prendra-t-il fin ?

– Quand j'aurai eu gain de cause, répondit-il sans perdre son calme.

Voilà bien longtemps qu'il ne se mettait plus en colère face à sa mère, et qu'elle ne lui faisait plus peur. En outre, il savait qu'il pouvait lui parler en toute sécurité de l'avancée de ses différents projets car nul ne croyait ce qu'elle racontait. De plus, ses avis étaient toujours impitoyables, et donc utiles.

– De quoi avez-vous parlé aujourd'hui ? demanda-t-elle en chassant d'une pichenette un grain de poussière imaginaire sur sa chemise de nuit en soie gris tourterelle.

– De la doctrine de l'incarnation. Où se situe la frontière entre la matière et l'esprit ? Quelle est la différence ?

La vieille femme était trop bien élevée pour ricaner, ouvertement du moins. Et si elle garda la bouche en cul-de-poule, ses yeux, eux, brillaient d'une lueur de mépris.

– Je croyais pourtant que c'était parfaitement évident,

dit-elle. Si tes collègues et toi avez besoin de vous livrer à ce genre de spéculations adolescentes, tu perds ton temps, Marcel.

– Certainement. Mais puisque c'est si évident pour toi, maman, quelle est la différence ?

– La matière est morte, évidemment. Seul l'esprit donne la vie. Sans l'esprit, ou l'âme, l'univers serait un immense terrain vague, peuplé par le vide et le silence. Tu sais tout cela aussi bien que moi. Alors, pourquoi cette question ? Serais-tu attiré par ce que ces *roses* semblent révéler ?

– Attiré ? Non, je ne crois pas. Mais je pense que nous devons en tenir compte.

– En tenir compte ? Qu'est-ce que ça signifie ?

Jadis, quand le venin l'animait, elle débordait de vitalité. Aujourd'hui qu'elle était vieille et malade, Delamare prenait plaisir à la provoquer, comme on taquinerait un scorpion enfermé derrière une vitre.

– Cela signifie que nous devons réfléchir à la manière dont nous allons réagir. Nous avons plusieurs possibilités. Premièrement, nous pouvons étouffer l'information, grâce à une enquête rigoureuse et à une démonstration de force implacable. Cela pourrait fonctionner quelque temps, mais le savoir, à l'instar de l'eau, trouve toujours une brèche dans laquelle s'infiltrer. Il y a trop de gens déjà informés, trop d'écrits, trop de lieux d'enseignement.

– Vous auriez dû étouffer l'affaire depuis longtemps.

– Tu as certainement raison. La deuxième solution consiste à remonter jusqu'à la racine du problème et à l'arracher. Il se passe des choses inexpliquées dans ce désert d'Asie centrale. Ces roses ne poussent nulle part ailleurs, et nous ignorons pourquoi. Nous pourrions envoyer des forces sur place pour tout détruire. La quantité d'essence de rose produite à ce jour est infime ; les réserves s'épuiseraient vite et le problème disparaîtrait de lui-même. Cette solution prendrait plus de temps et serait plus coûteuse que la première, mais c'est faisable et le résultat serait définitif.

– Je pense que c'est le moins que tu puisses faire. Ta sœur n'hésiterait pas.

– Beaucoup de choses se passeraient beaucoup mieux si Marisa était toujours parmi nous. Mais c'est comme ça. Et il existe une troisième option.

– Laquelle ?

– Nous pouvons accepter la réalité.

– Qu'est-ce que tu racontes ? Quelle réalité ?

– Ces roses existent. Et elles nous montrent une chose que nous avons toujours niée. Une chose qui contredit nos vérités les plus profondes au sujet de l'Autorité et de sa création ; cela ne fait aucun doute. Alors, nous pourrions le reconnaître courageusement, réfuter un enseignement millénaire et proclamer une vérité nouvelle.

La vieille femme frissonna de dégoût. Son dæmon-lézard se mit à sangloter en émettant de petits cris de terreur et de désespoir.

– Marcel, je t'ordonne de retirer ces paroles immédiatement. Je ne veux pas les avoir entendues. Reprends-les. Je *refuse* d'écouter cette hérésie.

Delamare l'observa sans rien dire ; il savourait la détresse de sa mère. Son souffle était rauque, sa respiration hachée. Elle agita la main et la manche de sa chemise de nuit glissa, dévoilant les traces de piqûres sur son avant-bras, dont la peau, semblable à un mouchoir en papier, pendait sur ses os. Dans ses yeux brillants, la méchanceté avait remplacé le mépris.

– Appelle l'infirmière, murmura-t-elle.

– L'infirmière ne peut rien contre l'hérésie. Calme-toi. Tu n'es plus de la première jeunesse, ni même de la seconde. Et je ne t'ai pas encore parlé de la quatrième option.

– Je t'écoute.

– Dévoiler la vérité comme je viens de le suggérer ne marcherait pas. Trop d'habitudes, trop de manières de penser, trop d'institutions dépendent des choses telles qu'elles sont et ont toujours été. La vérité serait instantanément balayée. Au lieu de cela, nous devons introduire subtilement, avec tact, l'idée qu'une autre vérité est possible. Une fois que les gens commenceront à douter de tout, de nombreuses portes s'ouvriront devant nous.

– Délicatement et avec tact, ironisa la vieille femme. Marisa, elle, aurait su montrer sa force. Son caractère. Elle était l'homme que tu ne seras jamais.

– Ma sœur est morte. Moi, je suis vivant, et en position de diriger le cours des choses. Alors, je te raconte ce que je vais faire car tu ne seras plus là pour le voir.

Sa mère se mit à pleurnicher.

– Pourquoi me parles-tu ainsi ? gémit-elle. Pourquoi es-tu si cruel ?

– Toute ma vie, j'ai eu envie de te traiter de cette façon.

– Tu te complais dans tes rancœurs enfantines, lâcha-t-elle d'une voix tremblante en tamponnant ses yeux et son nez avec un mouchoir en dentelle. J'ai des amis puissants, Marcel. Pierre Binaud m'a rendu visite pas plus tard que la semaine dernière. Alors, méfie-toi.

– Quand je t'écoute, j'entends la voix de Binaud. Tu couchais avec ce vieux pervers quand j'étais gamin. Ah, vous deviez offrir un sacré spectacle tous les deux à l'époque.

La vieille femme tenta de se redresser dans son lit en geignant. Son dæmon-lézard haletait à côté d'elle sur l'oreiller.

– Je veux une infirmière. Je souffre. Si tu savais comme tu me rends malheureuse. Tu viens me voir uniquement pour me torturer.

– Je ne resterai pas longtemps. Et je demanderai à l'infirmière de te donner un somnifère.

– Oh, non ! Non… Je fais des rêves affreux !

Son dæmon laissa échapper un couinement et tenta de se blottir contre sa poitrine, mais elle le repoussa. Delamare se leva et regarda autour de lui.

– Tu devrais aérer un peu cette chambre, dit-il.

– Ne sois pas désagréable.

– Que feras-tu de cette fille, une fois que je l'aurai retrouvée ?

– Je lui arracherai la vérité. Je la punirai. Je lui ferai regretter. Et une fois que j'aurai brisé sa volonté, je l'éduquerai correctement. Je lui ferai comprendre qui elle est et quelles devraient être ses priorités. Je la façonnerai et ferai d'elle la femme que *sa mère* serait devenue si elle avait vécu.

– Et Binaud ? Quel rôle jouera-t-il dans ce projet éducatif ?

– Je suis fatiguée, Marcel. Tu ignores à quel point je souffre.

– Je veux savoir ce que Binaud compte faire avec la fille.

– Il n'a rien à voir là-dedans.

– Bien sûr que si. Cet homme est corrompu. Il empeste la copulation furtive.

– Pierre Binaud est un *homme*. Tu ne peux pas savoir ce que ça veut dire. Et il m'aime.

Delamare rit. Ce qui ne lui arrivait pas souvent. Sa

mère frappa le lit de ses poings décharnés, faisant fuir son dæmon qui sauta sur la table de chevet.

– J'en conclus que nous allons assister à un mariage sur un lit de mort ? Comme ça, il pourra mettre la main sur tout ton argent et sur la fille. Je crains d'être trop occupé pour assister à la cérémonie.

Il ouvrit une des fenêtres en grand, et la nuit glaciale s'engouffra dans la chambre.

– Non, Marcel, je t'en supplie ! Ne sois pas aussi cruel avec moi ! Je vais mourir de froid !

Delamare se pencha vers sa mère pour l'embrasser. Elle tourna la tête.

– Au revoir, maman. Binaud a intérêt à ne pas trop tarder.

Olivier Bonneville n'avait pas dit toute la vérité, mais ce n'était pas la première fois. De fait, il n'avait pas retrouvé Lyra parce que la nouvelle méthode l'en empêchait. Bizarrement, elle avait réussi à contrer ses tentatives pour la localiser. Raison de plus pour être en colère après elle, et sa colère augmentait en même temps que sa curiosité.

Méfiant, par habitude et par penchant naturel, il ne gardait pas l'aléthiomètre sous son toit. Ce serait un jeu d'enfant pour un cambrioleur chevronné, sélectionné par la maison Juste, de s'introduire dans son petit appartement de deux pièces pour voler tout ce qu'il possédait. Aussi avait-il pris l'habitude de déposer l'aléthiomètre dans un coffre à la Banque savoyarde, un établissement si discret qu'il était presque invisible. La plaque de cuivre fixée à l'entrée, dans la rue de Berne, indiquait simplement *B. sav.* et n'était jamais astiquée, délibérément.

Le lendemain matin, de bonne heure, Bonneville se rendit à la banque et donna son (faux) nom, accompagné d'un mot de passe, à un employé qui lui ouvrit la porte de la salle des coffres et repartit. Bonneville récupéra l'aléthiomètre et le glissa dans sa poche. Dans l'autre, il fourra une épaisse liasse de billets de banque. La seule chose qu'il laissa dans le coffre était une clé, anonyme, qui ouvrait un autre coffre-fort dans une autre banque.

Vingt minutes plus tard, il achetait un billet à la gare nationale. Évidemment, il ne tenait pas compte de l'avis de Delamare qui lui avait interdit d'utiliser la nouvelle méthode ; il le faisait quand même. Mais elle ne lui avait rien appris sur Lyra. En outre, comme elle, il avait eu beaucoup de mal à supporter les vertiges et les nausées. Sans doute était-il préférable, pensait-il, d'interroger l'aléthiomètre au cours de séances plus brèves et plus espacées.

Heureusement, il restait l'ancienne méthode, inoffensive. C'était au cours de sa dernière séance « classique », avec les livres, qu'il avait appris que Lyra voyageait vers l'est. Seule, autant qu'il pouvait en juger. Dès que son train arriverait à Munich, il prendrait une chambre dans un hôtel miteux et se lancerait dans des recherches approfondies pour la retrouver. S'il avait tous les livres à sa disposition, ce serait plus rapide, assurément (moins qu'avec la nouvelle méthode, cependant), mais il en avait deux sous la main : un manuscrit holographique du *Clavis Symbolorum* d'Andreas Rentzinger, et l'unique et dernier exemplaire du livre de Spiridion Trepka, *Alethiometrica Explicata* qui, récemment encore, étaient conservés à la bibliothèque du prieuré de Saint-Jérôme à Genève. Hélas, ce dernier ouvrage avait perdu sa superbe reliure en cuir. Celle-ci était restée sur l'étagère de la bibliothèque, où elle protégeait les Mémoires, illisibles mais de dimensions semblables, d'un général napoléonien que Bonneville avait achetés à un bouquiniste. Tôt ou tard, bientôt peut-être, le vol de ces deux livres serait découvert, mais d'ici là, Bonneville aurait effectué un retour triomphal à Genève, il en était convaincu.

Quelqu'un la secouait.

– Lyra ! Lyra !

Ma Costa était penchée au-dessus de sa couchette, dans la lumière de la cambuse qui entrait par la porte ouverte, et quelqu'un se tenait à côté d'elle. C'était Farder Coram.

– Vite ! disait-il. Réveille-toi !

– Qu'est-ce qui se passe ?

– Le CDC, dit Ma Costa. Ils ont violé le traité, ils viennent d'envahir les Fens avec une dizaine de bateaux, au moins, et…

– Il faut qu'on t'emmène loin d'ici, la coupa le vieillard. Dépêche-toi de t'habiller.

Lyra se leva précipitamment et Ma Costa s'écarta, pendant que Farder Coram retournait dans la cambuse.

– Qu'est-ce… Comment ils savent ?…

– Tiens, enfile ça vite, par-dessus ta chemise de nuit, on s'en fiche, disait la vieille gitane en lui fourrant une robe dans les mains.

Lyra la fit passer par sa tête et, encore à moitié endormie, elle rassembla ses affaires éparpillées pour les fourrer dans son sac à dos.

Ma Costa ajouta :

– Coram connaît un homme qui possède un bateau

rapide. Il va t'emmener. Il s'appelle Terry Besnik. Tu peux lui faire confiance.

Lyra promena un regard hébété autour d'elle pour s'assurer qu'elle n'avait rien oublié. Non. Elle n'avait pas grand-chose et elle avait tout. Pan ? Où était-il ? La mémoire lui revint brusquement et son cœur chancela. Elle secoua la tête et dit d'une voix enrouée par le sommeil :

– Toute ma vie j'ai causé des ennuis aux gitans. Je suis désolée…

– Tais-toi donc, dit Ma Costa, et elle l'étreignit si fort que Lyra avait du mal à respirer. Et file ! Il n'y a pas de temps à perdre.

Dans la cambuse, Farder Coram prenait appui sur deux cannes. Visiblement, lui aussi venait de se réveiller. Lyra entendait le ronronnement discret d'un bateau à moteur dehors.

– Terry Besnik est un brave homme, dit Coram. Il est au courant de la situation. Il te conduira à King's Lynn – il connaît tous les canaux, grands et petits – et de là, tu pourras prendre un ferry. Mais fais vite, Lyra. Fais vite. Tu as ce que je t'ai donné ?

– Oui… oui… Oh, Farder Coram…

Elle le serra dans ses bras et sentit ses os frêles sous ses mains.

– Vas-y, la pressa Ma Costa. J'entends des coups de feu au loin.

– Merci, merci, fit Lyra, avant d'enjamber le plat-bord du bateau.

Une main tendue l'aida à descendre dans la cabine d'une autre embarcation, une vedette en bois sombre, sans aucune lumière.

– Maître Besnik ?

– Tiens-toi bien, répondit-il.

Elle distinguait mal son visage. C'était un homme trapu qui portait un bonnet de laine et une veste épaisse de couleur sombre. Lorsqu'il mit les gaz, le moteur grogna comme un tigre et le bateau bondit.

17
Les mineurs

Pantalaimon quitta l'*Elsa* à Cuxhaven, en profitant d'un moment d'inattention de l'équipage. Le capitaine Flint avait vendu l'hélice volée à un chantier maritime situé sur l'île de Borkum, comme l'avait prédit le matelot, et refusé ensuite de partager l'argent à parts égales avec son second, sous prétexte qu'il prenait davantage de risques en tant que capitaine. Pour se venger, le second avait volé le whisky de son supérieur avant de partir bouder dans sa cabine. Une heure après avoir quitté Borkum, un palier d'arbre d'hélice se détacha, provoquant une voie d'eau dans la salle des machines ; ils atteignirent Cuxhaven tant bien que mal, deux matelots étant obligés d'écoper pendant que le second grommelait dans son coin. Pan assistait à tout cela d'un œil fasciné. Il était facile de se cacher à bord d'un bateau comme l'*Elsa*.

Le soir, ils s'amarrèrent à un quai derrière lequel se dressait un entrepôt presque en ruine. Les « passagers » qui s'y cachaient ne pourraient pas embarquer tant que le palier d'arbre d'hélice n'aurait pas été remplacé, car cette « transaction » exigeait discrétion et silence. Difficile de dire combien de temps prendrait la réparation. Flint connaissait un homme qui possédait la pièce nécessaire : malheureusement, il était temporairement absent – peut-être était-il en prison ? – et son assistant, qui avait une dent contre Flint depuis très longtemps, la lui ferait payer au prix fort. À la nuit tombée, Pan dévala la passerelle et disparut dans l'obscurité du port.

Il n'avait plus qu'à trouver le fleuve et à en remonter le cours jusqu'à Wittenberg.

Au même moment, Lyra était assise dans le salon avant d'un ferry bondé qui faisait route vers Flushing, sur les côtes hollandaises. Elle aurait préféré voyager dehors, pour être seule, mais il faisait un froid polaire. Elle était donc obligée de supporter la chaleur étouffante et les odeurs de gasoil, de nourriture rance, de feuilles à fumer, de bière, de vêtements sales, accompagnées d'un soupçon de vomi. Les rampes ambariques, qui clignotaient de manière exaspérante, projetaient une lumière blafarde dans les moindres recoins.

L'absence de son dæmon provoqua moins d'inquiétude qu'elle l'avait craint, au début du moins. Les membres de l'équipage étaient trop affairés et la plupart des passagers avaient d'autres préoccupations, comme essayer de calmer un enfant qui pleurait, ou bien ils étaient trop fatigués et indifférents. Ceux qui remarquaient cette anomalie se contentaient de lui jeter un regard furtif et de murmurer un mot ou deux, qu'ils accompagnaient d'un petit geste pour conjurer le mauvais sort. Lyra faisait semblant de ne pas s'en apercevoir et s'efforçait de passer inaperçue.

Parmi les passagers rassemblés dans le salon avant se trouvait une demi-douzaine d'hommes qui, de toute évidence, voyageaient ensemble. Ils portaient le même genre de vêtements contre le froid, décontractés mais de bonne qualité, ils parlaient gallois et dégageaient une impression d'assurance et de désinvolture. Lyra les observait discrètement, car deux d'entre eux l'avaient regardée avec intérêt lorsqu'elle s'était frayé un passage au milieu de la foule massée à l'entrée du salon, et ils avaient échangé quelques mots avant de reporter leur attention sur elle. Leurs compagnons commandaient à boire – des boissons chères – et riaient fort. Si Pan avait été là, elle aurait pu jouer au détective avec lui et essayer de deviner le métier de ces hommes. Mais pour cela, il aurait fallu qu'ils renouent leurs relations d'autrefois, sans doute envolées pour toujours.

Bah, elle pouvait quand même se livrer à ce petit jeu toute seule. Faisant semblant de dormir, elle espionna le groupe d'hommes.

Des amis ou des collègues. La petite quarantaine. Ils ressemblaient plus à des travailleurs manuels qu'à des employés de bureau qui restaient assis toute la journée, car ils semblaient en forme et se déplaçaient aisément malgré le roulis. On aurait dit des athlètes, voire des gymnastes. Ou des soldats. Oui, c'était possible. Mais leurs cheveux étaient trop longs et leur teint trop pâle ; ils ne travaillaient pas en extérieur. Ils étaient bien payés, à en juger par leurs vêtements et ce qu'ils buvaient. En outre, ils étaient plutôt petits, alors que les soldats étaient d'ordinaire plus grands…

Lyra en était là de ses conclusions lorsqu'un homme d'un certain âge, corpulent, s'assit à côté d'elle. Elle essaya de se pousser pour lui laisser un peu plus de place, mais une grosse femme dormait sur le banc à sa gauche, et ne bougea pas d'un centimètre lorsque Lyra lui donna un petit coup de coude.

– Vous bilez pas, dit l'homme. Y a pas de mal à se serrer un peu. Vous faites un long voyage ?

– Non, répondit-elle, avec froideur, sans le regarder.

Le dæmon de l'homme, une petite chienne marron et blanc pleine de vie, reniflait son sac à dos posé sur le sol. Lyra le ramassa et le tint fermement sur ses genoux.

– Où est votre dæmon ? demanda l'homme.

Lyra lui jeta un regard méprisant.

– Pas la peine de le prendre comme ça, dit l'homme.

Neuf ans plus tôt, à l'époque où elle avait voyagé jusque dans l'Arctique avec Pan toujours près d'elle, Lyra aurait inventé sans peine une histoire pour expliquer à cet inconnu pourquoi il devait la laisser tranquille : elle était atteinte d'une maladie infectieuse ou bien elle se rendait à l'enterrement de sa mère, ou bien son père était un assassin qui allait venir la chercher d'un instant à l'autre... Cette histoire avait bien fonctionné en une certaine occasion.

Mais désormais elle manquait d'inventivité ou d'énergie ou de culot. Elle était fatiguée, seule et apeurée, même devant cet homme débonnaire et son petit dæmon idiot, qui jappait et tentait de grimper sur ses genoux.

– Qu'est-ce qui se passe, Bessy ? demanda-t-il en soulevant la chienne de terre pour la câliner et écouter ce qu'elle lui murmurait à l'oreille.

Lyra détourna le regard, mais elle sentait que l'homme la dévisageait, tout en parlant à voix basse avec son dæmon.

Celui-ci émit un petit gémissement et tenta de s'éloigner de Lyra en se réfugiant à l'intérieur du manteau de l'homme. Écœurée par cette quête d'attention démonstrative, Lyra ferma les yeux et fit mine de dormir. Soudain, une dispute éclata près du bar ; une voix forte, à l'accent gallois, retentit, mais retomba presque aussitôt.

– Y a un problème ici, déclara à la cantonade l'homme corpulent assis à côté de Lyra. Ouais, un sérieux problème.

Elle ouvrit les yeux et vit plusieurs têtes pivoter. Tous les bancs étaient occupés par des passagers qui dormaient, mangeaient et buvaient, et le bruit des moteurs du ferry produisait un grondement permanent sous leurs pieds ; les vagues et le vent au-dehors formaient une deuxième couche sonore, tandis que les conversations et les rires des buveurs rassemblés autour du bar, un peu plus loin, résonnaient distinctement eux aussi, mais la voix de son voisin couvrait tout :

– Moi, je dis qu'il y a un truc qui cloche. Cette jeune femme… Y a un truc qui va pas.

Son dæmon poussa un hurlement, un son strident et tremblotant qui fit naître un frisson glacé dans le dos de Lyra. Presque tout le monde la regardait maintenant. La femme, affalée à sa gauche, se réveilla.

– Mon dæmon est à l'intérieur de mon manteau, expliqua Lyra. Il ne se sent pas bien. D'ailleurs, ce ne sont pas vos affaires.

– Non, non, à d'autres ! Moi, je crois plutôt que vous avez pas de dæmon. Ma Bessy se trompe jamais.

– Vous faites erreur. Mon dæmon est malade. Je refuse de le réveiller uniquement parce que vous êtes superstitieux.

– Me parlez pas sur ce ton, jeune femme. Je le tolérerai

pas. Dans votre état, vous devriez pas vous montrer en public. Vous avez un problème. Y a un truc qui va pas.

– Que se passe-t-il ? demanda un homme assis sur le banc d'en face. Pourquoi criez-vous comme ça ?

– Elle a pas de dæmon ! J'arrête pas de lui dire qu'on peut pas sortir en public comme ça !

– C'est vrai ? demanda l'homme, dont le dæmon-corbeau, perché sur son épaule, agitait les ailes et croassait bruyamment.

Lyra s'aperçut qu'il s'adressait à elle.

– Bien sûr que non, dit-elle aussi calmement que possible. Comment pourrais-je aller où que ce soit sans dæmon ?

– Où il est, alors ? demanda son voisin.

– Ça ne vous regarde pas, répondit Lyra, affolée de voir que ce ridicule incident attirait l'attention.

– Les personnes défigurées à ce point devraient pas se montrer en public, insista-t-il, et son dæmon poussa un autre hurlement. Regardez ! Vous faites peur à tout le monde. Y a des endroits pour les gens comme vous…

Un enfant se mit à pleurer. Sa mère le prit dans ses bras, ostensiblement, en veillant à ce que son manteau ne touche pas le sac à dos de Lyra, comme s'il était souillé lui aussi. Le dæmon-souris de l'enfant se transforma en oiseau, puis en chiot, avant de reprendre sa forme de souris, sans cesser de gesticuler furieusement en poussant des couinements, jusqu'à ce que le dæmon de la mère, un mastiff, le prenne dans sa gueule et le secoue.

Lyra voulut se lever, en serrant son sac à dos contre elle, mais l'homme la retint par la manche.

– Lâchez-moi ! ordonna-t-elle.

– Oh, non, non, vous pouvez pas aller où ça vous chante, dit-il en quêtant autour de lui le soutien qui commençait à se lire sur les visages des personnes assises à proximité. (Manifestement, il était persuadé de parler au nom de tous.) Vous pouvez pas vous balader dans cet état. Vous faites peur aux enfants. Vous êtes un danger public. Vous allez venir avec moi et je vais vous remettre au…

– C'est bon, dit une autre voix, teintée d'un fort accent gallois.

Levant les yeux, Lyra découvrit deux des hommes qui faisaient partie du groupe installé au bar. Décontractés et sûrs d'eux, le teint légèrement rougeaud, un peu ivres peut-être.

– On s'occupe d'elle. Laissez-nous faire. Vous inquiétez pas.

L'homme rechignait à abandonner le premier rôle, mais les deux Gallois étaient plus jeunes et plus forts que lui. Il lâcha la manche de Lyra.

– Vous, venez avec nous, déclara l'un des deux.

On avait l'impression que personne ne lui avait jamais refusé quoi que ce soit ni désobéi. Hésitante, Lyra ne bougea pas.

– Allez, insista-t-il.

L'autre la jaugeait du regard. Il n'y avait aucune aide à attendre, de nulle part. Elle était entourée de visages fermés, froids et indifférents, ou bien animés par une haine profonde. Tous les dæmons avaient couru, rampé ou volé pour se réfugier dans le giron de leur humain, à l'abri de cette créature effrayante et mystérieuse qui avait le culot de se présenter parmi eux sans dæmon. Lyra se faufila entre les jambes des passagers et leurs bagages pour suivre les Gallois.

Elle songea : « Est-ce que tout va s'arrêter si vite ? Non, pas question. Dès que nous serons dehors, je passerai à l'attaque. » Pequeno, le bâton, était glissé dans sa manche gauche, prêt à jaillir dans sa main droite, et elle savait déjà où elle assènerait le premier coup : sur la tempe du deuxième homme, dès que la porte se refermerait derrière eux.

Ils atteignirent la porte du salon, accompagnés par les grognements approbateurs des passagers et les hochements de tête complices des autres Gallois restés au bar. Tout le monde savait ce que ces deux hommes allaient lui faire et aucune voix ne s'éleva pour protester. Lyra fit glisser le manche du bâton dans sa paume, alors qu'ils sortaient dans le vent glacial. La porte claqua dans leurs dos.

Le pont était ruisselant de pluie et d'écume, le bateau tanguait furieusement et une bourrasque gifla Lyra au moment où elle tirait le bâton de sa manche… et s'immobilisa.

Les deux hommes avaient reculé, mains levées. Leurs dæmons, un blaireau et un canari, s'étaient figés dans une attitude pacifiste, un sur le pont, l'autre sur une épaule.

– Du calme, mademoiselle, dit le plus grand des deux hommes. Fallait qu'on vous sorte de là.

– Pourquoi ? demanda-t-elle, ravie de constater que sa voix ne tremblait pas.

L'autre homme lui tendit quelque chose. L'étui en velours noir de l'aléthiomètre. Lyra perdit soudain l'équilibre, comme si elle avait reçu un coup.

– Qu'est-ce… Comment…

– Quand vous êtes entrée dans le salon, on a vu un homme glisser la main dans votre sac pour y prendre quelque chose. Il a été très rapide. On l'a observé et, avant qu'il ait le temps de filer, on l'a rattrapé. Il n'a même pas protesté. On a récupéré cette chose, et quand ce gros idiot avec son petit dæmon gueulard a commencé à vous chercher noise, on s'est dit qu'on pouvait faire d'une pierre deux coups.

Lyra prit l'étui en velours et l'ouvrit : l'éclat de l'or et le poids familier dans sa paume lui indiquèrent qu'il était intact.

– Merci. Merci infiniment.

Le dæmon-canari, perché sur l'épaule du plus grand des deux hommes, dit :

– *Duw mawr, dydi hi ddim yn ddewines, ydi hi ?*

L'homme hocha la tête et demanda à Lyra :

– Vous êtes une sorcière, pas vrai ? Désolé si je suis malpoli, mais…

– Comment le savez-vous ? répondit-elle, et cette fois, elle ne put empêcher sa voix de trembler.

– On a déjà vu une de vos semblables, dit l'autre.

La lampe au-dessus de la porte baignait d'une lumière jaune leurs visages exposés aux bourrasques et aux embruns comme l'était le sien. Ils reculèrent encore d'un pas.

– On est en plein vent ici, dit le premier. C'est un peu plus abrité de l'autre côté.

Ils s'éloignèrent et Lyra les suivit sur le pont, en luttant pour conserver son équilibre, vers l'autre bord du bateau. Le salon d'un côté et un canot de sauvetage suspendu à un bossoir, au-dessus, les protégeaient un peu plus des intempéries, et ils avisèrent un banc presque sec, un peu plus loin, sous une lumière faiblarde.

Les deux hommes s'y assirent. Lyra repoussa le bâton à l'intérieur de sa manche avant de les rejoindre. Ils s'étaient collés l'un à l'autre, à une extrémité, afin de lui laisser le maximum de place, et avaient relevé le col de leurs vestes. L'un des deux sortit un bonnet de sa poche et l'enfila.

Lyra abaissa sa capuche et orienta sa tête vers la lumière, pour bien montrer son visage.

– Moi, c'est Gwyn, dit le premier homme. Et lui, c'est Dafydd.

– Je m'appelle Tatiana Asrielovna, dit Lyra en brodant sur le nom de son père.

– Et vous êtes bien une sorcière, hein ? demanda Dafydd.

– Oui. Et si je voyage ainsi, c'est que je n'ai pas le choix. Ce n'est pas par plaisir.

– Ouais, on s'en doute, commenta Gwyn. Personne n'irait se fourrer dans un nid d'imbéciles s'il pouvait faire autrement.

Soudain, elle comprit.

– Vous êtes des mineurs ?

– Comment vous le savez ?

– J'ai deviné. Où allez-vous ?

– À Sala, dit Gwyn. En Suède. Dans les mines d'argent.

– C'est là qu'on a rencontré une sorcière, précisa Dafydd. Elle était venue acheter de l'argent et s'est retrouvée clouée au sol. À cause de son… sa branche de…

– De sapin.

– Oui, voilà. Quelqu'un la lui avait volée. On l'a retrouvée.

– Elle nous avait aidés avant, ajouta Gwyn. On avait une dette envers elle. Alors, on l'a aidée à notre tour. Et on a appris un tas de choses sur leur vie et tout ça.

– Où vous allez comme ça, Tatiana ? interrogea Dafydd.

– Très loin vers l'est. Je cherche une plante qui pousse uniquement en Asie centrale.

– C'est pour… un sort magique ou un truc dans le genre ?

– C'est pour fabriquer un remède. Ma reine est malade. Et si je ne rapporte pas cette plante, elle mourra.

– Et pourquoi vous voyagez par bateau ? C'est dangereux pour vous autres de vous déplacer à la surface de la terre, si je puis dire.

– La malchance. J'ai perdu ma branche de sapin dans un incendie.

Les deux hommes hochèrent la tête d'un air compatissant.

– Le mieux, si vous pouvez, dit Gwyn, c'est de voyager en première classe.

– Pourquoi ?

– Les passagers posent moins de questions. Ils sont moins curieux. Les riches sont pas comme nous. Mais tous ces gens dans le salon, comme ce gros lard stupide… où qu'on aille, on tombe sur ce genre de connards… Pardonnez-moi. Et sur des voleurs. Mais si vous voyagez en première, si vous restez dans votre coin… Comment on dit, déjà ?

– Distante, proposa Dafydd.

– Oui, un truc comme ça. Fière, hautaine. Les gens se méfient de vous et ils osent pas vous interroger ou se mêler de vos affaires.

– Vous croyez ?

– Oui. Faites-moi confiance.

– L'Asie centrale, dit Gwyn, songeur. C'est pas la porte à côté.

– J'y arriverai. Mais expliquez-moi… Pourquoi des mineurs gallois partent-ils travailler en Suède ?

– Parce qu'on est les meilleurs au monde, répondit Dafydd. On est allés au Coleg Mwyngloddoaeth, tous les deux.

– Qu'est-ce que ça veut dire ?

– C'est l'école de la mine à Blaenau Ffestiniog.

– Et vous extrayez de l'argent ?

– À Sala, oui, dit Gwyn. Les métaux précieux, c'est notre spécialité.

– Ce machin qu'on vous a rendu, commença Dafydd. C'est quoi au juste, si je peux me permettre ? Ça pèse son poids. On dirait de l'or.

– C'en est, confirma Lyra. Vous voulez le voir ?

– Oui, avec plaisir, dit Gwyn.

Elle ouvrit son sac à dos. Était-elle devenue folle ? Pourquoi diable faisait-elle confiance à ces deux hommes ? Parce qu'ils l'avaient aidée, voilà tout.

Ils se rapprochèrent pour la regarder ouvrir l'étui en velours noir et faire glisser l'aléthiomètre, qui tomba lourdement dans sa paume. Il capta tous les photons qui tombaient de la lampe fixée au-dessus d'eux et les renvoya amplifiés.

– *Duw*, fit Dafydd. C'est quoi, ce truc ?

– Un aléthiomètre. Il a été fabriqué il y a.... trois cents ans peut-être. Êtes-vous capables de dire d'où vient cet or ?

– Faudrait que je touche, répondit Gwyn. À première vue, je peux déjà vous dire quelque chose, mais il faut que je le sente entre mes doigts pour être sûr.

– Que pouvez-vous déjà me dire ?

– C'est pas du vingt-quatre carats, mais c'est pas étonnant. Ce serait trop mou pour un outil de travail. Faut un alliage avec un autre métal. J'arrive pas à voir lequel, il fait trop sombre. C'est bizarre. C'est presque de l'or pur, mais pas totalement. Je n'ai jamais rien vu de pareil.

– Des fois, on le sent au goût, dit Dafydd.

– Je peux le toucher ? demanda Gwyn.

Lyra lui tendit l'aléthiomètre. Le mineur le prit et promena son pouce autour du cadran.

– C'est pas du cuivre ni de l'argent, affirma-t-il. C'est autre chose.

Il le leva à la hauteur de son visage et l'appuya délicatement contre sa joue.

– Qu'est-ce que vous faites ?

– Je le sens. Y a des nerfs différents sur les diverses zones de la peau. Sensibles à des stimulations différentes… Très bizarre. Je n'arrive pas à croire que…

– Laisse-moi essayer, lança Dafydd.

Il prit l'appareil, l'approcha de sa bouche et y déposa le bout de sa langue.

– Oui, c'est presque de l'or pur. Le reste… Non, j'y crois pas.

– Si, dit son dæmon-canari, posé sur son poignet. J'en suis sûr maintenant. C'est du titane.

– Ouais, c'est bien ce que je pensais, dit Gwyn. Mais c'est impossible. Le titane n'a été découvert qu'il y a deux cents ans, et je n'ai jamais entendu parler d'un alliage or-titane.

– C'est très difficile à travailler, confirma Dafydd. Pourtant, ça y ressemble… Les aiguilles, elles sont en quoi ?

Les trois aiguilles que Lyra pouvait actionner étaient faites dans une sorte de métal noir. Celle qui se déplaçait toute seule était d'une couleur plus claire, un gris orage. Will et elle avaient noté la ressemblance avec la lame du poignard subtil, mais ils n'avaient pas réussi à en savoir plus. Iorek Byrnison lui-même, qui avait reforgé la lame quand elle avait été brisée, avait dû admettre son ignorance.

Lyra ne pouvait pas entrer dans les détails sans se lancer dans de longues explications, alors elle répondit simplement :

– Je crois que personne n'en sait rien.

Dafydd lui rendit l'aléthiomètre, qu'elle s'empressa de ranger.

– Figurez-vous, dit Gwyn, qu'il y a au musée du Coleg Mwyngloddoaeth un bout de métal qui fait penser à un morceau de lame. De couteau, ou un truc dans le genre. Et personne n'a jamais pu identifier ce métal.

– C'est une sorte de secret, ajouta Dafydd.

– Mais il ressemble exactement à cette aiguille. Il vient d'où, cet objet ?

– De Bohême.

– Eh bien, ils avaient de sacrés ferronniers là-bas, dit Gwyn. Si c'est vraiment un alliage d'or et de titane… c'est pas facile à réaliser. Je dirais même qu'à cette époque-là, c'était impossible. Pourtant, y a pas de doute. C'est bien ça. C'est un truc de sorcières ?

– Non. Je suis la seule sorcière qui possède un de ces objets. À notre connaissance, il n'y en a que six au monde.

– Et ça sert à quoi ?

– Vous lui posez des questions et vous déchiffrez les réponses. Le problème, c'est que, pour comprendre, il faut avoir un tas de vieux livres, qui donnent le sens des symboles. Ça nécessite un long apprentissage. Malheureusement, tous mes livres sont à Novy Kievsk. Et sans eux, je ne peux pas déchiffrer les réponses.

– Pourquoi vous le trimballez partout, dans ce cas ? Ça ne serait pas plus prudent de le laisser chez vous ?

– On me l'a déjà volé et j'ai eu beaucoup de mal à le récupérer. On dirait que…

Elle hésita.

– Quoi donc ? demanda Dafydd.

– On dirait qu'il attire les voleurs. Comme tout à l'heure. On me l'a volé très souvent. Quand on me l'a donné, je croyais que les vols cesseraient, mais apparemment, non.

Désormais, je vais redoubler de prudence. Je vous dois une fière chandelle.

– On a payé notre dette, c'est tout, dit Gwyn. Cette sorcière dont on vous a parlé, elle nous a aidés quand on est tombés malades. À cause d'une épidémie. Une sorte de maladie des poumons, partie des mines situées au nord de Sala. On était salement atteints tous les deux. Cette sorcière a cueilli des herbes qui nous ont guéris et, sur ce, des abrutis du coin lui ont volé sa branche de sapin. Alors, on est allés la récupérer.

Son dæmon, un petit blaireau, allait et venait sans cesse sur le pont quand, soudain, il s'arrêta et tourna la tête vers l'arrière du ferry. Gwyn lui murmura quelques mots en gallois et il répondit dans la même langue.

– Des hommes approchent, traduisit Dafydd.

Lyra ne voyait personne, mais il faisait sombre à l'extrémité du ferry et le vent plaquait ses cheveux sur son visage. Par mesure de prudence, elle cacha son sac à dos sous le banc et palpa le bâton à travers sa manche. Elle remarqua que les deux Gallois étaient prêts à se lever d'un bond pour en découdre, et cela semblait les réjouir.

Deux hommes apparurent dans le cercle de lumière à côté d'une porte. Ils portaient des uniformes que Lyra ne reconnut pas : noirs, parfaitement taillés, complétés par une casquette qui s'ornait d'un insigne qu'elle ne distinguait pas. Des militaires, sans aucun doute.

L'un d'eux ordonna :

– Vos billets.

Gwyn et Dafydd glissèrent la main dans la poche de leur veste. Les dæmons des hommes en uniforme, de gros chiens qui ressemblaient à des loups, regardaient Lyra avec une intensité farouche.

L'homme qui avait réclamé les billets tendit la main vers Gwyn, qui ne bougea pas.

– Premièrement, dit-il, vous n'êtes pas des employés de la Compagnie des ferries de Hollande du Nord. Je ne connais pas ces uniformes. Alors, dites-moi qui vous êtes et je déciderai si je vous montre mon billet.

Le dæmon-chien de l'homme grogna. Gwyn posa la main sur le dos de son dæmon-blaireau.

– Regardez bien, répondit l'homme en ôtant sa casquette pour montrer son insigne. (Lyra découvrit alors une lampe dorée dont la flamme projetait un faisceau de rayons rouges.) Vous le verrez de plus en plus. Et bientôt, vous n'aurez plus besoin de poser la question. Cet insigne est celui du Bureau du Devoir juste. Nous sommes des agents de ce bureau et notre mission consiste à vérifier les billets de toute personne qui pénètre en Europe continentale. Entre autres choses.

Un souvenir se raviva dans la mémoire de Lyra. Une chose que lui avait dite Malcolm…

– La Ligue de Saint-Alexander. Vous pouvez remettre votre casquette.

L'homme ouvrit la bouche pour dire quelque chose, mais il la referma aussitôt. Avant de la rouvrir :

– Je vous demande pardon, mademoiselle ?

– Je veux juste vous empêcher de commettre une erreur. Votre organisation est récente, n'est-ce pas ?

– Euh… oui. Mais le…

Elle l'arrêta d'un geste.

– Ce n'est pas grave, je comprends. Vous n'avez pas eu le temps d'assimiler toutes les nouvelles règles. Si je vous montre ceci, peut-être que vous saurez comment procéder la prochaine fois.

Elle exhiba le foulard, qui portait encore le nœud fait par Dick Orchard. Elle leur laissa le temps de bien le regarder avant de le ranger.

– Qu'est-ce que…

– C'est l'insigne de mon agence. Cela signifie que mes compagnons et moi sommes en mission pour le Magisterium. Vous devriez le savoir. Quand vous voyez ce nœud, le meilleur conseil que je peux vous donner, c'est de détourner le regard et d'oublier immédiatement la personne qui vous l'a montré. En l'occurrence, ça veut dire oublier mes compagnons également.

Les deux hommes en uniforme semblaient déconcertés.

– On… on ne nous a pas prévenus…, bafouilla l'un d'eux. Quelle agence, vous avez dit ?

– Je n'ai rien dit. Mais je vais vous le dire maintenant, et ensuite, on en restera là. *La maison Juste*.

Ils avaient déjà entendu ce nom, et ils savaient qu'il ne fallait pas plaisanter.

Lyra posa son index sur ses lèvres.

– C'est comme si vous ne nous aviez jamais vus, dit-elle.

Le premier hocha la tête. Le second salua en portant la main à sa casquette. Leurs dæmons repartirent la queue basse.

– *Duw annwyl*, lâcha Gwyn quand ils furent seuls. Félicitations.

– Question d'habitude, dit Lyra. Toutefois, ça faisait longtemps que ça ne m'était pas arrivé. Je suis contente que ça marche toujours.

– Vous croyez qu'ils vont nous oublier ? demanda Dafydd.

Il semblait aussi impressionné que son compagnon.

– J'en doute. Mais pendant un moment, ils vont hésiter à en parler, au cas où, effectivement, ce serait une chose qu'ils *auraient dû* savoir. Au moins, on sera tranquilles jusqu'à ce qu'on accoste.

– Nom d'un chien.

– C'est quoi, le nom que vous avez prononcé ? demanda Gwyn. Du français ?

– *La maison Juste*. Une branche du Magisterium. Je n'en sais pas plus. Il fallait que je détourne leur attention avant qu'ils m'interrogent sur mon dæmon.

– Je n'osais pas poser la question, pour ne pas paraître malpoli, mais… où est-il ?

– Il est rentré à la maison pour leur annoncer que j'étais partie loin de chez nous. À des milliers de kilomètres.

– Je ne peux même pas imaginer ce que ça fait de plus avoir son dæmon tout près, dit Dafydd.

– Ce n'est jamais facile. Mais il en va ainsi parfois.

Lyra remonta son col et abaissa sa capuche sur sa tête.

– Quel froid, commenta Gwyn. Vous voulez essayer de retourner à l'intérieur ? On restera avec vous.

– On pourrait aller dans l'autre salon, proposa Dafydd. C'est plus calme. Il fera un peu plus chaud.

– D'accord, dit-elle. Merci.

Elle se leva pour les suivre sur le pont, jusqu'au salon arrière, qui semblait occupé principalement par des personnes âgées. Il y faisait plus sombre que dans le salon avant, le bar était fermé et la plupart des passagers dormaient. Un petit groupe jouait aux cartes, d'autres lisaient.

Une pendule fixée au-dessus du bar indiquait une heure et demie. Le ferry accostait à huit heures.

– Mettons-nous là, dit Gwyn en s'arrêtant devant une banquette, contre le mur, qui pouvait les accueillir tous les trois. Vous pouvez dormir tranquillement, dit-il à Lyra, on ouvre l'œil.

– C'est très gentil, merci. (Elle s'assit et posa son sac à dos sur ses genoux.) Je m'en souviendrai.

– On vous réveillera au moment de débarquer.

Elle ferma les yeux et la fatigue s'empara d'elle immédiatement. Alors qu'elle sombrait dans le sommeil, elle entendit Gwyn et Dafydd parler tout bas sur sa gauche, en gallois, pendant que leurs dæmons en faisaient autant sous leurs pieds.

À la maison d'hôtes Eisenbahn de Munich, Olivier Bonneville monta directement dans sa petite chambre mal éclairée après un dîner composé de porc et de raviolis chinois, et essaya de localiser Lyra. Il avait remarqué quelque chose à propos de la nouvelle méthode… Ce n'était pas facile à formuler… Avec cette méthode, il ne voyait aucune trace d'elle, alors qu'auparavant, il la voyait sans peine. Il s'était passé quelque chose. Avait-elle trouvé un moyen de se cacher ? Il espérait que non. Car impossible de renoncer.

Et puis, il y avait autre chose… une sorte de petit coup de coude, comme si l'aléthiomètre lui donnait un indice…

Parce que la lumière dispensée par l'unique ampoule suspendue au plafond était trop faible, et les caractères des livres qu'il avait volés trop petits, et parce qu'il connaissait par cœur les symboles qui figuraient sur le cadran, il décida de ne pas utiliser la méthode classique. Installé dans le fauteuil rembourré, il se concentra sur la fille une fois de plus. Il tenta de faire apparaître son visage mentalement. En vain. Une fille aux traits lisses et aux cheveux blonds. Ou châtains ? Il ne voyait rien. Pas même son dæmon.

Quel animal était-ce, d'ailleurs ? Une espèce de fouine

ou de furet ? Oui, quelque chose dans ce genre-là. Il l'avait juste entraperçu, mais il se souvenait d'une grosse tête, d'un brun-roux, et d'une tache plus claire sur le devant…

Un bruissement se produisit parmi les brindilles et les feuilles.

Bonneville se redressa dans le fauteuil. Il ferma les yeux pour renforcer sa concentration. Il faisait sombre, évidemment, car c'était la nuit, mais il y avait une sorte de luminescence quelque part – des broussailles, des ronces, de l'eau… Il se frotta les yeux, ce qui n'eut aucun effet. Il s'obligea à se détendre et tenta de repousser la nausée (les raviolis chinois n'arrangeaient rien). « La prochaine fois, ne mange pas autant », se dit-il.

Le bruissement recommença, accompagné d'un mouvement perceptible… et d'un haut-le-cœur instantané. Il se précipita vers le lavabo pour vomir. Il avait failli réussir ! Il était tout près ! Il se rinça la bouche et retourna s'asseoir.

Le problème… La question était… À qui appartenait ce point de vue ? À travers les yeux de qui voyait-il ? De personne. Le point de vue n'étant pas ancré, il ballottait dans tous les sens. S'il s'immobilisait, les nausées disparaîtraient… Mais il n'y avait pas d'yeux là-bas. Pas d'appareil photo. Il n'y avait aucune raison pour que le point de vue se situe *ici* plutôt que *là*.

« Dans ce cas, se dit-il, essaie de ne *pas* voir. Essaie d'écouter, de sentir, ou les deux. » Des sens moins dépendants du point de vue.

Bonneville obligea alors son esprit à ne voir que l'obscurité, afin de se concentrer sur l'ouïe et l'odorat.

Tout de suite, ce fut beaucoup mieux. Il percevait un vent léger souffler dans les buissons et, parfois, le bruit des pattes d'un animal sur des feuilles mortes, mais pas sèches ;

il sentait une odeur d'humidité et de cours d'eau, plus large, plus lointain ; il entendait les clapotis provoqués par le sillage d'une embarcation le long de la rive.

Et d'autres choses encore. Il entendait l'immensité de la nuit tout autour. Des bruits qui flottaient à la surface de l'eau : un puissant moteur, les gerbes d'une vague d'étrave, des voix étouffées. Le hululement d'une chouette. Et toujours ces bruissements dans les broussailles.

Totalement immobile, yeux fermés, il scrutait les ténèbres profondes. La chouette poussa de nouveau son cri, plus proche. Le bateau s'éloignait sur sa droite. Et soudain, une odeur animale, tout près.

Surpris, Bonneville leva les yeux et, l'espace d'une fraction de seconde, il vit la silhouette du dæmon de la fille se découper sur le fond obscur d'un large cours d'eau, mais pas celle de Lyra. Elle demeurait invisible. Le dæmon était seul. Très vite, il referma son esprit avant l'assaut de la nausée. Il attendit qu'elle reflue et resta assis dans le fauteuil, les paupières battantes, un sourire aux lèvres. Ivre de joie. Triomphant.

Voilà pourquoi il ne parvenait pas à la localiser ! Elle était séparée de son dæmon ! Et il comprenait maintenant comment fonctionnait la nouvelle méthode : elle ne se focalisait pas sur la personne, mais sur son dæmon ! Que de découvertes !

S'il avait vu des photogrammes de Lyra dans l'appartement de Delamare, c'était dû à la présence de son dæmon sur chacun d'eux.

Et maintenant, il savait que celui-ci voyageait seul, sur un grand cours d'eau. Ne restait plus qu'à découvrir lequel. Ce ne serait pas long.

Une excellente soirée, tout compte fait.

18
Malcolm à Genève

Malcolm avait des problèmes de vue. L'anneau pailleté, qu'il considérait comme son auréole personnelle, tremblotait à la limite de son champ de vision depuis plusieurs jours déjà, non pas de manière permanente, mais plus longtemps que d'habitude. Comme si le monde était projeté par une lanterne magique sur un écran qui ne serait pas solidement fixé. Asta, bien qu'elle ne puisse voir l'anneau aussi distinctement que lui, percevait néanmoins une sensation désagréable.

Ils arrivèrent à Genève par une journée venteuse, en fin d'après-midi, sous un ciel assombri par le crépuscule naissant et la menace d'un orage. Une certaine effervescence régnait en ville car le congrès du Magisterium touchait à sa fin. En vérité, Malcolm n'avait pas besoin de traverser

Genève, et cette escapade pouvait se révéler risquée, mais il serait intéressant d'apprendre ce qui s'était dit. En outre, il savait que Simon Talbot participait à ce congrès et il aurait bien aimé le rencontrer.

Il avait l'intention de quitter la ville en train, mais il arriva en car, se doutant que les autorités surveillaient moins les gares routières que les gares ferroviaires. Asta et lui descendirent dans une banlieue morne, où se côtoyaient de petites usines, des jardins maraîchers, des scieries... La route longeait le lac sur une courte distance et, dans l'obscurité grandissante, ils apercevaient les lumières de la ville sur la rive la plus chic et, au-delà, les montagnes enneigées, semblables à des fantômes dans un ciel sans lune. Il y avait une sorte de club nautique là-bas et, dans l'air balayé par les bourrasques, ils entendaient les filins des gréements heurter les mâts, tintant tel un millier d'horloges suisses.

Ils marchèrent un peu. Puis Malcolm s'arrêta pour se frotter les yeux.

– Je le sens moi aussi, dit Asta.

– On dirait que cette cochonnerie a explosé en propulsant des paillettes dans tous les coins. Si l'anneau ne se décide pas, on va être obligés de faire profil bas, mais j'aimerais mieux éviter.

– Talbot.

– Exact. Je veux... Attends.

Malcolm examinait une porte, fermée par un cadenas rouillé, dans un mur de pierre qui cachait une grande maison.

– Que se passe-t-il ? demanda Asta en bondissant sur son épaule.

– Il y a quelque chose là...

Il faisait presque nuit maintenant. En effet, quelque

chose se déplaçait ou voletait sur la porte. Tout d'abord, il crut qu'il s'agissait d'une feuille prisonnière d'une toile d'araignée, puis il pencha pour un ver luisant, jusqu'à ce que la chose en question prenne une forme plus familière, celle de l'anneau pailleté. Il scintillait dans le noir, au-dessus du gros cadenas, et attirait Malcolm vers lui, à la manière d'un moulinet qui ramène un poisson. Il se laissa faire. Asta ne voyait pas l'anneau, mais elle sentait l'excitation qui s'était emparée de Malcolm.

Il tendit la main vers la vision scintillante et sinueuse. Il avait envie de la prendre dans sa paume, tout en sachant que c'était bien sûr impossible, mais au moment où il toucha le cadenas, celui-ci s'ouvrit en douceur, comme s'il avait été récemment graissé. Il pendait au moraillon.

– On n'a plus qu'à entrer, dit Asta.

Ils regardèrent de tous les côtés, sans apercevoir âme qui vive. Malcolm ôta le cadenas et ouvrit la porte, tandis que l'anneau pailleté continuait à scintiller au centre de son champ de vision. La porte grinça, mais pivota sans peine au milieu des mauvaises herbes qui avaient envahi l'allée de gravier. La maison, haute, était entièrement plongée dans l'obscurité, ses fenêtres étaient condamnées par des planches et ses murs couverts de lierre. L'entrée principale faisait face au lac. Quand Malcolm eut refermé la porte derrière eux, ils marchèrent vers la maison.

– Ce n'est pas très suisse, ce manque d'entretien, commenta Malcolm. Tu as vu ça ?

Il pointait le doigt vers les arbres au bord de l'eau.

– Un hangar à bateaux ? suggéra-t-il.

– Oui, je crois.

Pour des yeux humains, ce n'était qu'un rectangle sombre, mais l'anneau pailleté l'entourait d'un éclat de certitude. Ils suivirent le chemin de gravier qui y menait, tapissé de mauvaises herbes, lesquelles étouffaient le bruit de leurs pas.

La porte du hangar à bateaux était cadenassée, mais le bois qui accueillait le moraillon était à ce point tendre et pourri que Malcolm l'arracha sans peine, et ils entrèrent. Asta la première, par prudence, car la vision de Malcolm était presque entièrement brouillée par le scintillement aveuglant.

– Ne bouge pas, ordonna Asta. Reste près de la porte. Je serai tes yeux. Il y a un bateau, en effet. Une sorte de canot pneumatique ou de petit voilier… J'aperçois un mât… et des rames. Ah, il y a un nom sur le côté… *Mignonne*[1].

Malcolm avança à tâtons le long du mur pour s'agenouiller sur le ponton en bois. Il tendit la main à l'aveuglette, jusqu'à ce que ses doigts rencontrent le plat-bord de la petite embarcation. Il la sentit tanguer légèrement lorsqu'une vague passa sous la porte, puis de nouveau quand Asta sauta à bord.

– Qu'est-ce que tu fabriques ? demanda-t-il.

– J'explore. C'est tout sec à l'intérieur. Aucune fuite. Alors, tu vois mieux maintenant ?

– Ça s'éclaircit un peu. Parle-moi du mât, des gréements…

– Pas facile. Apparemment, tout est en bon état.

L'anneau pailleté grossissait et dérivait vers lui, comme à son habitude. Le reste de son champ de vision revenait à la normale et il distingua la silhouette du bateau dans la lumière que renvoyait la surface du lac au-dehors.

– Enchanté de vous avoir connue, *Mignonne*, dit-il.

1. En français dans le texte. (*N.d.T.*)

Il fit glisser sa main sur le plat-bord et se leva pour laisser Asta ouvrir la voie jusqu'à la sortie. Il referma ensuite la porte en la calant avec une pierre. Asta sauta de nouveau sur son épaule et regarda autour d'eux.

– Il nous a conduits jusqu'ici, dit-elle alors qu'ils remontaient vers la maison.

– Évidemment.

– C'était flagrant.

– Il aurait été malpoli de ne pas en tenir compte.

Sac sur le dos, une petite valise à la main, il repartit en direction de la ville, précédé de l'infatigable Asta.

Le congrès du Magisterium tenait son ultime rencontre plénière. Les discussions avaient été vives et épuisantes, mais l'esprit d'unité et de concorde l'avait emporté et l'élection des membres du nouveau conseil représentatif s'était déroulée sans heurts. De fait, c'était presque un miracle, et plus d'un délégué le fit remarquer, que tout se soit si bien passé, sans une once de rancœur, de jalousie ou de méfiance. À croire que le Saint-Esprit avait pris possession de l'assemblée. Le préfet du Secrétariat de la Sainte Présence, dont le personnel efficace avait tout organisé, fut copieusement félicité.

Toutefois, le nom du premier président du Haut Conseil, comme il s'appellerait désormais, avait étonné tout le monde. Plusieurs votes avaient été organisés, dans le respect de strictes règles de sécurité, et le gagnant avait été annoncé avec la plus grande solennité. Il s'agissait de saint Simeon Papadakis, le patriarche de la Sublime Porte.

Une surprise, car le patriarche était très… âgé. Mais d'une grande sainteté, tout le monde s'accordait sur ce point. Un homme très pieux, qui semblait illuminé par la lumière divine. Des photogrammes, soigneusement tirés sur papier, le confirmèrent. Impossible d'imaginer meilleur représentant de tout le Magisterium que cet homme modeste et bon, si sage, si savant, si… croyant.

La nouvelle de son élection fut proclamée au cours d'une conférence de presse, et abondamment commentée ensuite, notamment au Café Cosmopolitain. Malcolm savait, pour s'y être déjà rendu, que c'était l'endroit où il fallait aller si on voulait glaner des ragots politiques et diplomatiques. Quand il arriva, l'établissement grouillait déjà de visiteurs, d'ecclésiastiques, de correspondants étrangers, de fonctionnaires d'ambassade, d'universitaires et de délégués du congrès, accompagnés de leur entourage. Certains attendaient un train, d'autres poursuivaient, aux frais de la princesse, d'agréables conversations entamées au déjeuner, avec des journalistes, des envoyés spéciaux ou peut-être même des espions. Ce congrès aurait des répercussions profondes et durables sur les relations internationales, et notamment sur l'équilibre des forces en Europe. Par conséquent, le monde entier voulait en savoir plus.

Malcolm avait endossé à plusieurs reprises le costume de journaliste, lors de diverses missions, et il jouait ce rôle à la perfection. Rien ne le distinguait de la dizaine de vrais journalistes présents alors qu'il balayait du regard la salle du Cosmopolitain, jusqu'à repérer la personne qu'il cherchait, en pleine conversation avec un homme et une femme qu'il connaissait de vue : deux journalistes littéraires de Paris.

Malcolm marcha vers leur table et s'arrêta soudain en feignant l'étonnement.

– Vous êtes le Pr Talbot, n'est-ce pas ?

Simon Talbot leva les yeux. Il risquait de reconnaître

Malcolm qui, après tout, était un Érudit de sa propre université, mais celui-ci était prêt à courir ce risque ; d'autant qu'il savait qu'il n'avait rien fait, dit ou publié qui ait pu attirer l'attention de Talbot.

– En effet, répondit celui-ci, d'un ton plaisant. Mais je crains de ne pas vous connaître, monsieur…

– Matthew Peterson, du *Baltimore Observer*. Je ne veux surtout pas vous interrompre…

– Je crois que nous avions terminé, dit le Français.

Sa collègue confirma d'un hochement de tête et ferma son carnet. Talbot se pencha au-dessus de la table pour leur serrer la main et, avec un sourire chaleureux, leur remit une carte à chacun.

– Puis-je ? demanda Malcolm en montrant une chaise inoccupée.

– Je vous en prie, dit Talbot. Je n'ai jamais entendu parler de votre journal, monsieur Peterson. Le *Baltimore*…

– *Observer*. Un mensuel spécialisé dans la littérature et la culture plus largement. Nous tirons à quatre-vingt mille exemplaires, vendus principalement de l'autre côté de l'Atlantique. Je suis correspondant pour l'Europe et j'aimerais savoir quel regard vous portez sur l'issue de ce congrès, professeur.

– Vraiment ? répondit Talbot, sans se départir de son sourire.

C'était un homme d'une quarantaine d'années, svelte et soigné, dont les yeux semblaient capables de pétiller à volonté. Il possédait une voix claire et chantante, et Malcolm devinait sans peine la fascination qu'il pouvait exercer sur un auditoire. Son dæmon était un ara macao bleu.

– Je suppose, poursuivit-il, que de nombreuses personnes s'étonneront de voir le patriarche nommé à ce nouveau poste et investi de… ce pouvoir suprême, mais pour avoir discuté avec lui, je peux témoigner qu'il incarne la bonté la plus simple. C'est une sage décision, selon moi, d'avoir confié la direction du Magisterium à un saint plutôt qu'à un fonctionnaire.

– Un saint, dites-vous ? J'ai entendu des gens l'appeler saint Simeon. S'agit-il d'un titre honoraire ?

– Le patriarche de la Sublime Porte a le titre de saint *ex officio*.

– Et le président du nouveau conseil sera véritablement le premier chef de l'Église depuis Calvin à renoncer au pontificat ?

– Assurément. Le conseil a été créé dans cette optique.

Malcolm faisait mine de prendre des notes en sténo. En réalité, il écrivait des mots au hasard, en utilisant l'alphabet tadjik.

Talbot leva son verre vide et le reposa.

– Oh, pardon, dit Malcolm. Puis-je vous offrir à boire ?

– Un kirsch, merci.

Il fit signe à un serveur, puis demanda :

– Pensez-vous qu'un leader unique soit la meilleure forme de gouvernement pour le Magisterium ?

– Dans les fluctuations de l'histoire, toutes les formes de gouvernance émergent, puis disparaissent. Je ne me risquerais pas à affirmer que l'une est meilleure que les autres. Ces questions intéressent davantage les journalistes que les universitaires.

Son sourire se fit particulièrement charmeur.

Un serveur à la mine renfrognée vint prendre la commande et Talbot alluma un *cheroot*.

– J'ai lu *Le Constant Imposteur*, dit Malcolm. Ce livre a connu un vif succès. Vous attendiez-vous à un tel accueil ?

– Oh, non. Absolument pas. Loin de là. Mais peut-être a-t-il frappé une corde sensible qui a particulièrement résonné chez les jeunes gens.

– Votre présentation du scepticisme universel est très convaincante. Est-ce selon vous la raison du succès de ce livre ?

– Oh, je ne dirais pas ça.

– Je suis surpris, je l'avoue, de voir quelqu'un revendiquant de telles positions louer un individu en raison de sa bonté et de sa simplicité.

– Mais le patriarche est un homme bon. Il suffit de le rencontrer pour s'en persuader.

– Ne faudrait-il pas émettre une sorte d'avertissement ?

Le serveur leur apporta leurs boissons. Talbot se renversa confortablement dans son siège et tira sur son petit cigare.

– Un avertissement ?

– Vous pourriez dire, par exemple, que c'est un homme d'une bonté évidente, mais que la bonté est, en soi, une notion problématique.

Un haut-parleur grésilla pour annoncer, en trois langues, que le train à destination de Paris partirait dans un quart d'heure. Plusieurs personnes autour d'eux s'empressèrent de vider leurs verres avant de se lever, d'enfiler leurs manteaux et de récupérer leurs bagages. Talbot but une gorgée de kirsch et regarda Malcolm comme s'il avait devant lui un élève prometteur.

– Je pense, répondit-il, que mes lecteurs sont capables de percevoir l'ironie. En outre, mon article pour le *Journal de philosophie morale* sera rédigé en des termes plus nuancés que si je devais écrire pour… le *Baltimore Observer*, disons.

Le regard pétillant qui accompagna ce qui se voulait

être un trait d'esprit le réduisit à une remarque vulgaire. Et Malcolm nota avec intérêt que Talbot n'en avait pas conscience.

– Qu'avez-vous pensé de la qualité des débats lors du congrès ? demanda-t-il.

– Ils étaient conformes à ce que l'on pouvait attendre. La plupart des délégués étaient des hommes d'Église, leurs préoccupations étaient naturellement d'ordre clérical : lois ecclésiastiques, liturgie, etc. Toutefois, un ou deux orateurs m'ont impressionné par l'ampleur de leur vision. Le Dr Alberto Tiramini, par exemple, qui est, je crois, le chef d'un des corps constitués représentés au congrès. Un homme à l'intelligence subtile. Une qualité rarement associée, je suis sûr que vous l'avez constaté, à une grande clarté d'énonciation.

Malcolm prit activement des notes. Quand il eut terminé, il dit :

– J'ai lu récemment un article qui établissait une comparaison intéressante entre vos réflexions sur la véracité et la nature arbitraire du langage d'un côté et, de l'autre, le serment de dire la vérité devant un tribunal.

– Vraiment ? dit Talbot. Fascinant ! (Son ton conférait à ce mot une ironie destinée aux idiots.) Qui est l'auteur de cet article ?

– George Paston.

– Je ne crois pas avoir jamais entendu ce nom, dit Talbot.

Malcolm l'observait attentivement. Sa réaction était parfaite. Confortablement installé, détendu, vaguement amusé, il savourait son *cheroot*. Seul son dæmon-ara montra des signes de nervosité en se balançant d'une patte sur l'autre sur l'épaule de Talbot tout en jetant de brefs regards à Malcolm, avant de tourner la tête.

Malcolm nota autre chose dans son calepin et demanda :

– Pensez-vous qu'il soit possible de dire la vérité ?

Les yeux de Talbot s'illuminèrent.

– Ah ! Par où commencer ? Il y a tellement de…

– Imaginez que vous vous adressez aux lecteurs du *Baltimore Observer*. Des gens simples qui aiment les réponses simples.

– Vraiment ? Oh, c'est déprimant. Quelle était la question, déjà ?

– Est-il possible de dire la vérité ?

– Non. (Talbot sourit et enchaîna.) À vous d'expliquer à vos lecteurs le paradoxe contenu dans cette réponse. Je suis sûr qu'ils sauront l'apprécier s'il est présenté dans des termes simples.

– Donc, devant un tribunal, vous ne vous sentiriez pas tenu de dire la vérité, malgré votre serment ?

– Oh, je ferais de mon mieux pour respecter la loi, évidemment.

– Votre chapitre sur les dæmons dans *Le Constant Imposteur* m'a intrigué.

– Vous m'en voyez ravi.

– Connaissez-vous *Les Hyperchorasmiens* de Gottfried Brande ?

– J'en ai entendu parler. N'est-ce pas une sorte de best-seller ? Je ne pense pas avoir le courage de le lire.

Son dæmon était visiblement mal à l'aise. Asta, assise sur les genoux de Malcolm, ne bougeait pas ; ses yeux restaient fixés sur l'ara macao. Malcolm la sentait tendue.

Talbot vida son verre et consulta sa montre.

– Si fascinante que soit cette conversation, je dois vous quitter. Je ne voudrais pas manquer mon train. Bonsoir, monsieur Peterson.

Il tendit la main. Malcolm se leva pour la serrer tout en observant l'ara bleu, qui soutint son regard un court instant avant de tourner de nouveau la tête.

– Merci, professeur. Et bon voyage.

Talbot balança sur ses épaules une cape en tweed couleur rouille et ramassa un gros attaché-case. Après un bref hochement de tête, il s'en alla.

– Match nul, commenta Asta.

– Je n'en suis pas sûr. Je pense qu'il a gagné. Allons voir où il se rend réellement.

Après un détour par les toilettes pour enfiler d'épaisses lunettes et un béret noir, Malcolm se faufila dans la rue luisante de pluie, Asta sur l'épaule. À cause du crachin, les gens marchaient d'un pas vif, tête baissée sous leur chapeau ou leur capuche. Les champignons d'une dizaine, ou plus, de parapluies envahissaient le champ de vision de Malcolm, mais l'ara macao ne passait pas inaperçu.

– Là-bas ! s'exclama Asta.

– Il tourne le dos à la gare. Comme on s'en doutait.

Les lumières des boutiques faisaient ressortir le plumage du dæmon, mais Talbot marchait vite et Malcolm dut accélérer afin de ne pas le perdre de vue. Talbot faisait ce qu'il aurait fait lui-même s'il avait eu conscience d'être suivi : il essayait d'apercevoir dans les vitrines le reflet de la personne qui le filait, ralentissait brusquement, pressait le pas de nouveau, traversait la rue juste avant que le feu passe au vert.

– Laisse-moi le suivre de mon côté, dit Asta.

Il était beaucoup plus facile de filer quelqu'un à deux, mais Malcolm secoua la tête. Il y avait trop de monde dans les rues, ils se feraient remarquer.

– Je le vois !

Talbot venait de disparaître dans une ruelle qui accueillait la maison Juste, Malcolm le savait. Il ne le suivit pas.

– Tu penses vraiment qu'il a gagné ? demanda Asta.

– Il est beaucoup plus intelligent que Benny Morris. Je n'aurais pas dû essayer de le prendre au piège.

– Son dæmon l'a trahi, en tout cas.

– Alors, c'est peut-être un match nul. Mais je continue à penser qu'il a été meilleur que moi. Essayons de trouver un train. J'ai l'impression que ça ne va tarder à devenir dangereux par ici.

– Il s'appelle Matthew Polstead, dit Talbot. C'est un Érudit de Durham College. Un historien. Je l'ai reconnu tout de suite. Sans doute un de leurs agents. Il sait que j'ai un lien avec cette crapule de la police qui a fait foirer le… l'opération au bord du fleuve. Ça signifie qu'à l'heure qu'il est, le camp d'en face a mis la main sur les notes de Hassall, entre autres choses.

Marcel Delamare l'écoutait d'un air impassible, assis derrière son bureau à la surface brillante.

– Lui avez-vous livré des informations ?

– Je ne pense pas. Il est plutôt malin, mais ça reste un plouc.

– Je ne connais pas ce mot.

– Un lourdaud de la campagne.

Delamare savait que la philosophie de Talbot affirmait que, fondamentalement, rien n'avait d'existence réelle, mais il ne mettait pas en doute les paroles de l'homme d'Oxford. Si l'expression « idiot utile » avait existé dans leur monde, elle aurait exprimé très précisément ce qu'il pensait de Talbot. Le dæmon-ara de ce dernier observait la chouette effraie de Delamare, il hochait la tête et lissait son plumage tout en passant d'une patte sur l'autre. La chouette gardait les yeux fermés et l'ignorait.

Delamare attrapa un bloc-notes et prit son stylo en argent.

– Pouvez-vous le décrire ?

Talbot le pouvait et il le fit, en donnant un grand nombre de détails, exacts pour la plupart. Delamare notait tout, rapidement et scrupuleusement.

– Comment a-t-il découvert vos liens avec ce policier incompétent ? demanda-t-il quand l'autre eut fini.

– Ça reste à découvrir.

– Si cet homme est un… plouc, cela signifie que votre combine n'était pas très discrète. Si elle l'était, cela veut dire que cet homme n'est pas un plouc. Alors ?

– Peut-être que je donne trop d'importance à sa…

– Peu importe. Merci d'être venu, professeur. J'ai du travail.

Il se leva pour serrer la main de Talbot. Celui-ci reprit sa cape, son attaché-case et s'en alla, secrètement humilié, sans savoir pourquoi. Mais sa philosophie eut tôt fait de chasser ce sentiment.

En arrivant à la gare, Malcolm tomba sur une foule de voyageurs décontenancés et frustrés, à qui un employé de la compagnie de chemins de fer essayait d'expliquer pourquoi ils ne pouvaient pas monter dans le train pour Constantinople via Venise, comme ils en avaient l'intention. Ce qui valait pour Malcolm. Le train était déjà complet et, apparemment, un wagon entier avait été réquisitionné à la dernière minute pour l'usage exclusif du nouveau président du Haut Conseil. Les personnes qui avaient réservé des places à bord de ce wagon devraient attendre le train du lendemain. La compagnie avait tenté de trouver une voiture supplémentaire, en vain. Aussi s'efforçait-elle de trouver des chambres d'hôtel pour loger les voyageurs éconduits.

Autour de Malcolm, les gens protestaient haut et fort :

– Un wagon entier !

– On le présente comme un homme humble et modeste. On lui accorde un titre et, aussitôt, il se transforme en monstre d'arrogance.

– Ne l'accusez pas. C'est son entourage qui insiste pour jouir de ces nouveaux privilèges.

– Apparemment, l'ordre émane du préfet du secrétariat.

– Voilà qui est étonnant. Tout le reste était parfaitement organisé…

– C'est absurde ! Quel manque d'égards !

– J'ai un rendez-vous de la plus haute importance à Venise demain ! Savez-vous qui je suis ?

– Ils auraient pu prévoir ça il y a longtemps.

– Pourquoi diable a-t-il besoin d'un wagon entier ?

Etc. Malcolm consulta les panneaux des horaires. Il n'y avait pas d'autres départs le soir même, à l'exception de quelques trains desservant les petites villes des environs et un dernier train à destination de Paris, un peu avant minuit, mais il ne voulait pas y aller.

Asta jeta un coup d'œil autour d'eux.

– Je ne vois personne qui puisse représenter une menace, dit-elle. Talbot n'avait pas l'intention de prendre ce train, hein ?

– Je pense plutôt qu'il va partir dans l'autre direction. Il va probablement prendre le dernier train pour Paris.

– On doit attendre qu'ils nous trouvent une chambre d'hôtel ?

– Certainement pas, répondit Malcolm, qui regardait trois autres employés de la compagnie accourir avec des brochures, des porte-blocs et des feuilles de papier. Ils vont noter les noms de tous les passagers et de leur hôtel. Mieux vaut garder l'anonymat.

Valise à la main, sac sur le dos, Asta marchant à ses pieds, il ressortit de la gare discrètement et se mit en quête d'une chambre pour la nuit.

Le président du Haut Conseil du Magisterium, le patriarche de la Sublime Porte, saint Simeon Papadakis, avait humblement conscience d'être la cause de tout ce dérangement, et c'est avec un sentiment de gêne qu'il prit place dans le wagon réservé.

– Ceci ne me plaît pas du tout, Michael, confia-t-il à son chapelain. C'est injuste. J'ai tenté de protester, mais ils ont refusé de m'écouter.

– Je sais, Votre Sérénité. Mais c'est pour des raisons de sécurité et de commodité.

– Peu importe. Je déteste l'idée d'être une source de désagrément pour tous ces passagers. Ce sont des personnes dignes de respect, venues ici dans un but louable, qui doivent prendre des correspondances ou honorer des rendez-vous… Je ne trouve pas ça correct.

– En tant que nouveau président…

– J'aurais dû me montrer plus insistant, Michael. Et imposer dès le début la voie que je souhaite suivre. La simplicité et le refus de l'ostentation. Notre Sauveur bien-aimé accepterait-Il de s'asseoir à l'écart des autres passagers ?

Ils auraient dû me poser la question avant de provoquer tout ce désordre. J'aurais tapé du pied.

Par réflexe, le chapelain jeta un bref coup d'œil aux pieds du patriarche. Le vieil homme portait des sandales par-dessus des chaussettes noires maintes fois reprisées, et quelque chose le perturbait : ses jambes ne trouvaient pas de position confortable.

– Vous ne vous sentez pas bien, Votre Sainteté ?

– Ces sandales me gênent… Est-ce que vous pourriez…

Mais le problème ne venait pas des sandales. Comme tout le monde dans l'entourage du patriarche, le chapelain savait qu'une de ses jambes le faisait souffrir. Il s'efforçait de ne pas boiter et ne se plaignait jamais mais, lorsqu'il était fatigué, il ne pouvait plus le cacher. Le chapelain se demandait s'il devait aborder la question avec le médecin.

– Certainement, dit-il. Laissez-moi vous aider à les ôter. Vous les remettrez pour descendre du train.

– C'est très aimable. Merci infiniment.

Pendant qu'il débarrassait le patriarche de ses sandales, le chapelain lui dit :

– Vous savez, Votre Sainteté, un wagon réservé au président du Haut Conseil, cela s'apparente au cérémonial et aux rites de la Sainte Église. C'est un moyen de symboliser la distance naturelle entre…

– Oh, non, non, ce n'est pas du tout la même chose. Les rites de l'Église, la liturgie, la musique, les habits sacerdotaux, les icônes… toutes ces choses sont intrinsèquement sacrées. Elles incarnent la sainteté. Elles ont entretenu la foi des générations passées. Ce sont des choses sacrées, Michael. Rien à voir avec le fait de réquisitionner un wagon entier et de laisser ces pauvres gens à quai, sous la pluie. C'est très grave, voyez-vous. Cela n'aurait jamais dû se produire.

Un jeune assistant aux cheveux lissés, vêtu d'un costume sombre, se tenait respectueusement en retrait. Quand le patriarche eut ôté ses sandales, il s'avança et s'inclina.

– Jean Vautel, Votre Sérénité. J'ai l'honneur d'avoir été choisi pour être votre nouveau secrétaire. Si vous êtes installé confortablement, j'aimerais m'entretenir avec vous des dispositions concernant la célébration de votre nomination au poste de président. Ensuite, nous aborderons le…

– Une célébration ? Qu'est-ce donc ?

– L'expression naturelle de la joie du peuple, Votre Sérénité. Il conviendrait de…

– Fichtre. Je ne m'attendais pas à ça.

Derrière son nouveau secrétaire, saint Simeon voyait d'autres hommes, des inconnus, déposer des boîtes, des dossiers et des valises dans les compartiments à bagages, affectant le même air de compétence zélée que le dénommé Vautel exsudait par chaque pore de sa peau.

– Qui sont tous ces gens ? s'enquit-il.

– Votre personnel, Votre Sainteté. Dès que le train sera parti, je vous les présenterai un par un. Nous nous sommes efforcés de constituer une équipe aux nombreux talents.

– Mais j'ai déjà du personnel…, dit le vieil homme en lançant un regard désespéré au chapelain, qui haussa les épaules sans rien dire, tandis que le train s'ébranlait. Le quai était encore noir de monde.

Malcolm dénicha une chambre bon marché à l'hôtel Rembrandt, non loin du lac. Il s'inscrivit sous un de ses faux noms, monta dans sa chambre au troisième étage et y déposa sa valise avant de ressortir se restaurer. Cette valise ne contenait rien de compromettant ; néanmoins, il s'arracha un cheveu et le coinça entre le battant de la porte et l'encadrement pour savoir si quelqu'un s'était introduit dans la chambre en son absence.

Il découvrit, non loin de l'hôtel, une petite brasserie où il commanda un pot-au-feu.

– J'aurais préféré…, dit-il.

– Moi aussi, le coupa Asta. Mais elle l'a fait.

– « Je suis parti à la recherche de ton imagination. » Quelle horreur de lire une chose pareille. À ton avis, que voulait-il dire par là ?

– Exactement ce qui est écrit. Il avait l'impression qu'ils étaient… diminués, peut-être à cause de la façon dont elle raisonnait, comme si une partie d'elle-même s'était envolée. Peut-être qu'elle ne croyait plus en son imagination, à cause de Talbot, en partie. Alors, il a décidé de la retrouver.

– Lyra n'a pas pu se laisser abuser par ce charlatan. Impossible.

– Beaucoup se sont laissé prendre. Sa philosophie est très destructrice. Corruptrice, pourrait-on dire. Il prône une sorte d'irresponsabilité universelle. A-t-il écrit quelque chose de particulier à propos de l'imagination ?

– Non. Il emploie parfois le terme « imaginatif », dans un sens péjoratif. Entre guillemets. Pour que les lecteurs du *Baltimore Observer* comprennent qu'il manie l'ironie. Qu'as-tu ressenti quand tu as discuté avec lui à Oxford ? Je parle de Pantalaimon, bien sûr.

– « Le Soleil noir de la Mélancolie[1] ». Il ne l'a pas mentionné directement, mais il était présent.

1. En français dans le texte. (*N.d.T.*)

– C'est exactement ce que j'ai pensé quand on a revu Lyra, avoua Malcolm. Plus jeune, elle était féroce, provocatrice, insolente même. Mais déjà à l'époque, on percevait une sorte de mélancolie en elle. Tu ne trouves pas ?

Malcolm se redressa sur son siège lorsque le serveur lui apporta son plat. Il remarqua un client assis seul à une table dans un coin de la salle ; un homme d'un certain âge, frêle, qui aurait pu venir d'Asie centrale, pauvrement vêtu et portant des lunettes à monture métallique qui avaient été souvent rafistolées. Voyant que Malcolm l'observait, il lui tourna le dos.

Asta murmura :

– Intéressant. Il parle en tadjik à son dæmon.

– Un délégué du congrès ?

– Possible. Dans ce cas, il ne semble pas très satisfait de son issue. Mais pour en revenir à Talbot… S'il rencontre un tel succès, c'est aussi parce qu'il est facile pour un étudiant de premier cycle de le singer dans une dissertation.

– Il est aussi doué sur une estrade. Et je pense qu'il a lu *Les Hyperchorasmiens*. Bien qu'il n'ait pas voulu le reconnaître.

– J'ai encore plus de mal à comprendre le succès de ce livre.

– Pas moi, dit Malcolm. C'est une histoire prenante, qui encourage les gens à ne pas culpabiliser quand ils se montrent égoïstes. De quoi séduire un grand nombre de personnes.

– Ne me dis pas que Lyra pense la même chose.

– Je refuse de le croire. Quoi qu'il en soit, ces deux hommes ont eu une influence nuisible sur elle, et sur ses rapports avec Pantalaimon.

– Il y a forcément d'autres raisons.

Asta était allongée sur la table en position de sphinx, les yeux mi-clos. Malcolm et son dæmon communiquaient en échangeant des pensées ou des murmures, et ils auraient été bien en peine de déterminer si telle ou telle remarque émanait d'elle ou de lui. Le pot-au-feu était bon, le vin correct, la salle de restaurant chauffée et confortable. Il était tentant de se détendre, mais tous deux devaient se maintenir éveillés mutuellement.

– Il nous observe de nouveau, murmura-t-elle. Il est intrigué. Nerveux aussi. Doit-on aller lui parler ?

– Non. Je suis un respectable homme d'affaires suisse, parti présenter les échantillons de ses produits à des commerçants locaux. Je n'ai aucune raison de m'intéresser à lui. Continue à l'observer sans qu'il s'en aperçoive.

Le Tadjik mangeait un repas frugal, le plus lentement possible ; c'était du moins l'impression qu'avait Asta.

– Peut-être qu'il profite de la chaleur, dit Malcolm.

Quoi qu'il en soit, l'homme était toujours là quand Malcolm, ayant fini de dîner, paya l'addition. Il les regarda partir. Malcolm lui jeta un dernier coup d'œil avant de fermer la porte. Il fut frappé par la noirceur de son expression lorsque leurs yeux se croisèrent.

Malcolm était fatigué, il avait froid. Personne n'avait forcé la porte de la chambre. Ils se couchèrent. Asta s'assoupit sur l'oreiller à côté de lui pendant qu'il lisait quelques pages de *Jahan et Rukhsana* avant de s'endormir.

À deux heures du matin, on frappa à la porte. Tout doucement. Malgré cela, Asta et Malcolm se réveillèrent en sursaut.

Malcolm se leva en une seconde. Et murmura à travers la porte :

– Qui est là ?

– Il faut que je vous parle, monsieur.

Cette voix était celle du Tadjik, sans le moindre doute. Il s'exprimait en français, comme Malcolm, mais son accent était familier, même à voix basse, à travers une porte.

– Un instant.

Il enfila sa chemise et son pantalon.

Puis déverrouilla la porte aussi silencieusement que possible. C'était bien le Tadjik, et il semblait terrorisé. Le dæmon-serpent enroulé autour de son cou scrutait le couloir mal éclairé. Malcolm lui proposa l'unique fauteuil et s'assit sur le lit.

– Qui êtes-vous ?

– Je m'appelle Mehrzad Karimov. Et vous, vous êtes bien M. Polstead ?

– Oui. Pourquoi cette question ?

– Pour vous mettre en garde contre Marcel Delamare.

– Comment connaissez-vous Marcel Delamare ?

– J'ai travaillé pour lui. Il ne m'a pas payé et je ne peux pas repartir sans mon argent.

– Vous disiez que vous vouliez me mettre en garde. À quel sujet ?

– Il a appris que vous étiez en ville et il a ordonné que toutes les routes, toutes les gares et tous les embarcadères de ferries soient surveillés. Il veut vous faire arrêter. Je le sais par un homme avec qui j'ai sympathisé à la maison Juste, et qui a eu pitié de ma situation. Je vous conseille de filer sans tarder, monsieur, car de ma fenêtre, j'ai vu la police fouiller activement les maisons voisines. Oh, je ne sais plus quoi faire.

Malcolm s'approcha de la fenêtre. Plaqué contre le mur, il écarta à peine le rideau usé. En effet, il y avait du mouvement au bout de la rue, et trois hommes en uniforme discutaient sous un lampadaire.

Il laissa retomber le rideau et se retourna.

– Eh bien, monsieur Karimov, dit-il, je pense que… Quelle heure est-il ? Deux heures et demie du matin. C'est l'heure idéale pour quitter Genève. Je vais voler un bateau. Voulez-vous m'accompagner ?

19
Le professeur de certitudes

Pantalaimon ne s'était jamais senti aussi exposé, à l'exception de ces quelques heures effroyables à l'orée du monde des morts où, pour la première fois, il avait été séparé de Lyra. Même alors, il n'était pas totalement seul car avec lui se trouvait le dæmon de Will, qui n'avait pas conscience de sa propre existence, jusqu'au moment où il avait été arraché de son cœur. Tandis que la petite embarcation emmenait Will et Lyra dans les ténèbres, les deux dæmons grelottants s'étaient enlacés pour se tenir chaud, et Pan avait essayé de tout expliquer à cette pauvre créature terrifiée qui ignorait son nom, son apparence et qu'elle pouvait en changer.

Et durant sa remontée de l'Elbe, à travers les villes, les forêts et les champs bien entretenus, il repensa souvent à ce moment sinistre, qu'avait réchauffé leur présence mutuelle, et il aurait donné cher pour avoir à présent un compagnon à ses côtés. Même Lyra ! Si seulement ils effectuaient ce voyage ensemble ! Ce serait une aventure pleine d'amour et d'excitation... Que lui avait-il fait ? Que ressentait-elle ? Logeait-elle toujours à La Truite, à Godstow ? Ou bien était-elle partie à sa recherche ? Était-elle en sécurité ?

Cette pensée faillit l'inciter à faire demi-tour. Or, s'il avait entrepris ce périple, c'était pour elle. On l'avait privée d'une partie d'elle-même et il allait la retrouver. Voilà pourquoi il avait longé des berges et passé des centrales électriques, s'était faufilé à bord de barges chargées de riz, de sucre, d'ardoise ou de guano, avait traversé ventre à terre des chantiers navals, des quais et des digues, constamment dans l'ombre et à l'abri des fourrés, évitant la lumière du jour, guettant les menaces venues de toutes parts. Les chats le laissaient tranquille, mais plusieurs fois il avait dû décamper pour échapper à des chiens, et une fois même à des loups. Et toujours, partout, il se cachait des êtres humains et de leurs dæmons.

Enfin, il atteignit Wittenberg, où l'attendait un problème plus épineux encore : localiser la maison de Gottfried Brande.

Que ferait Lyra ? Pour commencer, songea-t-il, elle se rendrait certainement dans une bibliothèque afin d'y consulter annuaires et registres et, si elle ne trouvait pas ce qu'elle cherchait, elle poserait la question directement. L'adresse d'une personne célèbre demeurait rarement secrète, les employés de la poste la connaîtraient, les journalistes du cru aussi. Même des passants, dans la rue ou sur la place du marché, sauraient où habitait le personnage le plus célèbre de la ville. Et Lyra s'y entendait fort bien pour poser des questions aux gens.

Hélas, cela n'était pas permis à un dæmon seul.

La barge sur laquelle il arriva à destination était amarrée à une bouée sur le fleuve, le quai le plus proche n'offrant plus une seule place. Pan attendit que l'obscurité soit complète pour sauter par-dessus bord et nager dans l'eau glacée jusqu'à un terrain nu sous des arbres. La terre était durcie par le gel, et dans l'air immobile flottaient des odeurs de charbon et de bois, de quelque chose de sucré aussi, peut-être de la mélasse. En aval, à la périphérie des murs d'enceinte de la ville, la barge était passée devant un ensemble de tentes et de baraques rudimentaires, où des gens cuisinaient sur des feux de camp et dormaient blottis les uns contre les autres, sous des couvertures ou des toits en carton. Pan apercevait encore les feux, il sentait la fumée et, l'espace d'un instant, il fut tenté de faire demi-tour pour mener son enquête. Finalement, après s'être ébroué, il tourna le dos au fleuve et pénétra en ville en prenant soin de raser les murs, aux aguets.

Les rues étroites étaient éclairées par des lampes à gaz dont la lumière tamisée projetait des ombres douces. Pan se déplaçait en faisant preuve d'une prudence obsessionnelle, ne quittant l'obscurité d'une ruelle ou d'un porche qu'après s'être assuré que personne ne l'observait. Il traversait les places en faisant tout le tour pour ne pas se trouver à découvert. Il y avait peu de gens dehors dans cette ville sage où, manifestement, les habitants se couchaient tôt et n'appréciaient guère les réjouissances. Tout était propre, bien rangé. Même les déchets à l'extérieur des cuisines des restaurants étaient répartis dans des poubelles soigneusement étiquetées.

Pan jugeait cette mission impossible. Comment pouvait-il découvrir où habitait Brande sans interroger les gens ? En outre, comment un dæmon livré à lui-même pouvait-il aborder quiconque sans provoquer immédiatement une réaction de méfiance ? Le doute grandissait, d'autant plus qu'une autre interrogation lui était apparue : que ferait-il s'il se retrouvait face à l'auteur des *Hyperchorasmiens* ? Pourquoi n'avait-il pas pensé à ça plus tôt ?

Il se blottit sous un buisson, au cœur d'un vaste triangle d'herbe et d'arbres formé par le croisement de trois routes. Une zone résidentielle qui accueillait de hautes et belles maisons, un oratoire surmonté d'une flèche et un bâtiment indéfinissable au milieu d'un grand jardin. Les arbres étaient nus. Le printemps ne les réveillerait pas avant longtemps. Pan avait froid, il était fatigué, découragé et, plus que jamais, il se languissait des bras de Lyra, de sa poitrine, de ses genoux. Il s'était montré parfaitement imprudent, idiot, irascible, égoïste et orgueilleux. Il détestait sa réaction. Il se détestait.

Une plaque était fixée sur le mur qui entourait le jardin, de l'autre côté de la rue. Elle était dans l'ombre d'un grand conifère, à l'écart de tout lampadaire, mais soudain un tram passa et, dans la lumière des phares et de l'éclairage intérieur, Pan discerna cette inscription :

ST.-LUCIA SCHULE FÜR BLINDE

Une école pour aveugles.

Dès que le tram eut tourné au coin, il traversa la rue en coup de vent, escalada le mur et, de là, bondit dans le sapin. Une minute plus tard, confortablement niché dans la fourche d'une branche, il s'endormit sans attendre.

À l'aube, Pan examina le terrain de l'école et les dépendances. Ce n'était pas un grand établissement, mais il était aussi soigneusement entretenu et propre que le reste de la ville. Le bâtiment principal, en brique, était d'une sobriété qui confinait à l'austérité, et la ressemblance avec Sainte-Sophia, dans la lumière du jour naissant, lui fit un pincement au cœur. De l'autre côté de ce bâtiment se trouvait un jardin impeccable, nu en cette saison. Une petite fontaine se déversait dans un bassin et une allée de gravier menait au portail.

Pan ne savait pas trop quoi faire, mais ne pas être vu, ce serait comme être invisible, et il improviserait le moment venu. Il avisa un petit massif touffu bordant la pelouse coupée ras, d'où il aurait une vue d'ensemble sur le bâtiment principal, et s'y cacha pour observer.

Sainte-Lucia était une pension de jeunes filles. Il connaissait bien la routine qui régissait les journées dans ce genre d'établissement, et il reconnut la sonnerie qui indiquait l'heure du lever et du petit déjeuner, le son familier des voix féminines, le tintement des couverts contre la porcelaine, les odeurs de pain grillé et de café ; puis il vit les volets des dortoirs s'ouvrir, des lumières s'allumer, des silhouettes adultes aller et venir. Le petit déjeuner était terminé. D'une autre partie du bâtiment lui parvint l'écho de voix juvéniles entonnant un cantique. Tout cela lui était affreusement familier.

À un moment donné de la matinée, les élèves sortiraient prendre l'air et faire de l'exercice. Il sauterait alors sur la première occasion qui se présenterait. En attendant, il explora les lieux. Derrière le massif se poursuivait le mur qu'il avait escaladé et il entendait, de l'autre côté, les bruits d'une rue animée. En cas de besoin, il pourrait se sauver par là, mais il n'avait guère envie de sauter au milieu des piétons et de la circulation. Mieux valait dénicher un endroit tranquille où il ne risquait pas de se faire repérer. Il le trouva derrière une cabane contenant des outils de jardinage.

Toutefois, le massif demeurait la meilleure cachette dans l'immédiat et, en le regagnant, il fit une découverte. Quelqu'un avait fabriqué un petit abri avec des branches et des feuilles contre le tronc d'un épais sapin, du côté opposé à la cour de l'école. À cause de la végétation, un adulte aurait du mal à y accéder, mais une jeune personne svelte pouvait aisément s'y faufiler. À l'intérieur de cet abri, Pan découvrit une boîte en fer-blanc sous un tas de feuilles mortes. Elle était fermée à clé, mais son poids laissait deviner qu'elle pouvait contenir un gros livre. Un journal intime secret ? Mais comment son auteure, aveugle, pouvait-elle le rédiger ?

Entendant la cloche sonner, il remit tout en place. Puis il monta dans l'arbre et attendit.

Elle ne tarda pas. C'était une jeune fille d'environ quatorze ans, mince et brune. Elle portait une jupe et un chemisier de coton bleu, un tablier blanc maculé de taches de peinture et ses genoux étaient salement écorchés, sans doute à cause des buissons à travers lesquels elle devait se frayer un chemin pour cacher la boîte de fer-blanc. Son dæmon était un chinchilla.

Pan la regarda farfouiller au milieu des feuilles, exhumer la boîte et ouvrir le cadenas à l'aide d'une petite clé qui pendait à son poignet. Elle en sortit un livre abîmé, aussi épais et lourd que l'avait deviné Pan, et s'adossa au tronc du sapin pour le lire. Il n'avait pas compris que le livre était épais pour la bonne et simple raison qu'il était « imprimé » dans cet alphabet constitué de points en relief qui permet aux aveugles de lire du bout des doigts. Tandis qu'elle faisait glisser sa main sur la page, elle parlait tout bas au petit dæmon perché sur son épaule : elle lui faisait la lecture. En quelques instants, l'un et l'autre furent totalement captivés par l'histoire.

Gêné de les espionner ainsi, Pan redescendit de l'arbre, en prenant soin de racler l'écorce du tronc de ses griffes afin de se signaler. Affolés, la jeune fille et son dæmon se figèrent en levant les yeux.

– Désolé de vous déranger, dit-il en allemand, une langue avec laquelle Lyra et lui s'étaient débattus pendant des années, jusqu'à ce qu'ils commencent à mémoriser la poésie qu'elle contenait.

– Qui es-tu ? murmura la jeune fille.

– Un simple dæmon. Mon humaine est tout près, elle fait le guet.

– Alors, tu n'es pas aveugle. Que fais-tu ici ?

– Je visite. Je m'appelle Pantalaimon. Et toi ?

– Anna Weber. Lui, c'est Gustavo.

– Je peux m'asseoir avec vous un instant ?

– D'accord, si tu me dis quelle apparence tu as.

– Je suis un…

Il ne connaissait pas le mot allemand.

Le dæmon-chinchilla ne voyait pas plus qu'elle, mais tous ses autres sens étaient doublement aiguisés. Il frotta son nez contre celui de Pan, le renifla, agita les oreilles et parla tout bas à Anna. Elle hocha la tête.

– *Marder*, dit-elle.

– Oh, dans ma langue, on dit *marten*. Qu'est-ce que tu lis ?

La jeune fille rougit. Pan se demanda si elle avait conscience qu'il pouvait s'en apercevoir.

– Une histoire d'amour, dit-elle. Mais on n'a pas le droit de la lire… car c'est pour les adultes… C'est pour ça que je cache le livre ici. Mon amie me l'a prêté.

– Lyra et moi, on lit beaucoup.

– C'est un drôle de nom.

– Tu as lu *Les Hyperchorasmiens* ?

– Non ! Mais on aimerait beaucoup. Hélas, ce livre est interdit ici à l'école. Une des grandes qui l'avait apporté a eu de gros ennuis. Tu sais que l'auteur habite dans cette ville ?

Un frisson parcourut Pan.

– Ah bon ? Tu sais où ?

– Oui. Il est très célèbre. Des visiteurs viennent du monde entier pour le voir.

– Où se trouve sa maison ?

– Dans la rue qui passe derrière la Stadtkirche. On raconte qu'il ne sort jamais de chez lui parce qu'il est tellement célèbre qu'un tas de gens l'arrêtent pour lui parler.

– Pourquoi l'école vous interdit-elle de lire ce livre ?

– Parce qu'il est dangereux. De nombreuses personnes le pensent. Mais ça semble passionnant. Tu l'as lu avec… Lyra ?

– Oui. On n'était pas d'accord.

– J'aimerais beaucoup savoir ce qu'elle en pense. Est-ce aussi formidable qu'on le dit ?

– Oui, mais…

La cloche sonna. Anna referma aussitôt son livre et chercha à tâtons la boîte en fer-blanc.

– Il faut que j'y retourne. Ils ne nous laissent pas beaucoup de temps. Tu reviendras nous parler ?

– Si je peux. Avec plaisir. Sais-tu à quoi ressemble la maison de Brande ? Oh, désolé. C'est une question idiote.

– Non, je ne sais pas, mais elle s'appelle la Kaufmannshaus. Elle est très connue. (Avec des gestes rapides et sûrs, elle referma la boîte et la cacha sous les feuilles.) Salut ! lança-t-elle avant de disparaître dans les fourrés.

Pan s'en voulait de lui avoir menti. Si Lyra et lui se réconciliaient un jour, il se jura qu'ils reviendraient voir Anna et lui apporteraient des livres. Mais quelle chance ! Cela lui rappelait leur séjour dans la ville arctique de Trollesund lorsqu'ils avaient fait la connaissance de l'aéronaute Lee Scoresby et d'Iorek Byrnison, l'ours en armure, les deux meilleurs alliés dont ils pouvaient rêver. Lyra et lui avaient eu alors l'impression d'être bénis des dieux, ou protégés par une force quelconque. Il éprouvait la même chose aujourd'hui.

En veillant à ne pas se faire remarquer, il traversa l'école jusqu'à la petite maison du gardien, sauta sur le toit, puis sur le mur. La ruelle était déserte, mais il entendait le bruit de la circulation dans l'artère qui passait devant l'école. Il savait qu'il devrait attendre la tombée de la nuit s'il voulait ne prendre aucun risque, mais c'était si tentant de bondir dans la rue et de filer…

Dans quelle direction ? Anna avait parlé de la Stadtkirche, une église. Il regarda autour de lui. Les hautes maisons masquaient la vue. Il suivit le mur en rampant jusqu'à l'endroit par lequel il était entré la veille au soir. À travers les branches des arbres dénudés, il apercevait deux tours de pierre claire, carrées, chacune coiffée d'un dôme noir et d'une lanterne. C'était peut-être ça.

Sans pouvoir s'en empêcher, il sauta du haut du mur et s'élança dans la rue après que deux tramways se furent croisés au milieu. Un ou deux piétons hébétés le regardèrent filer devant eux, mais il allait trop vite pour qu'ils comprennent ce qu'ils voyaient, et il disparut en grimpant sur le tronc d'un vieux cèdre. De son perchoir, il constata avec soulagement que les passants poursuivaient leur chemin comme si de rien n'était. Convaincus sans doute que leurs yeux s'étaient joués d'eux.

En montant un peu plus haut, il aperçut de nouveau les tours de la Stadtkirche.

Peut-être pourrait-il s'y rendre en passant de toit en toit. Les maisons étroites étaient collées les unes aux autres et s'ouvraient directement sur le trottoir, sans le petit sous-sol typique des habitations anglaises. Il traversa la rue ventre à terre, s'engouffra dans une ruelle, escalada un tuyau d'écoulement, se faufila dans la gouttière, puis gravit le toit de tuiles jusqu'au faîte. Les tours de l'église lui apparurent alors dans la lumière pâle du jour, au milieu d'une multitude d'autres bâtiments. Nul ne pouvait le voir. Il avait presque l'impression de se retrouver sur le toit de Jordan College, des années auparavant. Il s'installa contre un conduit de cheminée chaud pour dormir et rêva de Lyra.

– Wittenberg ! s'exclama Olivier Bonneville d'un ton jubilatoire, à plusieurs reprises.

Il ne pouvait plus s'arrêter. Peu importait, car il était seul dans sa cabine à bord du vieux bateau à vapeur, juste au-dessus de la salle des machines. Les martèlements, les sifflements et les bruits sourds suffisaient amplement à couvrir sa voix, si à l'extérieur quelqu'un avait tendu l'oreille.

Il observait Pantalaimon grâce à l'aléthiomètre, par courtes séquences afin de combattre la nausée, depuis qu'il l'avait aperçu sur la rive. Très vite, il avait compris que le dæmon de Lyra remontait l'Elbe. Il avait alors sauté dans le premier train à destination de Dresde, en amont de l'endroit où se trouvait Pantalaimon. Et là, il avait loué une cabine à bord de ce bateau à vapeur, promis à une retraite prochaine, qui parcourait obstinément le fleuve entre Prague et Hambourg. Ils étaient à Meissen au moment où il vit Pan grimper sur le toit d'une maison et contempler une église à deux tours. Une vision familière : une gravure représentant la célèbre Stadtkirche de Wittenberg ornait un des murs du bureau de Marcel Delamare.

Bonneville fouilla frénétiquement parmi les documents éparpillés sur la table et remit la main sur la fiche des horaires de la compagnie de transport fluvial. Meissen était à six heures de trajet de Wittenberg. Il y serait bientôt.

De toit en toit… Pan aurait dû y penser avant. Rares étaient les personnes qui levaient la tête : leur attention restait fixée au niveau du sol, sur la circulation, les cafés et les vitrines. Par nature, Pan ne souffrait pas de vertige et il avait le pied sûr. « Alors, allons-y pour les toits ! »

Il parcourut ainsi tout le quartier, ni vu ni connu. En début d'après-midi, il avisa une maison qui semblait prometteuse, juste derrière la Stadtkirche, comme l'avait précisé Anna, la jeune aveugle. De fait, en se laissant glisser le long du tuyau d'écoulement, il aperçut les mots *Das Kaufmannshaus* en lettres gothiques sur une plaque de cuivre vissée à côté de la porte d'entrée. Il y avait peu de circulation dans cette rue. Alors, il prit le risque de la traverser à toute allure pour disparaître dans une ruelle qui s'ouvrait trois ou quatre maisons plus loin. Après une nouvelle ascension, il se retrouva sur le toit de celle de Gottfried Brande.

Il était plus raide que ceux des maisons voisines. Heureusement, les tuiles offraient à Pan des prises suffisantes et il put progresser sur le faîte en contournant une forêt de hautes cheminées de brique, pour redescendre à l'arrière du bâtiment.

Quelqu'un jouait dans le jardin.

La présence de ce jardin avait de quoi étonner car les maisons voisines, autant qu'il pouvait en juger, ne disposaient que d'une petite cour pavée. Mais la Kaufmannshaus bénéficiait d'un carré d'herbe, où se dressaient trois arbustes et un petit pavillon contre le mur duquel une fille lançait un ballon qu'elle essayait de rattraper après avoir fait un tour sur elle-même. Pan entendait le bruit sourd et régulier du ballon, les petits cris de joie quand elle réussissait à le rattraper, les soupirs de déception quand il lui échappait. Son dæmon était une minuscule chose qui cavalait dans l'herbe. Une souris peut-être.

« À quoi bon attendre ? » se dit Pan. Il constata avec satisfaction que le mur de derrière était couvert de lierre. Quelques secondes plus tard, il descendait sans bruit parmi les feuilles, et sans quitter la fille des yeux. Elle ne remarqua pas sa présence. Alors qu'il atteignait l'allée de gravier au pied du mur, elle lança son ballon encore une fois, pivota et se figea. Elle venait de le voir.

Le ballon rebondit sur son épaule et tomba dans l'herbe. Elle pesta, le ramassa, puis se retourna pour le lancer de nouveau, sans se soucier de Pan.

Celui-ci se tenait toujours au pied du mur, sous une grande fenêtre. Il regarda la fille lancer le ballon, inlassablement, sans faire attention à lui, puis il traversa l'allée en silence. Après quoi, il avança vers elle dans l'herbe et s'assit dans l'ombre de la maison, à quelques pas seulement de la fille. Désormais, elle pouvait le voir sans même tourner la tête, et pourtant elle continuait à jouer comme s'il n'existait pas.

Âgée d'une quinzaine d'années, blonde et svelte, elle affichait une expression de mécontentement qui semblait gravée sur son visage pour la vie. Son froncement de sourcils avait déjà ridé son front. Elle portait une robe blanche à manches bouffantes et ses cheveux étaient attachés de manière recherchée. Si elle était trop vieille pour cette robe, elle était trop jeune pour cette coiffure. Bref, ça n'allait pas, et elle en avait conscience.

Lancer, pivoter, rattraper.

Son dæmon-souris avait vu Pan lui aussi. Il esquissa un mouvement comme s'il voulait s'en approcher, mais la fille s'en aperçut et siffla. Son dæmon se figea et recula en rampant.

Lancer, pivoter, rattraper.

Pan demanda :

– C'est bien la maison de Gottfried Brande ?

– Pourquoi ? demanda-t-elle en ramassant le ballon par terre.

– Je viens de loin pour le voir.

– Il ne voudra pas te parler.

– Comment le sais-tu ?

La fille haussa les épaules et lança le ballon contre le mur encore une fois. Elle le rattrapa.

– Pourquoi joues-tu à un jeu d'enfant ? demanda Pan.

– Parce qu'il me paie pour ça.

– Hein ? Pourquoi donc ?

– Ça lui procure du plaisir, je suppose. Il m'observe de la

fenêtre. Pour le moment, il travaille. Mais il aime entendre le bruit.

Pan se tourna vers la maison. Il n'y avait aucun mouvement visible à l'intérieur, mais la fenêtre du rez-de-chaussée, qui donnait sur le jardin, était entrouverte.

– Il nous entend discuter ?

Nouveau haussement d'épaules, avant qu'elle rattrape le ballon.

– Pourquoi refusera-t-il de me parler ?

– Il ne te regardera même pas. D'ailleurs, qu'est-ce que tu fais tout seul ? Ce n'est pas normal. Où est ton humain ?

– Je suis à la recherche de son imagination.

– Et tu crois que c'est lui qui l'a ?

– Je pense qu'il l'a volée.

– Pour en faire quoi ?

– Je ne sais pas. Je suis venu lui poser la question.

La fille se tourna alors vers lui d'un air dédaigneux. Les derniers pâles rayons de soleil frôlaient la cime des petits arbres. L'ombre de la maison s'étendait dans le jardin et glaçait l'atmosphère.

– Comment tu t'appelles ? demanda Pan.

– Ça ne te regarde pas. Oh, tout ça est trop étrange pour moi.

Elle lança le ballon par terre et, les épaules basses, alla s'asseoir sur les marches du pavillon. Son dæmon courut le long de son bras pour enfouir son museau dans ses cheveux.

– Il te paie pour jouer toute la journée ?

– Il a renoncé à tout le reste.

Pan essaya de deviner ce que cela voulait dire. Il ne pouvait pas compter sur elle pour obtenir une réponse claire.

– Il est dans la maison ?

– Où veux-tu qu'il soit ? Il ne sort jamais.

– Dans quelle pièce se trouve-t-il ?

La fille se redressa, agacée.

– Oh, pour l'amour du ciel ! Dans son bureau, évidemment. La fenêtre ouverte.

– Il y a quelqu'un d'autre avec lui ?

– Des domestiques, naturellement. Mais tu perds ton temps.

– Comment le sais-tu ?

Elle poussa un long soupir comme si cette question idiote ne méritait pas qu'on y réponde. Puis elle se pencha en avant et posa la tête sur ses bras croisés. Deux petits yeux brillants regardaient Pan, à l'abri de la forteresse de ses cheveux.

– Fiche le camp, dit-elle d'une voix étouffée. Il y a trop de fantômes. Tu crois être le premier ? Ils reviennent sans cesse, mais il ne leur dit pas un mot.

Perplexe, Pan avait envie d'en savoir plus sur cette fille acariâtre. Lyra aurait su lui parler. Hélas, il ne possédait pas ce talent.

– Merci, dit-il.

Il traversa la pelouse en courant. Une lumière s'était allumée dans le bureau, ou peut-être la remarquait-il seulement maintenant que le jour déclinait. Avisant une fenêtre ouverte au premier étage, il escalada la façade en s'accrochant au lierre.

Et se retrouva dans une chambre, aussi austère que la cellule d'un moine : plancher nu, ni étagères ni reproductions sur les murs, un lit étroit, des draps et une couverture fine bordés au carré, une table de chevet sur laquelle était posé un simple verre d'eau.

La porte était entrouverte. Pan se faufila dans le couloir et descendit l'escalier pentu pour s'engager dans un vestibule obscur, où une porte, la plus proche, ouvrait sur la cuisine (à en juger par les effluves de chou) quand une autre laissait échapper une forte odeur de feuilles à fumer. Il longea le mur en essayant d'étouffer le bruit de ses griffes sur le parquet et s'arrêta devant cette seconde porte.

Il entendit résonner la voix de Brande (claire, déterminée et précise : ça ne pouvait être que lui), comme s'il donnait un cours :

– … il est évident qu'aucun exemple supplémentaire n'est nécessaire. Le règne de la stupidité atteint ici son stade terminal, caractérisé tout d'abord par une éclosion de la décadence, puis par la floraison de toutes les formes de piété extravagante, timorée et crépusculaire. À ce stade…

– Pardonnez-moi, professeur, dit une voix de femme. Quelles formes de piété ?

– Extravagante, timorée et crépusculaire.

– Merci. Excusez-moi.

– Vous n'avez encore jamais travaillé pour moi, n'est-ce pas ?

– Non, professeur. L'agence m'a expliqué…

– Poursuivons. À ce stade, disais-je, tout est en place pour l'avènement d'un chef puissant. Ce sera le sujet du prochain chapitre.

Il se tut. S'ensuivit un silence de quelques secondes.

– Ce sera tout, reprit-il. Ayez l'obligeance de dire à l'agence que je leur saurais gré de m'envoyer une autre sténographe demain.

– Je suis désolée, professeur. J'étais la seule personne disponible…

– Désolée, dites-vous ? Si vous êtes fautive, vous devez être désolée, en effet. Sinon, aucune faute ne justifie que vous le soyez. On est responsable d'une erreur. Pas d'une incapacité.

– Je n'ai pas l'habitude de... J'ai fait des études de commerce et les termes que vous utilisez ne me sont pas familiers... Je sais que vous voulez bien faire les choses.

– Et j'y parviens.

– Oui, bien sûr. Pardonnez-moi.

– Bonsoir.

Pan entendit un bruit de chaise que l'on déplace, de feuilles que l'on range et d'une allumette que l'on gratte.

Quelques secondes plus tard, une jeune femme sortit de la pièce en enfilant la manche d'un manteau miteux d'un mouvement d'épaule, tout en essayant de retenir une liasse de feuilles et une trousse à crayons qui menaçaient de lui échapper. En vain : ils glissèrent sous ses bras et dégringolèrent sur le sol. Son dæmon-perroquet, parti se percher sur le poteau de l'escalier, fit un commentaire désobligeant.

Elle l'ignora et se baissa pour ramasser ses affaires. C'est alors qu'elle aperçut Pan, qui n'avait nulle part où se cacher. Il tentait de demeurer immobile, contre le mur.

La jeune femme ouvrit de grands yeux. Elle retint son souffle et son dæmon poussa un petit cri inquiet.

Le regard de Pan croisa celui de la jeune femme. Il secoua la tête.

– Non, c'est impossible, murmura-t-elle.

Le perroquet émettait de petits gémissements. Du bureau s'échappa une forte odeur de feuilles à fumer. La jeune femme s'empressa de récupérer ses affaires et d'ouvrir la porte d'entrée, sans même finir d'endosser son manteau. Le perroquet la devança en volant et la porte claqua.

Inutile d'attendre. Pan franchit le seuil de la pièce aux

murs tapissés de livres et nimbée de fumée de cigare. Assis derrière un grand bureau, Gottfried Brande l'observait.

C'était un homme solidement charpenté, mais décharné et raide, aux cheveux gris courts et aux yeux d'un bleu très clair. Ses vêtements lui conféraient une allure guindée, comme s'il s'apprêtait à donner une conférence universitaire, et il arborait une expression de terreur absolue.

Pan observa son dæmon, une très grosse chienne berger allemand couchée sur le tapis à ses pieds, endormie, ou faisant semblant de l'être. On aurait dit qu'elle essayait de paraître la plus petite possible.

Brande n'avait pas bougé, mais il tourna la tête vers un coin de la pièce, pour ne plus voir Pan. À moins que ce soit l'expression naturelle de son visage, il était habité par une profonde terreur. De toutes les réactions auxquelles s'attendait Pan, celle-ci n'en faisait pas partie.

Il traversa la pièce furtivement et sauta sur le bureau.

Brande ferma les yeux et lui tourna à moitié le dos.

– Vous avez volé l'imagination de Lyra, déclara Pan.

Aucune réaction de la part de Brande.

– Vous l'avez volée ou vous l'avez dénaturée, ajouta-t-il. Ou empoisonnée. Vous l'avez rétrécie et rendue cruelle. Je suis ici pour vous obliger à effacer le mal que vous avez fait.

D'une main tremblante, Brande chercha le cendrier pour y poser son cigare. Il gardait les yeux fermés.

– Qu'est-ce que vous dictiez à l'instant ?

Pas de réponse.

– Ça ne ressemblait pas à un roman. Vous n'écrivez plus de fiction ?

Les paupières de Brande papillotèrent et s'entrouvrirent d'un millimètre. Pan vit qu'il essayait de jeter un regard en coin. Puis elles se refermèrent.

– Qui est cette fille dehors ? Pourquoi la payez-vous pour jouer à des jeux idiots ? (En posant cette question, Pan s'aperçut qu'il n'avait pas entendu le bruit sourd du ballon qui rebondissait contre le mur depuis qu'il avait laissé la fille seule.) Comment s'appelle-t-elle ? Combien la payez-vous ?

Brande laissa échapper un soupir, furtif, presque malgré lui. Pan entendit son dæmon remuer sur le tapis – pour se retourner peut-être – et émettre un gémissement étouffé.

Pan s'approcha du bord du bureau pour toiser la chienne. Elle avait enfoui son museau entre ses pattes. Elle avait quelque chose d'étrange, qui ne tenait pas seulement au fait qu'un animal aussi imposant n'aurait pas dû montrer une telle peur. C'était troublant. Et Pan repensa à une chose qu'avait dite la fille dans le jardin.

Se retournant vers l'homme, il reprit :

– Elle m'a dit qu'il y avait des fantômes ici. Trop nombreux. Qui reviennent sans cesse, paraît-il. Vous me prenez pour un fantôme ? Hein ? C'est ça ?

Brande fermait les yeux de toutes ses forces. Peut-être imaginait-il qu'en demeurant parfaitement immobile il se rendrait invisible.

– Je n'aurais jamais soupçonné que vous croyiez aux fantômes. Je pensais plutôt que cette idée vous arracherait un sourire méprisant. Il y a une page consacrée à ce thème dans *Les Hyperchorasmiens*. Auriez-vous oublié vos propres écrits ?

Toujours aucune réaction.

– Votre dæmon… c'est un fantôme ? Il a quelque chose de bizarre. Ah, suis-je bête, vous ne croyez pas aux dæmons. Il essaie de faire comme s'il n'était pas là, et vous aussi. Trop de fantômes, a dit la fille. Voulait-elle parler des dæmons ? De moi ? Ils viennent la nuit ou la journée ? Si vous ouvrez les yeux, est-ce que vous en verrez ? Que font-ils ? Ils s'adressent à vous ? Ils vous tripotent les yeux pour vous obliger à les ouvrir ? À moins qu'ils ne s'introduisent sous vos paupières ? Réussissez-vous à dormir pendant que toute la nuit ils vous observent ?

Brande réagit enfin. Il ouvrit les yeux et pivota dans son fauteuil pour regarder son dæmon à ses pieds. Avec une expression féroce. Et pour la première fois, Pan eut un peu peur de lui.

– Cosima ! Cosima ! Viens avec moi.

Le dæmon se leva à contrecœur. La tête basse et la queue entre les jambes, il fit le tour de la pièce pour atteindre la porte. Brande se leva et, au moment où il allait rejoindre son dæmon, la porte s'ouvrit avec fracas.

C'était la fille du jardin. Le dæmon-berger allemand recula en tremblant. Brande foudroya du regard l'intruse, sans bouger, et Pan s'assit sur le bureau pour assister à la scène.

– *Ach !* s'exclama-t-elle en faisant la grimace. Cette pièce en est remplie ! Vous devriez les chasser. Vous ne devriez pas les laisser…

– Silence ! rugit Brande. Ne parlons pas de ces choses-là. Tu souffres d'une maladie cérébrale…

– Non ! Non ! J'en ai assez de tout ça !

– Sabine, tu es incapable de formuler des jugements rationnels. Va dans ta chambre.

– Non ! Je refuse ! Je suis venue ici car je croyais que vous m'aimeriez, que vous vous intéresseriez à moi. Mais quoi que je fasse, à part lancer ce ballon contre le mur, ça vous déplaît. Je déteste ce jeu idiot ! Je le déteste !

Donc elle se prénommait Sabine, et elle avait cru

que Brande l'aimerait. Pourquoi pensait-elle une chose pareille ? Se pourrait-il qu'elle soit sa fille ? Pan n'avait pas oublié l'échange passionné entre Lyra et Lord Asriel dans la luxueuse prison construite par les ours, et dans sa tête résonnait l'écho des paroles qu'elle avait prononcées alors.

La fille était secouée de violents tremblements. Des larmes jaillirent de ses yeux tandis qu'elle arrachait les épingles plantées dans ses cheveux et secouait furieusement la tête, détruisant sa coiffure sophistiquée, qui explosa en une gerbe blonde.

– Contrôle-toi, Sabine. Je ne tolérerai pas ce genre de démonstration. Fais ce que je t'ordonne et…

– Regardez-le ! s'écria-t-elle en montrant Pantalaimon. Encore un fantôme surgi des ténèbres. Et je suppose que vous faites semblant de ne pas le voir lui non plus, comme tous les autres. Je hais la vie ici. Je refuse de vivre de cette façon. Je n'en peux plus !

Son dæmon se transforma en roitelet, et voltigea autour de sa tête, en piaillant piteusement. Pan reporta son attention sur le dæmon de Brande, couché par terre, le dos tourné à la fille, une patte sur la tête. Quant à Brande, il paraissait rongé par la tristesse.

– Sabine, calme-toi. Ce sont des hallucinations. Chasse-les de tes pensées. Je ne peux pas te raisonner si tu te comportes de cette façon.

– Je n'ai que faire de votre raison ! Je n'en ai pas besoin ! Ce que je veux, c'est de l'amour. De l'affection. Je veux un peu de gentillesse ! Êtes-vous totalement incapable de…

– Assez ! la coupa Brande. Cosima ! Cosima ! Suis-moi.

Le dæmon-berger allemand se leva et, aussitôt, le roitelet fonça sur lui telle une fléchette. La chienne s'enfuit en jappant et Sabine poussa un grand cri. Pan savait pourquoi : elle exprimait ainsi la douleur déchirante provoquée par l'éloignement soudain de son dæmon qui tentait de poursuivre la chienne. Impuissant, Brande la regarda agripper sa poitrine à deux mains et s'écrouler sur le tapis, tandis que Pan demeurait abasourdi : Brande et son dæmon pouvaient se séparer ! L'homme semblait insensible à cette douleur qui avait arraché un hurlement à Sabine et lui avait fait tendre le bras pour tenter de rattraper son dæmon dans les airs.

Enfin, le roitelet revint se poser dans sa main. Dans le même temps, Brande la contourna pour suivre son dæmon dans le couloir, vers l'escalier. Pan abandonna Sabine à ses sanglots.

Brande pouvait se séparer ! songeait Pan, en pleine confusion, alors qu'il gravissait l'escalier à sa suite. Cela voulait-il dire que le professeur et son berger allemand étaient comme Lyra et lui ? Est-ce qu'ils se haïssaient ? Non, ça ne ressemblait pas à ça. C'était autre chose. Brande entra dans la petite chambre austère et, avant qu'il puisse refermer la porte, Pan s'y engouffra. La chienne tremblotait sur le plancher nu devant la cheminée éteinte. Brande la rejoignit et se retourna vers Pan. Il paraissait tourmenté, hanté.

– Je veux tout savoir sur la Poussière, dit Pan.

Surpris, Brande ouvrit la bouche pour répondre, puis il sembla se souvenir qu'il essayait d'ignorer Pan, et une fois de plus il détourna le regard.

– Dites-moi ce que vous savez à ce sujet, insista Pan. Je sais que vous m'entendez.

– Cette chose n'existe pas, murmura Brande, les yeux fixés sur le sol.

– La Poussière ?

– Ça… n'existe… pas.

– Au moins, vous avez retrouvé la parole.

Le professeur regarda son lit, la fenêtre, enfin la porte de la chambre, restée ouverte.

– Cosima.

Le dæmon-berger allemand ne réagit pas.

– Cosima, s'il te plaît.

Sa voix était sur le point de se briser.

La chienne enfouit son museau entre ses pattes. Le grognement de Brande trahit une authentique angoisse. Le regard qu'il posa sur Pan était celui du supplicié qui implore son bourreau.

Pan dit :

– Vous pourriez faire semblant de me voir. De m'entendre. De me parler. Ça pourrait peut-être marcher.

Brande ferma les yeux et poussa un long soupir. Puis il marcha vers la porte et sortit de la chambre. Son dæmon resta couché sur le sol. Pan suivit le professeur qui traversait le palier et gravissait un autre escalier, plus sombre, plus raide que le principal. Après avoir soulevé le loquet d'une porte, il entra dans un grenier vide. Suivi comme son ombre par Pan.

Qui se faufila avant qu'il ait le temps de refermer la porte.

– Vous avez peur de moi ? demanda-t-il.

L'homme se retourna et répondit :

– Je n'ai peur de rien. J'ignore la peur. Ce n'est pas une émotion digne d'intérêt. Elle parasite l'énergie humaine.

Le grenier était percé de trois lucarnes qui laissaient entrer les dernières lueurs du jour. Entre les poutres nues pendaient d'épaisses guirlandes de toiles d'araignée. Et partout, de la poussière. Une poussière ordinaire.

Pan dit :

– Éclairez-moi sur la Poussière, maintenant que vous pouvez parler.

– En voilà, de la poussière, répondit le professeur en promenant sa main sur une poutre et en soufflant sur ses doigts.

Les particules grises tournoyèrent un instant dans les airs avant de retomber sur le plancher.

– Vous savez très bien de quoi je veux parler, dit Pan. Mais vous refusez d'y croire.

– Cela n'existe pas. Que l'on y croie ou pas n'a aucune importance.

– Et les scientifiques qui l'ont découverte ? Et le Champ de Rusakov, hein ?

– Une escroquerie. Ceux qui affirment ce genre de choses sont dans l'erreur ou corrompus.

Le mépris du professeur était un chalumeau de glace qui pétrifiait ses cibles. Pan redoutait sa puissance. Néanmoins, il ne bougea pas. Il se battait pour Lyra.

– Et l'imagination ? demanda-t-il.

– Eh bien, quoi ?

– Vous y croyez ?

– Quelle importance que j'y croie ou pas ? Les faits sont indifférents aux croyances.

– Vous avez pourtant imaginé l'histoire des *Hyperchorasmiens*.

– Je l'ai bâtie à partir de principes premiers. J'ai construit un récit destiné à montrer la conséquence logique de la superstition et de la stupidité. Chaque partie de ce livre a été composée de manière rationnelle et impersonnelle, dans un état de lucidité absolue, et non pas dans quelque pays imaginaire morbide.

– Est-ce pour cette raison que les personnages semblent si peu réels ?

– Je connais mieux les êtres humains que toi. La plupart sont faibles et stupides, et se laissent aisément manipuler. Seuls quelques-uns sont capables de faire des choses réellement originales.

– Ils ne ressemblent pas du tout à de vraies personnes. Tout ce qui rend les gens intéressants n'apparaît pas.

– Tu comptes sur le soleil pour décrire des ombres. Le soleil n'a jamais vu une ombre.

– Mais le monde en est plein.

– Ce n'est pas intéressant.

– Sabine est votre fille ?

Brande ne répondit pas. Au cours de cet échange, il avait à peine regardé Pan et, cette fois, il se tourna vers l'obscurité qui devenait de plus en plus dense au fond du grenier.

– C'est donc votre fille, conclut Pan. Et comment avez-vous appris à vous séparer de votre dæmon… C'est quoi son nom, déjà ? Cosima ?

La tête du professeur bascula lentement sur sa poitrine. Là encore, il resta muet.

– Si je suis venu ici, reprit Pan, c'est parce que votre livre a convaincu ma Lyra que toutes les choses dans lesquelles elle croyait étaient fausses. Et cela l'a rendue malheureuse et amère. C'est comme si vous lui aviez volé son imagination, et en même temps tout espoir. J'ai décidé de les retrouver pour les lui rendre, c'est pour cette raison que je suis venu discuter avec vous. Avez-vous un message à lui transmettre, quand je retournerai auprès d'elle ?

– Chaque chose est ce qu'elle est et rien d'autre.

– C'est tout ? Vous n'avez rien de plus à dire ?

Brande demeura figé. Dans la pénombre du grenier, il ressemblait à une statue abandonnée après le pillage d'un musée.

– Vous aimez votre fille ?

Silence et immobilité.

– Elle m'a dit qu'elle était venue ici, poursuivit Pan. Où vivait-elle auparavant ?

Pas de réponse.

– Quand est-elle arrivée ? Depuis combien de temps est-elle ici ?

Pan crut percevoir une légère réaction, un faible mouvement d'épaules.

– Elle vivait chez sa mère ? Dans une autre ville, peut-être ?

Cette fois, Brande prit une profonde inspiration, qui provoqua quelques frissons.

– Qui choisit ses vêtements ? Qui la coiffe ? C'est vous qui voulez lui donner cette apparence ?

Silence.

– A-t-elle son mot à dire ? Lui avez-vous demandé son avis ? Va-t-elle à l'école ? Reçoit-elle une éducation ? A-t-elle des amis ? A-t-elle le droit de sortir de cette maison et de ce jardin ?

Brande fit quelques pas, courbé sous le poids d'un fardeau invisible. D'un pas traînant, il se dirigea vers le coin le plus reculé du grenier, maintenant plongé dans une quasi-obscurité. Il s'assit par terre, ramena ses genoux contre sa poitrine et enfouit son visage dans ses mains. On aurait dit un enfant persuadé qu'ainsi personne ne peut le voir. Pan sentit monter en lui une bouffée de compassion, contre laquelle il essaya de lutter tout en songeant à tout le mal que ses idées avaient fait à Lyra. Mais soudain, il comprit qu'elle aurait éprouvé la même compassion, et que les idées de Brande avaient échoué.

La porte du grenier était restée ouverte. Pan ressortit sans bruit et redescendit. Il trouva la fille assise au pied de l'escalier principal, occupée à déchirer une feuille de papier en mille morceaux, qu'elle répandit sur le sol comme des flocons de neige.

Lorsque Pan passa devant elle, elle leva la tête et demanda :

– Tu l'as tué ?

– Non, bien sûr que non. Pourquoi son dæmon se comporte-t-il de cette façon ?

– Aucune idée. Ils sont aussi stupides l'un que l'autre. Tout le monde est stupide. C'est détestable.

– Pourquoi tu ne t'en vas pas ?

– Je n'ai nulle part où aller.

– Où est ta mère ?

– Elle est morte, qu'est-ce que tu crois ?

– Tu n'as pas d'autres parents ?

– Ça ne te regarde pas. Je ne sais pas pourquoi je perds mon temps avec toi. Fous le camp !

– Volontiers. Si tu ouvres la porte.

Ce qu'elle fit, avec un reniflement de mépris. Pan descendit les marches du perron. Dans la rue, les halos des lampes à gaz transperçaient le brouillard naissant. Si quelqu'un était passé à cet instant, le bruit de ses pas aurait été étouffé, sa silhouette estompée et son ombre pleine de possibilités, de menaces, de promesses, mais bien évidemment, le soleil n'aurait rien vu de tout ça.

Pan ne savait plus où aller.

Au même moment, à quelques rues de là seulement, Olivier Bonneville débarquait du ferry.

20
L'homme-chaudière

Au même moment, Lyra voyageait dans un compartiment de train à la périphérie de Prague. À Paris, elle n'avait eu aucun mal à acheter un billet sans éveiller les soupçons. Apparemment, son imitation de la méthode de Will fonctionnait. Ou bien les habitants des villes européennes qu'elle traversait étaient d'une surprenante indifférence ou ils étaient d'une politesse inhabituelle. À moins qu'ils soient préoccupés, car il régnait une tension palpable dans les rues et elle avait vu d'autres groupes d'hommes en uniforme noir, comme ceux qu'elle avait rencontrés à bord du ferry. Ils montaient la garde devant un bâtiment, discutaient au coin d'une rue ou jaillissaient de parkings souterrains dans des voitures de patrouille dotées de puissants moteurs à refroidissement à air.

Ou alors, peut-être qu'une personne sans dæmon visible était une chose purement inimaginable. Elle avait croisé à Amsterdam une femme sans dæmon, belle, vêtue à la dernière mode, sûre d'elle, voire arrogante, ignorant les regards des passants. Et à Bruges, un homme privé de son dæmon lui aussi, qui aggravait son cas en marchant d'un air honteux et misérable, en rasant les murs. Lyra avait tiré des enseignements de ces deux exemples et elle adoptait un comportement discret, teinté d'assurance. Ce n'était pas facile, et parfois, lorsqu'elle se retrouvait seule, elle laissait couler ses larmes, mais personne ne pouvait le savoir.

Elle avait été orientée vers Prague par un souvenir fugace qui lui avait traversé l'esprit à la vue de ce nom sur des horaires de chemin de fer. Quelques années plus tôt, Pan et elle avaient passé une soirée à étudier un vieux plan de cette ville, s'amusant à la construire mentalement, immeuble par immeuble. Après tout, c'était là qu'avait été inventé l'aléthiomètre et, en voyant ce nom, Prague, elle avait reconnu dans ce bref jaillissement de la mémoire l'œuvre de la communauté des esprits. Elle devenait sensible à ces exhortations murmurées, elle savait de mieux en mieux déterminer quand ce n'étaient pas des conjectures.

Néanmoins, une fois arrivée à Prague, elle devrait prendre une décision. Certaines lignes de la Compagnie ferroviaire d'Europe centrale conduisaient vers le nord et l'est, vers Kiev et la Moscovie, tandis que d'autres lignes, aux voies plus écartées, partaient vers le sud et traversaient l'Autriche-Hongrie, la Bulgarie, en direction de Constantinople. La route du nord s'imposait si elle décidait de se rendre directement en Asie centrale et au Karamakan, mais cela ne lui servirait à rien car elle devait retrouver Pan avant d'essayer d'atteindre l'endroit où poussaient les roses.

Et Pan était… elle ne savait où. L'Hôtel Bleu était l'unique indice dont elle disposait, et son nom arabe suggérait qu'il se trouvait beaucoup plus au sud que la Moscovie. Si elle prenait la route du nord et changeait de train à Kiev, elle pourrait ensuite bifurquer vers Odessa, au sud, et traverser la mer Noire en ferry jusqu'à Trébizonde, et de là descendre encore plus au sud jusqu'aux régions arabophones, mais en l'absence d'informations assez précises, autant chercher une aiguille dans une botte de foin. La route du sud, via Constantinople, serait sans doute moins compliquée, mais peut-être plus longue… ou plus rapide, et de toute façon, elle ignorait quelle était sa destination exacte. Si ce n'était al-Khan al-Azraq.

En outre, l'aléthiomètre ne lui était guère utile. La nouvelle méthode d'interprétation avait des conséquences physiques si désagréables qu'après son succès initial, elle ne s'y était risquée qu'une seule autre fois, sans rien apprendre. Elle pouvait effectuer de maigres progrès grâce à sa connaissance des symboles, mais sans les ouvrages de référence, c'était comme essayer de faire passer un fil dans le chas d'une aiguille avec des gants de boxe.

Si elle réussissait à retrouver Pan, sa seule idée pour la suite se rattachait à l'expression « route de la soie », cet ancien itinéraire que suivaient les caravanes de chameaux pour atteindre l'Asie centrale. Hélas, ce terme ne désignait pas une route unique, mais plusieurs, et le trajet serait long et ardu ; elle devrait progresser au rythme des animaux qu'elle utiliserait pour se déplacer, des chameaux sans doute. Et si d'ici là elle ne s'était pas réconciliée avec Pan, ce serait un périple éprouvant.

Elle n'avait parlé à personne depuis qu'elle avait quitté les mineurs gallois à Bruges, à l'exception de quelques serveurs et employés des chemins de fer. Elle se languissait de son dæmon. Le Pan de ces derniers mois, si antipathique fût-il, était une autre voix, au moins, et lui offrait un autre point de vue. Comme il était difficile de réfléchir en étant privé de la moitié de soi-même !

Il faisait déjà nuit quand le train entra en gare, au cœur de Prague. Une jeune femme voyageant seule n'aurait peut-être rien de surprenant dans cette ville sophistiquée, qui attirait des étudiants en musique et autres arts, venus de toute l'Europe centrale, et même d'au-delà.

Elle remit son billet au portillon et s'éloigna de la foule des passagers de l'heure de pointe à la recherche du bureau d'information où elle trouverait peut-être des horaires de train et, si elle avait de la chance, un plan de la ville. Le hall principal de la gare était décoré dans le style baroque flamboyant. Des sculptures de dieux et de déesses dans le plus simple appareil soutenaient les encadrements de fenêtre et les appliques à gaz ; des plantes de pierre s'enroulaient autour de la moindre colonne. Chaque mur s'ornait de pilastres et de niches. Il n'y avait quasiment aucune surface vierge, et Lyra s'en réjouissait car elle se sentait davantage en sécurité au milieu de cette confusion visuelle.

S'obligeant à regarder fixement un point droit devant elle, elle marcha dans cette direction avec confiance et détermination. Peu importe qu'il s'agisse d'un kiosque ou de l'escalier menant aux services administratifs, n'importe quoi faisait l'affaire, du moment qu'elle donnait l'impression d'effectuer ce trajet chaque jour.

Et elle y parvint. Personne ne la dévisagea ni ne l'arrêta, personne ne poussa de cris d'effroi ou de colère pour dénoncer cette jeune femme bizarre qui se promenait sans dæmon. De fait, nul ne semblait faire attention à elle.

Arrivée à l'extrémité du hall, elle chercha du regard les guichets, où elle espérait tomber sur quelqu'un qui parlait anglais.

C'est alors qu'elle sentit une main se poser sur son bras.

Elle sursauta, en songeant immédiatement : « Non ! Je ne dois pas paraître effrayée. » L'homme à qui appartenait cette main eut un mouvement de recul, affolé par cette réaction. C'était un individu d'un certain âge qui portait des lunettes, un costume sombre, une cravate discrète, et tenait une mallette à la main ; l'image même du citoyen respectable et respectueux de la loi.

Il prononça quelques mots en tchèque.

Lyra haussa les épaules, en essayant de prendre un air contrarié, et secoua la tête.

– Anglaise ? demanda l'homme.

Elle acquiesça, à contrecœur. Et reçut un choc encore plus violent que quelques secondes plus tôt en constatant que, comme elle, cet homme n'avait pas de dæmon. Les yeux écarquillés, elle ouvrit la bouche pour parler, regarda par-dessus son épaule, à droite et à gauche, puis referma la bouche car elle ne savait pas quoi dire.

– Oui, dit-il tout bas, nous n'avons pas de dæmons. Suivez-moi en marchant tranquillement et personne ne fera attention à nous. Faites semblant de me connaître. Et de bavarder avec moi.

Lyra lui emboîta le pas, tandis qu'il se frayait un chemin au milieu de la foule de l'heure de pointe en direction de la sortie principale.

– Comment vous appelez-vous ? demanda-t-elle.

– Vaclav Kubiček.

Ce nom avait quelque chose de familier, mais ce sentiment s'envola aussi vite qu'il était venu.

– Et vous ?

– Lyra Parle-d'Or. Comment saviez-vous… Vous m'avez vue et vous avez décidé de m'aborder sur un coup de tête ?

– Je vous attendais. Sans connaître votre nom ni rien savoir de vous, si ce n'est que vous étiez l'une des nôtres.

– L'une de… l'une de quoi ? Et comment saviez-vous que j'allais venir ici ?

– Un homme a besoin de votre aide. C'est lui qui m'a prévenu de votre arrivée.

– Je… Avant toute chose, il me faut un horaire des trains.

– Vous parlez tchèque ?

– Pas un mot.

– Alors, laissez-moi faire. Où voulez-vous aller ?

– J'ai besoin de connaître les horaires des trains pour la Moscovie et ceux de l'autre ligne, qui va à Constantinople.

– Venez avec moi, je vais vous trouver ça. Il y a un bureau d'information juste derrière cette porte, dit le dénommé Kubiček en désignant un coin du grand hall.

Lyra le suivit jusqu'au bureau. Là, Kubiček s'adressa rapidement à un employé, qui lui posa une question en retour. Kubiček se tourna alors vers Lyra pour demander :

– Souhaitez-vous voyager jusqu'à Constantinople, si vous choisissez cette destination ?

– Oui.

– Idem pour Moscou ?

– Non, plus loin. Jusqu'où va la ligne ? Est-ce qu'elle traverse la Sibérie ?

Kubiček se retourna vers l'employé des chemins de fer et traduisit. Celui-ci fit pivoter sa chaise afin de prendre deux brochures dans le présentoir situé derrière lui.

Kubiček murmura :

– Il n'est pas très serviable. Mais au moins, je sais que la ligne de Moscovie va jusqu'à Irkoutsk et au lac Baïkal.

– Bien.

L'employé fit glisser les brochures sur le bureau en posant sur eux son regard fatigué et indifférent, avant de reprendre son travail. Lyra les fourra dans son sac à dos et repartit en compagnie de Kubiček tout en songeant que cet homme maîtrisait à la perfection l'art de Will. Peut-être pourrait-elle apprendre certaines choses auprès de lui.

Elle demanda :

– Où allez-vous, monsieur Kubiček ?

– Je rentre chez moi, dans la vieille ville. Je vous expliquerai en chemin.

Ils sortirent de la gare et se retrouvèrent sur une place très animée où les véhicules circulaient à vive allure. Les vitrines des magasins étaient brillamment éclairées, les cafés et les restaurants bondés, des trams passaient, accompagnés par le bourdonnement des câbles ambariques auxquels ils étaient reliés.

– Avant toute chose, dit Lyra, que vouliez-vous dire en affirmant « Vous êtes l'une des nôtres » ? De qui parliez-vous ?

– De ceux qui ont été abandonnés par leur dæmon.

– J'ignorais que…

À cet instant, le feu passa au rouge et Kubiček s'empressa de traverser, si bien que Lyra dut attendre qu'ils aient atteint le trottoir d'en face. Là, elle reprit :

– Récemment encore, j'ignorais que cela pouvait arriver à quiconque. À part moi, s'entend.

– Vous vous sentiez seule ?

– Affreusement. Nous pouvions nous séparer, mais

évidemment, nous nous efforcions de garder le secret. Et puis, ces derniers mois… Je ne sais pas comment vous expliquer ça. Je ne vous connais pas.

– Nous sommes plusieurs dans ce cas à Prague. Pas très nombreux. Nous nous sommes rencontrés par hasard, ou par l'intermédiaire de ceux qui n'ont pas peur de nous – nous avons quelques amis –, et nous avons découvert d'autres réseaux de relations, ailleurs. Nous formons une sorte de société secrète, si vous voulez. Si vous m'indiquez votre prochaine destination, je pourrai vous donner les noms et les adresses de personnes comme nous qui vivent là-bas. Elles se montreront compréhensives et vous aideront, en cas de besoin. En attendant, si je peux me permettre… éloignons-nous de toutes ces lumières.

Lyra marcha sur le trottoir au côté de Kubiček, abasourdie par ce qu'elle venait d'entendre.

– Je ne comprenais pas ce qui m'arrivait, dit-elle. J'étais certaine que les gens s'en apercevraient tout de suite et me haïraient pour cette raison. D'ailleurs, c'est arrivé.

– Nous avons tous vécu cette expérience.

– Quand votre dæmon est-il parti ? Si ce n'est pas une question déplacée. Vous voyez, je ne sais rien.

– Oh, nous pouvons aborder ce sujet ouvertement entre nous. Je dois préciser qu'avant son départ, nous savions déjà que nous pouvions nous séparer.

Il jeta un regard furtif à Lyra, qui s'en aperçut et hocha la tête.

– Je crois, reprit Kubiček, que c'est un point commun entre nous tous. En cas de danger soudain, ou pour une raison impérieuse, on se sépare pour la première fois. C'est une torture, évidemment. Mais on y survit, n'est-ce pas ? Ensuite, ça devient plus facile. Dans notre cas, nous étions en désaccord sur un tas de sujets, et nous avons découvert que nous étions malheureux ensemble.

– Oui…

– Et puis, un jour, elle a dû décider que nous serions moins malheureux si nous étions séparés. Sans doute avait-elle raison, en ce qui la concerne. Bref, elle est partie. Il existe peut-être une société secrète des dæmons, semblable à la nôtre. Peut-être qu'ils s'entraident, comme nous le faisons. Peut-être qu'ils nous observent. Ou peut-être qu'ils nous ont oubliés. Quoi qu'il en soit, nous parvenons à survivre. Nous restons discrets, nous nous efforçons de ne pas attirer l'attention. Nous ne causons de tort à personne.

– Avez-vous essayé de retrouver votre dæmon ?

– Chaque fois que j'ouvre les yeux, au réveil, j'espère la trouver près de moi. J'ai sillonné toutes les rues, toutes les ruelles ; j'ai inspecté tous les parcs, tous les jardins, toutes les églises, tous les cafés. Nous faisons tous la même chose. Au début. Ma plus grande crainte, c'est de la voir avec un homme qui me ressemble, avec mon double. Pour l'instant… rien.

« Mais je ne vous ai pas abordée pour vous parler de moi. Il s'est produit un événement cette semaine. Un homme a débarqué dans notre ville et il est venu frapper à ma porte. Il… J'aimerais vous le décrire, mais les mots me manquent, en tchèque, en anglais ou en latin. C'est l'individu le plus étrange que j'aie jamais rencontré. Et il se trouve dans une situation effroyable. Il connaît votre existence, et il affirme que vous pouvez l'aider. J'ai accepté de vous le faire rencontrer pour que vous écoutiez ce qu'il a à dire.

– Il affirme que… Mais comment sait-il que j'existe ?

Elle qui croyait pouvoir traverser l'Europe jusqu'en Asie incognito.

– Je l'ignore. Une grande zone de mystère l'entoure. Lui aussi a perdu son dæmon… d'une autre manière. C'est difficile à décrire, mais vous comprendrez dès que vous le verrez. Vous comprendrez, mais peut-être que vous n'en croirez pas vos yeux. C'est peut-être une chose que nous autres, Praguois, pouvons croire plus facilement que d'autres qui vivent ailleurs. Le monde caché existe, avec ses passions et ses préoccupations et, de temps en temps, il se répand dans le monde visible. Le voile entre les mondes est peut-être plus fin ici, à Prague, que partout ailleurs… Je ne sais pas.

– La communauté des esprits, dit Lyra.

– Je ne connais pas cette expression.

– Si je peux aider, je le ferai. Évidemment. Mais mon objectif principal, c'est d'aller vers l'est.

Ils marchaient en direction de la Vltava. Kubiček expliqua que cette rivière était empruntée par la plupart des voyageurs qui arrivaient en ville ou la quittaient, même si le chemin de fer devenait de plus en plus populaire. Sa maison, précisa-t-il, se trouvait sur l'autre rive, dans le Malá Strana.

– Avez-vous entendu parler de la Zlatá ulička ?

– Non. Qu'est-ce que c'est ?

– La rue où, dit-on, les alchimistes fabriquaient jadis leur or. C'est tout près de chez moi.

– Les gens d'ici croient encore à l'alchimie ?

– Non, pas les gens cultivés. Pour eux, les alchimistes sont des imbéciles qui poursuivent un but chimérique. Alors, ils ne s'intéressent pas à eux et, du coup, ils ne voient pas ce qu'ils font réellement.

Quelque chose fit tilt dans la mémoire de Lyra. Sebastian Makepeace, l'alchimiste d'Oxford ! Il lui avait dit presque exactement la même chose quatre ans plus tôt.

Ils atteignirent la rivière. Kubiček lança des regards méfiants de tous les côtés avant de s'engager sur le pont, un ouvrage ancien, bordé de statues de rois et de saints qui se dressaient le long du parapet. Sur l'autre rive, les maisons étaient vieilles, collées les unes aux autres, séparées par des ruelles biscornues et dominées par un château qu'illuminaient des projecteurs. Malgré le froid, le pont et les rues étaient bondés ; des lumières éclairaient les vitrines de toutes les boutiques et les façades des tavernes. Des lampes à gaz flamboyaient entre les statues du pont.

Du côté du Malá Strana se trouvait un embarcadère duquel s'approchait avec prudence un bateau à vapeur. En traversant le pont, Lyra et Kubiček aperçurent un certain nombre de passagers qui attendaient qu'on abaisse la passerelle pour débarquer. Manifestement, il ne s'agissait pas d'une croisière d'agrément car ils portaient des valises, des sacs à dos, des cartons fermés par des ficelles, des paniers pleins à craquer ou des caisses contenant des animaux. Ils semblaient fuir une tragédie.

– Votre homme étrange est arrivé sur un bateau comme celui-ci ? demanda Lyra.

– Oui.

– D'où viennent tous ces gens ?

– Du sud. De la mer Noire et même d'au-delà. Ces bateaux montent ensuite vers le nord, où cette rivière rejoint l'Elbe, et de là, ils rejoignent Hambourg et l'Océan Allemand.

– Tous les bateaux qui accostent ici transportent ce genre de passagers ? On dirait des réfugiés.

– Il en arrive de plus en plus chaque jour. Le Magisterium encourage chaque province de l'Église à réglementer avec davantage de fermeté l'accès à son territoire. En

Bohême, la situation n'est pas aussi brutale que partout ailleurs : les réfugiés bénéficient encore du droit d'asile. Mais ça ne durera pas indéfiniment. Bientôt, nous serons obligés de les refouler.

Au cours de leur brève traversée de la ville, Lyra avait aperçu quelques personnes blotties dans les embrasures de portes ou endormies sur des bancs. Des mendiants, avait-elle supposé, navrée de constater qu'une si belle ville faisait si peu de cas des pauvres. Son regard fut attiré par une famille qui débarquait : une vieille femme appuyée sur une canne, une mère tenant un bébé dans ses bras, suivie de quatre enfants, tous apparemment âgés de moins de dix ans, qui se débattaient avec des cartons, des sacs ou des valises. Derrière eux, un vieil homme et un jeune adolescent transportaient un matelas roulé.

– Où vont-ils ? interrogea Lyra.

– Au Bureau de l'Asile, pour commencer. Ensuite, dans les rues s'ils n'ont pas d'argent. Venez. C'est par ici.

Lyra pressa le pas dans le sillage de Kubiček. Arrivés sur l'autre rive, ils s'enfoncèrent dans un dédale de ruelles, au pied du château. À force de tourner à droite et à gauche, Lyra perdit rapidement tout sens de l'orientation.

– Vous m'aiderez à retrouver le chemin de la gare ? s'inquiéta-t-elle.

– Bien sûr. Nous sommes presque arrivés.

– Que pouvez-vous me dire au sujet de cet homme que vous voulez me faire rencontrer ?

– Il se nomme Cornelis Van Dongen. C'est un Hollandais, comme vous l'avez peut-être deviné. Je préfère lui laisser le soin de vous exposer le reste.

– Supposons que je ne puisse pas l'aider ? Que fera-t-il, alors ?

– Dans ce cas, ce serait terrible pour moi, et pour tous les habitants du Malá Strana. Et au-delà.

– Vous faites peser une lourde responsabilité sur mes épaules, monsieur Kubiček.

– Je sais que vous serez à la hauteur.

Lyra ne dit rien, mais elle comprit soudain qu'elle avait été stupide de s'aventurer dans ce labyrinthe de vieilles maisons et de ruelles obscures avec un homme dont elle ne savait rien.

Ici et là, une lampe à gaz fixée au mur éclairait les pavés mouillés et les volets qui masquaient les fenêtres. Le vacarme de la circulation, le fracas des roues cerclées de fer sur la pierre, le vrombissement des tramways ambariques s'atténuaient à mesure qu'ils s'enfonçaient dans ce dédale. Ils croisaient de moins en moins de monde, passaient parfois devant un homme appuyé contre l'encadrement d'une porte ou une femme debout sous un lampadaire qui les regardaient en marmonnant un commentaire, en faisant entendre une toux de tuberculeux, ou un simple soupir.

– Nous sommes presque arrivés.

– Je suis complètement perdue.

– Ne vous inquiétez pas, je vous indiquerai le chemin du retour.

Au coin de rue suivant, Kubiček sortit une clé de sa poche pour ouvrir la lourde porte en chêne d'une maison de plusieurs étages. Passant devant Lyra, il alluma une lampe à naphte qu'il brandit au-dessus de sa tête afin qu'ils puissent se frayer un chemin entre les colonnes de livres qui se dressaient de part et d'autre d'un étroit couloir. Il y avait bien des étagères, qui montaient jusqu'au plafond mais, de toute évidence, Kubiček les avait remplies depuis longtemps, et il avait dû se rabattre sur le plancher. Les marches d'un escalier qui s'élevait dans l'obscurité étaient elles-mêmes envahies de livres, de chaque côté. Il flottait dans l'atmosphère froide et humide une odeur de reliure en cuir et de vieux papiers qui dominait celles du chou et du bacon.

– Par ici, je vous prie, dit Kubiček. En fait, mon invité ne se trouve pas véritablement dans la maison. Je suis marchand de livres et… Vous allez comprendre dans deux minutes.

Lampe à la main, il entraîna Lyra dans une cuisine exiguë, propre, bien rangée et sans livres, exception faite de trois petites piles sur la table. Il posa la lampe et déverrouilla la porte de derrière.

– Vous voulez bien me suivre ?

Hésitante, Lyra lui emboîta le pas malgré tout. Kubiček avait laissé la lampe dans la cuisine et le jardinet situé derrière la maison était seulement éclairé par le halo des lumières de la ville qui se répandait dans le ciel et par…

Lyra retint son souffle.

Devant elle se tenait un homme aux vêtements grossiers qui dégageait une telle chaleur qu'on ne pouvait s'en approcher. On aurait dit une chaudière. Lyra distinguait son visage émacié, marqué par l'inquiétude, et elle ne put retenir un petit cri d'effroi quand deux flammèches jaillirent de sous ses paupières, pour être aussitôt chassées d'une main rageuse, comme on essuie des larmes. Ses yeux rougeoyaient telles des braises, morceaux de charbon noir sur un tapis ardent et vivant. Lyra ne voyait aucun dæmon près de lui.

Il s'adressa à Kubiček et une flamme sortit de sa bouche. Sa voix ressemblait au ronflement d'un feu de bois suralimenté, qui menace d'enflammer la cheminée.

Kubiček répondit en anglais :

– Voici Lyra Parle-d'Or. Mademoiselle Parle-d'Or, permettez-moi de vous présenter Cornelis Van Dongen.

Celui-ci dit :

– Je ne peux malheureusement pas vous serrer la main. Mais je vous salue. Et je vous supplie de m'aider.

– Si je le peux, je le ferai… mais comment ? Que puis-je faire pour vous ?

– Retrouver mon dæmon. Il est près d'ici. À Prague. Ramenez-le-moi.

Lyra supposait qu'il faisait allusion à l'aléthiomètre. Pour cela, elle devrait utiliser la nouvelle méthode, qui la rendrait malade.

– J'ai besoin de savoir…, commença-t-elle, avant de secouer la tête.

L'homme qui brûlait autant qu'une chaudière tendait les mains vers elle, paumes ouvertes, dans un geste de supplication. Une rangée de flammèches apparut sous les ongles de sa main gauche. Il les étouffa de sa main droite.

– Qu'avez-vous besoin de savoir ? demanda-t-il de sa voix qui sifflait comme une flamme de gaz.

– Oh… tout… Je ne sais pas… Votre dæmon… est-il comme vous ?

– Non. Je suis fait de feu. Lui, d'eau. Il me manque terriblement. Et je lui manque aussi…

Des larmes enflammées roulèrent sur ses joues. Il se baissa pour ramasser une poignée de terre avec laquelle il se frotta les yeux jusqu'à les éteindre. Lyra était submergée par la pitié et l'effroi. Maintenant que sa vision s'était un peu habituée à l'obscurité, elle constatait que le visage de cet homme ressemblait à celui d'un animal blessé, qui a conscience de sa douleur sans savoir à quoi l'attribuer, si bien que l'univers dans son ensemble devient le complice de sa souffrance et de sa terreur. Ses vêtements, observa-t-elle, étaient taillés dans une étoffe d'amiante.

Sans doute remarqua-t-il son expression car il recula, l'air gêné, ce qui attisa la honte qu'éprouvait Lyra. Mais que pouvait-elle faire ? Que diable pouvait-elle bien faire ?

Pourtant, elle devait agir.

– J'ai besoin d'en savoir plus sur votre dæmon. Son nom, par exemple. La raison pour laquelle vous êtes séparés. D'où vous venez.

– Elle s'appelle Dinessa. Nous venons de la République batave. Mon père est un philosophe naturel, et ma mère est morte quand nous étions encore jeunes. Mon dæmon et moi, nous adorions aider mon père dans son atelier, son laboratoire, là où il travaillait à son Grand Œuvre, consacré à l'isolement des principes essentiels de la matière…

Pendant qu'il parlait, la chaleur qui émanait de son corps semblait s'intensifier, et Lyra se surprit à reculer d'un pas. Kubiček, demeuré sur le seuil de la cuisine, écoutait respectueusement leur échange. Le jardin dans lequel ils se trouvaient était bordé d'autres maisons et, en tournant la tête quelques secondes pour échapper un instant à la fournaise, elle vit un ou deux habitants passer derrière leurs fenêtres éclairées, mais personne ne regardait dehors.

– Je vous en prie, continuez, dit-elle.

– Comme je vous le disais, Dinessa et moi adorions aider mon père dans son travail. Cela nous paraissait grandiose et important. Nous savions seulement qu'il entretenait des conversations, des échanges, avec des âmes immortelles, et ce qu'elles avaient à dire dépassait de loin notre compréhension. Un jour, je m'en souviens, il nous a parlé des deux éléments que sont le feu et l'eau…

Il dut s'interrompre, secoué de violents sanglots qui se matérialisaient sous forme de gouttes de feu.

Kubiček intervint :

– Je vous en prie, Van Dongen. Moins de…

Il jeta un regard inquiet en direction des fenêtres qui donnaient sur le petit jardin.

– Je suis un être humain ! s'écria l'homme-chaudière. Je reste un être humain !

Il plaqua ses mains sur ses yeux en se balançant d'avant en arrière. Il aurait eu besoin que quelqu'un le prenne dans ses bras pour le réconforter, mais ce contact lui était à jamais interdit.

– Que s'est-il passé ? interrogea Lyra, rongée par la pitié.

– Mon père s'intéressait aux transmutations, poursuivit Van Dongen. Certaines choses se transforment, tandis que d'autres non. Naturellement, nous lui faisions confiance, persuadés que ses expériences ne représentaient aucun danger. Et nous étions fiers de l'aider dans cette grande tâche. Aussi, quand il a voulu se servir de nous, du lien entre Dinessa et moi, à l'époque où elle pouvait encore changer, nous avons accepté sans hésiter.

« Ce fut un long processus qui nous a fatigués et désorientés, mon dæmon et moi, mais nous avons persévéré et fait tout ce que mon père nous demandait. Il s'inquiétait pour notre sécurité, il s'inquiétait pour tout, car il nous aimait véritablement, autant qu'il aimait la connaissance. Lors d'une expérience, il a intégré notre être fondamental à deux éléments de la nature : le feu pour moi, l'eau pour Dinessa. Puis il s'est aperçu qu'il ne pouvait plus revenir en arrière ; c'était devenu notre état permanent. Depuis, je suis tel que vous me voyez, et mon dæmon ne peut plus vivre à l'air libre, il doit passer sa vie sous l'eau afin de pouvoir respirer.

Une flamme apparut sur son front ; il l'éteignit du revers de la main.

– Pourquoi vous êtes-vous séparés ? demanda Lyra.

– Après la transformation, nous ne pouvions trouver de réconfort que l'un auprès de l'autre, mais il nous était désormais impossible de nous toucher, de nous enlacer. C'était une souffrance. Nous devions rester cachés à l'intérieur de la maison et de la propriété : mon dæmon dans un bassin rempli d'eau et moi dans une cabane faite de plaques de fer. Mon père avait soudoyé les domestiques en échange de leur silence. Il a fait tout ce qu'il pouvait pour nous cacher, mais cela lui coûtait énormément d'argent et il a été obligé de vendre tout ce qu'il possédait. Sans qu'on le sache. Comment aurions-nous pu le savoir ? Nous ne savions rien. Finalement, un jour, il est venu nous trouver et il nous a dit : « Je suis désolé, mon enfant, mais je n'ai plus les moyens de vous cacher. Le Magisterium a eu vent de certaines rumeurs et, s'ils découvrent la vérité, ils m'arrêteront et te tueront. J'ai été contraint de demander l'avis d'un grand magicien. Il viendra te voir demain. Peut-être pourra-t-il nous aider. » Paroles mensongères ! Faux espoirs !

Des cascades de flammes coulèrent sur ses joues et le rougeoiement éclaira les maisons environnantes, projetant des ombres dansantes sur les murs. Lyra assistait impuissante à ce spectacle. Van Dongen essuya son visage de sa manche en amiante, faisant naître de petites étincelles qui tombèrent sur le sol et se tortillèrent un court instant avant de mourir.

Kubiček s'avança de quelques pas et dit :

– Je vous en supplie, Van Dongen, évitez de vous mettre dans cet état. Ce jardin est le seul endroit où nous pouvons discuter sans risques, mais quelqu'un pourrait regarder dehors et…

– Je sais, je sais. Je vous prie de m'excuser.

L'homme-chaudière soupira et de sa bouche s'échappa un nuage de fumée qui aussitôt se dissipa dans l'air.

Il se laissa tomber à genoux, puis se contorsionna pour s'asseoir en tailleur, tête baissée, les mains sur les genoux.

– Le magicien est venu. Il se nommait Johannes Agrippa. Il nous a regardés, Dinessa et moi, après quoi il est allé s'entretenir avec mon père dans son bureau. Là, il lui a fait une proposition. Il était prêt à payer une somme considérable pour emmener mon dæmon, mais seulement lui. Et mon père a accepté. Comme si Dinessa était un animal ou un bloc de marbre. Il a vendu mon dæmon à cet homme, mon seul compagnon, la seule créature capable de comprendre la profonde tristesse de notre existence. Dinessa a supplié, j'ai pleuré et imploré, mais mon père est demeuré intraitable. Mon cher dæmon a été cédé au magicien et des dispositions ont été prises pour son transport jusqu'ici, à Prague, où il réside. La souffrance de la séparation est indescriptible. Ils ont employé la force pour me maintenir à l'écart mais, dès qu'ils m'ont libéré, j'ai entrepris de retrouver Dinessa. Elle est dans cette ville, quelque part, et je n'hésiterais pas à abattre tous les murs, à mettre le feu à toutes les maisons, à provoquer l'incendie le plus dévastateur de tous les temps, mais elle périrait dans les flammes et je serais anéanti avant de l'avoir revue… Il faut que je sache où elle se trouve, mademoiselle Parle-d'Or. Et je suis sûr que vous pouvez me le dire. Je vous en supplie, dites-moi où est mon dæmon.

Lyra demanda :

– Qui vous a parlé de moi ?

– Dans le monde des esprits, votre nom est célèbre.

– Quel est donc ce monde des esprits dont vous parlez ? Je ne sais pas de quoi il s'agit. Je ne sais même pas ce qu'est l'esprit.

– L'esprit, c'est ce que produit la matière.

Déconcertée, Lyra ne savait pas comment réagir. Finalement, Kubiček suggéra :

– C'est peut-être votre communauté des esprits.

Lyra se retourna vers Van Dongen et demanda :

– Savez-vous comment fonctionne l'aléthiomètre ? Comment je l'utilise ?

Cette question sembla le dérouter. Il écarta les mains et, aussitôt, une flamme jaillit de ses paumes. Il les tapa contre le sol pour les éteindre.

– Aléth… (Il secoua la tête.) Je ne connais pas ce mot. Qu'est-ce donc ?

– Je croyais que vous vouliez que j'utilise cet objet. L'aléthiomètre. Il dit la vérité, mais il est très difficile à déchiffrer. Ce n'est pas ce que vous attendez de moi ?

L'homme-chaudière secoua la tête et de petites larmes de lave roulèrent sur ses joues.

– Je ne sais pas ! Je ne sais pas ! s'exclama-t-il. Mais vous, vous saurez ! Vous saurez !

– Je n'ai que ça… Non, attendez. Il y a ça également.

Elle pensait au vieux carnet que Pan avait laissé avec son cruel message, celui que le pauvre Hassall, mort assassiné, avait emporté jusqu'en Asie centrale. Et soudain, elle se souvint que c'était là qu'elle avait déjà vu ce nom : Kubiček. Voilà ce qui avait provoqué ce petit flash dans sa mémoire. Elle sortit le carnet de son sac à dos et le feuilleta pour retrouver le passage consacré à Prague.

À cause du manque de lumière, elle dut s'agenouiller à

côté de l'homme-chaudière et utiliser l'éclat intense de ses yeux pour lire. En effet, Kubiček figurait dans le carnet, à côté de son adresse dans le Malá Strana. Il y avait quatre autres noms et adresses à Prague, notés d'une écriture différente, avec un stylo différent. Plus un autre nom, écrit en travers à cause du manque de place, au crayon à papier : « Dr Johannes Agrippa ».

– Je l'ai ! s'exclama-t-elle.

Lyra essaya de lire l'adresse, mais la lumière qui irradiait des yeux de Van Dongen était brûlante, alors elle se releva précipitamment et demanda à M. Kubiček :

– Vous arrivez à lire l'adresse ?

Van Dongen se releva aussi, mû par la curiosité. Il frappait dans ses mains, faisant naître des étincelles qui tournoyaient dans les airs, tels des soleils de feu d'artifice. L'une d'elles vola jusqu'à Lyra et lui mordit la main comme une piqûre d'épine. Elle poussa un petit cri de douleur, la chassa d'un geste brusque et recula prestement.

– Oh… pardon… pardon, dit le Hollandais. Lisez, lisez !

– Je vous en prie, moins fort ! dit Kubiček. Par pitié, Van Dongen, baissez d'un ton ! L'adresse est… Ah. Je vois.

– Quoi ? Où habite-t-il ?

Un grondement de flammes étouffé s'échappa de la bouche de l'homme-chaudière.

– Stary železniční. Au 43. Ce n'est pas très loin d'ici. C'est un quartier où il y a beaucoup d'ateliers. Sous un vieux pont de chemin de fer. Je n'aurais jamais imaginé que…

– Vous allez m'y conduire ! s'exclama Van Dongen. Sur-le-champ.

– Si je vous indique où ça se trouve… Si je vous donne un plan…

– Non ! Pas question. Vous devez m'aider. Vous viendrez avec nous, mademoiselle. Vous, il vous respectera.

Lyra en doutait, mais elle était obligée de les accompagner si elle voulait que Kubiček la reconduise à la gare ensuite. En outre, elle était curieuse d'en savoir plus, et soulagée d'échapper à une séance d'aléthiomètre avec la nouvelle méthode.

– S'il vous plaît, Van Dongen, dit Kubiček, marchez sans bruit et évitez de parler. Nous sommes trois personnes qui rentrent chez elles, rien de plus.

– Oui, oui. Allons-y.

Kubiček les précéda dans la maison, jusque dans la rue. Le Hollandais le suivait en se faufilant prudemment entre les piles de livres, tandis que Lyra fermait la marche, à bonne distance.

Les ruelles sombres et tortueuses du Malá Strana étaient désertes, seuls quelques chats rôdaient ; un rat détala devant eux. Ils ne rencontrèrent aucun autre être humain avant d'atteindre une sorte de terrain vague au pied du mur d'une usine. Là, un groupe d'hommes assis sur des caisses ou des sacs empilés fumaient autour d'un brasero. Ils les regardèrent passer. Kubiček les salua poliment, dans un murmure. Ils l'ignorèrent. Mais Lyra sentit leurs yeux dans son dos, alors qu'elle s'éloignait sur le sol irrégulier en essayant d'éviter les nids-de-poule et les flaques aux reflets huileux. Van Dongen semblait ne pas avoir remarqué leur présence ; son regard restait fixé sur les arches de pierre du vieux pont de chemin de fer vers lequel ils se dirigeaient.

– C'est là-bas ? C'est ça ? demanda-t-il.

Un jet enflammé sortit de sa bouche et s'éleva dans les airs, avant de se volatiliser. Lyra entendit les grognements inquiets des hommes rassemblés autour du brasero.

Devant eux, le vieux pont dominait le terrain vague de toute sa hauteur. Sous chaque arche se trouvait une porte, en bois ou en métal rouillé, certaines en carton. Fermées par des cadenas pour la plupart. Deux ou trois étaient ouvertes, et des lampes à naphte projetaient un halo de lumière jaune à l'extérieur. Derrière l'une d'elles, un mécanicien assemblait un moteur, aidé par son dæmon-singe qui lui tendait les pièces. Plus loin, une vieille femme vendait un petit paquet d'herbes à une jeune femme au visage ravagé, qui semblait enceinte.

Van Dongen marchait de long en large devant les portes, à la recherche du numéro 43.

– Ce n'est pas ici ! s'emporta-t-il. Il n'y a pas de 43 !

Chacun de ses mots s'accompagnait d'une éructation enflammée. Le mécanicien se figea, un carburateur à la main, pour les regarder.

– Van Dongen, s'il vous plaît, supplia Kubiček.

Le Hollandais se tut. Mais il respirait bruyamment et ses yeux éclairaient l'obscurité comme deux projecteurs.

– Les numéros ne sont pas dans l'ordre, fit remarquer Lyra.

– À Prague, expliqua Kubiček à voix basse, les numéros des maisons correspondent à l'ordre dans lequel elles ont été construites. Il en va de même pour ces ateliers. Il faut les passer en revue un par un.

Il ne quittait pas des yeux les hommes regroupés autour du brasero. Lyra non plus, et elle constata que deux d'entre eux s'étaient levés pour les observer à leur tour. De son côté, Van Dongen courait de porte en porte, d'un bout à l'autre du pont, pour regarder les numéros, laissant dans son sillage une traînée de cendres et de gaz brûlé. Lyra décida de l'aider dans sa quête. Si certains numéros apparaissaient clairement, peints grossièrement en blanc ou tracés à la craie, d'autres, en revanche, étaient à moitié effacés ou écaillés.

Soudain, elle avisa une porte plus solide que les autres, en chêne foncé, dotée d'épais gonds en fer. Un masque de bronze représentant une tête de lion était fixé à côté, dans les briques de l'arche. Le numéro 43 avait été gravé au centre de la porte, à l'aide d'un clou semblait-il.

Lyra recula et appela tout bas :

– Monsieur Kubiček ! Monsieur Van Dongen ! C'est ici !

Les deux hommes la rejoignirent en même temps, Kubiček en évitant soigneusement les flaques, Van Dongen en fonçant droit devant lui. Lyra se retrouva ainsi aux commandes, sans savoir pourquoi. D'une main ferme, elle frappa à la porte.

Aussitôt, une voix sortit de la gueule du lion :

– Qui êtes-vous ?

– Des voyageurs, répondit Lyra. Nous avons entendu parler de la sagesse du grand maître Johannes Agrippa et nous venons solliciter ses conseils.

Elle s'aperçut alors que la voix s'était exprimée en anglais et qu'elle avait répondu dans la même langue, par automatisme.

– Le maître est occupé, dit le masque de lion. Revenez la semaine prochaine.

– Nous serons repartis depuis longtemps. Nous devons le voir maintenant… J'ai un message de la République batave.

Kubiček agrippait le bras de Lyra et Van Dongen faisait disparaître les flammèches qui jaillissaient tout autour de sa bouche. Après un moment de silence, le masque dit :

– Le Dr Agrippa vous accorde cinq minutes. Entrez et attendez.

La porte s'ouvrit toute seule et une bouffée d'air enfumé, chargé d'odeurs poussiéreuses d'herbes, d'épices et de minéraux, s'en échappa et les enveloppa. Van Dongen tenta immédiatement de passer devant Lyra, mais elle l'arrêta d'un geste… qu'elle regretta aussitôt : c'était comme si elle avait essayé de ramasser un morceau de fer chauffé au rouge.

Elle plaqua sa main sur sa poitrine, s'empêchant de crier, et précéda les deux hommes dans l'atelier. La porte se referma derrière eux. Les murs de brique et le sol en béton étaient faiblement éclairés par une ampoule qui pendait du plafond au bout d'un fil. La lumière, qui s'intensifiait, puis faiblissait, comme au rythme d'une respiration, éclairait… le vide.

– Où devons-nous aller ? demanda Lyra.

– Descendez, dit un murmure flottant.

Van Dongen montra un coin.

– Là !

Un long tourbillon de feu jaillit de sa bouche et se répandit au plafond avant de s'éteindre.

Dans la lumière de sa voix, ils aperçurent une trappe. Van Dongen se jeta sur l'anneau de fer qui permettait de l'ouvrir, mais là encore, Lyra s'interposa :

– Non ! Ne touchez à rien. Vous allez rester ici, jusqu'à ce que je vous dise de descendre. Monsieur Kubiček, veillez à ce qu'il ne bouge pas.

– Patience, patience, dit le Praguois au Hollandais, et tous les deux reculèrent vers le coin opposé tandis que Lyra soulevait la trappe.

Une volée de marches en bois plongeait vers une cave

baignée d'une lumière vive. Lyra descendit et s'arrêta au pied de l'escalier pour examiner la salle au plafond voûté, noirci par des siècles de fumée. Au centre se dressait une imposante chaudière, sous une hotte de cuivre qui traversait le plafond comme un conduit de cheminée. Un millier d'objets de toutes sortes étaient alignés sur les murs, pendus au plafond ou simplement posés par terre : des cornues et des creusets ; des pots de terre ; des bocaux sans couvercle contenant du sel, des pigments, des herbes séchées ; des livres de toutes dimensions et de tous âges, certains ouverts, ou serrés les uns contre les autres sur des étagères ; des instruments philosophiques, des boussoles ; une chambre claire, une collection de bouteilles de Leyde ; un générateur de Van de Graaff ; un ramassis d'os, dont certains étaient peut-être humains ; diverses plantes, sous des cloches de verre poussiéreuses ; et un tas d'autres choses encore. Un nom surgit dans l'esprit de Lyra : « Makepeace ! » Ce décor lui rappelait fortement le laboratoire de l'alchimiste d'Oxford.

Et à côté de la chaudière, dans la lueur rouge produite par les braises incandescentes, un homme en tenue grossière d'ouvrier remuait le contenu, âcre et bouillonnant, d'un chaudron. Il récitait ce qui était peut-être un sort, dans une langue qui était peut-être de l'hébreu. Ce que Lyra distinguait de son visage permettait d'imaginer un homme d'un certain âge, fier, impatient et déterminé, d'une force intellectuelle considérable. Il semblait ne pas l'avoir vue.

L'espace d'un instant, il lui rappela son père, mais elle s'empressa de chasser cette pensée, et reporta son attention sur l'autre objet qui occupait une place importante dans cette cave : une cuve de pierre d'environ trois mètres de long sur deux de large, dont les parois lui arrivaient à la taille.

Et dans cette cuve remplie d'eau, une créature s'agitait, fonçait d'un bord à l'autre, s'enroulait sur elle-même comme du chèvrefeuille autour d'une branche, jamais immobile, d'une grâce et d'une beauté parfaites : le dæmon-sirène de Cornelis Van Dongen, Dinessa, la fée de l'eau.

Elle était belle, nue, et ses cheveux noirs flottaient dans son sillage tel un écheveau d'algues fragiles. En se retournant à une extrémité de la cuve, elle aperçut Lyra et, pareille au plus rapide des poissons, fila vers elle.

Avant qu'elle perce la surface, Lyra posa son doigt sur ses lèvres et montra le magicien absorbé par son sort. La fée de l'eau s'immobilisa, elle avait compris. Ses yeux imploraient Lyra sous l'eau. Qui hocha la tête et essaya de sourire. Elle découvrit alors, au-dessus de la cuve, un vaste et complexe réseau de pistons, de valves, de bielles, de roues, de vilebrequins et d'autres éléments dont elle ne connaissait pas les noms et ne pouvait deviner la fonction.

Soudain, un cri retentit derrière elle et une flamme lui roussit les cheveux. Se retournant vivement, elle découvrit Van Dongen au milieu de l'escalier, suivi de Kubiček qui tentait de le retenir en grimaçant de douleur. Lyra, qui s'était brûlé la paume et les doigts, compatissait.

Les deux hommes arrivèrent au pied des marches…

Et le chaos explosa. Le crocodile empaillé qui pendait au plafond secoua ses chaînes en se tordant dans tous les sens et en donnant de grands coups de queue ; une rangée d'énormes bocaux en verre couverts de poussière contenant d'étranges spécimens – fœtus, homoncules, céphalopodes – s'éclairèrent de l'intérieur, tandis que les créatures mortes se jetaient contre les parois ou les martelaient à coups de poing en poussant des gémissements furieux ; un oiseau métallique enfermé dans une cage aussi poussiéreuse que le reste chantait à tue-tête ; l'eau de la cuve de Dinessa recula devant Van Dongen et s'éleva sous la forme d'une haute vague qui demeura suspendue et tremblante dans l'air, emprisonnant le dæmon aquatique comme un insecte dans un bloc d'ambre. Mais en apercevant son humain, Dinessa, bras tendus vers lui, transperça la vague, et s'exclama :

– Cornelis ! Cornelis !

Tout se passa si vite que personne n'eut le temps d'intervenir. Van Dongen se rua vers la vague verticale, en criant « Dinessa ! », et son dæmon s'en extirpa pour se jeter dans ses bras.

Ils se réunirent dans une explosion de flammes et de vapeur. Pendant un très court instant, Lyra vit leurs visages éclatants, extatiques, collés l'un à l'autre dans une ultime étreinte. Puis ils disparurent et quelque chose se produisit dans la machinerie installée au-dessus de la cuve. Des jets de vapeur surchauffée pénétraient avec force dans les tuyaux, propulsant les pistons d'avant en arrière, provoquant un mouvement de va-et-vient des bielles qui faisaient tourner une gigantesque roue. Tous les éléments fonctionnaient comme une mécanique bien huilée.

Lyra et Kubiček étaient les spectateurs hébétés et impuissants de ce spectacle. Lyra se tourna vers le sorcier au moment où celui-ci refermait son livre, avec l'expression de celui qui a achevé une tâche longue et ardue.

Elle se surprit à demander :

– Qu'est-ce que vous avez fait ?

– J'ai mis en marche ma machine.

– Mais comment ? Et où sont-ils, cet homme et son dæmon ?

– Ils accomplissent l'un et l'autre le destin pour lequel ils ont été créés.

– Ils n'ont pas été créés pour finir de cette façon !

– Vous parlez sans savoir. J'ai provoqué leur naissance, j'ai fait venir le dæmon jusqu'ici afin d'accomplir ce travail, mais le garçon s'est enfui. Peu importe. J'ai fait en sorte que vous le retrouviez et que vous me l'ameniez. Vous avez rempli votre rôle, vous pouvez partir.

– Leur père les a trahis, et vous leur avez infligé ce sort !

– Je suis leur père.

Lyra en eut le souffle coupé. Au-dessus d'eux, la machinerie avait accéléré, faisant trembler les murs de la cave. Le crocodile s'était immobilisé, seule sa queue se balançait, lentement ; les homoncules dans leurs bocaux avaient cessé de hurler et de cogner contre le verre, ils flottaient béatement dans le liquide qui émettait maintenant une faible lueur rouge constante ; l'oiseau métallique dans sa cage chantait aussi gracieusement qu'un rossignol, des émaux somptueux et des pierres précieuses faisaient scintiller ses ailes dorées.

Agrippa, son livre à la main, semblait attendre que Lyra lui pose une question.

– Pourquoi ? demanda-t-elle. Pourquoi procéder de cette façon ? Pourquoi sacrifier deux vies ? Vous ne pouviez pas allumer un feu de manière normale ?

– Ce n'est pas un feu ordinaire.

– Dites-moi pourquoi, insista Lyra.

– Ce n'est pas un moteur ordinaire. Ni un feu ordinaire. Ni une vapeur ordinaire.

– Ils n'étaient donc que ça ? Une forme particulière de vapeur ? La vapeur, ce n'est que de la vapeur.

– Rien n'est seulement ce qu'il est.

– Faux ! Rien n'est autre chose que ce qu'il est, répliqua Lyra en citant Gottfried Brande, non sans une certaine gêne.

– Vous avez gobé ce mensonge, hein ?

– Vous pensez que c'est un mensonge ?

– Un des plus gros mensonges jamais formulés. Je pensais que vous auriez trop d'imagination pour croire une chose pareille.

Interloquée, elle lança :

– Qu'est-ce que vous savez de moi ?

– Tout ce que j'ai besoin de savoir.

– Vais-je retrouver mon dæmon ?

– Oui, mais pas de la manière que vous croyez.

– Qu'est-ce que ça signifie ?

– Tout est lié.

Lyra réfléchit à cette affirmation.

– Quel est le lien entre moi et tout ça ?

– Il vous a conduite jusqu'au seul homme capable de vous indiquer si vous devez poursuivre votre voyage vers l'est ou le sud.

Elle avait la tête qui tournait. Tout cela paraissait impossible, et pourtant elle en était témoin.

– Eh bien ? demanda-t-elle. Quelle direction dois-je prendre ?

– Regardez dans votre *clavicula*.

Lyra le sortit de son sac à dos, l'ouvrit à la page sur laquelle des notations avaient été ajoutées au crayon. Et là, sous le nom et l'adresse d'Agrippa, elle remarqua une phrase qui lui avait échappé : « Dites-lui de partir vers le sud. »

– Qui a écrit ça ?

– Celui qui a inscrit mon nom et mon adresse : maître Sebastian Makepeace.

Lyra dut se retenir au rebord de la cuve de pierre.

– Mais comment a-t-il…

– Vous l'apprendrez le moment venu. Inutile que je vous en parle maintenant, vous ne comprendriez pas.

Sentant une main lui frôler le bras, elle se retourna et découvrit le visage livide de Kubiček, rongé par la nervosité.

– Une minute, dit-elle, avant de s'adresser de nouveau à Agrippa : Parlez-moi de la Poussière. Vous savez de quoi il s'agit, n'est-ce pas ?

– J'ai entendu parler de la Poussière, et du Champ de Rusakov, bien entendu. Vous croyez que je vis encore au XVIIe siècle ? Je lis toutes les revues scientifiques. Certaines sont d'ailleurs très drôles. Mais laissez-moi vous dire une chose… Vous possédez un aléthiomètre, je crois ?

– Oui.

– Eh bien, ce n'est pas la seule manière d'interpréter la Poussière, ni la meilleure.

– Quelles sont les autres manières ?

– Je vais vous en confier une, une seule. Un paquet de cartes.

– Le tarot ?

– Non. Je ne parle pas de ça. C'est une escroquerie moderne scandaleuse, destinée à soutirer de l'argent à des individus romantiques et crédules. Je parle de simples cartes à jouer. Un jeu de cartes banal. Quand vous en verrez un, vous le reconnaîtrez.

– Que pouvez-vous me dire sur la communauté des esprits ?

– C'est un des noms qui désignent le monde dont je m'occupe, le monde des choses et des relations cachées. C'est la raison pour laquelle rien n'est seulement ce qu'il est.

– Deux questions encore. Je suis à la recherche d'un endroit nommé l'Hôtel Bleu, al-Khan al-Azraq, pour retrouver mon dæmon. En avez-vous entendu parler ?

– Oui. Cet endroit a un autre nom. On l'appelle parfois Madinat al-Qamar, la Cité de la Lune.

– Où se trouve-t-il ?

– Entre Séleucie et Alep. On peut y accéder depuis l'une ou l'autre de ces deux villes. Mais vous ne retrouverez votre dæmon qu'au prix de grandes difficultés et d'une grande souffrance, et il ne pourra repartir avec vous que si vous consentez à un immense sacrifice. Êtes-vous prête ?

– Oui. Voici ma seconde question : que signifie le mot « *akterrakeh* » ?

– Où avez-vous entendu cette expression ?

– À propos d'un endroit nommé Karamakan. Il s'agit d'une façon de voyager, ou quelque chose comme ça.

– C'est du latin.

– Ah bon ?

– *Aqua terraque*.

– L'eau et la terre…

– Par la mer et par la route.

– Oh. Ça veut donc dire… Quoi donc ?

– Il existe des endroits particuliers que vous pouvez atteindre seulement si votre dæmon et vous voyagez séparément. L'un des deux voyage par la mer, l'autre par la route.

– Mais l'endroit en question est au milieu du désert ! Il n'y a pas d'eau.

– Erreur. Le lieu dont vous parlez se situe entre le désert et le Lac Errant. Les marais salants et les rivières peu profondes de Lop Nor, où les cours d'eau se déplacent de manière imprévisible.

– Ah ! Je vois.

Les mots que Strauss avait écrits dans ce carnet en piteux état qu'elle avait découvert au fond du sac à dos de Hassall prenaient subitement un sens. Ils devenaient beaucoup plus clairs ! Ces hommes avaient dû se séparer de leurs dæmons pour voyager jusqu'au bâtiment rouge, et le dæmon de Strauss était arrivé à destination, si bien qu'ils avaient pu y entrer tous les deux. En revanche, celui de Hassall avait échoué, même s'ils s'étaient certainement retrouvés ultérieurement. Voilà donc comment ça se passait : pour qu'elle puisse se rendre là-bas, Pan devait accepter de passer par Lop Nor, pendant qu'elle traversait le désert. Elle pourrait alors pénétrer dans le bâtiment rouge. Tandis que cette clarification se propageait dans son esprit, chassant le brouillard et les doutes, elle se souvint du sentiment qu'elle avait éprouvé en lisant pour la première fois le journal de Strauss : elle était certaine de savoir ce qui se trouvait dans ce bâtiment. Cette certitude scintillait de promesses, à la façon d'un mirage… hors d'atteinte.

Dans cette cave enfumée, sous le martèlement constant et déterminé des pistons, des bielles et des valves qui témoignait des retrouvailles de Cornelis et de Dinessa, elle essaya de se concentrer sur Agrippa.

– Comment savez-vous tout ça ? demanda-t-elle. Avez-vous fait ce voyage vous-même ?

– Assez de questions. Poursuivez votre chemin.

Kubiček la tira par la manche et Lyra se laissa entraîner jusqu'à l'escalier. Elle se retourna une dernière fois vers la cave où d'importants desseins cachés étaient à l'œuvre. Déjà, Agrippa prenait un bocal d'herbes et faisait de la place sur une paillasse pour y poser une balance. La machine à vapeur avait adopté un rythme plus tranquille et Lyra vit le magicien tendre la main pour saisir une boîte qui sembla flotter toute seule jusqu'à lui. De petites lumières s'étaient allumées au-dessus d'un certain nombre de bocaux, de bouteilles et de boîtes sur les étagères et à côté de deux tiroirs d'un grand meuble de rangement en acajou. Le sorcier piocha dans chacun des récipients ainsi éclairés et, pendant ce temps, l'esprit (Lyra ne trouva pas d'autre mot) à l'origine de ces lumières vola à travers la cave pour rejoindre son semblable sur la paillasse. Tout dans cette cave semblait vivant et déterminé, et Agrippa s'affairait avec le plus grand calme, maître de chacun de ses gestes, comblé, impatient de passer à l'étape suivante de son travail.

Elle suivit Kubiček en haut des marches et émergea dans le terrain vague désert. Les hommes rassemblés autour du brasero étaient partis, et les braises couvaient. L'air froid s'engouffra dans ses poumons reconnaissants et la relia au ciel nocturne, comme un vent venu de ces millions d'étoiles.

– Je sais maintenant que je dois prendre le train pour le sud, dit-elle. Ai-je le temps d'arriver à la gare ?

La cloche d'une cathédrale toute proche sonna deux coups.

– Oui, à condition de ne pas tarder, répondit Kubiček.

Lyra le suivit à travers la vieille ville, jusqu'au pont qui enjambait la rivière. Des lumières étaient allumées à bord de quelques bateaux. Une péniche suivait le sens du courant, chargée de grands troncs de sapin, en direction de l'Elbe, de Hambourg et de l'Océan Allemand. Un tramway roulait lentement sur les rails à l'extrémité du pont, transportant trois passagers éclairés par les lumières intérieures.

L'un et l'autre restèrent muets jusqu'à ce qu'ils atteignent la gare. Kubiček dit alors :

– Je vais vous aider à acheter votre billet. Mais avant cela, montrez-moi votre *clavicula*.

Il feuilleta le petit carnet.

Et laissa échapper un « ah » de satisfaction.

– Que cherchez-vous ?

– Le nom et l'adresse de quelqu'un à Smyrne. Il n'y a personne comme nous à Constantinople, mais si vous allez jusqu'à Smyrne, cette femme pourra vous aider.

Lyra rangea le carnet et tendit la main à Kubiček. Elle se souvint alors, trop tard, qu'elle avait la paume et les doigts brûlés.

– Vous avez passé une bien étrange soirée à Prague, dit-il alors qu'ils se dirigeaient vers l'unique guichet éclairé.

– Mais instructive. Merci pour votre aide.

Cinq minutes plus tard, Lyra était dans un compartiment couchette, seule, épuisée, souffrant de sa brûlure à la main, mais vivante et triomphante. Elle avait enfin une destination et un but précis. Le train à peine parti, elle dormait à poings fermés.

21
Capture et fuite

Marcel Delamare cédait rarement à la colère. Sa désapprobation s'exprimait sous la forme d'un châtiment discret, froid, savamment dosé, infligé à quiconque l'avait contrarié. Il agissait de manière si subtile que les victimes se sentaient tout d'abord flattées de voir qu'elles avaient attiré son attention, jusqu'au moment où elles en découvraient les conséquences désagréables.

Mais Olivier Bonneville ne l'avait pas seulement contrarié. Il s'agissait d'un cas de désobéissance flagrante, qui méritait une punition exemplaire. Le Conseil de Discipline Consistorial était l'institution la plus appropriée pour traiter ce genre d'offense, et Delamare veilla à ce qu'il dispose de tous les renseignements nécessaires pour repérer Bonneville, l'arrêter et l'interroger, y compris certains détails de son passé que Bonneville lui-même ignorait.

Ce jeune homme n'était pas aussi rusé qu'il le croyait et il ne fut pas difficile de retrouver sa trace. Le billet de bateau qu'il avait acheté à Dresde lui permettait de voyager jusqu'à Hambourg, c'est pourquoi des agents du CDC se postèrent le long de l'Elbe, afin de surveiller les différentes escales. C'est ainsi qu'ils virent Bonneville débarquer à Wittenberg. L'agent en poste dans cette ville le fila et s'empressa d'envoyer un message à Magdebourg, une ville située à quelques heures de là, en aval du fleuve, pour réclamer des renforts.

La proie n'avait pas conscience d'être surveillée. Bonneville était un amateur, et l'homme qui l'avait pris en filature un professionnel. Ayant vu le jeune homme prendre une chambre dans une petite pension miteuse, il alla s'asseoir dans le café d'en face, où il attendit l'arrivée de ses collègues. Ils avaient loué un canot à moteur rapide et seraient bientôt là.

Bonneville, quant à lui, avait passé la majeure partie de la journée dans la cabine étouffante, penché au-dessus de l'aléthiomètre posé sur ses genoux. Il avait ainsi suivi les déplacements de Pantalaimon à travers la ville et assisté à sa conversation avec la jeune élève de l'école pour aveugles, à son périple sur les toits et à sa seconde conversation avec une jeune fille, plus jolie que la précédente. Mais la nausée avait fini par devenir insupportable, et il avait dû sortir sur le pont pour aérer ses pensées. Le temps qu'il se ressaisisse, Pantalaimon parlait philosophie avec un vieil homme. C'était une torture : regarder le rendait malade mais, s'il se contentait d'écouter, il ne pouvait pas savoir où se trouvait le dæmon. Par conséquent, il était contraint de regarder de temps en temps.

Sa chambre à la pension n'était pas moins étouffante

que sa cabine à bord du bateau. Seule différence : l'odeur de chou avait remplacé celle de l'essence. Si bien que pour éviter une nouvelle vague de nausées, il décida d'aller se promener dans les rues, en soirée, afin de prendre l'air. S'il gardait l'œil ouvert, peut-être apercevrait-il Pantalaimon.

L'agent du CDC, posté à l'intérieur du café, vit Bonneville s'éloigner d'un pas nonchalant, son dæmon, une sorte de faucon, perché sur l'épaule. Il portait un petit sac, mais avait laissé sa valise à la pension. Ce qui signifiait qu'il avait l'intention d'y retourner. L'agent laissa quelques pièces de monnaie sur la table et lui emboîta le pas.

Pantalaimon, lui, se trouvait dans le jardin de l'école Sainte-Lucia pour aveugles, recroquevillé dans l'arbre où il s'était caché le matin. Il ne dormait pas, il observait l'animation du soir à travers les fenêtres allumées, en espérant que la jeune Anna reviendrait rendre visite à son livre. Mais, évidemment, c'était impossible ; il faisait froid et humide dehors et, à cette heure, elle devait dîner avec ses camarades, bien au chaud. Pan entendait leurs voix qui dérivaient dans le jardin obscur.

Il pensa à Gottfried Brande et à Sabine. Peut-être étaient-ils encore en train de se quereller, là-bas dans cette grande maison au grenier nu. Il s'en voulait : il aurait dû interroger Brande différemment. Il aurait dû essayer de parler avec cet étrange dæmon, Cosima. Surtout, il aurait dû se montrer plus patient avec la fille. Elle ressemblait tant à Lyra, par bien des aspects… Cette pensée provoqua en lui un pincement de nostalgie presque douloureux. Lyra était toujours à La Truite, supposait-il, et il l'imaginait bavardant avec Malcolm et Asta, cette magnifique chatte roux doré. Il imaginait que Lyra tentait de la caresser, timidement, consciente des implications de ce geste. Non, impossible. Il chassa au plus vite cette pensée.

Il ne pouvait pas revenir auprès d'elle sans ce qu'il était venu chercher. Il se sentait nerveux. Pour la première fois, il se demandait ce qu'il voulait dire en parlant de l'imagination de Lyra. Il l'ignorait, mais il savait qu'il ne pouvait pas revenir sans.

Ah, zut. Jamais il ne parviendrait à trouver le sommeil. Il était trop en colère contre lui-même. Il se leva, s'étira, sauta sur le mur et troqua l'obscurité du jardin contre celle des rues.

Bonneville marchait vers la Stadtkirche en scrutant chaque embrasure de porte, chaque ruelle, et même les toits. Afin de ne pas attirer l'attention, il s'efforçait d'avoir l'air d'un touriste, ou d'un étudiant en architecture. Peut-être aurait-il dû déambuler un carnet de croquis à la main, mais le brouillard commençait à tomber, et personne n'aurait eu l'idée de faire des esquisses dehors avec ce temps.

Dans son sac, outre l'aléthiomètre, se trouvait un filet en nylon, extrêmement léger et résistant, avec lequel il comptait capturer le dæmon de la jeune femme pour l'emmener dans un endroit discret et l'interroger. Il imaginait la scène, qu'il avait souvent rejouée mentalement. Il maniait ce filet avec une telle habileté, une telle rapidité, qu'il regrettait que personne ne puisse le voir à l'œuvre.

Il s'arrêta pour boire une bière dans un café de la Grand-Place. Il regardait autour de lui, écoutait les conversations qui se déroulaient à proximité et parlait à voix basse avec son dæmon.

– Ce vieil homme, disait-il, dans le grenier.

– Nous avons déjà entendu ce genre d'arguments. C'est certainement quelqu'un de célèbre.

– J'essaie de le resituer.

– Tu crois que le dæmon est toujours avec lui ?

– Non. Ils n'étaient pas en très bons termes. Le dæmon l'accusait de quelque chose.

– En rapport avec elle ?

– Oui.

– Tu crois qu'il va y retourner ?

– Possible.

– On pourrait interroger cet homme.

– Hmmm. Si le dæmon est reparti, le vieil homme ne saura pas forcément où. Je te le répète, leur échange n'était pas très chaleureux.

– L'autre fille pourrait éventuellement nous renseigner, suggéra le dæmon. C'est peut-être la sienne.

Bonneville jugeait cette idée plus séduisante. Il savait y faire avec les filles. Néanmoins, il secoua la tête et dit :

– Tout cela est trop hypothétique. Nous devons nous concentrer sur cet homme. Je vais tenter quelque chose…

Il glissa la main dans son sac. Le dæmon, qui subissait les nausées lui aussi, s'empressa de protester :

– Non, non. Pas maintenant.

– Je vais juste écouter. Sans regarder.

Le faucon tourna la tête. Il y avait une demi-douzaine de clients dans le café, principalement des hommes d'un certain âge qui bavardaient, fumaient ou jouaient aux cartes, bien disposés à passer la soirée là. Nul ne faisait attention à ce jeune homme assis à la table du coin.

Il posa l'aléthiomètre sur ses genoux, en le tenant à deux mains. Son dæmon quitta le dossier de la chaise pour aller s'installer sur la table. Bonneville ferma les yeux pour mieux se concentrer. Tout d'abord, il parvint uniquement à faire apparaître différentes images de Pantalaimon, et son dæmon-faucon murmura :

– Non, non.

Bonneville inspira profondément et fit une nouvelle tentative. En gardant les yeux ouverts cette fois. Il tenta de percevoir le raclement des griffes sur les pavés, le bruit de la circulation, le vacarme des rues, mais il n'entendait que la plainte lugubre d'une corne de brume.

Soudain, il s'aperçut qu'il l'entendait dans la vraie vie, en voyant deux hommes assis à une autre table se tourner en direction du fleuve et échanger quelques mots en hochant la tête. Ce même son retentit de nouveau et se mêla dans l'esprit de Bonneville à d'autres bruits venus d'ailleurs : un raclement de griffes, des voix d'hommes, des clapotis, le fracas provoqué par la collision entre un objet lourd et imposant et un obstacle immobile, le frottement d'une corde contre du bois humide. Un bateau à vapeur qui s'amarrait à quai ?

Le dæmon de Lyra avait repris son périple.

– Allons-y, dit Bonneville en se levant et en rangeant l'aléthiomètre dans son sac. On a une chance d'arriver à temps pour le voir embarquer. On n'aura plus qu'à le cueillir.

Il régla l'addition et ils sortirent en toute hâte.

Pantalaimon était tapi dans l'obscurité, à côté du guichet. D'après le panneau fixé au mur, ce bateau remontait le fleuve jusqu'à Prague. Ça ferait l'affaire.

Le quai était bien éclairé, et le nombre de personnes qui allaient et venaient pour débarquer ou embarquer l'empêchait de monter à bord en empruntant la passerelle, malgré le brouillard qui enveloppait tout d'un halo.

Heureusement, il restait la solution de l'eau. Sans prendre le temps de réfléchir, il jaillit de sa cachette et fonça vers le bord du quai. Mais à peine avait-il parcouru la moitié du chemin que quelque chose s'abattit sur lui : un filet !

Arrêté brutalement dans sa course, il fit une culbute et glissa sur les pavés, en se débattant comme un beau diable, cherchant à griffer et à mordre, mais le filet était trop résistant, et le jeune homme qui le tenait, impitoyable. Pan se sentit soulevé dans les airs. Incapable de résister, il entrevit le regard sombre, cruel, de son ravisseur, et les visages hébétés des passagers. C'est alors que plusieurs choses se produisirent simultanément. Il entendit le rugissement d'un petit bateau à moteur qui enclenchait la marche arrière à l'approche du quai, les exclamations des passagers, le juron hargneux poussé par le jeune homme qui tenait le filet, un bruit de pas précipités et la voix grave d'un homme qui déclarait :

– Olivier Bonneville, vous êtes en état d'arrestation.

Le filet retomba sur le sol. Pan, qui continuait à gesticuler à l'intérieur, se retrouva encore plus empêtré.

Il ne chercha pas à regarder ce qui se passait, mais il entendit les hommes qui débarquaient du bateau à moteur en courant, les protestations virulentes du jeune homme et le mot « dæmon » prononcé par plusieurs personnes, d'une voix où se mêlaient la stupéfaction et la peur, puis il sentit le contact odieux de la main d'un humain inconnu qui se refermait autour de son cou. Cette même main le souleva au niveau du visage d'un homme qui dégageait une odeur de bière, d'herbe à fumer et d'eau de toilette bon marché, aux yeux injectés de sang et affreusement exorbités.

Le filet était toujours entortillé autour de lui. Il tenta de mordre à travers, mais cette main autour de son cou se resserra comme un étau. Il entendit confusément le jeune homme pester :

– Mon employeur, M. Marcel Delamare, de la maison Juste, ne sera pas content d'apprendre ce qui s'est passé. Conduisez-moi dans un endroit discret et je vous expliquerai…

Ce furent les derniers mots que saisit Pan avant de s'évanouir.

La *Mignonne* promettait d'être aussi légère et élégante sur l'eau que l'avait été jadis *La Belle Sauvage*, le canoë de Malcolm quand il était enfant. En revanche, la voile qu'il avait dénichée et tenté de hisser était fragile et pourrie. C'était une évidence, même dans l'obscurité : la toile se désintégrait entre ses mains.

– Il va falloir ramer, dit Malcolm, qui savait qu'une embarcation de ce type pouvait se révéler très difficile à manier.

Mais il n'avait pas le choix. De toute façon, la voile était blanche (du moins, elle l'avait été) et aurait été trop visible dans l'obscurité de la nuit.

À la lueur d'une allumette, il constata que la porte du hangar à bateaux était fermée par un nouveau cadenas, plus résistant. Il parvint malgré tout à l'arracher et le lac s'ouvrit devant lui.

– Vous êtes prêt ? demanda-t-il en immobilisant la petite

embarcation contre l'appontement pour que l'autre homme puisse monter à bord.

– Oui, prêt. Si Dieu le veut.

Malcolm repoussa le bateau et le laissa s'écarter de la rive jusqu'à ce qu'il y ait suffisamment de place pour plonger les avirons dans l'eau et commencer à ramer. Le hangar se trouvait dans une sorte de petite anse, protégée par un promontoire rocheux et, si l'eau était plus ou moins calme à cet endroit, il s'attendait à ce qu'elle devienne plus agitée au sortir de l'anse, mais à son grand étonnement, lorsqu'ils se retrouvèrent au large, face à l'immensité du lac qui s'incurvait devant eux, la surface était lisse comme du verre.

Ils traversaient un air épais et moite. Tout était d'une troublante immobilité. Après plusieurs jours de voyage, Malcolm prenait plaisir à se servir de ses muscles, mais il avait presque l'impression d'évoluer en intérieur. S'adressant à Karimov, il se surprit à baisser la voix.

– Vous disiez avoir été en affaires avec Marcel Delamare. De quoi s'agissait-il, au juste ?

– Il m'a recruté pour lui rapporter de l'essence de rose du désert du Karamakan, mais il ne m'a toujours pas payé, et je crains qu'il l'ait fait exprès pour m'obliger à rester à Genève, car il veut s'en prendre à moi. J'aurais voulu partir plus tôt, mais je n'ai pas un sou.

– Parlez-moi de cette essence.

Karimov répéta à Malcolm tout ce qu'il avait raconté à Delamare, puis il ajouta :

– Il y a quelque chose d'étrange. Quand je lui ai parlé de la destruction de la station de recherches de Tash-Bulak, il n'a pas paru surpris, bien qu'il ait essayé de donner cette impression. Puis il m'a posé des questions sur les hommes des montagnes qui ont attaqué la station, et je lui ai répondu en toute franchise, mais là encore, j'ai senti qu'il savait ce que j'allais dire. C'est pourquoi je lui ai caché quelque chose.

– Quoi donc ?

– Les hommes des montagnes n'ont pas entièrement détruit la station. Ils ont été obligés de fuir… Et c'est là que ça devient difficile à croire, monsieur, car ils ont été obligés de fuir à cause d'un oiseau monstrueux.

– Le Simorgh ?

– Comment le savez-vous ? Je ne voulais pas prononcer ce nom, mais…

– On en parle dans un poème.

C'était la vérité. Il s'agissait de ce grand oiseau qui conduisait Jahan et Rukhsana jusqu'à la roseraie dans le poème tadjik. Mais pas toute la vérité : Malcolm se souvenait également d'avoir vu ce mot dans le journal du Dr Strauss, rapporté de Tash-Bulak par le malheureux Hassall, mort assassiné. Chen le chamelier leur avait expliqué que les mirages qu'ils apercevaient dans le désert étaient des images du Simorgh.

– Vous connaissez *Jahan et Rukhsana* ? s'étonna Karimov.

– Je l'ai lu, oui. Naturellement, j'ai pensé que c'était une fable. Êtes-vous en train de dire que le Simorgh existe réellement ?

– Il y a de nombreuses formes d'existence, monsieur. Je ne pourrais pas affirmer qu'il s'agissait de celle-ci ou de celle-là, ou de n'importe quelle autre. Peut-être était-ce une forme inconnue.

– Je vois. Et vous n'avez rien dit à Delamare ?

– Non. Je suis convaincu, d'après ce que j'ai pu observer durant notre entretien, qu'il sait énormément de choses sur ces hommes des montagnes, et qu'il ne voulait pas que je m'en rende compte. C'est pourquoi j'ai eu peur qu'il me fasse arrêter et emprisonner, ou pire. Quand j'ai eu vent de votre situation, monsieur, j'ai estimé qu'il était de mon devoir de vous informer.

– Et je m'en réjouis.

– Puis-je vous demander, à mon tour, ce que vous veut M. Delamare ?

– Il est persuadé que je suis son ennemi.

– Et il a raison ?

– Oui. Surtout en ce qui concerne Tash-Bulak et l'essence de rose. Je pense qu'il a l'intention de l'utiliser dans un but malveillant et, si je peux l'en empêcher, je le ferai. Mais avant cela, j'ai besoin d'en savoir plus. Vous avez trouvé une personne qui fait le commerce de cette essence. Est-ce une activité répandue ?

– Non. À cause du prix extrêmement élevé. Cette essence était employée jadis, quand les gens croyaient à l'existence des chamans, capables de pénétrer dans le monde des esprits.

– A-t-elle un autre usage ? Les gens la consomment-ils pour le plaisir, par exemple ?

– Elle ne procure guère de plaisir, monsieur Polstead. La souffrance est intense et on obtient plus facilement les mêmes effets optiques avec d'autres drogues. Je crois savoir que certains médecins l'utilisent pour soulager diverses douleurs chroniques mais, compte tenu du prix, seuls les gens riches peuvent se l'offrir. En fait, seuls les chercheurs érudits de Tash-Bulak s'y intéressaient, et la majeure partie de leurs travaux était secrète.

– Avez-vous visité la station de Tash-Bulak ?

– Non, monsieur.

Malcolm continua à ramer. Le silence qui planait

au-dessus du lac était profond, l'air étouffant, comme si on en avait supprimé tout l'oxygène.

Au bout d'un moment, Karimov demanda :

– Où va-t-on ?

– Vous voyez ce château, là-bas ?

Malcolm montra un rocher escarpé sur la rive, à quelque distance de là, droit devant. Au sommet se dressait une construction dont les tours massives se découpaient indistinctement sur le fond du ciel en l'absence de lumière provenant de la lune et des étoiles.

– Oui, je crois.

– Il symbolise la frontière avec la France. Dès que nous l'aurons dépassé, nous devrions être en sécurité car Genève n'a plus aucune compétence sur ce territoire. Toutefois…

Entre la première et la dernière syllabe de ce mot, le ciel tout entier s'illumina, avant de redevenir noir. Puis un second flash se produisit, plus intense encore et, cette fois, Malcolm et Karimov virent l'éclair à multiples branches frapper le sol, au moment même où ils sentaient les premières gouttes de pluie, énormes, s'abattre sur leurs visages. Les deux hommes eurent le temps de relever le col de leurs manteaux et d'enfoncer leurs chapeaux sur la tête avant que le tonnerre arrive, dans un claquement à vous fendre le crâne en deux. Le grondement assourdissant fit le tour du lac en rebondissant contre les montagnes, avec une puissance qui fit tinter les oreilles de Malcolm.

Déjà, le vent se levait. Des vagues venaient s'écraser contre la petite embarcation, dans des gerbes d'embruns qui cinglaient le visage de Malcolm plus vivement encore que la pluie. Il avait autrefois navigué sur des lacs, et il savait avec quelle rapidité les orages pouvaient éclater, mais celui-ci était exceptionnel. Inutile d'essayer de dépasser le château sur le promontoire. Il vira à tribord et rama de toutes ses forces en direction du rivage le plus proche, en profitant de la lumière des gigantesques coups de fouet incandescents qui frappaient le sol et baignaient les montagnes d'un éclat vif, suivis de près par le tonnerre, assez violent maintenant pour ébranler leur embarcation. C'était du moins l'impression qu'ils avaient. Asta s'était faufilée sous le grand manteau de Malcolm et elle était couchée là, au chaud et détendue, habitée par une confiance absolue qu'elle lui transmettait, délibérément, il le savait. Et il lui en rendait grâces.

Ballottée par les flots déchaînés, la *Mignonne* prenait l'eau. Karimov tentait d'écoper avec sa toque en fourrure, tandis que Malcolm ramait furieusement pour empêcher leur embarcation de chavirer ou d'être entraînée loin du rivage.

En regardant par-dessus son épaule, il ne voyait quasiment que l'obscurité et une obscurité plus dense encore qui se dressait au-dessus d'eux. C'était une forêt, qui s'était avancée jusqu'à la rive. Il entendait le souffle du vent dans les sapins, malgré le martèlement de la pluie et les monstrueuses explosions du tonnerre.

– On y est presque ! cria Karimov.

– Essayez d'attraper une branche.

Malcolm sentit un choc et un long craquement se fit entendre lorsque la coque en bois de leur embarcation heurta un rocher. Impossible de l'éviter. Il ne voyait absolument rien, et il n'y avait pas de plage de sable qui permette une arrivée en douceur. Uniquement des rochers, et encore des rochers. Et après une ultime embardée, suivie d'un horrible raclement, la *Mignonne* s'immobilisa. Karimov essayait de se mettre debout pour trouver une branche à laquelle s'accrocher, mais il ne cessait de perdre l'équilibre.

Malcolm enjamba le plat-bord, et s'enfonça dans l'eau jusqu'à mi-cuisse avant de sentir quelque chose de solide sous ses pieds. Les rochers étaient irréguliers, mais au moins ils étaient suffisamment gros pour ne pas risquer de rouler sous son poids et de lui briser la cheville.

– Où êtes-vous ? cria Karimov.

– J'ai presque atteint le rivage. Ne bougez pas. Je vais nous amarrer dès que je pourrai.

Il progressa à tâtons jusqu'à la proue et trouva l'amarre. Quand il avait détaché l'embarcation dans le hangar, il avait remarqué que la corde était vieille et usée, mais c'était une bonne corde de chanvre à l'ancienne, et sans doute avait-elle conservé quelques forces. Asta grimpa sur son épaule et dit :

– Sur ta droite, en hauteur.

Malcolm tendit le bras dans cette direction et saisit une branche basse, qui semblait assez solide pour qu'on lui fasse confiance. Hélas, elle était trop éloignée pour l'amarre.

– Karimov ! Je vais stabiliser le bateau pendant que vous descendez. Vous allez devoir avancer à tâtons jusqu'au rivage, mais nous sommes déjà mouillés. Prenez tout ce dont vous avez besoin et marchez doucement.

Un éclair, tout proche, les illumina subitement, tel un projecteur. La terre ferme n'était qu'à deux ou trois mètres au-delà de la proue, pentue et couverte de buissons. Karimov balança ses jambes par-dessus bord à contrecœur et chercha un appui.

– Je n'arrive pas à atteindre…

– Tenez-vous au bateau et descendez complètement dans l'eau.

Nouvel éclair. Malcolm songea : « Quelle est la conduite à tenir pour survivre en forêt pendant un orage ? Éviter les grands arbres, mais quand on ne voit rien… » L'éclair avait déclenché une nouvelle apparition de l'anneau pailleté. La chose se tortillait et scintillait dans l'obscurité cinglante qui l'enveloppait, juste au moment où sa main rencontra une branche suffisamment basse pour qu'il puisse y attacher la corde.

– Par ici ! cria-t-il.

Karimov pataugea vers lui. Malcolm sentit sa main et l'agrippa solidement, avant de tirer le vieil homme vers la terre ferme.

– Vous avez pris tout ce qu'il vous faut ?

– Je pense. Et maintenant, que fait-on ?

– On reste ensemble et on monte pour s'éloigner du bord de l'eau. Avec un peu de chance, on trouvera un endroit où s'abriter.

Malcolm récupéra son sac à dos et sa valise au fond de l'embarcation et les trimballa jusqu'au milieu des buissons. Il avait l'impression qu'ils étaient au pied d'une pente abrupte, voire d'une falaise… Peut-être pourraient-ils se réfugier sous un rocher en surplomb.

Ils avaient entamé leur ascension depuis une minute lorsqu'ils tombèrent sur quelque chose de mieux encore.

– Je crois que… Là-bas, derrière ce gros rocher…

Malcolm poussa sa valise devant lui et tendit le bras pour aider Karimov à avancer.

– Qu'est-ce que c'est ? demanda le Tadjik.

– Une grotte ! Je vous l'avais dit !

Les officiers conduisirent Olivier Bonneville au poste de police le plus proche et réquisitionnèrent la salle d'interrogatoire. Le CDC n'entretenait pas, à proprement parler, de liens officiels avec les forces de police de Wittenberg, ni ailleurs en Germanie, mais un insigne du CDC fonctionnait comme un sésame.

– Comment osez-vous me traiter de cette façon ? demanda Bonneville, plein d'assurance.

Les deux agents prirent tout leur temps pour s'asseoir sur les chaises disposées de l'autre côté de la table. Leurs dæmons, une renarde et une chouette, observaient le faucon de Bonneville avec une vigilance désagréable.

– Et qu'avez-vous fait de ce dæmon ? demanda le jeune homme. Je le traque depuis l'Angleterre, à la demande expresse de la maison Juste. J'espère pour vous que vous ne l'avez pas perdu. Si je découvre que…

– Déclinez votre identité, le coupa un des deux agents, pendant que l'autre prenait des notes.

– Olivier de Lusigna Bonneville. Qu'avez-vous fait de…

– Où logez-vous à Wittenberg ?

– Cela ne vous…

L'agent avait de longs bras. L'un d'eux jaillit et gifla Bonneville sans que celui-ci le voie venir. Le dæmon-faucon poussa un hurlement. Personne n'avait frappé Bonneville depuis l'école primaire. Il avait appris très jeune qu'il existait des méthodes plus efficaces que la violence pour châtier ses ennemis, et il n'était pas habitué à la douleur. Il recula au fond de son siège, le souffle coupé.

– Répondez à la question.

Bonneville battit furieusement des paupières, les larmes aux yeux. Il avait un côté du visage écarlate, l'autre livide.

– Quelle question ? balbutia-t-il.
– Où logez-vous ?
– Dans une pension.
– L'adresse ?
Il dut faire un effort de mémoire.
– Friedrichstrasse, au 17. Si je peux vous donner un conseil…
Le long bras jaillit, pour l'attraper cette fois par les cheveux. Et avant que le jeune homme puisse faire quoi que ce soit, l'agent lui cogna la tête contre la table. Son dæmon hurla de nouveau et s'envola en battant violemment des ailes, mais retomba.
L'agent lâcha Bonneville. Celui-ci se redressa en tremblant, du sang coulait à flots de son nez cassé. Un des deux agents avait dû appuyer sur une sonnette, car la porte de la salle d'interrogatoire s'ouvrit pour laisser entrer un policier. Celui qui se contentait de prendre des notes se leva et lui glissa quelques mots à voix basse. Le policier hocha la tête et ressortit.
– Gardez vos conseils, dit l'autre agent. J'espère que l'aléthiomètre n'a pas été endommagé.
– Je ne risque pas de l'abîmer, dit Bonneville d'une voix rauque. Personne ne sait l'interpréter aussi bien que moi. Je le connais mieux que personne. Et je le traite avec le plus grand soin. Si jamais il est endommagé, je n'y suis pour rien. Il appartient à la maison Juste, et je l'utilise sur les instructions du secrétaire général, M. Marcel Delamare.
Il enrageait de ne pas pouvoir contrôler le tremblement de sa voix ni de ses mains. Il sortit un mouchoir de sa poche pour le plaquer sur son visage. Son nez le faisait atrocement souffrir, et le devant de sa chemise était maculé de sang.

– Étrange, dit l'agent qui menait l'interrogatoire. C'est M. Delamare lui-même qui a déclaré la disparition de l'aléthiomètre et nous a donné votre signalement.

– Prouvez-le, rétorqua Bonneville.

Son esprit chamboulé commençait à retrouver ses repères et, derrière le voile de douleur et de stupéfaction, il voyait se dessiner un plan.

– J'ai l'impression que vous n'avez pas bien compris, dit l'agent, tout sourire. Je pose les questions et vous y répondez. Sinon, je vais être obligé de vous frapper de nouveau pour vous le rappeler. Et là encore, vous n'aurez pas le temps de le voir venir. Où est Matthew Polstead ?

Bonneville était dérouté.

– Hein ? Qui est ce Matthew Polstead ?

– Ne me tentez pas. C'est l'homme qui a tué votre père. Où est-il ?

Bonneville avait l'impression que son esprit se détachait de son corps. Son dæmon, revenu se poser sur son épaule, planta ses serres dans sa peau, et le jeune homme comprit immédiatement ce que ça voulait dire.

– Je ne le connais pas sous ce nom, répondit-il. Mais vous avez raison : je le recherche. Qu'avez-vous fait de ce dæmon que j'ai capturé ? Il devait me conduire jusqu'au dénommé Polstead.

– Le putois, ou je ne sais quel animal, est solidement attaché dans la pièce voisine. Je devine que ce n'est pas le dæmon de Polstead. Alors, à qui est-il ?

– À la fille qui détient l'aléthiomètre de mon père. Si l'interprète de Genève l'a découvert, je dois avouer mon étonnement. Habituellement, il n'est pas si rapide.

– L'interprète ? De quoi parlez-vous ?

– L'interprète de l'aléthiomètre. Écoutez, je ne peux

pas me concentrer avec ce saignement de nez. Il faut que j'aille consulter un médecin. Faites-moi soigner et je vous parlerai.

– Vous essayez de poser vos conditions maintenant ? À votre place, je m'abstiendrais. Quel rapport entre le dæmon de cette fille et Polstead ? Et comment se fait-il que ce dæmon se balade sans elle ? Ça fout les jetons, voilà ce que je dis. C'est contre nature.

– Certains aspects de cette affaire sont confidentiels. Quel est votre niveau d'habilitation ?

– Voilà que vous recommencez à poser des questions. Je vous aurai pourtant prévenu. Vous allez avoir droit à une autre beigne.

– Ça n'arrangera rien, répondit Bonneville, qui avait enfin réussi à maîtriser le tremblement de sa voix. Je veux bien vous parler de ma mission, étant donné que nous sommes dans le même camp mais, je vous le répète, j'ai besoin de connaître votre niveau d'habilitation. Dès lors, je pourrai peut-être vous aider.

– Nous aider à faire quoi ? Qu'est-ce qu'on fout ici, à votre avis ? C'est vous qu'on cherche, mon garçon. Et on vous tient. Alors, pourquoi est-ce qu'on vous aiderait, nom de Dieu ?

– Prenez du recul. Savez-vous pourquoi vous me recherchez ?

– Ouais, parce que le patron nous l'a demandé. Voilà pourquoi, espèce de mariole.

Bonneville sentait son œil se fermer. Il avait peut-être la pommette abîmée, ou la cavité orbitale ou autre chose. « Ne montre pas que tu souffres, pensa-t-il. Reste concentré. Calme. »

D'une voix posée, il dit :

– Il existe un lien entre mon père, ses activités, sa mort, ce Polstead et cette fille, Lyra Belacqua. Vous saisissez ? M. Delamare m'a chargé d'en apprendre plus, car je sais interpréter l'aléthiomètre et parce que j'ai déjà découvert un certain nombre de choses. Tout d'abord, sachez que ce lien concerne la Poussière. Ça vous parle ? Vous savez ce que c'est ? Mon père était un scientifique, comme on dit maintenant. Un théologien expérimental. Il enquêtait sur la Poussière, son origine, sa signification, la menace qu'elle représente. Hélas, il a été assassiné et on a volé toutes ses notes, ainsi que l'aléthiomètre. Cette dénommée Belacqua sait des choses à ce sujet, tout comme Polstead. D'où ma présence ici. Voilà ce que je fais. Et voilà pourquoi vous seriez bien avisé de m'aider au lieu de nous faire perdre notre temps avec vos histoires.

– C'est pour cette raison que M. Delamare a demandé au CDC de vous arrêter ?

– Vous êtes sûr que c'est ce qu'il a dit ?

L'agent sourcilla. Pour la première fois depuis le début de l'interrogatoire, il parut un peu moins sûr de lui.

– Je sais quels ordres nous avons reçus, et il n'y a jamais eu de méprise.

– Que se passe-t-il au juste à Genève ? demanda Bonneville.

– Comment ça ?

– Pourquoi la ville est-elle envahie de prêtres, d'évêques, de moines et ainsi de suite ? Ce congrès, à quoi sert-il ? Manifestement, le Magisterium n'a pas connu un tel chambardement depuis des siècles, et cela impose des mesures de sécurité draconiennes.

– Et donc ?

– Les messages sont codés. Les instructions sont relayées

par différentes voies. On utilise des mots de passe. Certaines informations sont délibérément brouillées. Ce Polstead, par exemple… Vous ont-ils fourni son signalement ?

L'agent se tourna vers son collègue, celui qui prenait des notes, et qui répondit :

– Oui. Un grand type roux.

– Et voilà ! s'exclama Bonneville. Cette information n'est pas destinée au grand public. Je connais le véritable nom de cet homme, et je sais qu'il ne correspond pas à ce signalement. Les cheveux roux et la taille… Ces détails m'apprennent autre chose sur lui.

– Quoi donc ?

– Je ne peux pas vous le révéler. À moins de connaître votre niveau d'habilitation. Et encore, ça dépendra.

– Niveau trois, dit l'agent qui prenait des notes.

– Tous les deux ?

L'autre acquiesça.

– Dans ce cas, dit Bonneville, je ne peux rien vous dire. Mais vous savez quoi ? Si vous me laissez interroger ce dæmon, vous pourrez rester avec moi et entendre tout ce qu'il a à dire.

On frappa à la porte et elle s'ouvrit. Le policier chargé d'aller inspecter la pension entra en brandissant le sac à dos de Bonneville.

– Il est dedans ? demanda l'agent qui menait l'interrogatoire.

– Non, répondit le policier. J'ai fouillé la chambre, mais il n'y avait rien.

– Si vous cherchez l'aléthiomètre, intervint Bonneville, il suffisait de demander. Je l'ai évidemment toujours sur moi.

Il le sortit de sa poche et le posa devant lui sur la table.

L'agent voulut s'en saisir, mais le jeune homme le récupéra avant.

– Vous pouvez regarder, mais pas toucher. Un lien se crée entre l'instrument et son interprète. Un rien peut le perturber.

L'agent se pencha vers l'aléthiomètre, imité par son collègue. « Un couteau planté dans l'œil, songea Bonneville, ça lui servirait de leçon. »

– Comment vous faites pour l'utiliser ?

– Il fonctionne avec des symboles. Vous devez connaître les significations de chaque dessin. Certains en ont plus de cent. Ce n'est donc pas quelque chose qui s'apprend du jour au lendemain. Cet instrument appartient au Magisterium et il retournera en sa possession dès que j'aurai achevé la mission qui m'a été confiée. Aussi, je vous le demande encore une fois : laissez-moi interroger ce dæmon avant qu'il invente une histoire crédible.

Les deux agents se consultèrent du regard. Ils se levèrent et se dirigèrent dans un coin de la pièce, où ils échangèrent à voix basse quelques paroles que Bonneville ne parvint pas à saisir. Durant cette interruption, la tension qui, paradoxalement, lui permettait de garder son calme et de maîtriser le tremblement de sa main retomba. Le sentant, son dæmon lui griffa l'épaule, jusqu'au sang. C'était exactement ce dont Bonneville avait besoin. Quand les deux agents du CDC se retournèrent vers lui, il affichait un calme olympien, malgré son nez sanguinolent.

– Très bien, dit celui qui l'avait interrogé, pendant que son collègue ouvrait la porte.

Bonneville rangea l'aléthiomètre et prit son sac pour les suivre. Ils s'adressèrent au policier, qui sortit un trousseau de clés de sa poche et chercha la bonne.

– On va assister à l'entretien, dit l'agent. Et on notera toutes vos questions et toutes ses réponses.

– Parfait, dit Bonneville.

Le policier ouvrit la porte et se figea.

– Qu'est-ce qui se passe ? demanda l'agent.

Bonneville écarta le policier et entra. Cette salle ressemblait à celle d'à côté. Il y avait une table et trois chaises. Le filet de nylon gisait sur la table, réduit en lambeaux à coups de dents. La fenêtre était ouverte. Pantalaimon s'était enfui.

Bonneville se retourna vers les deux hommes du CDC, habité par une fureur authentique. La bouche et le menton couverts de sang, quasiment aveuglé par la douleur, il maudit leur stupidité sans limites, leur négligence criminelle, en englobant le policier dans sa diatribe, et les menaça de leur faire subir la colère de tout le Magisterium, sur terre et en enfer.

Joli numéro. Voilà ce qu'il se disait quelques minutes plus tard, assis dans un fauteuil confortable, entre les mains du médecin de la police. Peu de temps après, il marchait en direction de la gare, avec toutes ses affaires et sa fierté retrouvée. Le bandage qui couvrait son nez était une décoration décernée pour services rendus. La disparition de Pantalaimon importait peu. Il avait une nouvelle cible, si intéressante et inattendue qu'elle s'apparentait à une révélation, à une épiphanie.

Elle résonnait à l'intérieur de sa tête comme un glas qui sonne : l'homme qui avait tué son père, cet homme roux à la forte carrure, cet homme nommé Matthew Polstead.

22

L'assassinat du patriarche

Lyra arriva à Constantinople épuisée et inquiète, incapable d'oublier ce qui s'était passé à Prague, et de comprendre ce que cela signifiait. Ses certitudes et sa détermination s'étaient vite volatilisées. Elle avait l'impression d'avoir été le jouet de quelque pouvoir caché, comme si tous les événements de ce voyage, et de longtemps auparavant, avaient été organisés méticuleusement dans un seul but, un but qui n'avait rien à voir avec elle, et qu'elle ne comprendrait jamais, même si elle le connaissait. Ou bien ce genre de raisonnement marquait-il le début de la folie ?

La seule chose qui lui procurait un peu de satisfaction, c'était de se savoir invisible. Pour ce faire, elle avait établi une liste mentale : où se pose mon regard ? Comment est-ce que je marche ? Est-ce que j'exprime des sentiments ? Elle passait en revue et supprimait tout ce qui pouvait attirer l'attention. Résultat, elle pouvait maintenant se promener dans une rue bondée sans se faire remarquer. Constatation qui provoquait en elle un amusement teinté de tristesse, car elle se souvenait que, encore quelques mois plus tôt, il lui arrivait d'attirer des regards chargés d'admiration ou de désir, qu'avec dédain elle faisait mine d'ignorer, tout en savourant le pouvoir qu'ils lui donnaient. Désormais, elle devait se réjouir d'être ignorée.

Mais le plus dur, évidemment, c'était l'absence de Pantalaimon.

Heureusement, elle savait certaines choses concernant son dæmon. Il n'était pas en danger. Il voyageait. Et il suivait un but bien précis. Mais c'était tout. Elle avait utilisé plusieurs fois l'aléthiomètre, dans la solitude de sa chambre d'hôtel ou dans un compartiment de train au milieu des voyageurs endormis, mais elle s'était empressée de le ranger. Les nausées provoquées par la nouvelle méthode étaient insupportables. Elle s'était rabattue sur la méthode classique, en se concentrant sur les images, essayant de se remémorer une dizaine d'interprétations pour chacune d'elles afin de formuler une question, mais les réponses qu'elle obtenait étaient énigmatiques, contradictoires ou opaques. Parfois, elle ressentait un spasme de peur intense, de pitié ou de colère, et elle savait que Pan éprouvait ces mêmes sentiments, sans qu'elle puisse dire pour quelle raison. Elle ne pouvait qu'espérer, ce qu'elle continuait à faire, malgré l'angoisse et la solitude.

Elle avait pris le temps d'écrire à Malcolm, plusieurs fois. Pour lui raconter tout ce qu'elle voyait et entendait. Elle lui avait narré sa rencontre avec le Hollandais incandescent et l'alchimiste, rapporté le conseil que lui avait donné Agrippa au sujet de son voyage. Elle envoyait ses lettres à La Truite, à Godstow, sans savoir si elles lui parviendraient et si elle recevrait une réponse.

La solitude lui pesait terriblement. Elle avait l'impression que sa vie était entrée en hibernation : une partie d'elle-même dormait et rêvait l'autre moitié de son existence. Elle s'abandonnait à la passivité, acceptant tout ce qui lui arrivait. Apprenant que le ferry à destination de Smyrne venait de partir et qu'elle devrait attendre deux jours avant de prendre le suivant, elle accueillit la nouvelle calmement, dénicha un hôtel bon marché et le lendemain erra, discrète, dans la vieille ville de Constantinople, admirant les chapelles, les musées et les maisons des riches marchands en bord de mer. Elle s'assit dans un des nombreux parcs, sous les arbres encore nus. Elle acheta un journal en langue anglaise et, devant un café, dans un établissement enfumé, près de l'immense basilique Sainte-Sophie, qui se dressait telle une gigantesque bulle de pierre au-dessus des constructions environnantes, elle lut chaque mot de chaque article.

Le journal parlait des attaques que subissaient des propriétés rurales, des roseraies enflammées ou arrachées et de ces travailleurs massacrés avec leurs familles parce qu'ils avaient tenté de défendre leur lieu de travail. Ces agressions connaissaient une vive recrudescence, jusqu'à Antalya au sud et Erevan à l'est. Sans que personne sache ce qui avait déclenché cette folie destructrice. Les agresseurs étaient appelés « les hommes des montagnes » et, à en croire certains récits, ces individus exigeaient de leurs victimes qu'elles renoncent à leur religion pour en adopter une autre, sans plus de détails. D'autres sources ne parlaient pas de religion ; elles se focalisaient sur les pillages et les destructions, et la haine inexplicable que ces hommes vouaient aux roses et à leur parfum.

Le journal évoquait aussi les cérémonies en l'honneur du patriarche, saint Simeon Papadakis, élu président du nouveau Haut Conseil du Magisterium. Un long office devait être célébré en la basilique Sainte-Sophie, en présence de plus de cent membres du haut clergé venus de toutes les provinces, suivi d'une procession à travers la ville. La cérémonie engloberait la consécration d'une nouvelle icône de la Vierge Marie, apparue miraculeusement sur la tombe d'un martyr du IVe siècle, accompagnée de divers signes qui attestaient de son origine surnaturelle : floraison d'un chèvrefeuille qui poussait au-dessus de la tombe, parfums délicieux, échos de flûtes célestes, etc. « Parfums délicieux », songea Lyra… Objets d'anathème pour les hommes des montagnes. Symboles de grâces divines pour la hiérarchie de l'Église. Si un schisme devait s'opérer, ce serait peut-être à cause d'une chose aussi ténue que le parfum d'une rose.

Malcolm connaissait certainement la raison de tout cela. Elle lui en parlerait dans sa prochaine lettre. Oh, elle se sentait si seule…

Elle s'obligea à lire l'article consacré à ce nouveau Haut Conseil. La cérémonie en l'honneur du patriarche avait lieu le matin même – sa deuxième journée à Constantinople – et elle décida d'y assister. Ça l'occuperait.

Pendant que Lyra pensait à saint Simeon, celui-ci s'agitait nerveusement dans sa baignoire en marbre, en songeant au mystère de l'Incarnation. Son dæmon, Philomela, à la voix douce, opinait du chef sur son perchoir en or, à côté de lui. Les courants que le corps du saint provoquait dans l'eau mousseuse étaient désagréablement froids maintenant et il s'écria :

– Mon garçon ! Mon garçon !

Il n'arrivait pas à se souvenir des prénoms de ses jeunes domestiques, mais peu importait. Ils se ressemblaient tous. Cependant, les pas pesants et lents qu'il entendit à la suite de son appel n'étaient pas ceux d'un jeune garçon.

– Qui est-ce ? demanda le saint.

Et son dæmon répondit :

– C'est Kaloumdjian.

Le patriarche leva les yeux vers l'eunuque corpulent et tendit une main tremblante.

– Aidez-moi à sortir, Kaloumdjian. Où est le garçon ?

– Le diable son maître est venu le chercher la nuit dernière. Comment voulez-vous que je sache où est ce garçon ?

Dans la lumière tamisée de la lampe, l'eunuque n'était qu'une ombre colossale, mais sa voix délicate, onctueuse, se reconnaissait entre mille. Le saint fut soulevé dans les airs, puis déposé, encore tout dégoulinant, sur le caillebotis. Kaloumdjian l'enveloppa brutalement dans une épaisse serviette en coton immaculée.

– Doucement, dit le patriarche. Je vais tomber si vous me secouez de cette façon. Le garçon est plus doux, lui. Où est-il passé ?

– Nul ne le sait, Votre Sainteté, répondit l'eunuque en le séchant moins vigoureusement. Un autre va bientôt le remplacer.

– Oui, oui, sans doute. Quoi qu'il en soit, l'eau du bain refroidit plus vite qu'avant. Je suis sûr qu'il y a un problème. Cette essence… Vous pensez qu'elle pourrait lui faire perdre sa chaleur ? Une nouvelle sorte d'essence, peut-être ? L'odeur est différente. La texture plus épaisse. Si la composition chimique a été légèrement modifiée, voyez-vous, cela pourrait permettre aux molécules de chaleur de traverser plus aisément la pellicule de l'essence. Je suis sûr qu'il s'agit d'un phénomène de ce genre. Il faut que je demande à saint Mehmet de s'y intéresser.

Derrière lui, le dæmon-oie de Kaloumdjian baissa la tête vers l'eau du bain pour la sentir. L'eunuque dit :

– L'essence n'est pas la même, car le marchand qui nous la fournissait a été convoqué à la Cour des Trois Fenêtres.

– Vraiment ? Ah, le scélérat ! Qu'a-t-il fait ?

– Il s'est endetté, Votre Sainteté. Résultat, ses fournisseurs ne voulaient plus lui faire crédit. D'autant qu'ils ont eux-mêmes de gros ennuis et risquent de se retrouver en faillite.

– Et mon essence de rose, alors ?

– Il s'agit d'un produit de qualité inférieure importé du Maroc. C'est tout ce que nous avons pu trouver.

Saint Simeon émit un petit bruit de bouche pour exprimer son mécontentement. Kaloumdjian s'agenouilla lourdement afin de sécher les saintes jambes, pendant que le patriarche appuyait sa main frêle sur son épaule.

– Plus de garçons, plus d'essence de rose… Où va le monde, Kaloumdjian ? J'espère au moins que le garçon est sain et sauf. J'aimais bien ce petit misérable. Croyez-vous qu'il se soit enfui ?

– Comment savoir, Votre Sainteté ? Peut-être a-t-il cru qu'ils voulaient le transformer en eunuque ?

– Oui, cette pensée a pu lui traverser l'esprit. Pauvre petit. Bref, je compte sur vous, Kaloumdjian, pour veiller à ce que l'eau soit vendue moins cher. Il ne faudrait pas faire croire aux gens qu'ils achètent la même qualité qu'avant. Je serai intransigeant sur ce point.

L'eau du bain du patriarche, sanctifiée au contact de sa personne, était mise en bouteille et vendue à l'entrée du palais. Saint Simeon était quasiment le seul à ignorer que les fonctionnaires du palais appliquaient à cette eau un traitement homéopathique en la diluant plusieurs fois. Mais les saints n'étaient pas censés se préoccuper de ces questions terre à terre. Un ancien patriarche ayant exprimé son étonnement en découvrant les litres et les litres d'eau vendus, il avait fallu le convaincre que le caractère sacré de cette eau entraînait sa multiplication. D'ailleurs, un certain nombre de bouteilles explosaient régulièrement sous l'effet de l'exubérance sacramentelle.

– Mon caleçon, je vous prie, Kaloumdjian, dit saint Simeon.

Sans lâcher la douce et massive épaule de l'eunuque, il enfila en tremblant le sous-vêtement de soie, et laissa l'eunuque attacher le ruban autour de son petit ventre rebondi. Ce faisant, Kaloumdjian put examiner de près l'ulcère suppurant qui creusait le tibia droit du saint, et devait provoquer une douleur abominable, dont toutefois il ne parlait jamais. « Il sera mort dans six mois », pensa l'eunuque alors qu'il passait tendrement les bras du vieil homme dans les manches de son sous-vêtement long et l'aidait à glisser ses pieds décharnés, et mouillés, dans ses pantoufles.

De son côté, saint Simeon se réjouissait finalement d'être habillé par Kaloumdjian et non par le garçon, car celui-ci ne savait absolument pas comment attacher la chasuble, par exemple, et un jour, il avait fermé les trente-cinq boutons du sous-vêtement avant de s'apercevoir que le dernier n'avait pas de boutonnière, aussi, il avait dû tous les défaire pour recommencer. Le patriarche devait donc se montrer attentif et diriger les opérations, ce qui était éprouvant. Kaloumdjian, lui, n'avait besoin d'aucune directive, et saint Simeon pouvait concentrer toute son attention sur le mystère de l'Incarnation, éprouvant lui aussi, dans un autre genre.

C'est pourquoi il cessa d'y penser et s'adressa à l'eunuque :

– Dites-moi, Kaloumdjian… Ces hommes des montagnes dont tout le monde parle… Que savez-vous à leur sujet ?

– J'ai un cousin éloigné à Erevan, Votre Sainteté, dont toute la famille a été tuée par un groupe d'hommes qui voulaient les obliger à abjurer la Sainte Église et la doctrine de l'Incarnation en particulier.

– C'est épouvantable, dit le patriarche. Ces hérétiques ont-ils été capturés et punis ?

– Hélas, non.

– Toute sa famille ?

– Presque, à l'exception de mon cousin Sarkisian, qui était au marché lorsque ça s'est passé. Et une jeune fille, une domestique, qui a sauvé sa peau en promettant d'adopter les croyances de ces hommes.

– Pauvre enfant ! (Les yeux éteints du vieil homme se remplirent de larmes à la pensée de cette jeune fille qui finirait en enfer.) Soupçonneriez-vous, Kaloumdjian, que ces hommes des montagnes ont enlevé le garçon ?

– C'est tout à fait possible, Votre Sainteté. Prenez ma main.

Obéissant, le patriarche prit la grosse main douce tendue devant lui et, avec l'aide de l'eunuque, il supporta le poids de son dæmon-rossignol, qui se hissa difficilement sur son épaule, même si, en vérité, il n'était pas plus lourd qu'une poignée de pétales. Précédés par le dæmon-oie de Kaloumdjian, ils sortirent de la salle de bains pour accéder à la sacristie, où attendaient les habits sacerdotaux du patriarche. Il s'agissait moins de les endosser que de grimper dedans car, par sa conception, la chasuble, dotée d'un cadre fait de baguettes et de lattes contre lequel le vieil homme pouvait s'appuyer durant la longue liturgie, n'était pas très éloignée d'un tipi ou d'une yourte. Il y avait même, astucieusement placé, un récipient destiné à recueillir la sainte urine, afin que rien ne puisse perturber l'office ou le patriarche, dont la vessie, comme chez beaucoup d'hommes âgés, se montrait de plus en plus capricieuse.

Kaloumdjian confia saint Simeon à trois sous-diacres. Celui-ci lui lâcha la main à contrecœur et dit :

– Merci, cher Kaloumdjian. Essayez d'en savoir plus au sujet de cette affaire dont nous avons discuté. Je vous en serais très reconnaissant.

L'eunuque vit alors une chose qui échappa au patriarche. Le regard pétillant, curieux et compatissant du petit frère Mercurius, dissimulé par ses cheveux délicieusement ébouriffés, fila aussitôt vers le visage du saint, puis vers celui de l'eunuque, avant de revenir sur le vieil homme. Les yeux aux paupières tombantes de Kaloumdjian se posèrent sur le jeune sous-diacre, un peu trop longtemps au goût de celui-ci, qui comprit le message et reporta sa modeste attention sur le saint, en croisant les mains.

Le patriarche récita la première prière et enfila la soutane. Frère Mercurius s'agenouilla promptement. Ses mains voltigèrent d'un bouton à l'autre et caressèrent l'épaisse étoffe de soie sur les jambes du vieil homme, comme pour lisser les plis, tout en guettant un tressaillement irrépressible lorsqu'il frôla le tibia droit. Pire que la fois précédente ! C'était bon à savoir.

Une autre prière avant de mettre la calotte, une pour le surplis, une pour l'étole, une encore pour la ceinture, une par manche, la droite et la gauche, qui couvraient les bras sans ornements du surplis. Chacun de ces vêtements était si richement brodé d'or et de pierres précieuses que le patriarche ressemblait de moins en moins à un être humain et de plus en plus à un élément de mosaïque ancienne, et leur poids cumulé faisait trembler le vieil homme.

– Bientôt, Très Saint, bientôt, murmura frère Mercurius, et il s'agenouilla de nouveau afin d'ajuster le bas de la tenue, pendant que l'on installait sur les épaules du patriarche la grande chasuble enveloppante, accompagnée de sa robuste charpente.

– Mon frère, dit le sous-diacre supérieur d'un ton de mise en garde, et frère Mercurius s'écarta humblement, en réussissant à exprimer à la fois le modeste désir de servir et celui de faire pénitence ; quelle sottise de sa part d'oublier que c'était le travail de frère Ignatius ! Son petit dæmon-gerboise eut l'obligeance de battre en retraite lui aussi.

– Frère… frère… jeune frère, dit le patriarche, sois gentil de régler les mèches des lampes dans le couloir qui mène à la salle du conseil. À deux reprises j'ai failli trébucher dans l'obscurité.

– Très certainement, Votre Sainteté, répondit frère Mercurius en s'inclinant pour masquer sa déception.

Le privilège de soutenir le saint pour son entrée reviendrait aux deux autres maintenant.

En sortant de la sacristie, le jeune sous-diacre découvrit l'eunuque dans le couloir. Il attendait quelque chose, ou bien il se tenait là, simplement. Dans un cas comme dans l'autre, c'était déconcertant. Ce visage… semblable à une grosse galette pas cuite. Frère Mercurius lui adressa un bref et humble sourire, avant de s'occuper des lampes à pétrole qui n'avaient pas besoin d'être réglées, il le savait bien. Celles fixées au bout du couloir, près de la salle du conseil, étaient un peu plus hautes que les autres, ce qui permettait à frère Mercurius de profiter de la difficulté de la tâche pour espionner les bribes de conversation qui filtraient à travers la porte.

Mais ils étaient rusés ces évêques, ces archevêques et ces archimandrites. Deux mille ans de subtiles manœuvres politiques ne se laissaient pas aisément abuser par un jeune et beau sous-diacre aux manières charmeuses. Derrière la porte devant laquelle frère Mercurius s'attardait mine de rien, trois prélats venus de Smyrne parlaient de raisins secs. Leurs cent quarante-sept collègues, membres du synode, répartis à travers la salle, échangeaient les mêmes propos insignifiants. Ils n'aborderaient les affaires sérieuses que lorsque la cloche aurait sonné pour indiquer que tout le monde, à l'exception d'eux-mêmes, avait été conduit hors du palais.

En entendant la porte de la sacristie s'ouvrir, frère Mercurius tourna le dos à la lampe qu'il était en train de manipuler et fit glisser ses mains sur ses hanches étroites avant de se placer modestement sur le côté, prêt à bondir pour ouvrir la porte de la grande salle.

– Fiche le camp, imbécile, dit, dans un murmure, une voix bien connue.

L'archidiacre Phalarion, qui venait de sortir de la sacristie, supervisait le rituel, et la tâche qui consistait à ouvrir la porte lui revenait de droit. Frère Mercurius s'inclina et rebroussa chemin dans le couloir, sur la pointe des pieds, en rasant si bien le mur qu'il marchait en crabe. C'est ainsi, et parce qu'il se trouvait au milieu du couloir, qu'il fut le mieux placé pour voir ce qui se passa ensuite.

Tout d'abord, le dæmon-oie de l'eunuque poussa soudain un grand cri, sur le seuil de la sacristie. Un cri de peur et d'affolement.

Kaloumdjian se retourna pour voir ce qui avait provoqué l'effroi de son dæmon et, au même moment, un cimeterre le décapita. Sa tête tomba sur le sol en produisant un bruit sourd et, une très longue seconde plus tard ou deux, son corps en fit autant, dans une gerbe de sang. Son dæmon avait déjà disparu.

L'archidiacre Phalarion se jeta sur les silhouettes qui sortaient de la sacristie en se bousculant et fut aussitôt projeté à terre. Le patriarche, soutenu par les deux diacres, était trop ankylosé pour se retourner et trop abasourdi pour parler. Les diacres, pris entre la peur et la volonté de protéger le vieil homme, restèrent figés eux aussi mais, lorsqu'ils regardèrent par-dessus leur épaule, ils furent tués à leur tour. Ils basculèrent sur le côté, semblables au moule d'une sculpture en bronze qui vient d'être coulée, enveloppes mortes ne servant qu'à contenir l'œuvre d'art qui était à l'intérieur et qui apparaît pour la première fois.

Cette œuvre d'art, le patriarche en personne, rayonnait dans ses habits sacerdotaux, soutenu par l'armature dissimulée à l'intérieur de la chasuble. Son expression, que frère Mercurius voyait distinctement dans l'éclat des lampes, était celle de quelqu'un qui vient de découvrir la solution d'un problème complexe, le mystère de l'Incarnation peut-être. Hélas, contrairement à l'eunuque et aux sous-diacres, le saint n'eut pas la chance de mourir au premier coup de cimeterre. Ses agresseurs – au nombre de trois – frappèrent, transpercèrent et hachèrent la créature rigide, à moitié artificielle, tandis que son dæmon, battant furieusement des ailes, s'élevait par à-coups, fonçait droit dans le mur puis tournoyait sur le sol, et que des gouttes de musique liquide s'écoulaient.

Pendant ce temps, saint Simeon battait des bras, lentement, pareil à un scarabée sur le dos, bien qu'il ait perdu une main. Soudain, le chant du rossignol se tut et le vieil homme s'affaissa sans tomber, toujours soutenu par ses habits.

Frère Mercurius vit les trois assassins vêtus de robes blanches, beaucoup plus colorées désormais, pousser le vieil homme histoire de s'assurer qu'il était bien mort. Il les vit regarder autour et derrière eux, dans la direction d'où leur parvenaient des cris de rage, des bruits de pas précipités et le fracas des piques qui s'entrechoquaient ; il les vit tourner vers lui leurs visages haineux ; il perçut l'irrésistible beauté de leur regard et faillit s'évanouir en les voyant fondre sur lui. Il pensa alors à la porte derrière lui. La porte…

Qui s'ouvrait vers l'extérieur. S'il s'y adossait, et attendait d'être massacré à son tour, peut-être parviendrait-il à retenir ces hommes le temps que les gardes du palais interviennent. Frère Mercurius comprit tout cela en une fraction de seconde. Mais il savait également que ce n'était pas dans sa nature de faire ce genre de choses ; il était d'un caractère agréable et arrangeant ; Dieu l'avait créé ainsi, trop tard pour changer.

Aussi, avant que les assassins aient atteint le milieu du

couloir, frère Mercurius s'était retourné pour saisir la poignée et ouvrir la porte. À l'intérieur, les prélats, terrorisés par les cris du dehors, s'étaient rassemblés au centre de la pièce tels des moutons, et les tueurs purent s'engouffrer par la porte ouverte et en massacrer une dizaine avant que les gardes les prennent à revers.

Frère Mercurius ne voulait pas regarder le cadavre du patriarche, mais il savait qu'il serait bon pour lui qu'on le trouve en train de prier à côté, et donc, alors que les hurlements, les gémissements et les chocs provenant de la chambre du conseil remplissaient ses oreilles, il retourna prudemment vers la structure écroulée qui contenait les restes du saint, et tomba à genoux, en prenant soin de se barbouiller de sang, autant qu'il pouvait le supporter, et laissant ses larmes couler librement sur ses joues.

Il serait faux d'affirmer que Mercurius imaginait déjà les icônes qui, plus tard, représenteraient le martyre de saint Simeon Papadakis, dont un des éléments essentiels, si ce n'est le principal, serait la présence de ce jeune diacre, dévoué, maculé du sang du martyr, ses grands yeux levés vers le ciel, en prière.

Disons plutôt que cette image était présente dans son esprit, mais pas au premier plan. Il était avant tout préoccupé par la passionnante question de la succession, des semaines de tractations qui s'ensuivraient, et des possibilités de promotion maintenant que les deux autres sous-diacres avaient été assassinés. Par ailleurs, il restait sous l'emprise des magnifiques yeux des assassins lorsqu'ils s'étaient précipités vers lui dans le couloir. Jamais il n'avait vu quelque chose d'aussi excitant.

Pendant ce temps, dans le cœur de la basilique, hors de portée des hurlements, des centaines de personnes – parmi lesquelles figurait Lyra – étaient rassemblées sous l'immense coupole pour assister à la cérémonie. En attendant qu'elle débute enfin, un chœur d'hommes, qu'on ne voyait pas, chantait un cantique dont la longueur et la lenteur dégageaient une forte impression d'éternité.

Conformément à sa volonté de passer inaperçue, Lyra s'interdisait de poser des questions et d'engager la conversation, elle était donc obligée de se débrouiller en essayant d'interpréter ce qu'elle voyait autour d'elle. Elle s'imprégna de la patience et de l'immobilité quasi hypnotique des fidèles, amplifiées par la musique, jusqu'au moment où la voix d'un des chanteurs chancela.

Il semblait avoir été frappé en plein cœur alors qu'il tenait une note aiguë. Une sorte de toux ou de hoquet brisa la ligne musicale, provoquant des soupirs hésitants chez ses compagnons. Finalement, après une minute de flottement, ils se ressaisirent et reprirent, pour finalement s'interrompre après une phrase ou deux, alors que, manifestement, le cantique n'était pas terminé.

Le chœur étant caché, nul ne savait ce qui avait causé cette interruption. L'atmosphère extatique de la cérémonie avait volé en éclats ; la congrégation unie s'était fragmentée en des centaines d'individus inquiets. Les gens regardaient autour d'eux, essayaient de voir par-dessus les têtes de ceux de devant. Soudain, d'autres bruits leur parvinrent du chœur : des cris, des hurlements, le choc de l'acier contre l'acier, et même, à un moment donné, un coup de feu, qui fit sursauter toute l'assistance, semblable à un champ de blé balayé par une bourrasque.

Instinctivement, les gens s'étaient éloignés des murs

pour se regrouper au centre du vaste édifice. Lyra suivit le mouvement. Elle ne voyait presque rien, mais elle écoutait le brouhaha et les échos du violent affrontement qui se déroulait au-delà de l'iconostase. Pour ajouter au vacarme, plusieurs personnes s'étaient mises à prier à voix haute, d'un ton désespéré.

Lyra se retourna vers Pan qui, bien évidemment, n'était pas là. Une fois de plus, elle ressentit la vive douleur de l'abandon. Mais elle se ressaisit et fit défiler mentalement la liste de tous les éléments susceptibles de la rendre invisible. Une fois qu'elle eut repris le contrôle de ses émotions, elle ressemblait à la plus discrète, la plus docile, la plus passive des spectatrices, celle à qui nul ne s'intéresse.

Ainsi parée de ce masque de modestie, elle se dirigea vers l'extrémité du vaste parterre et longea le mur jusqu'à la porte. Déjà, plusieurs personnes se précipitaient vers la sortie et Lyra devina que cela deviendrait problématique si les issues étaient bloquées. Plutôt que de risquer de se retrouver prise au piège à l'intérieur, elle se faufila au milieu de la mêlée en jouant des coudes, jusqu'à ce qu'elle émerge sur les marches de marbre, aveuglée par le soleil, poussée vers le bas de l'escalier par le flot humain qui se déversait de la basilique.

La confusion régnait sur la grande place où les rumeurs d'assassinat, de massacre, de bain de sang se propageaient à la vitesse d'un feu de forêt. Lyra ne pouvait que deviner ce qui se disait mais, entendant des mots en anglais, elle se retourna vers celui qui les avait prononcés.

C'était un homme émacié en tenue cléricale, portant la tonsure, à l'apparence austère, monacale, qui s'adressait à un groupe d'hommes et de femmes, âgés pour la plupart, visiblement apeurés et affligés.

À la périphérie du groupe se tenait une femme au visage avenant, rongé par l'inquiétude. Son dæmon, un passereau, regardait Lyra d'un air compatissant.

– Que se passe-t-il ? demanda-t-elle, en violant la règle qu'elle s'était imposée.

La femme se retourna et dit :

– Il paraîtrait qu'il a été assassiné… le patriarche. Mais personne ne sait…

Un autre membre du groupe interpella le moine :

– Qu'avez-vous vu au juste ?

Le moine plaqua la main sur son front dans un geste qui trahissait le désespoir et l'impuissance.

– J'ai vu des hommes avec des épées, vêtus de blanc, assassiner les membres du clergé. Sa Sainteté le patriarche est tombé le premier…

– Ils sont encore à l'intérieur ?

– Je l'ignore… Je me suis enfui. J'ai honte de l'avouer. Je me suis enfui au lieu de mourir avec les autres.

Les larmes coulaient sur ses joues, sa voix était brisée et ses lèvres tremblaient.

– Il est important de pouvoir témoigner, dit quelqu'un.

– Non ! J'aurais dû rester ! Au lieu de mourir en martyr, j'ai fui comme un lâche !

La femme qui s'était adressée à Lyra secoua la tête et murmura :

– Non, non.

Le dæmon du moine était une petite créature simiesque qui gesticulait le long de son bras et se frottait les yeux de ses poings, en poussant des gémissements d'auto-apitoiement. La femme détourna le regard, sourcils froncés, mais son dæmon lui murmura quelque chose à l'oreille, et elle se tourna vers Lyra.

– Vous… Pardonnez-moi… Est-ce que je me trompe ou… Votre dæmon…

– Non, vous ne vous trompez pas. Mon dæmon est… Il est parti.

– Ma pauvre, dit la femme, sincèrement compatissante.

Réaction si inattendue que Lyra ne savait pas comment réagir.

– Est-ce que… euh… vous faites partie de ce groupe ?

– Non, non. Je les ai entendus parler anglais, alors… Vous étiez à l'intérieur de la cathédrale ? Savez-vous ce qui se passe ?

– Non… Le chœur s'est arrêté de chanter, et puis… Oh, regardez !

Une bousculade venait d'éclater en haut des marches, parmi la foule qui encombrait la sortie de la basilique. Quatre ou cinq soldats de la Garde patriarcale, en uniforme de cérémonie, firent leur apparition. Ils entouraient un jeune homme en habit clérical, dont le visage maculé de sang et les grands yeux brillants semblaient, même en cette matinée ensoleillée, éclairés par un projecteur. Si bien que chacun pouvait voir se succéder ses diverses expressions : le chagrin et la pitié en premier lieu, puis un courage résigné, et enfin, une acceptation exaltée du martyre du saint défunt. Il récitait, autant qu'il psalmodiait, des prières familières sans doute car la foule sembla se transformer subitement en une assemblée de fidèles, répétant ses paroles chaque fois qu'il s'interrompait.

La femme glissa à Lyra :

– Je n'ai jamais vu un tel opportuniste. Il va tirer un profit éhonté de cette terrible histoire.

Lyra partageait cet avis. Le freluquet faisait mine de

défaillir maintenant. Il s'agrippa au bras du plus beau des gardes, qui le retint en rougissant. Le dæmon du prêtre fit un commentaire qui provoqua un soupir compatissant chez les personnes alentour. Lyra préféra s'éloigner, imitée en cela par la femme.

– Attendez, ne partez pas, dit celle-ci, et Lyra l'observa pour la première fois.

D'un certain âge, bien conservée, elle était dotée d'un visage quelconque, mais affable, dont le rouge aux joues n'était pas uniquement dû au soleil.

– Je ne peux pas m'attarder ici, répondit Lyra, alors que rien ne l'en empêchait, et étant donné que c'était là que se déroulaient les événements importants (du point de vue d'Oakley Street), nul doute qu'elle aurait dû rester et prendre des notes.

– Accordez-moi cinq minutes, demanda la femme. Je vous invite à boire un café.

– Bon, d'accord, dit Lyra. Merci.

La sirène d'une ambulance traversa la place, où s'amassaient de plus en plus de gens se déversant de la basilique, tandis que d'autres affluaient par les quatre rues qui convergeaient vers l'esplanade. Une seconde ambulance tenta de se frayer un chemin au milieu de la foule pour rejoindre la première.

Le jeune prêtre, toujours accroché au bras du garde sur les marches, s'adressait maintenant à trois ou quatre personnes qui griffonnaient dans des carnets.

– Les journalistes sont déjà là, commenta la femme. C'est son heure de gloire.

Tournant le dos à cette scène, elle fendit la cohue humaine d'un pas décidé. Lyra lui emboîta le pas. Au moment où elles quittaient la place, elles entendirent un autre type de sirène, celle des voitures de police qui arrivaient à leur tour.

Cinq minutes plus tard, elles étaient assises à la terrasse d'un petit troquet, dans une rue annexe. Lyra se réjouissait de la présence de cette femme à ses côtés.

Elle se nommait Alison Wetherfield, lui confia-t-elle, et enseignait dans une école anglophone d'Alep. Elle passait quelques jours de vacances à Constantinople.

– Hélas, ajouta-t-elle, je ne sais pas combien de temps encore cette école va pouvoir rester ouverte. La ville tient bon mais, dans les campagnes, les gens sont inquiets.

– Que se passe-t-il ? demanda Lyra. Qu'est-ce qui provoque cette inquiétude ?

– Les troubles se multiplient. Le drame de ce matin s'inscrit dans ce contexte. Les gens se sentent maltraités par les lois, exploités par les patrons et discriminés par les structures sociales qu'ils ne peuvent pas changer. Cela dure depuis des années, ce n'est pas nouveau. Mais c'est un terreau fertile au développement de la crise de la rose…

– La crise de la rose ?

– Une nouvelle forme de fanatisme. Les producteurs de roses sont persécutés, leurs plantations incendiées ou arrachées par ces hommes des montagnes, comme ils se font appeler, et qui affirment que les roses sont une abomination aux yeux de l'Autorité. J'ignorais que ce mouvement s'était répandu aussi loin.

– Les effets se font déjà ressentir à Oxford, dit Lyra.

Elle évoqua le problème d'approvisionnement en eau de rose que rencontrait Jordan College. Peut-être aurait-elle dû s'abstenir de dévoiler d'où elle venait, car cela allait à l'encontre de tous les principes auxquels elle tentait de se conformer, mais comment résister au plaisir de bavarder avec une personne compatissante ?

– Qu'est-ce qui vous amène dans cette partie du globe ? demanda Alison Wetherfield. Vous êtes ici pour le travail ?

– Je ne fais que passer. Je me rends en Asie centrale. J'attends le ferry.

– La route est encore longue. Qu'allez-vous faire là-bas ?

– Des recherches pour ma thèse.

– Dans quel domaine ?

– L'histoire, grosso modo. J'avais envie de voir des choses qu'on ne trouve pas dans les bibliothèques.

– Et… Vous… Cette particularité que j'ai remarquée…

– L'absence de dæmon ?

– Oui. Ce voyage le concerne lui aussi ?

Lyra acquiesça.

– Principalement ?

Lyra soupira et détourna le regard.

– Vous allez à Madinat al-Qamar, devina Alison.

– Eh bien…

– Inutile de le cacher. Je ne suis ni surprise ni choquée. Je connais quelqu'un qui s'est rendu là-bas. En revanche, j'ignore ce qui lui est arrivé. Je vous conseillerais d'être prudente, mais vous semblez avoir la tête sur les épaules. Comment comptez-vous faire pour le retrouver ?

– Je ne sais pas.

– Il existe un grand nombre de villes et de villages morts dans ce désert. Vous pouvez passer des années à chercher. Vous aurez besoin d'un guide.

– Ça existe ?

– À ma connaissance, oui. La première fois que j'ai entendu parler de ce lieu, j'ai cru que c'était une légende, une histoire de fantômes. De vous à moi, tout cela me paraît un peu… Comment dire ? Tiré par les cheveux. Et sans intérêt. Il y a suffisamment de problèmes et de difficultés dans ce monde, suffisamment de personnes malades à soigner, d'enfants à instruire, de pauvreté et d'oppression à combattre, sans se soucier en plus du surnaturel. Il est vrai que j'ai de la chance. Je me sens bien sur terre, je suis parfaitement heureuse avec mon dæmon et j'aime mon métier. Je sais que certaines personnes n'ont pas cette chance. Pour quelle raison votre dæmon vous a-t-il quittée ?

– On s'est disputés. J'ignorais que ça finirait comme ça. Ça me paraissait impossible. On ne se parlait presque plus et, un jour, il a disparu.

– J'imagine votre douleur !

– Oh, oui… La douleur… Mais le plus terrible, c'est de n'avoir personne à qui parler. Avec qui échanger des conseils.

– À votre avis, que vous dirait-il à cet instant ?

– À propos de mon voyage ou de cette journée ?

– Cette journée.

– Il se méfierait de ce jeune prêtre.

– Et il aurait raison.

– Il m'obligerait à prendre un tas de notes.

– Il ferait un bon journaliste.

– Et il aurait sympathisé d'emblée avec votre dæmon. C'est une des choses qui me manquent le plus.

Le dæmon-passereau d'Alison écoutait attentivement leur conversation. Il sifflota quelques notes pour exprimer sa compassion. Lyra jugea préférable de changer de sujet avant d'en dire trop.

– Que pensez-vous de ce nouveau Haut Conseil ? demanda-t-elle. Qu'est-ce que ça signifie, selon vous ?

– Je crois que personne n'en sait rien. Il a surgi de nulle part. J'espère que ce n'est pas le signe d'un durcissement de l'orthodoxie. Le système que nous avions depuis des centaines d'années n'était pas exempt de défauts – nul n'a jamais affirmé qu'il était parfait –, mais l'un de ses mérites était de tolérer les désaccords, dans une certaine mesure. Si une voix unique tente de nous imposer sa volonté… je crains que cela ne débouche sur rien de bon.

Le ballet des sirènes se poursuivait en fond sonore. Vint s'y ajouter le fracas métallique d'une énorme cloche qu'abritait un campanile tout proche. Quelques secondes plus tard, une deuxième cloche se joignit à la première. Lyra songea à celles d'Oxford et un bref pincement de nostalgie lui serra le cœur. Bientôt, d'autres cloches des environs se firent entendre à leur tour, jusqu'à ce qu'un autre bruit, venu d'ailleurs, les recouvre : le vrombissement haché d'un gyroptère.

Levant la tête, Lyra et Alison aperçurent un premier engin, puis un second, tournoyer au-dessus du dôme de la basilique Sainte-Sophie.

– Premier signe de panique officiel, commenta Alison. Avant longtemps – dans quelques minutes, je dirais –, des patrouilles de police vont contrôler les papiers de tout le monde et arrêter les personnes dont la tête ne leur reviendra pas. Comme vous, ma chère. Alors, si vous voulez un conseil, dépêchez-vous de regagner votre hôtel et restez-y jusqu'au départ de votre ferry.

Lyra sentit une immense lassitude s'abattre sur elle. « Oh, Pan », pensa-t-elle. Elle s'obligea néanmoins à se lever, et serra la main d'Alison.

– Merci pour cette conversation, dit-elle. Je ne vous oublierai pas.

Sur ce, elle prit congé pour rentrer à l'hôtel. En chemin, elle vit des policiers arrêter un jeune homme qui se débattait farouchement. Un peu plus loin, dans une autre rue, elle vit une autre patrouille battre en retraite devant une foule d'hommes en colère qui descellaient des pavés pour les lancer sur eux. Elle passa son chemin discrètement et s'efforça de demeurer invisible le plus longtemps possible. La réceptionniste de l'hôtel elle-même, assise derrière son petit bureau miteux, ne la remarqua pas.

Une fois dans sa chambre, Lyra ferma la porte à clé.

La nouvelle de l'assassinat se répandit comme une traînée de poudre. Plusieurs agences de presse relevèrent le fait que le patriarche martyr, si âgé, si vénérable, était également le président du nouveau Haut Conseil du Magisterium.

À Genève, la réaction fut immédiate. Le conseil – du moins, les membres qui vivaient et travaillaient dans cette ville, et dont le nombre, grâce à l'intervention bénie de la Providence, permettait d'atteindre un quorum – se réunit aussitôt et commença la séance par des prières en mémoire de feu saint Simeon, dont la présidence avait été si brève.

Après quoi, les membres présents abordèrent la question de sa succession. Il paraissait évident, en ces temps troublés, que le problème devait être résolu au plus vite. Et il était tout aussi évident que l'unique candidat envisageable se nommait Marcel Delamare. Là encore, plus d'un membre du conseil y vit la main de la Providence.

Aussi fut-il élu à l'unanimité. Il accepta, avec tristesse et à contrecœur, cette lourde responsabilité, se disant indigne de cette tâche, en prononçant des phrases si parfaitement tournées qu'on aurait presque pu croire qu'elles avaient été rédigées avant les terribles et imprévisibles événements de Constantinople.

Malgré son évidente modestie, et ses réticences affichées, il eut assez de présence d'esprit, et de clairvoyance, pour suggérer quelques légers amendements à la Constitution, afin de renforcer la détermination et l'efficacité… en ces temps troublés, justement. Afin de ne pas perturber le travail sacré du conseil par l'organisation d'élections inutiles, la durée du mandat de président fut portée de cinq à sept ans, reconductible à l'infini. En outre, le président se voyait octroyer les pleins pouvoirs, indispensables si on voulait agir rapidement… en ces temps troublés.

Et donc, pour la première fois depuis six siècles, le Magisterium se trouva dirigé par un leader unique, détenteur de toute l'autorité qui, jusqu'alors, était répartie entre diverses instances. Toute la puissance de l'Église, autrefois partagée, était désormais concentrée dans les mains de Marcel Delamare.

Et la première personne qui découvrit avec quelle rapidité ces nouvelles prérogatives pouvaient s'exercer, et combien elles pouvaient être déplaisantes, fut Pierre Binaud, le juge en chef du Conseil de Discipline Consistorial. Il fut limogé en moins d'une heure et n'interromprait plus jamais qui que ce soit.

En signant son ordre, Marcel Delamare songea à cette sœur qu'il avait tant admirée. Il songea à sa mère également. Il avait hâte de la revoir.

23
Le ferry de Smyrne

Après une nuit passée dans sa chambre d'hôtel à écouter les sirènes, les cris, les bruits de vitres brisées, le vrombissement des gyroptères au-dessus de sa tête, et même quelques coups de feu épars, Lyra se sentait épuisée et angoissée. Mais le ferry pour Smyrne partait aujourd'hui, et elle ne pouvait pas rester cachée éternellement à l'hôtel.

Elle descendit prendre son petit déjeuner, puis remonta dans sa chambre jusqu'à l'heure où elle devait la libérer. D'après le réceptionniste, qui avait lu le journal du matin, tous les assassins avaient été tués lorsque les gardes avaient pris d'assaut la basilique. Les émeutes qui se poursuivaient depuis étaient l'œuvre de quelques hommes des montagnes, il n'en savait pas plus, qui profitaient de la panique générale. Mais tout allait bientôt rentrer dans l'ordre, ajouta-t-il. Les forces de police avaient repris le contrôle de la situation.

Le personnel de l'hôtel était ravi de la voir partir car elle les effrayait tous. Lyra sentait leur inquiétude, leur peur même, et comme il ne servait à rien d'essayer de paraître invisible à leurs yeux, elle tenta de dissiper leurs craintes en se montrant aimable. Mais elle ne pouvait pas faire l'acquisition d'un dæmon. Aussi se réjouissait-elle, de son côté, de quitter l'établissement pour se rendre au port.

Le ferry partait en fin d'après-midi et devait atteindre Smyrne le surlendemain dans la matinée. Lyra aurait pu s'offrir une cabine mais, après ce confinement temporaire dans l'hôtel, elle souhaitait passer le plus de temps possible au grand air. Le premier soir, elle dîna seule au petit restaurant miteux, après quoi, elle s'allongea sur un confortable transat en osier sur le pont, enveloppée dans une couverture, pour regarder les lumières sur le rivage, les bateaux de pêcheurs et le ciel étoilé.

Elle pensa à Alison Wetherfield. Une enseignante, assurément une personne bien sous tous rapports, un modèle. Qui n'était pas sans lui rappeler Hannah Relf. Les craintes exprimées par Alison à propos de ce nouveau Haut Conseil ressemblaient aux siennes, même si Lyra n'avait pas eu le loisir d'y réfléchir posément. Depuis le départ de Pan, elle était obnubilée par sa propre situation et… Non, cela avait commencé avant. Quand ils s'étaient brouillés pour la première fois ? Probablement. L'égocentrisme était un défaut qu'elle n'appréciait guère chez les autres, et voilà qu'elle s'en rendait coupable. Les femmes admirables comme Hannah et Alison trouvaient d'autres sujets d'inquiétude. Mieux encore : elles ne s'inquiétaient pas du tout. Admirables, vraiment…

C'était compliqué. Elle se souvenait des paroles de Malcolm décrivant les sœurs du prieuré de Godstow, qui avaient été si bonnes avec lui quand il était enfant, qui l'avaient recueillie alors qu'elle n'était qu'un bébé et avaient veillé sur elle avant la grande inondation. À l'évidence, leurs actions étaient dignes d'éloges, contrairement à celles du Magisterium, sans aucun doute. Mais faisaient-elles partie du Magisterium du fait de leur croyance, ou de tout autre chose ? Lyra pensait avoir quelques certitudes quand elle était revenue du Nord, mais les choses qu'elle avait apprises durant ses aventures là-bas lui semblaient désormais lointaines ; il ne lui en restait qu'une poignée d'impressions, encore vivaces, quelques portraits, notamment ceux de Lee Scoresby et de Mary Malone, et des souvenirs, comme le combat entre les ours et, surtout, le baiser échangé avec Will dans le petit bois du monde des mulefas. Elle avait conservé en elle, précieusement, l'expression « République des Cieux », sans jamais analyser ce qu'elle pouvait signifier. Quand elle y avait réfléchi, elle avait cru que la rationalité était la pierre angulaire de cette république.

C'était la Lyra qui rédigeait des dissertations et passait des examens. Qui aimait débattre avec les Érudits et chercher les points faibles dans les arguments de ses contradicteurs, pour les dévoiler et faire apparaître les partis pris, les incohérences et les duperies qu'ils recelaient. C'était la Lyra qui avait trouvé les écrits de Gottfried Brande si grisants, et ceux de Simon Talbot si troublants.

Elle n'était pas prête à affronter la révolution provoquée dans son esprit par Giorgio Brabandt et ses histoires de communauté des esprits. Autrefois, elle aurait rejeté avec mépris ce genre de choses. À présent, sur le pont de ce ferry, au chaud sous sa couverture, elle regardait tous ces petits points lumineux dans le ciel noir ou sur le rivage obscur, bercée par la légère vibration des moteurs et le roulis incessant, en se demandant si elle ne se trompait pas sur toute la ligne.

Une pensée s'ensuivit tout naturellement : Pan l'avait-il quittée pour cette raison ?

Le temps sembla s'arrêter au cours de cette paisible nuit en mer. Elle songea, calmement, méthodiquement, à ses premières disputes avec Pan. Les souvenirs émergeaient de l'obscurité, obéissants, maillons d'une longue chaîne. La colère de Pan quand elle s'était moquée d'une jeune fille de l'école, en contradiction avec sa nature et malgré les exhortations de son dæmon, car celle-ci se montrait incapable de faire le distinguo entre l'auteur et le personnage d'un roman. Une parole d'agacement adressée à une domestique de Sainte-Sophia. Son refus sarcastique d'assister à une exposition de peintures religieuses réalisées par le père d'une amie. Le plaisir qu'elle prenait à voir tous ces principes philosophiques démontés et piétinés par Gottfried Brande. Son comportement – tout lui revenait en mémoire maintenant, éclairé par la honte – envers Malcolm, lorsqu'il était uniquement le Dr Polstead. De petites choses sans doute, mais au nombre d'une centaine, qui ne cessaient de ressurgir. Son dæmon avait été le témoin de tout cela, ça ne lui plaisait pas et, un jour, il en avait eu assez.

Elle essaya de se défendre face à ce tribunal qu'elle-même avait convoqué. Mais ses arguments étaient faibles, et très vite elle cessa de faire semblant. Elle se sentait profondément honteuse. Oui, elle s'était mal comportée, et ses fautes étaient liées, d'une certaine manière, à une vision du monde dont était exclue la communauté des esprits.

Les étoiles tournaient lentement autour du pôle. Le ferry longeait tranquillement la côte. Parfois, les lumières d'un village scintillaient à la surface de l'eau, leurs reflets pulvérisés en un millier d'éclats argentés et dorés par le mouvement de l'eau. À une ou deux reprises, elle aperçut, suspendues à la proue, les lanternes des bateaux de pêche, qui jetaient leurs filets pour attraper des tassergals ou des calamars. Ces lumières lui offrirent une autre image : elle appâtait des monstres pour les faire sortir de ses propres ténèbres. Et elle se souvint de ce que lui avait dit un jour l'enfant mort, Roger, autrefois son meilleur ami, au sujet des harpies du monde des morts : elles connaissaient toutes les mauvaises actions que vous aviez commises, et elles vous les rappelaient sans cesse en murmurant à votre oreille. Lyra en avait un avant-goût ce soir.

Elle se demanda : « Les harpies appartiennent-elles à la communauté des esprits ? » Le monde des morts, celui qu'elles habitaient, en faisait-il partie ? Ou bien avait-elle tout imaginé ; son imagination n'était-elle que des particules de mensonges ?

Mais qu'était donc cette communauté des esprits au juste ? Un état physique qui n'avait aucune réalité dans le monde de Simon Talbot, ou dans le monde différent de Gottfried Brande ? Il était totalement invisible aux yeux de tous. S'il existait, il ne pouvait être vu que par l'imagination, qui restait à définir, et non par la logique. Il incluait des fantômes, des fées, des dieux et des déesses, des nymphes, des diables, des feux follets et autres créatures semblables. Ils n'étaient ni bien ni mal disposés, par nature, envers les êtres humains, mais parfois leurs objectifs recoupaient les leurs ou coïncidaient avec eux. Ils exerçaient un certain pouvoir sur eux, mais on pouvait les vaincre, comme la fée de la Tamise qui avait été bernée par Malcolm lorsqu'elle avait voulu garder Lyra auprès d'elle…

Un steward vint annoncer aux passagers encore sur le pont (ils étaient une poignée) que le bar allait bientôt fermer. Deux d'entre eux s'arrachèrent de leurs transats pour retourner à l'intérieur.

– Merci, dit Lyra, le seul mot d'anatolien qu'elle connaissait.

Le steward hocha la tête et s'éloigna.

Elle replongea dans ses pensées. Les fées, les feux follets et les autres membres de la communauté des esprits n'existaient-ils que dans son imagination ? Y avait-il une explication logique, rationnelle, scientifique à ces choses ? Ou étaient-elles inaccessibles à la science et déconcertantes pour la raison ?

« Ces choses » incluaient les dæmons, assurément. Sans aucun doute si Brande et Talbot avaient raison à ce sujet. Ces deux universitaires ne trouveraient rien à redire en voyant une jeune femme sans dæmon. Alison Wetherfield, en revanche, avait immédiatement perçu ce qu'il y avait de différent chez Lyra, comme la plupart des gens, mais contrairement à eux, elle avait agi de manière chaleureuse et compatissante. Cet homme agressif à bord du ferry avait laissé éclater sa haine et sa peur. Alors, oui, pour la plupart des gens les dæmons existaient.

Elle ne pouvait pas aller plus loin pour le moment. Le ciel rempli d'étoiles semblait mort et froid ; tout en lui était le résultat d'interactions mécaniques et indifférentes entre des molécules et des particules, qui dureraient jusqu'à la fin des temps, que Lyra vive ou meure, que les êtres humains en soient conscients ou pas ; une gigantesque indifférence, silencieuse et vide, totalement dénuée de sens.

La raison l'avait mise dans cet état. La raison qu'elle avait placée au-dessus de toutes les autres facultés. Et le résultat était la plus grande tristesse qu'elle avait jamais ressentie.

« Mais nous ne devrions pas croire aux choses parce que cela nous rend heureux d'y croire, pensa-t-elle. Nous devons croire aux choses parce qu'elles sont vraies et, si cela nous rend malheureux, c'est bien dommage, mais la faute n'incombe pas à la raison. Comment savons-nous que des choses sont vraies ? Elles ont un sens. Les choses vraies sont plus économiques que les choses fausses : le rasoir d'Occam. Les gens ont davantage tendance à être simples que compliqués. Si une explication laisse de côté l'imagination et l'émotion, elle est sans doute plus juste que celle qui les prend en compte. »

Mais ce qu'avaient dit les gitans lui revint à l'esprit : il faut inclure les choses, pas les exclure. Voir les choses dans leur contexte. Tout inclure.

Ce souvenir alluma une petite lueur d'espoir. « Quand je croyais aux feux follets, pensa-t-elle, j'en voyais plus. Était-ce des visions délirantes ? Est-ce que je les inventais ? » Était-ce rationnel de porter le petit fruit rouge aux lèvres de Will, dans ce bois baigné de soleil, et de revivre la scène que leur avait décrite Mary Malone, celle qui l'avait fait tomber amoureuse ? La raison avait-elle créé un seul poème, une seule symphonie, un seul tableau ? « Si la rationalité ne voit pas de choses telles que la communauté des esprits, c'est parce que sa vision est limitée. La communauté des esprits est là. On ne peut pas la voir avec la rationalité, pas plus qu'on ne peut peser quoi que ce soit avec un microscope : ce n'est pas le bon outil. Nous avons besoin de mesurer, mais aussi d'imaginer… »

Elle songea alors à ce qu'avait dit Pan au sujet de son

imagination, et au petit mot cruel trouvé dans sa chambre à La Truite. Pan l'avait quittée pour partir à la recherche d'une qualité qu'elle ne possédait pas.

Et la Poussière ? Quel rôle jouait-elle ? Était-ce une métaphore ? Une partie de la communauté des esprits ? Et le Hollandais qui se consumait ? Que dirait la raison à ce sujet ? Il ne pouvait pas exister. C'était une vision délirante. Elle avait rêvé. Ça ne s'était jamais produit…

Avant qu'elle puisse examiner cette question, le ferry heurta un obstacle. Lyra ressentit le choc presque avant d'entendre le fracas du métal qui se déchire, suivi d'un rugissement provenant de la salle des machines.

– Marche arrière toute ! brailla le timonier.

Le ferry fut parcouru d'un violent tremblement et fit une embardée, à la manière d'un cheval qui refuse l'obstacle, et tandis que l'hélice brassait l'eau, Lyra perçut un autre bruit : des cris de douleur ou de panique.

Elle rejeta la couverture, se leva et courut jusqu'au bastingage. De là où elle se trouvait – au milieu du bateau –, elle ne voyait pas grand-chose, alors elle se précipita vers l'avant, obligée de s'accrocher au bastingage à cause du tangage et du roulis.

D'autres passagers accouraient, du bar, de leurs cabines ou, comme elle, des transats installés sur le pont. Des voix s'élevaient. Quelle que soit la langue employée, on devinait aisément le sens des paroles :

– Que se passe-t-il ?

– On s'est échoués.

– J'entends un bébé…

– Quelqu'un a allumé un projecteur !

– Regardez ! Là, dans l'eau…

L'élan du ferry restait supérieur à la puissance de l'hélice et il ne s'était toujours pas immobilisé. Suivant du regard la direction indiquée par la dernière personne qui avait parlé, Lyra découvrit des planches de bois brisées, un gilet de sauvetage et d'autres débris non identifiables provenant d'une épave de bateau. Des gens hurlaient dans l'eau. Leurs têtes, leurs visages et leurs bras s'agitaient à la surface, disparaissaient, puis réapparaissaient. Ils donnaient l'impression de dériver mais, en réalité, c'était le ferry qui poursuivait sa course.

Finalement, l'hélice parvint à freiner son élan puis à l'immobiliser. Le bruit des moteurs cessa aussitôt.

D'autres voix se firent entendre en provenance du pont, de la passerelle – des voix d'hommes qui criaient en anatolien –, puis des matelots se précipitèrent pour lancer des cordes et des gilets de sauvetage par-dessus bord, et pour mettre à l'eau un canot qui se balançait au-dessus du pont, suspendu à un bossoir.

La scène dramatique était éclairée par un projecteur installé en toute hâte à l'avant du bateau, et par les lumières qui s'échappaient des hublots de bâbord. À l'évidence, le ferry avait éperonné cette embarcation plus petite, sans doute dépourvue de lanternes, qui transportait beaucoup plus de passagers que le laissaient deviner ses dimensions, car tout un côté de la coque venait d'apparaître, couché sur le flanc. Une dizaine de naufragés des deux sexes s'y accrochait tant bien que mal.

Une femme tentait désespérément de hisser un bébé à bord. À chaque tentative elle s'enfonçait sous l'eau, tandis que son enfant braillait et gesticulait. Sans que personne lui vienne en aide.

Lyra ne put s'empêcher de crier :

– Aidez-la ! Aidez-la !

Les hommes agrippés à la coque renversée craignaient pour leur vie, et ils n'avaient pas assez de forces pour secourir cette pauvre femme. Après plusieurs tentatives infructueuses, elle sombra dans les flots, laissant le bébé se débattre tout seul, en poussant des cris étranglés. Lyra, à l'instar des autres passagers témoins de ce drame, ne pouvait qu'exprimer son effroi. Finalement, un des hommes lâcha prise, saisit le bébé par un bras et le lança à l'abri, sur les planches branlantes, avant de couler à son tour, emporté dans l'obscurité.

Entre-temps, les matelots avaient mis le canot à l'eau et, pendant que deux d'entre eux ramaient, un troisième, penché par-dessus bord, hissait les rescapés. D'autres avaient sorti une passerelle par une ouverture sur le côté du ferry. La lumière qui s'en déversait éclairait l'épave, les naufragés qui continuaient à se débattre dans l'eau et ceux qui flottaient, à plat ventre, inertes.

Lyra songea que si le ferry avait coupé le bateau en deux, il y avait certainement aussi des naufragés à tribord. Elle traversa en courant le pont maintenant encombré de passagers qui tentaient de voir ce qui se passait, et elle découvrit qu'elle avait raison : il y avait des gens dans l'eau de ce côté-ci également, moins nombreux, mais tout aussi désespérés. Et personne ne les avait vus. Ils n'avaient rien à quoi s'accrocher, à part quelques bouts de planches, et ils criaient à l'aide. En vain.

Avisant un officier qui descendait l'escalier d'accès aux cabines, Lyra l'arrêta en le saisissant par la manche.

– Regardez ! Il y a d'autres naufragés de ce côté-ci ! Il faut mettre un canot à la mer !

Il secoua la tête. Il ne comprenait pas ce qu'elle disait. Alors, elle le tira par le bras et indiqua la surface de l'eau.

D'un ton cassant, l'officier dit quelques mots brefs, et repoussa sa main. Son dæmon, une sorte de lémurien, pépiait nerveusement à son oreille, en regardant fixement Lyra, qu'il montrait du doigt. L'homme la considéra avec dégoût en constatant qu'elle n'avait pas de dæmon, et exprima sa fureur.

– Le canot ! cria-t-elle. Mettez-le à l'eau de ce côté ! Ces gens se noient !

Un matelot l'entendit. Il regarda par-dessus bord et, voyant ce que désignait Lyra, il s'adressa rapidement à l'officier, qui répondit par un brusque hochement de tête, avant de s'en aller. Le matelot se précipita vers le bossoir afin de mettre le canot à l'eau. Un autre membre d'équipage le rejoignit.

Lyra se rua à l'intérieur et dévala l'escalier pour atteindre la passerelle. Plusieurs naufragés se trouvaient déjà à bord, blottis les uns contre les autres et tremblants. Des passagers et des membres de l'équipage distribuaient des couvertures et portaient assistance aux blessés. Se frayant un passage au milieu de ceux qui se contentaient de regarder, elle s'aventura sur la passerelle, qui tanguait, pour participer au sauvetage des dernières victimes. Des personnes de tous les âges, des jeunes hommes surtout, même s'il y avait également des femmes et des enfants. Ils semblaient venir d'Afrique du Nord ou des pays du Levant. Ils portaient des vêtements miteux et fins, et seuls quelques-uns serraient contre eux des sacs à dos ou des cabas. Leurs maigres possessions avaient sans doute coulé avec le bateau.

Le canot de tribord avait été mis à l'eau et de plus en plus de naufragés étaient secourus. Lyra aida deux jeunes hommes et cinq enfants à se hisser sur le pont. La dernière personne sauvée des flots était une très vieille femme, paralysée par la peur, soutenue par un enfant de douze ou treize ans qui devait être son petit-fils. Lyra le sortit en premier puis, à eux deux, ils parvinrent à soulever la vieille femme.

Elle grelottait de froid, comme tous les autres, et Lyra, malgré l'effort et sa grosse veste, se mit à frissonner elle aussi. Elle scruta la surface des flots, jonchée de débris, de vêtements et d'objets non identifiables, autrefois si importants que ces gens avaient jugé bon de les emporter dans leur fuite. Car ils semblaient fuir quelque chose.

– Lyra ?

Elle se retourna, affolée. C'était Alison Wetherfield, le visage ravagé par l'inquiétude. Lyra ignorait qu'elle se trouvait à bord elle aussi.

– Je crois qu'ils ont récupéré tout le monde de ce côté, dit Lyra.

– Venez m'aider. Les marins ne savent pas quoi faire de tous ces gens.

Elle la suivit.

– D'où viennent-ils à votre avis ? interrogea Lyra. On dirait des réfugiés.

– Exact. Ce sont sans doute des fermiers ou des cultivateurs de roses, qui fuient les hommes des montagnes.

Lyra repensa aux passagers qu'elle avait vus débarquer du bateau à vapeur à Prague. Venaient-ils de cette même région du monde ? Ce phénomène se produisait-il dans toute l'Europe ?

Ce n'était pas le moment de se poser cette question. Dans le salon, elles trouvèrent soixante ou soixante-dix personnes peut-être, trempées jusqu'aux os et transies de froid. Des enfants pleuraient, des personnes âgées étaient couchées à même le sol, épuisées, leurs dæmons s'accrochant faiblement à leurs vêtements mouillés ; et d'autres rescapés continuaient d'affluer, d'un pas titubant. Il n'y avait pas que des survivants : les marins avaient également sorti de l'eau un certain nombre de corps ; les pleurs et les cris de leurs proches lorsqu'ils les reconnaissaient fendaient le cœur de Lyra.

Alison se démenait. Elle donnait des instructions aux membres d'équipage, réconfortait une mère terrorisée, enveloppait un bébé dans une couverture arrachée à un passager, elle réclamait des boissons chaudes, de la soupe, du pain et du fromage au personnel des cuisines pour les rescapés, dont certains paraissaient sous-alimentés. Lyra la suivait et l'aidait à faire appliquer ses ordres, elle distribuait des couvertures. Elle prit dans ses bras un bébé qui semblait n'appartenir à personne, trop effrayé ou sonné pour pleurer, et le berça contre elle.

Peu à peu, le chaos céda la place à une ébauche d'organisation. Grâce à Alison. Elle était brutale, grossière, impatiente, mais ses ordres étaient clairs, pertinents, et elle dégageait une impression de maîtrise et d'expérience.

– Vous cherchez des vêtements secs pour cet enfant ? demanda-t-elle en voyant Lyra dépassée par l'ampleur de la tâche.

– Euh, oui.

– Cette femme là-bas, avec le manteau vert, elle a des affaires de bébé. Il faut aussi changer la couche du petit. Vous l'avez déjà fait ?

– Non.

– Ce n'est pas sorcier. Débrouillez-vous. Séchez-le, lavez-le et avant toute chose réchauffez-le.

Lyra obéit avec plaisir, et s'en tira de manière plutôt honorable, songea-t-elle. Une fois le bébé (c'était un garçon) lavé et langé, il fallait le nourrir, supposa-t-elle, et alors qu'elle se mettait en quête de nourriture adaptée, elle fut arrêtée par une femme aux yeux exorbités, encore vêtue des habits trempés dans lesquels on l'avait repêchée, qui désigna le bébé puis elle-même, en pleurant de soulagement. Lyra lui remit le petit, et la femme, bien que mouillée et glacée, le colla aussitôt contre son sein. Une seconde plus tard, le bébé tétait furieusement.

Alison appela Lyra, elle avait un autre problème à régler : une fillette de cinq ou six ans, seule, perdue dans les habits secs d'un autre enfant un peu plus grand, semblait pétrifiée d'effroi, hypnotisée. Elle pouvait à peine bouger, son dæmon-souris s'accrochait à son cou en tremblant. Elle regardait dans le vide, quoi qu'il se passe devant elle.

– Toute sa famille est morte noyée, expliqua Alison. Elle s'appelle Aisha. Elle ne parle qu'arabe. Je vous la confie.

Sur ce, elle partit s'occuper d'un garçonnet qui pleurait. Lyra fut sur le point de se défiler, mais le regard fixe de la fillette et la terreur dans les yeux de son minuscule dæmon lui donnèrent du courage. Elle s'accroupit près d'elle et prit sa main molle, gelée, dans la sienne.

– Aisha, murmura-t-elle.

La souris se faufila dans le col du gros pull qu'on lui avait donné, et Lyra songea : « Pan, tu devrais être là. Ce dæmon a besoin de toi. Tu n'aurais pas dû m'abandonner. »

– *Aisha, ta'aali*, dit-elle en essayant de se remémorer les quelques mots d'arabe que les Érudits de Jordan lui avaient enseignés bien des années plus tôt. *Ta'aali*, répéta-t-elle, en espérant que cela voulait bien dire « viens ».

Elle se releva, sans lâcher la main de la fillette, et en douceur la tira par le bras. Celle-ci ne résista pas ; elle la suivit et on aurait dit qu'elle flottait au-dessus du sol, comme si son corps n'avait aucune réalité physique. Lyra voulait l'emmener à l'écart des cris, des éclats de voix si pleins de chagrin et de désespoir, à l'écart des cadavres alignés, partiellement cachés par des couvertures ou des draps, à l'écart de ce chaos et de cette détresse.

En sortant du salon, elle chipa une galette de pain et une petite brique de lait au buffet. Elle entraîna la fillette jusqu'au transat en osier dans lequel elle somnolait lorsque le ferry avait percuté l'autre embarcation. Il était assez large pour toutes les deux et la couverture n'avait pas bougé. Après avoir posé le pain et le lait sur le pont, elle s'enveloppa dans la couverture avec la fillette. En prenant soin de ne pas toucher son petit dæmon-souris, qui tremblotait et murmurait dans son cou, plus vivant, semblait-il, qu'Aisha elle-même.

Elle reprit le pain.

– *Aisha, khubz*, dit-elle. *Inti ja'aana ?*

Elle en rompit un morceau qu'elle lui tendit. Aisha donnait l'impression de ne pas la voir et de ne pas l'entendre. Alors, Lyra grignota le morceau de pain, en espérant que la fillette comprendrait qu'il n'y avait rien à craindre. Mais là encore, aucune réaction.

– Sache que le pain est là, si tu en veux, murmura-t-elle tout bas. Je n'ai pas été suffisamment attentive en cours d'arabe quand j'étais plus petite pour t'expliquer tout ça dans ta langue. Je sais que tu ne me comprends pas, alors je vais juste essayer de te tenir chaud.

La fillette était couchée contre Lyra, au creux de son bras gauche, et un froid intense semblait irradier de ce corps frêle. Lyra s'assura que la couverture la protégeait de la tête aux pieds.

– Tu es glacée, Aisha. Heureusement, la couverture est grande et on va vite se réchauffer mutuellement. Tu peux dormir si tu veux. Et si tu ne comprends pas ce que je dis, ce n'est pas grave. Si tu me parlais, moi non plus je ne comprendrais pas. On serait obligées de faire des gestes et des grimaces. De montrer du doigt. Je suis sûre qu'on finira par y arriver.

Elle grignota un autre morceau de pain.

– Je vais tout manger à force. Et qu'est-ce qu'on va penser ? Que je m'empiffre de la nourriture destinée aux pauvres naufragés. Un scandale ! On parlera de moi dans tous les journaux. La voleuse qui profite des malheureux. Et ils publieront une photo de moi, l'air coupable, et toi qui me jetteras un regard lourd de reproches… Bon, je parle pour ne rien dire. Mais je me disais que si je continuais à te parler… Oh, je sais ! Je vais te chanter une chanson.

Du plus profond d'elle-même, et du passé, lui revinrent en mémoire les paroles d'une comptine, puis d'une autre, des bribes de phrases loufoques, rimées, des airs que bébé Lyra avait aimés sans les comprendre. Elle était bien au chaud dans les bras ou sur les genoux de quelqu'un, et ces paroles apaisantes, les mélodies simples participaient à cette chaleur, à ce sentiment de sécurité. Alors, elle les chanta tout bas à la fillette, en faisant comme si Aisha était Lyra et Lyra… De qui pouvait-il s'agir, en ce temps-là ? Alice certainement. La caustique et sarcastique Alice, à la poitrine accueillante et aux bras chaleureux.

Au bout de quelques minutes, elle sentit une minuscule présence glacée au creux de son cou. Le dæmon de la fillette s'était blotti contre elle, par erreur, et Lyra eut du mal à maîtriser les tremblements de sa voix pour continuer à chanter car cette sensation lui avait manqué. Ô combien. Finalement, elles s'endormirent en même temps.

Elle rêva du chat encore une fois. Ce dæmon-chat. Il se frottait contre ses jambes, sur cette pelouse éclairée par la lune, et l'atmosphère d'amour, de joie, était toujours là, mais teintée d'inquiétude désormais. Elle devait faire quelque chose. Elle devait aller quelque part. Le chat l'invitait à le suivre. Il s'éloignait de trois ou quatre pas, se retournait pour la regarder, revenait vers elle et recommençait. Lyra n'était plus certaine qu'il s'agissait du dæmon de Will, finalement. Le clair de lune affadissait toutes les couleurs : c'était un monde en noir et blanc.

Elle essaya de suivre le chat, mais ses jambes refusaient de bouger. Arrivé à la lisière des arbres, le dæmon se retourna encore une fois, avant de disparaître dans l'obscurité. Lyra se sentit alors submergée par l'amour, le manque et le chagrin, et des larmes coulèrent sur ses joues endormies.

Quand elles se réveillèrent, le soleil ne s'était pas encore hissé au-dessus des montagnes, mais le ciel était dégagé et l'air pur. La mer d'huile. Lyra n'entendait que le ronronnement régulier, assourdi, des moteurs, bientôt accompagné par les cris des oiseaux marins et des échos de voix humaines.

– Aisha ? murmura-t-elle. Tu es réveillée ? *Sihiiti ?*

Elle sentit de petits mouvements précipités. Le dæmon de la fillette s'était endormi entre elles. Affolé par la présence de cette inconnue, il s'empressa de regagner la poitrine d'Aisha. Sa frayeur se communiqua à la fillette, qui eut un mouvement de recul et laissa échapper un bref gémissement.

Lyra se redressa en douceur et borda délicatement la fillette car, sans la couverture, il faisait froid. Aisha observait ses moindres gestes, comme si elle craignait que Lyra l'assassine, au cas où elle baisserait sa garde.

– N'aie pas peur de moi, dit-elle. On a dormi et c'est le matin. Tiens… mange un morceau de pain. Il est un peu dur maintenant, mais on s'en fiche.

Elle donna le reste de galette à l'enfant, qui le prit et en grignota le bord, sans quitter des yeux Lyra, qui lui souriait. Elle n'obtint aucun sourire en retour, mais elle se réjouit de voir qu'Aisha avait ôté son masque de terreur.

– Il y a du lait aussi.

Elle déchira le haut de la brique et la lui tendit. Aisha la prit et la porta à sa bouche. Lorsqu'elle eut assez bu, elle la rendit à Lyra – un geste encourageant – et mangea encore un peu de pain.

Lyra songea : « Elle ne va pas tarder à se souvenir de ce qui est arrivé, et comprendre qu'elle a perdu toute sa famille. Que se passera-t-il, alors ? » Elle envisagea plusieurs possibilités. En compagnie d'autres rescapés, elle reprendrait son voyage vers l'ouest, péniblement, dans l'espoir de trouver un refuge, souffrant de la faim et du froid, dépouillée du peu qu'elle possédait. Ou bien elle serait emmenée par une famille qui ne parlait pas sa langue et la traiterait en esclave, la battrait et la vendrait à des hommes désireux de jouir de son petit corps. Ou bien, elle serait chassée de maison en maison, suppliant qu'on lui offre le gîte les nuits d'hiver. Mais les gens étaient plus charitables que ça, non ?

Elle enveloppa la fillette dans la couverture et la serra

contre elle, en détournant la tête, elle ne voulait pas que ses larmes coulent sur le visage d'Aisha.

Peu à peu, le ferry se réveillait autour d'elles. D'autres personnes avaient dormi sur le pont, enroulées dans des couvertures ou blotties les unes contre les autres, et elles commençaient à bouger, à parler tout bas.

Aisha dit quelque chose. Lyra l'entendit à peine et, de toute façon, elle ne comprenait pas, mais sa manière de se tenir en disait long. Alors, Lyra l'aida à se lever du transat, resserra la couverture autour d'elle pour qu'elle reste au chaud et la conduisit aux toilettes. Elle attendit dehors, encore à moitié endormie, écoutant les voix autour d'elle dans l'espoir de saisir quelques mots. Des lambeaux, des bribes de phrases, des éclats de sens surgissaient brièvement, tels des poissons volants à la surface de l'eau, puis disparaissaient. Rien de plus.

Soudain, le bruit des moteurs ralentit et la course du bateau sembla dévier légèrement. « Ah, non, ça ne va pas recommencer », songea Lyra. Mais très vite, il retrouva son cap. Dans la coursive surchauffée, d'où on ne voyait pas la mer, elle sentit monter la nausée et, dès qu'Aisha ressortit des toilettes, elle lui prit la main pour la ramener sur le pont, au grand air. L'enfant lui donnait volontiers la main et son dæmon paraissait plus actif, moins effrayé, que la veille au soir. Sans cesser d'observer Lyra, il murmurait à l'oreille de la fillette, qui lui glissa un ou deux mots en réponse.

Une queue s'était formée sur le pont à l'entrée du salon principal. Lyra y conduisit Aisha, en espérant qu'on y distribuait un petit déjeuner. Elle avait vu juste. Elles eurent droit à du pain frais et à un petit bout de fromage. Elles regagnèrent leur transat, sur lequel la fillette se recroquevilla, sous la couverture, le pain dans une main, le fromage dans l'autre. Elle grignotait consciencieusement.

Lyra remarqua que le ferry avait en effet changé de cap. Il ralentissait maintenant, à l'approche d'un port niché dans les collines d'une île rocailleuse.

– Je me demande où nous sommes, dit-elle à Aisha.

Celle-ci se contenta de la regarder, avant de se retourner vers les collines, la petite ville constituée de maisons blanches et les bateaux de pêche dans le port.

– Eh bien, comment va-t-elle ? s'enquit Alison Wetherfield qui, subitement, venait d'apparaître.

– En tout cas, elle mange, répondit Lyra.

– Vous avez mangé, vous aussi ?

– Je croyais que la nourriture était réservée aux réfugiés.

– Allez vous acheter quelque chose à la cafétéria. Je vous attends ici. Vous ne serez d'aucune utilité le ventre vide.

Lyra obéit et revint avec du pain et du fromage pour elle et une part de pain d'épices pour la fillette. La seule boisson disponible était du thé à la menthe sucré. Au moins, il était chaud. Le ferry était bondé et bruyant, parcouru de voix qui exprimaient la peur, la curiosité, la colère et le chagrin. Ce dont Lyra se réjouissait car, du coup, elle devenait beaucoup moins intéressante que la situation dramatique dans laquelle se trouvaient toutes ces personnes, et elle pouvait déambuler parmi elles sans attirer l'attention.

En revenant auprès d'Aisha, elle la trouva en train de bavarder ouvertement avec Alison. Tout doucement, les yeux baissés, et d'une voix monocorde. Lyra essaya de comprendre ce qu'elle disait, mais elle ne saisissait que quelques mots ici et là. Peut-être s'exprimait-elle dans un dialecte, ou dans un arabe différent de celui, classique, qu'on lui avait enseigné à Jordan College.

Elle tendit la part de pain d'épices à Aisha, qui leva la tête, juste le temps de la prendre, et s'empressa de baisser les yeux. Lyra comprit alors que la confiance établie durant la nuit s'était envolée. La fillette éprouvait cette peur qui assaillait tout être humain face à une personne privée de son dæmon.

– Je vais faire ma toilette, dit-elle à Alison, sans s'apercevoir que celle-ci avait remarqué la peur d'Aisha et la tristesse ressentie immédiatement par Lyra.

Quand elle revint, en espérant paraître revigorée, elle demanda :

– Où sommes-nous ? Quel est cet endroit ?

– C'est une des îles grecques. Je ne sais pas laquelle. Les réfugiés vont certainement débarquer là. Je ne pense pas que les Grecs les en empêcheront. Ils les conduiront ensuite sur le continent et les installeront quelque part.

– Que va devenir Aisha ?

– J'ai parlé à une femme qui va la prendre en charge. On ne peut pas s'occuper de tout. Vient un moment où il faut accepter de passer le relais.

La fillette mangeait le pain d'épices, tête baissée. Lyra eut envie de lui caresser les cheveux, mais elle se retint de crainte de l'effrayer.

Entre-temps, le ferry avait accosté et les matelots de pont s'empressaient de l'amarrer à l'avant et à l'arrière. On abaissa une passerelle dans un fracas de chaînes. Déjà, une petite foule se massait sur le quai pour voir ce que leur apportait le ferry.

Accoudée au bastingage, Lyra assistait à toute cette agitation et, peu à peu, elle plongea dans une sorte d'état second. Peut-être n'avait-elle pas assez dormi, peut-être avait-elle usé toutes ses forces, toujours est-il qu'elle se retrancha dans un labyrinthe de rêveries et de spéculations, toutes liées aux dæmons.

Ce moment au cours de la nuit où le petit dæmon-souris s'était blotti contre elle, s'était-il réellement produit ? Oui, elle en était certaine, autant qu'elle pouvait être certaine de quoi que ce soit, mais (comme souvent désormais) la signification demeurait mystérieuse.

Peut-être n'y en avait-il aucune. Voilà ce que dirait Simon Talbot. Un sentiment de répulsion l'envahit, chassé par une autre pensée. Elle avait supposé, sur le coup, que ce pauvre petit dæmon était attiré par la chaleur qu'elle leur offrait, doublée d'un sentiment de sécurité et de réconfort. Elle songeait maintenant qu'il y avait une autre interprétation possible. C'était peut-être le dæmon qui, sentant la solitude et le désespoir de Lyra, avait décidé de la réconforter, et non l'inverse. Et il avait réussi. Une constatation troublante, mais convaincante. Désireuse d'exprimer sa gratitude, Lyra se retourna vers la fillette et se rappela alors que ce serait impossible : elles ne pouvaient pas se comprendre. L'intimité qu'elles avaient partagée cette nuit n'était pas un point de départ, mais une fin.

– Que puis-je faire pour aider ? demanda-t-elle à Alison lorsque celle-ci se leva en prenant la fillette par la main.

– J'ai décidé de débarquer avec eux pour m'assurer qu'ils seront bien traités. Je n'ai aucun pouvoir, je peux seulement mener les gens à la baguette, et ça semble marcher. Je prendrai le prochain bateau, car je doute que le capitaine accepte de perdre plus de temps que nécessaire. Restez à bord, ressaisissez-vous et retrouvez votre dæmon. C'est la meilleure chose à faire. Si vous passez par Alep, ne manquez pas d'aller voir le père Joseph à l'école britannique. Vous le trouverez facilement et c'est un homme bon. Adieu, Lyra.

Après un bref baiser, Alison s'éloigna en entraînant Aisha. La fillette ne se retourna pas. Son dæmon était devenu un oisillon, d'une espèce que Lyra ne put identifier, et sans doute avait-il déjà oublié ce qu'il avait fait durant la nuit, même si, de son côté, elle ne l'oublierait jamais.

Elle s'allongea sur le transat. Et dans la douce chaleur de cette matinée en mer Égée, elle s'endormit presque aussitôt.

24

Le bazar

Malcolm et Mehrzad Karimov passèrent la nuit dans leur caverne, à l'abri des éléments, et se réveillèrent par une matinée chaude et ensoleillée. En prenant soin de rester dans la forêt, ils parvinrent à traverser la frontière sans être découverts. Du sentier qui serpentait à flanc de montagne, au milieu des arbres, ils apercevaient les longues files d'attente qui s'étaient formées de part et d'autre du poste-frontière, et ils échangèrent un regard chargé de soulagement. À partir de là, leur voyage se poursuivit sans encombre. Malcolm paya le billet de train de Karimov jusqu'à Constantinople, où ils arrivèrent deux jours après l'assassinat du patriarche.

Ils trouvèrent une ville plongée dans un état de nervosité fébrile. Leurs documents de voyage furent examinés trois fois avant qu'on les autorise à quitter la gare, et la couverture de Malcolm – un universitaire désireux de consulter diverses archives conservées dans les bibliothèques de cette ville – fut soigneusement épluchée. Elle résista à cet examen parce qu'elle était authentique, et les détails relatifs à ses contacts, ses mécènes et ses hôtes avaient été rigoureusement vérifiés avant son départ de Londres. Ce qui n'empêcha pas les soldats de se montrer hostiles et soupçonneux.

Il fit ses adieux à Karimov, qu'il en était venu à grandement apprécier. Celui-ci lui avait appris tout ce qu'il savait sur Tash-Bulak et les travaux qu'effectuaient les scientifiques là-bas, sur le désert du Karamakan et sur le poème *Jahan et Rukhsana*, dont il connaissait de longs passages par cœur. Son objectif, confia-t-il, était de faire du commerce à Constantinople et de rejoindre une caravane de marchands un peu plus loin sur la route de la soie.

– Malcolm, merci pour votre compagnie, dit-il, alors qu'ils échangeaient une poignée de main devant la gare. Que Dieu vous garde.

– J'espère qu'Il en fera de même pour vous, mon ami, répondit Malcolm. Bon vent.

Après avoir déniché un hôtel bon marché, il décida de rendre visite à une vieille connaissance, un inspecteur de la police turque, soutien officieux d'Oakley Street. Mais sur le chemin du siège de la police, il s'aperçut qu'il était suivi.

En regardant dans les vitrines des boutiques et les portes vitrées de banques ou d'autres immeubles, il repéra aisément le jeune homme qui l'avait pris en filature. La seule façon de suivre quelqu'un efficacement, sans se faire remarquer, c'était de former une équipe de trois personnes, expérimentées qui plus est. Mais ce jeune homme était seul et, par conséquent, il devait coller Malcolm au plus près. Qui put l'observer à loisir, sans le regarder directement : son charme ténébreux, son allure svelte, ses gestes nerveux, ses moments d'immobilité se distinguaient clairement dans la multitude de reflets qu'apercevait Malcolm. Il faisait plus italien que turc, il aurait même pu être anglais. Il portait une chemise verte, un pantalon foncé et une veste en lin clair. Son dæmon était un petit faucon. Il avait le visage sévèrement contusionné et arborait un pansement sur l'arête de son nez.

Peu à peu, Malcolm bifurqua vers les rues plus animées, où son poursuivant serait obligé de le serrer davantage. Il se demanda si ce jeune homme connaissait la ville. Sans doute pas. Ils approchaient du grand bazar, dans les allées duquel Malcolm projetait de l'entraîner.

Arrivé devant la grande arche de pierre qui symbolisait l'entrée du bazar, il s'arrêta pour l'admirer, mais surtout pour laisser à son poursuivant le temps de voir où il allait. Puis il entra d'un pas nonchalant.

Immédiatement, sans que le jeune homme puisse l'apercevoir, il pénétra dans une petite échoppe qui vendait des tapis et des étoffes. Ce bazar comptait plus de soixante allées, et des centaines de boutiques. Le semer serait un jeu d'enfant, mais Malcolm avait un autre plan en tête : il voulait inverser les rôles.

Quelques secondes plus tard, le jeune homme franchit la grande porte en courant, avant de scruter les ruelles encombrées, se dévissant le cou, jetant des coups d'œil à droite et à gauche, trop rapidement pour espérer voir quelque chose. Il était nerveux. Caché au milieu des tapis, Malcolm tournait le dos à la ruelle, mais il avait le regard rivé sur le boîtier de sa montre-bracelet, qui était en réalité un miroir. Le vendeur, occupé avec un autre client, ne s'intéressait pas à lui.

Le jeune homme s'engagea dans l'allée à grands pas et Malcolm ressortit de la boutique, déterminé à le suivre. Il avait dans la poche de sa veste une casquette de lin, qu'il enfonça sur son crâne afin de cacher ses cheveux roux. L'allée dans laquelle ils se trouvaient était une des plus larges du bazar, mais les échoppes et les étals s'avançaient des deux côtés, si bien qu'il fallait zigzaguer entre les vêtements, les chaussures, les tapis, les brosses, les valises, les lampes, les ustensiles de cuisine en cuivre et mille autres objets.

Malcolm avançait discrètement, filant le jeune homme sans jamais le fixer directement, au cas où celui-ci se retournerait subitement. Sa nervosité l'entourait comme un nuage de vapeur. Son dæmon-faucon, perché sur son épaule, tournait la tête de tous côtés, donnant parfois même l'impression de regarder derrière à la manière d'une chouette.

Pendant ce temps, Malcolm se rapprochait de plus en plus.

Soudain, le garçon – car il était réellement très jeune – s'adressa à son dæmon et Malcolm aperçut plus nettement son visage. Et cette image provoqua une apparition dans son esprit, le souvenir fugace d'un autre visage, qui le ramena à l'auberge de ses parents, un soir d'hiver, alors que Gérard Bonneville, assis à côté du feu avec son dæmon-hyène, adressait à Malcolm un sourire chaleureux et complice qui…

Bonneville !

C'était son fils. Le célèbre aléthiométriste du Magisterium.

– Asta, murmura-t-il, et son dæmon sauta dans ses bras pour grimper sur son épaule. C'est bien lui, n'est-ce pas ?

– Sans le moindre doute.

Les allées étaient noires de monde et Bonneville hésitant ; il paraissait si jeune, si inexpérimenté. Malcolm le suivit jusqu'au cœur du bazar, de plus en plus près, se déplaçant tel un fantôme au milieu de la foule, sans que nul remarque ni sente sa présence, masquant sa personnalité, observant sans regarder. À en juger par son allure, Bonneville était abattu : il avait perdu sa proie, il n'était plus sûr de rien.

Ils atteignirent une sorte de carrefour où se dressait une fontaine sculptée, sous la voûte lointaine du bazar. Malcolm devina que Bonneville allait s'y arrêter et en profiterait pour regarder autour de lui. Ce qu'il fit. Malcolm l'observa de dos, grâce au boîtier de sa montre.

– Il se désaltère, l'informa Asta.

Malcolm agit rapidement. Alors que le garçon, penché, buvait à la fontaine, il vint se placer derrière lui. Le dæmon-faucon regardait à droite et à gauche et puis, inévitablement, se retourna et découvrit Malcolm, à portée de main.

Stupéfait, Bonneville se redressa brutalement et, lorsqu'il fit volte-face, il tenait un couteau dans la main droite.

Asta bondit aussitôt sur le dæmon du garçon et l'immobilisa dans la rigole de pierre où coulait l'eau. Malcolm réagit simultanément, au moment où la lame aiguisée entaillait la manche gauche de sa veste et la peau dessous. Emporté par son élan, Bonneville se retrouva déséquilibré durant une fraction de seconde, dont profita Malcolm pour le frapper de son poing droit dans le plexus solaire, de toutes ses forces. Un coup qui aurait mis immédiatement fin à un combat de boxe. De fait, Bonneville, le souffle et les jambes coupés, s'affala contre la fontaine et lâcha son couteau.

Malcolm l'envoya valdinguer du pied et releva le garçon en l'empoignant par le devant de sa chemise.

– Mon couteau, haleta Bonneville en français.

– Envolé. Tu vas venir avec moi, on a des choses à se dire, répondit Malcolm dans la même langue.

– Plutôt mourir.

Les griffes d'Asta se refermèrent sur la gorge du dæmon-faucon. Qui poussa un cri étouffé. Les deux dæmons étaient trempés, tout comme Bonneville.

– Je crains que tu n'aies pas le choix, dit Malcolm. On va aller s'asseoir quelque part pour bavarder. Il y a justement un café au coin de la rue. Si j'avais voulu te tuer, tu serais mort depuis un quart d'heure. C'est moi qui commande. Toi, tu fais ce que je te dis.

Le souffle coupé et tremblant, le garçon se tenait plié en deux, peut-être avait-il des côtes cassées. Quoi qu'il en soit, il n'était pas en position de discuter. Il tenta de se libérer de l'étau de la main de Malcolm sur son bras. En vain. La scène s'était déroulée si vite que personne n'avait rien remarqué. Malcolm entraîna le garçon jusqu'au café et le fit asseoir dans un coin, dos au mur décoré de photogrammes représentant des lutteurs et des vedettes de cinéma.

Il commanda deux cafés. Bonneville, toujours plié en deux, caressait d'une main tremblante le plumage mouillé de son dæmon.

– Ah, la vache, mon salaud, grommela-t-il. Vous m'avez pété quelque chose. Une côte ou… un truc dans la poitrine. Salaud.

– Tu as fait la guerre, on dirait. Comment tu t'es cassé le nez ?

– Allez vous faire foutre.

– Que sais-tu du meurtre du patriarche ? C'est M. Delamare qui t'a envoyé ici pour assurer le succès de l'opération ?

Bonneville essaya de masquer son étonnement.

– Comment est-ce que vous…

Il n'alla pas plus loin.

– C'est moi qui pose les questions. Où est ton aléthiomètre ? Tu ne l'as pas sur toi, je le saurais.

– Vous ne l'aurez jamais.

– Non, parce que c'est Delamare qui va le récupérer. Tu l'as pris sans sa permission, hein ?

– Allez vous faire voir.

– Je m'en doutais.

– Vous n'êtes pas aussi malin que vous le croyez.

– Tu as raison, mais je suis plus malin que toi tu le crois. Par exemple, je connais les noms et les adresses des agents de Delamare à Constantinople, et maintenant que tu as vu que je pouvais te suivre, tu te doutes que je ne tarderai pas à découvrir où tu loges. Dix minutes plus tard, ils le sauront aussi.

– Comment ils s'appellent, hein ?

– Aurelio Menotti. Jacques Pascal. Hamid Saltan.

Bonneville se mordilla la lèvre inférieure et jeta un regard haineux à Malcolm. En leur apportant leurs cafés, le serveur ne put s'empêcher de remarquer la chemise mouillée du garçon, son pansement sur le nez et le sang qui coulait maintenant à travers la manche entaillée de Malcolm.

– Qu'est-ce que vous voulez au juste ? demanda Bonneville une fois le serveur reparti.

Malcolm ignora la question et but une gorgée de café brûlant.

– Je ne dirai rien à Menotti et aux autres si tu me dis tout de suite la vérité.

Bonneville haussa les épaules.
– Vous ne pourrez pas savoir si c'est la vérité ou pas.
– Qu'es-tu venu faire à Constantinople ?
– C'est pas vos oignons.
– Pourquoi me suivais-tu ?
– Ça me regarde.
– Étant donné que tu m'as menacé avec un couteau, ça me regarde aussi.
Encore un haussement d'épaules.
– Où est Lyra ? demanda Malcolm.
Bonneville ne put réprimer un battement de paupières. Il ouvrit la bouche pour répondre, puis se ravisa et décida de boire une gorgée de café à la place. Mais il se brûla la langue et reposa sa tasse.
– Vous ne le savez pas ? répondit-il finalement.
– Oh, si. Je sais parfaitement où elle est. Je sais pour quelle raison tu la suis. Je sais ce que tu veux d'elle. Je sais de quelle manière tu utilises l'aléthiomètre. Comment je le sais ? Eh bien, figure-toi que ça laisse des traces.
Le garçon le regarda en plissant les yeux.
– Lyra l'a immédiatement découvert, reprit Malcolm. Tu as laissé une trace dans toute l'Europe, grâce à laquelle ils te suivent. Et ils finiront par te rattraper.
Dans le regard de Bonneville apparut une étincelle qui aurait pu se transformer en sourire s'il ne l'avait réprimé.
« Il sait quelque chose », pensa Asta en s'adressant à Malcolm.
– C'est la preuve que vous êtes bien informé, dit Bonneville. Quelle est donc cette trace dont vous parlez ?
– Ne compte pas sur moi pour te l'apprendre. Que veut Delamare ?
– La fille.

– À part ça ? Que cherche-t-il à faire avec ce nouveau Haut Conseil ?

Pourquoi Delamare voulait-il mettre la main sur Lyra ? Telle était la question qui intéressait Malcolm, mais il savait qu'il n'obtiendrait jamais la réponse en la posant ouvertement.

– Il a toujours voulu le pouvoir, dit Bonneville. Rien d'autre. Et maintenant, il l'a.

– Parle-moi de cette histoire de roses.

– Je ne sais rien.

– Faux. Dis-moi ce que tu sais.

– Ça ne m'intéresse pas, alors je n'y ai pas prêté attention.

– Tu t'intéresses à tout ce qui peut te conférer un pouvoir quelconque, alors je sais que tu as entendu parler de cette histoire de roses. Raconte-moi ce que sait Delamare.

– Je n'ai aucun intérêt à vous dire quoi que ce soit.

– Tu ne vois pas plus loin que le bout de ton nez. Lève la tête, regarde l'horizon. Tu as tout intérêt à être dans mes petits papiers. Alors, dis-moi ce que sait Delamare au sujet de cette histoire de roses.

– Et en échange ?

– Je ne te briserai pas le cou.

– Je veux en savoir plus sur ces traces.

– Tu trouveras la réponse toi-même. Alors, ces roses ?

Le garçon porta de nouveau sa tasse à ses lèvres. D'une main plus ferme.

– Un type est venu le voir il y a quelques semaines. Un Grec ou un Syrien, je ne sais pas. Peut-être plus à l'est encore. Il avait un échantillon d'essence de rose provenant d'un endroit situé au Kazakhstan ou un truc dans le genre. Ils ont parlé de Lop Nor. Delamare a fait analyser l'échantillon.

– Et ?
– C'est tout ce que je sais.
– Ça ne suffit pas.
– C'est tout ce que je sais !
– Et cette histoire qui a mal tourné à Oxford ?
– Je n'ai rien à voir là-dedans.
– Donc, tu sais de quoi je parle. Intéressant. Delamare est dans le coup, manifestement.

Bonneville haussa les épaules. Il commençait à reprendre confiance en lui. Le moment était venu de le secouer encore un peu.

– Ta mère a-t-elle su comment est mort ton père ? demanda Malcolm.

Le garçon battit des paupières, ouvrit la bouche, la referma, secoua la tête, reprit sa tasse et la reposa presque aussitôt en voyant sa main trembler.

– Que savez-vous sur mon père ?
– Plus de choses que toi, apparemment.

Le dæmon-faucon quitta la main de Bonneville pour bondir sur la table. Ses serres firent plisser la nappe. Son regard farouche se planta dans les yeux de Malcolm. Asta se dressa sur la chaise voisine pour observer le dæmon.

– Je sais que vous l'avez tué, l'accusa le garçon. Vous avez tué mon père.
– Ne dis pas de bêtises. Je n'avais que dix ou onze ans à l'époque.
– Je connais votre nom. Et je sais que vous avez tué mon père.
– Comment je m'appelle, alors ?
– Matthew Polstead, cracha Bonneville.

Malcolm sortit son passeport, l'authentique, et le montra au garçon.

– Regarde. Malcolm. Pas Matthew. Et regarde ma date de naissance. Onze ans seulement avant la mort de ton père. Il y a eu une gigantesque inondation et il s'est noyé. Matthew, c'est mon frère aîné. C'est lui qui a découvert le corps de ton père dans la Tamise, près d'Oxford. Il n'est pas responsable de sa mort.

Il rangea son passeport. Face à lui, le garçon paraissait à la fois révolté et déconcerté.

– S'il a découvert le corps, c'est certainement lui qui a volé l'aléthiomètre. Je veux le récupérer.

– J'ai entendu parler de cet aléthiomètre. J'ai aussi entendu parler de ce que ton père a fait à son dæmon. Tu le sais ? Je me dis que c'est peut-être de famille.

Instinctivement, le garçon prit son faucon par le cou, pour le caresser ou le retenir. Celui-ci battit des ailes avec agacement et s'écarta. Asta posa ses pattes avant sur la table, aux aguets.

– Qu'a-t-il fait ? demanda Bonneville. Dites-le-moi.

– Dis-moi d'abord ce que je veux savoir. Les roses. Oxford. L'aléthiomètre. Lyra. La mort du patriarche. Tout. Ensuite, je te parlerai de ton père.

Les yeux du garçon lancèrent des éclairs, à l'image de ceux de son dæmon. Il se tenait assis au bord de sa chaise, crispé, les deux mains sur la table. Face au regard implacable de Malcolm. Au bout de quelques secondes, il baissa les yeux, s'affaissa sur son siège et commença à se ronger les ongles.

Malcolm attendit.

– Par quoi vous voulez que je commence ?

– L'aléthiomètre.

– Eh bien, quoi ?

– Comment en es-tu venu à interpréter l'aléthiomètre ?

– Quand j'étais enfant, ma mère m'a raconté que celui de mon père lui avait été offert par des moines de Bohême ou je ne sais où. Il leur appartenait depuis des siècles, mais ils estimaient qu'il possédait un véritable don pour l'interpréter, et ils avaient tenu à le lui donner. Je savais qu'il me reviendrait un jour, alors j'ai étudié les symboles et leur signification. Et la première fois que j'ai tenu entre mes mains celui du Magisterium, j'ai découvert que je parvenais à l'interpréter facilement. C'est comme ça qu'ils ont commencé à faire appel à moi. J'étais plus rapide, plus précis, que tous ceux qu'ils avaient vus passer. Et je suis devenu leur interprète en chef. Je m'en suis servi pour demander ce qui était arrivé à mon père, comment il était mort, où se trouvait à présent son aléthiomètre. Un tas de questions dans ce genre. Qui m'ont conduit à la fille. C'est cette garce qui l'a. Ils ont assassiné mon père et elle a volé l'aléthiomètre.

– Qui l'a assassiné ?

– Les gens d'Oxford. Votre frère, peut-être.

– Ton père s'est noyé.

– Qu'est-ce que vous en savez, bordel ? Vous n'aviez que dix ans !

– Parle-moi de cette nouvelle méthode.

– Je viens de la découvrir.

– Comment ?

La vanité de Bonneville le poussa à répondre :

– Vous ne pourriez pas comprendre. Personne ne le pourrait sans avoir suivi une formation classique. Contre laquelle vous devez vous rebeller ensuite pour trouver une nouvelle voie, comme je l'ai fait. Au début, ça me faisait vomir et je ne voyais rien. Mais j'ai persévéré. J'ai essayé encore et encore. Je refusais de m'avouer vaincu. Malgré les nausées, j'établissais des connexions de plus en plus rapidement. Finalement, ma nouvelle méthode est devenue célèbre. D'autres l'ont essayée. Mais ils obtenaient des résultats insuffisants, ils ne savaient pas s'y prendre. On en a parlé dans toute l'Europe. Mais personne ne pouvait l'utiliser, à part moi.

– Et la fille ? Je croyais qu'elle en était capable elle aussi.

– Elle est plus douée que les autres, je le reconnais. Mais il lui manque la force. Il faut posséder une sorte d'énergie, d'endurance, que les filles n'ont pas.

– Qu'est-ce qui te fait croire que c'est elle qui possède l'aléthiomètre de ton père ?

– Je ne le crois pas, je le sais. Question stupide. C'est comme si vous me demandiez comment j'aurais deviné que cette nappe est blanche. Pas besoin de réfléchir.

– Soit. Explique-moi maintenant pour quelle raison le patriarche Papadakis a été assassiné.

– C'était inévitable. Dès que Delamare l'a fait nommer à la tête de ce nouveau Haut Conseil, le pauvre homme était condamné. Delamare a tout organisé depuis le début. Le seul moyen pour lui de devenir le chef incontesté, c'était de créer une structure qui ait un chef. Ce qui n'était pas le cas du Magisterium depuis… des centaines d'années. Mais à partir du moment où il y en avait un, il suffisait à Delamare de le faire assassiner, dans des circonstances qui provoqueraient la panique, et d'intervenir ensuite, calmement, en proposant des mesures d'urgence radicales destinées à rétablir l'ordre et en faisant don de sa modeste personne. Dorénavant, il est chef à vie. Et il possède des pouvoirs illimités. On ne peut être qu'admiratif devant tant de détermination. Personnellement, je peux le gérer, mais je suis le seul.

– Dans ce cas, pourquoi es-tu en fuite ?

– C'est quoi, ces conneries ? s'emporta Bonneville. Je ne suis pas en fuite. J'accomplis une mission secrète pour le compte de Delamare lui-même.

– Ils te cherchent. Il y a même une récompense.

– Combien ?

– Plus que tu ne vaux. Quelqu'un te trahira tôt ou tard. En attendant, parle-moi des roses. Qu'ont-ils fait avec cet échantillon d'essence ?

– Ils l'ont analysé, je vous l'ai dit. Cette essence possède, paraît-il, un tas de propriétés. Dont certaines encore inconnues. C'est pourquoi il leur faut un échantillon plus important. J'ai réussi à m'en procurer une toute petite quantité… Je connais une fille qui travaille dans un laboratoire de Genève, et en échange… Bref, elle m'a donné un morceau de buvard imbibé de quelques gouttes. Ce qui m'a permis de découvrir d'emblée une chose : cette essence protège des nausées dues à la nouvelle méthode. Si j'en avais suffisamment, je n'aurais plus à redouter ses effets secondaires.

– Continue.

– Vous connaissez ce qu'ils appellent la Poussière ?

– Évidemment.

– Eh bien, avec cette essence de rose, ils peuvent la voir. Les lignes de pouvoir aussi. Ou les champs… Oui, c'est ça. La fille du labo m'a parlé d'un champ. Et ils ne voient pas seulement les produits chimiques et différentes lumières, ils voient aussi les interactions humaines. Si le professeur Zotski a touché tel spécimen plutôt que tel autre, ça se verra, car ils peuvent comparer avec les autres éléments qu'il a touchés. Il aura laissé son empreinte. Et si Zotski a pensé à cette chose ou s'il a dirigé l'expérience, ça se verra à l'intérieur du champ.

– Et comment a réagi Delamare en apprenant ça ?

– Vous devez bien comprendre que ce n'est pas un homme ordinaire. Il est fait de plusieurs couches de complexité, il est subtil. Parfois, il donne l'impression de se contredire, puis vous découvrez qu'il avait plusieurs coups d'avance… Ce nouveau Haut Conseil, ça va lui permettre de faire des trucs qu'il ne pouvait pas faire avant. Il va envoyer une expédition là-bas, là où ils cultivent les roses. Lop Nor ou je ne sais quoi. Mais pas pour faire du commerce. Il va envoyer des hommes armés. Pour s'emparer de la production. Il veut être le seul à produire cette essence.

– Que sais-tu sur cette expédition armée ? Qui la commande ?

– Aucune idée !

Le garçon s'impatientait, il commençait à en avoir assez. Malcolm s'aperçut qu'il avait besoin de l'attention constante d'un interlocuteur pour ne pas se déconcentrer et devenir irritable.

– Tu veux un autre café ?

– D'ac.

Il fit signe au serveur. Le dæmon de Bonneville avait fermé les yeux et laissé le garçon le remettre sur son épaule.

– Cette fille du laboratoire de Genève…, dit Malcolm.

– Bien roulée. Mais trop sentimentale.

– Tu es toujours en contact avec elle ?

Bonneville fit un geste obscène censé représenter l'acte sexuel. Malcolm comprit qu'il cherchait à provoquer l'admiration d'un homme plus âgé pour ses prouesses. Il esquissa un sourire et demanda :

– Elle est prête à t'aider ?

– Elle est prête à tout pour moi. Mais je vous le répète : il n'y a plus d'essence de rose.

– Ont-ils essayé de la synthétiser ?

Bonneville prit un air soupçonneux.

– On dirait que vous tentez de me recruter comme espion. Pourquoi je vous dirais quoi que ce soit ?

Le serveur revint avec leurs cafés. Malcolm attendit qu'il soit reparti pour répondre :

– La situation n'a pas changé.

Il ne souriait plus.

– Je vous ai déjà dit un tas de trucs. À votre tour, maintenant. Cette fille nommée Belacqua, comment elle a fait pour mettre la main sur l'aléthiomètre de mon père ?

– D'après ce que je sais, il lui a été remis par le directeur du collège de son père à Oxford. Jordan College.

– Et lui, comment il l'avait eu ?

– Je l'ignore.

– Et pourquoi il le lui a donné ?

– Je ne sais rien à ce sujet.

– Comment vous l'avez connue, d'abord ?

– C'était mon élève.

– Quand ça ? Elle avait quel âge ? Elle avait déjà l'aléthiomètre ?

– Elle avait quatorze ou quinze ans. Je lui enseignais l'histoire. Elle ne m'a jamais parlé de l'aléthiomètre. Et je ne l'ai jamais vu. J'ai appris récemment qu'il était en sa possession. C'est pour ça que Delamare veut la retrouver ?

– Il aimerait bien rafler l'aléthiomètre, c'est sûr. Il serait content d'en avoir un second. Comme ça, il pourrait me mettre en compétition avec d'autres interprètes. Mais ce n'est pas pour cette raison qu'il veut retrouver la fille.

– C'est pour quoi, alors ?

Malcolm vit la tentation traverser le visage du garçon. Il savait quelque chose, et il ne pouvait résister au plaisir de le dévoiler.

– Vous voulez dire que vous ne savez pas ?

– Il y a beaucoup de choses que je ne sais pas. De quoi s'agit-il en l'occurrence ?

– Franchement, je me demande comment vous pouvez ignorer un truc pareil ? Visiblement, vos sources laissent à désirer.

Malcolm sirota son café en regardant le sourire suffisant se déployer sur le visage de Bonneville.

– Visiblement, dit-il. Eh bien ?

– Delamare est son oncle. Il pense qu'elle a tué sa sœur. Sa mère à elle. Si vous voulez mon avis, il était amoureux de sa sœur. Du moins, elle l'obsédait. Il veut punir cette fille. Lyra Parle-d'Or. Belacqua. Ou je ne sais quoi. Il veut la faire payer.

Malcolm était sincèrement étonné. Il ignorait que cette Mme Coulter qu'il avait rencontrée une fois, dans la petite maison de Hannah Relf, un après-midi d'hiver, juste avant la grande inondation, avait de la famille. Mais pourquoi pas ? C'étaient des choses qui arrivaient. Lyra connaissait-elle l'existence de ce frère, de cet oncle ? Il fallait qu'il lui parle immédiatement, à l'instant même. Mais il ne devait rien laisser paraître. N'afficher aucune réaction. Jouer l'indifférence.

– Sait-il où elle se trouve ? demanda-t-il. Tu le lui as dit ?

– À votre tour, maintenant. Parlez-moi de mon père. Qui l'a tué ?

– Je te le répète : personne ne l'a tué. Il s'est noyé.

– Je ne vous crois pas. Quelqu'un l'a tué. Et quand je découvrirai qui est son meurtrier, je le tuerai.

– Tu en auras le courage ?

– C'est sûr. Parlez-moi de son dæmon, maintenant. Qu'est-ce que vous disiez sur lui ?

– C'était une hyène. Il lui manquait une patte parce qu'il la maltraitait. Il la frappait sauvagement. Je le sais par un homme qui en avait été témoin. Ce spectacle lui avait donné envie de vomir, disait-il.

– Vous espérez me faire gober ça ?

– Je me contrefiche que tu me croies ou pas.

– Vous l'avez vu ? Mon père.

– Une fois. Et j'ai vu sa hyène. Elle m'a fait peur. Elle est sortie des buissons dans l'obscurité, elle m'a regardé et elle a uriné sur le chemin que je suivais. Ton père est apparu à son tour, il l'a vue faire et il a éclaté de rire. Après cela, ils se sont enfoncés dans les bois et j'ai attendu un long moment avant d'oser reprendre ma route. Après ça, je ne l'ai jamais revu.

– Comment vous connaissiez son nom ?

– J'avais entendu des gens parler de lui.

– Ça s'est passé où ?

– À Oxford. Pendant l'inondation.

– Vous mentez.

– Toi, tu fanfaronnes. Et tu ne maîtrises pas l'aléthiomètre aussi bien que tu le dis. Tu l'interprètes dans un état de confusion mentale, au jugé, en souffrant du mal de mer. Je n'ai aucune confiance en toi, car tu es un sale morveux fuyant comme une anguille et cruel. Mais je t'ai donné ma parole. Alors, je ne dirai pas à Menotti et aux autres où tu es. Sauf si tu tentes quelque chose contre moi, auquel cas je me passerai d'eux. Je te retrouverai et je te tuerai moi-même.

– Facile à dire.

– Facile à faire.

– Vous êtes qui, d'abord ?

– Un archéologue. Le meilleur conseil que j'ai à te donner,

c'est de retourner auprès de Delamare la queue entre les jambes et de t'excuser platement. Ensuite, ne bouge plus.

Bonneville ricana.

– Ta mère est toujours en vie ?

Les joues du garçon s'empourprèrent.

– C'est pas vos oignons. Elle n'a rien à voir dans tout ça.

Malcolm l'observa sans rien dire. Finalement, Bonneville se leva.

– J'en ai marre.

Il prit son dæmon et se faufila entre les tables. Malcolm perçut les effluves de son eau de toilette, très en vogue chez les jeunes gens : un parfum à base de citrus baptisé *Galleon*. Il en déduisit que Bonneville était attentif à la mode et désireux de plaire. Cela pouvait se révéler utile. Il le regarda sortir du café, passer devant la fontaine et disparaître dans la foule en marchant d'un pas prudent, comme s'il avait encore mal aux côtes.

– À ton avis, demanda Asta, il sait que Lyra et Pan ne sont plus ensemble ?

– Difficile à dire. S'il le savait, il s'en vanterait, je suppose.

– S'il la retrouve, il la tuera.

– Voilà pourquoi nous devons la retrouver avant lui.

25

La princesse Cantacuzino

Le ferry n'atteignit Smyrne qu'en fin d'après-midi le lendemain. Durant tout ce temps, Lyra ne quitta quasiment pas sa chaise longue en osier, si ce n'est pour aller chercher du café et du pain. Elle réfléchissait à ce qu'elle allait faire maintenant et feuilletait le petit carnet, le *clavicula*. Kubiček avait signalé l'existence d'une certaine princesse Rosamond Cantacuzino, et ce fut la présence du mot « rose » dans son nom qui convainquit Lyra. À peine débarquée, elle prit la direction de son domicile.

La princesse habitait dans une de ces grandes et belles maisons construites en bord de mer. Cette ville était un lieu de commerce réputé, et jadis des marchands avaient bâti des fortunes en achetant et en vendant des tapis, des fruits secs, des céréales, des épices et des pierres précieuses.

Afin de profiter de la fraîcheur du vent en été et de la vue sur les montagnes, les familles les plus riches s'étaient installées sur la corniche, dans de splendides demeures. La villa Cantacuzino se dressait en retrait de la route, au-delà d'un jardin dont l'immense variété de végétaux et l'aspect soigné fleuraient bon l'opulence. Une grosse fortune pouvait se révéler très utile si vous perdiez votre dæmon, songea Lyra, vous pouviez vous offrir une intimité bien protégée.

Cette réflexion l'amena à se demander si elle pourrait pénétrer à l'intérieur de cette maison pour rencontrer la princesse. Elle en tremblait presque. D'ailleurs, pourquoi voulait-elle la rencontrer ? Eh bien, pour lui demander conseil au sujet de son périple, de toute évidence. Si elle figurait sur la liste de Kubiček, cela signifiait qu'une fois au moins elle avait accepté d'aider les personnes comme Lyra. « Courage ! » se dit-elle.

Elle franchit le portail et remonta une allée de gravier entre deux haies symétriques de rosiers impeccablement taillés, qui commençaient à bourgeonner. Un jardinier qui s'affairait dans un coin leva la tête en la voyant approcher. Il se redressa pour la regarder gravir, avec toute l'assurance dont elle était capable, les marches de marbre qui conduisaient à la porte d'entrée.

Un domestique âgé vint lui ouvrir après qu'elle eut sonné. Son dæmon-corbeau émit un croassement dès qu'il vit Lyra et la stupéfaction se lut dans les yeux aux paupières tombantes du vieil homme.

– J'espère que vous parlez anglais, dit Lyra, car je connais seulement quelques mots de grec et aucun d'anatolien. Je viens présenter mes hommages à la princesse Cantacuzino.

Le domestique la jaugea de la tête aux pieds. Lyra avait

conscience de sa tenue miteuse, mais elle n'avait pas oublié le conseil de Farder Coram, et elle essaya d'imiter les sorcières qui, bien qu'enveloppées dans leurs haillons de soie noire, affichaient la plus grande aisance, comme si elles portaient la robe la plus élégante au monde.

Le majordome s'inclina et demanda :

– Qui dois-je annoncer à la princesse ?

– Je m'appelle Lyra Parle-d'Or.

Il s'écarta et l'invita à attendre dans le hall. Lyra regarda autour d'elle : boiseries sombres, escalier tarabiscoté, lustre, palmiers dans des pots en terre cuite, odeur de cire d'abeille. Une impression de fraîcheur, de calme. Le bruit de la circulation sur la corniche, l'agitation du monde extérieur n'étaient qu'un murmure étouffé par les couches de richesse et de tradition qui les entouraient, semblables à d'épais rideaux.

Le majordome revint et dit :

– La princesse va vous recevoir, mademoiselle Parle-d'Or. Si vous voulez bien me suivre.

Il était apparu par une porte située au rez-de-chaussée mais, cette fois, il la précéda dans l'escalier. Il marchait lentement, en respirant bruyamment, mais se tenait droit comme un i, à la manière d'un soldat. Arrivé au premier étage, il ouvrit une porte et annonça Lyra. Celle-ci passa devant lui pour pénétrer dans une pièce envahie de lumière qui dominait la baie, le port et les montagnes au loin. Elle était immense et semblait regorger de vie. Un piano à queue couleur ivoire accueillait des dizaines de photogrammes dans des cadres en argent, les murs étaient couverts de tableaux modernes et les étagères peintes en blanc croulaient sous les livres. Les meubles en bois clair donnaient une impression d'élégance. Tout cela fit que

Lyra tomba immédiatement sous le charme. Une vieille dame, tout de noir vêtue, était assise dans un fauteuil de brocart près des grandes fenêtres.

Lyra marcha vers elle. Devait-elle faire la révérence ? se demanda-t-elle un court instant. Estimant que ce serait ridicule, elle dit simplement :

– Bonjour, princesse. C'est très gentil à vous de me recevoir.

– C'est ainsi que l'on vous a appris à vous adresser à une princesse ?

La vieille femme avait une voix sèche, âpre… et ironique.

– Non. Cela n'a jamais fait partie de mes leçons. En revanche, je fais très bien d'autres choses.

– À la bonne heure. Approchez cette chaise et asseyez-vous. Laissez-moi vous regarder.

Lyra obéit et attendit patiemment que la vieille femme ait fini de l'examiner. Elle avait quelque chose de cruel et de vulnérable à la fois, et Lyra se demanda quel était son dæmon. Serait-ce impoli de poser la question ?

– Qui étaient vos parents ? interrogea la princesse.

– Mon père s'appelait Asriel. Lord Asriel. Ma mère n'était pas sa femme. Elle s'appelait Mme Coulter. Mais comment savez-vous… Pourquoi parlez-vous d'eux au passé ? Comment avez-vous deviné qu'ils n'étaient plus de ce monde ?

– Je sais reconnaître une orpheline quand j'en vois une. En outre, j'ai croisé votre père un jour.

– Ah bon ?

– Lors d'une réception à l'ambassade d'Égypte à Berlin. Cela remonte à une trentaine d'années. C'était un jeune homme très beau. Et très riche.

– Il a perdu sa fortune à ma naissance.

– Pour quelle raison ?

– Comme je vous l'ai dit, ma mère et lui n'étaient pas mariés. Il y a eu un procès et…

– Oh, les avocats ! Avez-vous un peu d'argent, au moins, ma chère enfant ?

– Rien du tout.

– Dans ce cas, vous n'intéresserez pas les avocats, et c'est tant mieux. Qui vous a donné mon nom ?

– Un homme à Prague. Vaclav Kubiček.

– Ah. Un personnage passionnant. Un marchand de livres. Modeste, sans prétention. Le connaissiez-vous avant d'aller à Prague ?

– Non, absolument pas. J'ignorais totalement qu'il existait d'autres personnes qui… Je veux dire des personnes sans… Il m'a beaucoup aidée.

– Pour quelle raison voyagez-vous ? Et où allez-vous ?

– En Asie centrale. À Tash-Bulak plus précisément, là où est installée une station de recherches en botanique. J'espère y trouver la réponse à une énigme. À un mystère.

– Parlez-moi de votre dæmon.

– Pantalaimon…

– Un authentique nom grec.

– Il s'est fixé sous la forme d'une martre des pins. On a découvert que nous pouvions nous séparer quand j'avais environ douze ans. On n'a pas eu le choix. J'étais obligée de tenir une promesse. À savoir aller dans un endroit où il ne pouvait pas m'accompagner. Je n'ai jamais rien connu de plus affreux… ou presque. Mais on s'est retrouvés, et je pense qu'il m'a pardonné. Après cela, on est toujours restés ensemble, mais on devait garder le secret sur cette séparation. Persuadés que personne d'autre ne pouvait en faire autant, hormis les sorcières. Hélas, depuis un an grosso modo, on se disputait sans cesse. On ne se supportait plus. C'était horrible. Un jour, je me suis réveillée et il était parti. Alors, je le cherche. Je suis des pistes… sans queue ni tête… À Prague, j'ai rencontré un magicien qui m'a donné un indice. Je me fie à la chance. C'est grâce à elle que j'ai rencontré M. Kubiček.

– Il y a beaucoup de choses que vous ne me dites pas.

– Je craignais de vous ennuyer.

– Vous croyez vraiment que ma vie est si riche d'événements passionnants que je vais laisser passer l'occasion d'écouter le récit d'une inconnue aussi diminuée que moi ?

– Oui, c'est possible. Je parle des événements passionnants que vous avez dû vivre. Je suis sûre qu'un tas de gens souhaiteraient vous rencontrer. Vous avez certainement des amis qui aiment bavarder avec vous. Peut-être même avez-vous de la famille.

– Je n'ai aucun descendant, si c'est ce à quoi vous pensez. Ni mari. D'un autre côté, je croule sous les membres de ma famille. Cette ville, ce pays sont remplis de Cantacuzino. J'ai quelques amis, c'est exact, mais je les mets mal à l'aise. Ils évitent les sujets douloureux, ils débordent de bonté et de compassion. Résultat, les conversations avec eux ressemblent au purgatoire. Je croyais mourir d'ennui et de désespoir au moment où M. Kubiček m'a rendu visite. Depuis, les gens qui viennent me voir par son intermédiaire ou celui de deux ou trois autres personnes comme nous, ailleurs, sont les bienvenus. Voulez-vous prendre le thé avec moi ?

– Volontiers.

La princesse agita une clochette en argent posée sur la table à côté d'elle.

– Quand avez-vous débarqué à Smyrne ?

– Cet après-midi. Je suis venue directement du port. Princesse… pourquoi votre dæmon vous a-t-il quittée ?

La vieille femme leva la main. La porte venait de s'ouvrir. Quand le majordome entra, elle dit :

– Servez-nous le thé, Hamid.

Le vieil homme hocha la tête avec solennité et ressortit.

La princesse tendit l'oreille. Une fois certaine que le domestique était reparti, elle reporta son attention sur Lyra.

– C'était un chat noir particulièrement beau. Il m'a quittée car il est tombé amoureux de quelqu'un d'autre. Il était subjugué, littéralement, par une danseuse. De cabaret.

Son ton indiquait clairement ce qu'elle pensait : « Une femme qui valait à peine mieux qu'une prostituée. »

Intriguée, Lyra garda le silence.

– Vous vous demandez certainement, poursuivit la princesse, comment il a pu rencontrer une telle créature. Nos deux mondes n'auraient jamais dû se croiser. Hélas, j'avais un frère doté d'un appétit physique insatiable, dont le penchant pour les alliances inappropriées a été une grande source d'embarras dans la famille. Il est venu à une de nos soirées accompagné de cette femme. Sans chercher à cacher la nature de leur relation. « C'est ma maîtresse », disait-il aux gens pour la présenter. L'honnêteté m'oblige à dire qu'elle était d'une grande beauté et très gracieuse. Moi-même, je sentais son pouvoir de séduction. Et mon pauvre dæmon en est tombé sur-le-champ follement amoureux.

– Votre pauvre dæmon ?

– Oui, j'avais de la peine pour lui. Succomber à une dépendance aussi abjecte vis-à-vis de ce type de femmes.

Cela tenait de la folie. J'en percevais chaque manifestation, évidemment, et j'ai essayé de lui en parler. Mais il refusait de m'écouter, de contrôler ses sentiments.

– Et le dæmon de cette femme ?

– C'était un marmouset, ou quelque chose de ce genre. Paresseux, dénué de curiosité, vaniteux. Indifférent à la situation. Mon frère continuait à emmener cette fille à l'opéra, aux courses, dans les réceptions, et chaque fois que j'étais présente, l'obsession de mon dæmon m'obligeait à rechercher sa compagnie et à vivre la passion qu'il éprouvait pour elle. Cela devenait insupportable. Il s'approchait d'elle le plus possible pour lui parler à l'oreille, tout bas, pendant que le marmouset se pavanait et bâillait à côté. Finalement…

La porte s'ouvrit et la princesse se tut pendant que son majordome déposait un plateau sur la petite table située à sa droite. Il s'inclina et, quand il fut reparti, elle acheva sa phrase :

– Finalement, cette histoire est devenue de notoriété publique. Tout le monde était au courant. Jamais je n'ai été aussi malheureuse.

– Quel âge aviez-vous ?

– Dix-neuf ou vingt ans, je ne me souviens plus très bien. Dans l'ordre des choses, j'aurais dû accepter les attentions d'un certain nombre de jeunes hommes que mes parents jugeaient convenables, et me marier, etc. Mais cette histoire absurde m'en empêchait. J'étais un objet de railleries.

Elle s'exprimait avec calme, comme si cette jeune femme d'une vingtaine d'années dont elle parlait avait été quelqu'un d'autre. Elle pivota vers le plateau et versa le thé dans deux jolies tasses.

– Comment ça s'est fini ? demanda Lyra.

– Je l'ai supplié, je me suis mise à genoux devant lui,

mais il nageait en plein égarement. Je lui ai dit que nous allions mourir tous les deux s'il s'obstinait, mais rien ne pouvait le persuader de rester avec moi. J'ai même… Pour vous montrer de quelle abjection un être humain peut être capable… J'ai même quitté mes parents pour aller vivre avec elle.

– Avec la danseuse ?

– Une conduite irresponsable. Je faisais semblant d'être amoureuse d'elle, et elle s'en contentait. J'ai tourné le dos à toutes mes responsabilités familiales, j'ai partagé son lit, sa table, sa misérable activité, car je savais danser moi aussi. J'étais gracieuse, et pas moins jolie qu'elle. Elle possédait un petit talent, mais sans plus. Ensemble, nous attirions plus de monde, nous avions un succès fou. Nous avons dansé dans tous les cabarets, d'Alexandrie à Athènes. On nous a offert une fortune pour que nous nous produisions au Maroc, et plus encore pour partir en Afrique du Sud. Hélas, mon dæmon en voulait plus, toujours plus. Il voulait lui appartenir, à elle et pas à moi. Le sien est devenu esclave de l'opium, mais elle s'en fichait ; elle s'est tournée vers le mien, et quand il a senti que son obsession était réciproque, j'ai compris qu'il était temps pour moi de partir.

« … J'étais prête à mourir. Un soir – c'était à Beyrouth –, je me suis détachée de lui. Il s'accrochait à elle, il la serrait contre lui de toutes ses forces. Tous les trois sanglotaient de terreur et de douleur, mais j'ai tenu bon. Je me suis arrachée à lui et je l'ai laissé là, avec elle. Depuis ce jour, je suis seule. Je suis retournée auprès de mes parents, qui voyaient dans tout cela un épisode supplémentaire, presque amusant, de la légende familiale. Je ne pouvais plus me marier, évidemment, compte tenu de mon état solitaire. Personne n'aurait voulu de moi.

Lyra but une gorgée de thé, délicatement parfumé au jasmin.

– Quand avez-vous rencontré mon père ?

– Un an avant cette histoire.

« Ce n'est pas possible, songea Lyra, il était trop jeune. »

– Quels sont vos souvenirs les plus marquants de cette époque avec la danseuse ?

– Oh, facile. Nos nuits torrides, notre lit étroit, son corps svelte, l'odeur de sa peau. Autant de choses que je n'oublierai jamais.

– Vous étiez amoureuse d'elle ou vous continuiez à faire semblant ?

– Dans ce genre de situation, vous pouvez faire semblant un certain temps, jusqu'au jour où vous cessez de jouer la comédie.

Le visage de la vieille dame était serein. Ses petits yeux disparaissaient au milieu de ses rides profondes, mais ils pétillaient encore.

– Et votre dæmon…

– Il n'est jamais revenu. Elle est morte, la danseuse. Il y a longtemps. Pourtant, il n'est jamais revenu. Je pense qu'il est allé à al-Khan al-Azraq.

– L'Hôtel Bleu. C'est donc vrai ? Il existe une ville en ruine où ne peuvent vivre que des dæmons ?

– Je crois. Certains de mes visiteurs – des gens envoyés par M. Kubiček – s'y sont rendus. À ma connaissance, nul n'en est jamais revenu.

L'esprit de Lyra survolait à toute allure des déserts et des montagnes, jusqu'à une cité en ruine, austère et silencieuse au clair de lune.

– Maintenant que je vous ai raconté mon histoire, poursuivit la princesse, à vous de me parler d'une chose exceptionnelle. Qu'avez-vous vu au cours de votre voyage qui puisse intéresser une vieille femme privée de son dæmon ?

– Durant mon séjour à Prague…, dit Lyra. Cela me semble terriblement loin, mais c'était il y a une semaine seulement. À peine venais-je de descendre du train que M. Kubiček m'a abordée. Comme s'il m'attendait. De fait, j'ai découvert que c'était le cas…

Elle raconta sa rencontre avec l'homme-chaudière et fut récompensée par le silence et la concentration absolus de la princesse. Qui laissa échapper un soupir de satisfaction une fois le récit achevé.

– C'était le fils de ce magicien ? demanda-t-elle.

– D'après Agrippa. Cornelis et Dinessa…

– C'était cruel de jouer ainsi avec lui et son dæmon.

– Je le pense aussi. Mais il voulait absolument retrouver Dinessa, et il y est parvenu.

– Ah, l'amour…, fit la princesse.

– Parlez-moi de cet Hôtel Bleu. Également appelé Madinat al-Qamar, me semble-t-il. La Cité de la Lune. Pourquoi ce nom ?

– Nul ne le sait. C'est une très vieille idée. Ma nourrice me racontait des histoires de fantômes quand j'étais toute petite. C'est elle qui m'a parlé de l'Hôtel Bleu. Quelle est votre prochaine étape ?

– Alep.

– Je vous donnerai les noms de certaines personnes… comme nous, qui vivent là-bas. L'une d'elles aura peut-être des renseignements pour vous. Bien évidemment, c'est un sujet qui provoque l'effroi et des réactions superstitieuses. Qu'il ne faut pas aborder devant les gens trop impressionnables.

– Bien évidemment, répéta Lyra en buvant sa dernière gorgée de thé. Quel salon ravissant. Vous jouez du piano ?

– Il joue tout seul. Allez-y, essayez. Tirez sur le petit bouton en ivoire à droite du clavier.

Lyra s'exécuta et, aussitôt, un mécanisme dissimulé à l'intérieur du piano se mit à actionner les touches, qui semblaient obéir à des mains invisibles. La mélodie d'une vieille chanson d'amour emplit l'espace. Lyra, ravie, sourit à la princesse.

– *L'Heure bleue*, dit la vieille femme. Nous dansions sur cet air.

Lyra se retourna vers le piano et la multitude de photogrammes dans leurs cadres argentés. Soudain, elle se figea.

– Qu'y a-t-il ? s'enquit la princesse, surprise par la réaction de Lyra.

Celle-ci appuya sur le bouton en ivoire pour arrêter la musique et prit un des cadres, d'une main tremblante.

– Qui est-ce ?

– Approchez.

La princesse prit le portrait que lui tendait Lyra et chaussa un pince-nez.

– Mon neveu, Olivier. Mais je devrais plutôt dire mon petit-neveu. Vous le connaissez ? Olivier Bonneville ?

– Oui. Enfin… je ne l'ai jamais rencontré, mais… il est persuadé que je possède quelque chose qui lui appartient. Alors, il essaie de le récupérer.

– Et c'est le cas ?

– Non, cet objet est à moi. Mon père… C'est lui qui me l'a donné. M. Bonneville se trompe, mais il refuse de l'admettre.

– Ce garçon a toujours été un entêté. Son père était un bon à rien qui a sans doute connu une mort violente.

Olivier m'est apparenté par sa mère, morte elle aussi. Il attend certaines choses de ma part. Sans cela, nul doute que je ne le verrais jamais.

– Il est à Smyrne ?

– J'espère que non. Mais s'il me rend visite, je ne lui parlerai pas de vous. Et s'il m'interroge, je mentirai. Je suis très douée pour ça.

– Moi aussi je savais bien mentir quand j'étais plus jeune, confia Lyra. Ces temps-ci, j'ai de plus en plus de mal.

– Venez m'embrasser, ma chère enfant, dit la princesse en lui tendant les bras.

Lyra ne se fit pas prier. Les joues parcheminées de la vieille femme sentaient la lavande.

– Si vous allez à al-Khan al-Azraq, s'il existe réellement une ville en ruine habitée par des dæmons et si vous voyez un chat noir nommé Phanourios, dites-lui que je serais heureuse de le revoir avant de mourir, mais qu'il ne tarde pas trop.

– Promis.

– J'espère que votre quête sera couronnée de succès, et que vous parviendrez à résoudre ce mystère. Il est question d'un jeune homme, si j'ai bien compris.

Lyra ne put cacher son étonnement. La princesse parlait sans doute de Malcolm. Évidemment, il était jeune pour elle.

– Euh. Je ne….

– Non, non. Je ne fais pas allusion à mon petit-neveu, bien sûr que non. Si jamais vous repassez par ici, ne manquez pas de revenir me voir. Sinon, c'est moi qui viendrai vous hanter.

Elle se retourna vers un petit bureau en similor placé derrière elle, prit une feuille, un stylo à plume et écrivit pendant environ une minute. Elle souffla sur le papier pour sécher l'encre et le plia en deux avant de le remettre à Lyra.

– Une de ces personnes pourra sûrement vous aider.

– Au revoir, princesse. Et merci infiniment. Je n'oublierai jamais les choses que vous m'avez dites.

Sur ce, Lyra prit congé et referma doucement la porte derrière elle. Le majordome l'attendait dans le couloir pour l'accompagner jusqu'à la sortie. Après avoir traversé la propriété, elle marcha encore un peu, jusqu'à ce qu'on ne puisse plus la voir de la maison. Là, elle s'adossa à un mur, le temps de se ressaisir.

Le choc avait été presque aussi brutal que si Bonneville en personne était entré dans la pièce. Même en photo, il avait le pouvoir de la déstabiliser. Cela ressemblait fort à un avertissement de la communauté des esprits. Il disait : « Sois sur tes gardes ! Il peut réapparaître à tout moment. »

Même ici, à Smyrne, il pouvait la retrouver.

26
La Confrérie du Saint Objectif

Le lendemain de sa rencontre avec Olivier Bonneville, Malcolm se retrouva, le soir venu, dans une ville située à environ cinq cents kilomètres de Constantinople. Capitale de la région où l'on cultivait les roses, dans l'ancienne province romaine de Pisidie. Il avait rendez-vous avec un journaliste anglais, Bryan Parker, un correspondant étranger spécialiste des questions de sécurité, qu'il avait connu par l'intermédiaire d'Oakley Street. Malcolm lui avait vaguement parlé de son voyage en Asie centrale et de ce qui avait motivé cette quête, et Parker lui avait immédiatement répondu :

– Dans ce cas, vous devez m'accompagner à une réunion publique qui a lieu ce soir. Nous pourrons, je pense, vous montrer une chose intéressante.

Alors qu'ils se dirigeaient vers le théâtre où devait avoir lieu la réunion, Parker expliqua que la culture des roses et les opérations de transformation qui s'y rattachaient représentaient une part importante de l'économie de la région. Hélas, ce secteur subissait actuellement de fortes tensions.

– Quelle est la cause du problème ? interrogea Malcolm au moment où ils pénétraient dans le théâtre.

– Il s'agit d'un groupe d'individus. Nul ne sait d'où ils viennent précisément, mais on les appelle « les hommes des montagnes ». Ils brûlent les roseraies, agressent les cultivateurs et détruisent leurs fabriques… Les autorités semblent impuissantes.

La salle était déjà pleine à craquer. Ils parvinrent malgré tout à dénicher deux sièges libres au fond. Il y avait là un grand nombre d'hommes d'un certain âge, voire âgés, habillés en costume-cravate. « Les propriétaires des roseraies », devina Malcolm. On apercevait également quelques femmes aux visages brunis par le soleil. Il tenait de Parker que dans cette industrie très conservatrice, les rôles étaient répartis selon les sexes. Il en déduisit qu'il s'agissait peut-être des femmes qui cueillaient les fleurs, cependant que les hommes se chargeaient de la distillation de l'eau de rose et de l'essence. Les autres personnes présentes semblaient être des habitants de la ville, parmi lesquels s'étaient glissés quelques journalistes et politiciens locaux.

Les hommes se succédaient sur scène. Certains s'affairaient pour installer une grande banderole, dont Parker précisa que c'était celle de la corporation qui finançait la réunion.

Tous les sièges étant désormais occupés, des gens restèrent debout au fond de la salle et dans les allées. Assurément, songea Malcolm, les conditions de sécurité, notamment en matière d'incendie, n'étaient pas respectées, mais peut-être étaient-ils moins regardants dans cette ville. En revanche, des policiers armés, visiblement nerveux, étaient postés devant chaque entrée. Si des incidents éclataient, de nombreuses personnes risquaient d'être blessées, ou pire.

Enfin, les organisateurs décidèrent que la réunion pouvait débuter. Un groupe d'hommes en costume, mallette à la main ou épais dossiers sous le bras, montèrent sur scène. Certains, reconnus par l'assistance, furent applaudis et encouragés. Quatre d'entre eux s'assirent derrière une table, tandis qu'un cinquième s'installait à un pupitre pour prendre la parole. Les haut-parleurs émirent un larsen assourdissant qui le fit sursauter. Un technicien se précipita pour régler le micro. Malcolm observait tout cela en jetant des regards discrets autour de lui. Alors que l'orateur commençait à parler, il remarqua que les policiers armés avaient disparu.

Parker lui faisait à voix basse un résumé des propos de l'homme qui s'exprimait :

– Bienvenue à tous… Période de crise pour l'industrie de la rose… Vous allez entendre les rapports de ces différents cultivateurs… Là, il donne quelques chiffres… Ce type n'est pas le plus brillant des orateurs… En gros, la production est en baisse, la rotation des stocks aussi… Il annonce la personne suivante : un cultivateur de Baris.

Quelques applaudissements se firent entendre dans l'assistance, au moment où le cultivateur en question gagnait le pupitre. Si son prédécesseur avait une allure de bureaucrate et une voix soporifique, cet homme, beaucoup plus âgé, s'exprimait avec force et ferveur.

Parker traduisit :

– Il raconte ce qui s'est passé dans sa fabrique. Un matin, très tôt, les hommes des montagnes ont rassemblé tous ses employés et les ont obligés, sous la menace de leurs armes, à incendier leur lieu de travail en alimentant le brasier avec la précieuse essence. Ensuite, à l'aide d'un bulldozer, ils ont arraché tous les rosiers et aspergé la terre d'une sorte de poison – ne me demandez pas lequel – pour que plus rien ne pousse. Regardez… il pleure d'émotion. Cette propriété avait appartenu à son arrière-arrière-grand-père, elle était exploitée par sa famille depuis plus de cent ans, elle employait tous ses enfants plus trente-huit autres personnes…

Des murmures de colère et de compassion parcoururent l'assistance. Visiblement, nombre de personnes présentes avaient vécu la même expérience.

Parker continua à traduire :

– Il demande ce que fait la police. Où est l'armée. Pourquoi on ne protège pas les honnêtes citoyens comme lui et sa famille. Il semblerait que son fils ait été tué au cours d'une escarmouche avec ces individus, qui ensuite ont disparu, sans qu'aucun soit arrêté et puni. Où est la justice ? demande-t-il.

La fureur et le chagrin brisaient la voix du vieil homme et l'auditoire se mit à applaudir, à crier et à taper des pieds, comme pour le soutenir. Il retourna s'asseoir en sanglotant.

Malcolm interrogea Parker :

– Y a-t-il un représentant du gouvernement dans la salle ?

– Les seuls politiciens présents appartiennent à l'administration locale.

– Quelle a été la réaction du gouvernement jusqu'à maintenant ?

– Il se dit inquiet, évidemment. Il compatit. Il a adressé de sévères mises en garde… sur un ton étonnamment prudent. Comme s'il craignait de critiquer ouvertement ces vandales.

– Curieux, en effet.

– C'est ce qui provoque la colère des gens. Le prochain intervenant est le représentant du syndicat des grossistes.

Un orateur sans talent là encore. Parker résuma ce qu'il disait, mais Malcolm s'intéressait davantage à ce qui se passait autour de lui dans la salle.

Le journaliste s'en aperçut.

– Qu'est-ce que vous regardez ? demanda-t-il.

– Deux choses : tous les policiers ont disparu et ils ont fermé toutes les portes.

Ils étaient assis presque à l'extrémité de la dernière rangée, du côté droit, non loin d'une sortie. D'ailleurs, c'était un bruit – semblable à un verrou que l'on tire – qui avait attiré l'attention de Malcolm sur cette porte.

– Vous voulez que je continue à traduire les paroles soporifiques de cet homme ?

– Non. Tenez-vous prêt à enfoncer cette porte avec moi le moment venu. Elles n'ont pas l'air très solides. Il va se passer quelque chose, Bryan. Merci de m'avoir proposé de vous accompagner.

Ils n'eurent pas à attendre longtemps.

Avant que l'orateur ait achevé son intervention, trois hommes firent irruption sur la scène derrière lui. Deux étaient armés de fusils, le troisième d'un simple pistolet.

Il y eut quelques cris dans l'assistance, puis le silence se fit. L'intervenant tourna la tête pour voir ce qui se passait. Il devint livide et s'accrocha au pupitre. Du coin de l'œil, Malcolm perçut un mouvement de l'autre côté de la salle.

Tournant légèrement la tête, il vit une porte s'ouvrir brièvement pour laisser entrer un homme muni d'un fusil lui aussi. Il regarda tout autour de lui : la même chose venait de se produire aux six entrées.

Le jeune homme au pistolet avait repoussé l'orateur pour prendre sa place devant le micro. Ses yeux étaient clairs, mais ses cheveux noirs et sa barbe longue et fournie. Il s'exprimait d'une voix intelligible, sèche, remplie d'une froide détermination.

Malcolm se pencha légèrement vers Parker, qui servit d'interprète :

– Il dit que tout ce qu'on connaît va changer. Les choses familières vont devenir étranges et inconnues, et ce que l'on n'a jamais imaginé nous semblera normal. C'est déjà le cas dans de nombreux endroits du globe, pas uniquement en Pisidie…

Les deux hommes qui avaient envahi la scène avec lui se plantèrent de part et d'autre du pupitre, face à l'assistance. Personne ne bougeait dans la salle. Malcolm avait l'impression de sentir les gens retenir leur souffle.

Parker continua à traduire :

– Cela fait trop longtemps que vous, vos familles et vos employés, vous travaillez dans vos exploitations. L'Autorité ne veut pas de roses, et vous provoquez son mécontentement en les cultivant. Le parfum des roses l'écœure. Pour lui, elles ont l'odeur de la merde du diable. Ceux qui cultivent les roses, ceux qui fabriquent des essences et des parfums servent le diable et font offense à Dieu. Voilà ce que nous sommes venus vous dire.

Il marqua une pause et le cultivateur qui s'était exprimé avec tant de ferveur ne put se contenir plus longtemps. Il repoussa sa chaise et se leva. Les trois intrus se retournèrent aussitôt vers lui, leurs armes pointées sur son cœur. Ce qui n'empêcha pas le vieil homme de dire ce qu'il avait à dire, d'une voix si forte et claire que tout le monde l'entendit, malgré l'absence de micro.

Parker murmura à l'oreille de Malcolm :

– Il affirme que c'est un enseignement nouveau. Qu'il n'a jamais entendu. Ses ancêtres, sa famille, ses cousins qui cultivent des roses dans le village voisin étaient tous persuadés d'accomplir la volonté de Dieu en faisant pousser des fleurs que Lui-même a créées et en préservant la beauté de leur parfum. Cette doctrine nouvelle et étrange, dit-il, ne sera pas comprise par les gens qu'il connaît, ni par aucune personne dans cette salle.

L'homme au pistolet lui répondit, et Parker traduisit :

– Cette doctrine remplace la précédente, conformément à la parole de Dieu. Toute autre doctrine est abolie.

Le vieil homme contourna la table pour venir se planter devant. Sa large carrure, son visage empourpré et ses yeux brillants de passion contrastaient avec le calme et la frêle stature du jeune homme armé.

D'une voix plus puissante encore, presque un beuglement, il demanda :

– Que vont devenir ma famille et mes employés ? Que vont devenir les artisans et les marchands qui dépendent des roses que nous cultivons ? Dieu sera-t-Il heureux de voir tous ces gens réduits à la misère ?

Malcolm dut se pencher vers Parker pour entendre la réponse du jeune homme au pistolet :

– Dieu sera heureux de voir qu'ils ne participent plus à ce commerce diabolique. Il sera heureux de les voir se détourner de leurs infâmes jardins pour s'intéresser au seul et unique jardin : le paradis.

Malcolm vit les deux autres hommes balayer lentement l'assistance du regard. Les canons de leurs fusils, pointés sur les têtes des gens, suivaient le mouvement de leurs yeux.

Le vieux cultivateur demanda :

– Que comptez-vous faire, alors ?

– La question n'est pas de savoir ce que nous allons faire, répondit le jeune homme. Cette question ne se pose pas, car nous nous soumettons à la volonté de Dieu, qui ne saurait être remise en cause.

– Je ne vois pas où est la volonté de Dieu ! En revanche, je vois mes roses, mes enfants, mes employés !

– N'ayez crainte, nous vous montrerons quelle est la volonté de Dieu. Nous savons combien votre vie est difficile. Tout semble se contredire, le doute est partout. Nous sommes là pour clarifier les choses.

Le vieil homme rentra la tête dans ses épaules, tel un taureau. Il semblait rassembler ses forces. Il écarta les pieds, comme s'il voulait s'ancrer solidement dans le sol, une simple scène en bois en l'occurrence. Et il demanda :

– Quelle est donc la volonté de Dieu ?

Le jeune homme répondit et Parker traduisit :

– Il veut que vous arrachiez et brûliez tous vos rosiers, et que vous détruisiez un à un vos appareils de distillation. Que vous brisiez tout ce qui contient la merde de Satan, que vous appelez parfum et essence. Voilà quelle est la volonté de Dieu. Dans Son infinie bonté, Il nous a chargés, mes compagnons et moi, de vous en informer et de veiller à ce qu'elle soit respectée, afin que vos épouses et vos employés puissent mener des existences qui plaisent à Dieu, au lieu d'empester l'air avec l'infâme puanteur provenant des intestins de l'enfer.

Le vieux cultivateur voulut répondre, mais le jeune

homme leva le canon de son pistolet, à trente centimètres seulement de sa tête.

– Quand vous allumerez ce feu, poursuivit-il, ce feu qui consumera vos plantations et vos fabriques, il enflammera un flambeau de vérité et de pureté qui éclairera le monde entier. Réjouissez-vous de cette possibilité qui vous est offerte. Mes compagnons de la Confrérie du Saint Objectif se comptent par centaines de milliers. La parole de Dieu s'est répandue à la vitesse d'un incendie de forêt, et elle va continuer à se propager jusqu'à ce que le monde entier soit animé par l'amour du Divin et la joie de l'obéissance absolue à Sa volonté.

Pendant tout ce discours, le dæmon du cultivateur, un vieux corbeau perché sur son épaule, n'avait cessé de battre des ailes et de faire claquer son bec épais, tandis que celui du jeune homme armé, un magnifique chat des sables au pelage beige, se tenait à ses pieds, le corps tendu, aux aguets.

Soudain, le vieil homme s'exclama :

– Jamais je ne brûlerai mes roses ! Jamais je ne nierai la vérité de mes sens ! Les fleurs sont magnifiques et leur odeur est le souffle du ciel ! Vous vous trompez !

À cet instant, le corbeau se jeta sur le chat et le chat bondit vers le corbeau, mais avant même que le choc se produise, le jeune homme pressa la détente de son pistolet et tira une balle dans la tête du vieux cultivateur. Son corbeau se volatilisa dans les airs et le cultivateur s'écroula. Le sang jaillissait par saccades du trou au milieu de son front.

Des cris fusèrent de l'assistance, mais cessèrent aussitôt que les deux hommes armés de fusils s'avancèrent en épaulant leurs armes. Le silence se fit, brisé seulement par quelques sanglots épars.

Le jeune homme reprit la parole :

– Voici un exemple de ce que vous ne devez plus faire. Une illustration de ce qui vous attend si vous nous désobéissez…

Et ainsi de suite. Malcolm posa la main sur la manche de Parker, il en avait assez entendu. À voix basse, il demanda :

– Où est l'entrée des coulisses ?

– Dans une ruelle, à droite du théâtre.

– Il y a une autre issue dans cette ruelle ou bien c'est une impasse ?

– Pour ressortir, il faut obligatoirement passer devant le théâtre.

Le jeune homme barbu et armé, ayant achevé son prêche, donnait maintenant des instructions.

– Des otages, murmura Parker.

Les intervenants restés sur scène durent s'allonger à plat ventre, les mains derrière la tête. Certains, âgés et perclus d'arthrite, furent contraints d'obtempérer malgré tout. Puis, obéissant à un autre ordre, les six hommes postés devant les portes s'avancèrent pour désigner la personne la plus proche et l'obliger à les suivre.

La femme assise devant Malcolm commença à se lever, mais il la prit de vitesse. Il se tourna vers l'homme armé et se montra du doigt. L'homme haussa les épaules et la femme se laissa retomber lourdement sur son siège.

– Qu'est-ce que vous faites ? demanda Parker.

– Vous verrez.

Malcolm sortit dans l'allée et plaça les mains sur sa tête comme le lui intimait l'homme armé. D'autres otages, parmi lesquels deux femmes, étaient conduits vers la scène, mains sur la tête eux aussi. Il les suivit.

Il arriva au pied de la scène, poussé par le canon du fusil

au creux de ses reins. Il y avait des marches de chaque côté. Il les gravit derrière les autres otages. Au moment où la première des deux femmes dut passer près du cadavre du vieux cultivateur, couché dans une flaque de sang qui continuait à s'étendre, son dæmon-chien se mit à hurler à la mort et refusa de marcher dedans. La femme voulut le prendre dans ses bras, mais l'homme armé qui se tenait derrière elle la poussa violemment et elle tomba dans le sang. Elle laissa échapper un hurlement d'effroi. Un autre otage l'aida à se relever et la serra dans ses bras, sanglotante, au bord de l'évanouissement.

Malcolm observait tout cela avec un vif intérêt. Le jeune chef du commando avait commis une grave erreur. Il aurait dû laisser son dæmon-chat s'occuper du corbeau et éviter d'ouvrir le feu. La situation s'envenimait et les hommes armés n'avaient aucun plan. Un mort, des otages, des spectateurs enfermés, sans plus personne pour les tenir en respect, le commando devant surveiller les otages rassemblés sur la scène. À n'importe quel moment, quelqu'un pouvait foncer vers une sortie pour tenter de fuir, provoquant un phénomène de panique où tout deviendrait possible. Malcolm voyait que le jeune homme réfléchissait, il calculait à toute vitesse. Finalement, il lâcha quelques phrases concises d'un ton sec.

Trois des hommes postés dans la salle firent signe aux otages, dont Malcolm, de les suivre en coulisse, à gauche de la scène, tandis que les trois autres tenaient l'assistance sous la menace de leurs armes. Malcolm aurait parié que leur chef improvisait ; prendre des otages ne faisait pas partie de son plan, mais force était de reconnaître qu'il ne manquait pas de sang-froid et de détermination. Si quelqu'un voulait intervenir, c'était maintenant.

Et ce quelqu'un ne pouvait être que Malcolm. Plus jeune, il s'était rarement battu, parce qu'il était grand et costaud, et que la plupart des gens l'aimaient bien ; les quelques fois où il s'était retrouvé pris dans des bagarres de cour d'école, il s'était senti habité par un sentiment de chevalerie et d'équité. Oakley Street l'en avait débarrassé. Et dès qu'il entra dans les coulisses, une chance incroyable s'offrit à lui. Là aussi, Oakley Street lui avait appris ce qu'il devait faire dans ce cas de figure : sauter sur l'occasion sans attendre.

Il se retrouva au milieu d'un dédale de grands rideaux noirs qui se balançaient et répandaient une fine pluie de poussière. Juste devant lui, le jeune homme armé d'un pistolet qui avait abattu le cultivateur était sur le point d'éternuer.

Voyant cela, Malcolm agrippa le rideau le plus proche et le secoua pour faire tomber davantage de poussière. Plusieurs secondes durant, les rideaux les dissimulèrent aux yeux des autres et, pendant que le jeune homme, couvert de poussière, tentait de réprimer un éternuement, la bouche grande ouverte, Malcolm lui décocha un violent coup de pied au bas-ventre.

L'éternuement jaillit au même moment. Il laissa échapper son arme, en même temps qu'un grognement étouffé. Malcolm le saisit à deux mains par les cheveux, et l'obligea à baisser la tête, vers son genou. Après quoi, il attrapa la barbe d'une main, les cheveux de l'autre, et tira brutalement des deux côtés opposés. Il se produisit un grand « crac » et le dæmon-chat se volatilisa avant que son humain s'écroule sur le sol.

– Par ici ! murmura Asta, au niveau du visage de Malcolm.

Il la vit accrochée à une échelle métallique aux barreaux

peints en noir, scellés dans le mur de brique. Il l'escalada sans bruit, en retenant son souffle. Heureusement, il était entièrement vêtu de noir, et donc quasiment invisible, même si quelqu'un levait les yeux. Il grimpait au milieu des rideaux noirs, agités par les hommes armés et leurs otages qui se déplaçaient presque à tâtons.

Asta, plus haut déjà, perchée sur un portique, observait à travers la passerelle grillagée la confusion qui régnait en bas. Certains hommes des montagnes s'étaient arrêtés, des otages laissaient éclater leur peur et le corps du leader gisait sur le sol, en partie masqué par un rideau. Malcolm poursuivit son ascension. Ayant rejoint Asta sur le portique, il attendit.

– Et maintenant ? demanda son dæmon.

– Ils vont découvrir le corps d'un instant à l'autre et…

En effet. Un des hommes armés trébucha sur le cadavre et poussa un cri où l'étonnement se mêlait à l'agacement, puis à la panique quand il découvrit ce qui l'avait fait tomber.

Malcolm regarda ses compagnons réagir de diverses manières. Tout d'abord, ne voyant pas la cause de ces cris, certains demandèrent, irrités, ce qui se passait, puis zigzaguèrent à l'aveuglette entre les rideaux, manquant de trébucher à leur tour sur le corps de leur chef et de leur camarade, toujours allongé par terre, terrorisé.

La présence des otages, eux-mêmes apeurés et désorientés, compliquait les choses. Un ou deux profitèrent de cette distraction pour s'enfuir dans le labyrinthe obscur des coulisses. Les autres, trop effrayés pour tenter quoi que ce soit, se tenaient mutuellement en vociférant.

– Pas très au point leur plan, commenta Asta.

– Le nôtre non plus.

Les hommes des montagnes se querellaient maintenant. Inutile de se préoccuper du sort des otages, songea Malcolm. Ces types allaient finir par comprendre que leur leader avait forcément été tué par l'otage qui avait disparu. Ils le chercheraient partout, ils découvriraient l'échelle, lèveraient la tête et l'abattraient.

Mais il se trouvait sur un portique. Qui surplombait la scène sur toute sa longueur. Conclusion, il y avait forcément une échelle à l'autre extrémité. Asta s'élança pour aller vérifier et revint aussitôt. Bien vu ! Quelques secondes plus tard, Malcolm était redescendu et se cachait dans un espace pareillement délimité par des rideaux noirs, du côté droit.

C'est alors que le doute s'insinua en lui. Il devait avant tout éviter que d'autres innocents se fassent tuer. Mais comment ? Il pouvait peut-être quitter le théâtre sans être vu, mais ne devrait-il pas plutôt rester pour tenter de protéger les otages ?

– Sauve-toi, lui dit Asta. Ne sois pas téméraire. Impossible de les arrêter si on ne peut pas les convaincre, et on ne parle pas leur langue. On sera plus utiles dehors. Comment pourra-t-on aider Lyra si on se fait tuer ici ? Et c'est ce qu'ils feront dès qu'ils t'apercevront. Allez, Malcolm !

Asta avait raison. Il battit en retraite vers le mur du fond. Il devait bien y avoir une porte quelque part… Oui, voilà. Et elle n'était pas fermée à clé ! Tournant tout doucement la poignée, il ouvrit la porte, se glissa par l'entrebâillement et la referma. Il se retrouva dans une obscurité quasi complète, mais la lueur ambarique d'une alarme incendie permettait de discerner une volée de marches. Avant de s'y précipiter, il se retourna vers la porte… munie d'un verrou bien évidemment. De l'autre côté du battant, les échos de la dispute s'amplifiaient. Quelqu'un vociférait, des pas précipités résonnaient sur scène. D'autres voix provenaient de la salle.

Sans faire de bruit, il poussa le verrou.

Asta l'observait du pied de l'escalier, l'air interrogateur.

– Non, dit-il. Il y a une autre porte un peu plus loin.

Il passa devant l'escalier et s'engagea dans un étroit couloir. Il ne voyait presque rien, mais il était confiant : Asta captait le moindre photon.

Cette seconde porte était fermée par une barre antipanique, comme une issue de secours.

– Ces portes sont très bruyantes, dit Malcolm. J'ai peur qu'elle claque.

Une main posée sur la barre, il tendit l'oreille. Il percevait un brouhaha au loin. Mais aucun coup de feu. Il appuya sur la barre et sentit la porte se déverrouiller.

Une bouffée d'air froid, chargé de relents de peinture, de colle et de térébenthine, jaillit de l'obscurité quand il poussa la porte. Il eut le sentiment de pénétrer dans un vaste espace au plafond haut.

– L'atelier des décors, dit Asta.

– Ça signifie qu'il y a une issue qui ouvre sur l'extérieur, pour les livraisons. Tu la vois ? Une grande porte…

– Il y a un établi devant toi… Va un peu plus à gauche… Oui, voilà. Maintenant, tout droit… Encore cinq pas… C'est le mur du fond.

Malcolm se déplaça vers la droite en faisant glisser sa main sur le mur. Presque immédiatement, il sentit une grande ouverture fermée par un volet roulant. Et juste à côté, une porte de taille normale. Verrouillée.

– Malcolm, murmura Asta, il y a une clé accrochée à un clou près de la porte.

La clé ouvrait la serrure, comme on pouvait l'espérer, et une seconde plus tard, ils se retrouvèrent à l'extérieur, dans une petite cour qui donnait sur la ruelle.

Malcolm tendit l'oreille encore une fois, mais il n'entendit que les bruits habituels de la ville. Pas de sirènes de police, pas de mouvement de foule, pas de coups de feu, pas de cris. Ils tournèrent à droite dans la ruelle pour regagner l'entrée du théâtre.

– Pour l'instant, tout va bien, commenta Asta.

Le hall du théâtre était éclairé. Et vide. Malcolm devina que les employés s'étaient enfuis. Il entra, sur ses gardes, tandis qu'Asta gravissait l'escalier pour monter au premier balcon. Des voix s'échappaient de la salle. Curieusement, elles n'exprimaient ni la colère ni la peur ; on aurait dit une commission qui discutait d'un point de règlement.

Une minute s'écoula. Malcolm s'apprêtait à pénétrer plus avant dans le théâtre quand une petite ombre surgit dans l'escalier et bondit sur le comptoir de la billetterie.

– Je ne comprends pas, murmura Asta. Les types armés sont sur scène et se disputent avec des personnes qui se trouvent dans la salle – des cultivateurs peut-être, difficile à dire, mais il y a des femmes aussi – et quelqu'un a déniché un tapis pour couvrir le corps du vieil homme qu'ils ont tué. Ils ont ramené le cadavre de leur chef sur scène également, et quelqu'un était en train de déchirer un rideau pour en faire un linceul.

– Et les gens dans la salle, que font-ils ?

– Je n'ai pas bien vu, mais la plupart sont toujours à leur place, et ils écoutent, on dirait. Oh, j'oubliais : Bryan est là lui aussi, sur scène, je veux dire. Il semble prendre des notes.

– Ils ne menacent plus les gens avec leurs armes ?

– Ils les ont toujours à la main, mais ils ne les pointent plus sur l'assistance.

– Je devrais peut-être y retourner.

– Pour quoi faire ?

Bonne question. Il ne pouvait pas faire grand-chose, a priori.

– Retournons Chez Calvi, alors, dit-il.

Il s'agissait du bar où il avait retrouvé Bryan Parker en début de soirée.

– C'est aussi bien, dit Asta.

Une demi-heure plus tard, Malcolm était attablé devant un verre de vin et une assiette de côtelettes grillées. Et comme il l'avait supposé, il vit entrer Parker. Il lui avança une chaise et fit signe au serveur.

– Eh bien, que s'est-il passé ? demanda Malcolm.

– Ils étaient complètement perdus. Ils ont ramené les otages sur scène et on a bien senti que quelque chose clochait dans leur plan. Sans savoir quoi, évidemment. Je prendrai la même chose que monsieur, dit Parker en s'adressant au serveur, qui hocha la tête et repartit.

– Et ensuite ?

– Là, coup de pot extraordinaire. Figurez-vous qu'Enver Demirel se trouvait dans la salle. Vous avez déjà entendu parler de lui ? Non ? C'est un politicien conservateur de l'Assemblée provinciale. Jeune, très brillant. Il s'est levé pour prendre la parole – il en fallait du courage, croyez-moi, car ces types armés étaient très nerveux – et il a proposé d'arbitrer un débat entre les différents camps. C'est à ce moment-là qu'on s'est tous aperçus que leur chef n'était plus là car visiblement, il n'était pas très ouvert aux discussions.

« Bref, ils ont accepté la proposition de Demirel et je dois admettre – même si je n'ai jamais été un de ses admirateurs – qu'il a été formidable. Il a fait retomber la tension. On a compris alors pourquoi les types semblaient affolés : leur chef avait été assassiné sans que personne s'en aperçoive, et le meurtrier avait fichu le camp.

– Incroyable.

– C'est là que j'ai décidé d'intervenir à mon tour. J'ai proposé de noter tout ce qui se disait. Ça fera un bon article. Demirel m'a reconnu et il a convaincu les types d'accepter. Et comme ça, petit à petit, on a évolué vers un débat pacifique.

– Astucieux.

– Attendez, ce n'est pas tout. Le grand mystère, c'était de savoir qui avait tué leur chef. Ils l'avaient découvert par terre dans les coulisses, la nuque brisée. Était-il tombé ? Avait-il été agressé ? Si oui, par qui ? Ils n'avaient vu personne dans les parages. Les otages étaient aussi perplexes que les hommes des montagnes, et aussi terrifiés. C'est alors que Demirel a introduit la notion de justice divine. Pour être précis, il a entendu cette réflexion dans la bouche d'un des otages et s'en est habilement servi, se contentant d'évoquer cette notion, pour lui laisser le temps de faire son chemin dans les esprits. C'était leur chef qui avait tué le cultivateur. La vengeance s'est exercée si rapidement qu'elle avait très certainement une origine surnaturelle.

– Oui, c'est fort probable.

– Soudain, quelqu'un a demandé si tous les otages qui avaient été choisis étaient encore là. Ils se sont mis à compter, et il y a eu un tas de discussions pour savoir si telle ou telle personne faisait partie des otages. Finalement, ils sont tombés d'accord pour dire que, en l'absence d'une autre explication possible, il devait certainement y avoir un ange parmi les otages. Et il avait frappé leur chef pour le punir d'avoir abattu ce cultivateur. Après quoi, il s'était volatilisé, sans doute pour remonter au ciel.

– C'est sûr.

– Ou pour retourner Chez Calvi.

– Non. Improbable, dit Malcolm, impassible.

Le serveur apporta les côtelettes de Parker et Malcolm commanda une autre bouteille de vin.

– Bref, reprit le journaliste, Demirel a convaincu les types de lui remettre leurs armes, en échange de quoi ils pourraient quitter le théâtre et disparaître dans la nature. Cela a donné lieu à une nouvelle discussion, à l'issue de laquelle ils ont accepté ce marché. J'avoue que j'ai changé d'avis sur cet homme. Il a agi avec brio. Il a complètement retourné la situation en entraînant ces types sur le terrain de la rationalité et, à partir de là, tout le monde a compris qu'il valait mieux les laisser repartir impunis plutôt que de risquer un massacre. Finalement, tout le monde y trouvait son compte. Sauf ce pauvre cultivateur, évidemment.

– Exact. Dites-moi, Bryan… ce jeune homme a employé une formule : « la Confrérie du Saint Objectif ». Vous l'aviez déjà entendue ?

Le journaliste secoua la tête.

– Non. C'était la première fois. Ça ressemble à tous ces slogans dont raffolent ces fanatiques.

– Oui, sans doute. Quoi qu'il en soit, vous avez tenu promesse.

– Comment ça ?

– Vous m'avez montré quelque chose d'intéressant. Je vous ressers un verre ?

27
Le Café Antalya

L'après-midi était bien avancé, le soleil avait déjà disparu derrière les montagnes et le fond de l'air fraîchissait rapidement. Lyra devait se dépêcher de trouver un endroit où dormir. Elle prit la direction du centre-ville, passant devant des immeubles d'habitation et de bureaux, des ministères et des banques, et bientôt, la lumière du jour fut remplacée par celle des lampes à naphte suspendues devant les boutiques ou celles, plus éclatantes, des lampes à gaz qui illuminaient les fenêtres et les portes ouvertes. Dans l'atmosphère flottaient de délicieuses odeurs de viande grillée et de pois chiches aux épices, et Lyra s'aperçut qu'elle avait faim.

Le premier hôtel qu'elle choisit la refusa d'emblée. Le regard rempli de superstition horrifiée du réceptionniste servit d'explication. Elle essuya un nouveau refus dans le deuxième hôtel, accompagné cette fois de regrets et d'excuses. Les deux établissements étaient de modestes pensions de famille, dans des rues tranquilles, très éloignés des vastes palaces rutilants qui recevaient les hommes d'État, les ploutocrates et les riches touristes. Peut-être serait-elle plus à son aise dans un de ces établissements, songea-t-elle, mais le prix la faisait frémir.

Le troisième hôtel dont elle poussa la porte fut plus accueillant, en ce sens que la jeune femme assise à la réception se montra totalement indifférente pendant que Lyra remplissait le registre et replongea dans son magazine aussitôt qu'elle lui eut donné la clé de sa chambre. Seul son dæmon-chien, visiblement inquiet, émit un faible gémissement et se cacha derrière sa chaise lorsque Lyra passa devant lui.

La chambre était exiguë, miteuse et surchauffée, mais la lumière fonctionnait et un petit balcon surplombait la rue. Lyra réalisa qu'elle pouvait installer une chaise à moitié sur le balcon, à moitié dans la chambre, et s'y asseoir pour contempler ce qui se passait dehors.

Elle ressortit brièvement, après avoir soigneusement verrouillé la porte, et revint avec un sac en papier taché de gras qui enveloppait une sorte de sandwich fourré de viande grillée et de poivrons, et une bouteille contenant une boisson d'une couleur orange improbable. Assise sur le balcon, elle mangea et but sans grand plaisir ; la viande était caoutchouteuse et le soda écœurant. Au moins, elle entretenait ses forces, se dit-elle.

La rue était étroite, mais propre et bien éclairée. Sur le trottoir d'en face se trouvait un café dont la terrasse était déserte, mais l'intérieur bondé et tout illuminé. Des commerces, à droite et à gauche, vendaient des articles de quincaillerie, des chaussures, des journaux et des feuilles à fumer, des vêtements bon marché, des friandises. Malgré l'heure tardive, ils étaient tous encore ouverts. Des gens flâ-naient ou bavardaient avec des amis, parfois assis autour d'un narguilé. D'autres marchandaient avec les commerçants.

Lyra alla chercher une couverture sur le lit, éteignit la lumière de la chambre et revint s'asseoir confortablement pour assister au spectacle de la rue. Elle avait envie de voir des gens accompagnés de leurs dæmons, elle avait soif de ce sentiment de complétude. Il y avait là un petit homme corpulent, chauve et moustachu, vêtu d'une ample chemise bleue, qui n'avait pas quitté le seuil de sa boutique depuis que Lyra s'était postée sur le balcon, et il ne semblait pas décidé à bouger, si ce n'était pour laisser entrer ou sortir un client. Son dæmon, un singe doté d'une voix puissante et enjouée, piochait des cacahouètes dans un sachet et entretenait une conversation animée avec l'homme et les amis de celui-ci, très nombreux, qui s'arrêtaient pour tuer le temps. Lyra remarqua également un mendiant assis sur le trottoir. Sur ses genoux était appuyé un luth dont il tirait parfois quelques notes tristes, avant de s'interrompre pour demander l'aumône. Un peu plus loin, une femme portant un foulard noir sur la tête était plongée dans une discussion interminable avec deux amies, pendant que leurs enfants se chamaillaient et volaient des bonbons sur un étal.

Lyra observa la scène : leurs dæmons surveillaient le commerçant mine de rien, puis faisaient signe aux enfants, qui passaient à l'attaque, vifs comme des serpents, dès qu'il détournait le regard une seconde. Les mères, conscientes de ce manège, acceptaient les bonbons que leur tendaient les enfants, sans interrompre leur conversation.

Parfois, une paire de policiers, pistolet à la ceinture, casque baissé sur les yeux, patrouillait dans la rue pour surveiller ce qui se passait. Les gens évitaient de croiser leur regard. Leurs dæmons, de gros chiens puissants, marchaient sur leurs talons.

Lyra repensa à l'histoire de la princesse. Elle aurait aimé connaître le nom de cette danseuse, et savoir s'il existait une photo d'elle quelque part dans les archives d'un journal du Levant. Que se passait-il quand des personnes tombaient amoureuses ? Elle avait suffisamment entendu parler des histoires d'amour de ses amies pour savoir que les dæmons compliquaient les choses, mais quand ça fonctionnait, ils renforçaient les sentiments. Certaines filles semblaient attirées par tel ou tel garçon, alors que leurs dæmons demeuraient indifférents, voire hostiles. Parfois, l'inverse se produisait : les dæmons se vouaient une passion mutuelle, alors que leurs humains n'éprouvaient que dégoût l'un pour l'autre. Le récit de la princesse lui avait fait découvrir un autre cas de figure. Se pouvait-il cependant, comme elle l'avait dit, qu'un amour feint se transforme en authentique amour ?

Blottie sous la couverture, Lyra continua à contempler la rue. L'homme corpulent en chemise bleue avait allumé un petit cigare, qu'il passait au singe perché sur son épaule, tandis qu'il bavardait avec deux autres hommes dont les dæmons partageaient un sachet de noix. Ils brisaient les coquilles entre leurs dents et les jetaient dans le caniveau. Le joueur de luth avait trouvé une autre mélodie, et un public composé de deux garçonnets qui, main dans la main, le dévoraient des yeux et hochaient la tête en même temps que son dæmon, au rythme de la musique. Les femmes et leurs petits voleurs de bonbons avaient disparu.

Le marchand de friandises était occupé à étirer un écheveau de caramel roux.

Peu à peu, Lyra sentit son moral remonter. Elle ne s'était pas véritablement débarrassée de son anxiété, parce que celle-ci était omniprésente, inscrite dans chacune des molécules du monde, semblait-il. Mais elle s'évanouissait, à l'image de ces gros nuages gris qui se désagrégeaient, formant des filaments, avant de se disperser dans l'invisible, laissant derrière eux un ciel immense et clair. Lyra avait la sensation que tout son être, y compris Pan l'absent, devenait plus léger, plus lumineux. Il avait dû arriver quelque chose de bien à son dæmon, pensa-t-elle.

Puis son esprit dériva vers les roses et la Poussière. La rue en contrebas en était saturée. Les existences humaines la généraient et, en retour, la Poussière les alimentait, les enrichissait ; elle embrasait chaque chose, qui semblait alors avoir été touchée par de l'or. Lyra pouvait quasiment la voir. Cela faisait naître en elle un sentiment qu'elle n'avait pas éprouvé depuis si longtemps qu'il lui était devenu étranger, et elle l'accueillit presque avec appréhension : la conviction apaisante, présente en chaque circonstance, que tout allait bien et que le monde était sa véritable maison, comme s'il existait de puissantes forces secrètes qui la protégeaient.

Elle resta assise là pendant une heure, sans avoir conscience du temps, soutenue par ce nouvel état d'esprit, étrange, puis elle alla se coucher et s'endormit aussitôt.

Pantalaimon faisait route vers le sud. Et l'est. C'était tout ce qu'il pouvait dire. Car il demeurait sur l'eau aussi longtemps qu'il le pouvait : fleuves, lacs ou mers, peu importait du moment qu'il avait la possibilité de plonger et de s'enfuir. Il évitait les villes et les villages et, à mesure qu'il s'enfonçait dans des paysages de plus en plus rudes et inconnus, il avait l'impression de devenir de plus en plus sauvage lui aussi, comme s'il était réellement une martre des pins.

Pourtant, il était un être humain, ou plutôt il faisait partie d'un être humain et, comme Lyra, il se sentait triste, coupable et affreusement seul. S'il la revoyait un jour, il se précipiterait vers elle. Il imaginait la scène : elle se baisserait afin de l'accueillir à bras ouverts, ils se jureraient un amour éternel et feraient le serment de ne plus jamais se quitter. Tout redeviendrait comme avant. En même temps, il savait que ce n'était pas possible. Mais il devait se raccrocher à quelque chose au cours des longues nuits noires, et il n'avait que son imagination.

Quand il la revit enfin, elle était assise à l'ombre d'un olivier par un après-midi caniculaire, et semblait dormir. Son cœur fit un bond dans sa poitrine et il fonça vers elle…

Mais bien évidemment, ce n'était pas Lyra. C'était une fille un peu plus jeune, d'environ seize ans, la tête couverte d'un châle, affublée de vêtements qui ne lui appartenaient pas car ils offraient un mélange de pièces chics et miteuses, neuves et usées, trop grandes ou trop petites. Elle paraissait épuisée. Affamée. Sale. Elle avait pleuré avant de s'endormir, ou peut-être durant son sommeil, car ses larmes avaient laissé des traces sur ses joues. Elle semblait venir d'Afrique du Nord et elle n'avait pas de dæmon.

Pan jeta des regards prudents autour de lui, puis il observa la fille sous tous les angles. Aucun doute, elle était seule. Aucun dæmon, même aussi petit que la plus petite des souris, ne se cachait près d'elle ni ne dormait en boule à côté de sa tête qui reposait sur un tapis de mousse poussiéreuse.

Par conséquent, elle était en danger. Pan sauta dans l'olivier au-dessus d'elle, sans un bruit, et grimpa de branche en branche jusqu'à ce qu'il puisse voir l'ensemble du paysage : le scintillement bleu de la mer, la pierre presque blanche de la montagne sur le flanc de laquelle poussaient des arbres, et le vert jauni de l'herbe que broutaient quelques moutons faméliques…

Des moutons. Il y avait donc un berger dans les environs, songea Pan. Mais il ne voyait personne. La fille et lui semblaient être les seuls êtres humains vivants. Il pourrait veiller sur elle, se dit-il. Faire semblant d'être son dæmon et la protéger, au moins des soupçons.

Il redescendit de l'arbre et s'installa aux pieds de la fille pour somnoler.

Quand elle se réveilla, peu de temps après, elle se redressa lentement et douloureusement, en se frottant les yeux. Apercevant Pan, elle se leva d'un bond et recula.

Elle dit quelque chose, qu'il ne comprit pas. Elle savait qu'il était un dæmon, et elle cherchait son humain d'un air terrorisé.

Pan se remit sur ses pattes et la salua d'un signe de tête.

– Je m'appelle Pantalaimon. Tu parles anglais ?

De nouveau, elle regarda autour d'elle, les yeux écarquillés, encore pleins de sommeil, comme s'il s'agissait d'un rêve.

– Où est ton…, demanda-t-elle.

– Je ne sais pas. Je la cherche et elle doit sans doute me chercher aussi. Et toi, où est ton dæmon ?

– Notre bateau a coulé. J'ai cru qu'il était mort, mais c'est impossible, vu que je suis toujours vivante. Pourtant, je ne le trouve nulle part. Comment tu t'appelles, déjà ?

– Pantalaimon. Et toi ?

– Nur Huda el-Wahabi.

Encore ensommeillée, lentement elle se rassit.

– Ça fait très bizarre, dit-elle.

– Oui, c'est vrai. Mais j'ai eu un peu plus de temps que toi pour m'y habituer, je suppose. On est séparés depuis… Je ne m'en souviens pas, mais ça fait longtemps. Quand as-tu fait naufrage ?

– Dans la nuit d'avant-hier… Non, celle d'avant… Je ne sais plus. Ma famille… ma mère, ma petite sœur, ma grand-mère… On était toutes dans un petit bateau, à cause des hommes des montagnes… et un gros bateau nous est rentré dedans. On est tous tombés à l'eau. Les marins du gros bateau ont essayé de nous sauver, mais certains d'entre nous ont été emportés. J'ai crié, crié, à en avoir mal à la gorge. Mon dæmon n'était plus avec moi, j'étais terrorisée, j'avais mal partout et je ne voyais rien ni personne dans le noir. J'étais certaine que j'allais mourir noyée… C'était affreux comme sensation. Et puis, quand le soleil s'est levé, j'ai aperçu des montagnes, alors j'ai essayé de nager dans cette direction. Finalement, j'ai trouvé une plage, j'ai réussi à l'atteindre et je me suis endormie sur le sable. Il fallait que je me cache au cas où… Tu comprends ?

– Oui. Évidemment. Lyra doit en faire autant, j'imagine.

– Elle s'appelle Lyra ? J'ai été forcée de voler… ces vêtements, par exemple. Pour manger aussi. J'ai tellement faim.

– Comment se fait-il que tu parles aussi bien ma langue ?

– Mon père est diplomate. On a vécu à Londres pendant quelque temps quand j'étais plus jeune. Puis il a été envoyé en poste à Bagdad. On ne craignait rien jusqu'à l'arrivée des hommes des montagnes. Beaucoup de gens ont dû s'enfuir. Mon père, lui, a été obligé de rester. Il nous a mises sur un bateau.

– Qui sont ces hommes des montagnes ?

– Personne ne le sait. Ils viennent des montagnes, d'où leur nom, et… (Elle haussa les épaules.) Les gens tentent de fuir. Ils partent vers l'Europe, mais où ? Je ne sais pas. J'ai envie de pleurer, mais j'ai déjà tellement pleuré que je n'ai plus de larmes. Je ne sais pas si maman est toujours en vie. Ou papa, Aisha, Jida…

– Mais tu sais que ton dæmon est vivant.

– Oui. Il est vivant, quelque part.

– On le retrouvera peut-être. As-tu entendu parler de l'Hôtel Bleu ? Al-Khan al-Azraq ?

– Non. C'est quoi ?

– Un endroit où vont les dæmons. Les dæmons sans humains. C'est là que je vais.

– Pourquoi tu vas là-bas si ta Lyra est ailleurs ?

– Je ne sais pas où aller, sinon. Ton dæmon y est peut-être.

– Comment tu appelles ça ? Le Khan Bleu ?

– Al-Khan al-Azraq. Je crois que les gens ont peur de cet endroit.

– Ça ressemble à Villelune. Ou à la Cité de la Lune. Je ne sais pas comment on dit dans ta langue.

– Tu sais où c'est ? demanda aussitôt Pan.

– Non. C'est quelque part dans le désert. Quand j'allais à l'école à Bagdad, les autres élèves parlaient de ce lieu où il y avait des brumelins, des goules et des personnes décapitées. Des choses horribles. Ça me faisait peur. Et puis, j'ai commencé à me dire que ça n'existait certainement pas. Ça existe pour de bon, alors ?

– Je ne sais pas. Mais je suis bien décidé à le savoir.

– Tu penses vraiment que mon dæmon pourrait être là-bas ?

Cette fille lui rappelait Lyra quelques années plus tôt, avant leur éloignement : impatiente, curieuse, franche, encore à moitié enfant, mais déjà marquée par la souffrance.

– Oui, répondit-il.

– Est-ce que je pourrais…

– Pourquoi est-ce qu'on ne…, dirent-ils en même temps.

– Je pourrais faire semblant d'être ton dæmon, suggéra Pan. On pourrait voyager ensemble. Personne ne se douterait de rien, si on se comportait normalement.

– Tu crois ?

– Ça m'aiderait, moi aussi. Énormément. Je t'assure.

Quelque part en contrebas, quelqu'un s'était mis à jouer du pipeau. Provoquant un tintement de cloches mélodieux lorsque les moutons commencèrent à se déplacer.

– Alors, c'est d'accord, dit Nur Huda.

Au matin, Lyra se souvint de cette impression de sérénité et de certitude absolue, comme s'il s'agissait d'un rêve, inachevé mais puissant malgré tout. Elle espérait en conserver le souvenir le plus longtemps possible, afin de s'y replonger lorsqu'elle en aurait besoin.

La journée promettait d'être chaude. Le printemps approchait et, sans qu'elle sache pourquoi, cela évoquait dans son esprit un des documents qu'elle avait trouvés dans le portefeuille du Dr Hassall assassiné : la brochure de la compagnie maritime qui dressait la liste de toutes les escales d'une croisière à bord du *Zenobia*, parmi lesquelles figurait Smyrne. Quelqu'un avait noté « Café Antalya, square Souleïman, 11 h » face à la date d'arrivée du bateau. Elle avait plusieurs semaines d'avance, mais elle pouvait quand même aller jeter un coup d'œil à ce Café Antalya, et peut-être y prendre un petit déjeuner.

Avant cela, elle alla acheter quelques habits : une jupe à fleurs, une tunique blanche et des sous-vêtements. Soucieuse de respecter les coutumes, elle marchanda les prix avec le propriétaire de la boutique, qui n'était autre que l'homme à la chemise bleue. S'il se montra indifférent au fait qu'elle n'ait pas de dæmon, son dæmon-singe sauta sur une étagère, aussi loin qu'il le put. Mais Lyra parvint à demeurer si calme et détachée que le singe fut simplement décontenancé.

Elle regagna son hôtel, se lava les cheveux, les sécha vigoureusement et secoua la tête pour les laisser se placer comme ils voulaient. Sur ce, elle enfila ses nouveaux vêtements, régla sa note et partit en quête du square Souleïman.

L'air était frais et clair. Lyra acheta un plan du centre-ville et parcourut à pied le kilomètre environ qui la séparait de la place ombragée par des arbres qui commençaient à retrouver leurs feuilles et dominée par la statue d'un général turc bardé de médailles.

Le Café Antalya était un vieil établissement tranquille aux tables couvertes de nappes blanches et aux murs tapissés de lambris en bois sombre. Le genre d'endroit où une jeune femme seule, qui plus est privée de son dæmon, aurait pu se sentir indésirable car il s'en dégageait une atmosphère de rigidité masculine et démodée, mais le serveur âgé lui indiqua une table avec la plus grande courtoisie. Après avoir commandé un café et des pâtisseries, elle regarda les autres clients qui l'entouraient : des hommes d'affaires, peut-être, des parents avec une jeune famille, quelques vieux messieurs à l'élégance recherchée, un autre coiffé d'un fez. Un homme seul notait des choses dans un carnet, frénétiquement. En attendant qu'on lui apporte son café, Lyra s'amusa à un petit jeu digne d'Oakley Street en l'observant à la dérobée. Il portait un costume de lin, une chemise bleue et une cravate verte. Un panama reposait sur une chaise à côté de lui. Il avait une quarantaine d'années, ou la petite cinquantaine. Blond, svelte, fort et énergique. Un journaliste peut-être.

Le serveur apporta à Lyra son café, un plateau de pâtisseries sophistiquées et une petite carafe d'eau. Elle songea : « Pan dirait que j'ai intérêt à me contenter d'un seul gâteau. » À l'autre bout de la salle, le journaliste fermait son carnet. Sans avoir besoin de regarder, elle savait que son dæmon – une petite chouette blanche aux grands yeux jaunes ourlés de noir – la fixait. Elle but une gorgée de café, brûlant et incroyablement sucré. Le journaliste se leva, mit son chapeau et marcha droit dans sa direction pour atteindre la sortie, mais il s'arrêta devant elle, ôta son chapeau et demanda, tout bas :

– Mademoiselle Lyra Belacqua ?

Elle sursauta. Le dæmon-chouette, posé sur l'épaule de l'homme, avait un regard féroce. L'homme, lui, affichait une expression amicale, perplexe, vaguement inquiète, mais surtout étonnée. Il avait un accent de Néo-Danois.

– Qui êtes-vous ? demanda-t-elle.

– Je m'appelle Schlesinger. Bud Schlesinger. Si je vous disais : Oakley Street…

Lyra entendit alors la voix de Farder Coram lui faisant la leçon dans la douce chaleur de son bateau, et elle répondit :

– Si vous me disiez ça, je serais obligée de répondre : où est Oakley Street ?

– Oakley Street n'est pas à Chelsea.

– C'est exact, dans un sens.

– Dans un sens, elle va jusqu'à l'Embankment.

– À ce qu'il paraît… Monsieur Schlesinger, que se passe-t-il, nom d'un chien ?

Ils parlaient à voix basse.

– Puis-je m'asseoir avec vous un instant ?

– Je vous en prie.

C'était un homme aux manières décontractées, chaleureuses. Peut-être était-il plus déconcerté que Lyra par cette rencontre.

– Qu'est-ce que…

– Comment…

Ils avaient parlé en même temps, mais ils ne purent en rire car ils étaient encore sous le coup de la surprise.

– Vous d'abord, dit Lyra.

– Dois-je vous appeler Belacqua ou Parle-d'Or ?

– Dans le temps, je m'appelais Belacqua. Maintenant, je préfère l'autre nom. Entre amis. Mais… Oh, c'est compliqué. Comment avez-vous su qui j'étais ?

– Vous êtes en danger. Je vous cherche depuis plus d'une semaine. Un appel général a été lancé, parmi les agents d'Oakley Street, afin de vous localiser car le Haut Conseil du Magisterium – vous avez entendu parler de la nouvelle Constitution – a ordonné votre arrestation. Vous le saviez ?

Lyra fut prise de vertiges.

– Non. Vous me l'apprenez.

– Aux dernières nouvelles, vous étiez à Buda-Pesth. Quelqu'un vous y a vue, sans pouvoir établir le contact.

Et puis, on vous a signalée à Constantinople, mais cela n'a pas été confirmé.

– Je me suis efforcée de ne laisser aucune trace. Mais… pour quelle raison le Magisterium veut-il me faire arrêter ?

– Pour blasphème, entre autres choses.

– Ce n'est pas interdit par la loi…

– Pas en Grande-Bretagne. Pas encore. La décision n'a pas été rendue publique. Votre tête n'est pas officiellement mise à prix, ni rien de ce genre. Toutefois, le conseil a laissé entendre, à demi-mot, que votre arrestation ferait plaisir à l'Autorité. Compte tenu du contexte actuel, c'est suffisant pour justifier une mise en œuvre.

– Comment m'avez-vous reconnue ?

Schlesinger prit dans sa poche un carnet d'où il sortit un portrait de Lyra, un agrandissement du photogramme de classe pour lequel elle avait posé avec ses camarades lors de leur entrée à Sainte-Sophia.

– Des centaines de tirages circulent, expliqua-t-il. Accompagnés du nom de Belacqua. J'étais sur le qui-vive, non pas parce que je m'attendais à vous voir débarquer à Smyrne, mais parce que je connais Malcolm Polstead.

– Vous connaissez Malcolm ? Comment ?

– J'ai fait mon doctorat à Oxford, il y a de cela… vingt ans, je dirais. À l'époque de la grande inondation. C'est à ce moment-là que j'ai fait sa connaissance mais, évidemment, il était encore enfant.

– Savez-vous où il est ?

– Là, maintenant ? Non. Mais il m'a écrit il y a peu, en joignant à son courrier une lettre pour vous. Sous le nom de Parle-d'Or. Cette lettre se trouve dans mon coffre, chez moi. Il m'a chargé de vous retrouver.

– Une lettre… Vous habitez loin d'ici ?

– Non, pas très. C'est l'affaire d'une minute. Apparemment, Malcolm fait route vers l'est. Une grosse opération est en cours concernant l'Asie centrale. Il n'a pas voulu en dire davantage. Mais nous avons été avertis de rumeurs semblables de la part de nos yeux et de nos oreilles sur place.

– Je pense savoir de quoi il s'agit. Ça se passe dans le désert du Xinjiang, près de Lop Nor, un endroit où… où les dæmons ne peuvent pas aller.

Celui de Schlesinger intervint :

– Tunguska.

– Oui, quelque chose comme ça, dit Lyra. Mais plus au sud.

– Tunguska ? Là où vont les sorcières ?

– Oui. Mais pas exactement. Ça y ressemble, mais c'est ailleurs.

– Je ne peux m'empêcher de remarquer…

– Comme tout le monde.

– Désolé.

– Il n'y a pas de raison. C'est normal. Comme les sorcières, je suis capable de me séparer de mon dæmon. Mais un jour, il a disparu et, avant de faire quoi que ce soit d'autre, je dois le retrouver. C'est pourquoi je me rends dans un endroit appelé… l'Hôtel Bleu. Ou parfois la Cité de la Lune. Madinat al-Qamar.

– Ce nom me dit vaguement quelque chose… Quel est donc cet endroit ?

– Une simple légende de voyageurs, peut-être. On raconte qu'il existe une cité en ruine habitée par des dæmons. Des balivernes, si ça se trouve. Mais je dois aller voir.

– Prudence, lui conseilla le dæmon-chouette.

– Ce sont peut-être des fantômes, et pas des dæmons. Je

ne sais même pas où se situe exactement cette cité. (Lyra poussa le plateau de pâtisseries vers Schlesinger, qui en prit une.) Si vous deviez emprunter la route de la soie jusqu'à Lop Nor, comment feriez-vous ?

– Vous tenez absolument à emprunter cet itinéraire, plutôt que de prendre le train par exemple, jusqu'en Moscovie, et de traverser la Sibérie ?

– Oui. Je veux suivre cette route, car j'espère bien apprendre un tas de choses en chemin.

– Oui, vous avez raison. Dans ce cas, le mieux c'est d'aller jusqu'à Alep. Le terminus occidental, si je peux m'exprimer ainsi, d'une des routes principales. Là, vous pourrez vous joindre à une caravane jusqu'à sa destination. Je peux même vous donner le nom de l'homme à contacter.

– Qui est-ce ?

– Il s'appelle Mustafa bey. Bey est un titre de politesse. C'est un marchand. Lui-même ne voyage plus beaucoup, mais il a des intérêts dans de nombreuses entreprises, des caravanes, des cités, des usines, d'un bout à l'autre de la route de la soie. En vérité, il ne s'agit pas d'un itinéraire unique, mais vous le savez déjà, j'imagine. C'est un réseau de routes et de pistes. Certaines descendent vers le sud et contournent un désert ou une chaîne de montagnes, alors que d'autres partent vers le nord. Ça dépend du choix fait par le chef de la caravane.

– Si je vais voir cet homme, Mustafa bey, va-t-il se méfier de moi ? À cause de mon apparence ?

– Je ne pense pas. Je ne le connais pas très bien mais, à mon avis, il ne s'intéresse qu'au profit. Si vous voulez voyager avec une de ses caravanes, montrez-lui simplement que vous avez de quoi payer.

– Où puis-je le trouver ? Il est très connu là-bas ?

– Oui, très. L'endroit où vous avez le plus de chances de le trouver est un café baptisé Marletto. Il y est tous les matins.

– Merci. Je m'en souviendrai. Savez-vous pourquoi je suis venue dans ce café aujourd'hui ?

– Non. Pourquoi ?

Lyra lui parla de la brochure de la compagnie maritime et du rendez-vous prévu dans ce lieu.

– La brochure se trouvait sur le cadavre d'un homme assassiné à Oxford, alors qu'il venait de Tash-Bulak, l'endroit auquel s'intéresse Oakley Street. C'était un botaniste qui travaillait sur les roses. Nous pensons qu'il a été tué pour cette raison. En revanche, nous ignorons qui doit se rendre à ce rendez-vous.

Schlesinger nota quelque chose dans son carnet.

– J'y serai, déclara-t-il.

– Monsieur Schlesinger, travaillez-vous à plein temps pour Oakley Street ?

– Non. Je suis diplomate. Mais j'ai avec Oakley Street de très anciens liens d'amitié. En outre, j'ai foi dans leurs idéaux. Smyrne est une sorte de carrefour, il y a toujours des choses à voir, des gens à surveiller. Et parfois, quelque chose à faire. Les agents d'Oakley Street sont-ils informés de votre projet ? Ont-ils connaissance de votre désir de visiter cet Hôtel Bleu… s'il existe ?

Lyra réfléchit un instant avant de répondre :

– Je ne sais pas. J'en ai parlé à un certain Coram Van Texel, un gitan des Fens, ancien agent d'Oakley Street. Un vieil ami. Digne de confiance. Toutefois… à la réflexion, je ne suis plus très sûre de vouloir me rendre à l'Hôtel Bleu. Tout cela me semble improbable. Une histoire digne de la communauté des esprits.

Elle avait utilisé cette expression afin de savoir si Schlesinger l'avait déjà entendue, mais son expression trahissait uniquement de la perplexité.

– Maintenant que vous m'avez confié votre projet, je suis dans l'obligation de transmettre l'information.

– Je comprends. Quel est le meilleur moyen d'atteindre Alep ?

– Il existe une très bonne liaison ferroviaire bihebdomadaire. Je crois même qu'un train part demain. Écoutez, mademoiselle Parle-d'Or, je m'inquiète pour votre sécurité. Vous ressemblez trop à votre portrait. N'avez-vous pas songé à vous déguiser ?

– Non, avoua Lyra. Je pensais que l'absence de dæmon constituait une sorte de déguisement. Les gens évitent de me regarder car ils ont peur ou sont écœurés. Ils détournent la tête. J'ai fini par m'y habituer. J'essaie de passer inaperçue. De me rendre invisible, comme les sorcières. Et parfois, ça marche.

– Puis-je faire une suggestion ?

– Bien sûr.

– Ma femme a fait du théâtre autrefois. Il lui est arrivé de changer l'apparence de quelqu'un. Oh, juste quelques détails qui incitent les gens à voir quelqu'un d'autre quand ils vous regardent. Acceptez-vous de m'accompagner chez moi pour qu'elle vous aide ? Nous en profiterons pour récupérer la lettre de Malcolm.

– Votre femme est chez vous ?

– Elle est journaliste. Elle travaille à la maison aujourd'hui.

– Pourquoi pas ? répondit Lyra.

Pourquoi faisait-elle confiance à Bud Schlesinger ? Il connaissait l'existence d'Oakley Street, et il savait que Malcolm faisait route vers l'Asie centrale lui aussi, mais un ennemi pouvait savoir ces choses-là et s'en servir pour lui tendre un piège. À cause de son humeur aussi, en partie. La matinée était radieuse ; toutes les choses étaient intensément elles-mêmes. Le général turc sur son socle de pierre avait une lueur espiègle dans le regard. Lyra sentait qu'elle pouvait faire confiance au monde entier.

Et donc, vingt minutes plus tard, elle sortit de l'ascenseur antédiluvien, tremblotant et grinçant de l'immeuble de Schlesinger et attendit pendant qu'il ouvrait la porte de son appartement.

– Veuillez excuser la modestie des lieux.

C'était un logement au décor assurément coloré. Des tapisseries et autres étoffes ainsi que des dizaines de tableaux étaient accrochés sur chaque mur, quand ils ne disparaissaient pas derrière les bibliothèques. Anita, l'épouse de Schlesinger, était haute en couleur elle aussi. Mince, brune, elle portait un sarrau violet et des babouches. Son dæmon était un écureuil.

Pendant que Bud Schlesinger l'informait de la situation, elle examina Lyra avec un vif intérêt, mais c'était de la curiosité professionnelle, pleine de chaleur humaine et de compassion. Lyra prit place sur un grand canapé en essayant de faire comme si de rien n'était.

– Bien, lâcha Anita. (Elle aussi venait du Nouveau Danemark, mais son accent était un peu moins prononcé que celui de son mari.) J'ai trois suggestions à vous faire. La première est très simple : vous portez des lunettes. Avec des verres neutres. J'en ai une paire. Deuxième suggestion :

vous vous coupez les cheveux. Enfin, troisième suggestion : vous les teignez. Qu'en pensez-vous ?

– Je m'interroge. Est-ce que ça fera une grosse différence ?

– Vous n'essayez pas de berner vos amis ou des gens qui vous connaissent bien. Ça ne marcherait pas. Ce que vous voulez, c'est qu'une personne qui a en tête l'image d'une fille plutôt blonde, sans lunettes, ne s'arrête pas sur vous. Car ils cherchent quelqu'un d'autre. C'est superficiel, mais c'est au niveau superficiel que se déroulent la plupart des interactions. Savent-ils que vous n'avez plus votre dæmon ?

– Je n'en suis pas sûre.

– C'est une caractéristique frappante.

– Je sais. J'ai tenté de me rendre invisible...

– Oh, ça me plairait beaucoup ! Vous m'expliquerez comment vous faites. En attendant, puis-je vous couper les cheveux ?

– Oui. Et teignez-les aussi. Je comprends bien ce que vous m'expliquez. Merci.

Bud alla chercher la lettre de Malcolm, après quoi il dut s'absenter. Il serra la main de Lyra en disant :

– Croyez-moi, vous courez un grave danger. Ne l'oubliez pas. Peut-être serait-il plus prudent de rester à Smyrne jusqu'à l'arrivée de Malcolm. Nous pourrions vous cacher.

– Merci. Je vais réfléchir.

Lyra brûlait d'impatience de lire la lettre, mais elle la mit de côté et reporta toute son attention sur Anita, désireuse d'en savoir plus sur les sorcières et leur méthode pour se rendre invisibles. Lyra lui raconta ce qu'elle savait, ce qui l'amena à parler de Will, lui aussi capable de réaliser le même tour sans le savoir. De là, elle en vint à évoquer

Malcolm, et ce qu'il lui avait raconté au sujet de l'inondation. Elle ignorait tout cela à l'époque où elle était son élève, expliqua-t-elle, et maintenant, elle le voyait d'un autre œil.

Cela faisait bien longtemps qu'elle n'avait pas eu ce genre de conversation, et elle découvrait à quel point ces échanges décontractés, amicaux, lui avaient manqué. « Chargée de mener un interrogatoire, cette femme serait redoutable », pensa-t-elle. On ne pouvait s'empêcher de se confier à elle. Lyra se demandait combien de fois elle avait aidé son mari dans des affaires liées à Oakley Street.

Pendant ce temps, Anita lui coupait les cheveux, petit à petit, reculant pour juger du résultat dans le miroir.

– Le but, c'est de modifier la forme de votre tête, expliqua-t-elle.

– Dit comme ça, c'est inquiétant.

– Sans opération chirurgicale. Vos cheveux épais et naturellement bouclés ont du volume, même s'ils ne sont pas très longs. Ce qu'on veut, c'est les rendre un peu plus discrets. La teinture apportera un gros changement. Mais ce que vous appelez être invisible dépend énormément de la manière dont on se tient. Je le reconnais. J'ai joué avec Sylvia Martine une fois.

– Ah bon ? Je l'ai vue dans le rôle de Lady Macbeth. Terrifiante.

– Elle maîtrisait totalement son talent. Un jour, je marchais avec elle dans la rue. Nous sortions de répétition. Les gens nous croisaient sans faire attention à elle. Et soudain, elle m'a dit – vous savez qu'elle s'appelait Eileen Butler, en réalité ? –, elle m'a dit : « Faisons apparaître Sylvia. » Je ne comprenais pas ce qu'elle voulait dire. Mais nous parlions du public, des admirateurs, et elle a prononcé cette phrase.

« … Son dæmon était un chat, vous vous en souvenez certainement si vous l'avez vue sur scène. Un chat tout à fait ordinaire. Mais il lui est arrivé quelque chose subitement, ou bien il a fait quelque chose, en une fraction de seconde… Je ne sais pas comment expliquer ça… Il est devenu plus visible. Comme si on avait braqué un projecteur sur lui. Idem pour elle. Eileen Butler, jolie femme, mais passante ordinaire, s'est transformée en Sylvia Martine, et tout le monde dans la rue l'a reconnue. Les gens l'ont abordée, ils lui ont réclamé des autographes. En moins d'une minute, elle était encerclée. La scène se déroulait devant un hôtel. Je pense qu'elle savait ce qui allait se passer, et qu'elle avait choisi un endroit qui offrait une issue. Le portier nous a laissées entrer et il a repoussé tous les admirateurs. Là, elle est redevenue Eileen Butler. Je n'étais pas une mauvaise actrice, mais elle, c'était une star, et la différence est gigantesque, magique. Il y a là quelque chose de surnaturel. Je n'ai pas osé lui demander comment elle avait fait, pour devenir Sylvia instantanément, mais son dæmon jouait un rôle dans cette transformation. Il ne parlait presque pas, il se contentait de… Je ne sais pas… d'attirer les regards. C'était extraordinaire.

– Je vous crois, dit Lyra. J'en suis absolument convaincue. Et je me demande si c'est une chose qui s'apprend. Ou si c'est un don réservé à quelques rares personnes.

– Je l'ignore. Mais je me suis souvent dit que ça devait être affreux de posséder un tel pouvoir sans être capable de le contrôler. Sylvia, elle, était une femme pleine de bon sens, mais une personne vaniteuse ou stupide peut sombrer dans la folie à force. Se transformer en monstre. Je connais quelques vedettes dans ce cas-là.

– Je cherche à faire l'inverse, souligna Lyra. Je peux regarder le résultat ?

Anita s'écarta afin que Lyra puisse se regarder dans la glace. Ses cheveux n'avaient jamais été aussi courts. Ça lui plaisait bien. Elle aimait cette légèreté ; cela lui donnait un air alerte, comme un petit oiseau.

– Ce n'est que le début, dit Anita. Attendez la teinture.

– Quelle couleur suggérez-vous ?

– Brun. Mais pas noir, ça n'irait pas avec votre teint. Je pense plutôt à un châtain foncé.

Lyra se soumit de bon cœur. Jamais elle n'avait songé à se teindre les cheveux. C'était étrange de se retrouver entre les mains d'une personne si expérimentée et passionnée.

Après avoir appliqué la teinture, Anita prépara un déjeuner frugal – du pain, du fromage, des dattes et du café – et parla à Lyra de son métier de journaliste. En ce moment, elle rédigeait un article pour un quotidien anglophone de Constantinople sur l'état du théâtre en Turquie. Parfois, son travail de journaliste coïncidait avec le travail diplomatique de son mari et elle avait été témoin de la crise qui frappait la culture des roses et la fabrication des essences et des parfums précieux. Elle connaissait un grand nombre de roseraies qui avaient été détruites et de marchands spécialisés dans ce domaine qui avaient vu leurs fabriques et leurs entrepôts incendiés.

– Le phénomène se propage vers l'est également, précisa-t-elle. Jusqu'au Kazakhstan, apparemment. C'est une sorte de folie.

Lyra lui parla alors de son amie Miriam, dont le père avait fait faillite.

– C'est comme ça que j'en ai entendu parler pour la première fois. Il y a quelques semaines seulement. J'ai l'impression que c'était dans une autre vie. Je vais vraiment devenir brune ? Miriam ne me reconnaîtra pas. Elle qui voulait toujours que je prenne soin de mes cheveux.

– Voyons ce que ça donne, dit Anita.

Elle lui rinça les cheveux et les sécha, pendant que Lyra attendait patiemment le résultat.

– Je crois que ça a bien pris, commenta-t-elle. Laissez-moi juste…

Elle passa ses doigts dans les cheveux de Lyra, les arrangea différemment et recula pour admirer le résultat.

– Parfait !

– Montrez-moi ! Où est le miroir ?

Un nouveau visage la regardait. La principale question – presque la seule – que se posait Lyra était la suivante : « Est-ce que ça plairait à Pan ? » Mais une autre occupait un coin de son esprit : « Dès qu'Olivier Bonneville m'aura de nouveau localisée avec l'aléthiomètre, il saura à quoi je ressemble, et le Magisterium aussi. »

– Ce n'est pas encore complètement terminé, dit Anita. Mettez ça.

Elle lui tendit une paire de lunettes en écaille. Dès qu'elle les chaussa, Lyra devint quelqu'un d'autre.

– Vous devrez continuer à faire votre numéro de sorcière pour vous rendre invisible, lui rappela Anita. Soyez terne. Inexistante. Pour cela, il vous faut des vêtements tristes. Pas de couleurs vives surtout. Et ce n'est pas tout, ajouta-t-elle en rectifiant la nouvelle coiffure de Lyra. Vous devez changer de posture. Vous avez une démarche naturellement bondissante, énergique. Imaginez que vous êtes lourde, pesante. Lente.

C'est alors que son dæmon intervint. Il avait assisté à toute l'opération sans faire de commentaire, se contentant de hocher parfois la tête d'un air approbateur, mais il se percha sur le dossier d'une chaise et dit :

– Imaginez que votre corps est lourd et lent, oui, mais ne négligez pas le rôle de l'esprit. Vous devez donner l'impression d'être une personne dépressive, ça fait fuir les gens. Ils n'aiment pas regarder la souffrance. Mais attention, il est très facile de sombrer dans la dépression quand on la feint. Ne tombez pas dans ce piège. Votre dæmon vous le dirait s'il était là. Le corps affecte l'esprit. Jouer la comédie, ce n'est pas être.

– Exact, confirma Anita. Écoutez bien le conseil de Télémaque.

– Un excellent conseil, dit Lyra. Merci. Je ferai l'inverse de ce qu'a fait Eileen Butler pour devenir Sylvia Martine, mais pas mentalement.

– Que comptez-vous faire, maintenant ? interrogea Anita.

– Acheter un billet de train pour Alep. Et des vêtements ternes.

– Le train pour Alep part demain. Où comptez-vous dormir ce soir ?

– Pas dans le même hôtel. Je vais en trouver un autre.

– Hors de question. Vous passerez la nuit ici. Ces lunettes ont besoin d'un réglage, elles n'arrêtent pas de glisser sur votre nez.

– Vous êtes sûre ? Pour cette nuit, je veux dire.

– Oui. Je suis certaine que Bud a encore un tas de questions à vous poser.

– Dans ce cas… merci.

Une fois les lunettes ajustées, Lyra sortit dans la peau de son nouveau personnage. Elle fit l'acquisition d'une jupe marron sans charme et du pull le plus terne qu'elle put trouver. Après avoir acheté un billet de train pour Alep, elle entra dans un petit café où elle commanda un chocolat chaud. Quand le serveur eut déposé devant elle la tasse dans laquelle un monticule de crème fouettée s'enfonçait lentement, elle regarda son nom tracé d'une écriture bien nette sur l'enveloppe. Ce n'était pas une des enveloppes épaisses de l'université. Celle-ci était en papier jauni, fine et grossière, portant un timbre bulgare. Lyra constata avec agacement que sa main tremblait quand elle la déchira.

Chère Lyra,

J'aimerais que tu te tiennes un peu tranquille, afin que je puisse te rattraper. Cette partie du monde devient de jour en jour plus instable, et je peux de moins en moins en dire dans une lettre car il est de plus en plus probable que quelqu'un l'aura ouverte avant qu'elle te parvienne.

Si, à Smyrne, tu tombes sur un ami d'Oakley Street, sache que tu peux avoir en lui une confiance absolue. Mais si tu lis cette lettre, tu le sais déjà.

Tu es observée et suivie, même si tu ne l'as sans doute pas remarqué. Et ceux qui t'observent savent maintenant que tu as été avertie.

Je comprends les raisons qui t'ont poussée à suivre ce chemin et à explorer cette région du monde. J'ai décidé de partir à ta recherche, si nos routes ne se croisent pas avant.

J'aimerais t'annoncer un tas de nouvelles, mais je ne souhaite pas les partager avec les yeux qui risquent de lire cette lettre. J'ai appris un certain nombre de choses dont je veux te parler : des questions d'ordre philosophique, notamment. Et j'ai hâte que tu me racontes tout ce que tu as vu et ressenti.

J'espère de toutes les fibres de mon cœur que tu es en sécurité.

Souviens-toi de tout ce qu'a dit Coram, et reste sur tes gardes.

Très chaleureusement,

Malcolm.

Lyra avait rarement éprouvé une telle frustration. Toutes ces mises en garde d'ordre général ! Pourtant, il avait raison. En observant attentivement l'enveloppe, elle s'aperçut que le rabat avait été décollé, puis recollé, pas exactement au même endroit. Quand elle répondrait à cette lettre, ce qu'elle ferait dès qu'elle aurait des feuilles et un crayon, elle devrait employer les mêmes termes que Malcolm.

Elle relut la lettre, but son chocolat chaud (délicatement, attentive à tout ce qui l'entourait) et regagna l'appartement des Schlesinger.

Mais avant de tourner au coin de la rue paisible dans laquelle se trouvait leur immeuble, elle entendit des sirènes et les rugissements des voitures de police et des camions de pompiers, puis elle vit, au-dessus des toits, un panache de fumée sale s'élever dans les airs. Des gens couraient. Les véhicules et les sirènes se rapprochaient.

Lyra s'arrêta à l'entrée de la rue. L'immeuble des Schlesinger s'était transformé en brasier.

28
Le Myriorama

Lyra tourna immédiatement le dos à l'immeuble en flammes et repartit (tête baissée, d'un pas lourd, pour ne pas se faire remarquer) vers le centre. Son esprit entretenait un dialogue à sens unique avec Pan, d'un ton pressant et effrayé, mais cela ne transparaissait pas sur son visage, ni dans sa façon de se tenir.

« Je devrais m'arrêter… pour savoir s'ils sont sains et saufs… Oui, je sais que je ne peux pas… Cela ne ferait qu'aggraver leur cas… C'est à cause de moi ce qui s'est passé… La personne qui a allumé cet incendie doit être en train de guetter pour voir si quelqu'un sort de l'immeuble en courant… Je leur écrirai dès que je… Je ne peux plus rester ici, à Smyrne. Je dois filer dès que possible… Qui suis-je ? Quel est mon nom de sorcière ? Tatiana… Il me faut un nom de famille… Tatiana Asrielovna. Non, c'est peut-être trop évident. Giorgio… Georgiovna. Ah, si seulement j'avais un passeport à ce nom… Mais les sorcières n'ont pas besoin de passeport… et je suis une sorcière. Une sorcière déguisée en fille terne… et dépressive. Pour que les gens ne me regardent pas. Oh, Seigneur, j'espère qu'Anita et Bud vont bien. Bud est peut-être encore à son bureau, et il ignore ce qui s'est passé… Je pourrais aller le prévenir… mais je ne sais pas où il travaille… Je dois raisonner comme un agent d'Oakley Street. Si j'étais visée par cet incendie, cela signifie que je représente un danger à leurs yeux. Que faire, alors ? Fuir. Mais mon train ne part que… Oh, prendre un autre train. Où va le prochain train ? Il y en a un à destination d'une ville baptisée Séleucie, Agrippa en a parlé ! Je pourrais y aller dès aujourd'hui et… l'Hôtel Bleu. La Cité de la Lune. Entre Séleucie et Alep. Oui, voilà ce que je vais faire. Mais avant cela, peut-être que je pourrais trouver un endroit tranquille afin de réessayer la nouvelle méthode… Il y a des gens qui acquièrent le pied marin et cessent d'avoir le mal de mer… Je pourrais aussi rejoindre Malcolm. Oui, voilà ! Hélas, je ne sais pas où il est – la lettre a été postée en Bulgarie, mais il peut se trouver n'importe où à l'heure qu'il est… Il a peut-être été arrêté et jeté en prison… Il est peut-être mort… Non, arrête de penser à ce genre de choses. Oh, Pan, si tu n'es pas à l'Hôtel Bleu, je ne sais pas si j'aurai le courage d'aller plus loin… Pourquoi les dæmons vont-ils là-bas ? J'ai la liste des habitants d'Alep que m'a donnée la princesse. Et le nom de ce marchand dont m'a parlé Bud Schlesinger… Comment s'appelle-t-il, déjà ? Mustafa bey. Oh, c'est horrible. Le danger est partout… Des gens veulent me tuer… Le Maître de Jordan voulait seulement me mettre dans une chambre plus petite, pas me tuer ! Je me demande ce que devient Alice. Pan, peut-être que ce n'est plus le grand amour entre toi et moi, mais au moins, on est dans le même camp… et s'ils me tuent… tu ne survivras pas, ni à l'Hôtel Bleu ni ailleurs… L'instinct de survie, Pan, ne serait-ce que pour ça… Pourquoi es-tu parti ? Pourquoi là-bas ? As-tu été enlevé ? S'agit-il d'une sorte de camp de détenus ? Faut-il que je vienne te libérer ? Qui te garde prisonnier ? J'aurai besoin de l'aide de la communauté des esprits – si j'arrive jusque là-bas –, si je retrouve Pan… si… »

Ce monologue l'accompagna durant presque tout le trajet jusqu'à la gare. C'était si difficile de s'obliger à marcher lentement, en prenant un air triste, alors que la moindre parcelle de son corps avait envie de courir, de traverser les places ventre à terre, en regardant partout autour d'elle, à chaque instant. Mais elle devait s'accrocher à l'image qu'elle voulait projeter. Se rendre invisible était un travail dur, ingrat et épuisant.

Elle passait par un quartier où avaient été installés plusieurs camps d'hébergement temporaires destinés à accueillir les réfugiés venus de l'est. Au cours des prochains jours, ces gens tenteraient peut-être d'atteindre la Grèce en franchissant la mer, et certains s'y noieraient. Des enfants couraient sur le sol de pierre, des hommes parlaient par petits groupes ou bien fumaient dans un coin, au milieu de la poussière, pendant que des femmes lavaient du linge dans des bassines en fer-blanc ou cuisinaient sur des braises. Il existait entre eux et les habitants de Smyrne une barrière invisible et intangible, car ils n'avaient pas de maison, ils étaient comme des personnes sans dæmons, des personnes à qui il manquait une chose essentielle.

Lyra avait envie de s'arrêter, de les interroger sur leur

vie, ce qui les avait conduits dans cette situation, mais elle devait demeurer invisible, ou du moins faire en sorte qu'on l'oublie. Plusieurs jeunes hommes lui lancèrent de brefs regards, semblables au contact d'une langue de serpent, qui se rétracte aussitôt. Elle parvenait à se rendre inintéressante.

Arrivée à la gare, elle dut s'adresser à plusieurs guichets avant de trouver quelqu'un qui parle le français, une langue qu'elle jugeait plus sûre que la sienne. Le train à destination de Séleucie était un omnibus qui marquait tous les arrêts, mais ça lui convenait. Elle acheta un billet et attendit sur le quai, sous le soleil de la fin d'après-midi, en espérant rester transparente.

Le train ne partait que dans une heure et demie. Avisant un banc inoccupé près de la cafétéria, elle s'y assit, toujours aux aguets. Elle eut un choc en découvrant son reflet dans la vitre du café : qui était cette jeune femme brune qui portait des lunettes ?

« Merci, Anita », pensa-t-elle.

Elle alla acheter quelques provisions pour le voyage et retourna s'asseoir sur le banc. Elle ne pouvait empêcher son esprit de revenir sur l'incendie de l'appartement des Schlesinger. Si Anita n'avait pas repéré les flammes à temps… si elle n'avait pas réussi à sortir… Des images insupportables ne cessaient de l'assaillir, malmenant sa fausse passivité.

Un train entra en gare et déversa sur le quai son lot de voyageurs. Parmi lesquels plusieurs familles qui semblaient à peine mieux loties que ces réfugiés qu'elle avait vus précédemment. Des femmes enveloppées dans des vêtements épais, un foulard sur la tête, des enfants qui tenaient des jouets et portaient des cabas déchirés, ou parfois un petit frère ou une petite sœur, des vieillards harassés transportant des valises ou même des cartons remplis de vêtements. Lyra repensa aux réfugiés qui avaient débarqué du vapeur à Prague. Ces gens parviendraient-ils jusque là-bas ?

Pourquoi ne parlait-on pas en Grande-Bretagne des causes de ce colossal mouvement de population ? Elle n'avait jamais eu vent d'un tel phénomène. La presse et les politiciens pensaient-ils que cela n'aurait aucune conséquence sur son pays ? Et d'ailleurs, quelle était la destination finale de ces malheureux ?

Elle ne devait pas poser la question. Elle ne devait montrer aucun intérêt. Son seul espoir d'atteindre la cité des dæmons et de retrouver Pan, c'était de tenir sa langue et de lutter contre sa curiosité naturelle.

Elle regarda les nouveaux arrivants rassembler leurs affaires et se disperser lentement. Peut-être avaient-ils l'intention de se rendre au port. Ou de se réfugier dans un des camps. S'ils avaient un peu plus d'argent que les naufragés qu'elle avait vus, grâce auquel ils avaient pu prendre le train, ils pourraient peut-être trouver un logement abordable. Peu de temps après qu'ils avaient quitté la gare, Lyra vit arriver sur le quai des habitants de Smyrne, qui rentraient chez eux après une journée de travail. Et qui remplirent rapidement le train à destination de Séleucie lorsque celui-ci entra en gare. Elle comprit qu'elle avait intérêt à se dépêcher si elle voulait avoir une place assise. Elle se hâta de monter à bord et trouva un siège juste à temps.

Dans un coin. Elle se fit toute petite. La première personne qui vint s'asseoir près d'elle était un homme corpulent, coiffé d'un chapeau mou, qui la regarda d'un drôle d'air en posant à côté de lui sa valise pleine à craquer. C'est seulement lorsque son dæmon-mangouste s'enroula autour de son cou pour lui parler à l'oreille, en braquant son regard myope sur Lyra, qu'il comprit ce qui clochait. Il dit quelques mots en turc, d'un ton sec.

– Pardon, murmura Lyra en continuant à s'exprimer en français. Excusez-moi.

Si elle était une enfant, son dæmon serait un chiot qui remue bassement la queue pour tenter d'amadouer cet homme imposant, important et puissant. Telle était l'impression qu'elle tentait de projeter. Il n'appréciait pas de se retrouver à côté d'elle mais, ne voulant pas voyager debout, il demeura à sa place et tourna le dos en affichant son mépris avec ostentation.

Personne sinon n'avait rien remarqué, ou bien les passagers étaient trop fatigués et s'en fichaient. Le train roulait lentement d'une gare de banlieue à la suivante, avant de quitter la capitale et de traverser une succession de villes et villages de campagne. Le compartiment se vida peu à peu. L'homme corpulent à la grosse valise dit quelque chose en se levant pour descendre ; il s'adressait à la fois à Lyra et aux passagers restants mais, là encore, personne ne lui prêta attention.

Après une heure de voyage, les villages se firent plus rares et le train prit un peu de vitesse. Le soleil avait disparu derrière les montagnes, la température dans le compartiment commençait à baisser, et quand le contrôleur vint vérifier les titres de transport, il dut allumer les lampes à gaz.

Le wagon se composait de plusieurs compartiments que reliait un long couloir. Dans celui de Lyra il ne restait plus que trois voyageurs, qu'elle put observer à la dérobée dans la lumière des lampes à gaz. Il y avait là une femme d'une trentaine d'années, accompagnée d'un garçonnet de cinq ou six ans au teint pâle, et un homme âgé, moustachu, aux paupières lourdes, qui portait un costume gris clair immaculé et un fez rouge sur la tête. Son dæmon était un petit furet élégant.

Il lisait un journal anatolien mais, peu après que le contrôleur eut allumé la lampe, il le replia avec le plus grand soin et le posa sur le siège entre lui et Lyra. Le garçonnet le regardait d'un air solennel, le pouce dans la bouche, la tête appuyée contre l'épaule de sa mère. Quand le vieil homme croisa les mains sur ses genoux et ferma les yeux, l'enfant, perplexe et troublé, reporta son attention sur Lyra. Son dæmon-souris parlait à voix basse avec le dæmon-pigeon de sa mère. Tous les deux jetaient des regards en coin à Lyra, puis s'empressaient de tourner la tête. La femme, mince, les traits tirés, pauvrement vêtue, semblait terrassée par l'inquiétude. Ils n'avaient qu'une petite valise, cabossée et réparée maladroitement, posée sur le porte-bagages au-dessus d'eux.

Le temps passa. Le jour s'éteignit et le monde extérieur se réduisit à son reflet dans la fenêtre. Comme elle commençait à avoir faim, Lyra ouvrit le sachet de gâteaux au miel acheté à la gare. Voyant que l'enfant les regardait avec envie, elle lui tendit le sachet ; elle fit de même avec sa mère, qui eut un mouvement de recul. Mais ils étaient affamés l'un et l'autre et, quand Lyra leur sourit en faisant un geste qui voulait dire « allez-y, servez-vous », le garçonnet tout d'abord, puis sa mère, prirent un gâteau dans le sachet.

La femme marmonna des remerciements d'une voix presque inaudible, et donna un coup de coude à son fils, qui répéta les mêmes mots.

Ils dévorèrent les gâteaux au miel en deux bouchées et Lyra devina qu'ils n'avaient rien mangé depuis un certain temps. Le vieux monsieur avait ouvert les yeux, il observait la scène avec gravité, d'un air approbateur. Lyra lui tendit le sachet et, après un moment d'étonnement, il prit un gâteau lui aussi et déplia sur ses genoux un mouchoir blanc impeccable afin de le poser dessus.

Il prononça une phrase ou deux en anatolien, pour la remercier sans doute, mais elle ne put que répondre, en français :

– Excusez-moi, monsieur, je ne parle pas votre langue.

Le vieil homme inclina la tête sur le côté, la gratifia d'un sourire poli empreint de dignité, et mangea le gâteau par petites bouchées.

– Ces gâteaux sont délicieux, répondit-il dans la même langue. C'est très aimable à vous.

Il en restait deux dans le sachet. Lyra avait encore faim, mais elle avait du pain et du fromage, alors elle les offrit à l'enfant et à sa mère. Le garçonnet n'attendait que ça, mais la femme commença par refuser. Lyra dut insister, en français toujours :

– Je vous en prie, prenez-les. J'ai acheté trop de choses. S'il vous plaît.

Le vieil homme traduisit et la femme autorisa son fils à accepter un second gâteau. Mais elle refusa obstinément de prendre le dernier.

L'homme ouvrit son attaché-case en cuir marron, d'où il sortit une bouteille thermos, dont le bouchon était constitué de deux tasses. Il les dévissa et les posa sur la mallette, à côté de lui. Son dæmon-furet les empêcha de se renverser pendant que l'homme les remplissait de café chaud. Il tendit la première tasse à la mère, qui déclina là encore, même si, visiblement, elle en avait envie ; puis à l'enfant, qui secoua la tête, méfiant ; et enfin à Lyra, qui l'accepta avec plaisir. Le café était extrêmement sucré.

Cela lui rappela qu'elle avait également acheté une bouteille de soda à l'orange à la gare. Elle la proposa à l'enfant. Il lui sourit, mais se tourna vers sa mère, qui sourit à son tour, et remercia d'un hochement de tête. Lyra dévissa le bouchon et passa la bouteille au garçonnet.

– Vous allez loin, mademoiselle ? s'enquit le vieil homme dans un français parfait.

– Oui, très loin. Mais uniquement jusqu'à Séleucie avec ce train.

– Connaissez-vous cette ville ?

– Non. Et je n'y resterai pas longtemps.

– C'est sans doute préférable. Je crois savoir que des troubles ont éclaté là-bas. Vous n'êtes pas française, mademoiselle, si je ne m'abuse ?

– Vous avez raison. Je viens de plus au nord.

– Vous êtes très loin de chez vous.

– En effet. Mais c'est un voyage que je dois entreprendre.

– J'hésite à vous poser la question et, si je me montre impoli, je vous prie d'accepter mes plus plates excuses, mais il me semble que vous êtes une de ces femmes du Grand Nord, que l'on appelle des sorcières.

Lyra lui jeta un regard méfiant, mais elle ne voyait qu'un intérêt poli dans les yeux du vieil homme.

– C'est exact, monsieur.

– Eh bien, j'admire votre courage de vous aventurer ainsi dans les territoires du Sud. Si je me permets de parler ainsi, c'est que j'ai moi-même beaucoup voyagé à une époque, et il y a fort longtemps, j'ai eu la chance de tomber amoureux d'une sorcière du Grand Nord. Nous avons été très heureux, et j'étais très jeune.

– De telles rencontres se produisent parfois, dit Lyra. Mais, par nature, elles ne peuvent pas durer.

– Quoi qu'il en soit, j'ai beaucoup appris. Notamment sur moi-même, ce qui n'était pas inutile. Ma sorcière, si je puis l'appeler ainsi, venait de Sakhaline, à l'extrême est de la Russie. Puis-je connaître le nom de votre terre natale ?

– En russe, ça se dit Novy Kievsk. Mais nous avons notre propre nom, que je ne suis pas autorisée à divulguer. C'est une petite île à laquelle nous sommes farouchement attachées.

– Oserais-je vous demander ce qui vous a incitée à voyager parmi nous ?

– La reine de mon clan est tombée malade et le seul remède est une plante qui pousse près de la mer Caspienne. Peut-être êtes-vous étonné que je n'emprunte pas la voie des airs. Il se trouve que j'ai été agressée à Saint-Pétersbourg, et on a brûlé mon balai. Mon dæmon est rentré au pays afin d'en informer mes sœurs et, depuis, je voyage ainsi, lentement, sur terre.

– Je vois. J'espère que votre voyage sera couronné de succès et que vous repartirez avec le remède capable de guérir votre reine.

– C'est très gentil, monsieur. Vous allez jusqu'au terminus ?

– Non, je m'arrête à Antalya. C'est là que je vis. Je suis à la retraite, mais je continue à traiter quelques affaires à Smyrne.

L'enfant les observait dans un état d'épuisement qui allait au-delà de la fatigue, et Lyra comprit qu'il était malade. Comment avait-elle pu ne pas s'en apercevoir avant ? Son visage était blême, creusé, il avait des cernes autour des yeux. Il avait besoin de dormir, plus que n'importe quoi d'autre, mais son corps l'en empêchait. Il tenait encore la bouteille de soda à l'orange dans la main. Sa mère la lui prit délicatement et la reboucha.

Le vieil homme dit :

– Je vais raconter une histoire à cet enfant.

Il sortit de la poche intérieure de sa veste en soie un paquet de cartes, plus étroites que des cartes normales. Il en retourna une sur la mallette posée sur ses genoux. Lyra vit qu'elle représentait un paysage.

Un déclic se produisit dans sa mémoire et elle se retrouva projetée dans cette cave enfumée de Prague, en compagnie d'un magicien qui lui parlait de cartes et de dessins.

Une route traversait la carte d'un bord à l'autre, et au-delà s'étendait un lac ou une rivière, où naviguait un voilier. À l'arrière-plan, on apercevait partiellement une île dominée par un château perché au sommet d'une colline boisée. Sur la route, deux soldats en uniforme écarlate chevauchaient de splendides montures.

Le vieil homme entreprit de décrire la scène, en donnant les noms des soldats et en expliquant où ils allaient. Le garçonnet, appuyé contre sa mère, posait sur la carte son regard épuisé.

Le vieil homme retourna une deuxième carte à côté de la première. Les deux éléments de paysage coïncidaient parfaitement : la route se poursuivait et menait à une maison au milieu des arbres, au bord de l'eau. Les deux soldats avaient quitté la route pour aller frapper à la porte de la maison, où la femme d'un fermier leur donnait de l'eau du puits situé près de la route. Le vieil homme décrivait chaque événement, chaque objet, en le pointant sur la carte à l'aide d'un stylo en argent. Le garçonnet s'était penché pour regarder de plus près, en clignant des yeux comme s'il avait du mal à voir.

Le vieil homme déploya les cartes restantes dans sa

main, face cachée, et les tendit à l'enfant pour qu'il en choisisse une. Ce qu'il fit. Le vieil homme la retourna à côté de la précédente et Lyra comprit que tout le jeu devait être conçu afin qu'il soit possible d'assembler les cartes dans n'importe quel ordre. Celle-ci représentait une tour en ruine, devant laquelle se poursuivait la route, tout comme le lac au second plan. Les soldats, fatigués, entraient dans la tour et attachaient leurs chevaux avant de s'allonger pour dormir. Mais voilà qu'apparaissait au-dessus de la tour un oiseau gigantesque, qui soudain fondait sur les chevaux et les emportait dans ses serres.

Lyra devina ce qui se passait en voyant le vieil homme mimer les battements d'ailes de l'oiseau et imiter les hennissements de terreur des chevaux. La mère de l'enfant était captivée elle aussi. Les soldats se réveillaient. L'un d'eux pointait son arme sur l'oiseau de proie, mais son compagnon le retenait car les chevaux mourraient si l'oiseau les lâchait. Alors, ils se mettaient en marche pour suivre l'oiseau, etc.

Appuyée contre le dossier de son siège, Lyra écoutait la voix du vieil homme sans comprendre ce qu'il disait, mais elle prenait plaisir à deviner l'histoire et à regarder les expressions se succéder sur les visages du garçonnet et de sa mère, qui avaient retrouvé des couleurs et un peu de vie. Une étincelle s'était allumée dans leurs yeux.

Bercée par la voix mélodieuse et réconfortante du vieil homme, Lyra glissa dans un sommeil paisible, le sommeil de son enfance, où flottait la voix d'Alice, moins musicale, mais douce et grave, qui lui racontait une histoire de poupée ou de tableau, tandis que ses paupières, devenues trop lourdes, se fermaient en douceur.

Quand elle se réveilla, plusieurs heures s'étaient écoulées. Elle était seule dans le compartiment et le train gravissait péniblement une pente entre des montagnes. Par la vitre, elle apercevait au clair de lune un paysage lugubre fait de rochers, de falaises et de ravines.

Après quelques secondes de confusion, elle pensa subitement : « L'aléthiomètre ! » Elle plongea vivement la main dans son sac à dos et sentit sous ses doigts les rondeurs lourdes et familières à travers l'étui en velours. Mais il y avait autre chose sur ses genoux : une petite boîte en carton portant une étiquette aux couleurs vives sur laquelle on pouvait lire MYRIORAMA. C'était le paquet de cartes du vieil homme. Il le lui avait laissé en cadeau.

La lumière dispensée par la lampe à gaz était inconstante : alors qu'elle projetait un éclat vif, soudain elle n'émettait plus qu'une faible lueur vacillante. Lyra se leva pour l'examiner. Impossible d'en augmenter l'intensité. Sans doute un problème d'alimentation. Elle se rassit sur la banquette et sortit les cartes de leur boîte. Grâce à un bref instant de clarté, elle remarqua, au dos de l'une d'elles, des mots inscrits au stylo d'une écriture élégante. En français.

Chère demoiselle,

Suivez mon conseil, je vous en prie. Soyez prudente une fois arrivée à Séleucie. Nous traversons des temps difficiles. Méfiez-vous de votre ombre, elle pourrait vous trahir.

Mes vœux les plus sincères vous accompagnent.

Ce n'était pas signé, mais Lyra revit le stylo en argent avec lequel le vieil homme avait pointé les détails sur les cartes. Assise dans la lumière tremblotante de ce compartiment, seule et désorientée, elle fut incapable de se rendormir. Elle mangea un peu de pain et de fromage afin de reprendre des forces. Après quoi, elle sortit et relut la dernière lettre de Malcolm, sans que cela lui soit d'un grand réconfort.

Elle la rangea soigneusement et prit l'aléthiomètre. Sans avoir l'intention de l'interroger, ni d'utiliser la nouvelle méthode ; elle voulait juste tenir entre ses mains un objet rassurant. De toute façon, la lumière, trop faible, ne permettait pas de distinguer les symboles. Gardant l'instrument posé sur ses genoux, elle médita sur la nouvelle méthode d'interprétation. En s'efforçant de résister à l'envie de faire une nouvelle tentative, là, sur-le-champ. Elle chercherait à localiser Malcolm, évidemment, mais ne sachant pas par où commencer, ce serait une perte de temps, et cette expérience la laisserait sur le flanc. Voilà pourquoi elle devait s'abstenir. Et puis d'abord, d'où venait cette idée de rechercher Malcolm ? C'était Pan qu'elle devait retrouver.

Elle rassembla les cartes d'une main automatique. Telle fut l'expression qui lui vint à l'esprit, comme si sa main était un objet mécanique, dénué de vie, et les messages transmis par sa peau et ses nerfs, des modifications de courant ambarique le long d'un fil de cuivre, sans rien de conscient. Cette vision de son corps comme une entité morte et mécanique s'accompagnait d'un sentiment de désolation infinie. Elle avait non seulement l'impression d'être morte, mais de l'avoir toujours été. Elle avait rêvé qu'elle était vivante, rien de plus, et il n'y avait aucune trace de vie dans ce rêve non plus, uniquement la bousculade insignifiante et indifférente des particules à l'intérieur de son cerveau.

Néanmoins, ce petit enchaînement de pensées provoqua un élan de protestation, et elle songea : « Non ! C'est un mensonge ! C'est de la diffamation ! Je n'y crois pas ! »

Mais hélas, à cet instant précis elle y croyait, et ça la détruisait.

Elle esquissa un geste d'impuissance avec ses mains – ses mains automatiques –, qui dispersa les cartes posées sur ses genoux et en fit tomber quelques-unes au sol. Elle se pencha pour les ramasser. La première qu'elle récupéra représentait une femme, seule, qui franchissait un pont. Elle tenait un panier et était enveloppée d'un grand châle qui la protégeait du froid. Elle semblait regarder Lyra droit dans les yeux, et celle-ci eut un choc en se reconnaissant. Elle posa la carte sur la banquette poussiéreuse à côté d'elle, en prit une autre au hasard et la posa à côté de la première.

Celle-ci représentait un groupe de voyageurs qui marchaient à côté de quelques chevaux de bât. Ils avançaient dans la même direction que la femme, de gauche à droite. Les bêtes transportaient de grosses et lourdes charges. Si vous remplaciez les chevaux par des chameaux, et les arbres par un désert de sable, vous obteniez une caravane sur la route de la soie.

Aussi faible que l'écho d'une cloche qui sonne un coup au loin par un soir d'été, aussi diffuse que le parfum d'une fleur unique qui entre par une fenêtre ouverte, l'idée que la communauté des esprits était impliquée dans tout cela vint effleurer Lyra.

Elle prit une autre carte. C'était une de celles que le vieil homme avait utilisées pour son récit. Représentant la ferme et le puits au bord de la route. Mais elle remarqua un détail qui lui avait échappé précédemment : des roses poussaient au-dessus d'un porche voûté, devant la porte.

Elle pensa alors : « Je pourrais choisir de croire à l'existence de la communauté des esprits. Rien ne m'oblige à être sceptique. Si le libre arbitre est une réalité, je peux faire ce choix. Je vais essayer encore une fois. »

Elle battit les cartes, coupa le paquet, et retourna celle du dessus. Elle la posa à côté de la dernière. On y voyait un jeune homme, sac au dos, marcher vers les chevaux de bât, et la femme au panier. Pour un œil extérieur, il ne ressemblait pas plus à Malcolm qu'elle-même ne ressemblait à la femme au panier, mais ça n'avait pas d'importance.

Le train commença à ralentir. Un coup de sifflet retentit, un son solitaire que Lyra entendit résonner dans les montagnes. Autrefois, elle avait su un poème en français où il était question d'un cor qui retentissait dans une forêt… Quelques lumières isolées apparurent sur les pentes abruptes, de plus en plus nombreuses, éclairant des habitations et des rues. Ils entraient en gare.

Lyra rassembla les cartes et les fourra dans son sac à dos avec l'aléthiomètre.

Le train s'arrêta. Elle ne reconnut pas le nom de la gare, peint sur un panneau. En tout cas, il ne s'agissait pas de Séleucie. Et ce n'était pas une grande ville. Néanmoins, le quai était noir de monde. Bondé de soldats.

Lyra se blottit dans le coin du compartiment et tint fermement son sac sur ses genoux.

29
Des nouvelles de Tash-Bulak

Le message que l'envoyé du cabinet apporta à Glenys Godwin était bref :

Le chancelier du Trésor privé serait reconnaissant à Mme Godwin de lui rendre visite ce matin à 10 h 20.

Elle reconnut dans le gribouillis indéchiffrable et méprisant qui concluait ce mot la signature du chancelier Eliot Newman. Le message lui parvint à son bureau d'Oakley Street à neuf heures trente, ce qui lui laissait juste le temps de traverser Londres pour se rendre à White Hall, mais pas assez pour consulter ses collègues et faire autre chose que d'annoncer à sa secrétaire :

– L'heure a sonné, Jill. Ils vont nous obliger à mettre la clé sous la porte. Prévenez tous les chefs de section : l'opération Christabel est enclenchée.

Christabel était le nom de code du plan, élaboré de longue date, destiné à cacher et à déplacer les documents les plus importants. Les détails de son application étaient constamment réactualisés et seuls les chefs de section les connaissaient. Si l'information circulait suffisamment vite, tous les documents relatifs aux activités en cours d'Oakley Street auraient été expédiés dans différents endroits – certains dans une chambre forte cachée derrière une blanchisserie de Pimlico, d'autres dans le coffre d'un diamantaire de Hatton Garden, d'autres encore dans le placard de la sacristie d'une église de Hemel Hempstead – avant que Godwin pousse la porte du bureau de White Hall où elle était convoquée.

Le secrétaire particulier adjoint qui l'accueillit était si jeune qu'il avait dû commencer à se raser moins d'un an plus tôt, pensa-t-elle. Il la considéra avec une condescendance d'une politesse exquise, mais elle traita ce petit fonctionnaire comme un neveu adoré, parvenant même à lui arracher une information sur ce qui l'attendait.

– De vous à moi, madame Godwin, tout cela est lié à la visite prochaine du nouveau président du Haut Conseil du Magisterium. Mais évidemment, je ne vous ai rien dit.

– Une personne de bon sens sait quand il est nécessaire de cacher certaines choses. Une personne encore plus avisée sait quand il faut lever le voile, répondit Glenys Godwin d'un ton empreint de gravité tout en montant l'escalier.

Elle venait d'apprendre que Delamare était attendu à Londres.

Impressionné comme il se doit par sa sagacité, le secrétaire particulier adjoint introduisit la visiteuse dans l'antichambre avant de frapper tout doucement à la porte intérieure pour l'annoncer d'un ton respectueux.

Eliot Newman, chancelier du Trésor privé, était un homme corpulent aux cheveux noirs gominés. Il portait d'épaisses lunettes à monture noire, de la même couleur que son dæmon-lapin. Il occupait ce poste depuis moins d'un an et Godwin ne l'avait rencontré qu'une seule fois. Elle avait dû l'écouter longuement expliquer qu'Oakley Street était une organisation inutile, coûteuse et antimoderne, dernière expression à la mode pour qualifier tout ce que n'aimait pas le gouvernement de Sa Majesté. Newman ne se leva pas pour l'accueillir, pas plus qu'il ne lui offrit de poignée de main. Comme elle s'y attendait.

– Votre petite organisation… Comment l'appelez-vous déjà ? (Le chancelier le savait parfaitement, mais il prit une feuille sur son bureau et lut ce qui y était écrit, comme pour se remémorer le nom en question.) Ah, oui ! La Section de renseignements du cabinet du Trésor privé.

Il se renversa dans son siège, comme s'il avait dit ce qu'il avait à dire. Sachant que ce n'était pas le cas, Godwin continua à l'observer d'un air impassible en gardant le silence.

– Eh bien ? demanda Newman.

Chaque intonation de sa voix était destinée à exprimer un agacement difficilement contenu.

– C'est le nom complet de notre organisation, en effet.

– Nous fermons boutique. Votre agence est démonétisée. C'est une anomalie antimoderne. Un gouffre financier. En outre, sa tendance politique est inique.

– Il va falloir m'expliquer ce que vous entendez par là, monsieur le chancelier.

– Votre organisation fait preuve d'hostilité envers le nouveau monde dans lequel nous vivons. Aujourd'hui, il existe de nouvelles façons de faire, de nouvelles idées, de nouveaux leaders.

– Vous voulez parler du nouveau Haut Conseil à Genève, je suppose.

– Oui, évidemment. Une instance qui voit loin. Sans se soucier des conventions et des convenances. Le gouvernement de Sa Majesté estime que c'est là que se joue l'avenir. Que c'est la voie à suivre. Nous devons tendre une main amicale à l'avenir, madame Godwin. Les anciennes méthodes, les soupçons, les complots, l'espionnage, la collecte inutile d'une quantité astronomique de prétendues informations… il faut que ça cesse. Et cela inclut la piteuse organisation grâce à laquelle vous vous engraissez depuis des années. Rassurez-vous, vous ne serez pas maltraités. Tout le personnel sera réaffecté dans diverses administrations. Vous percevrez une pension correcte et on vous remettra un colifichet superflu si ça vous fait plaisir. Acceptez cette décision de bon cœur et tout le monde ne s'en portera que mieux. Dans un an ou deux, Oakley Street. Oui, je sais comment vous vous surnommez… Oakley Street aura définitivement disparu. Il n'en restera plus aucune trace.

– Je vois.

– Une équipe du cabinet se présentera dès cet après-midi afin d'entamer la transition. Vous traiterez avec Robin Prescott. Un très bon élément. Vous lui remettrez tout ce que vous possédez, vous libérerez les lieux et, dès ce week-end, vous pourrez rentrer chez vous et tailler vos rosiers. Prescott se chargera de tous les détails.

– Très bien, monsieur le chancelier, répondit Godwin.

Je suppose que cette décision émane entièrement de votre cabinet ?

– Que voulez-vous dire ?

– Vous présentez cela comme un pas vers la modernité, loin des habitudes du passé.

– En effet.

– Et dans l'esprit du public, vous êtes fortement associé à ce virage vers plus d'efficacité, de rationalité.

– Je suis heureux de l'affirmer, oui, répondit le chancelier en laissant transparaître une légère inquiétude. Pourquoi ?

– Parce que si vous n'annoncez pas la nouvelle en prenant certaines précautions, ce choix passera pour une tentative d'apaisement.

– D'apaisement ? Envers qui, je vous prie ?

– Envers le Haut Conseil. Je crois savoir que vous attendez la visite du nouveau président. Supprimer l'agence qui a œuvré plus que n'importe quelle autre branche du gouvernement afin de juguler l'influence de Genève sur nos affaires, cela apparaîtra, aux yeux de ceux qui s'intéressent à ces choses, comme un geste d'une extraordinaire générosité. Certains pourraient même parler d'automutilation abjecte.

Le visage de Newman avait viré au cramoisi.

– Sortez d'ici et mettez de l'ordre dans vos affaires, ordonna-t-il.

Godwin hocha la tête et lui tourna le dos. Le secrétaire particulier adjoint lui ouvrit la porte et l'accompagna dans l'escalier de marbre jusqu'à la sortie. Il semblait sur le point de dire quelque chose sans trouver les mots.

Alors qu'ils atteignaient la grande porte en acajou de White Hall, le jeune homme parvint enfin à articuler :

– Voulez-vous… euh… Dois-je vous appeler un taxi, madame Godwin ?

– C'est très aimable, merci, mais je vais marcher un peu. (Elle lui serra la main.) Si j'étais vous, je prendrais mes distances avec le cabinet du Trésor privé, ajouta-t-elle.

– Vraiment ?

– Votre chef est en train de scier la branche sur laquelle il est assis, et il va entraîner tout le cabinet dans sa chute. Déduction logique. Cultivez d'autres relations dans les cercles du pouvoir. C'est toujours une sage précaution. Bonne journée.

Sur ce, elle s'en alla et fit quelques pas dans White Hall avant de bifurquer dans le bâtiment du War Office. Là, elle écrivit quelques mots sur une carte de visite et chargea un huissier de porter ce message à M. Carberry. Après quoi, elle ressortit et marcha jusqu'aux jardins de l'Embankment, face au fleuve. C'était une journée éclatante, de gros nuages aveuglants traversaient le ciel bleu et l'atmosphère semblait étinceler. Glenys avisa un banc inoccupé près de la statue d'un homme d'État, mort depuis longtemps, et s'y assit pour admirer le fleuve à marée haute. Un puissant petit remorqueur tractait une ribambelle de barges qui remontaient le courant en transportant du charbon.

– Qu'est-ce qu'on va faire ? demanda son dæmon.

– Oh, on va s'épanouir. Ce sera comme au bon vieux temps.

– Quand on était jeunes et débordants d'énergie.

– Nous sommes plus malins, maintenant.

– Plus lents aussi.

– Plus futés.

– Moins résistants.

– Il faudra faire avec. Ah, voici Martin.

Martin Carberry, secrétaire permanent du War Office, était un vieil ami d'Oakley Street. Glenys se leva pour l'accueillir et, sans qu'ils aient besoin de parler, fidèles à leur habitude, ils se mirent à marcher côte à côte pour bavarder.

– Je ne peux pas rester longtemps, précisa Carberry. J'ai rendez-vous avec l'attaché moscovite à midi. Que se passe-t-il ?

– Ils ferment boutique. Je viens de voir Newman. Manifestement, nous sommes antimodernes. Nous survivrons, évidemment, mais nous allons devoir faire profil bas. Ce que j'ai besoin de savoir, et très vite, c'est ce que manigance le Haut Conseil à Genève. J'ai appris que le grand manitou devait débarquer ici dans quelques jours.

– Oui, apparemment. On évoque un protocole d'accord qui modifiera notre façon de travailler avec eux. Et si vous voulez savoir ce qu'ils manigancent : ils rassemblent une importante force de frappe en Europe de l'Est. D'où la visite de ce type de la marine moscovite. Les manœuvres diplomatiques vont bon train au Levant, en Perse également, plus à l'est encore.

– Oui, nous avons eu quelques échos. Hélas, nos ressources sont limitées, comme vous pouvez l'imaginer. Si vous deviez parier, à quoi doit servir cette force de frappe selon vous ?

– À envahir l'Asie centrale. On parle d'un gisement de substances chimiques ou de minéraux précieux dans le désert, en plein milieu d'une contrée sauvage. Pour le Magisterium, il est capital, sur un plan stratégique, d'être les premiers à mettre la main dessus. Par ailleurs, d'énormes intérêts économiques sont en jeu. Pharmaceutiques principalement. Mais tout cela reste confus, pour ne rien vous cacher. Les rapports reposent beaucoup sur des rumeurs et des contes de bonne femme. Notre objectif, dans l'immédiat, c'est de maintenir la paix avec Genève. On ne nous a pas encore demandé de participer à la Brigade des Gardes, ni même de fournir des canons à eau d'occasion, mais si cela devait se produire, nul doute que cette demande recevrait un accueil favorable.

– Ils ne peuvent pas envahir n'importe quelle région sans prétexte. Lequel vont-ils utiliser, à votre avis ?

– C'est la raison de toutes ces manœuvres diplomatiques. J'ai entendu dire qu'il y avait une sorte d'institut de recherches à la lisière du désert en question. Des scientifiques de divers pays, parmi lesquels plusieurs de nos compatriotes, y travaillent, ou y travaillaient. Ils subissent depuis quelque temps les assauts d'un groupe de fanatiques locaux, nombreux. On peut imaginer que le *casus belli* reposera sur la fausse indignation provoquée par le sort de ces pauvres universitaires innocents, maltraités par des bandits et des terroristes, et le désir naturel du Magisterium de voler à leur secours.

– Quelle est la situation politique locale ?

– La confusion règne. Le désert et le Lac Errant…

– Un lac errant ?

– On l'appelle Lop Nor. Il s'agit d'une immense zone de marais salants et de lacs peu profonds, où les mouvements de la terre et les changements de saison s'amusent avec la géographie. Quoi qu'il en soit, les frontières nationales sont flexibles, variables ou négociables. Il y a un roi qui prétend régner mais, en réalité, c'est un vassal de l'empire du Cathay. Autrement dit, Pékin peut décider d'exercer son pouvoir ou pas, en fonction de l'état de santé de l'empereur. Mais en quoi est-ce que cela intéresse Oakley Street ?

– Il se passe quelque chose là-bas, et nous devons absolument savoir quoi. Maintenant que nous sommes officiellement démonétisés.

– Quelle belle expression !

– Du pur Newman. Bref, puisque nous n'existons plus, je veux ratisser le plus large possible, pendant que je le peux encore.

– Oui, je comprends. Mais avez-vous un plan B ? Vous deviez vous attendre à cette décision.

– Oh, oui. Cela ne fait qu'ajouter une difficulté supplémentaire. Tôt ou tard, ce gouvernement sera renversé.

– Quel optimisme ! Si j'ai besoin de vous contacter…

– Laissez un message Chez Isabelle. Il me parviendra.

– Parfait. Eh bien, bonne chance.

Ils se serrèrent la main et se quittèrent. Isabelle était une femme âgée, une ancienne agente que l'arthrite avait obligée à prendre sa retraite. Elle tenait maintenant un restaurant à Soho, qui servait de bureau de poste officieux pour les personnes œuvrant dans le monde du renseignement.

Glenys marcha le long de l'Embankment. Un bateau-mouche passait lentement. Une voix sortant des haut-parleurs indiquait les monuments. Le soleil brillait à la surface du fleuve, sur les arches de Waterloo Bridge et le dôme de la cathédrale Saint-Paul au loin.

Carberry avait confirmé la plupart des choses qu'elle soupçonnait. Le Magisterium, sous l'impulsion de son nouveau président, avait l'intention de s'emparer de la source de cette essence de rose. Et pour cela, il était prêt à lever une armée et à l'envoyer combattre à des milliers de kilomètres. Quiconque se dressait sur son chemin devait s'attendre à être broyé sans merci.

– L'industrie pharmaceutique, dit-elle à voix haute.

– Thuringe Potasse, dit son dæmon.

– Sans doute.

– Ils sont très puissants.

– Polstead saura quoi faire, affirma Godwin, et une personne qui ne la connaissait pas n'aurait perçu dans sa voix qu'une confiance et une certitude absolues.

Le réceptionniste du consulat du Nouveau Danemark à Smyrne répondit :

– M. Schlesinger est occupé. Il ne peut pas vous recevoir.

Malcolm connaissait la procédure. Il sortit de sa poche une petite coupure et prit un trombone sur le bureau.

– Voici ma carte, dit-il.

Il accrocha le billet à sa carte de visite avec le trombone et tendit le tout.

Qui disparut immédiatement dans la poche du concierge.

– Un instant, monsieur, dit-il en grimpant l'escalier.

Le consulat se trouvait dans un bâtiment haut, situé dans une rue étroite non loin du bazar. Malcolm y était déjà venu deux fois, mais ce réceptionniste était nouveau, et le quartier avait changé. Les gens paraissaient méfiants et l'atmosphère de bien-être et de décontraction avait disparu. Les cafés étaient quasiment vides.

Entendant un bruit de pas dans l'escalier, Malcolm se retourna pour accueillir le consul, mais Bud Schlesinger secoua la tête, posa son index sur ses lèvres et s'empressa de le rejoindre.

Après une poignée de main chaleureuse, Schlesinger montra la sortie d'un mouvement de tête.

– Un problème ? demanda Malcolm à voix basse, alors qu'ils marchaient dans la rue.

– Il y a des micros partout. Comment allez-vous, Malcolm ?

– Bien. Vous, en revanche, vous avez mauvaise mine. Que se passe-t-il ?

– Une bombe incendiaire a détruit mon appartement.

– Oh ! Anita n'a rien ?

– Elle a réussi à sortir à temps. Mais elle a perdu une grande partie de son travail et… il ne reste plus grand-chose de l'appartement. Alors, avez-vous retrouvé Lyra ?

– Non. Vous l'avez vue ?

Schlesinger raconta qu'il l'avait rencontrée au café et qu'il l'avait reconnue grâce au photogramme.

– Anita l'a aidée à modifier légèrement son apparence. Mais… elle a quitté l'appartement avant l'explosion, et nous ne l'avons pas revue. Par contre, d'autres personnes, si. J'ai interrogé des gens. Apparemment, elle s'est rendue dans un café voisin pour lire une lettre, sans doute la vôtre, que je lui avais remise. Après quoi, elle est allée à la gare et a pris un train pour l'est, mais pas l'express à destination d'Alep. Celui qui s'arrête partout et qui roule lentement. Je crois que le terminus est Séleucie, près de la frontière.

– Elle n'a toujours pas retrouvé son dæmon ?

– Non. Elle est persuadée qu'il a cherché refuge dans une des villes fantômes autour d'Alep. Mais écoutez-moi bien, Malcolm. Un autre événement vient de se produire. Il faut agir vite. Je vous conduis chez un certain Ted Cartwright. Nous y voilà.

Malcolm remarqua que Bud Schlesinger lançait des regards de tous les côtés, comme s'il craignait d'être suivi. Il en fit autant, sans voir personne. Le diplomate s'engagea dans une ruelle et ouvrit avec une clé une porte verte miteuse. Dès qu'ils furent entrés, il la verrouilla de nouveau.

– Il est mal en point, et je pense qu'il n'en a plus pour longtemps, dit-il. C'est en haut.

En suivant Schlesinger dans l'escalier, Malcolm essaya de se souvenir où il avait déjà entendu ce nom : Ted Cartwright. Quelqu'un l'avait prononcé avec un accent suédois. Il revoyait des mots griffonnés au crayon à papier sur une feuille déchirée… Soudain, ça lui revint.

– Tash-Bulak ? Le directeur de la station de recherches ?

– Oui. Il est arrivé hier, après Dieu sait quel périple. Cette maison est une planque. J'ai fait appel à une infirmière et à une sténographe… Mais je veux que vous l'entendiez de sa bouche même. Nous y sommes.

Une autre porte, une autre serrure, et ils émergèrent dans un petit studio, propre et bien rangé. Une jeune femme en uniforme bleu marine prenait la température d'un homme allongé dans un lit une place, couvert uniquement d'un drap. Il avait les yeux fermés, il transpirait et son visage émacié était cloqué par le soleil. Son dæmon, une grive au plumage poussiéreux, visiblement épuisée, s'agrippait à la tête de lit capitonnée. Asta bondit à côté d'elle, et elles se parlèrent à voix basse.

– Il va mieux ? interrogea Bud.

L'infirmière fit non de la tête.

– Docteur Cartwright ? dit Malcolm.

L'homme ouvrit les yeux. Ils étaient injectés de sang et

virevoltaient dans tous les sens, sans parvenir à se fixer sur un point précis, et Malcolm n'était pas certain que Cartwright le voie.

L'infirmière rangea le thermomètre, nota quelque chose sur un tableau et se leva pour laisser la chaise à Malcolm. Elle se dirigea vers une table qui accueillait des boîtes de médicaments et du matériel médical soigneusement alignés. Malcolm s'assit et dit :

– Docteur Cartwright, je suis un ami de votre collègue Lucy Arnold, à Oxford. Je m'appelle Malcolm Polstead. Est-ce que vous m'entendez ?

– Oui, répondit le malade d'une voix enrouée. Mais je vous vois mal.

– Vous êtes le directeur de la station de recherches de Tash-Bulak ?

– Je l'étais. Elle a été détruite. J'ai dû m'enfuir.

– Pouvez-vous me parler de vos deux collègues, les Drs Strauss et Roderick Hassall ?

Un profond soupir s'acheva en un gémissement tremblant. Cartwright prit une autre inspiration et demanda :

– Il est rentré ? Hassall ?

– Oui. Avec ses notes. Elles nous ont été très utiles. Quel est donc cet endroit sur lequel ils enquêtaient ? Ce bâtiment rouge ?

– Aucune idée. C'est de là que venaient les roses. Ils ont insisté pour partir dans le désert. Je n'aurais pas dû les laisser faire. Mais ils étaient aux abois. Comme nous tous. Les hommes des montagnes… Peu de temps après, j'ai fait rapatrier Hassall… Simorgh…

Sa voix mourut. Schlesinger, posté derrière Malcolm, lui glissa à l'oreille :

– C'était quoi, le dernier mot ?

– Attendez un peu… Docteur Cartwright ? Vous êtes toujours là ?

– Les hommes des montagnes… Ils possédaient des armes modernes.

– Quel type d'armes ?

– Des mitrailleuses dernier cri. Des pick-up aussi. Neufs et en grand nombre.

– Savez-vous qui les finançait ?

Cartwright voulut tousser, mais il n'en avait plus la force. Malcolm voyait combien il souffrait.

– Prenez votre temps, dit-il.

Derrière lui, Bud s'était retourné pour s'adresser à l'infirmière, mais lui restait concentré sur Cartwright, qui lui faisait comprendre qu'il voulait se redresser. Malcolm glissa son bras dans son dos pour l'aider. Il sentit combien son corps était chaud. Et léger. Une fois encore, le malade essaya de tousser, secoué de râles sifflants qui semblaient écarteler tout son corps.

Malcolm se retourna à moitié afin de demander à Bud ou à l'infirmière de lui apporter un autre oreiller.

Il n'y avait plus personne.

– Bud ?

Il s'aperçut que le diplomate était allongé par terre, inconscient. Son dæmon-chouette était sur sa poitrine. L'infirmière avait disparu.

Il reposa délicatement le malade et se précipita vers Bud. Il avisa alors la seringue à côté de lui, sur le tapis. Et le flacon vide sur la table.

Malcolm ouvrit la porte à la volée et courut jusqu'à l'escalier. L'infirmière était déjà en bas. Elle leva les yeux vers lui. Elle tenait un pistolet à la main. Il n'avait pas remarqué combien elle était jeune.

– Malcolm ! cria Asta.

Trop tard, l'infirmière venait de tirer.

Il ressentit une vive douleur paralysante, sans pouvoir dire où il avait été touché, puis il s'écroula, dégringola l'escalier et s'arrêta au pied des marches, à moitié évanoui, à l'endroit où la jeune infirmière se tenait quelques secondes plus tôt. Il se redressa et la vit dans l'encadrement de la porte. Au moment où elle s'apprêtait à…

– Non, ne faites pas ça ! s'écria-t-il en essayant de se traîner jusqu'à elle.

La jeune femme appuyait le canon de son pistolet sous son menton. Son dæmon-rossignol, terrorisé, poussait des cris aigus et battait des ailes devant son visage, mais elle avait le regard clair et dans ses yeux écarquillés brillait un éclat vertueux. Soudain, elle pressa la détente. Du sang, des os et de la cervelle se retrouvèrent projetés contre la porte, le mur, le plafond.

Malcolm se laissa retomber par terre. Une nuée de sensations l'assaillaient de toutes parts, où se mêlaient des relents de cuisine, le soleil qui éclairait le sang sur la peinture verte décolorée de la porte, la détonation du coup de feu qui résonnait encore dans ses oreilles, les hurlements lointains de quelques chiens errants, les faibles gémissements du dæmon de l'infirmière couché près d'elle.

Et la douleur. Une succession d'élancements d'abord, puis une longue attaque, profonde, brutale, concentrée sur sa hanche droite.

Il la palpa et regarda sa main rouge et souillée de sang. Bientôt, ça ferait encore plus mal, mais il devait s'occuper de Bud. Était-il capable de remonter l'escalier ?

Sans même essayer de se relever, il se mit à ramper,

marche après marche, en s'aidant de ses bras et de sa jambe gauche.

– Ne force pas, lui dit Asta d'une voix faible. Tu saignes énormément.

– Je veux juste savoir comment va Bud.

Arrivé sur le palier, il parvint à se mettre debout et à marcher jusqu'à la chambre. Bud était toujours inconscient sur le plancher, mais il respirait sans peine. Malcolm se tourna ensuite vers Cartwright. Il dut s'asseoir au bord du lit. Sa jambe droite s'ankylosait rapidement.

– Aidez-moi, murmura Cartwright.

Malcolm tenta de le redresser, au prix d'un terrible effort. Quand il l'appuya contre la tête de lit, son dæmon tomba sur son épaule.

– L'infirmière…, dit Malcolm.

Cartwright secoua la tête, ce qui provoqua une nouvelle quinte de toux.

– Trop tard, parvint-il à articuler. Elle est à leur solde. Elle m'a injecté des drogues… pour me faire parler… et ensuite, du poison…

– À la solde des hommes des montagnes ?

Malcolm n'en revenait pas.

– Non, non. Eux aussi font partie de ce grand groupe pharmaceutique…

Nouveaux raclements de gorge. Haut-le-cœur également. Un filet de bile jaillit entre les lèvres de Cartwright et coula sur son menton.

Malcolm le tamponna avec le drap et demanda, d'un ton pressant :

– Quel groupe pharmaceutique ?

– TP.

Cela ne lui disait rien.

– TP ? répéta-t-il.

– Le sigle de la société sur leurs camions…

Ses paupières se fermèrent. Sa poitrine se souleva, un râle monta de sa gorge. Puis tout son corps se crispa, avant de se détendre. Une dernière fois. Il était mort. Son dæmon se dispersa aussitôt dans les airs, sous forme de particules invisibles.

Malcolm sentit ses forces l'abandonner, à mesure que la douleur à la hanche s'amplifiait. Il devait soigner sa blessure, il devait s'occuper de Schlesinger, il devait contacter Oakley Street. Mais jamais il n'avait ressenti un tel besoin de dormir, profond, irrésistible.

– Asta, tiens-moi éveillé.

– Malcolm ? C'est vous ? demanda une voix pâteuse venue du sol.

– Bud ! Ça va ?

– Que s'est-il passé ?

Le dæmon de Schlesinger, à moitié sonné, déploya ses ailes, tandis que Bud essayait de se redresser.

– L'infirmière vous a drogué. Cartwright est mort. Elle l'a drogué lui aussi.

– Nom d'un chien !… Malcolm, vous saignez ! Ne bougez pas.

– Elle vous a injecté je ne sais quoi pendant que j'avais le dos tourné. Puis elle s'est enfuie. Je l'ai poursuivie dans l'escalier, comme un imbécile, et elle m'a tiré dessus, avant de se suicider.

Bud s'agrippait à une extrémité du lit. La drogue que lui avait injectée l'infirmière agissait vite, mais pas longtemps ; Malcolm voyait la lucidité revenir sur le visage de son ami. Il regardait la jambe de son pantalon imbibée de sang.

– Avant toute chose, déclara-t-il, il faut vous sortir d'ici et appeler un médecin. On va filer par-derrière, en traversant le bazar. Vous pouvez marcher ?

– Difficilement et lentement. Vous allez devoir me soutenir.

– Venez, alors… Attendez ! Enfilez ça. Pour cacher le sang.

Il sortit un imperméable d'une armoire et aida Malcolm à le passer.

– Je suis prêt, dit celui-ci.

Deux heures plus tard, après qu'un médecin digne de confiance, choisi par Bud, eut soigné la blessure de Malcolm, ils buvaient un thé en compagnie d'Anita dans les salons du consulat, où ils logeaient en attendant que leur appartement soit remis en état.

– Qu'a dit le médecin ? demanda Anita.

– La balle a entaillé l'os de la hanche, sans le briser. Ça aurait pu être bien plus grave.

– C'est douloureux ?

– Oui, très. Mais il m'a prescrit des antalgiques. Parlez-moi de Lyra, plutôt.

– Je ne sais pas si vous la reconnaîtriez. Elle a les cheveux très courts, châtains, et elle porte des lunettes.

Malcolm essaya de se représenter cette nouvelle Lyra, sans y parvenir.

– Croyez-vous que quelqu'un aurait pu la suivre jusqu'à votre appartement ?

– Vous voulez dire : est-ce à cause d'elle qu'ils l'ont fait sauter ? répondit Bud. Parce qu'ils ont cru qu'elle s'y trouvait ? J'en doute. Tout d'abord, personne ne nous a suivis quand nous avons quitté le café. Ensuite, ils savent où j'habite, ce n'est pas un secret. Généralement, les agences se fichent la paix entre elles, exception faite des bisbilles habituelles. Poser des bombes, allumer des incendies… ce n'est pas le style du pays. J'ai peur de ce qui a pu lui arriver après qu'elle a pris le train pour Séleucie.

– Qu'allait-elle faire là-bas ? Elle vous l'a dit ?

– Elle avait une drôle d'idée en tête… N'importe qui aurait trouvé ça complètement fou, mais quand elle en parlait… Dans le désert entre Alep et Séleucie, il existe des dizaines, voire des centaines de villes et de villages abandonnés. Des villes fantômes, si vous préférez. Il n'y a que des pierres, des lézards et des serpents.

« … Et l'on raconte que dans une de ces villes mortes vivent des dæmons. Uniquement des dæmons. Lyra a entendu cette histoire, il y a un certain temps déjà, en Angleterre, de la bouche d'un vieux bonhomme sur un bateau. Et à Smyrne, elle a rencontré une vieille femme, la princesse Cantacuzino, qui lui a raconté la même chose. Alors, Lyra a décidé de se rendre sur place pour retrouver son dæmon.

– Vous paraissez sceptique.

Bud Schlesinger but une gorgée de thé avant de répondre :

– Je ne savais pas quoi penser. La princesse est une femme intéressante. Il y a quelques années, elle a provoqué un énorme scandale. Si elle écrit ses Mémoires, ça fera un best-seller. Bref, son dæmon l'a quittée, comme celui de Lyra. Et si Lyra atteint Séleucie…

– Pourquoi dites-vous « si » ?

– Nous vivons des temps difficiles, Malcolm. Avez-vous vu le nombre de personnes qui fuient les troubles plus à l'est ? En réaction, les Turcs ont mobilisé leur armée. Ils redoutent des affrontements, et moi aussi. Cette jeune femme a choisi de se jeter dans la gueule du loup. Comme je le disais, si elle parvient à gagner Séleucie, elle devra encore trouver le moyen d'atteindre cet Hôtel Bleu. Que ferez-vous lorsque vous l'aurez retrouvée ?

– Nous voyagerons ensemble. Vers l'est, là d'où viennent les roses.

– Pour le compte d'Oakley Street ?

– Oui, bien entendu.

– N'essayez pas de nous faire croire qu'il n'y a rien d'autre, intervint Anita. Vous êtes amoureux d'elle.

À cet instant, Malcolm sentit une énorme lassitude oppresser son cœur. Cela dut se voir sur son visage car Anita s'empressa d'ajouter :

– Pardonnez-moi. Oubliez cette remarque. Ça ne me regarde pas.

– Un jour, j'écrirai mes Mémoires. Mais en attendant, écoutez-moi. Avant de mourir, Cartwright a dit quelque chose au sujet des hommes des montagnes qui ont attaqué la station de recherches. D'après lui, ils sont financés par une société nommée TP. Vous en avez déjà entendu parler ?

Bud grimaça.

– Thuringe Petroleum. Des sales types.

– Potasse, corrigea Anita. Pas Petroleum.

– Ah, zut ! Tu as raison. Anita a écrit un article sur eux.

– Il n'a jamais été publié, précisa-t-elle. Cela inquiétait le rédacteur en chef. C'est une très vieille société. Ils extraient de la potasse de la Thuringe depuis des siècles et la vendent à des entreprises qui fabriquent des engrais, des explosifs, des produits chimiques. Mais il y a une vingtaine d'années, ils se sont également lancés dans la production industrielle, c'est plus rentable. Armement et produits pharmaceutiques, essentiellement. Ils sont très puissants, Malcolm, et ils n'ont jamais aimé la publicité. Mais dans le monde des affaires, ça ne marche pas comme ça, et ils doivent s'adapter à de nouvelles méthodes. Ils ont gagné énormément d'argent avec un antalgique, le Treptizam, et ils ont tout investi dans la recherche. La société appartient à des capitaux privés, ils ne sont pas obligés de verser des dividendes aux actionnaires. Et ils ont recruté d'excellents scientifiques. Que regardez-vous ?

Malcolm avait, avec quelque difficulté, glissé la main dans sa poche, et extrait un petit flacon de comprimés.

– « Treptizam », lut-il sur l'étiquette.

– Les noms de tous les produits qu'ils fabriquent contiennent les lettres *T* et *P*, expliqua Bud. Et Cartwright pensait qu'ils finançaient des terroristes ? Ces hommes des montagnes ?

– Il a vu ces mêmes initiales sur les camions qui les transportaient.

– Ils veulent mettre la main sur les roses.

– Évidemment. Ça explique beaucoup de choses. Anita, pourrais-je lire votre article ? J'aimerais en savoir plus sur le contexte.

– Hélas, la plupart de mes dossiers sont partis en fumée en même temps que l'appartement. (Elle secoua la tête avec tristesse.) Tout ce travail…

– Vous pensez que ça pourrait être la cause de cet attentat ?

Anita se tourna vers son mari. Qui acquiesça à contrecœur.

– Une des raisons, dit-il.

– Je suis vraiment désolé. Dans l'immédiat, cependant, il est préférable que je suive la piste de Lyra.

– Je lui ai conseillé de s'adresser à un certain Mustafa bey à Alep. Un marchand. Il connaît tout le monde et il sait tout. Sans doute ira-t-elle le trouver dès qu'elle arrivera. À sa place, c'est ce que je ferais. Quoi qu'il en soit, vous pourrez le trouver au Café Marletto.

Bud acheta quelques vêtements pour Malcolm, destinés à remplacer ceux qui étaient maculés de sang, ainsi qu'une canne pour l'aider à marcher. Après quoi, il l'accompagna à la gare, où il prendrait le train express à destination d'Alep.

– Qu'allez-vous faire au sujet de votre planque ? demanda Malcolm.

– La police s'y trouve déjà. Quelqu'un a déclaré avoir entendu des coups de feu. Nous avons fichu le camp à temps, mais elle est inutilisable désormais. Tout sera consigné dans mon rapport à Oakley Street.

– Merci, Bud. Je vous dois une fière chandelle.

– Saluez Lyra de ma part, si…

– Je n'y manquerai pas.

Lorsque le train s'ébranla, Malcolm s'installa dans un wagon confortable et climatisé en grimaçant de douleur, et sortit du sac à dos de Hassall le vieil exemplaire de *Jahan et Rukhsana*, en espérant oublier un peu les élancements de sa hanche.

Le long poème racontait l'histoire de deux amants qui tentaient de vaincre l'oncle de Rukhsana, le sorcier Kourash, et de s'emparer d'un jardin où poussaient des roses précieuses. Les épisodes se succédaient, riches en rebondissements et en digressions, peuplés de créatures fabuleuses et émaillés de situations étranges. À un moment donné, Jahan devait harnacher un cheval ailé afin de voler jusqu'à la lune, dans le but de libérer Rukhsana, prisonnière de la Reine de la Nuit. Plus tard, Rukhsana utilisait une amulette interdite pour combattre les menaces de Razvani, le démon du feu. De nouveaux développements naissaient de chaque péripétie, semblables à de petits tourbillons de conséquences découlant du flot principal. Malcolm n'était pas loin de trouver ce récit insupportable, mais l'ensemble était racheté par les descriptions envoûtantes que le poète faisait de la roseraie, du monde physique dans son ensemble, et des plaisirs des sens qu'éprouvaient ceux qui l'atteignaient dans un état de connaissance.

– Soit tout cela a un sens, glissa Malcolm à Asta, soit ça n'en a aucun.

– Je penche pour la première hypothèse, répondit le dæmon.

Ils étaient seuls dans le compartiment. Il n'y aurait pas d'arrêt avant une heure.

– Pourquoi ? demanda Malcolm.

– Hassall ne se serait pas encombré de ce livre s'il n'avait pas un sens particulier.

– Peut-être a-t-il une signification personnelle, intime. Rien de plus.

– Nous devons essayer d'en savoir plus sur lui. Il est important de comprendre pour quelle raison il était si attaché à ce poème.

– C'est peut-être moins le poème que le livre lui-même. Cette édition. Voire cet exemplaire précis.

– Ah, un livre-code…

– Un truc dans le genre.

Si deux personnes possédaient un même exemplaire du même livre, elles pouvaient s'échanger des messages en choisissant des mots indiqués par le numéro de la page, le nombre de lignes et la place du mot dans cette ligne. Un code quasiment indéchiffrable pour toute autre personne qui ne possédait pas le livre.

Autre possibilité : cet exemplaire pouvait contenir un message si les lettres ou les mots qui le composaient étaient signalés d'une manière ou d'une autre, un point tracé au crayon à papier, par exemple. Inconvénient de cette méthode, l'ennemi pouvait lui aussi déchiffrer le message si le livre lui tombait entre les mains. Malcolm avait passé un certain temps à chercher des marques de ce genre, et plusieurs fois il avait cru en avoir trouvé, pour finalement s'apercevoir qu'il s'agissait d'un défaut du papier, de mauvaise qualité.

– Delamare est l'oncle de Lyra, souligna Asta.

– Et alors ?

Franchement, il était obtus parfois.

– Kourash est l'oncle de Rukhsana. Et il tente de s'emparer d'une roseraie.

– Oh, oui, je vois ! Mais qui est Jahan ?

– Allons, Mal…

– Ils sont amants.

– C'est l'essence de la situation qui compte.

– Simple coïncidence.

– Si tu le dis. Mais tu essayais de savoir si ce livre était important.

– Non. Je sais qu'il est important. J'essaie de comprendre pourquoi. Une coïncidence accidentelle ou deux, ce n'est pas probant.

– Isolément, non. Mais elles sont nombreuses…

– Tu te fais l'avocat du diable.

– C'est un rôle utile. Il faut savoir se montrer sceptique.

– Je te croyais plutôt crédule.

Ils avaient l'habitude de ces joutes verbales. Malcolm

défendait la position *X* et Asta la position *Y*, et brusquement, ils inversaient les rôles. À l'arrivée émergeait un point de vue qu'ils jugeaient convaincant l'un et l'autre.

– Cet endroit que cherche Lyra, dit Asta, cette ville fantôme. Pourquoi les dæmons vivent-ils par là ? Trouve-t-on un lieu semblable dans le poème ?

– Mais oui, bon sang ! Quand Rukhsana se fait voler son ombre, elle doit aller la rechercher sur le territoire des zarghuls.

– Qui sont… ?

– Des créatures maléfiques qui mangent les ombres.

– Et est-ce qu'elle la récupère ?

– Oui, mais seulement après avoir sacrifié autre chose…

Ils demeurèrent silencieux un moment.

– Et un peu plus loin…, reprit Malcolm.

– Quoi donc ?

– Il y a le passage où Rukhsana est capturée par l'enchanteresse Shazada, la Reine de la Nuit, et où elle est sauvée par Jahan…

– Continue.

– Pour la duper, il fait un nœud complexe à la ceinture de soie de Shazada, et pendant que celle-ci s'acharne à essayer de le défaire, Rukhsana et lui s'enfuient.

Il attendit la réaction d'Asta, qui ne se fit pas attendre.

– La fée de la Tamise et la boîte qu'elle n'arrivait pas à ouvrir !

– Diania. Exact.

– Malcolm, tout cela est…

– Très similaire, oui. Je ne peux pas le nier.

– Mais que signifie l'existence de ce genre de similitudes ? On peut lui accorder un sens ou non, en fonction de son caractère.

– Ce qui lui ôterait toute signification. Ne faut-il pas qu'elle demeure vraie, que l'on y croie ou pas ?

– L'erreur, c'est peut-être de refuser de voir. Peut-être qu'on devrait s'engager. Décider. Que se passe-t-il à la fin du poème ?

– Ils trouvent la roseraie, terrassent le sorcier et se marient.

– Et vivent heureux jusqu'à la fin de leurs jours… Eh bien, Malcolm, que décide-t-on ? Croire ou ne pas croire ? Est-ce que cela signifie ce que ça a l'air de signifier ? Et d'abord, qu'est-ce que ça signifie ?

– Ça, c'est plus facile, répondit-il. La signification d'une chose, c'est son lien avec autre chose. Avec nous, en particulier.

Le train ralentit en atteignant la périphérie d'une ville côtière.

– Il n'est pas censé s'arrêter là, si ? s'étonna Asta.

– Peut-être qu'il ralentit à cause de travaux sur la voie.

Non, il ne s'agissait pas de ça. Le train ralentit encore et entra en gare à une allure d'escargot. Dans la lumière déclinante de l'après-midi, Malcolm et Asta aperçurent une douzaine d'hommes et de femmes rassemblés autour d'une estrade sur laquelle quelqu'un venait de prononcer un discours. À moins qu'il s'agisse d'une cérémonie d'adieux. Un homme en costume sombre et chemise à col cassé descendait de l'estrade pour distribuer des poignées de main et des accolades. Manifestement, c'était une personnalité suffisamment importante pour que la compagnie de chemins de fer modifie ses horaires. À l'arrière-plan, un porteur souleva deux valises qu'il chargea à bord du train.

Malcolm essaya de bouger car sa jambe s'ankylosait, mais la douleur ne lui laissait aucun répit. Il ne pouvait même plus se lever.

– Allonge-toi, lui conseilla Asta.

Le train repartit et Malcolm sentit une énorme résignation s'abattre sur lui, comme des flocons de neige. Ses forces l'abandonnaient. Peut-être qu'il ne pourrait plus jamais bouger. Son corps le lâchait et cette sensation le ramena vingt ans en arrière, dans cet effroyable mausolée, durant l'inondation, lorsqu'il avait dû aller jusqu'à l'extrême limite de ses forces pour sauver Alice des griffes de Gérard Bonneville… Alice saurait quoi faire en cet instant. Il murmura son nom. Asta l'entendit et tenta de réagir, mais elle était sonnée par la douleur elle aussi, et quand Malcolm s'évanouit, elle l'imita. Le contrôleur la trouva couchée sur sa poitrine, inconsciente. Une flaque de sang s'élargissait sur le sol.

30
Norman et Barry

Alice Lonsdale triait du linge, mettant de côté les draps et les taies d'oreiller qui pouvaient être raccommodés, déchirant ceux qui étaient irrécupérables pour en faire des torchons, lorsque M. Cawson, l'Intendant, ouvrit la porte et entra.

– Alice, dit-il, le Maître veut vous voir.

Il affichait un air grave, mais il était rarement d'humeur guillerette.

– Que me veut-il ?

– Il va tous nous recevoir. Un bilan de compétences pour les domestiques, je suppose.

Ce terme désignait l'entrevue trimestrielle entre un étudiant et son professeur, au cours de laquelle étaient évalués les progrès de l'étudiant.

– Il vous a déjà reçu, vous ? demanda Alice en suspendant son tablier.

– Pas encore. Des nouvelles de la jeune Lyra ?

– Non et je me fais un sang d'encre, je n'ai pas honte de l'avouer.

– Elle semble avoir disparu de la surface de la terre. Le Maître est dans le bureau du Régisseur. Ils sont en train de redécorer le sien.

Alice n'était pas particulièrement inquiète à l'idée d'être convoquée par le Maître, bien qu'elle ne l'ait jamais porté dans son cœur, et depuis qu'elle avait appris de quelle manière il avait traité Lyra, elle lui vouait une haine farouche. Elle savait qu'il faisait du bon travail et qu'il avait élargi l'éventail des tâches pour lesquelles elle avait été engagée au départ, à tel point qu'aux yeux de l'Intendant, du Régisseur et de l'ancien Maître, elle était considérée comme indispensable au bon fonctionnement de Jordan. De fait, deux ou trois autres collèges les avaient imités dans la décision révolutionnaire de recruter des gouvernantes, rompant ainsi avec une habitude vieille de plusieurs siècles à Oxford, qui consistait à n'employer que des domestiques de sexe masculin.

Aussi était-elle convaincue que le Dr Hammond ne la faisait pas venir pour critiquer son travail. En outre, cela relevait du Régisseur des affaires domestiques. Curieux.

Elle frappa à la porte du bureau de Janet, la secrétaire du Régisseur, et entra. Le dæmon de Janet, un écureuil, courut accueillir Ben, le dæmon d'Alice, et celle-ci fut parcourue par un frisson d'appréhension sans savoir pourquoi. Janet, une jolie femme d'une trentaine d'années, menue, paraissait nerveuse ; elle ne cessait de lancer des regards en direction de la porte de M. Stringer. Elle posa son index sur ses lèvres.

Alice s'approcha.

– Que se passe-t-il ? demanda-t-elle à voix basse.

– Il est avec deux hommes du CDC, murmura Janet. Il ne l'a pas précisé, mais ça se voit.

– Qui d'autre a-t-il reçu ?

– Personne.

– Je croyais qu'il recevait tous les domestiques.

– Non. C'est ce qu'il m'a chargée de dire à M. Cawson. Alice, soyez…

La porte du bureau s'ouvrit. Le Maître en personne apparut sur le seuil, affichant un sourire accueillant.

– Madame Lonsdale ! Merci infiniment d'être venue. Janet, pouvez-vous nous apporter du café ?

– Tout de suite, monsieur, répondit la secrétaire, plus nerveuse qu'Alice.

– Entrez donc, dit le Dr Hammond. J'espère que je ne vous dérange pas dans votre travail, mais j'ai pensé que nous devrions avoir une petite discussion.

Alice entra, alors qu'il lui tenait la porte. Deux hommes se trouvaient déjà dans le bureau, comme l'avait indiqué Janet. Ils étaient assis, aucun ne se leva, ne lui sourit ni ne lui tendit la main. Alice était capable de projeter autour d'elle un faisceau de froid glacial (c'était ainsi qu'elle se le représentait) quand elle le désirait, comme à cet instant. Les hommes ne bougèrent pas, ils demeurèrent impassibles, mais elle savait que le faisceau avait fait mouche.

Elle prit place dans le troisième fauteuil disposé face au bureau, entre les deux inconnus. Svelte, Alice se déplaçait avec la plus grande élégance, et si elle n'était pas belle (elle ne le serait jamais, ni même jolie, ni même vaguement séduisante), elle pouvait dégager une intense sensualité.

Malcolm le savait. Elle choisit de la laisser s'exprimer, uniquement pour déstabiliser ces hommes. Le Maître revint s'asseoir derrière son bureau en lâchant une remarque banale sur le temps qu'il faisait. Alice n'avait toujours pas ouvert la bouche.

– Madame Lonsdale, dit Hammond, une fois installé, ces deux messieurs appartiennent à une agence gouvernementale chargée des problèmes de sécurité. Ils souhaitent vous poser quelques questions, et j'ai estimé qu'il serait préférable, pour tout le monde au sein du collège, de faire ça ici, au calme, en ma présence. J'espère que vous n'y voyez pas d'inconvénient.

– M. Cawson m'a dit que vous receviez tous les domestiques. Il a parlé d'une affaire interne. Manifestement, il ignorait la présence de ces deux policiers.

– Ce ne sont pas des policiers, madame Lonsdale. Plutôt des fonctionnaires. Et comme je le disais, il m'a semblé préférable de maintenir une certaine discrétion.

– Au cas où je refuserais de venir si je savais qu'ils étaient là ?

– Oh, je suis certain que vous savez où est votre devoir, madame Lonsdale. Monsieur Manton, voulez-vous commencer ?

Le plus âgé des deux hommes se trouvait à gauche d'Alice. Elle se tourna vers lui brièvement, et découvrit un visage inexpressif, un costume gris impeccable et une cravate à rayures, et dessous, le corps d'un homme qui consacrait trop de temps à la musculation. Son dæmon était un loup.

– Madame Lonsdale, dit-il, mon nom est capitaine Manton. Je…

– Non, le coupa-t-elle, capitaine n'est pas un nom, c'est

un grade. Capitaine dans quoi, d'abord ? Vous ressemblez à un agent de la police secrète. C'est ce que vous êtes ?

En prononçant ces paroles, elle ne quittait pas le Maître des yeux. Celui-ci soutenait son regard, impassible.

– Nous n'avons pas de police secrète dans ce pays, madame Lonsdale, répondit l'homme. Capitaine est mon grade, en effet, comme vous l'avez souligné. Je suis officier dans l'armée régulière, affecté aux questions de sécurité. Mon collègue ici présent est le sergent Topham. Nous nous intéressons à une jeune femme que vous connaissez : Lyra Belacqua.

– Belacqua n'est pas son vrai nom.

– Je crois savoir qu'elle se fait appeler Lyra Parle-d'Or. Mais légalement, ce n'est pas son nom. Où est-elle, madame Lonsdale ?

– Allez vous faire voir, répondit Alice avec calme.

Elle regardait toujours le Maître, qui avait conservé exactement la même expression. Néanmoins, une légère rougeur commençait à apparaître sur ses joues.

– Cette attitude ne vous mènera nulle part, répondit Manton. Pour le moment, dans ce cadre informel, ce n'est qu'une manifestation d'un manque de savoir-vivre. Toutefois, je me dois de vous mettre en garde…

La porte s'ouvrit et Janet entra en portant un plateau.

– Merci, Janet, dit le Maître. Posez cela sur le bureau, je vous prie.

Janet ne put s'empêcher de regarder Alice, qui n'avait toujours pas quitté Hammond des yeux.

Ce qui ne l'empêcha pas de s'adresser à Manton :

– Oui ? Vous alliez me mettre en garde contre quelque chose ?

Une fine ride de contrariété apparut sur le front de Hammond. Il se retourna vers Janet.

– Laissez ce plateau.

– J'attends toujours, insista Alice. Quelqu'un allait me mettre en garde contre quelque chose.

Janet déposa le plateau sur le bureau. Ses mains tremblaient. Elle ressortit presque sur la pointe des pieds. Hammond servit le café.

– Ce n'était pas très judicieux, madame Lonsdale, commenta Manton.

– Au contraire, c'était très malin.

– Vous mettez votre amie en danger.

– Je ne comprends pas ce qui vous fait dire ça. Suis-je en danger ?

Le Maître tendit une tasse à Manton, une autre à son collègue.

– Je pense, dit-il, qu'il serait préférable que vous vous contentiez de répondre aux questions, madame Lonsdale.

Manton reprit la parole :

– Alice… Puis-je vous appeler Alice ?

– Non.

– Soit. Madame Lonsdale, nous sommes inquiets pour la jeune femme – la jeune fille – dont vous vous êtes occupée à Jordan College. Lyra Belacqua.

Il avait prononcé ce nom d'une voix ferme. Alice ne dit rien. Hammond observait la scène, yeux plissés.

– Où est-elle ? interrogea l'autre homme, Topham.

C'était la première fois qu'il ouvrait la bouche.

– Je ne sais pas, répondit Alice.

– Êtes-vous en contact avec elle ?

– Non.

– Savez-vous où elle avait l'intention d'aller en partant ?

– Non.

– Quand l'avez-vous vue pour la dernière fois ?

– Il y a un mois peut-être. Je ne sais plus. Vous appartenez au CDC, n'est-ce pas ?

– Cela n'a…

– Je parie que oui. Je vous demande ça parce que vos malfrats sont venus ici, dans ce collège, dans sa chambre, le jour où je l'ai vue pour la dernière fois. Ils se sont introduits dans un endroit qui devrait être un sanctuaire. Et ils ont tout mis sens dessus dessous. Alors, je suppose que vous avez noté la date quelque part. Depuis, je ne l'ai pas revue. Si ça se trouve, c'est vous qui l'avez emmenée. Et depuis, elle croupit dans un de vos cachots répugnants. L'avez-vous enfermée ?

Elle continuait à foudroyer Hammond du regard. Si les joues du Maître avaient rougi, à présent elles blêmissaient.

– Je crois que vous nous cachez des choses, madame Lonsdale, dit Manton.

– Oh, c'est ce que vous croyez ? Et parce que vous le croyez, c'est forcément vrai ?

– Je pense que vous…

– Répondez à ma question et je répondrai peut-être aux vôtres.

– Ce n'est pas un jeu, madame Lonsdale. J'ai l'autorité nécessaire pour vous interroger, et pour vous arrêter si vous ne répondez pas.

– Je croyais qu'un endroit comme Jordan College était à l'abri de ce genre de pressions. Avais-je tort, docteur Hammond ?

– Il existait autrefois un concept baptisé « le droit d'asile universitaire », répondit le Maître, mais il n'a plus cours depuis longtemps. En outre, il n'offrait protection qu'aux Érudits. Les domestiques sont tenus de répondre aux questions, entre ces murs comme à l'extérieur. Et je vous conseille fortement d'obtempérer, madame Lonsdale.

– Pourquoi ?

– Si vous coopérez avec ces messieurs, le collège veillera à vous fournir un représentant légal. En revanche, si vous affichez une farouche hostilité, je ne pourrai rien faire pour vous aider.

– Une farouche hostilité. Ça sonne bien.

Manton intervint :

– Je vous repose la question, madame Lonsdale. Où est Lyra Belacqua ?

– Je l'ignore. Elle voyage.

– Où se rend-elle ?

– Aucune idée. Elle ne m'a rien dit.

– J'ai du mal à le croire, voyez-vous. Vous êtes très proche de cette jeune femme. Vous l'avez connue toute petite, d'après ce que je sais. Je ne peux pas croire qu'elle soit partie sur un coup de tête, sans vous dire où elle allait.

– Sur un coup de tête ? Elle est partie parce que vos malfrats la pourchassaient. Elle avait peur, et je la comprends. Autrefois, la justice régnait dans ce pays. Je ne sais pas si vous vous en souvenez, docteur Hammond. Peut-être étiez-vous ailleurs. Mais de mon temps, il fallait un motif pour arrêter quelqu'un et… comment avez-vous dit ? Une « farouche hostilité » ne suffisait pas.

– Le problème n'est pas là, rétorqua Manton. Vous pouvez vous montrer hostile, je m'en fiche. Si je vous arrête, ce ne sera pas à cause de votre attitude, mais parce que vous refusez de répondre à ma question. Alors, je vous le demande encore une fois…

– J'ai répondu. Je vous ai dit que je ne savais pas où elle était.

– Et je ne vous crois pas. Je pense que vous le savez très bien, et je vais vous tirer les vers du nez.

– De quelle manière ? Vous allez me jeter en prison ? Me torturer ?

Pendant que Manton riait, Topham dit :

– J'ignore quel genre d'histoires macabres vous avez pu lire, mais sachez que nous ne torturons pas les gens dans ce pays.

– Vraiment ? demanda Alice en s'adressant à Hammond.

– Évidemment, dit celui-ci. La loi anglaise interdit la torture.

Sans laisser à quiconque le temps de réagir, Alice se leva et se précipita vers la porte. Son dæmon, Ben, habituellement replié sur lui-même, voire indolent, était capable de férocité : il montra les dents et fit mine de mordre les dæmons des deux agents du CDC afin de les tenir en respect tandis qu'Alice ouvrait la porte.

Janet leva les yeux de son bureau, affolée. M. Stringer, le Régisseur, qui venait d'arriver, se tenait à côté d'elle pour trier du courrier. Alice eut le temps de s'écrier :

– Janet… Monsieur Stringer… soyez témoins…

Avant que Topham la retienne par le bras gauche.

– Alice ! s'exclama Janet. Qu'est-ce…

Le Régisseur assistait à la scène d'un air abasourdi. Son dæmon voltigeait d'une épaule à l'autre. Dans la seconde qui suivit, Alice tenta de gifler Topham. Janet poussa un cri. Ben et les deux autres dæmons étaient aux prises. Topham tenait solidement Alice. Il la fit pivoter et lui tordit le bras dans le dos.

– Alertez tout le monde ! cria-t-elle. Informez tout le collège. Et les gens à l'extérieur. On m'arrête parce que…

– Assez ! gronda Manton qui avait rejoint Topham

et saisi l'autre bras d'Alice, bien qu'elle continue à se débattre.

– Voilà ce qui se passe maintenant dans ce collège, dit-elle. Sous la direction de ce nouveau Maître. Voilà ce qu'il autorise. Voilà ce qu'il aime infliger à…

Manton haussa la voix pour couvrir celle d'Alice :

– Alice Lonsdale, je vous arrête pour entrave à la justice…

– Ils cherchent Lyra ! Voilà ce qu'ils veulent ! Faites passer le mot…

Un « clic » et des mâchoires de métal se refermant sur ses poignets lui firent comprendre qu'elle se trouvait immobilisée. Elle cessa alors de gesticuler. Inutile de lutter contre une paire de menottes.

– Docteur Hammond, je me dois de protester ! dit le Régisseur au moment où le Maître sortait à son tour du bureau.

Pendant ce temps, Topham avait passé une chaîne autour du cou de Ben, reliée à un long et solide bâton gainé de cuir. Humilié, le dæmon se débattait furieusement, toutes griffes et dents dehors. Mais Topham était expérimenté et impitoyable. Finalement, Ben dut s'avouer vaincu. Toutefois, Alice savait que Topham passerait un sale quart d'heure lorsqu'il tenterait d'ôter la chaîne.

Hammond répondit au Régisseur :

– Raymond, tout cela est déplorable et inutile. Je vous demande pardon. De toute évidence, j'ai eu tort de croire que nous pourrions régler cette affaire avec tact.

– Qu'est-ce qui motive un tel degré de violence ? Je suis atterré, Maître. Mme Lonsdale travaille dans ce collège depuis longtemps.

– Ces hommes ne sont pas des policiers ordinaires, monsieur Stringer, dit Alice. Ils…

– Emmenons-la ! dit Manton.

Topham entraîna Alice vers la sortie, mais elle résista.

– Prévenez tout le monde ! Janet, informez tous les gens que vous connaissez ! Prévenez Norman et Barry…

Topham la tira avec une telle brusquerie qu'elle perdit l'équilibre et tomba. Ben bondit. Retenu par la chaîne, il grogna et montra les dents, à deux centimètres de la gorge de Manton.

– Raymond, venez un instant.

Telles furent les dernières paroles qu'entendit Alice dans la bouche du Maître, qui avait pris le Régisseur par les épaules et l'entraînait dans son bureau. La dernière chose qu'elle vit fut le visage terrorisé de Janet. Juste avant qu'elle sente une aiguille s'enfoncer dans son épaule et perde connaissance.

Dès que Janet, la secrétaire du Régisseur, put s'éclipser en début d'après-midi, elle enfourcha son vélo et pédala furieusement dans Woodstock Road en direction de Wolvercote. Axel, son dæmon-écureuil, assis dans le panier à l'avant, grelottait de froid et de peur.

Janet s'était souvent rendue à La Truite avec Alice et d'autres amis. Elle avait tout de suite saisi le message : Norman et Barry étaient les deux paons de l'auberge. Les premiers Norman et Barry avaient péri noyés durant la grande inondation, mais depuis toujours leurs successeurs portaient les mêmes noms. La mère de Malcolm estimait que ça faisait gagner du temps.

Janet traversa Wolvercote et continua jusqu'à Godstow. Elle pénétra dans le jardin de l'auberge, en nage et essoufflée.

– Tu es toute décoiffée, fit remarquer Axel.

– Oh, pour l'amour du ciel, arrête de faire des histoires. Elle remit de l'ordre dans ses cheveux et entra dans la salle, tranquille à cette heure-ci. Il n'y avait que deux clients, qui bavardaient près du feu. Mme Polstead, occupée à essuyer des verres, lui adressa un sourire chaleureux.

– C'est rare de vous voir l'après-midi, commenta-t-elle. Vous êtes en congé ?

– J'ai quelque chose d'urgent à vous dire, répondit tout bas Janet.

Les deux hommes assis à côté de la cheminée l'ignorèrent.

– Allons dans la salle de la terrasse, dit Mme Polstead, et elle la précéda dans le couloir.

Leurs deux dæmons, l'écureuil et le blaireau, leur emboîtèrent le pas.

Dès que la porte se fut refermée, Janet déclara :

– Alice Lonsdale a été arrêtée.

– Quoi ?

Janet raconta ce qui s'était passé.

– Et avant qu'ils l'emmènent, elle m'a lancé : « Prévenez Norman et Barry. » J'ai compris, évidemment, qu'elle ne parlait pas des paons, mais de Reg et de vous. Oh, je ne sais pas quoi faire. C'était affreux.

– Le CDC, vous pensez ?

– Sans le moindre doute.

– Et le Maître n'est pas intervenu ?

– Il était de leur côté ! Il les a aidés ! La nouvelle a déjà fait le tour du collège, et tout le monde est furieux. Comme lorsqu'il a privé Lyra de son logement et qu'elle a disparu. Mais on ne peut rien faire, n'est-ce pas ? Il n'a pas enfreint la loi. Il est dans son droit… Pauvre Alice…

Seule consolation, elle a collé une bonne gifle à l'un de ces sales types…

– Ça ne m'étonne pas. Il ne faut jamais contrarier Alice. Et le Régisseur, qu'a-t-il dit ?

– Après son entrevue avec le Maître, il était… Comment dire ? Sombre. Différent. Honteux, même. Jordan est devenu un endroit horrible, conclut Janet avec ferveur.

– Il faut lever le camp, dit Brenda. Venez donc avec moi.

– Où ça ?

– À Jericho. Je vous expliquerai pourquoi en route.

Juchées sur leurs vélos, mues par un sentiment d'urgence, les deux femmes empruntèrent le chemin de halage qui traversait Port Meadow jusqu'au chantier naval, franchirent la passerelle et suivirent Walton Well Road pour atteindre Jericho.

La mère de Malcolm, qui connaissait Hannah Relf depuis presque aussi longtemps que lui, savait qu'elle souhaiterait être informée sur-le-champ. Brenda Polstead, maligne, avait deviné que son fils partageait avec dame Hannah un territoire secret, bien qu'elle n'ait jamais osé les interroger l'un ou l'autre à ce sujet. Et elle était certaine que Hannah saurait à qui s'adresser, elle saurait qui pourrait les aider, qui elle devait prévenir.

Elles s'engagèrent dans Cranham Street et s'arrêtèrent aussitôt.

– C'est là qu'elle habite, dit Brenda.

Devant chez Hannah stationnait une camionnette ambarique, à l'arrière de laquelle un homme chargeait des cartons. Elles le virent faire deux allers et retours.

– C'est un des types de ce matin, murmura Janet.

Les deux femmes poussèrent leurs vélos sur le trottoir, en direction de la camionnette. Au moment où Topham réapparaissait pour la troisième fois, les bras chargés de dossiers, il tourna la tête et les vit. Il leur jeta un regard noir, mais ne fit aucune remarque. Toutefois, il prit soin de fermer la camionnette avant de retourner dans la maison.

– Venez, dit Brenda.

– Qu'est-ce qu'on va faire ?

– On va rendre visite à Hannah. Rien de plus normal.

Janet suivit Brenda, qui poussa son vélo avec détermination jusqu'à la maison et l'appuya contre le muret du petit jardin. Son dæmon-blaireau, au museau et aux épaules larges, marchait sur ses talons. Elle pressa la sonnette. Janet demeura quelques pas en arrière.

Des voix se firent entendre à l'intérieur, des voix d'hommes. Auxquelles répondit celle de Hannah. Plus douce. Brenda sonna de nouveau. Puis se tourna vers Janet. La jeune secrétaire observait cette femme corpulente d'une cinquantaine d'années, engoncée dans son manteau de tweed, qui affichait une détermination sereine. À cet instant, elle avait l'impression de voir Malcolm, qu'elle admirait énormément (et en secret) depuis longtemps.

La porte s'ouvrit enfin et Brenda se retourna pour faire face au second homme, celui qui donnait les ordres.

– Oui ? fit-il d'un ton glacial.

– Qui êtes-vous ? demanda Brenda. Nous venons voir notre amie Hannah. Vous travaillez pour elle ?

– Elle est occupée pour le moment. Revenez plus tard.

– Non, je suis sûre qu'elle peut me recevoir. Elle m'attend. Hannah ? lança-t-elle. C'est Brenda ! Je peux entrer ?

– Brenda ! répondit Hannah d'une voix tendue, aiguë, brutalement interrompue.

– Que se passe-t-il ? demanda Brenda à l'homme qui avait ouvert la porte.

– Ça ne vous regarde pas. Dame Relf nous apporte son aide dans le cadre d'une enquête importante. Je vais vous demander de…

– Dame Relf ? répéta Brenda d'un ton méprisant. Laissez-moi passer, brute sans cervelle. Hannah ! On arrive.

Avant que le dæmon de l'homme puisse faire autre chose que grogner, le blaireau saisit la patte du loup dans sa gueule puissante et l'écarta d'un mouvement d'épaule. Le capitaine plaqua ses paumes sur la poitrine de Brenda pour la repousser, mais elle lui asséna un coup de poing si violent à la tempe qu'il vacilla et faillit tomber.

– Topham ! cria-t-il.

Déjà, Brenda passait devant lui. Arrivée à la porte du salon, elle découvrit Hannah assise droite comme un i sur une chaise, devant l'homme qui lui tordait le bras dans le dos.

– Qu'est-ce qui vous prend ? s'exclama Brenda.

Elle entendit une échauffourée derrière elle, et Janet qui hurlait :

– Je vous interdis de me toucher !

Hannah intervint :

– Brenda… faites attention.

Topham lui tordit le bras de plus belle et Hannah grimaça.

– Lâchez-la immédiatement ! exigea Brenda. Ôtez vos sales pattes et reculez ! Plus vite que ça.

En guise de réponse, Topham accentua la torsion du bras de Hannah, qui ne put retenir un petit cri de douleur.

Soudain, quelque chose frappa l'arrière du crâne de Brenda, qui se trouva propulsée dans la petite pièce et bascula sur les genoux de Hannah. Bientôt rejointe par Janet, que Manton avait envoyée valdinguer car elle l'agrippait par les manches. Les trois femmes tombèrent devant la cheminée, à une longueur de bras des flammes.

Sous le choc, Topham lâcha le bras de Hannah et tomba à la renverse contre la vitrine qui renfermait une collection d'objets en porcelaine. Tous les deux s'écrasèrent au sol en même temps.

Brenda fut la première à se relever, armée d'un tisonnier. Janet, pour l'imiter, s'était emparée d'une petite pelle. Quant à Hannah, elle avait fait une mauvaise chute et ne semblait pas capable de se mettre debout. Brenda vint se placer devant elle, prête à affronter les deux hommes.

– Fichez le camp d'ici ! ordonna-t-elle. J'ignore qui vous êtes et ce que vous voulez, mais vous ne vous en tirerez pas comme ça.

– Posez ce tisonnier, répondit Manton. Je vous préviens…

Il tenta de s'en saisir. Brenda lui en asséna un grand coup sur le poignet. Manton recula d'un pas.

Topham essayait encore de se relever au milieu des éclats de bois et de verre. Brenda se réjouit de constater qu'il saignait d'une coupure à la main.

– Et vous, lui lança-t-elle, comment osez-vous rudoyer une femme âgée, espèce de lâche ! Allez, du balai !

– Tous ces cartons…, souligna Janet.

– Des voleurs, par-dessus le marché ! N'oubliez pas de tout décharger de votre camionnette avant de partir.

– Je me souviens de vous, dit Manton à Janet. Vous travaillez à Jordan College. Eh bien, vous pouvez dire adieu à votre poste.

– Qu'avez-vous fait d'Alice Lonsdale ? demanda Brenda. Où l'avez-vous emmenée ? Que lui reprochez-vous ?

Janet tremblait, alors que Brenda semblait indifférente à la peur ; elle tenait tête aux deux agents du CDC comme si le pouvoir moral se trouvait en entier de son côté, ce qui était le cas, bien évidemment.

– Vous semblez ignorer que nous avons toute autorité pour enquêter…, dit Manton, mais Brenda le coupa net.

– Non, vous n'avez aucune autorité, bande de voleurs, de lâches, de crapules. Nul n'a le droit de s'introduire chez quelqu'un sans mandat. Vous le savez bien, et moi aussi. Tout le monde le sait. Et rien ne vous autorise à arrêter les gens sans raison. Pourquoi avez-vous arrêté Alice Lonsdale ?

– Cela ne vous…

– Si, ça me concerne. Je connais cette femme depuis qu'elle est toute petite. Il n'y a pas une once de malhonnêteté en elle et elle a toujours été au service de Jordan College. Je veux savoir ce que vous lui avez fait !

Pendant ce temps, Janet aida Hannah à se lever. La manche de son cardigan était roussie, et même brûlée. Elle avait roulé dans le feu un court instant, sans se plaindre. Des braises commençaient à trouer le tapis. Janet s'empressa de les ramasser à l'aide de la pelle. Tandis que Topham ôtait un éclat de verre planté dans sa main et que Manton tournait le dos à Brenda et à son acharnement.

– Allons-nous-en, lança-t-il au sergent.

– Vous baissez les bras ? s'étonna Topham.

– On perd notre temps.

– On la retrouvera, déclara Brenda. On l'arrachera à vos griffes, sale vermine sans foi ni loi. Un jour viendra où ce foutu CDC sera chassé du pays, et où vous décamperez la queue entre les jambes.

– Nous ne…, protesta Topham.

Mais Manton intervint :

– Assez, sergent. En route.

– On pourrait l'emmener, capitaine.

– Ça n'en vaut pas la peine. On sait qui vous êtes, dit-il en s'adressant à Janet. Et on s'occupera bientôt de votre cas, ajouta-t-il en se tournant vers Hannah. Quant à vous, conclut-il à l'adresse de Brenda, on n'aura aucun mal à découvrir qui vous êtes. Et maintenant, attendez-vous à avoir de gros ennuis.

Hannah finissait d'ôter les dernières escarbilles de sa manche lorsque les deux hommes s'en allèrent.

– Vous vous êtes brûlée ? demanda Brenda. Montrez-moi ça. Relevez votre manche.

– Je ne sais pas comment vous remercier, Brenda.

Janet remarqua que la vieille femme ne tremblait pas, contrairement à elle. Elle prit la petite brosse accrochée au serviteur de cheminée pour balayer les cendres, mais ce n'était pas facile quand on avait la tremblote.

– Mille mercis à vous aussi, ajouta Hannah. Pardonnez-moi, mais je ne sais pas qui vous êtes. Quoi qu'il en soit, vous avez été très courageuses toutes les deux.

– Janet est la secrétaire du Régisseur de Jordan, expliqua Brenda. Elle était présente quand ils ont emmené Alice ce matin et elle s'est empressée de me prévenir. J'ai pensé qu'il fallait vous alerter vous aussi. Ont-ils emporté des documents importants ?

– Uniquement des factures, des avis d'imposition, ce genre de choses. N'empêche, je suis bien contente qu'ils soient partis. Les documents précieux sont dans mon coffre, mais je vais devoir les cacher ailleurs. En attendant, je boirais bien une tasse de thé. Qu'en dites-vous ?

Le lendemain, Janet se rendit à son travail comme tous les jours. Elle eut l'impression que le Concierge la regardait d'un drôle d'air lorsqu'elle passa devant la loge. Le Régisseur était déjà dans son bureau. Il la convoqua dès qu'il l'entendit arriver.

– Bonjour, dit-elle, méfiante.

Assis dans son fauteuil, il jouait avec un bout de carton. Il le tordait dans un sens, puis dans l'autre, il l'aplatissait. Sans la regarder.

– Janet, je suis désolé. J'ai une mauvaise nouvelle à vous annoncer.

Il parlait vite. En évitant son regard. Janet sentit son ventre se nouer, mais elle ne dit rien.

– Je… euh… On m'a clairement fait comprendre qu'il n'était plus possible de… euh… vous garder.

– Pour quelle raison ?

– Apparemment, vous avez eu le malheur de déplaire aux deux officiers qui sont venus ici hier. Je dois préciser que je ne partage pas cette opinion, j'ai toujours apprécié votre conscience professionnelle, et sans doute ont-ils eu un comportement un peu excessif… Quoi qu'il en soit, nous vivons une époque difficile et…

– C'est le Maître qui vous a forcé la main ?

– Plaît-il ?

– Hier. Après qu'ils ont emmené Alice, il vous a fait venir dans ce bureau. Que vous a-t-il dit ?

– C'est confidentiel, évidemment, mais il a souligné combien il était difficile de maintenir l'indépendance d'une institution telle que celle-ci, qui somme toute fait partie de la communauté nationale. Et la pression qui pèse sur nous tous…

Sa voix mourut, comme s'il n'avait plus de forces. Pour être honnête, pensa Janet, il paraissait aussi abattu qu'on peut l'être.

– Donc, le Maître vous a demandé de me renvoyer, et vous le faites.

– Non, non, ce n'est pas… En fait… La décision vient d'ailleurs. D'une source plus… Comment dire ? autoritaire.

– Autrefois, c'était le Maître qui incarnait l'autorité au collège. Je ne pense pas que notre ancien Maître aurait accepté de se laisser guider sa conduite par quiconque.

– Janet, vous ne me facilitez pas les choses…

– Je veux juste savoir pourquoi on me flanque à la porte, alors que pendant douze ans, j'ai toujours bien fait mon travail. Personne ne s'est jamais plaint de moi, n'est-ce pas ?

– Non, en effet. Mais apparemment, hier, vous auriez empêché des hommes importants d'accomplir leur devoir.

– Pas ici, pas au collège. Suis-je intervenue pendant qu'ils étaient dans ce bureau ?

– Ça n'a aucune importance.

– Je croyais que si. Vous ont-ils expliqué ce qu'ils faisaient ?

– Je ne leur ai pas parlé directement.

– Eh bien, je vais vous le dire : ils maltraitaient une vieille femme afin de lui voler ses affaires. Il se trouve que j'ai assisté à la scène, avec une amie, et nous sommes intervenues. Voilà ce qui s'est passé, monsieur Stringer. Voilà dans quel pays nous vivons désormais. Des gens qui font bien leur travail sont renvoyés parce qu'ils dérangent des voyous et des brutes du CDC. C'est ça ?

Le Régisseur enfouit son visage entre ses mains. Janet n'avait jamais parlé à un employeur sur ce ton. Son cœur battait à tout rompre. Stringer poussa un profond soupir et s'y reprit à trois fois avant de pouvoir parler.

– C'est très compliqué… (Il leva la tête, sans la regarder toutefois.) Il y a des choses que je ne peux pas vous expliquer. Des pressions, des tensions… dont le corps enseignant et les domestiques sont plutôt préservés. Jamais nous n'avons vécu une époque aussi… Je dois protéger le personnel de…

Les paroles du Régisseur moururent.

– Si vous devez vous débarrasser de moi, dit Janet, pourquoi ont-ils arrêté Alice ? Et qu'ont-ils fait d'elle ? Où est-elle maintenant ?

Stringer ne put que soupirer une fois de plus et baisser la tête.

Janet entreprit de rassembler ses quelques affaires sur son bureau. Elle avait des vertiges, comme si une partie d'elle-même, déjà ailleurs, rêvait cette scène. Elle allait se réveiller et découvrir que tout était rentré dans l'ordre.

Elle retourna dans le bureau du Régisseur, abattu.

– Alice est mon amie, dit-elle. Elle est l'amie de tout le monde. Elle fait partie de ce collège. Elle travaille ici depuis une éternité, depuis bien plus longtemps que moi. Je vous en supplie, monsieur Stringer, où l'ont-ils emmenée ?

Il feignait de ne pas l'entendre. Les yeux baissés, figé, il faisait comme si elle n'était pas là, comme si personne ne lui posait de questions. Sans doute espérait-il, ainsi, la faire disparaître.

Janet avait la nausée. Elle fourra ses affaires dans un sac de courses et s'en alla.

Quelques heures plus tard, Alice était assise dans un wagon de chemin de fer sans fenêtre, les fers aux pieds, en compagnie d'une dizaine d'autres personnes pareillement attachées. Certains prisonniers avaient les yeux et les lèvres enflés, les pommettes tuméfiées, le nez en sang. Le plus jeune était un garçon de dix ou onze ans, pâle comme un linge, les yeux écarquillés par la peur ; le plus vieux était un homme de l'âge de Hannah, décharné et tremblotant. Deux ampoules ambariques nues constituaient l'unique source de lumière. Double astuce destinée à immobiliser les prisonniers, on avait fixé sous les bancs, qui occupaient toute la longueur du wagon, des cages métalliques entourées d'un grillage argenté dans lesquelles étaient enfermés leurs dæmons.

Peu de paroles étaient échangées. Après avoir poussé sans ménagement les captifs à l'intérieur du wagon et enfermé leurs dæmons dans les cages, on avait refermé les fers autour de leurs chevilles, sans un mot. Le wagon attendait sur une voie de garage en pleine campagne quand on avait amené les prisonniers, puis une locomotive était arrivée environ une heure plus tard pour tracter le wagon vers une destination inconnue.

L'enfant était assis en face d'Alice. Alors qu'ils roulaient depuis une demi-heure, il commença à s'agiter.

– Ça ne va pas ? s'enquit Alice.

– J'ai envie d'aller aux toilettes, murmura-t-il.

Elle regarda d'un bout à l'autre du wagon. Les portes situées aux deux extrémités étaient verrouillées (ils avaient vu les grosses clés et entendu le bruit des serrures). Il n'y avait pas de toilettes et elle savait pertinemment que personne ne viendrait s'ils appelaient.

– Lève-toi, tourne-toi et fais pipi derrière le banc. Personne ne te dira rien. C'est leur faute, pas la tienne.

Le garçonnet essaya de faire ce qu'elle disait, mais impossible de se retourner à cause des fers. Il dut uriner par terre devant lui. Alice tourna la tête jusqu'à ce qu'il ait fini. Il était mort de honte.

– Comment tu t'appelles, trésor ?

– Anthony.

Elle l'entendit à peine.

– Reste près de moi. On va s'entraider. Je m'appelle Alice. N'aie pas honte d'avoir fait pipi par terre. On finira tous par en faire autant. Où habites-tu ?

Ils continuèrent à parler tout bas, tandis que le train s'enfonçait dans la nuit.

31
Le petit bâton

Les éclats de voix, les bruits de bottes sur le béton, le vacarme des roues en fer d'une énorme benne qui passait devant les fenêtres du train, chargée de ce qui ressemblait à des caisses de munitions, ajoutés au sifflement assourdissant de la vapeur, emplissaient l'atmosphère. Lyra tendait l'oreille dans l'espoir de capter une langue qu'elle reconnaissait ou une voix qui ne soit ni brutale ni autoritaire. Un homme laissa échapper un grand éclat de rire, d'autres aboyèrent des ordres. Sur le quai, des soldats vêtus d'uniformes de camouflage la dévisageaient et échangeaient des remarques à son sujet. Pour finir, ils se dirigèrent vers la porte du wagon.

« Invisible, se dit-elle. Terne. Repoussante. »

La porte du compartiment s'ouvrit bruyamment. Un

soldat se pencha à l'intérieur et prononça des paroles en turc, auxquelles Lyra ne put répondre qu'en haussant les épaules et en secouant la tête. Il dit quelque chose à ses camarades derrière lui et entra dans le compartiment. Il hissa son lourd paquetage sur le porte-bagages et se débarrassa de son fusil. Quatre autres soldats, hilares, le rejoignirent en se bousculant, sans cesser de dévisager Lyra.

Elle rangea ses pieds sous le siège pour qu'ils ne les écrasent pas et se fit le plus petite possible. Leurs dæmons étaient tous des chiens, farouches, qui s'amusaient à se pousser en montrant les dents. Soudain, l'un d'eux se figea, regarda Lyra avec un intérêt soudain et renversa la tête en arrière pour hurler à la mort.

Tous les autres bruits s'arrêtèrent. Le soldat caressa son dæmon afin de le rassurer, mais ses congénères avaient eux aussi découvert la cause de cette manifestation de peur et se mirent tous à hurler.

Un soldat interrogea Lyra d'un ton cassant et agressif. Leur sergent apparut sur le seuil du compartiment, exigeant manifestement de savoir ce qui se passait. Le soldat dont le dæmon avait été le premier à hurler montra du doigt Lyra et dit quelque chose d'un ton empreint d'une haine superstitieuse.

À son tour le sergent questionna Lyra, il braillait, mais lui aussi avait peur.

En guise de réponse, elle récita :

– « J'aime le son du cor, le soir, au fond des bois. »

C'était la première chose qui lui était venue à l'esprit : un vers d'un poème français. Les soldats, immobiles et remplis de terreur, attendaient que le sergent leur indique quelle attitude adopter.

Lyra ajouta :

– « Dieu ! que le son du cor est triste, au fond des bois ! »

– Française ? demanda le sergent.

Les yeux de tous les hommes et de tous les dæmons étaient fixés sur elle. Lyra acquiesça et leva les mains, comme pour dire : « Je me rends ! Ne tirez pas ! »

Sans doute y avait-il quelque chose de comique dans ce contraste entre la puissance virile de ces hommes armés, accompagnés de leurs dæmons aux dents menaçantes, et cette jeune fille timide et terne, sans dæmon, qui portait des vêtements disgracieux et des lunettes, car le sergent commença par sourire, avant de rire franchement, aussitôt imité par les autres soldats ; eux aussi prenaient maintenant conscience de ce contraste. Lyra sourit, haussa les épaules et se ramassa sur la banquette pour laisser encore un peu plus de place.

– Française, répéta le sergent. Voilà.

Le seul soldat disposé à s'asseoir à côté d'elle était un homme costaud à la peau sombre et aux yeux immenses, qui semblait capable d'apprécier les choses. Il s'adressa à elle d'un ton relativement amical et Lyra lui répondit en continuant à réciter de la poésie française.

– « La Nature est un temple où de vivants piliers/ Laissent parfois sortir de confuses paroles. »

– Ah, fit-il en hochant la tête d'un air pénétré.

Le sergent distribua des ordres à ses hommes, en regardant Lyra une ou deux fois, comme s'il évoquait la façon dont ils devaient se comporter avec elle. Après l'avoir saluée d'un hochement de tête, il ressortit du compartiment et dut se frayer un chemin au milieu d'autres soldats qui encombraient le couloir.

Ils mirent plusieurs minutes à embarquer et Lyra se demanda combien ils étaient, où était leur chef. Elle ne tarda pas à le découvrir car, sans doute alerté par le sergent, un homme jeune et grand, arborant un plus bel uniforme que les autres, apparut à la porte du compartiment et s'adressa à elle :

– Vous êtes française, mademoiselle ? s'enquit-il dans un français hésitant, teinté d'un fort accent.

– Oui, répondit-elle dans la même langue.

– Où allez-vous ?

– À Séleucie, monsieur.

– Pourquoi vous n'avez pas de…

Visiblement, il ne connaissait pas le mot français, alors il montra son dæmon-faucon qui, accroché à une de ses épaulettes, la dévisageait de ses yeux jaunes.

– Il a disparu, expliqua-t-elle. Je suis à sa recherche.

– Ce n'est pas possible.

– Et pourtant, si. C'est arrivé. Vous voyez bien.

– Vous allez le chercher à Séleucie ?

– Partout.

Il hocha la tête, décontenancé. On aurait dit qu'il voulait en savoir plus, interdire ou ordonner quelque chose, sans savoir quoi. Il balaya du regard les soldats entassés dans le compartiment, puis se retira. D'autres hommes allaient et venaient dans le couloir, des portes claquaient, une voix retentit sur le quai et un chef de gare souffla dans son sifflet.

Le train s'ébranla.

Dès qu'ils eurent quitté la gare, laissant derrière eux les lumières de la ville, remplacées par l'obscurité des montagnes à nouveau, le soldat assis près de la porte se pencha dans le couloir pour jeter un coup d'œil des deux côtés.

Visiblement satisfait, il adressa un signe de tête au soldat assis en face de lui, qui sortit de son sac une bouteille.

Lorsqu'il la déboucha, Lyra perçut l'odeur âcre d'un alcool fort, et elle se souvint de la fois où elle avait éprouvé la même sensation : devant le bar d'Einarsson, dans la ville arctique de Trollesund, en regardant le grand ours Iorek Byrnison vider le contenu d'une cruche en terre cuite. Ah, si seulement il était là pour l'escorter dans ce périple ! Ou bien Farder Coram, qui l'accompagnait à ce moment-là.

Les soldats firent circuler la bouteille. Quand elle atteignit l'homme assis à côté d'elle, il but une longue gorgée et exhala bruyamment, emplissant l'atmosphère d'effluves alcoolisés. Le soldat qui se trouvait juste en face les chassa d'un geste de la main en feignant d'être dégoûté, avant de prendre la bouteille. À cet instant, il hésita, gratifia Lyra d'un sourire en coin et la lui tendit.

Elle lui rendit un bref sourire et déclina d'un mouvement de tête. Le soldat dit quelques mots et lui tendit de nouveau la bouteille, de manière plus insistante, comme s'il la mettait au défi de refuser.

Un autre soldat s'adressa à lui d'un ton réprobateur. L'homme but une gorgée d'alcool, lança quelques paroles désagréables à l'intention de Lyra et fit passer la bouteille. Elle s'efforça de devenir invisible tout en veillant à ce que son bâton dépasse de son sac.

La bouteille fit le tour du compartiment une seconde fois. Les hommes parlaient plus fort, plus librement. Ils parlaient d'elle, cela ne faisait aucun doute ; leurs yeux glissaient sur son corps, l'un d'eux passa sa langue sur ses lèvres, un autre empoigna son entrejambe.

Lyra coinça son sac sous son bras gauche et se leva, mais l'homme assis en face d'elle la repoussa sur la banquette et s'adressa au soldat près de la porte, qui tendit le bras pour baisser le store devant la vitre du couloir. Lyra se leva de nouveau et, une fois encore, l'homme la repoussa, en lui pressant un sein. Un flot de terreur se répandit dans ses veines.

« Nous y sommes », songea-t-elle.

Elle se leva une troisième fois, en agrippant le manche de Pequeno, et lorsque le soldat avança la main, elle sortit le bâton de son sac et l'abattit si violemment qu'elle entendit l'os craquer, une fraction de seconde avant le hurlement de douleur. Voyant le dæmon de l'homme se jeter sur elle, Lyra lui asséna un coup de bâton sur la truffe. L'animal retomba sur le sol en geignant. L'homme, livide, tenait sa main brisée, incapable de prononcer un mot ni même d'émettre un son autre qu'un gémissement tremblotant et aigu.

Lyra sentit deux autres mains se refermer sur sa taille. Tenant toujours fermement le bâton, elle frappa vers l'arrière. Par chance, l'extrémité du manche atteignit l'homme à la tempe. Il hurla et tenta de la saisir par le bras, alors elle pivota et lui planta ses dents dans la main, sentant une flamme de pure férocité embraser son cœur. Elle fit couler le sang et mordit de plus belle, arrachant un morceau de chair. La main lâcha son bras. Le visage de son agresseur se dressa devant elle, ivre de fureur. Elle enfonça le bâton là où la peau est plus tendre, sous la mâchoire, puis, pendant qu'il se cabrait, elle abattit le bâton sur son nez et sa bouche, avec une force qui la surprit elle-même. L'homme recula en grognant, le visage en sang, et son dæmon bondit à son tour vers la gorge de Lyra. D'un coup de genou, elle l'envoya valdinguer, mais déjà des mains se refermaient sur ses poignets, s'insinuaient sous sa jupe, trituraient sa culotte, l'écartaient et s'introduisaient en elle, pendant que d'autres lui tordaient les doigts et lui arrachaient son bâton. Elle se débattit comme elle avait vu Iorek Byrnison le faire, avec ses pieds, son front, ses genoux, indifférente à la peur et à la douleur, mais ils étaient plus nombreux qu'elle, ils avaient plus de mains, plus de pieds, et ils avaient des dæmons, qui maintenant montraient les dents, la bave aux babines, grognaient et aboyaient furieusement. Malgré tout, elle continuait à se battre, à se débattre, et, finalement, elle ne dut son salut qu'au vacarme des dæmons.

Soudain, la porte du compartiment s'ouvrit à la volée, laissant apparaître le sergent, qui en un instant comprit ce qui se passait. Il dit un seul mot à son dæmon, un molosse, qui se jeta sur les dæmons des soldats, planta ses crocs dans leur cou et les expédia à travers le compartiment comme de vulgaires poupées de chiffon. Les hommes retombèrent sur leurs sièges, les os brisés, couverts de sang. Alors que Lyra demeurait debout, la jupe arrachée, les doigts rouges de sang, le visage couvert de griffures et d'entailles, les yeux remplis de larmes, tremblant de tous ses membres, secouée de sanglots ; du sang coulait sur ses cuisses, mais elle était toujours debout, et elle leur faisait face.

Elle montra du doigt l'homme qui tenait son bâton, obligée pour ce faire de soutenir sa main droite avec son poignet gauche.

– Rendez-moi ça, dit-elle.

Sa voix, enrouée par les larmes, tremblait tellement qu'elle avait du mal à articuler. L'homme tenta de glisser le bâton dans son dos. Rassemblant ses dernières forces, Lyra se jeta sur lui et lui lacéra le visage avec ses ongles, ses dents et sa fureur, avant de se sentir soulevée de terre, sans peine, par le bras gauche du sergent.

Il fit claquer ses doigts de la main droite et le soldat, le visage couvert de sang, lui tendit le bâton. Le sergent le glissa dans sa ceinture et aboya un ordre. Un autre soldat s'empressa de ramasser le sac à dos de Lyra et de le lui remettre.

Sans lâcher Lyra, qui gesticulait, il lança encore une ou deux phrases d'un ton brutal, puis l'entraîna dans le couloir, où il la reposa enfin. D'un mouvement de tête, il lui fit signe de le suivre, bien qu'elle puisse à peine tenir debout. Il se fraya un chemin parmi les soldats qui étaient sortis dans le couloir voir ce qui se passait et Lyra fut obligée de lui emboîter le pas : il avait son sac et son bâton. Secouée de tremblements si violents qu'elle manquait de perdre l'équilibre à chaque pas, et malgré le sang qui coulait devant sa bouche et le long de ses jambes, elle s'efforça de suivre le sergent.

Tous les yeux des soldats étaient posés sur elle ; ils n'en perdaient pas une miette, avides d'en savoir plus. Soudain, le train fit une embardée et elle serait tombée si une main ne l'avait pas retenue. Elle dégagea son bras d'un mouvement brusque et repartit.

Le sergent l'attendait à l'entrée du dernier compartiment du wagon suivant. Sur le seuil se tenait le jeune officier – major, capitaine, peu importe – et lorsqu'elle arriva à sa hauteur, le sergent lui rendit son sac à dos. Jamais il ne lui avait paru aussi lourd.

– Merci, parvint-elle à articuler en français. Et mon bâton ?

L'officier interrogea le sergent, qui sortit le bâton de sa ceinture pour le tendre à son supérieur. Celui-ci l'examina d'un air intrigué pendant que le sergent lui rapportait les faits.

– Mon bâton, dit Lyra en s'efforçant de maîtriser sa

voix. Allez-vous me laisser entièrement sans défense ? Rendez-le-moi.

– Vous avez déjà estropié trois de mes hommes, paraît-il.

– J'aurais dû les laisser me violer ? Plutôt les tuer tous !

Jamais elle ne s'était sentie à la fois si faible et animée d'une telle énergie farouche. Elle était sur le point de s'évanouir et, en même temps, elle se sentait capable d'égorger cet homme à mains nues s'il ne lui rendait pas son bâton.

Le sergent dit quelque chose. L'officier répondit, hocha la tête et tendit le bâton à Lyra, manifestement à contrecœur. Elle essaya d'ouvrir son sac à dos, échoua, essaya encore, échoua encore et fondit en larmes, ce qui exacerba sa colère. L'officier s'écarta et désigna le siège derrière lui, à l'intérieur du compartiment. Celui-ci était vide, à l'exception de sa valise, d'une multitude de documents éparpillés sur la banquette d'en face et des restes d'un repas : du pain et de la viande froide.

Lyra s'assit et essaya pour la troisième fois d'ouvrir son sac à dos. Elle y parvint, tout en constatant combien ses doigts avaient souffert : ongles arrachés, jointures enflées, un pouce tordu. Elle sécha ses larmes avec le dos de sa main gauche, prit plusieurs grandes inspirations et serra les dents, ce qui lui permit de découvrir que l'une d'elles était brisée. Elle explora les dégâts avec sa langue : il en manquait la moitié. « Tant pis », se dit-elle. Rassemblant toute sa détermination, elle s'attaqua aux fermoirs du sac malgré ses doigts endoloris. Sa main gauche était à ce point enflée et sensible au toucher qu'elle pensait avoir quelque chose de cassé. Ayant enfin réussi à ouvrir le sac, elle constata que l'aléthiomètre, le jeu de cartes et sa petite bourse étaient toujours là. Elle y rangea le bâton, se laissa aller contre le dossier de la banquette et ferma les yeux.

Elle avait l'impression que chaque centimètre carré de son corps la faisait souffrir. Elle sentait encore ces mains qui arrachaient ses vêtements et elle n'avait qu'une envie : se laver.

« Oh, Pan, pensa-t-elle. Te voilà satisfait ? »

L'officier s'adressait au sergent, tout bas. Celui-ci répondit et s'en alla. Elle entendit l'officier entrer dans le compartiment et faire coulisser la porte.

– Vous avez mal ? demanda-t-il.

Elle ouvrit les yeux. Toutefois, l'un des deux préféra rester fermé. Elle palpa délicatement la peau tout autour : c'était déjà enflé.

Elle regarda le jeune homme. Inutile de répondre. Elle tendit ses mains tremblantes pour qu'il puisse se rendre compte par lui-même.

– Si vous permettez, dit-il.

Il s'assit en face de Lyra et ouvrit une sacoche en toile. Son dæmon-faucon bondit de son épaule pour le regarder sortir les bandes de gaze, un pot de baume, des flacons de comprimés et de petites enveloppes qui contenaient sans doute différentes poudres. Il déboucha un flacon en verre ambré contenant un liquide dont il versa quelques gouttes sur un linge propre qu'il venait de déplier.

– De l'eau de rose, précisa-t-il.

Il lui tendit le linge et lui fit comprendre qu'elle pouvait s'en servir pour se nettoyer le visage. La sensation était merveilleusement fraîche et apaisante, et elle le maintint appuyé sur ses yeux jusqu'à ce qu'elle s'estime capable de regarder l'officier. Elle le retira de son visage et il l'aspergea une nouvelle fois d'eau de rose.

– Je croyais que c'était une chose extrêmement rare, dit-elle.

– Pas pour des officiers.

– Oh, je vois. Merci.

Il y avait un miroir au-dessus de la banquette opposée. Lyra se leva en tremblant et esquissa un mouvement de recul en découvrant le sang qui maculait son nez et sa bouche. Son œil droit était à moitié fermé.

« Invisible », songea-t-elle avec amertume, et elle entreprit de se nettoyer. Grâce à d'autres applications d'eau de rose et au baume qui, après avoir provoqué des picotements, dégagea une intense chaleur, accompagnée d'une forte odeur d'herbes.

C'était sa main gauche qui la faisait le plus souffrir. De nouveau, elle la palpa timidement. Sous le regard de l'officier.

– Vous permettez ? dit-il.

Il lui prit la main avec la plus grande délicatesse. Les siennes étaient douces. Il la tourna dans un sens, puis dans l'autre, mais c'était trop douloureux pour qu'elle le laisse continuer.

– Sans doute un os brisé, commenta-t-il. Quand on voyage avec des soldats, il faut s'attendre à quelques désagréments.

– J'ai un billet qui m'autorise à voyager à bord de ce train. Les brutalités et la tentative de viol ne sont pas comprises dans le prix. Trouvez-vous normal que vos soldats se comportent de cette façon ?

– Non, et ils seront punis. Mais je le répète : pour une jeune femme, il n'est pas prudent de voyager seule dans les circonstances actuelles. Puis-je vous offrir un peu d'eau-de-vie en guise de remontant ?

Lyra hocha la tête, ce qui suffit à déclencher une migraine. L'officier versa dans une petite tasse en métal un fond d'alcool, qu'elle sirota avec prudence ; il avait le goût d'un excellent brandy.

– Quand le train doit-il arriver à Séleucie ? s'enquit-elle.

– Dans deux heures.

Elle ferma les yeux. Serrant son sac contre sa poitrine, elle se laissa aller à somnoler.

Après quelques secondes seulement, lui sembla-t-il, l'officier la réveilla en lui pinçant l'épaule. Elle rechignait à abandonner les bras de Morphée. Elle aurait voulu dormir un mois.

Mais elle apercevait à travers la vitre du compartiment les lumières de la ville et elle sentait que le train ralentissait. L'officier rassemblait ses documents. Il leva la tête lorsque la porte s'ouvrit.

C'était le sergent. Sans doute venait-il lui annoncer que les soldats étaient prêts à débarquer. L'officier regarda Lyra comme s'il évaluait les dégâts. Elle baissa les yeux ; il était temps de redevenir modeste, de passer inaperçue. Avec un œil poché, une main cassée et des entailles partout sur le visage et le corps ? Sans dæmon ?

– Mademoiselle ? dit l'officier.

Relevant la tête, elle vit qu'il lui tendait quelque chose : ses lunettes, dont un verre était brisé et une branche manquante. Elle les prit sans rien dire.

– Venez avec moi, ordonna-t-il. Je vais vous faire descendre du train avant tout le monde.

Lyra ne protesta pas. Elle se remit debout, non sans peine ni douleur, et il l'aida à hisser son sac à dos sur ses épaules.

Le sergent s'écarta afin de les laisser sortir du compartiment.

Dans tout le train, autant qu'elle pouvait en juger, les soldats rassemblaient leurs paquetages et leurs armes et se répandaient dans le couloir, mais l'officier aboya un ordre et ceux qui étaient le plus près reculèrent aussitôt, tandis que Lyra le suivait vers la sortie.

– Un petit conseil, lui glissa-t-il en l'aidant à descendre sur le quai.

– Oui ?

– Portez un niqab.

– Je comprends. Merci. Vous devriez discipliner vos soldats, ça serait mieux pour tout le monde.

– Vous vous en êtes chargée.

– Ce n'était pas à moi de le faire.

– Quoi qu'il en soit, vous avez su vous défendre. Maintenant, ils y réfléchiront à deux fois avant de recommencer.

– Non. Et vous le savez.

– Vous avez sans doute raison. C'est de la racaille. Séleucie est une ville dure. Ne vous attardez pas. D'autres soldats vont arriver par d'autres trains. Repartez vite.

Sur ce, il remonta dans le wagon. Massés derrière les fenêtres, ses hommes regardèrent Lyra clopiner sur le quai en direction du hall de la gare. Elle ne savait pas ce qu'elle allait faire ensuite.

32
Hospitalité

Lyra s'éloigna de la gare en essayant de donner l'impression qu'elle avait parfaitement le droit d'être ici, et qu'elle savait où elle allait. Chaque parcelle de son corps était douloureuse, chaque parcelle de son être se sentait souillée par ces mains qui avaient violé sa chair. Son sac à dos était un horrible fardeau ; comment avait-il pu devenir aussi lourd ? Elle avait envie de dormir.

Au cœur de la nuit, les rues étaient désertes, mal éclairées. Il n'y avait aucun arbre, aucune pelouse, pas le moindre square, pas le moindre espace vert, uniquement des chaussées et des trottoirs, des entrepôts, des banques ou des immeubles de bureaux. Aucun endroit pour poser sa tête. Il régnait un tel silence qu'elle en conclut qu'il y avait peut-être un couvre-feu. Si on la surprenait en train de déambuler, elle serait arrêtée. Curieusement, elle n'était pas loin de le souhaiter ; au moins, elle pourrait dormir dans une cellule. Elle n'apercevait pas un seul hôtel, pas même un café, nul endroit permettant aux voyageurs de se requinquer ou de se reposer. Cette ville faisait de chaque visiteur un paria.

Finalement, ivre de fatigue, ayant atteint les limites de la souffrance et du désespoir, Lyra prit le risque de frapper à une porte, prête à supplier les personnes qui vivaient là, en priant pour que les lois de l'hospitalité fassent partie de leur culture, même si tout indiquait le contraire. Ses coups timides sur la porte, avec ses jointures écorchées, réveillèrent un homme, un veilleur de nuit ou un vigile, apparemment. Arraché à son sommeil par son dæmon qui braillait, il insulta celui qui avait osé troubler son repos. D'une voix chargée de haine et de peur. Lyra s'enfuit. Les jurons de l'homme l'accompagnèrent longtemps.

Incapable d'aller plus loin, elle se laissa tomber sur le trottoir, protégée de la lumière du lampadaire le plus proche par le coin d'un immeuble. Là, elle se roula en boule autour de son sac à dos et s'endormit. Elle était trop épuisée, elle avait trop mal pour sangloter, et les larmes coulaient de ses yeux en un flot ininterrompu, froides sur ses joues, sans que ses paupières tentent de les retenir.

Quelqu'un la secouait par l'épaule. Une voix murmurait d'un ton pressant, inquiet, des paroles qu'elle ne comprenait pas.

Il faisait encore nuit. Quand elle ouvrit les yeux, aucune lumière ne les éblouit. L'homme penché au-dessus d'elle formait une tache plus sombre que l'obscurité, et il empestait affreusement. Une autre silhouette se découpait à côté de lui. Lyra distinguait le halo pâle de son visage et ses yeux qui lançaient des regards à droite et à gauche.

Le premier homme eut un mouvement de recul lorsqu'elle se redressa en position assise sur le sol dur et glacé et essaya de détendre un peu ses membres en grimaçant de douleur. Il faisait si froid. Les deux hommes poussaient une charrette et étaient munis d'une pelle.

Ils prononcèrent d'autres paroles, sur le même ton pressant, accompagnées de gestes qui semblaient dire : « Debout, debout. » Leur odeur lui soulevait le cœur. En se levant, au prix d'un terrible effort, elle comprit : ces hommes étaient chargés de vider les latrines publiques et les fosses d'aisances, un métier exercé par les classes les plus basses, les plus méprisées, de la société.

Elle essaya de s'adresser à eux en français.

– Qu'est-ce que vous voulez ? Je suis perdue. Où sommes-nous ?

Évidemment, ils ne parlaient pas d'autre langue que la leur, qui ne ressemblait ni à l'anatolien ni à l'arabe. Toutefois, si Lyra ne comprenait pas ce qu'ils disaient, elle devina qu'ils étaient inquiets, pour elle également.

Mais elle avait tellement froid, tellement mal. Elle tenta, en vain, de maîtriser ses tremblements. Le premier homme dit quelque chose qui pouvait signifier : « Suivez-nous. »

Malgré le fardeau de leur charrette pestilentielle, ils marchaient plus vite qu'elle, et Lyra sentit leur nervosité, une fois encore, quand ils durent ralentir pour l'attendre. Ils ne cessaient de regarder autour d'eux. Finalement, ils s'engouffrèrent dans une ruelle entre deux imposants bâtiments de pierre.

Quelque chose dans le ciel indiquait que la nuit s'en allait ; ce n'était pas même une lueur, plutôt une légère dilution de l'obscurité. Lyra comprit que les deux hommes devaient avoir terminé leur travail à l'aube, et ils voulaient la faire disparaître d'ici là.

La ruelle était très étroite, étranglée par les immeubles. Lyra s'habituait à l'odeur. Non, c'était faux, elle ne pourrait jamais s'y habituer. Simplement, la puanteur n'avait pas empiré. Un des deux hommes souleva le loquet d'une porte basse et l'ouvrit sans bruit. Aussitôt, une voix féminine provenant de l'intérieur, encore enrouée de sommeil, lança une brève question teintée de peur.

L'homme répondit tout aussi brièvement en désignant Lyra. Un visage de femme émergea de l'obscurité, crispé par l'inquiétude, prématurément vieilli.

Lyra avança d'un pas pour se montrer. Après l'avoir observée, la femme lui prit la main. Celle qui était cassée. Et Lyra ne put retenir un cri de douleur. La femme disparut aussitôt dans le noir et l'homme exprima son mécontentement dans un murmure.

– Désolée, dit Lyra tout bas, en luttant contre l'envie de hurler.

Sa main était enflée et brûlante.

La femme réapparut et lui fit signe de la rejoindre, en prenant soin de ne pas la toucher cette fois. Lyra se retourna vers les deux hommes pour les remercier, mais ils s'éloignaient déjà à toutes jambes en poussant leur charrette malodorante.

Elle se baissa, prudemment, pour passer sous le linteau. La femme referma immédiatement la porte. L'obscurité la plus complète les enveloppa. Lyra perçut un bruissement, puis la femme frotta une allumette avec laquelle elle enflamma la mèche d'une lampe à pétrole. La pièce sentait le sommeil et la cuisine. Dans la lueur jaunâtre de la lampe, Lyra découvrit une femme très maigre, plus jeune qu'elle l'avait supposé.

Elle lui montra le lit, ou plus exactement un matelas posé à même le sol, sur lequel s'empilaient diverses couvertures. C'était l'unique siège. Lyra posa son sac à dos et s'assit sur le coin du matelas.

– Merci. C'est très gentil. Merci.

Elle s'aperçut alors qu'elle n'avait pas vu le dæmon de cette femme. Et elle eut un choc en constatant que les deux hommes n'en avaient pas, eux non plus.

– Dæmon ? dit-elle en essayant de montrer qu'elle-même n'en avait pas.

De toute évidence, la femme ne comprenait pas. Lyra secoua la tête, elle ne pouvait rien faire d'autre. Ces pauvres gens exerçaient ce dur métier, songea-t-elle, car, privés de dæmons, ils étaient moins que des êtres humains aux yeux de la société. Ils appartenaient à la plus basse caste. Et elle aussi.

La femme l'observait. Lyra se montra du doigt et dit :

– Lyra.

La femme en fit autant.

– Yozdah.

– Yozdah, répéta Lyra.

– Ly-ah.

– Lyra.

– Ly-ra.

– Oui, c'est ça.

Elles échangèrent un sourire. Yozdah lui indiqua qu'elle pouvait s'allonger sur le matelas, ce qu'elle fit. À peine eut-elle le temps de sentir qu'on tirait une épaisse couverture sur elle qu'elle s'endormit, pour la troisième fois ce soir.

Elle fut réveillée par des murmures. La lumière du jour filtrait à travers un rideau de perles tendu dans l'encadrement de la porte, une lumière grise, sans aucun rayon de soleil. Ouvrant les yeux, elle découvrit Yozdah et un homme, sans doute un des deux qui l'avaient conduite ici, assis par terre, en train de manger le contenu d'un grand bol posé entre eux. Lyra prit le temps de les observer. L'homme paraissait plus jeune que la femme et, si ses vêtements étaient miteux, ils ne dégageaient pas la puanteur liée à son métier.

Lyra se redressa lentement et constata qu'elle ne pouvait plus ouvrir entièrement sa main gauche à cause de la douleur. Voyant qu'elle était réveillée, Yozdah dit quelque chose à l'homme, qui se retourna et se leva.

Lyra avait une envie pressante d'aller aux toilettes. Lorsqu'elle essaya d'exprimer ce besoin, l'homme se tourna vers la femme, qui comprit aussitôt et entraîna Lyra dehors, en franchissant une autre porte qui donnait sur un petit jardin. Les latrines, installées dans un coin, étaient d'une propreté impeccable.

Quand elle ressortit, Yozdah l'attendait avec un broc d'eau. Elle lui montra qu'elle devait tendre les mains et Lyra s'exécuta en serrant les dents lorsque l'eau froide se déversa sur sa main blessée. Yozdah lui donna ensuite une serviette fine pour s'essuyer et la précéda à l'intérieur.

L'homme était toujours debout, il attendait leur retour. Par gestes, il expliqua à Lyra qu'elle devait s'asseoir sur le tapis avec eux et piocher dans le bol de riz. Ce qu'elle fit en se servant de sa main droite, comme ses hôtes.

Yozdah la désigna et dit à l'homme :

– Lyra.

– Lyra, répéta-t-il. (Il se montra du doigt.) Chil-du.

– Chil-du, répéta Lyra.

Le riz était collant et insipide, à peine salé. Mais c'était tout ce qu'ils avaient, et elle s'efforça de ne pas en prendre trop car ils n'avaient pas prévu cette invitée. Chil-du et Yozdah parlaient tout bas, et Lyra se demandait dans quelle langue ils s'exprimaient car elle ne ressemblait à aucune de celles qu'elle avait entendues jusqu'alors.

Pourtant, il fallait bien qu'elle communique avec eux. Alors, les regardant tour à tour, elle dit, le plus distinctement possible :

– Je dois trouver l'Hôtel Bleu. Connaissez-vous l'Hôtel Bleu ? Al-Khan al-Azraq.

Ils la regardèrent. Chil-du exprimait une perplexité polie, Yozdah paraissait inquiète.

– Madinat al-Qamar ? essaya Lyra.

Cette fois, ils comprirent. Ils eurent un mouvement de recul, secouèrent la tête et levèrent les mains comme s'ils voulaient l'empêcher de répéter ce nom.

– Vous connaissez quelqu'un qui parle ma langue ?

Pas de réponse.

– Quelqu'un qui parle français ?

Même réaction.

Elle sourit, haussa les épaules et reprit un peu de riz.

Yozdah se leva pour aller chercher la casserole posée dans l'âtre et versa l'eau bouillante dans deux tasses en terre cuite. Elle ajouta une pincée de poudre sombre à l'aspect poussiéreux et un gros morceau de ce qui était peut-être du beurre ou du fromage à pâte molle. À l'aide d'une brosse dure, elle remua le contenu de chaque tasse jusqu'à le faire mousser. Elle en tendit une à Chil-du, l'autre à Lyra.

– Merci, dit cette dernière, mais…

Elle voulut rendre sa tasse à Yozdah. Sans doute enfreignait-elle une règle de savoir-vivre, car la femme fronça les sourcils et tourna la tête. Chil-du repoussa délicatement la main de Lyra.

– Bon, bah, merci, répéta-t-elle. Vous pourrez utiliser la tasse quand j'aurai fini. C'est très généreux de votre part.

La boisson était trop chaude, mais Chil-du buvait en aspirant le bord de la tasse avec des bruits de succion. Lyra l'imita. Le goût était à la fois amer et rance, mais pas très éloigné du thé. Après quelques gorgées bruyantes, elle s'aperçut que c'était revigorant et très rafraîchissant.

– Délicieux, merci. Comment ça s'appelle ?

Elle montra sa tasse d'un air interrogateur.

– Chai, dit Yozdah.

– Ah, c'est donc bien du thé.

Chil-du s'adressa longuement à son épouse ; peut-être lui faisait-il des suggestions, ou bien lui donnait-il des instructions. Elle l'écouta avec attention, l'interrompant parfois par une exclamation mais, finalement, elle sembla approuver ce que disait son mari. Au cours de cet échange, tous les deux ne cessaient de se tourner vers Lyra. Celle-ci les observait, essayant de capter un mot ici ou là, d'interpréter leurs expressions.

Yozdah se leva et ouvrit un placard en bois, du cèdre sans doute, unique objet de valeur dans ce décor. Elle en sortit une pièce d'étoffe noire, qu'elle secoua pour la déplier. Le morceau de tissu était étonnamment long.

Yozdah fit signe à Lyra d'approcher et commença à replier l'étoffe noire, différemment, en veillant à ce qu'elle se concentre sur ses gestes. Puis Yozdah vint se placer derrière elle, en plaquant d'abord le tissu sur son nez pour qu'il masque le bas de son visage, avant d'enrouler le reste autour de sa tête afin de ne laisser apparaître que ses yeux. Enfin, elle coinça les bouts de chaque côté.

Sous le regard attentif de Chil-du. Qui montra sa propre tête. Son épouse comprit le message et cacha sous le tissu la dernière mèche de cheveux de Lyra.

Chil-du exprima son approbation.

– Merci, dit Lyra, surprise d'entendre sa voix étouffée.

Elle détestait ce foulard, mais elle en comprenait l'intérêt. Elle avait hâte de poursuivre son chemin, même si elle ignorait où il la menait. Rien ne la retenait ici, d'autant qu'ils ne parlaient pas la même langue.

Elle joignit les mains dans un geste de remerciement et d'adieu tout à la fois, s'inclina, récupéra son sac à dos et s'en alla. Elle regrettait amèrement de ne rien avoir à leur offrir hormis de l'argent et, pendant un instant, elle envisagea de leur donner quelques pièces, mais elle craignait d'insulter leur sens de l'hospitalité.

Elle marcha vers l'extrémité de la ruelle. La charrette des collecteurs d'excréments attendait dans un coin, comme si elle avait honte. Elle n'était pas attachée, mais qui aurait bien pu la voler ? Un soleil aveuglant l'accueillit quand elle déboucha dans la rue. Très vite, elle souffrit de la chaleur sous ce foulard étouffant.

Mais au moins, personne ne la remarquait. Elle était devenue ce qu'elle essayait de devenir depuis le début de ce voyage : invisible. Ajouté à cette apparence terne et dépressive recommandée par Anita Schlesinger, ce voile la rendait totalement imperméable à la curiosité. Les hommes, en particulier, la croisaient comme si elle n'avait pas plus de substance ni d'importance qu'une ombre. Et peu à peu, Lyra commença à éprouver un sentiment de liberté.

Il faisait chaud, cependant, de plus en plus chaud à

mesure que le soleil se levait. Attirée par la circulation, le bruit, les boutiques et les rues bondées, elle se dirigea vers ce qui semblait être le centre-ville. Elle finirait bien par tomber sur quelqu'un qui parlait sa langue.

Les policiers armés étaient nombreux. Certains jouaient aux dés, assis par terre, d'autres observaient chaque passant, examinaient les objets que proposait un pauvre marchand ambulant dans une valise, ou bien ils mangeaient et buvaient devant un étal installé illégalement sur la chaussée. Lyra sentait le poids de leurs regards quand ils daignaient la remarquer : un coup d'œil, indifférent au visage presque entièrement caché, qui s'attardait ensuite sur sa silhouette, inévitablement. Néanmoins, même l'absence de dæmon ne provoquait aucune étincelle d'intérêt.

Outre les policiers, des soldats étaient assis dans des véhicules blindés ou patrouillaient dans les rues en tenant leurs armes contre leur poitrine. Ils semblaient redouter qu'une insurrection éclate à tout instant. Au coin d'une rue, Lyra faillit percuter une escouade qui semblait interroger un groupe de garçons, si jeunes que leurs dæmons passaient sans cesse d'une forme misérable à une autre pour tenter de calmer ces hommes armés aux visages enflammés par la colère. Un des garçons se laissa tomber à genoux, mains tendues dans un geste de supplication, ce qui lui valut de recevoir un coup de crosse de fusil à la tempe. Il bascula sur la chaussée.

Lyra se retint de hurler « non ! » et d'intervenir. Le dæmon du garçon, changé en serpent, s'agitait désespérément dans la poussière jusqu'à ce que le dæmon du soldat l'écrase sous sa lourde patte. Le serpent et le garçon ne bougeaient plus.

Les soldats sentirent que Lyra les regardait. Celui qui

avait frappé le jeune garçon lui cria quelque chose et elle s'empressa de faire demi-tour. Elle ne supportait pas d'être impuissante, mais cette démonstration de violence ravivait la douleur de toutes les blessures subies dans le train, et le souvenir de ces mains s'insinuant sous sa jupe la glaçait de dégoût jusqu'au plus profond d'elle-même. Sa première tâche consistait à quitter cette ville saine et sauve, et cela voulait dire ne pas faire de vagues, quoi qu'il lui en coûte.

Lyra s'enfonça dans les rues animées d'un quartier de petits commerces, de réparateurs de meubles, de vendeurs de vélos d'occasion et de fabricants de vêtements bon marché. Partout, on ne voyait que des policiers et des militaires. Elle s'interrogea sur les relations entre ces deux forces qui semblaient s'éviter soigneusement, échangeant simplement les saluts d'usage lorsqu'elles se croisaient. Elle aurait aimé que Bud Schlesinger apparaisse soudain afin de la guider sereinement au milieu de toutes ces difficultés, ou bien Anita, qui saurait lui redonner le moral avec ses encouragements et sa conversation, ou Malcolm…

Elle laissa cette pensée s'éteindre peu à peu dans son esprit.

Plus elle approchait du centre, plus elle se sentait mal car la douleur dans sa main gauche s'amplifiait chaque fois que le sang affluait dans les veines qui entouraient l'os brisé. Elle examinait les enseignes, les panneaux, les plaques de cuivre apposées sur les immeubles, en quête d'un signe indiquant que l'on parlait sa langue dans cet endroit.

Finalement, elle trouva ce qu'elle cherchait en atteignant un oratoire. Sur une petite église aux murs en calcaire, coiffée de tuiles en terre cuite, dans un cimetière poussiéreux où des oliviers poussaient parmi les graviers, une pancarte en bois indiquait : Sainte chapelle de Saint-Phanourios, en anglais, en français et en arabe. Suivaient les horaires des offices et le nom du prêtre, le père Jerome Burnaby.

La princesse Cantacuzino ne lui avait-elle pas dit que son dæmon s'appelait Phanourios ? Lyra s'arrêta. À côté de l'église se dressait une maisonnette entourée d'un jardin ombragé par des palmiers. Un homme en chemise bleue délavée arrosait des fleurs. Alors que Lyra l'observait, il leva la tête et lui adressa un geste amical de la main. Encouragée par cet accueil, elle marcha vers lui, prudemment.

L'homme posa son arrosoir et dit :

– *As-salam alaykoum*.

Lyra pénétra dans le jardin, où poussaient des feuilles aux mille nuances de vert, mais uniquement des fleurs d'un rouge intense.

– *Wa alaykoumou salam*, répondit-elle. Vous parlez anglais ?

– Oui. Je suis le père Jerome Burnaby, le prêtre de cette église. Je suis anglais. Et vous aussi, je suppose ?

À en juger par son accent, il venait du Yorkshire. Son dæmon, un rossignol perché sur l'anse de l'arrosoir, scrutait Lyra, la tête penchée sur le côté. Le prêtre était un homme de forte carrure, au visage rougeaud, plus âgé que Lyra l'avait tout d'abord cru en le voyant de la rue, et son expression irradiait une bienveillance avisée. Il tendit le bras pour la retenir lorsqu'elle trébucha sur une pierre.

– Merci.

– Ça va aller ? Vous n'avez pas l'air dans votre assiette. Même si ce n'est pas facile à voir avec ce foulard.

– Je peux m'asseoir ?

– Venez avec moi.

Il la fit entrer dans la maison, où il faisait plus frais qu'à l'extérieur. Dès que la porte se fut refermée, Lyra se débarrassa du foulard avec soulagement.

– Que vous est-il arrivé ? demanda le prêtre, surpris par l'état de son visage entaillé et tuméfié.

– J'ai été agressée. Mais j'ai juste besoin de savoir…

– Vous avez surtout besoin d'un médecin.

– Non. S'il vous plaît. Laissez-moi juste me reposer une minute. Je préfère ne pas…

– Vous pouvez quand même boire un verre d'eau. Ne bougez pas.

Elle se trouvait dans un vestibule étroit, meublé d'une unique chaise en rotin à l'aspect fragile. Quand le prêtre revint avec le verre d'eau, elle dit :

– Je ne voulais pas…

– Ce n'est rien. Entrez. Ce n'est pas très propre, mais au moins les fauteuils sont confortables.

Il ouvrit une porte donnant sur une pièce qui tenait à la fois du bureau et de la brocante. Il y avait des livres partout, jusque sur le plancher. Lyra repensa à la maison de Kubiček à Prague. Comme cela lui semblait loin !

Le prêtre ôta une douzaine de livres qui encombraient un fauteuil.

– Asseyez-vous dans celui-ci. Les ressorts sont intacts.

Lyra obéit et le regarda répartir les livres en trois piles. Des ouvrages de philosophie, apparemment. Son dæmon-rossignol se percha sur le dossier de l'autre fauteuil et observa Lyra de ses petits yeux brillants.

Burnaby s'assit à son tour et dit :

– Vous devez vous faire soigner, c'est une évidence. Je vais vous donner l'adresse d'un bon médecin. Mais avant cela, expliquez-moi de quoi vous avez besoin. Hormis d'un dæmon. Ça aussi, c'est une évidence. En quoi puis-je vous aider ?

– Où sommes-nous ? À Séleucie, je le sais bien. Mais est-ce loin d'Alep ?

– Quelques heures de voiture. La route est mauvaise, cependant. Pourquoi voulez-vous aller là-bas ?

– Pour y retrouver quelqu'un.

– Je vois. Puis-je savoir comment vous vous appelez ?

– Tatiana Prokovskaya.

– Avez-vous essayé le consulat de Moscovie ?

– Je ne suis pas moscovite. Contrairement à mon nom.

– Quand êtes-vous arrivée à Séleucie ?

– Hier soir. Trop tard pour trouver un hôtel. Un couple de personnes très pauvres s'est gentiment occupé de moi.

– Quand avez-vous été agressée ?

– Dans le train qui venait de Smyrne. Par des soldats.

– Vous n'avez vu aucun médecin ?

– Non. Je n'ai vu personne, en dehors de ces gens qui m'ont aidée. Hélas, on ne parlait pas la même langue.

– Comment s'appelaient-ils ?

– Chil-du et Yozdah. Un ramasseur d'excréments et sa femme. Vous les connaissez ?

– Non. Mais ils ne portent pas des noms anatoliens. Ce sont des Tadjiks. Lui s'appelle Quarante-Deux. Et elle, Onze.

– Des Tadjiks ?

– Oui. Ils n'ont pas le droit de porter de vrais noms. Alors, on leur attribue des nombres à la place. Pairs pour les hommes, impairs pour les femmes.

– Quelle horreur. Ce sont des esclaves ?

– En quelque sorte. Ils ne peuvent exercer qu'un nombre

limité de métiers. Fossoyeurs, par exemple. Ou ramasseurs d'excréments.

– Ils étaient très gentils. C'est eux qui m'ont donné ce… niqab, c'est bien ça ?

– Vous avez eu raison de le porter.

– Monsieur Burnaby… Mon père… Comment dois-je vous appeler ?

– Jerome, si vous voulez.

– Que se passe-t-il ici, Jerome ? Pourquoi tous ces soldats dans les rues et dans le train ?

– La population s'agite. Les gens ont peur. Il y a eu des émeutes, des incendies volontaires, des persécutions… Depuis le martyre de saint Simeon, le patriarche, une sorte de loi martiale-ecclésiastique est entrée en vigueur. Le problème des roseraies est à l'origine de tous ces troubles.

Après un instant de réflexion, Lyra dit :

– Ces gens… Hier soir… Ils n'avaient pas de dæmons. Comme moi.

– Puis-je vous demander dans quelles circonstances vous avez été privée du vôtre ?

– Il a disparu, je n'en sais pas plus.

– Vous avez eu de la chance de ne pas vous faire arrêter ce matin. Les personnes qui n'ont pas de dæmons, des Tadjiks généralement, n'ont pas le droit de se montrer en plein jour. S'ils vous avaient prise pour une Tadjike, ils vous auraient appréhendée.

Lyra demeura silencieuse, avant de lâcher :

– Quel endroit épouvantable.

– Je ne peux pas dire le contraire.

Elle but une gorgée d'eau.

– Et vous voulez aller à Alep ? demanda le prêtre.

– Ça pose un problème actuellement ?

– Séleucie est une cité marchande. Avec de l'argent, on peut tout acheter. Mais le voyage vous coûtera plus cher qu'en temps normal, lorsque le calme règne.

– Avez-vous entendu parler d'un endroit nommé l'Hôtel Bleu ? Là où vont les dæmons perdus ?

Burnaby ouvrit de grands yeux.

– Oh… je vous en conjure… Méfiez-vous !

Il se leva et arpenta la pièce en regardant par les deux fenêtres qui donnaient sur la rue et sur le petit potager à côté de la maison. Son dæmon-rossignol émit des pépiements affolés et voltigea vers Lyra, avant de faire demi-tour pour retrouver la sécurité de l'épaule du prêtre.

– De quoi dois-je me méfier ? demanda-t-elle, un peu déroutée.

– Cet endroit dont vous parlez… Il existe des forces qui n'appartiennent pas à notre monde. Des forces spirituelles, maléfiques. Je vous déconseille fortement d'aller là-bas.

– Je suis à la recherche de mon dæmon ! Je vous l'ai expliqué. Si cet endroit existe, il s'y trouve peut-être. Je dois y aller. Je suis… Il me manque quelque chose. Vous le voyez bien.

– Rien ne vous dit que votre dæmon est là-bas. J'ai vu des cas de… Je pourrais vous citer des exemples où l'esprit du mal a surgi dans des lieux… parmi des gens qui… Non, non, n'allez pas là-bas, je vous en conjure. Même si cet endroit existe.

– Même si ? Vous voulez dire qu'il n'existe peut-être pas ?

– S'il existe, ce serait une grave erreur d'y aller.

Lyra songea : « Est-ce Bolvangar qui recommence ? » Elle n'avait pas le temps de raconter cette histoire au prêtre. Au lieu de cela, elle dit :

– Si je demandais au journaliste que vous êtes comment on peut se rendre là-bas, que me répondriez-vous ?

– Tout d'abord, je n'en sais rien. Ce n'est qu'une rumeur, un mythe, voire une superstition. Mais si quelqu'un le sait, c'est votre ami Chil-du, le ramasseur d'excréments. Pourquoi ne pas l'interroger ?

– On ne parle pas la même langue. De toute façon, je n'ai pas la force d'aller où que ce soit pour le moment. Merci pour le verre d'eau. Et pour m'avoir écoutée.

– Je suis vraiment désolé. Ne vous sentez pas obligée de partir, surtout. Je ne songe qu'à votre bien-être, spirituel et… Restez assise, reposez-vous. Et je pense sincèrement que vous devriez montrer ces blessures à un médecin.

– Ce n'est rien. Il faut que j'y aille, maintenant.

– J'aimerais tellement faire quelque chose pour vous.

– Dans ce cas, dites-moi comment me rendre à Alep. Y a-t-il un train ?

– Il y en avait un. Récemment encore. Mais je crois qu'ils l'ont arrêté. Un car effectue la liaison deux fois par semaine, si je ne m'abuse. Mais…

– Il n'y a pas d'autre moyen de se rendre là-bas ?

Le prêtre prit sa respiration, se massa le front et secoua la tête.

– Les chameaux.

– Où puis-je trouver un chameau ? Et un guide ?

– Vous n'ignorez pas que cette ville où nous sommes est le terminus d'un des nombreux itinéraires de la route de la soie ? Certes, les grands marchés et les entrepôts se trouvent à Alep, mais une quantité importante de marchandises transite par ici avant d'être acheminée par la mer. Il existe également des transports intérieurs. Des caravanes de chameaux vont jusqu'à Pékin. Pour elles, Alep ne représente qu'une étape. Si j'étais vous, j'irais sur le port et je demanderais à voir un maître de caravane. Ils parlent toutes les langues qui existent. Mais oubliez cette autre idée, je vous en supplie. Ce sont des fadaises, trompeuses et dangereuses. Croyez-moi. À dos de chameau, Alep est à deux jours de route environ. Trois peut-être. Vous avez des amis là-bas ?

– Oui. Une fois arrivée, je serai en sécurité.

– Alors, je vous souhaite bonne chance. Sincèrement. Et souvenez-vous que l'Autorité ne souhaite pas voir ses créations être séparées. Vous avez été créée avec un dæmon, cela veut dire qu'il est quelque part et qu'il attend avec impatience vos retrouvailles. Ce jour-là, la nature sera restaurée et l'Autorité s'en réjouira.

– Elle se réjouit également de voir les Tadjiks vivre dans ces conditions ?

– Non, non. Le monde n'est pas un endroit facile, Tatiana. On nous impose des épreuves…

Lyra se leva, surprise par l'effort que cela exigeait, et elle dut s'appuyer sur le dossier du fauteuil.

– Vous ne vous sentez pas bien, dit le prêtre.

– Non.

– Je…

Il se leva et joignit ses mains. Son visage exprima une succession de pensées et de sentiments, et il se contorsionna étrangement, comme s'il essayait de se libérer de chaînes invisibles.

– Que se passe-t-il ? demanda Lyra.

– Asseyez-vous. Je ne vous ai pas dit toute… Je ne vous ai pas dit la vérité. S'il vous plaît, asseyez-vous. Je vais essayer.

Visiblement ému, il se débattait avec un secret, tout en ayant honte de l'avouer.

Lyra se rassit, sans quitter le prêtre des yeux.

– Vos amis tadjiks, dit-il. Leurs dæmons ont été vendus.

Elle n'était pas certaine d'avoir bien entendu.

– Hein ? Vous avez dit *vendus* ? Des gens vendent leurs dæmons ?

– La pauvreté. Il existe un marché pour les dæmons. Ici, les connaissances médicales sont très avancées, contrairement à d'autres domaines. De grosses sociétés sont derrière. On raconte que l'industrie médicale mène des expériences chez nous avant de s'attaquer au marché européen. Ils pratiquent une opération chirurgicale… Beaucoup de personnes y survivent, maintenant. Des parents vendent les dæmons de leurs enfants pour avoir de quoi vivre. Légalement, c'est interdit, mais l'argent fait fi de la loi. Et quand ces enfants grandissent, ce ne sont pas des citoyens à part entière. D'où le fait qu'ils n'ont pas de nom et doivent exercer les métiers les plus dégradants.

« … Il existe des trafiquants… J'en connais, je peux même vous dire où les trouver. Mais je n'en tire aucune fierté, au contraire. Chaque parcelle de mon corps se révolte… Je ne peux me pardonner. Oui, il y a des gens capables de fournir un dæmon à ceux qui n'en ont pas. Cela paraît épouvantable. Absurde. La première fois que j'en ai entendu parler, après avoir choisi de m'occuper de cette église, j'ai pensé que cela ne devait pas sortir du confessionnal, et j'avoue que j'ai souffert… J'ai dû me faire violence pour y croire. Mais le même son de cloche m'est parvenu d'autres quartiers. Les fidèles confient ce genre de choses à leurs prêtres. Apparemment, si une personne telle que vous, qui a subi la perte de son dæmon, a suffisamment d'argent, elle peut faire appel à un… intermédiaire qui lui fournira… qui lui vendra un dæmon qu'elle fera passer pour le sien. J'ai connu des personnes dans ce cas. Leur dæmon les accompagne partout, il semble être proche d'elles, compréhensif, mais…

– Ça se voit, conclut son dæmon-rossignol, d'une voix douce, posée. Ils paraissent déconnectés, en profondeur. C'est très troublant.

– J'ai lutté, reprit le prêtre. J'ai lutté pour essayer de comprendre, de me faire une raison, mais… mon évêque ne m'a apporté aucune aide. Le Magisterium nie l'existence de ce commerce mais, moi, je sais.

– Non, c'est impossible ! s'exclama Lyra. Comment un dæmon peut-il accepter de faire semblant d'appartenir à quelqu'un d'autre ? Ils font partie de nous. On leur manque sans doute autant qu'ils nous manquent. Avez-vous déjà été séparé du vôtre ?

Le prêtre secoua la tête. Son rossignol lui dit quelque chose tout bas. Il le prit entre ses mains et l'approcha de son visage.

– Pourquoi ces dæmons restent-ils avec des inconnus ? Comment peuvent-ils le supporter ?

– Peut-être leur semble-t-il préférable de rester là où ils sont… là où ils ont été séparés.

– Et ces intermédiaires dont vous parlez ? C'est un commerce autorisé ? Ils possèdent des licences ou je ne sais quoi ?

– Il paraît que… Comprenez bien qu'il y a énormément de spéculations et de rumeurs… Comme je vous le disais, certains des dæmons qu'ils vendent ont été arrachés à des Tadjiks. La plupart meurent ensuite, semble-t-il, mais ces transactions illicites se déroulent dans le plus grand secret, et les autorités ferment les yeux car les entreprises qui œuvrent en coulisse sont devenues plus puissantes que les dirigeants politiques. Oh, Tatiana, vous disiez vrai en affirmant que cet endroit était épouvantable.

– Parlez-moi de l'Hôtel Bleu.

Le prêtre ne cacha pas sa réticence.

– S'il vous plaît, insista-t-elle. J'ai fait un long chemin pour retrouver mon dæmon. S'il est quelque part près d'ici, je dois le protéger de ces trafiquants. Et si les dæmons se rendent à l'Hôtel Bleu, c'est qu'ils y sont en sécurité. Où se trouve-t-il ? Quel est donc ce lieu, au juste ? Qu'est-ce que vous savez ?

Le prêtre soupira.

– Les gens évitent cet endroit. Par peur. Je crois que des forces maléfiques sont à l'œuvre. Un de mes paroissiens s'y est rendu, mû par la curiosité. Il en est revenu marqué, changé, diminué… Il ne s'agit pas d'un hôtel. C'est un euphémisme. En réalité, c'est une ville fantôme. Parmi des centaines d'autres. Ne me demandez pas pourquoi on l'appelle l'Hôtel Bleu. Quelque chose règne sur ce lieu, une chose qui attire les dæmons, peut-être ceux qui se sont enfuis après la séparation… C'est un endroit mauvais, Tatiana. J'en suis convaincu. Je vous en supplie, ne…

– Où puis-je trouver un de ces trafiquants ?

Le prêtre enfouit son visage dans ses mains et se lamenta :

– J'aurais mieux fait de me taire !

– Non, je vous en remercie. Alors, où puis-je les trouver ?

– Tout ceci est illégal et immoral. Dangereux ! Juridiquement et spirituellement. Vous comprenez ce que je veux dire ?

– Oui, mais je veux quand même savoir. Où dois-je aller ? Qui dois-je demander ? Y a-t-il un nom spécial pour désigner ces gens, cette transaction ?

– Vous êtes vraiment déterminée ?

– Je n'ai pas d'autre piste. Alors, oui, je suis déterminée. Évidemment. Et vous le seriez aussi. Ces gens qui veulent acheter des dæmons, comment s'y prennent-ils ? S'il vous plaît, monsieur Burnaby… Jerome… si vous ne me dites pas tout ce que vous savez, je risque de courir un plus grand danger encore. Doivent-ils se rendre dans un endroit particulier ? Un marché, un café… ?

Le prêtre marmonna quelques mots. Lyra s'apprêtait à le faire répéter quand elle s'aperçut qu'il parlait à son dæmon. Et ce fut celui-ci qui répondit :

– Il y a un hôtel près des docks. L'Hôtel du Parc. Bien qu'il n'y ait pas de parc à proximité. Les personnes comme vous y louent une chambre pendant quelques jours. Les trafiquants l'apprennent et les contactent. La direction de l'hôtel est très discrète, mais ce n'est pas donné.

– L'Hôtel du Parc, répéta Lyra. Merci. Où est-il situé ?

– Dans une ruelle baptisée Osman Sokak, dit Burnaby. Près du pont tournant.

Lyra se leva. Sans chanceler cette fois.

– Osman…

– Osman Sokak.

– Je vous suis infiniment reconnaissante. Merci, monsieur Burnaby.

– Je ne peux qu'imaginer votre souffrance, mais je vous en conjure, encore une fois, rentrez chez vous, tout simplement.

– Rentrer chez moi ne serait pas simple.

– Non, bien sûr. Pardonnez-moi.

– Et je n'ai pas l'intention d'acheter un dæmon.

– Jamais je n'aurais…

Il se tut, secoua la tête et reprit :

– Si, à un moment quelconque, je peux vous aider, dites-le-moi.

– C'est gentil. Je m'en souviendrai. Je dois y aller maintenant, père Burnaby.

Lyra soupira en songeant qu'elle devait remettre le voile. Elle l'enroula soigneusement autour de sa tête afin de masquer le bas de son visage comme le lui avait montré Yozdah et glissa les extrémités à l'intérieur. Elle se regarda dans le miroir fixé au mur du couloir. Très bien. Elle était protégée. Effacée.

Après avoir serré la main du prêtre, elle abandonna la fraîcheur de la maison pour retrouver la chaleur du matin et se rendit au port, d'un pas déterminé. Les longs cous des grues qu'elle apercevait au loin, dans la lumière tremblotante, et les mâts de quelques navires lui indiquaient qu'elle marchait dans la bonne direction.

– Osman Sokak…, se répétait-elle.

Si elle n'avait pas déjà découvert que cette ville était beaucoup moins agréable que Smyrne, le trajet jusqu'aux docks aurait suffi à l'en convaincre. Apparemment, personne n'avait jamais eu l'idée de planter un arbre, de faire pousser quelques arbustes, ni même un peu d'herbe, ou de transformer ces sinistres quartiers d'affaires en lieux de vie agréables. Le soleil frappait les rues poussiéreuses sans que rien vienne faire obstacle à son éclat aveuglant. Il n'y avait aucun banc, y compris aux rares arrêts de bus, aucun café non plus, semblait-il. Si vous vouliez vous reposer, vous deviez vous asseoir par terre, en cherchant un peu d'ombre entre les bâtiments, essentiellement des usines ou des entrepôts aux murs aveugles et quelques barres d'immeubles défraîchis. Les rares commerces étaient des épiceries qui proposaient leur marchandise avec indifférence, en plein soleil, des légumes desséchés par la chaleur ou du pain exposé à la poussière de la circulation. Les habitants allaient et venaient sans se regarder, tête baissée, pour ne rien voir. Et partout, des patrouilles : des policiers qui circulaient lentement dans des camionnettes bleues, des soldats qui arpentaient les rues d'un pas ferme, fusil-mitrailleur en bandoulière.

De plus en plus épuisée, rongée par la douleur et oppressée, Lyra marchait vers les docks, la mort dans l'âme. Lorsqu'elle dénicha enfin la ruelle baptisée Osman Sokak, elle était au bord des larmes. Elle parvint néanmoins à se ressaisir en pénétrant dans le hall miteux de l'Hôtel du Par, le *c* de l'enseigne ayant disparu.

L'employé de la réception était un individu léthargique et maussade, mais un éclair d'intérêt reptilien s'alluma dans les yeux de son dæmon-lézard qui s'aperçut que Lyra n'en avait pas. Nul doute que le réceptionniste toucherait une commission en faisant savoir qu'une cliente venait de débarquer. Il remit à Lyra la clé d'une chambre située au premier étage. À elle de se débrouiller pour la trouver.

Une fois seule dans la chambre exiguë et étouffante, elle arracha son voile et le lança dans un coin. Elle s'allongea sur le lit, en douceur à cause de ses nombreuses blessures qui se fondaient en une seule et immense douleur qui l'enveloppait totalement. Après avoir pleuré un peu, elle s'endormit.

Elle se réveilla une heure plus tard, pour constater qu'elle avait les joues mouillées de larmes et que quelqu'un frappait à la porte.

– Un instant ! s'exclama-t-elle en s'empressant de remettre tant bien que mal son voile.

Elle entrouvrit la porte. Et découvrit un homme d'un certain âge, en costume, une mallette à la main.

– Oui ? fit-elle.

– Vous êtes anglaise, mademoiselle ?

– Oui.

– Je peux vous aider.

– Qui êtes-vous ?

– Je m'appelle Selim Veli. Dr Selim Veli, plus précisément.

– Qu'avez-vous à me proposer ?

– Il vous manque une chose indispensable, et je peux vous fournir ce dont vous avez besoin. Puis-je entrer, le temps de vous expliquer ?

Son dæmon, un perroquet perché sur son épaule, ne quittait pas Lyra des yeux. Elle se demanda si c'était réellement celui de cet homme ou s'il l'avait acheté. Elle aurait dû être capable de le déterminer d'emblée, mais toutes ses certitudes étaient en train de l'abandonner.

– Un moment, je vous prie.

Elle ferma la porte le temps de s'assurer qu'elle avait son bâton à portée de main.

Puis elle laissa entrer son visiteur. Il avait des manières courtoises, un costume impeccable et des chaussures cirées.

– Asseyez-vous, docteur Veli.

Il prit l'unique chaise et Lyra s'installa sur le lit.

– J'ignore si la tradition l'interdit, dit-elle, mais je ne suis pas habituée à porter un niqab et je vais le retirer.

L'homme acquiesça avec gravité. Il ne put masquer son étonnement en découvrant le visage meurtri de Lyra, mais il ne fit aucune remarque.

– Expliquez-moi ce qui vous amène, dit-elle.

– La perte d'un dæmon est un drame dans la vie de n'importe qui. Très souvent, il peut s'avérer fatal. Voilà pourquoi il existe des personnes capables d'apporter un soulagement à celles et ceux qui n'ont plus de dæmons. Je peux vous aider à combler ce manque.

– Ce que je veux, c'est retrouver le mien.

– Oui, évidemment, et j'espère de tout mon cœur que vous y parviendrez. Depuis combien de temps est-il parti ?

– Un mois… plus.

– Et vous êtes encore en bonne santé, hormis…

D'un geste délicat, il montra le visage de Lyra.

– Oui.

– Dans ce cas, il est fort probable qu'il en soit de même pour votre dæmon. Comment s'appelle-t-il ? À quoi ressemble-t-il ?

– Pantalaimon. C'est une martre des pins. D'où proviennent les dæmons que vous vendez ?

– Ce sont eux qui viennent à moi. Il s'agit d'une démarche purement volontaire. Il existe, je suis au regret de le dire, des trafiquants qui achètent et revendent des dæmons pris de force, sans leur consentement.

– Vous parlez de ceux que l'on arrache à ces pauvres Tadjiks ?

– Oui, aux Tadjiks et à d'autres aussi. Les gens n'ont que dégoût et mépris pour eux parce qu'ils vendent leurs dæmons, mais quand vous savez dans quelles conditions de pauvreté ils vivent, vous ne pouvez éprouver que de la compassion. Toutefois, je n'ai rien à voir avec ce genre de commerce. Je refuse de participer à ce trafic.

– Donc, vos dæmons sont tous volontaires ?

– Je représente uniquement ceux qui ont décidé librement de rompre leurs précédentes attaches.

– Et combien demandez-vous ?

– La somme dépend de l'âge, de l'apparence, de la forme… D'autres caractéristiques peuvent entrer en ligne de compte. Le nombre de langues parlées, le milieu social… Nous recherchons une osmose parfaite, voyez-vous. Évidemment, il y a toujours le risque que la personne à laquelle le dæmon a été arraché meure, auquel cas, il mourra lui aussi. Mais je peux vous proposer une assurance qui couvrira les frais de remplacement.

Écœurée, Lyra s'obligea à demander :

– Quel est le prix ?

– Pour un dæmon de première qualité, parfaitement adapté à votre personnalité, il vous en coûtera dix mille dollars.

– Et le moins cher ?

– Je ne fais pas dans le dæmon bas de gamme, mademoiselle. Néanmoins, d'autres vendeurs vous proposeront des prix plus bas, assurément. Je vous laisse traiter avec eux.

– Mais si je veux traiter avec vous ?

– Ah. Le prix d'une chose est un montant sur lequel nous devons tomber d'accord.

Ses manières étaient celles d'un antiquaire qui cherche à vendre un objet précieux.

– Les gens s'entendent-ils bien avec leurs nouveaux dæmons ?

– Chaque cas est différent, évidemment. Les clients prennent un risque. Mais si les deux parties font preuve de bonne volonté, on parvient généralement à un arrangement satisfaisant. Le but étant d'atteindre un *modus vivendi* acceptable dans des circonstances sociales normales. Cette unité parfaite, cette compassion absolue, que les deux partenaires connaissaient depuis l'enfance et qu'ils ont perdues… je mentirais en disant qu'on les obtient à chaque fois. Mais une certaine acceptation satisfaisante peut s'établir, et même, avec le temps, une forme d'affection.

Lyra se leva et marcha jusqu'à la fenêtre. L'après-midi était déjà bien avancé, la douleur qui l'habitait n'avait nullement diminué et la chaleur devenait quasiment intolérable.

– La nature de ces transactions, reprit le vendeur, interdit toute publicité. Néanmoins, cela vous intéressera peut-être de connaître les noms de certains de nos clients.

– À qui avez-vous vendu des dæmons ?

– Au signor Amedea Ciprinai, au président de la Banco genovese. À Mme Françoise Guillebaud, au secrétaire général du Forum européen pour la Compréhension économique. Au professeur Gottfried Brande…

– Hein ? Brande ?

– Lui-même. L'éminent philosophe allemand.

– J'ai lu ses livres. C'est un sceptique viscéral.

– Même les sceptiques ont besoin de se déplacer à travers le monde. Je lui ai trouvé un berger allemand femelle parfait, très proche de son dæmon d'origine, de son propre aveu.

– Comment en est-il venu à perdre son dæmon ?

– C'est une question d'ordre privé qui ne me regarde pas.

– Dans un de ses ouvrages, il affirme que les dæmons n'existent pas.

– C'est un sujet qui doit être discuté entre lui et ses disciples. Je suppose qu'il n'a pas rendu cette transaction publique.

– Non, dit Lyra, prise d'un léger vertige. Et que pensent ces dæmons que l'on achète et que l'on vend ?

– Ils sont généralement dans un profond état de solitude

et de désolation. Dès lors, ils se réjouissent d'être présentés à quelqu'un qui prendra soin d'eux.

Lyra essaya d'imaginer Pan venant trouver ce marchand pour être vendu à une femme trop seule. Il devrait se couler dans l'existence d'une inconnue, feindre l'affection, recevoir des confidences, tout cela en étant obligé de supporter le contact physique d'une personne qui serait toujours une étrangère. Une boule se forma dans sa gorge et les larmes montèrent. Elle dut détourner la tête.

– J'ai une autre question, dit-elle après s'être ressaisie. Comment puis-je me rendre à l'Hôtel Bleu ?

En se retournant, elle vit la surprise sur le visage de l'homme. Il se reprit aussitôt et dit :

– Je n'en ai aucune idée. Je n'y suis jamais allé personnellement. D'ailleurs, j'aurais tendance à penser que cet endroit n'existe pas.

– Mais vous en avez entendu parler ?

– Évidemment. Des rumeurs circulent, des superstitions…

– C'est tout ce que j'avais besoin de savoir. Au revoir, docteur Veli.

– Si vous le permettez, je vais vous laisser une petite sélection de photogrammes. Et ma carte.

Il se pencha en avant et étala plusieurs clichés sur le lit.

– Merci et au revoir, dit Lyra.

Le marchand s'inclina et sortit. Lyra prit un des photogrammes. Il représentait un dæmon-chat pelé par endroits, dans une cage en argent. Autant qu'elle pouvait en juger, il exprimait un sentiment de rage et de défi.

En bas du portrait, on avait collé une étiquette dactylographiée :

NOM : Argülles
ÂGE : 24
LANGUES PARLÉES : tadjik, russe, anatolien
Prix sur demande

La carte de visite portait le nom du vendeur et une adresse en ville. Rien de plus. Elle la déchira, ainsi que les photos, et jeta le tout dans la corbeille à papier.

Quelques minutes plus tard, on frappa de nouveau à la porte. Cette fois, Lyra ne se donna pas la peine de remettre son voile. Le marchand était un Grec âgé, qui lui fit la même réponse quand elle demanda où se trouvait l'Hôtel Bleu. Il repartit au bout de cinq minutes.

Le troisième se présenta une demi-heure plus tard. Lyra répéta qu'elle ne souhaitait pas acheter un dæmon, elle voulait se rendre à l'Hôtel Bleu. Comme il ne pouvait pas la renseigner, elle lui dit au revoir et le mit à la porte.

Elle se sentait terriblement mal : elle avait chaud, faim, soif et, pour couronner le tout, une vilaine migraine avait fait son apparition. Sa main, enflée et noircie maintenant, l'élançait. Elle s'assit et attendit.

Une heure passa. Elle songea : « La nouvelle s'est répandue que je ne souhaite pas acheter un dæmon, alors les vendeurs ne veulent plus se déplacer. »

Elle était tentée de s'allonger et de se laisser mourir. Mais son corps avait besoin de se nourrir et de boire. C'était le signe, se dit-elle, que lui au moins voulait continuer à vivre. Elle remit son niqab et sortit avec l'intention d'acheter du pain, du fromage, une bouteille d'eau et, si elle en trouvait, des comprimés contre la douleur.

Malgré son voile, les commerçants la traitèrent avec une méfiance teintée d'hostilité. L'un d'eux refusa de lui vendre quoi que ce soit et la chassa en faisant des signes censés conjurer le mauvais sort. Un autre, en revanche, content de prendre son argent, lui vendit tout ce qu'elle voulait.

De retour à son hôtel, elle découvrit qu'un homme l'attendait devant sa chambre.

Si les trois premiers vendeurs étaient convenablement vêtus et se comportaient comme des hommes d'affaires proposant une marchandise de qualité, cet individu ressemblait à un clochard avec ses haillons, ses mains incrustées de crasse, sans parler de la cicatrice qui partait de sa joue gauche, traversait l'arête de son nez et se poursuivait sur son oreille droite : longue balafre blanche sur sa peau mate brûlée par le soleil. Il pouvait avoir n'importe quel âge entre trente et soixante ans. Quelques cheveux gris épars, semblables à une barbe naissante, parsemaient son crâne, mais son visage était lisse, mobile, son regard vif, intelligent ; il s'exprimait d'une voix légère, rapide, et son accent évoquait un mélange de tout le Levant. Son dæmon, un gecko, trônait sur son épaule.

– Ah, madame ! Je suis content de vous voir. Je vous ai attendue. Je sais ce que vous voulez. La nouvelle circule. La jeune dame veut-elle acheter un dæmon ? Non. Souhaite-t-elle visiter les sites des temples romains ? Un autre jour, peut-être. Attend-elle la visite d'un marchand d'or ou d'ivoire, de parfum, de soie, de fruits séchés ? Non. Je vais anticiper votre désir le plus profond, madame. Je sais ce que vous voulez. N'ai-je pas raison ?

– Ce que je veux, répondit Lyra, c'est entrer dans ma chambre et m'asseoir. Je suis fatiguée et j'ai faim. Si vous avez quelque chose à me vendre, vous attendrez que je me sois restaurée et reposée.

– Avec grand plaisir. Je vais attendre ici. Sans bouger. Prenez tout votre temps. Installez-vous confortablement. Et appelez-moi ensuite. Je vous servirai avec toute l'honnêteté dont je suis capable.

Il la salua en s'inclinant et se laissa glisser contre le mur afin de s'asseoir en tailleur dans le couloir, face à la chambre de Lyra. Il joignit les mains dans un geste censé exprimer le respect, même si une légère étincelle moqueuse brillait dans ses yeux. Lyra ouvrit sa porte, entra et la verrouilla derrière elle avant d'ôter son voile, de s'installer dans le fauteuil et d'avaler deux antalgiques avec de l'eau tiède.

Le ventre plein, désaltérée, elle se sentit un peu mieux. Elle se lava les mains, le visage, remit de l'ordre dans ses cheveux courts et ouvrit la porte.

L'homme était toujours assis en tailleur. Il se releva aussitôt, énergiquement, en faisant preuve d'une grande souplesse.

– Très bien, dit-elle. Entrez et expliquez-moi ce que vous avez à vendre.

– Avez-vous fait un bon repas, madame ? s'enquit-il dès qu'elle eut refermé la porte sur eux.

– Non. Mais il fallait que je mange. Comment vous appelez-vous ?

– Abdel Ionides, madame.

– Asseyez-vous et cessez de m'appeler madame. Vous pouvez m'appeler Mlle Parle-d'Or.

– Excellent. C'est un nom qui dénote de grandes qualités personnelles. Et j'en déduis que vos parents étaient des gens très intéressants.

– Ce nom m'a été donné par un roi, pas par mes parents. Eh bien, qu'avez-vous à vendre ?

– Un tas de choses. Je peux vous fournir presque n'importe quoi. Je dis « presque » pour témoigner de mon honnêteté. La plupart des personnes qui descendent dans cet hôtel sont dans un triste état. Elles ont perdu leur dæmon, mais elles restent en vie. Leur souffrance fait peine à voir, et mon cœur est un organe fragile, très émotif. Alors, quand elles me demandent de leur trouver un dæmon, j'accepte. J'ai accompli cette tâche bien des fois. Puis-je faire une remarque concernant votre état de santé, mademoiselle d'Or ?

– Allez-y.

– Vous souffrez. Et il se trouve que je possède un baume absolument merveilleux, provenant de la région la plus mystérieuse de l'Orient le plus lointain, qui garantit de soulager les douleurs de toutes sortes et de toutes origines. Pour l'équivalent de dix dollars seulement, je peux vous vendre ce formidable médicament. (Il sortit de sa poche une petite boîte en fer-blanc, du genre de celles qui contenaient du cirage, mais plus petite et sans étiquette.) Je vous en prie, essayez-le… juste un peu. Vous serez convaincue, croyez-moi.

Il ôta le couvercle et lui tendit la boîte.

Le baume avait une couleur rosâtre et un aspect gras. Lyra en préleva un peu au bout de son index droit et l'étala sur sa main brisée. Elle ne sentit aucune différence, mais elle n'avait pas envie de discuter, et le prix était modique.

Alors, elle paya la somme demandée et, en voyant l'air surpris de son visiteur, elle comprit qu'il s'attendait à ce qu'elle marchande. Tant pis. Elle posa la boîte en fer-blanc sur la table de chevet et demanda :

– Connaissez-vous un certain Dr Selim Veli ?

– Oh, oui. Un homme aisé et réputé.

– Est-il honnête ?

– Autant demander si le soleil est chaud. L'honnêteté du Dr Veli est légendaire dans tout le Levant. Vous méfiez-vous de lui, mademoiselle d'Or ?

– Il prétend avoir vendu un dæmon à une personne dont je connais le nom, et cela m'a étonnée. Du coup, je ne sais pas si je dois le croire.

– Oh, vous pouvez le croire sans hésitation ni crainte.

– Je vois. D'où viennent ces… Ces vendeurs de dæmons, comment se les procurent-ils ?

– Il existe bien des manières. Cependant, je vois que vous êtes une femme au cœur sensible, aussi je me garderai bien d'évoquer certaines méthodes. Sachez que, parfois, un dæmon se sent perdu, malheureux, voire mal-aimé, même s'il est difficile de croire une chose aussi effroyable. Alors, nous le recueillons et nous essayons de lui trouver un compagnon ou une compagne qui lui convienne, dans l'espoir de créer une union qui durera toute la vie. Lorsque nous y parvenons, notre joie est presque comparable à celle de nos heureux clients.

Son dæmon-gecko, orange et vert, grimpa sur sa tête. Lyra le vit darder sa langue, se lécher les yeux et glisser un mot ou deux à l'oreille de l'homme.

– Je ne cherche pas à remplacer mon dæmon, déclara Lyra, je veux aller à Alep.

– Je peux vous y conduire avec la plus grande facilité et le plus grand confort, mademoiselle d'Or.

– En chemin, j'aimerais m'arrêter quelque part. J'ai entendu parler d'un endroit nommé l'Hôtel Bleu.

– Ah, oui. Je connais ce lieu. Nous l'appelons parfois

Sélénopolis ou Madinat al-Qamar. Des mots qui signifient la Ville ou la Cité de la Lune.

– Savez-vous comment y aller ?

– Je m'y suis rendu deux fois. Je ne pensais pas y retourner un jour, mais je lis dans vos pensées et j'ose affirmer que nous pourrions tomber d'accord sur un prix pour que je vous conduise là-bas. Mais sachez que ce n'est pas un endroit très agréable.

Revenu sur son épaule gauche, son gecko ajouta, de sa voix aiguë :

– C'est horrible. Notre prix sera forcément élevé, en raison des souffrances que je devrai endurer. Si cela ne tenait qu'à nous, plus jamais nous ne retournerions là-bas. Mais si telle est votre volonté, nous nous ferons un devoir de l'exaucer. Je n'ai pas dit « un plaisir ».

– Est-ce loin d'ici ?

– Un ou deux jours à dos de chameau.

– Je ne suis jamais montée sur un chameau.

– Dans ce cas, nous devrons vous apprendre. Il n'existe pas d'autre moyen de transport, hélas. Ni route ni voie ferrée. Uniquement le désert.

– Très bien. Quel est votre prix ?

– Cent dollars.

– C'est trop. Pour moi, ça en vaut soixante.

– Oh, mademoiselle d'Or, vous vous méprenez sur la nature de ce voyage. Cette excursion vers le monde de la nuit n'est pas une escapade touristique. Il ne s'agit pas de visiter un temple romain ou un théâtre en ruine avec des colonnes pittoresques et une petite échoppe qui vend de la citronnade et des souvenirs. Nous allons marcher sur les frontières de l'invisible, pénétrer dans le royaume de l'étrange. Cela ne vaut-il pas plus que la somme que vous avez offerte, qui couvrirait à peine la location d'un seul chameau ? Disons quatre-vingt-dix.

– C'est encore trop. Je peux faire apparaître le monde de l'étrange quand je veux. J'ai passé plusieurs semaines de ma vie en présence de l'invisible et du bizarre. Pour moi, ils n'ont rien de mystérieux. Ce que je veux, c'est un guide qui me conduise jusqu'à cette ville, cette cité ou ce village de la nuit. Je vous offre soixante-dix dollars.

– Vous voulez voyager comme une mendiante, mademoiselle d'Or. Une expédition aussi dangereuse et importante exige, par respect envers les habitants, envers votre modeste guide et, surtout, envers votre dæmon, que vous voyagiez dans des conditions qui reflètent votre niveau d'éducation et l'ampleur de votre affection. Quatre-vingts dollars.

Lyra était fatiguée.

– D'accord. Quatre-vingts. Vingt-cinq dollars avant le départ, vingt-cinq quand nous serons arrivés à l'Hôtel Bleu et trente à Alep.

Ionides secoua tristement la tête. Son dæmon, qui était retourné se percher sur son crâne, ne quitta pas Lyra des yeux malgré le mouvement.

– Je suis un pauvre homme. Et je le serai encore après ce voyage. J'avais espéré gagner un peu d'argent afin de combattre la pauvreté de la vieillesse, mais je vois que c'est impossible. Quoi qu'il en soit, vous avez ma parole. Trente dollars à chaque étape, donc.

– Non. Vingt-cinq, vingt-cinq et trente.

Il s'inclina. Son dæmon sauta dans ses paumes jointes et se lécha les yeux.

– Quand souhaitez-vous partir ? demanda Ionides.

33

La ville morte

Lyra passa toute la journée du lendemain à dos de chameau, enfermée dans une bulle de douleur. Heureusement, Ionides faisait preuve d'un parfait mélange de bonne humeur et de tact ; il savait quand il devait se taire ou, au contraire, lancer une remarque amicale. À midi, il dénicha un endroit ombragé pour que Lyra puisse se reposer et veilla à ce qu'elle boive suffisamment d'eau.

Après la sieste, il dit :

– Nous ne sommes vraiment plus très loin, sincèrement, mademoiselle d'Or. Nous devrions atteindre les environs de Madinat al-Qamar au coucher du soleil.

– Vous y êtes déjà entré ?

– Non. Pour être d'une absolue franchise, mademoiselle d'Or, j'avais peur. Vous ne devez pas sous-estimer le degré de peur que provoque, chez des personnes entières, l'image d'une horde de dæmons indépendants et du processus de séparation que cela implique.

– Je ne… sous-estime pas la peur, comme vous dites. Je l'ai connue moi-même, autrefois. Je l'ai fait naître chez les autres durant quatre mille kilomètres.

– Oui, bien évidemment. Loin de moi l'idée de penser que vous n'avez pas connu la peur, intimement. Toujours est-il qu'à cause de cette réaction émotionnelle, j'étais trop effrayé pour suivre mes clients jusqu'aux abords de l'Hôtel Bleu. D'ailleurs, je le leur ai avoué avec la plus grande franchise. Ils sont entrés seuls. Je m'étais engagé uniquement à les conduire à l'Hôtel Bleu, ce que j'ai fait. Le reste ne me regardait pas.

Lyra hocha la tête, trop fatiguée pour continuer cette discussion. Ils poursuivirent leur progression dans le désert. La petite boîte de baume, vendue par Ionides, était dans sa poche. S'efforçant de garder son équilibre sur le dos du chameau, elle ôta le couvercle et en appliqua un peu sur le dos de sa main qui la faisait atrocement souffrir et puis, par curiosité, sur ses tempes. La migraine apparue quelques jours plus tôt s'était installée de manière permanente sous son crâne et la réflexion aveuglante du soleil sur le sable tout autour n'arrangeait rien. Très vite, une délicieuse sensation de fraîcheur apaisa son front brûlant, et l'éclat du soleil sembla s'atténuer.

– Monsieur Ionides, parlez-moi un peu de ce baume.

– Je l'ai acheté à un maître de caravane qui arrivait de Samarcande. Ses vertus sont très connues, je vous assure.

– D'où vient-il, au juste ?

– Oh, qui sait ? De très loin, à l'est, au-delà des plus hautes montagnes du monde. Aucune caravane de chameaux n'a jamais pu franchir ces cols. Trop hauts, trop raides. Quiconque souhaite transporter des marchandises provenant de l'autre côté, ou en sens inverse, doit négocier avec les Bagazhktis.

– C'est quoi ? Ou plutôt, c'est qui ?

– Ils ressemblent à des êtres humains car ils possèdent un langage mais, contrairement à nous, s'ils ont un dæmon, celui-ci est intérieur ou invisible. Ils ressemblent à de petits chameaux, sans bosses, avec un long cou. Ils monnaient leurs services pour transporter des marchandises. Ils sont colériques et fort désagréables, vous n'avez pas idée ! Arrogants par-dessus le marché. Mais ils sont capables de franchir les cols les plus élevés, les plus ardus, en portant des charges colossales.

– Donc, si ce baume vient d'au-delà des montagnes…

– Il a été transporté, en partie du moins, par les Bagazhktis. Ce n'est d'ailleurs pas leur seule qualité. Ces montagnes sont infestées d'énormes rapaces, appelés *oghâbgorgs*. Extrêmement voraces et dangereux. Seuls les Bagazhktis ont découvert un moyen de les combattre. Grâce à leur salive repoussante et venimeuse qu'ils peuvent projeter à une distance non négligeable, avec une grande précision. Les oiseaux, écœurés, battent en retraite. Par conséquent, en s'offrant les services des Bagazhktis, un maître de caravane assure sa protection et celle de ses marchandises. Mais comme vous l'imaginez aisément, mademoiselle d'Or, cela augmente les coûts. Puis-je vous demander si vous avez toujours mal ?

– Un peu moins, merci. Mais… connaissiez-vous l'existence de ce baume ? L'avez-vous réclamé spécifiquement ?

– Oui, je le connaissais. C'est pourquoi je me suis débrouillé pour trouver un marchand capable de m'en fournir.

– Il a un nom, ce baume ?

– On l'appelle *gülmuron*. Mais attention, il existe un tas de versions bon marché qui ne possèdent pas ses effets bénéfiques. Celui-ci, c'est le vrai *gülmuron*.

– Je m'en souviendrai. Merci.

Sa douleur à la main était tout juste supportable et, comme si ça ne suffisait pas, Lyra sentait naître des tiraillements familiers dans son bas-ventre. À la date prévue. Il y avait quelque chose de rassurant dans ce phénomène. « Cela signifie que mon corps est toujours en état de marche », se dit-elle.

N'empêche, c'était inconfortable et elle éprouva un profond soulagement quand, alors que le soleil frôlait l'horizon, Ionides annonça qu'il était temps de faire halte pour la nuit.

– Où sommes-nous ? demanda-t-elle. C'est ça, l'Hôtel Bleu ?

En scrutant les environs, elle découvrit une chaîne de collines basses – non, pas même des collines, plutôt des pentes rocailleuses – sur la droite ; et sur la gauche, un désert plat, infini. Droit devant se dressait une masse rocheuse déchiquetée. Au premier regard, rien n'indiquait qu'il y avait eu une ville ici autrefois, même si les derniers rayons du soleil éclairaient le sommet d'un alignement de colonnes, taillées dans du grès pâle et érodées par le vent, qu'elle n'aurait sans doute pas remarquées autrement. Pendant qu'Ionides attachait les chameaux et allumait un feu, Lyra escalada le rocher le plus proche et contempla d'en haut l'amas d'éboulis. Dans la lumière qui déclinait rapidement, elle commença à discerner quelques formes régulières : un rectangle constitué de murs écroulés, une arche qui s'était légèrement inclinée sans tomber et un vaste espace pavé qui avait peut-être été jadis un marché ou un forum.

Aucun signe de vie, cependant. S'il y avait des dæmons dans cet endroit, ils se cachaient et demeuraient totalement silencieux.

– Vous êtes sûr que c'est bien là ? demanda-t-elle en rejoignant Ionides devant le feu, sur lequel il faisait griller un morceau de viande.

– Mademoiselle d'Or, répondit-il sur un ton de reproche, je ne vous avais pas rangée dans la catégorie des sceptiques invétérés.

– Je suis juste un peu méfiante. C'est bien ici ?

– Je vous le garantis. Vous avez devant vous les vestiges de la ville. Toutes ces pierres étaient des constructions. D'ailleurs, certains murs sont encore debout. Il suffit de se promener au milieu pour comprendre que l'on se trouve dans ce qui doit être un ancien lieu de commerce ou de culture.

Lyra observa les ombres qui s'allongeaient tandis qu'Ionides retournait la viande et mélangeait un peu de farine et d'eau afin d'obtenir une pâte qu'il aplatit avant de la faire cuire dans une poêle noircie par les ans. Quand le repas fut prêt, le ciel était presque noir.

– Après une bonne nuit de sommeil, mademoiselle d'Or, vous serez fraîche et dispose pour explorer les ruines demain matin.

– Non, ce soir.

– Pensez-vous que ce soit très prudent ?

– Je ne sais pas. Mais telle est mon intention. Mon dæmon est quelque part à l'intérieur et je veux le retrouver le plus vite possible.

– Oui, je comprends. Mais il y a peut-être autre chose que des dæmons.

– Quoi donc ?
– Des fantômes. Des brumelins de différentes sortes. Des émissaires du Malin.
– Vous croyez à tout ça ?
– Bien sûr. Ne pas y croire serait une faute intellectuelle.
– Certains philosophes pensent que l'erreur serait de croire et non de ne pas croire.
– Dans ce cas, mademoiselle d'Or, pardonnez-moi, mais ils ont séparé leur intelligence de leurs autres facultés. Et ce n'est pas très intelligent.

Lyra ne dit rien tout d'abord, car elle partageait l'avis d'Ionides. Peut-être pas encore intellectuellement, mais instinctivement; une partie d'elle-même étant toujours esclave de la pensée de Talbot et de Brande. Mais alors qu'elle avalait les derniers morceaux de viande, tendre, et de galette, il lui apparut clairement qu'il serait incongru d'introduire ce scepticisme universitaire dans l'Hôtel Bleu.

– Monsieur Ionides, avez-vous déjà entendu l'expression « communauté des esprits » ?
– Non. À quoi fait-elle référence ?
– Au monde des choses à demi vues et des murmures à demi entendus. À des phénomènes que les gens intelligents qualifient de superstitions. Aux fées. Aux esprits. Aux créatures de la nuit. Ces choses dont vous dites qu'elles peuplent l'Hôtel Bleu.
– « Communauté des esprits »... Non, je n'ai jamais entendu cette expression.
– Peut-être qu'il existe d'autres noms.
– Oh, oui, certainement. Nombreux.

Ionides essuya la poêle avec un morceau de galette, qu'il dégusta lentement. Lyra était tellement fatiguée qu'elle se sentait proche du délire. Elle ne désirait qu'une seule chose : dormir. Mais si elle cédait à cette envie, si elle s'allongeait, elle savait qu'il ferait jour à son réveil. Ionides s'affairait sur leur petit campement. Après avoir éteint le feu, il rassembla les couvertures et se roula une cigarette d'herbe à fumer. Finalement, il se blottit sur le sol, dans l'obscurité d'un rocher de la taille d'un chameau. Seul le rougeoiement de sa cigarette trahissait sa présence.

Lyra se leva, en sentant chacune de ses blessures, individuellement. Sa main la faisait souffrir plus que tout. Du bout de l'index, elle préleva un peu de baume à la rose et l'étala dessus, aussi délicatement qu'un papillon qui se pose sur un brin d'herbe.

Elle rangea la boîte dans son sac à dos, avec l'aléthiomètre, et s'éloigna du feu en direction des ruines. La lune montait dans le ciel et l'immensité de la Voie lactée s'étendait au-dessus du désert. Chacune de ces taches minuscules était le soleil de son propre système, qui éclairait et réchauffait des planètes, la vie peut-être, et peut-être aussi une créature curieuse qui observait cette petite étoile qui était son soleil, qui observait ce monde, et Lyra.

Devant elle, les ossements de la ville morte brillaient d'une lumière presque blanche au clair de lune. Des existences avaient été vécues ici – des gens s'étaient aimés et trahis, ils avaient mangé, bu et ri, ils avaient eu peur de la mort – et il n'en restait rien. Uniquement des pierres blanches et des ombres noires. Tout autour d'elle, des choses murmuraient, mais ce n'étaient peut-être que des bavardages entre des insectes amoureux de la nuit. Des ombres et des murmures. Elle reconnut les ruines d'une petite église ; des gens avaient prié à cet endroit. À proximité, une arche coiffée d'un fronton de style classique se dressait dans le vide. Des gens étaient passés sous cette arche, ils l'avaient franchie sur des charrettes tirées par des ânes, ils avaient bavardé au pied, à l'abri de la chaleur d'une journée morte depuis longtemps. Plus loin, elle vit une fontaine, ou un puits, ou un abreuvoir, orné d'une nymphe sculptée dans la pierre, presque totalement effacée par le temps. Le bruit de l'eau qui coule avait été remplacé par le bruissement des insectes.

Lyra continua à s'enfoncer dans le paysage lunaire, silencieux, de la Cité de la Lune. L'Hôtel Bleu.

Sous le regard d'Olivier Bonneville. Couché au milieu des rochers, dans la pente la plus proche du campement de fortune. Il était arrivé peu de temps après Lyra et Ionides. Il les observait à l'aide d'une paire de jumelles, tandis que Lyra serpentait parmi les ruines de la ville morte. Près de lui était posé un fusil chargé.

Il s'était installé le plus confortablement possible, sans pouvoir allumer de feu. Son chameau, agenouillé à quelques mètres de là, mâchonnait quelque chose de résistant et semblait plongé dans ses pensées.

C'était la première fois que Bonneville voyait Lyra en chair et en os. Il fut surpris par la différence avec la jeune femme du photogramme : les cheveux châtains et très courts, la concentration et la tension du visage, la fatigue et la douleur, intenses, qui apparaissaient à chaque mouvement. Était-ce la même fille ? Avait-il suivi quelqu'un d'autre par erreur ? Se pouvait-il qu'elle ait changé autant, si vite ?

Il était tenté de la suivre à l'intérieur des ruines, pour la voir de près. En même temps, il craignait de s'approcher, car il devinait qu'il était beaucoup plus facile de tuer quelqu'un de loin, dans le dos, qu'en l'ayant en face de soi. L'homme qui était avec elle, le guide, pouvait représenter une gêne, se disait-il, mais guère plus. Quelques dollars suffiraient à l'acheter.

Lyra, éclairée par le clair de lune, offrait une cible de choix parmi les pierres. Et Bonneville était une fine gâchette, car les Suisses avaient un fort penchant pour le service militaire, la chasse et le tir. Mais s'il voulait l'abattre proprement, il ferait bien de le faire avant qu'elle s'enfonce plus profondément à l'intérieur de l'Hôtel Bleu.

Il posa ses jumelles et prit son fusil, délicatement, sans bruit, familier de son poids et de sa longueur, du contact entre la crosse et son épaule. Il colla sa joue contre le canon et déplaça son bassin d'un demi-centimètre pour être bien calé.

C'est alors qu'il connut la peur de sa vie.

Un homme était allongé à côté de lui, à moins d'un mètre sur sa gauche. Et il le regardait.

Bonneville ne put réprimer un « Aaah ! » de stupeur et un mouvement de recul. Affolé, son dæmon s'envola en battant frénétiquement des ailes.

L'homme ne bougea pas, et ceci alors que le canon tremblait entre les mains de Bonneville. Il demeurait monstrueusement calme. C'était inhumain. Son dæmon-gecko, posté sur un rocher juste derrière lui, se léchait les yeux.

– Qui… D'où vous sortez ? demanda Bonneville d'une voix enrouée.

Il avait parlé en français, instinctivement. Son dæmon vint se poser sur son épaule.

Le guide de Lyra lui répondit dans la même langue :

– Vous ne m'avez pas vu car vous avez quitté des yeux

le schéma d'ensemble. Cela fait deux jours que je vous observe. Écoutez-moi bien : si vous tuez cette fille, vous commettrez une énorme erreur. Ne faites pas ça. Posez votre fusil.

– Qui êtes-vous ?

– Abdel Ionides. Posez ce fusil maintenant. Posez-le.

Le cœur de Bonneville battait si fort qu'il n'aurait pas été étonné qu'on l'entende. Le sang cognait à l'intérieur de son crâne. Il obligea ses mains à relâcher le fusil.

– Que voulez-vous ? demanda-t-il.

– Que vous la laissiez vivre pour le moment. Il y a quelque part un énorme trésor qu'elle seule peut découvrir. Si vous la tuez ce soir, vous ne pourrez jamais vous en emparer. Mais plus grave encore : moi non plus.

– Quel trésor ? De quoi parlez-vous ?

– Vous ne savez pas ?

– Je répète : de quoi parlez-vous ? Quel est ce trésor ? Vous parlez de son dæmon ?

– Bien sûr que non. Le trésor se trouve à cinq mille kilomètres d'ici, à l'est. Et comme je le disais : elle seule peut l'atteindre.

– Et vous voulez qu'elle le trouve pour pouvoir le récupérer ensuite ?

– À votre avis ?

– Pourquoi devrais-je me soucier de vos désirs ? Je me contrefiche de ce trésor caché à cinq mille kilomètres d'ici. Ce qui m'intéresse, c'est ce qu'elle a maintenant.

– Et si vous le lui prenez, elle ne trouvera jamais le trésor. Je m'adresse à vous sèchement, mais je ne peux que vous admirer. Vous êtes un homme plein de ressource, courageux, résistant, inventif. J'aime ces qualités et je veux les voir récompensées. Néanmoins, vous êtes comme le loup de la fable qui se jette sur le mouton le plus proche et réveille le berger. Vous vous trompez de cible. Attendez, observez, apprenez. Ensuite, vous pourrez tuer le berger et vous emparer de tout le troupeau.

– Vous parlez par énigmes.

– Non, je parle par métaphores. Vous êtes suffisamment intelligent pour saisir la différence.

Bonneville demeura muet un instant. Finalement, il demanda :

– C'est quoi, ce trésor ?

Ionides répondit tout bas, sur le ton de la confidence. Dans la fable que connaissait Bonneville, l'animal était un renard, mais ça lui plaisait d'être comparé à un loup et, surtout, il appréciait les louanges des hommes plus âgés. Tandis que la lune s'élevait encore dans le ciel et que Lyra poursuivait sa lente progression dans la ville morte hantée par les dæmons, Ionides continua à parler et Bonneville à écouter. Lorsque celui-ci reporta son attention sur la cité fantôme, Lyra avait disparu.

Il ne la voyait plus car elle avait bifurqué afin d'éviter un amoncellement de débris de marbre brillant, vestiges d'un temple. Elle se retrouva ainsi à l'extrémité d'une colonnade qui projetait des barreaux d'ombre sur le chemin de pierre d'une blancheur de neige.

Une fille de quinze ou seize ans de type nord-africain, vêtue d'une robe en lambeaux, était assise sur un bloc de pierre. Ce n'était pas un fantôme car elle possédait une ombre, comme Lyra. Et comme Lyra, elle n'avait pas de dæmon. La fille se leva en la voyant. Au clair de lune, elle paraissait nerveuse et apeurée.

– Vous êtes Mlle Parle-d'Or.

– Oui, répondit Lyra, stupéfaite. Et toi, qui es-tu ?

– Nur Huda el-Wahabi. Venez vite. On vous attendait.

– Qui ça, *on* ? Tu veux dire… ?

Nur Huda la tira par la main d'un geste impatient et, ensemble, elles coururent le long de la colonnade vers le cœur des ruines.

Ainsi jusqu'au crépuscule attendit-elle,
Sans voir paraître la moindre créature animée.
De tristes ombres cachaient désormais le monde aux yeux des mortels
Et l'enveloppaient dans une redoutable obscurité.
Toutefois, elle ne baissa pas les bras, craignant
Un danger secret, et elle refusa par le sommeil de se laisser gagner,
Les paupières alourdies par le fardeau des éléments,
Mais elle s'isola, malade, et s'entoura de ses armes acérées.

Edmund Spenser, *La Reine des fées*, III, XI, 55

Remerciements

Nombreuses sont les personnes qui m'ont apporté leur aide pour me permettre d'écrire cette histoire. Je les remercierai toutes à la fin du dernier tome. Toutefois, il y a trois dettes que je tiens à honorer dès maintenant. En commençant par le formidable ouvrage de Katharine Briggs, *Folk Tales of Britain*, dans lequel j'ai découvert l'histoire de la lune morte. Je suis redevable également au poète et peintre Nick Messenger, à qui j'ai emprunté l'idée de l'hélice en phosphore-bronze, dans son poème *Sea-Cow*, récit d'un voyage à bord de la goélette *Volga*. Enfin, j'ai une dette envers Robert Kirk (1644-1692), dont l'ouvrage, riche en merveilles, *The Secret Commonwealth or an Essay on the Nature and Actions of the Subterranean (and for the most part) Invisible People heretofore going under the names of Fauns and Fairies, or the like, among the Low Country Scots as described by those who have second sight*, a été pour moi une source d'inspiration à bien des égards, ne serait-ce qu'en me rappelant l'importance d'un bon titre. C'est pourquoi je lui ai volé le sien, en partie.

Par ailleurs, il y a dans ce roman trois personnages qui portent des noms de personnes réelles, que leurs amis souhaitaient immortaliser dans une œuvre de fiction. Le premier est Bud Schlesinger, que nous avons découvert dans *La Belle Sauvage* ; le deuxième est Alison Wetherfield, que nous retrouverons dans le dernier tome ; le troisième personnage est Nur Huda el-Wahabi, une des victimes du terrible incendie qui a ravagé la tour Grenfell. J'ai le privilège d'avoir pu aider à leur rendre hommage.

Table

Philippe Pullman

L'auteur

Philip Pullman est né en Angleterre, à Norwich, en 1946. Il a vécu durant son enfance en Australie et au Zimbabwe, où il a effectué une partie de sa scolarité, puis au pays de Galles. Diplômé de l'université d'Oxford, il a longtemps enseigné dans cette ville où il vit toujours et qui lui a inspiré l'Oxford imaginaire du monde de Lyra.
Après la publication du premier volume de la série « Sally Lockhart », en 1986, il renonce au métier de professeur pour se consacrer exclusivement à l'écriture. Le premier tome de la trilogie « À la croisée des mondes » paraît en 1995 et marque profondément l'imaginaire collectif. Philip Pullman s'impose alors comme pionnier et maître d'une littérature transgénérationnelle et influence nombre d'écrivains.
Traduite en 40 langues et totalisant près de 20 millions de ventes, l'œuvre fait l'objet de plusieurs thèses; des publications, comme *Les Mystères de la science dans la trilogie de Philip Pullman « À la croisée des mondes »* (M. et J. Gribbin, Gallimard Jeunesse), lui sont consacrées. Elle a été jouée au National Theatre de Londres avant d'être transposée au cinéma, dans un film au casting prestigieux. Elle a été également adaptée par le scénariste Jack Thorne (coauteur de *Harry Potter et l'enfant maudit*) en une série pour la chaîne BBC One.

Lauréat de la médaille Memorial Astrid Lindgren, l'équivalent jeunesse du prix Nobel, l'auteur a aussi reçu en Grande-Bretagne deux prix majeurs de littérature générale, jamais décernés auparavant à un « livre pour enfants », pour *Les Royaumes du Nord* ainsi que *Le Miroir d'ambre*.
En 2017, Philip Pullman nous emmène à nouveau au cœur de l'univers de Lyra avec *La Belle Sauvage*, premier livre de « La trilogie de la Poussière », événement littéraire salué dans le monde entier.

Du même auteur chez Gallimard Jeunesse

À la croisée des mondes
1. Les Royaumes du Nord
2. La Tour des Anges
3. Le Miroir d'ambre

À la croisée des mondes. L'intégrale

Lyra et les Oiseaux

Il était une fois dans le Nord

La trilogie de la Poussière
1. La Belle Sauvage
2. La Communauté des esprits

Les Royaumes du Nord (*bande dessinée en trois volumes, par Stéphane Melchior et Clément Oubrerie*)

La Magie de Lila

Sally Lockhart

1. La Malédiction du rubis
2. Le Mystère de l'Étoile Polaire
3. La Vengeance du tigre
4. La Princesse de Razkavie

J'étais un rat

Le Comte Karlstein

L'Épouvantail et son valet

Contes de Grimm

Aux éditions Gallimard

Jésus le bon et Christ le vaurien

Retrouvez **Lyra** et **Malcolm**
dans la trilogie
À la croisée des mondes

---

dans la collection

FOLIO JUNIOR

À LA CROISÉE DES MONDES
I. LES ROYAUMES DU NORD

n° 1051

Pourquoi la jeune Lyra, élevée dans l'atmosphère confinée du prestigieux Jordan College, est-elle l'objet de tant d'attentions ? De quelle mystérieuse mission est-elle investie ? Lorsque son meilleur ami disparaît, victime des ravisseurs d'enfants qui opèrent dans le pays, elle se lance sur ses traces… Un périlleux voyage vers le Grand Nord, qui lui révèlera ses extraordinaires pouvoirs et la conduira à la frontière d'un autre monde.

À LA CROISÉE DES MONDES

II. LA TOUR DES ANGES

n° 1052

Le jeune Will, à la recherche de son père disparu depuis des années, croit avoir tué un homme. Dans sa fuite, il franchit la brèche qui lui permet de passer dans un monde parallèle. Là, à Cittàgazze, la ville au-delà de l'Aurore, il rencontre Lyra. Les deux enfants devront lutter contre les forces obscures du mal et, pour accomplir leur quête, pénétrer dans la mystérieuse tour des Anges.

À LA CROISÉE DES MONDES

III. LE MIROIR D'AMBRE

n° 1205

Lyra est retenue prisonnière par Mme Coulter qui, pour mieux s'assurer de sa docilité, l'a plongée dans un sommeil artificiel. Will, l'ami de Lyra, armé du poignard subtil, s'est lancé à sa recherche, escorté par un duo d'anges acerbes. Il délivre Lyra mais, à son réveil, elle lui annonce qu'une mission encore plus périlleuse les attend : ils doivent descendre dans le monde des morts.

Le papier de cet ouvrage est composé de fibres naturelles, renouvelables, recyclables et fabriquées à partir de bois provenant de forêts gérées durablement.

Mise en pages : Maryline Gatepaille

Loi n° 49-956 du 16 juillet 1949
sur les publications destinées à la jeunesse
ISBN : 978-2-07-516462-7
Numéro d'édition : 400896
Dépôt légal : janvier 2022

Imprimé en Espagne par Novoprint (Barcelone)